# Hamburgische Bauordnung

Vorschriftensammlung
mit Anmerkungen
und einer erläuternden Einführung

**Michael Munske**
Leitender Baudirektor
Behörde für Stadtentwicklung und Wohnen
der Freien und Hansestadt Hamburg

**Dr. Friederike Mechel, LL.M. (Wales)**
Leitende Regierungsdirektorin
Behörde für Stadtentwicklung und Wohnen
der Freien und Hansestadt Hamburg

22. Auflage

Deutscher Gemeindeverlag

22. Auflage 2021

Alle Rechte vorbehalten
© Deutscher Gemeindeverlag GmbH, Stuttgart
Gesamtherstellung: W. Kohlhammer GmbH, Stuttgart

Print:
ISBN 978-3-555-02026-6

E-Book-Formate:
pdf:    ISBN 978-3-555-02027-3
epub:   ISBN 978-3-555-02028-0
mobi:   ISBN 978-3-555-02029-7

Dieses Werk einschließlich aller seiner Teile ist urheberrechtlich geschützt. Jede Verwendung außerhalb der engen Grenzen des Urheberrechts ist ohne Zustimmung des Verlags unzulässig und strafbar. Das gilt insbesondere für Vervielfältigungen, Übersetzungen, Mikroverfilmungen und für die Einspeicherung und Verarbeitung in elektronischen Systemen.
Für den Inhalt abgedruckter oder verlinkter Websites ist ausschließlich der jeweilige Betreiber verantwortlich. Die W. Kohlhammer GmbH hat keinen Einfluss auf die verknüpften Seiten und übernimmt hierfür keinerlei Haftung.

# Vorwort zur 22. Auflage

Seit der 21. Auflage der Vorschriftensammlung hat sich das Hamburgische Bauordnungsrecht weiterentwickelt. Die Änderungen betreffen vor allem das Bauproduktenrecht, den Wohnungsbau, den Holzbau und die Digitalisierung. So wird mit der neuen Bauvorlagenverordnung die Schriftform für digital gestellte Bauanträge abgeschafft und der digitalen Form generell der Vorrang einräumt. Die Digitalisierung betrifft allerdings nicht nur den Rechtsrahmen, sondern die Durchführung der Genehmigungsverfahren insgesamt. So stellen sich die Bauaufsichtsbehörden in Hamburg auf eine vollständig digitale Bearbeitung von Bauanträgen um.

Ein wichtiges Resultat der Änderung des Bauproduktenrechts ist die neue Verwaltungsvorschrift Technische Baubestimmungen (VVTB). Sie hat die Liste der technischen Baubestimmungen und die Bauregelliste abgelöst. Das umfängliche Werk wird jährlich neu als Muster vom Deutschen Institut für Bautechnik herausgegeben. Das umfängliche Werk ist nicht Bestandteil dieser Textsammlung. Sie finden es genauso wie viele ergänzende Verwaltungsvorschriften (zum Beispiel Bauprüfdienste, FaQ's zur Bauordnung und grundstücksbezogene Regelungen) auf der Internetseite www.hamburg.de/baugenehmigung.

Diese Auflage wird auch nicht die letzte sein. Schon heute zeichnen sich neue Anpassungen der Vorschriften ab. Diese betreffen unter anderem das Baugesetzbuch mit dem Baulandmodernisierungsgesetz, die Bauordnung mit einer weitgehenden Anpassung an die Musterbauordnung und Neuregelungen zur Begegnung des Klimawandels und zum Vollzug der Mobilitätswende.

Diese Textsammlung mit ihren zahlreichen Anmerkungen zielt vor allem auf die praktische Umsetzung der öffentlich-rechtlichen Bauvorschriften. Wir freuen uns, wenn wir Sie mit diesem Werk im fortschreitenden Wandel des Baurechts weiter auf dem Laufenden halten können.

Hamburg, Mai 2021

Michael Munske
Friederike Mechel

# Inhaltsverzeichnis

Vorwort zur 22. Auflage ........................................... V
Abkürzungsverzeichnis ............................................ IX

A   Einführung ................................................... 1

B   Hamburgische Bauordnung (HBauO) ..................... 41

C   Ergänzende Vorschriften (Auszüge)
    1. Bauvorlagenverordnung (BauVorlVO) ................. 132
    2. Prüfverordnung (PVO) .............................. 154
    3. Baugebührenordnung (BauGebO) ..................... 168
    4. Garagenverordnung (GarVO) ........................ 187
    5. Versammlungsstättenverordnung (VStättVO) .......... 198
    6. Verkaufsstättenverordnung (VkVO) .................. 237
    7. Beherbergungsstättenverordnung (BeVO) ............. 249
    8. Feuerungsverordnung (FeuVO) ...................... 254
    9. Übereinstimmungszeichen-Verordnung (ÜZVO) ........ 265
   10. Verordnung über Anforderungen an Hersteller von Bauprodukten und Anwender von Bauarten (HAVO) ............... 267
   11. Verordnung über die Überwachung von Tätigkeiten mit Bauprodukten und bei Bauarten (ÜTVO) .................. 269
   12. Wasserbauprüfverordnung (WasBauPVO) ............. 270
   **Wichtige Gestaltungsverordnungen**
   13. Verordnung über Werbung mit Wechsellicht (WechsellichtVO). 271
   14. Binnenalster-Verordnung ........................... 276
   15. Außenalster-Verordnung ........................... 278
   16. Rathausmarkt-Verordnung ......................... 282
   17. Alsterfleet-Verordnung ............................. 287
   18. Speicherstadt-Verordnung .......................... 289
   **Wichtige Verwaltungsvorschriften**
   19. Fachanweisung notwendige Stellplätze und notwendige Fahrradplätze ........................................... 292

D   Planungsrecht (Auszüge)
    1. Baugesetzbuch (BauGB) – §§ 14–19, 29–35, 37, 172–179, 246 .. 315
    2. Baunutzungsverordnung (BauNVO) .................. 333
    3. Baupolizeiverordnung von 1938 (BPVO) – Auszug der fortgeltenden Vorschriften ................................. 349

Stichwortverzeichnis .............................................. 355

# Inhaltsverzeichnis

**Bauvorschriften im Internet**

Sammlung des Bundesrechts
www.gesetze-im-internet.de

Hamburgisches Gesetz- und Verordnungsblatt
http://www.luewu.de/

Sammlung des Hamburgischen Landesrechts
www.landesrecht.hamburg.de

Behörde für Stadtentwicklung und Wohnen
www.hamburg.de/baugenehmigung

# Abkürzungsverzeichnis

| | |
|---|---|
| ABH | Amt für Bauordnung und Hochbau der Behörde für Stadtentwicklung und Wohnen |
| Abs. | Absatz, Absätze |
| Amtl. Anz. | Amtlicher Anzeiger, Teil II des Hamburgischen Gesetz- und Verordnungsblattes |
| Anm. | Anmerkung |
| ArbStättV | Arbeitsstättenverordnung |
| ARGEBAU | Arbeitsgemeinschaft der für das Bau- und Wohnungswesen zuständigen Minister und Senatoren der Länder |
| Art. | Artikel |
| BAB | Bauaufsichtsbehörde |
| BAnz. | Bundesanzeiger |
| BauGB | Baugesetzbuch |
| BauGebO | Baugebührenordnung |
| BaumSchVO | Baumschutzverordnung |
| BauPG | Bauproduktengesetz |
| BauVorlVO | Bauvorlagenverordnung |
| BBauG | Bundesbaugesetz |
| BeVO | Beherbergungsstättenverordnung |
| BezVG | Bezirksverwaltungsgesetz |
| BGB | Bürgerliches Gesetzbuch |
| BGBl. I | Bundesgesetzblatt Teil I |
| BImSchG | Bundes-Immissionsschutzgesetz |
| BL I | Sammlung des bereinigten hamburgischen Landesrechts Teil I (Ausgabe 1961) |
| BL II | Sammlung des bereinigten hamburgischen Landesrechts Teil II (Ausgabe 1970) |
| BNatSchG | Bundesnaturschutzgesetz |
| BP | Fachamt Bauprüfung der Bezirksämter |
| BPVO | Baupolizeiverordnung |
| BRS | Thiel/Gelzer, Baurechtsammlung, Rechtsprechung zum Bau- und Bodenrecht |
| BTA | Bautechnische Auslegung |
| BVerfG | Bundesverfassungsgericht |
| BVerwG | Bundesverwaltungsgericht |
| CE-Zeichen | Konformitätszeichen (bei Bauprodukten) |
| DIBt | Deutsches Institut für Bautechnik, Berlin |
| DIN | Deutsches Institut für Normung |
| EG | Europäische Gemeinschaft |
| ETB | Einheitliche Technische Baubestimmungen |
| EWG | Europäische Wirtschaftsgemeinschaft |
| EU | Europäische Union |
| FA | Fachanweisung |
| FeuVO | Feuerungsverordnung |
| FHH | Freie und Hansestadt Hamburg |

# Abkürzungsverzeichnis

| | |
|---|---|
| FNP | Flächennutzungsplan |
| GarVO | Garagenverordnung |
| GemMinBl. | Gemeinsames Ministerialblatt |
| GewO | Gewerbeordnung |
| GG | Grundgesetz für die Bundesrepublik Deutschland |
| GR | Globalrichtlinie |
| GVBl. | Hamburgisches Gesetz- und Verordnungsblatt |
| H | Maß der Tiefe der Abstandsfläche nach § 6 HBauO |
| HafenEG | Hafenentwicklungsgesetz |
| HAVO | Verordnung über Anforderungen an Hersteller von Bauprodukten und Anwender von Bauarten |
| HBauO | Hamburgische Bauordnung |
| HBauO 1969 | Hamburgische Bauordnung Fassung 1969 |
| HBauO 1986 | Hamburgische Bauordnung Fassung 1986 |
| HmbAbwG | Hamburgisches Abwassergesetz |
| HmbBNatSchG | Hamburgisches Gesetz zur Ausführung des Bundesnaturschutzgesetzes |
| HmbGes. | Hamburgische Gesetze |
| HmbJusVwBl. | Hamburgisches Justizverwaltungsblatt |
| HmbOVG | Hamburgisches Oberverwaltungsgericht |
| HmbUVPG | Gesetz über die Umweltverträglichkeitsprüfung in Hamburg |
| HmbVwVfG | Hamburgisches Verwaltungsverfahrensgesetz |
| HPA | Hamburg Port Authority |
| HWaG | Hamburgisches Wassergesetz |
| HWG | Hamburgisches Wegegesetz |
| kV | Kilovolt |
| kW | Kilowatt |
| Loseblattausgabe HmbGes. | Loseblattausgabe „Gesetze und Verordnungen der Freien und Hansestadt Hamburg (und der Zuständigkeitsanordnungen) |
| LP | Amt für Landesplanung der Behörde für Stadtentwicklung und Wohnen |
| MittVw | Mitteilungen für die Verwaltung der Freien und Hansestadt Hamburg |
| ÖPNV | Öffentlicher Personennahverkehr |
| OrdNr. | Ordnungsnummer |
| PlanzV | Planzeichenverordnung |
| PVO, PrüfVO | Prüfverordnung |
| RaumOG | Raumordnungsgesetz |
| RGaO | Reichsgaragenordnung |
| S. | Seite, auch Siehe |
| s. | siehe |
| TB | Technische Baubestimmung |
| TÜV | Technischer Überwachungsverein |
| ÜTVO | Verordnung über die Überwachung von Tätigkeiten mit Bauprodukten und bei Bauarten |

# Abkürzungsverzeichnis

| | |
|---|---|
| Ü-Zeichen | Übereinstimmungszeichen |
| ÜZVO | Übereinstimmungszeichenverordnung |
| V, VO | Verordnung |
| VkVO | Verkaufsstättenverordnung |
| VStättVO | Versammlungsstättenverordnung |
| WasBauPVO | Wasserbauprüfverordnung |
| WBZ | Zentrum für Wirtschaft und Bauen der Bezirksämter |
| WertV | Wertermittlungsverordnung |
| WHG | Wasserhaushaltsgesetz |

# Einführung

## Übersicht

1. Das hamburgische Bauordnungsrecht: Regelungsgegenstand und Bedeutung
2. Bisheriges Recht
3. Erlass der Hamburgischen Bauordnung von 2005; Änderungen der Bauordnung seit 2005
4. Die materiellen Vorschriften der Bauordnung
5. Die formellen Vorschriften der Bauordnung
6. Nachbarrechtliche Regelungen des Bauordnungsrechts
7. Ergänzende Regelungen zum Bauordnungsrecht: Rechtsverordnungen, Technische Baubestimmungen, Globalrichtlinien, Fachanweisungen, Bauprüfdienste
8. Baugebühren
9. Verwaltungsorganisation in Hamburg. Anschriften. Behördenzuständigkeiten
10. Gesetzgebungskompetenzen im Bereich des öffentlichen Baurechts
11. Musterbauordnung
12. Städtebaurecht – Baugesetzbuch und bundesrechtliche Rechtsverordnungen
13. Ergänzende hamburgische Regelungen zum Städtebaurecht
14. Städtebauliche Planung in Hamburg
15. Hafenentwicklungsgesetz
16. Umweltverträglichkeitsprüfung bei Bauvorhaben

## 1. Das hamburgische Bauordnungsrecht: Regelungsgegenstand und Bedeutung

Das öffentliche Baurecht wird mit dem Bauplanungsrecht und dem Bauordnungsrecht durch zwei große Rechtsbereiche gebildet. Während das Bauplanungsrecht als Recht der Bodennutzung festlegt, ob eine bestimmte Nutzung von Grund und Boden zulässig ist, regelt das Bauordnungsrecht – verkürzt gesagt – die zur Gefahrenabwehr notwendigen Anforderungen an das einzelne Bauwerk unter Einbeziehung seiner engeren Nachbarschaft. Das Bauordnungsrecht enthält mithin alle öffentlich-rechtlichen Anforderungen, die beim Errichten, Nutzen, Ändern und Abbrechen einzelner baulicher Anlagen beachtet werden müssen, um so einer möglichen Gefährdung von Menschen und Sachgütern sowie der natürlichen Lebensgrundlagen vorzubeugen, unzumutbare Belästigungen zu vermeiden und sozialen und baupflegerischen Belangen zu genügen.
Im Gegensatz zum Bauplanungsrecht, das als sog. Bodenrecht (Art. 74 Abs. 1 Nr. 18 Grundgesetz (GG)) der Gesetzgebungskompetenz des Bundes unterfällt (siehe Nr. 10 dieser Einführung), stellt das Bauordnungsrecht einen der wichtigsten Rechtsbereiche in der Gesetzgebungskompetenz der Bundesländer dar. Die Regelungen des Bauordnungsrechts bestimmen nämlich ganz wesentlich die konkrete Gestaltung baulicher Anlagen und damit das Stadt- und Ortsbild. Insofern betrifft das Bauordnungsrecht jede Bewohnerin und jeden Bewohner der Stadt. Natürlich hat das Bauordnungsrecht eine hohe Bedeutung für alle Bauherren von Neubau- oder Modernisierungsvorhaben und für die – von Berufs wegen – am Baugeschehen Beteiligten, wie Architekten, Bauingenieure, Bauleiter und

# A · Einführung

Bauunternehmer, aber auch für die mit der Herstellung von Bauprodukten befasste Industrie. Es ist schließlich für alle von Interesse, die Grundstücke und bauliche Anlagen nutzen oder verwalten, namentlich die Grundeigentümer selbst.
In Hamburg ist das Bauordnungsrecht im Wesentlichen in der Hamburgischen Bauordnung vom 14. Dezember 2005 geregelt.
Neben der Hamburgischen Bauordnung ist als ein weiteres landesrechtliches Gesetz mit unmittelbarem Bezug auf das Bauordnungsrecht das Gesetz zum Abkommen über das Deutsche Institut für Bautechnik (DIBt-Abkommen) von 1992 zu nennen. Neben die Bauordnung und dieses Gesetz treten noch 12 weitere vom Senat erlassene, das Bauordnungsrecht betreffende Rechtsverordnungen (C 1–12 in diesem Band sowie Nr. 7.1 der Einführung) sowie weitere 13 auf der Bauordnung beruhende Gestaltungsverordnungen (s. Nr. 7.1 der Einführung, C 13–18 in diesem Band und Anmerkung zu § 12).

**2. Bisheriges Recht**

Die ersten bauordnungsrechtlichen hamburgischen Regelungen im modernen Sinne wurden nach dem Großen Brand von 1842 erlassen. Sie betrafen allerdings nur das durch den Brand verwüstete Stadtgebiet. Es folgten das Baugesetz vom 3.7.1865, das Baupolizeigesetz vom 23.6.1882 und die Bauordnung für die Stadt Hamburg vom 19.7.1918. Die Vorschriften galten nur im Bereich des Stadtgebietes von Hamburg, nicht aber in den hamburgischen Landgebieten.
Erst die Baupolizeiverordnung (BPVO) vom 8.6.1938, die später mehrfach geändert und 1961 erneut bekanntgemacht wurde, galt im gesamten hamburgischen Staatsgebiet. Sie enthielt außer bauordnungsrechtlichen Regelungen u. a. auch Festlegungen über die zulässige Art und das zulässige Maß der baulichen Nutzung von Grundstücken, und damit auch bauplanungsrechtliche bzw. städtebauliche Regelungen. Diese haben auch heute noch Bedeutung für die planungsrechtliche Zulässigkeit von Bauvorhaben in Gebieten mit übergeleiteten Bebauungsplänen aus der Zeit vor 1960, insbesondere für Gebiete mit Baustufenplänen (siehe D 3 in diesem Band und Nr. 13 und 14 dieser Einführung). Hinsichtlich der bauordnungsrechtlichen Regelungen wurde die Baupolizeiverordnung durch die Hamburgische Bauordnung von 1969 ersetzt.
Diese wurde durch die Hamburgische Bauordnung von 1986 abgelöst. Ergänzt durch das Hamburgische Wohnungsbauerleichterungsgesetz vom 4.12.1990 – es führte das vereinfachte Genehmigungsverfahren ein –, die Bauanzeigenverordnung vom 18.5.1993 – sie führte das Bauanzeigeverfahren ein –, die Baufreistellungsverordnung vom 5.1.1988 – sie nannte die Vorhaben, die keiner präventiven Genehmigung bedürfen – sowie das Gesetz über die Höhe des Ausgleichsbetrages für Stellplätze und Fahrradplätze galt die Hamburgische Bauordnung von 1986 bis zum Inkrafttreten der neuen Hamburgischen Bauordnung vom 14.12.2005 am 1.4.2006.
Mit der neuen Hamburgischen Bauordnung wurde das Hamburgische Bauordnungsrecht gestrafft, vereinfacht und umfassend dereguliert.

## Einführung · A

**3. Erlass der Hamburgischen Bauordnung von 2005; Änderungen der Bauordnung seit 2005**

**3.1** Die neue Hamburgische Bauordnung wurde als Mitteilung des Senats an die Bürgerschaft – Drucksache 18/2549 – in das Parlament eingebracht. Der federführende Stadtentwicklungsausschuss legte die Vorlage mit der Berichtsdrucksache 18/3230 am 2.12.2005 dem Plenum der Bürgerschaft vor. Am 7.12.2005 wurde das Gesetz unter Annahme der Empfehlungen aus der Drucksache 18/3230 beschlossen.

**3.2** Mit dem Gesetz zur Sicherstellung klimaschutzrechtlicher Anforderungen im Baugenehmigungsverfahren vom 17.2.2009 (GVBl S. 43) wurde die Bauordnung an die Erfordernisse des Klimaschutzes angepasst. Durch Änderung des § 68 HBauO wurde die Prüfung energetischer Standards der Hamburgischen Klimaschutzverordnung und der Energieeinsparverordnung im bauordnungsrechtlichen Genehmigungsverfahren ermöglicht. Dazu wurde die Energieeinsparung in § 68 Abs. 1 HBauO, in § 68 Abs. 2 HBauO (vereinfachtes Genehmigungsverfahren) und in § 68 Abs. 4 HBauO (Baugenehmigungsverfahren mit Konzentrationswirkung; nunmehr ebenfalls in § 68 Abs. 2 HBauO geregelt) jeweils als neues Prüfthema hinzugefügt. Ausgenommen sind lediglich Gebäude der Gebäudeklasse 1 sowie bestimmte Fallgruppen von Gebäuden der Gebäudeklassen 2 und 3 im Anwendungsbereich des vereinfachten Genehmigungsverfahrens. Das Gesetz enthielt im Übrigen die notwendigen Änderungen der Bauvorlagenverordnung, der Prüfverordnung und der Baugebührenordnung.

**3.3** Die Änderung der Bauordnung durch das Gesetz vom 24.11.2009 (GVBl S. 402) wurde aufgrund einer Besonderheit des hamburgischen Wegerechts erforderlich. Die öffentlichen Wege in Hamburg stehen im öffentlichen Eigentum. Aus diesem Grund kann an diesen Flächen keine Baulast bestellt werden. Mit der Änderung des § 79 Abs. 1 HBauO wurde klargestellt, dass in Fällen von öffentlichem Eigentum an einer Grundfläche eine Baulast (z. B. in Fällen des § 7 HBauO oder des § 48 HBauO) durch die Erteilung einer vergleichbar dauerhaften Sondernutzungserlaubnis, den Abschluss eines entsprechenden Sondernutzungsvertrages bzw. die Erteilung einer vergleichbaren öffentlich-rechtlichen Gestattung ersetzt werden kann.

**3.4** Auswirkungen auf die Hamburgische Bauordnung hatte auch das Hamburgische Gesetz zur Umsetzung der Europäischen Dienstleistungsrichtlinie und über weitere Rechtsanpassungen vom 15.12.2009 (GVBl S. 444). Mit dem Gesetz wurde § 67 HBauO über die Bauvorlageberechtigung an die Anforderungen der Dienstleistungsrichtlinie angepasst. Anpassungen waren dabei nur im Bereich der sog. beschränkten Bauvorlageberechtigung für Wohngebäude der Gebäudeklassen 1 und 2 erforderlich. Es wurde eine Regelung aufgenommen (§ 67 Abs. 3 Satz 2 HBauO), nach der Personen aus anderen Mitgliedstaaten der Europäischen Gemeinschaften oder nach dem Recht der Europäischen Gemeinschaften gleichgestellter Staaten für diese Wohngebäude bauvorlageberechtigt sind, sofern sie über eine Ausbildung verfügen, die den in § 67 Abs. 3 Satz 1 HBauO genannten Ausbildungen gleichwertig ist. Im Hinblick auf die unbeschränkte Bauvorlageberechtigung nach § 67 Abs. 2 HBauO waren Änderungen in der Bauordnung nicht erforderlich. Die Hamburgische Bauordnung nimmt nämlich insoweit vollen Umfangs auf die Regelungen des Hamburgischen Architektengesetzes und

# A · Einführung

des Hamburgischen Gesetzes über das Ingenieurwesen Bezug. Die Änderung der Regelungen zur Bauvorlageberechtigung wurde überdies zum Anlass genommen, in § 67 Abs. 2 Nr. 2 HBauO die Bezugnahme auf das Hamburgische Gesetz über das Ingenieurwesen zu aktualisieren und in § 67 Abs. 5 HBauO die bisher verwandte Berufsbezeichnung „Garten- und Landschaftsarchitektinnen und –architekten" an die im Hamburgischen Architektengesetz verwandte neue Berufsbezeichnung „Landschaftsarchitektinnen und Landschaftsarchitekten" anzupassen.

Schließlich wurde die mit der neuen Hamburgischen Bauordnung von 2005 in § 67 Abs. 6 HBauO neu eingeführte beschränkte Bauvorlageberechtigung für gebäudetechnische Anlagen wieder aufgehoben. Stattdessen wurde in Anlehnung an § 65 Absatz 3 der Musterbauordnung in § 67 Abs. 1 Satz 2 HBauO geregelt, dass eine Bauvorlageberechtigung für Bauvorlagen, die üblicherweise von Fachkräften mit anderer Ausbildung als den in den Absätzen 2 bis 5 genannten verfasst werden, nicht erforderlich sei. Da zu diesen Bauvorlagen auch die Bauvorlagen über gebäudetechnische Anlagen zählen, konnte die Regelung des Absatzes 6 entfallen.

**3.5** Umfänglicher waren die Änderungen der Bauordnung durch das Gesetz zur Änderung der Hamburgischen Bauordnung und des Wohnwagengesetzes vom 27.4.2010 (GVBl S. 337). Die Änderungen waren das Ergebnis der umfangreichen Evaluierung der Hamburgischen Bauordnung auf Grund der Verpflichtung aus § 83 Abs. 7 HBauO, die den Senat gegenüber der Bürgerschaft verpflichtete, ihr über die Erfahrungen bei der Durchführung der Neufassung der Bauordnung zu berichten.

Aus dem Evaluierungsbericht (s. insoweit Mitteilung des Senats an die Bürgerschaft, Drucksache 19/4798 vom 8.12.2009) ergaben sich zahlreiche Änderungen der Hamburgischen Bauordnung, insbesondere:

- Im Hinblick auf die besondere Schutzbedürftigkeit ihrer Bewohnerinnen und Bewohner werden Wohngebäude, die speziell für behinderte und alte Menschen errichtet werden, in den Katalog der Sonderbauten aufgenommen (§ 2 Abs. 4 Nr. 9a HBauO).
- Die Evaluierung hatte gezeigt, dass die Wiederaufnahme auch qualitativer Anforderungen an die Gestaltung von Kinderspielflächen erforderlich ist, damit kindgerechte Spielflächen hergestellt werden. Deshalb wurde eine Verpflichtung in § 10 Abs. 1 Satz 1 HBauO aufgenommen, nach der die Spielflächen mit geeigneter Ausstattung für Kinder zu versehen sind.
- Das Werbeverbot aus § 13 Abs. 3 Nr. 4 HBauO an öffentlichen Gebäuden repräsentativen oder städtebaulich herausragenden Charakters wurde auf den Stadtteil HafenCity ausgedehnt. Hiermit wird der besonderen Bedeutung der HafenCity für das Stadtbild Hamburgs Rechnung getragen. Von Bedeutung für die bauordnungsrechtliche Zulässigkeit von Werbeanlagen ist auch die Neuregelung in § 13 Abs. 3 Satz 2 HBauO, nach der die dort geregelte Privilegierung sich nur auf zeitlich befristete Werbeanlagen beziehen soll, die dem Wohl der Allgemeinheit unmittelbar, insbesondere durch ihre Werbeaussage, dienen. Die Förderung des Wohls der Allgemeinheit durch finanzielle Unterstützung aus Webeinnahmen allein ist dagegen nicht Zielsetzung der Privilegierung.

## Einführung · A

– Hervorzuheben sind die Änderungen in § 68 HBauO, insbesondere in Absatz 2. Die bis dahin vorgesehene Prüfung der Nachweise zur Standsicherheit und zum Brandschutz sowie der Anforderungen an Rettungswege durch Prüfsachverständige für Bautechnik hatte sich nach den Erkenntnissen der Evaluierung nicht bewährt. Deshalb wurde die Prüfung der bautechnischen Nachweise einschließlich der Anforderungen an Rettungswege auch im vereinfachten Genehmigungsverfahren wieder der bauaufsichtlichen Prüfung unterstellt. Diese Änderung führte dazu, dass die Fristen im vereinfachten Genehmigungsverfahren in den Fällen, in denen die bautechnischen Nachweise zu prüfen sind, von einem auf zwei Monate verlängert werden mussten (vgl. § 61 Abs. 3 HBauO).
– Auch im Hinblick auf das Baugenehmigungsverfahren mit Konzentrationswirkung führte das Gesetz zu Änderungen. Hervorzuheben ist insoweit der neue § 70 Abs. 2 Satz 3 HBauO. Mit ihm soll ermöglicht werden, Bauvorlagen zu den bautechnischen Nachweisen (u. a. zur Standsicherheit, zum Wärmeschutz und zur Energieeinsparung sowie zur technischen Ausführung der für den Brandschutz bedeutsamen Bauteile), zu den Anlagen der technischen Gebäudeausrüstung, zu den Grundstücksentwässerungsanlagen, zur Baustelleneinrichtung und für die befristete Sondernutzung von öffentlichen Wegen nachreichen zu können und sie später mit einem Ergänzungsbescheid genehmigen zu lassen. Mit dieser Änderung sollte der Prozesshaftigkeit des Baugeschehens stärker Rechnung getragen werden und eine flexiblere Ausgestaltung des Baugenehmigungsverfahrens ermöglicht werden, ohne den Grundsatz der Baugenehmigung aus einer Hand in Frage zu stellen. Hiermit im Zusammenhang steht die Änderung des § 72 Abs. 1 Satz 2 HBauO, nach der die Genehmigung gegebenenfalls unter dem Vorbehalt ergänzender Genehmigungen erteilt werden kann.
– Die Geltungsdauer von Vorbescheiden wurde von einem auf zwei Jahre verlängert (§ 73 Abs. 2 HBauO).
– Umfangreich überarbeitet und angepasst wurde schließlich auch der Katalog der verfahrensfreien Vorhaben aus der Anlage 2 zu § 60 HBauO.

**3.6** Im Rahmen der Evaluierung wurden in Bezug auf das vereinfachte Genehmigungsverfahren Befürchtungen geäußert, dass Anforderungen aus dem Bauordnungsrecht und anderen Rechtsbereichen aufgrund des eingeschränkten Prüfumfanges nicht eingehalten würden. Um dies bewerten zu können, wurden ca. 200 im vereinfachten Genehmigungsverfahren genehmigte und anschließend errichtete Bauvorhaben darauf untersucht, ob die im bauordnungsrechtlichen Genehmigungsverfahren nicht geprüften materiellen öffentlich-rechtlichen Anforderungen eingehalten worden waren.

Aufgrund der erzielten Ergebnisse (s. Mitteilung des Senats an die Bürgerschaft, Drucksache 20/1110) wurde die Bauordnung mit dem Zweiten Gesetz zur Änderung der Hamburgischen Bauordnung vom 20.12.2011 (GVBl S. 554) geändert. In § 61 Abs. 2 Satz 1 HBauO wurde der Prüfumfang des vereinfachten Genehmigungsverfahrens um vier Themen erweitert, nämlich die Einhaltung der Anforderungen des § 10 HBauO (Kinderspielflächen), des § 16 HBauO im Hinblick auf schädliche Bodenveränderungen und Altlasten, des § 52 HBauO (barrierefreies Bauen) und des § 22 Bundes-Immissionsschutzgesetz bei Gebäuden mit gewerblichen Nutzungen oder mit Tiefgaragen. Im Hinblick auf die Prüfberei-

5

# A · Einführung

che des § 16 HBauO und des § 22 Bundes-Immissionsschutzgesetz müssen von den Bauprüfabteilungen die jeweiligen Fachdienststellen eingeschaltet werden. Deshalb wurde die Genehmigungsfrist in § 61 Abs. 3 HBauO bei Prüfung der genannten Prüfthemen auf zwei Monate verlängert.

**3.7** Mit dem Dritten Gesetz zur Änderung der Hamburgischen Bauordnung vom 28. Januar 2014 (HmbGVBl. S. 33), das am 1.2.2014 in Kraft getreten ist, wurde die bis dahin bestehende Verpflichtung zur Herstellung oder zum Nachweis von Stellplätzen für Kraftfahrzeuge bei Wohnungsbauvorhaben abgeschafft. Bei Wohnungsbauvorhaben (umfasst werden neben reinen Wohnungen auch Wohnheime) sind nur die notwendigen Fahrradplätze nachzuweisen. Damit wollte der Gesetzgeber dem besonderen öffentlichen Interesse an der Neuerrichtung von Wohnungen Rechnung tragen und den Wohnungsbau erleichtern (vgl. Bürgerschaftsdrucksache 20/9751). Es hatte sich herausgestellt, dass der jeweilige Stellplatzbedarf im Wohnungsbau stark von der Art der Wohnung, der Wohnungsgröße und dem jeweiligen Standort abhängig ist.

**3.8** Um die aufgrund des unvorhergesehen hohen Zustroms an geflüchteten Menschen erforderlichen Unterkünfte zügig errichten zu können, wurde mit dem Gesetz über die Zulassung des vorzeitigen Baubeginns im Baugenehmigungsverfahren in Bezug auf Aufnahmeeinrichtungen, Gemeinschaftsunterkünfte oder sonstige Unterkünfte für Flüchtlinge oder Asylbegehrende vom 17. Februar 2016 (HmbGVBl. S. 63), das am 26.2.2016 in Kraft getreten ist, die Zulassung des vorzeitigen Baubeginns zur Errichtung der Unterkünfte in § 72a HBauO eingeführt.

**3.9** Mit dem Gesetz zur Änderung der Hamburgischen Bauordnung und zur Umsetzung der Richtlinie 2012/18/EU des Europäischen Parlaments und des Rates vom 4. Juli 2012 zur Beherrschung der Gefahren schwerer Unfälle mit gefährlichen Stoffen, zur Änderung und anschließenden Aufhebung der Richtlinie 96/82/EG des Rates vom 23. Januar 2018 (HmbGVBl. S. 19), das teilweise am 7.2.2018 und teilweise am 1.5.2018 in Kraft getreten ist, wurden insbesondere

- der Wohnungsbau erleichtert, in dem die Zulässigkeit der Holzbauweise bis zur Hochhausgrenze von 22 m erweitert wurde (§ 24 Abs. 3), die Pflicht zum Einbau eines Aufzuges bei Schaffung zusätzlichen Wohnraums durch Dachausbau oder Aufstockungen bei mehr als 13 m Gebäudehöhe als nicht anwendbar geregelt wurde (§ 37 Abs. 4 S. 1 HS 2) und in Bezug auf die Schaffung zusätzlichen Wohnraums durch Dachausbau oder Aufstockungen ein neuer Abweichungstatbestand geschaffen wurde (§ 69 Abs. 1 S. 1 Nr. 3),
- durch Einfügen eines neuen § 59 Abs. 4 HBauO eine Öffentlichkeitsbeteiligung im Baugenehmigungsverfahren nach der Seveso-III-Richtlinie der EU eingeführt,
- die HBauO an die Bauproduktenverordnung der EU (Verordnung (EU) Nr. 305/2011) angepasst, indem unter weitest gehender Übernahme der Regelungen der MBO mit den neuen §§ 19a bis 23a HBauO eine grundlegende Systemumstellung in Bezug auf die rechtliche Bewertung von Bauprodukten und Bauarten erfolgte,
- der Prüfungsumfang des Baugenehmigungsverfahrens mit Konzentrationswirkung auf die Zulassung des Vorhabens als solches beschränkt; aufgrund des neuen § 62 Abs. 1 S. 2 HBauO entfällt die Prüfung der Maßnahmen, die

# Einführung · A

- ausschließlich die Ausführung des genehmigten Vorhabens betreffen (vgl. zum Begriff der Bauausführung vor allem §§ 14 ff., 72a, 73 HBauO) und
- zum Voranbringen der Digitalisierung in § 81 Abs. 6 HBauO klargestellt, dass der Senat durch Rechtsverordnung die Form der im Bauordnungsverfahren einzureichenden Unterlagen und der zu leistenden Unterschriften regeln darf.

Die Bekanntmachung über das Inkrafttreten der Technischen Baubestimmungen nach Artikel 9 Absatz 3 Satz 2 des Gesetzes zur Änderung der Hamburgischen Bauordnung und zur Umsetzung der Richtlinie 2012/18/EU des Europäischen Parlaments und des Rates vom 4. Juli 2012 zur Beherrschung der Gefahren schwerer Unfälle mit gefährlichen Stoffen, zur Änderung und anschließenden Aufhebung der Richtlinie 96/82/EG des Rates vom 2. Mai 2018 erfolgte am 11.5.2018 (HmbGVBl. S. 118).

**3.10** Mit einer Änderung des § 76 HBauO durch das vierte Gesetz zur Änderung der Hamburgischen Bauordnung vom 26. November 2018 (HmbGVBl. S. 371), das am 12.12.2018 in Kraft getreten ist, wurde eine Rechtsgrundlage geschaffen, um Grundeigentümerinnen und -eigentümer dazu zu verpflichten, auch bei Bestandsgebäuden auf ihren Grundstücken Standplätze für Abfallbehälter zu errichten und zu unterhalten. Damit sollten erforderliche abfallwirtschaftliche Maßnahmen flankiert werden, um die Abfallentfernung über im Straßenraum gelagerte Abfallsäcke zurückzudrängen.

## 4. Die materiellen Vorschriften der Bauordnung

Nachstehend wird ein Überblick über den wesentlichen Inhalt der materiellen Regelungen der HBauO gegeben. Eine eingehende Kommentierung der Vorschriften enthält der Loseblattkommentar Alexejew, Hamburgisches Bauordnungsrecht, ebenfalls im Deutschen Gemeindeverlag erschienen.

**4.1 Zu § 1:** In § 1 HBauO ist der **Anwendungsbereich** des Gesetzes geregelt. Danach unterliegen bauliche Anlagen (zum Begriff: § 2 Abs. 1 HBauO) aber auch alle Bauprodukte (zum Begriff: § 2 Abs. 10 HBauO) der HBauO. Den materiellen Anforderungen der Bauordnung sind weiterhin andere Anlagen und Einrichtungen sowie Grundstücke unterworfen, ohne dass für sie die Merkmale einer baulichen Anlage vorliegen müssen. Dies gilt aber nur insoweit, als das Gesetz oder Rechtsverordnungen aufgrund dieses Gesetzes ausdrücklich besondere Anforderungen in Bezug auf Grundstücke, Anlagen und Einrichtungen stellen. Zu nennen sind z. B. Baustelleneinrichtungen, Abgrenzungen, Brandbekämpfungseinrichtungen, Spielgeräte auf Kinderspielplätzen und Freizeiteinrichtungen sowie bestimmte Werbemittel und Automaten. Die in Abs. 2 genannten Anlagen unterfallen dem Bauordnungsrecht nicht. Das sind vor allem Anlagen, für die in Sondergesetzen Regelungen bestehen, oder für die die Anforderungen des Bauordnungsrechts nicht passen.

**4.2 Zu § 2:** In dieser Vorschrift werden **Begriffe** gesetzlich definiert, die an mehreren Stellen im Gesetz angesprochen werden, und deren Definition aus Gründen der Rechtssicherheit und des besseren Verständnisses der Vorschriften notwendig ist. Grundlegend ist die Definition des Begriffes „bauliche Anlage" in Abs. 1 Satz 1. Danach sind bauliche Anlagen mit dem Erdboden verbundene Anlagen und aus Bauprodukten hergestellt. Abs. 1 Satz 2 regelt Anlagen, die kraft einer gesetzlichen Fiktion als bauliche Anlagen gelten. Auch die Errich-

# A · Einführung

tung, Änderung, Nutzungsänderung und Beseitigung dieser Anlagen unterliegt dem grundsätzlichen Genehmigungsvorbehalt nach § 59 HBauO.

Bedeutsam, insbesondere für den Brandschutz (s. §§ 24 ff. HBauO), ist die Typisierung von Gebäuden in die Gebäudeklassen 1 bis 5 (Abs. 3) sowie Sonderbauten (Abs. 4). Die Einteilung in Gebäudeklassen dient einer plausibleren und nachvollziehbareren Differenzierung, insbesondere der Sicherheitsanforderungen, aber z. B. auch der Abgrenzung der Baugenehmigungsverfahren nach § 61 HBauO und § 62 HBauO.

§ 2 HBauO enthält auch Definitionen der Begriffe „Bauprodukte" und „Bauart" (Abs. 10 und 11).

**4.3  Zu § 3:** In der Generalklausel sind die **allgemeinen Anforderungen** an Anlagen (Abs. 1) und Bauprodukte und Bauarten (Abs. 2) geregelt.

§ 3 ist als Auffangvorschrift immer dann unmittelbar anwendbar, wenn keine speziellen Vorschriften der Bauordnung oder der auf sie gestützten Rechtsverordnungen einschlägig sind. Besondere Bedeutung kommt § 3 HBauO bei der Anordnung besonderer Anforderungen im Einzelfall bei Sonderbauten (§ 51 HBauO), bei der Prüfung von Abweichungsanträgen (§ 69 HBauO) und als Zielvorgabe für den Verordnungsgeber bei Erlass von Rechtsverordnungen (§ 81 HBauO) zu.

Nach § 3 Abs. 1 HBauO darf bei der Errichtung, der baulichen Änderung, der Instandhaltung, der Nutzungsänderung und der Beseitigung von (baulichen) Anlagen die öffentliche Sicherheit und Ordnung nicht gefährdet werden. Durch bauliche Anlagen dürfen Rechtsgüter bzw. individuelle Rechte Dritter, wie das Leben, die Gesundheit und die natürlichen Lebensgrundlagen (im Gesetz ausdrücklich hervorgehoben), aber auch Freiheit, Eigentum und Besitz keinen Gefährdungen ausgesetzt werden. Es dürfen keine unzumutbaren Belästigungen entstehen und die Anlagen müssen ihrem Zweck entsprechend ohne Missstände zu benutzen sein.

Nach Abs. 2 dürfen Bauprodukte und Bauarten nur verwendet werden, wenn sie die Anforderungen der Bauordnung oder auf diese gestützte Anforderungen erfüllen und gebrauchstauglich sind.

Abs. 3 verlangt die Einhaltung technischer Regeln, die als Technische Baubestimmungen durch öffentliche Bekanntmachung eingeführt sind (s. Nr. 7.2 der Einführung).

**4.4  Zu §§ 4 und 5:** Voraussetzung der Bebaubarkeit von Grundstücken ist deren **Erschließung** nach den Anforderungen des § 4 HBauO. Dafür muss ein Grundstück von einem befahrbaren öffentlichen Weg unmittelbar oder durch Baulast (§ 79 HBauO) gesichert über ein anderes Grundstück zugänglich sein. Dabei genügt es, wenn der öffentliche Weg so beschaffen ist, dass die Ver- und Entsorgung sowie der Einsatz von Rettungs- und Löschfahrzeugen möglich sind und durch die konkrete Grundstücksnutzung verursachte Verkehr ohne Schwierigkeiten abgewickelt werden kann. Wohngebäude der Gebäudeklassen 1 bis 3 dürfen auch über einen nicht befahrbaren öffentlichen Wohnweg von höchstens 75 m Länge zugänglich sein.

Nach § 4 Abs. 2 HBauO müssen alle Gebäude mit Aufenthaltsräumen von den Eigentümerinnen und Eigentümern an die öffentliche Wasserversorgung angeschlossen werden. Die Herstellung eines Brunnens ist nur zulässig, wenn es un-

möglich ist, das Grundstück an die öffentliche Wasserversorgung anzuschließen und die hygienischen Anforderungen eingehalten werden.
Bebaute Grundstücke sind mit einer Grundleitung an die öffentlichen Abwasseranlagen anzuschließen, entweder unmittelbar oder mittelbar über ein anderes Grundstück nach Bestellung einer Baulast. Bei Unmöglichkeit der Anschlüsse sind Ausnahmen in beschränktem Umfang zulässig (§ 4 Abs. 3 HBauO).
In § 5 sind die näheren Anforderungen an Zufahrten und Zugänge auf den bebauten Grundstücken geregelt.

**4.5 Zu § 6:** Die **Abstandsflächenregelungen** sind ein zentraler Regelungspunkt einer jeden Bauordnung. Abstandsflächen sollen spezifisch bauwerksbezogene Freiflächen sichern, der Belichtung und Belüftung von Räumen, dem Brandschutz und auch dem nachbarlichen Wohnfrieden dienen.
Abstandsflächen sind grundsätzlich vor allen Gebäudeaußenwänden (und vor Außenwänden von Anlagen mit gebäudegleicher Wirkung) frei zu halten. Vereinfacht ausgedrückt: „Die Abstandsflächen gleichen den heruntergeklappten Seiten eines Schuhkartons." Die Abstandsfläche bemisst sich nach der Höhe der jeweiligen Gebäudewand unter differenzierter Anrechnung der Höhe des Daches (Abs. 4). Das sich ergebende Maß heißt H. Die Tiefe der Abstandsfläche muss 0,4 H, in Gewerbe- und Industriegebieten 0,2 H, mindestens aber 2,5 m, betragen. Das Gebäude muss grundsätzlich so errichtet werden, dass die Abstandsflächen auf dem eigenen Grundstück liegen (Abs. 2); eine Inanspruchnahme des Nachbargrundstücks ist zulässig, wenn durch Baulast gesichert ist, dass eine Bebauung der Abstandsfläche unterbleibt. Abstandsflächen sind von oberirdischen baulichen Anlagen freizuhalten (Abs. 1), sie dürfen sich nicht überdecken (Abs. 3), abgesehen von einigen Ausnahmen. Was an untergeordneten Anlagen in Abstandsflächen zulässig ist, folgt aus Abs. 7. Eine abstandsflächenrechtliche Regelung zur Beschränkung der Bebauung von Vorgärten findet sich in § 9 Abs. 2 HBauO. Festsetzungen eines Bebauungsplans, aus denen sich andere Bemessungen für die Abstandsflächen ergeben, haben den Vorrang (Abs. 8). Der Nachbar hat auf die Einhaltung des Mindestabstandes von 2,50 m (Abs. 5) zu seinem Grundstück hin einen Rechtsanspruch; die Unterschreitung dieser Abstände im Abweichungswege ist nur mit seiner Zustimmung zulässig (§ 71 Abs. 2 HBauO).

**4.6 Zu § 7:** § 7 HBauO regelt die Zulässigkeit **eines Gebäudes auf mehreren Grundstücken**. Die Vorschrift befugt überdies die Bauaufsicht, bei neuen Vorhaben eine Anpassung an die Verhältnisse auf dem Nachbargrundstück zu verlangen, wenn dort entgegen dem Planungsrecht an der Grenze oder aber mit Abstand zur Grenze gebaut worden ist.

**4.7 Zu § 8:** Die HBauO fordert für die **Teilung von Grundstücken** keine Genehmigung mehr. Nach Abs. 1 dürfen jedoch durch eine Grundstücksteilung keine Verhältnisse geschaffen werden, die der HBauO oder den aufgrund der HBauO erlassenen bauordnungsrechtlichen Anforderungen widersprechen. Nach Abs. 2 können teilungsbedingte Abweichungen von den bauordnungsrechtlichen Anforderungen aber entsprechend § 69 HBauO zugelassen werden. Bei bebauten Grundstücken kann die Bauaufsicht bei Verstößen dagegen nach § 76 Abs. 4 HBauO verlangen, dass rechtmäßige Zustände hergestellt werden. Bebaut ist ein Grundstück, wenn sich auf diesem bauliche Anlagen im Sinne des § 2 Abs. 1 und 2 HBauO befinden, unabhängig davon, ob es genehmigungsbedürftige oder genehmigungsfreie Anlagen sind. Bauordnungswidrige Zu-

# A · Einführung

stände entstehen z. B., wenn durch die Teilung die rechtliche Einheit einer baulichen Anlage aufgehoben würde (Grundsatz: Jedem Gebäude sein eigenes Grundstück), wenn Abstands- oder Kinderspielflächen verkleinert oder abgetrennt, notwendige Zufahrten und Rettungsflächen abgeteilt würden oder ein bebautes Grundstück ohne unmittelbare Belegenheit an einem öffentlichen Weg gebildet würde (s. aber auch § 4 Abs. 1 und Abs. 3 HBauO, § 7 HBauO sowie § 15 Abs. 2 HBauO).

**4.8  Zu § 9:** In dieser Bestimmung sind Anforderungen an **nicht überbaute Flächen** und an **Vorgärten** geregelt. Nicht überbaute Flächen sind grundsätzlich wasserdurchlässig zu belassen oder herzustellen und – ebenso wie Vorgärten in Baugebieten mit Wohnanteil – gärtnerisch zu gestalten.

**4.9  Zu § 10: Kinderspielflächen** mit bestimmten Mindestgrößen und kindgerechten Spielgeräten sind bei Gebäuden mit mehr als 3 Wohnungen herzustellen, um insbesondere die Wohnqualität für Familien im Geschosswohnungsbau zu verbessern. Im Hinblick auf die Bedeutung von Kinderspielflächen werden die Anforderungen auch im vereinfachten Genehmigungsverfahren nach § 61 Abs. 2 Nr. 2 HBauO bauaufsichtlich überprüft.
Je Wohneinheit müssen 10 m² Kinderspielflächen bereitgestellt werden, mindestens jedoch 100 m². Geringere Flächenanteile sind zulässig, wenn sonst die zulässige Hauptnutzung auf dem Grundstück nicht realisiert werden könnte.
Die Herrichtung einer Kinderspielfläche auf einem anderen Grundstück in der Nähe kann nach Abs. 2 bei Absicherung dieser Fläche durch eine Baulast von der Bauaufsichtsbehörde zugelassen werden.
Flankiert wird die Vorschrift durch § 48 Abs. 2 HBauO, der der Unterbringung von Kinderspielflächen auf dem Grundstück den Vorrang vor der Unterbringung von notwendigen Stellplätzen für Kfz einräumt.

**4.10  Zu § 11:** Die HBauO begründet keine Verpflichtung, Grundstücke **einzufriedigen**. Die Regelung sieht lediglich Beschränkungen bei der Ausführung von Einfriedigungen an der Grenze zu öffentlichen Wegen und Grünflächen vor, zu Nachbargrenzen nur in der Tiefe der Vorgärten. Regelungsziel ist das öffentliche Interesse zum Schutz der Passanten vor einem „Tunnelgefühl". Bauliche Einfriedigungen müssen deshalb grundsätzlich durchbrochen sein (Ausnahme: Einfriedigungen gewerblich genutzter Grundstücke) und dürfen nicht höher als 1,50 m sein, bei gewerblichen Grundstücken nicht höher als 2,25 m. Die HBauO enthält keine Regelungen über die Höhe von Hecken, die als Einfriedigungen dienen. Ein Nachbarschaftsgesetz, das solche privatrechtlichen Fragen zwischen Nachbarn regelt, existiert in Hamburg nicht.

**4.11  Zu §§ 12 und 13:** In § 12 ist die **Gestaltung** baulicher Anlagen entsprechend nach den Grundsätzen geregelt, die die Rechtsprechung im Zusammenhang mit der früher geltenden Baugestaltungsverordnung und der Baupflegesatzung entwickelt hat. Die allgemeinen Gestaltungsgrundsätze des § 12 Abs. 1 HBauO zielen auf die Abwehr von Verunstaltungen (negativer Schutz). Dies gilt sowohl in Bezug auf die bauliche Anlage für sich allein betrachtet – bezogen auf Form, Maßstab, Verhältnis der Baumassen zueinander, auf den verwendeten Werkstoff sowie die Farbe –, als auch im Zusammenhang mit der Umgebung. Eine Verunstaltung liegt erst vor, wenn ein Zustand zu befürchten ist, den ein durchschnittlicher, für ästhetische Eindrücke nicht verschlossener Betrachter als erhebliche Belastung empfinden würde.

## Einführung · A

Die in Abs. 2 geregelten Anforderungen gehen über eine Verunstaltungsabwehr hinaus und sind auf eine positive Baupflege gerichtet. Es soll nicht nur ein hässlicher, das Empfinden des Betrachters erheblich belastender Zustand abgewehrt werden, es wird vielmehr ein ästhetisch wohltuender harmonischer Zustand gefordert. Auf dieses Ziel sind auch die Gestaltungsverordnungen gerichtet, die für einzelne Teile der Stadt gelten (s. Anmerkung 1 zu § 12). Darin werden Festlegungen zum Erreichen bestimmter „baugestalterischer Absichten" getroffen und damit der Weg zur positiven Gestaltungspflege eröffnet (§ 81 Abs. 1 Nr. 2 HBauO).

Mit (baulichen und nicht-baulichen) **Werbeanlagen** befasst sich § 13 HBauO. Werbung soll gerade auffällig in Erscheinung treten, um die Aufmerksamkeit auf die Werbeinhalte zu lenken. Dies kann zu Diskrepanzen gegenüber dem Anspruch auf ein harmonisches – zumindest nicht verunstaltetes – architektonisches und städtebauliches Erscheinungsbild führen. Die HBauO ist darauf gerichtet, erkennbaren Konflikten durch möglichst konkrete Regelungen zu begegnen. Damit wird ein hohes Maß an Rechtsklarheit geboten und gleichzeitig die Stadtbildpflege gefördert. Für alle Werbeanlagen gelten zum einen die allgemeinen Gestaltungsanforderungen der Abs. 1 und 2 des § 12 HBauO. Darüber hinaus sind die im Sinne einer positiven Baupflege gefassten Anforderungen des § 13 Abs. 2 und 3 HBauO zu beachten sowie die in den Gestaltungsverordnungen (s. Anmerkung 1 zu § 12) und zahlreichen Bebauungsplänen getroffenen Festsetzungen zu Werbeanlagen einzuhalten.

§ 13 HBauO (und § 12 HBauO) unterfallen außer baulichen Werbeanlagen auch Beschriftungen, Bemalungen, Schilder, Zeichen, bildliche Werbedarstellungen und Lichtwerbung. § 13 Abs. 4 HBauO stellt bestimmte Werbeanlagen (z. B. Wahlwerbung für die Dauer eines Wahlkampfs) von den Gestaltungsanforderungen frei.

**4.12 Zu §§ 14 bis 19:** In diesen Bestimmungen sind **Allgemeine Anforderungen an die Bauausführung** geregelt. § 14 HBauO ist dabei auf die Eindämmung der Gefahren oder Belästigungen gerichtet, die von der Errichtung und dem Betrieb einer **Baustelle** ausgehen können. Baustellen sind nach Maßgabe der Konkretisierungen der Bestimmung gefahrenfrei zu errichten und zu betreiben. Die **Standsicherheit** (§ 15 HBauO) muss in jeder Phase des Errichtens und des Bestehens der baulichen Anlage gewährleistet sein, sie darf auch nicht durch Erschütterungen (§ 18 Abs. 3 HBauO) gemindert werden, wie auch andere Anlagen durch die von einer baulichen Anlage oder ihrer Nutzung ausgehenden Erschütterungen nicht gefährdet werden dürfen. Auch beim Abbruch baulicher Anlagen müssen Standsicherheit und Tragfähigkeit verbleibender Teile erhalten bleiben, z. B. bei Abbruch aussteifender Wände oder der Auflast von Gewölben. § 16 HBauO schreibt den **Schutz gegen schädliche Einflüsse** vor. Dazu müssen bauliche Anlagen so angeordnet, beschaffen und gebrauchstauglich sein, dass durch Wasser, Feuchtigkeit, pflanzliche und tierische Schädlinge sowie andere chemische, physikalische oder biologische Einflüsse Gefahren oder unzumutbare Belästigungen nicht entstehen können. Baugrundstücke müssen überdies für bauliche Anlagen entsprechend geeignet sein. Relevant ist dies insbesondere bei Grundstücken, bei denen ein Verdacht auf schädliche Bodenveränderungen oder Altlasten vorliegt. Daher ist die Eignung der Grundstücke im Hinblick auf ihre Bebaubarkeit bei Vorliegen eines derartigen Verdachts auch im Rahmen

## A · Einführung

des vereinfachten Genehmigungsverfahrens nach § 61 Abs. 2 Nr. 2 HBauO zu prüfen.
Besondere Bedeutung kommt dem **Brandschutz** (§ 17 HBauO und §§ 24 ff. HBauO) zu, seit jeher eine der wichtigsten Aufgaben der Bauaufsicht. Auch heute noch geht die größte Gefahr für die Bewohner und Benutzer eines Gebäudes vom Feuer und seinen Folgen aus. Die Verhinderung von Feuer bzw. seiner Ausbreitung, die Rettung von Menschen und eine wirksame Brandbekämpfung stehen daher nach wie vor im Mittelpunkt vieler Vorschriften der Bauordnung, der Rechtsverordnungen sowie der Technischen Baubestimmungen (s. Anmerkung 1 zu § 17). Der Entstehung und Ausbreitung von Feuer kann beispielsweise durch Gebäudeabstände, Brandwände, die Verwendung nichtbrennbarer Bauprodukte, die Ausbildung der Feuerstätten vorgebeugt werden. Der Rettung von Menschen und Sachgütern dienen die Vorschriften über Rettungswege, die Anordnung der notwendigen Treppen, die Ausbildung von Treppenräumen und der Abschlüsse sowie die Anlage ausreichender Zufahrtsmöglichkeiten für Feuerwehrfahrzeuge. Der Brandbekämpfung dient die Anordnung von Steigleitungen (z. B. in Hochhäusern) und Hydranten sowie das Freihalten von Zufahrten und Zugängen für die Feuerwehr (vgl. auch § 5 HBauO).
Ein ausreichender **Schall-, Wärme- und Erschütterungsschutz** (§ 18 HBauO) ist Voraussetzung für ein gesundes Wohnen und Arbeiten in Gebäuden. Der Schallschutz soll sowohl das Eindringen fremden Lärms als auch das Entstehen und die Ausbreitung von Geräuschen aus der Nutzung von baulichen Anlagen und maschinellen Einrichtungen verhindern. Auch Erschütterungen oder Schwingungen, die von ortsfesten Einrichtungen ausgehen, müssen so gedämmt werden, dass keine Gefahren oder unzumutbaren Belästigungen entstehen können.
Auf Fragen der **Verkehrssicherheit** auf dem Baugrundstück und in der baulichen Anlage geht § 19 HBauO ein. Als hamburgische Besonderheit werden hier überschaubare und beleuchtete öffentlich zugängliche Wege sowie beleuchtete Hausnummern gefordert. Mit dieser Art der Hausnummerierung soll das Auffinden der Grundstücke auch bei Dunkelheit erleichtert werden, insbesondere für Rettungs- und Hilfsdienste; außerdem sollen die Verkehrsflächen besser erhellt werden.

**4.13 Zu §§ 19a bis 23a:** Die Regelungen über **Bauprodukte** (Begriffsdefinition in § 2 Abs. 10) und **Bauarten** (Begriffsdefinition in § 2 Abs. 11) und wurden im Jahre 2018 im Hinblick auf die veränderten unionsrechtlichen Anforderungen für Bauprodukte grundlegend novelliert (s. o. 3.9). Seither gilt (s. Bürgerschaftsdrucksache 21/9420):
**Bauprodukte** dürfen nach § 19b Abs. 1 nur verwendet werden, wenn bei ihrer Verwendung die baulichen Anlagen bei ordnungsgemäßer Instandhaltung während einer dem Zweck entsprechenden angemessenen Zeitdauer die Anforderungen der HBauO oder auf Grund der HBauO erfüllen und gebrauchstauglich sind. Dies ist abhängig von dem Vorliegen einer CE-Kennzeichnung unterschiedlich zu beurteilen.
Trägt ein Produkt eine CE-Kennzeichnung, darf es nach § 19c HBauO verwendet werden, wenn die erklärten Leistungen den in der HBauO oder aufgrund der HBauO festgelegten Anforderungen für diese Verwendung entsprechen. Kurz gesagt: das Bauprodukt darf verwendet werden, wenn die erklärten Leistungen

# Einführung · A

den Anforderungen entsprechen. Die in §§ 20 bis 22b und § 23a Abs. 1 geregelten Anforderungen in Bezug auf Verwendbarkeitsnachweise, allgemeine bauaufsichtliche Zulassungen und Prüfzeugnisse, Nachweise der Verwendbarkeit im Einzelfall, Übereinstimmungsbestätigungen, Übereinstimmungsklärungen der Herstellerin oder des Herstellers, Zertifizierung und besondere Sachkunde- und Sorgfaltsanforderungen gelten nach § 19c S. 2 nicht für Bauprodukte, die die CE-Kennzeichnung auf Grund der Verordnung (EU) 305/2011 tragen.

Für die Zulässigkeit von Bauprodukten ohne CE-Kennzeichnung ist maßgeblich danach zu unterscheiden, ob sie in technischen Baubestimmungen, die auf der Grundlage von § 81a erlassen werden, enthalten sind. Ist das der Fall, dürfen sie nach § 20 Abs. 3 ohne Verwendbarkeitsnachweis eingesetzt werden. Sind Bauprodukte dagegen nicht in technischen Baubestimmungen enthalten, weichen sie wesentlich von diesen ab oder im Falle des Nichtvorhandenseins allgemein anerkannter Regeln der Technik, dürfen nach § 20 Abs. 1 verwendet werden, wenn ein Verwendbarkeitsnachweis nach §§ 20a bis c vorliegt. Verwendbarkeitsnachweise sind die allgemeine bauaufsichtliche Zulassung durch die Bauaufsichtsbehörde nach § 20a, die in der Regel für fünf Jahre erteilt wird, widerruflich ist und öffentlich bekannt gemacht wird, das durch eine Prüfstelle erteilte bauaufsichtliche Prüfzeugnis nach § 20b für Bauprodukte, die nach allgemein anerkannten Prüfverfahren beurteilt werden und der Nachweis der Verwendbarkeit im Einzelfall mit Zustimmung der Bauaufsichtsbehörde nach § 20c. Die Bestätigung der Übereinstimmung eines Bauproduktes mit den Technischen Baubestimmungen nach § 81a Abs. 2, den allgemeinen bauaufsichtlichen Zulassungen, den allgemeinen bauaufsichtlichen Prüfzeugnissen oder den Zustimmungen im Einzelfall erfolgt nach § 22 durch Übereinstimmungserklärung der Herstellerin oder des Herstellers nach § 22a. Die Übereinstimmungserklärung hat die Herstellerin oder der Hersteller durch Kennzeichnung der Bauprodukte mit dem Übereinstimmungszeichen (Ü-Zeichen) unter Hinweis auf den Verwendungszweck abzugeben. Ü-Zeichen aus anderen Ländern und aus anderen Staaten gelten auch in der FHH.

**Bauarten** sind auch nach dem Inkrafttreten der Bauproduktenverordnung der EU weiterhin allein durch mitgliedstaatliches Recht geregelt. Nach § 19a Abs. 1 dürfen Bauarten nur angewendet werden, wenn bei ihrer Anwendung die baulichen Anlagen bei ordnungsgemäßer Instandhaltung während einer dem Zweck entsprechenden angemessenen Zeitdauer die bauordnungsrechtlichen Anforderungen erfüllen und für ihren Anwendungszweck tauglich sind. Bauarten, die von Technischen Baubestimmungen wesentlich abweichen, oder für die es keine allgemein anerkannten Regeln der Technik gibt, dürfen nur angewendet werden, wenn für sie eine allgemeine oder eine vorhabenbezogene Bauartgenehmigung durch die Bauaufsichtsbehörde erteilt worden ist. Kann die Bauart nach allgemein anerkannten Prüfverfahren beurteilt werden, genügt ein allgemeines bauaufsichtliches Prüfzeugnis für Bauarten. Bauarten bedürfen einer Bestätigung ihrer Übereinstimmung mit den Technischen Baubestimmungen nach § 81a, den allgemeinen Bauartgenehmigungen, den allgemeinen bauaufsichtlichen Prüfzeugnissen für Bauarten oder den vorhabenbezogenen Bauartgenehmigungen in analoger Anwendung des § 22 Abs. 2.

**4.14 Zu §§ 24 bis 30:** Die Vorschriften des Vierten Abschnitts behandeln die Sicherheitsanforderungen bezogen auf Gebäude, insbesondere unter dem Ge-

## A · Einführung

sichtspunkt des **Brandschutzes**. § 24 HBauO nimmt hierbei als allgemeine Vorschrift eine Klassifizierung der Baustoffe und Bauteile im Hinblick auf ihr Brandverhalten und ihre Feuerwiderstandsfähigkeit vor. In den Folgevorschriften werden die einzelnen Brandschutzanforderungen an Tragende Wände, Stützen, Außenwände, Trennwände, Brandwände, Decken und Dächer geregelt. Hierbei werden die Anforderungen differenziert nach einzelnen Bauteilen und ihren Funktionen kombiniert mit den Gebäudeklassen (§ 2 Absatz 3 HBauO). Auf dieser Grundlage sind die wesentlichen **brandschutztechnischen Anforderungen** nach den §§ 25 bis 30 HBauO sowie der Garagenverordnung in der **nachstehenden Tabelle** aufgeführt. Die verwendeten brandschutztechnischen Begriffe gehen zurück auf die Technische Bestimmung über Brandschutz, DIN 4102, Brandverhalten von Baustoffen und Bauteilen (s. auch Anmerkung 1 zu § 17).

Anforderungen an das Brandverhalten von Bauteilen klassifiziert nach DIN 41020

|   |   | Gebäude-klasse 1 | Gebäude-klasse 2 | Gebäude-klasse 3 | Gebäude-klasse 4 | Gebäude-klasse 5 |
|---|---|---|---|---|---|---|
| 1 | Tragende Wände (Stützen) |   |   |   |   |   |
|   | a) im Keller | F 30-B | F 30-B | F 90-AB | F 90-AB | F 90-AB |
|   | b) in Geschossen | – | F 30-B | F 30-B | F 60 | F 90-AB |
|   | c) im Dachgeschoss[1] | – | – | – | – | – |
| 2 | Gebäudeabschluss-wände | F60 i->a: F 30-B, a->i: F 90 | F60 i->a: F 30-B, a->i: F 90 | F60 i->a s. 1 a)b) a->i: F 90 | F 60 stoßfest | Brandwand |
| 3 | Außenwände (nichttragend) | – | – | – | A oder F 30-B | A oder F 30-B |
|   | a) Bekleidungen (Oberflächen) Unterkonstruktion, Dämmschichten | – | – | – | B 1[2] | B 1[2] |
| 4 | Trennwände |   |   |   |   |   |
|   | a) im Kellergeschoss | – | – | F90-AB | F90-AB | F90-AB |
|   | b) in Geschossen | – | – | F30-B | F60 | F90-AB |
|   | b) im Dachgeschoss | – | – | F30-B | F30-B | F30-B |
| 5 | Treppenraumwände | – | – | F 30-B[3] | F 60 stoßfest[3] | Brand-wand-bauart[3] |
| 6 | Flurwände (notwendige Flure) |   |   |   |   |   |
|   | a) im Keller | – | – | F 90-AB | F 90-AB | F 90-AB |
|   | b) in Geschossen | – | – | F 30-B | F 30-B | F 30-B |
| 7 | Trennwände an offenen Gängen (soweit notwendiger Flur) | – | – | F 30-B | F 30-B | F 30-B |
| 8 | Decken |   |   |   |   |   |
|   | a) Kellerdecken | F 30-B | F 30-B | F 90-AB | F 90-AB | F 90-AB |
|   | b) Geschossdecken | – | F 30-B | F 30-B | F 60 | F 90-AB |

# Einführung · A

|  |  | Gebäude-klasse 1 | Gebäude-klasse 2 | Gebäude-klasse 3 | Gebäude-klasse 4 | Gebäude-klasse 5 |
|---|---|---|---|---|---|---|
|  | c) im Dachgeschoss[1] | – | – | – | – | – |
|  | d) oberer Abschluss von notwendigen Treppenräumen | – | F30-B[4] | F30-B[4] | F60[4] | F90-AB[4] |
| 9 | Bekleidungen in notwendigen Fluren und notwendigen Treppenräumen | – | – | A, Boden B1 | A, Boden B1 | A, Boden B1 |
| 10 | Tragende Teile notwendiger Treppen | – | – | A oder F 30-B Außentreppen A | A Außentreppen A | F 30-A, Außentreppen A |
| 11 | Fahrschachtwände | - | - | F 30-B | F 60 | F 90-A |
| 12 | Dächer | h.B. | h.B. | h.B. | h.B. | h.B. |

**Erläuterungen der verwendeten Kurzbezeichnungen:**
F 30–90　　Anforderungen an Bauteile
A, B　　　　Anforderung an Baustoffe
h. B.　　　　gegen Flugfeuer und strahlende Wärme widerstandsfähige Bedachung (harte Bedachung)
i->a/a->i　　Richtung der klassifizierten Feuerwiderstandsdauer (von innen nach außen/von außen nach innen)

**Fußnoten:**
1 gilt nur, wenn im darüber liegenden Dachraum keine Aufenthaltsräume zulässig sind.
2 Unterkonstruktionen aus normalentflammbaren (B2) Baustoffen sind zulässig, wenn das Eindringen von Feuer in den Hinterlüftungsspalt zwischen Bekleidung und Wand verhindert wird.
3 gilt nicht für Außenwände notwendiger Treppenräume, die aus nichtbrennbaren Baustoffen bestehen und durch andere anschließende Gebäudeteile im Brandfall nicht gefährdet sind.
4 gilt nicht, wenn der obere Abschluss das Dach ist und die Treppenraumwände bis unter die Dachhaut reichen.

## A · Einführung

Anforderungen an das Brandverhalten von Bauteilen von Garagen klassifiziert nach DIN 4102

| | | Tiefgaragen | Kleingaragen | Garagen GK 1 > 100 m² NF | Garagen GK 2 > 100 m² NF | Garagen GK 3 | Garagen GK 4 < 400 m² NF | Garagen GK 5 | Hochhausgaragen |
|---|---|---|---|---|---|---|---|---|---|
| 1 | Tragende Wände und Decken | F 90 AB | – | F 30 A | F 30 A | F 30 A | F 60 A | F 90 AB | F 90 AB |
| | a) offene Garagen | | – | A | A | A | A | A | F 90 AB |
| 2 | Außenwände | A | – | A | A | A | A | A | A |
| | a) 1-gesch. offene Garagen | | – | – | – | A | A | A | A |
| 3 | Trennwände | | | | | | | | |
| | a) zu anderen Nutzungen | F 90 AB | F 30 B | F 30 B | F 30 B | F 30 B | F 60 A | F 90 AB | F 90 AB |
| | b) zu Räumen mit erhöhter Expl.- od. Brandgefahr | F 90 AB | F 90 AB | F 90 AB | F 90 AB | F 90 AB | F 90 AB | F 90 AB | F 90 AB |
| 4 | Sonstige Wände | A | – | A | A | A | A | A | A |
| 5 | Gebäudeabschlusswände | Brandwand | F 30 od. A | Brandwand | Brandwand | Brandwand | Brandwand | Brandwand | Brandwand |
| | a) 1-gesch. offene Garagen | | – | F 90 AB | F 90 AB | F 90 AB | | | |
| 6 | Rauchabschnitte | F 30 A | – | – | – | F 30 A | – | F 30 A | F 30 A |
| 7 | Sonderregelung für automatische Garagen | | | | | | | | |

**Erläuterungen der verwendeten Kurzbezeichnungen:**
GK           Gebäudeklasse
NF           Nutzfläche
F 30–90    Anforderungen an Bauteile
A, B         Anforderung an Baustoffe

**4.15 Zu §§ 31 bis 43a:** Die Vorschriften des Fünften und Sechsten Abschnitts der Bauordnung (§§ 31 bis 43a HBauO) regeln zentrale für die sichere Benutzung von Gebäuden notwendige Anforderungen an Rettungswege, Treppen, Treppenräume und Ausgänge, Flure, Fenster, Umwehrungen und Brüstungen aber auch an die Technische Gebäudeausrüstung wie Aufzüge und haustechnische Anlagen, wobei hier vor allem Lüftungsanlagen, Feuerungsanlagen, Wasserversorgungsanlagen sowie Anlagen zum Beseitigen des Abwassers und zur

## Einführung · A

Abfall- und Wertstoffentsorgung zu nennen sind. Die Festlegungen über Feuerungsanlagen werden in der Feuerungsverordnung weiter konkretisiert (abgedruckt unter C 8 in diesem Band).

**4.16 Zu §§ 44 bis 52: Nutzungsbedingte Anforderungen**

**4.16.1 Aufenthaltsräume:** Um Anforderungen der Gesundheit und der „sozialen Wohlfahrtspflege" zu genügen, sind in § 44 HBauO bestimmte Mindestanforderungen an Aufenthaltsräume (zum Begriff s. § 2 Abs. 5 HBauO) festgelegt. Von Bedeutung ist u. a. die geforderte lichte Höhe für Aufenthaltsräume. Das Maß beträgt mindestens 2,4 m. Erleichterungen gelten für Aufenthaltsräume in Wohngebäuden der Gebäudeklassen 1 und 2 sowie in Dachgeschossen; hier genügt eine lichte Höhe von 2,3 m.

Das früher geltende Verbot, Aufenthaltsräume von Wohnungen vollständig unterhalb der umgebenden Geländeoberfläche anzuordnen, ist mit der Bauordnung von 2005 entfallen; zu beachten ist aber die Forderung nach ausreichender Belichtung und Belüftung in Abs. 2. Auch die Bauordnung von 2005 sieht aber das Verbot, eine Wohnung insgesamt im Kellergeschoss herzustellen, vor (s. § 45 Abs. 5 HBauO).

**4.16.2 Wohnungen:** Die Bauordnung von 2005 stellt in § 45 HBauO, verglichen mit der Bauordnung von 1986, deutlich geringere Anforderungen an die Ausgestaltung von Wohnungen und schafft somit einen größeren Freiraum für Bauherren und Entwurfsverfasser. Vorgeschrieben sind – selbstverständlich – eine Küche oder ein Kochplatz, Bad oder Dusche sowie eine Toilette, weiterhin ein eigener Wasserzähler. Neben einem Abstellraum für jede Wohnung von mindestens 6 m² Grundfläche ist eine zusätzliche Abstellfläche, ggf. in einem gesonderten Abstellraum, für Kinderwagen und Fahrräder herzustellen. Wohnungen müssen überdies in Schlafräumen, Kinderzimmern und Fluren, über die Rettungswege von Aufenthaltsräumen führen, mit Rauchwarnmeldern ausgestattet sein. Vorhandene Wohnungen waren bis zum 31.12.2010 mit Rauchwarnmeldern auszustatten.

Regelungen dazu, inwieweit Wohnungen barrierefrei auszugestalten sind, finden sich nunmehr in § 52 HBauO.

**4.16.3 Stellplätze für Kraftfahrzeuge und Fahrradplätze:** § 48 HBauO regelt die Pflicht zur Herstellung bzw. zum Nachweis von Stellplätzen für Kraftfahrzeuge und Fahrradplätzen bei der Errichtung, Änderung oder Nutzungsänderung von baulichen Anlagen. In der Bauordnung werden dabei nur die grundsätzlichen Aussagen über den Bau von Stellplätzen und Fahrradplätzen gemacht und insbes. die Verpflichtung der Bauherren und Grundeigentümer statuiert, für das Unterbringen der Fahrzeuge aufzukommen (an erster Stelle durch das Bereitstellen von offenen Stellplätzen oder von Stellplätzen in Garagen, von Fahrradplätzen, ggf. aber auch durch Zahlung zweckgebundener Ausgleichsbeträge). Bauliche Anlagen dürfen nach § 48 HBauO nur errichtet werden, wenn die notwendigen Stellplätze für die vorhandenen und zu erwartenden Fahrzeuge der Benutzer und der Besucher der Anlagen sowie Fahrradplätze hergestellt werden. Die Zahl der notwendigen Stellplätze und Fahrradplätze, bezogen auf die unterschiedlichen Nutzungsarten, sind in der Fachanweisung „Notwendige Stellplätze und notwendige Fahrradplätze" vom 21.1.2013 enthalten (abgedruckt unter C 19 in diesem Band). Die notwendigen Stellplätze und Fahrradplätze sind in erster Linie auf dem Baugrundstück selbst oder – soweit dies für den Bauherrn

# A · Einführung

möglich ist – auf einem Grundstück in der Nähe, z. B. zusammen mit anderen Pflichtigen, herzustellen.
Bei baulichen Änderungen und Nutzungsänderungen, die Auswirkungen auf den Stellplatzbedarf haben, sind nur Stellplätze für Kraftfahrzeuge und Fahrradplätze für den Mehrbedarf infolge der Änderung herzustellen.
§ 48 Abs. 1a HBauO, der mit dem Dritten Gesetz zur Änderung der Hamburgischen Bauordnung vom 28. Januar 2014 (HmbGVBl. S. 33) in die Bauordnung eingefügt wurde, schafft die bis dahin bestehende Verpflichtung zur Herstellung oder zum Nachweis von Stellplätzen für Kraftfahrzeuge bei Wohnungsbauvorhaben (umfasst auch Wohnheime) ab. Bei Wohnungsbauvorhaben sind zukünftig nur die notwendigen Fahrradplätze herzustellen bzw. nachzuweisen. Satz 2 des Absatzes 1a enthält einen nicht drittschützenden, nicht einklagbaren, bauaufsichtlich nicht erzwingbaren und durchsetzbaren Appell an die Bauherrinnen und Bauherren, in eigener Verantwortung und unter Berücksichtigung des Stellplatzbedarfs der Bewohnerinnen und Bewohner der Wohnungen oder des Wohnheims Stellplätze auch für Kraftfahrzeuge in angemessenem Umfang zu errichten.
§ 48 Abs. 2 HBauO legt fest, dass die Einrichtung von Kinderspielflächen nach § 10 HBauO sowie von Fahrradplätzen Vorrang vor der Unterbringung von Stellplätzen für Kraftfahrzeuge hat. Eine Zweckentfremdung der notwendigen Stellplätze und Fahrradplätze ist unzulässig (Abs. 3).
Nach Abs. 4 kann eine Stellplatzherstellung auch untersagt werden, wenn das Grundstück durch den öffentlichen Personennahverkehr gut erschlossen ist. Dies ist nach der Fachanweisung „Notwendige Stellplätze und notwendige Fahrradplätze" im Gebiet der Innenstadt (innerhalb des Rings 1) der Fall, so dass dort nur 25 % der notwendigen Stellplätze hergestellt werden dürfen, die Herstellung anderer Stellplätze aber untersagt wird.
Gestützt auf die Bauordnung ist eine neue Garagenverordnung (GarVO) erlassen worden (abgedruckt unter C 4 in diesem Band), mit der die vorausgegangene Verordnung von 1990 abgelöst wurde. Für die der Garagenverordnung unterfallenden Garagen und Stellplätze enthält die Verordnung spezielle Anforderungen. Soweit die Garagenverordnung keine speziellen Festlegungen trifft, bleiben die Anforderungen der Bauordnung maßgebend.
Neben den von den Bauherren und Grundeigentümern gebauten (privaten) Stellplätzen werden auch von der Hansestadt als der Trägerin der Wegebaulast Abstellmöglichkeiten für Kraftfahrzeuge – in der Regel innerhalb des öffentlichen Verkehrsraumes – bereitgestellt (Parkplätze). Auf die Zahl der notwendigen Stellplätze nach § 48 HBauO können vorhandene Parkplätze nicht angerechnet werden.
Kann der Bauherr notwendige Stellplätze für Kraftfahrzeuge und/oder Fahrradplätze auf dem Baugrundstück oder auf einem Grundstück in der Nähe nicht herstellen oder nachweisen, weil dies wegen der räumlichen Verhältnisse auf dem Grundstück oder wegen bautechnischer Gegebenheiten nicht möglich ist, so sieht die Bauordnung die Leistung eines **Ausgleichsbetrages** vor (§ 49 HBauO). Die Zahlungspflicht im Fall der „rechtlichen" Unmöglichkeit, wenn also der Bauherr „kann, aber nicht darf", ist entfallen. Die Höhe des Ausgleichsbetrages je nicht erstellten notwendigen Stellplatz oder notwendigen Fahrradplatz ist in § 49 Abs. 2 HBauO festgelegt (10.000 € bzw. 1.000 € in der Innenstadt,

6.000 € bzw. 600 € in den anderen Stadtbereichen). Den besonderen Anforderungen, die sich in Bezug auf gemischt genutzte Vorhaben (Wohnen und Gewerbe) aufgrund des Entfalls der Stellplatzpflicht für Wohnnutzungen nach § 48 Abs. 1a ergeben, wird mit § 49 Abs. 1 S. 1 Nr. 2 entsprochen (s. Bürgerschafts-Drucksache 21/9420).

**4.16.4** Für **Sonderbauten** (§ 51 HBauO) können über die Festlegungen der §§ 4 bis 47 HBauO hinausgehende Forderungen gestellt werden. Welche Gebäudetypen den Sonderbauten im Einzelnen unterfallen, ergibt sich aus § 2 Abs. 4 HBauO. Spezielle baurechtliche Anforderungen an Gebäude und bauliche Anlagen werden auch in den sog. „Sonderbauverordnungen" getroffen. Zu nennen sind hier beispielhaft die Versammlungsstätten-, die Verkaufsstätten- und die Beherbergungsstättenverordnung.

**4.16.5 Barrierefreies Bauen:** § 52 HBauO zielt darauf ab, zugunsten von **Menschen mit Behinderungen** und **älteren Menschen** sowie **Personen mit Kleinkindern** dazu beizutragen, eine hindernisfreie Umwelt zu schaffen, die es ihnen erlaubt, sich möglichst ohne Einschränkungen am Leben der Gemeinschaft zu beteiligen. § 52 HBauO unterscheidet dabei zwischen baulichen Anlagen, die sowohl von dem geschützten Personenkreis wie auch von jedermann besuchsweise (nicht nur gelegentlich) aufgesucht werden (öffentlich zugängliche bauliche Anlagen, wie z. B. Geschäftshäuser, Versammlungsstätten, Krankenhäuser; vgl. § 52 Abs. 2 HBauO), solchen baulichen Anlagen, die überwiegend oder ausschließlich von Menschen mit Behinderungen, alten Menschen oder Personen mit Kleinkindern genutzt werden (z. B. Tagesstätten, Werkstätten, Ausbildungsstätten für Menschen mit Behinderungen, Altenheime, Altenwohnheime, Pflegeheime für ältere Menschen oder Tagesstätten und Heime für Kleinkinder, vgl. § 52 Abs. 3 HBauO) und Wohnungen (vgl. § 52 Abs. 1 und 4 HBauO). Für Wohngebäude regelt § 52 Abs. 1 HBauO, dass in Gebäuden mit mehr als vier Wohnungen die Wohnungen eines Geschosses barrierefrei erreichbar sein müssen. Inhaltliche Anforderungen an die Barrierefreiheit von Wohnungen sind in Abs. 4 geregelt, z. B. die Breite und Neigung von stufenlosen Zugängen (wie Rampen), ausreichend groß bemessene Türöffnungen und Bewegungsflächen.

**4.17 Zu §§ 53 bis 57:** Die Regelungen über die **Pflichten der am Bau Beteiligten** sollen eine eindeutige Aufgabenverteilung insbesondere zwischen Entwurfsverfasser, Unternehmer und Bauleiter bringen. Durch diese Vorschriften werden die am Bau Beteiligten im Rahmen ihres Wirkungskreises neben dem Bauherrn zum unmittelbaren Ansprechpartner der Bauaufsichtsbehörde gemacht.

## 5. Die formellen Vorschriften der Bauordnung

Die formellen oder auch Verfahrensvorschriften finden sich in § 58 ff. HBauO. Anders als die materiell rechtlichen Vorschriften der §§ 1 bis 57 HBauO, die die inhaltlichen Anforderungen an bauliche Anlagen festschreiben, regeln die §§ 58 ff. HBauO die bei Errichtung, Änderung, Nutzungsänderung oder Beseitigung von Anlagen geltenden verfahrensrechtlichen Anforderungen, aber auch bauaufsichtliche Maßnahmen, z. B. zur Herstellung ordnungsgemäßer Zustände, die Bauüberwachung, Baulasten, aber auch Ordnungswidrigkeiten und die Rechtsgrundlagen zum Erlass von Rechtsverordnungen.

In **§ 58 HBauO** werden in einer Generalklausel die **Aufgaben und Befugnisse der Bauaufsichtsbehörden** geregelt. Soweit die HBauO keine Verfahrensrege-

# A · Einführung

lungen trifft, ist das Hamburgische Verwaltungsverfahrensgesetz (HmbVwVfG) vom 9.11.1977 (GVBl. S. 333) – Loseblattausgabe HmbGes. OrdNr. 2010-1 – ergänzend heranzuziehen.

§ 58 Abs. 1 HBauO ist die verfahrensrechtliche Grundbestimmung für das Handeln der Bauaufsichtsbehörden und damit das formelle Gegenstück zur materiellen Generalklausel des § 3 HBauO. Aufgabe der Bauaufsicht ist es, „bei der Errichtung, Änderung, Nutzungsänderung und Beseitigung, bei der Nutzung und Instandhaltung von Anlagen und bei der Teilung von Grundstücken darüber zu wachen, dass die öffentlich-rechtlichen Vorschriften eingehalten werden". Hinsichtlich dieser umfassenden Überwachungsaufgabe ist zu unterscheiden zwischen der **präventiven und der repressiven Tätigkeit** der Bauaufsicht. Als präventive Tätigkeit wird die vorsorgende Überwachung, in der Regel durch das Erfordernis einer Baugenehmigung, verstanden; die repressive Überwachung erfasst die nachwirkende Aufsicht der Bauaufsicht nach Durchführung baurechtlich relevanter Maßnahmen.

Im Grundsatz erfordern Errichtung, Änderung, Nutzungsänderung und Beseitigung von Anlagen eine **Baugenehmigung** (§ 59 Abs. 1 HBauO). Insoweit ist zu unterscheiden:

Mit der Benennung von **verfahrensfreien Vorhaben** verzichtet der Gesetzgeber auf eine präventive Überwachung (§ 60 HBauO in Verbindung mit Anlage 2 zu § 60). Verzichtet wird jedoch nur auf das Erfordernis einer Genehmigung. Inhaltliche Anforderungen, die durch öffentlich-rechtliche Vorschriften an diese Vorhaben gestellt werden, sind zu beachten. Zulassungsentscheidungen nach anderen als bauordnungsrechtlichen Vorschriften sind einzuholen. Repressive Maßnahmen der Bauaufsicht bei Verstößen gegen materielle rechtliche Vorschriften bleiben unberührt.

Soweit ein Genehmigungsverfahren erforderlich bleibt, ist zu unterscheiden zwischen dem vereinfachten Genehmigungsverfahren und dem Genehmigungsverfahren mit Konzentrationswirkung.

Das **vereinfachte Genehmigungsverfahren** (**§ 61 HBauO**) gilt im Grundsatz für Wohngebäude bis zur Hochhausgrenze einschließlich der zugehörigen Nebenanlagen und Nebengebäude. Genehmigt werden in diesem Verfahren auch überwiegend zu Wohnzwecken dienende Gebäude mit Räumen bis zu jeweils 200 m$^2$ für die Berufsausübung freiberuflich Tätiger und Gewerbetreibender und sonstigen Nutzungseinheiten bis insgesamt 400 m$^2$ Geschossfläche. Diesem Verfahren unterliegen weiterhin sonstige Gebäude der Gebäudeklassen 1 und 2 und die Beseitigung baulicher Anlagen. Sonderbauten können dagegen nicht im vereinfachten Genehmigungsverfahren genehmigt werden.

Im vereinfachten Genehmigungsverfahren prüft die Bauaufsicht nicht vollumfänglich die Einhaltung aller öffentlich-rechtlichen Anforderungen an ein Gebäude, sondern lediglich einen enumerativ in der Bauordnung vorgeschriebenen Katalog einzelner Anforderungen (vgl. §§ 61 Abs. 2 und § 68 Abs. 2 HBauO). Danach war zunächst nur die Prüfung der Einhaltung städtebaulicher Anforderungen, der Abstandsflächen und beantragter Abweichungen im Sinne von § 69 HBauO sowie der naturschutzrechtlichen Eingriffsregelung vorgesehen. Seit dem Jahre 2009 werden für Gebäude oberhalb gewisser Schwellen auch die bautechnischen Nachweise zur Standsicherheit, zum Wärmeschutz, zur Energieeinsparung und zum Brandschutz einschließlich der Anforderungen an Rettungswege im vereinfachten Genehmigungsverfahren bauaufsichtlich geprüft (§ 68 Abs. 2 HBauO). Mit dem Zweiten Gesetz zur Änderung der Hamburgischen Bauordnung, das am 1. April 2012 in Kraft getreten ist, wurde das bauaufsichtliche Prüfprogramm auf Grund der Ergebnisse der Evaluierung des vereinfachten Genehmigungsverfahrens um die Prüfthemen der Einhaltung der Anforderungen aus § 10 HBauO betr. Kinderspielflächen, des § 16 HBauO im Hinblick auf schädliche Bodenveränderungen und Altlasten, des barrierefreien Bauens aus § 52 HBauO und der Anforderungen des § 22 des Bundes-Immissionsschutzgesetzes bei Gebäuden mit gewerblicher Nutzung und mit Tiefgaragen ergänzt. Das vereinfachte Genehmigungsverfahren ist durch strenge Fristen und eine Genehmigungsfiktion gekennzeichnet (vgl. § 61 Abs. 3 HBauO). Sofern die Baugenehmigung nicht innerhalb von zwei Monaten, in einfachen Fällen innerhalb von einem Monat, beschieden wird, gilt sie als erteilt (fiktive Baugenehmigung). Mit der Bauordnung von 2005 wurde das **Baugenehmigungsverfahren mit Konzentrationswirkung (§ 62 HBauO)** neu eingeführt. Diesem Genehmigungsverfahren unterliegen zwingend alle Vorhaben, die nicht nach § 60 HBauO verfahrensfrei sind und nicht dem vereinfachten Genehmigungsverfahren nach § 61 HBauO unterliegen; andere Vorhaben werden dann in einem Baugenehmigungsverfahren mit Konzentrationswirkung nach § 62 HBauO geprüft, wenn Bauherren dies in Ausübung ihres in § 59 Abs. 3 HBauO geregelten **Wahlrechts** wünschen. Nach § 62 HBauO prüft die Bauaufsicht alle öffentlich-rechtlichen Vorschriften, die durch das Vorhaben berührt werden; sofern die weiteren berührten Vorschriften (z. B. Denkmalschutzgesetz oder Baumschutzverordnung) eine eigenständige Genehmigung, Erlaubnis oder ähnliches verlangen, werden diese durch die Baugenehmigung mit Konzentrationswirkung ersetzt. Die Prüfung erstreckt sich allerdings nur auf die Zulässigkeit des Vorhabens als solches. Eine Prüfung der Zulässigkeit von Maßnahmen, die ausschließlich die Bauausführung betreffen, findet nach § 62 Abs. 1 S. 2 HBauO nicht statt. Ausgenommen sind daher insbesondere Sondernutzungserlaubnisse für die Baustellenzufahrt, vorübergehende Grundwasserabsenkung und Einleitung in Gewässer oder öffentliche Abwasseranlagen, Aushub der Baugrube und Zwischenlagerung des Bodens, Sondernutzungen im Bereich des Baugrubenverbaus im öffentlichen Grund (Einbringen von Trägern und Erdankern sowie Schlitz- oder Spundwände) und Baustelleneinrichtung auf dem Baugrundstück, auf Nachbargrundstücken und im Bereich des öffentlichen Grundes z. B. Bauschilder, Bauzäune, Lager- und Schutzhallen, Unterkünfte, Toiletten, Kräne, Gerüste, Reifenwaschanlagen, Container, Baustellenzufahrten während der Bauzeit. Ausgenommen vom Prüfungsumfang ist außerdem die Prüfung der Erfüllung der Anforderungen an Grundstücksentwässerungsanlagen nach § 13 Absatz 1 HmbAbwG. Die gesamte Verfahrensherrschaft liegt bei der Bauaufsicht. Diese holt Stellungnahmen der für die anderen Rechtsbereiche zuständigen fachkompetenten Stellen ein und erarbeitet nach Auswertung der eingegangenen Stellungnahmen die Baugenehmigung. Die (verwaltungsintern wirkende) Frist für die Stellungnahmen der anderen Behörden ist auf einen Monat nach Vorliegen aller vollständigen Unterlagen begrenzt. Für die Bearbeitung der Baugenehmigung gilt insgesamt eine Frist von 3 Monaten nach Vorliegen der vollständigen Unterlagen. Nach Ablauf der 3 Monate tritt aber keine Fiktionswirkung ein; eine fiktive Baugenehmigung kennt das Baugenehmigungsverfahren mit Konzentrationswirkung nicht.

# A · Einführung

**Öffentliche Vorhaben** bedürfen ebenfalls nur einer vereinfachten Genehmigung, nämlich der **Zustimmung** (§ 64 HBauO). Das Zustimmungsverfahren findet Anwendung bei Vorhaben des Bundes und der Länder; dazu gehören auch mittelbare Träger der Bundes- oder Landesverwaltung. Privilegiert sind alle Vorhaben, für die die Leitung der Entwurfsarbeiten und die Bauüberwachung bei einer Baudienststelle des Bundes oder der Länder liegen, auch wenn Träger des Vorhabens ein anderer öffentlicher Bauherr ist. In diesem Verfahren beschränkt sich die Prüfung der Bauaufsicht auf die Einhaltung der städtebaulichen Anforderungen, der bauordnungsrechtlichen Anforderungen mit Ausnahme der bautechnischen Nachweise sowie auf die Einhaltung anderer öffentlich-rechtlicher Vorschriften, soweit diese für das Vorhaben beachtlich sind und eine eigenständige Zulässigkeitsentscheidung nicht vorsehen (vgl. § 64 Abs. 3 HBauO).

Auf die Erteilung eines **Vorbescheids** (§ 63 HBauO) gewährt die Bauordnung einen Rechtsanspruch. Mit dem Vorbescheid beantwortet die Bauaufsicht mit Bindungswirkung für eine nachfolgende Baugenehmigung einzelne Fragen zu einem Vorhaben, im Regelfall zur Bebaubarkeit eines Grundstücks. Ein Vorbescheid gilt 2 Jahre, auch wenn es in der Zwischenzeit zu Rechtsänderungen (z. B. in der Bauleitplanung) kommt (§ 73 Abs. 2 HBauO). Die Frist kann bis zu einem Jahr verlängert werden.

An die Stelle der früheren Ausnahmen (§ 66 HBauO 1986) und Befreiungen (§ 67 HBauO 1986) trat mit der Bauordnung von 2005 die **Abweichung** (§ 69 HBauO). Sie kann erteilt werden, wenn der Zweck der Vorschrift, von der abgewichen werden soll, auf andere Weise sichergestellt wird, oder wenn Gründe des Allgemeinwohls die Abweichung erfordern. Abweichungen sind mit Begründung gesondert zu beantragen.

Zwingende Bauzustandsbesichtigungen oder Schlussabnahmen sind nicht mehr vorgesehen. Stattdessen kann die Bauaufsicht verlangen, dass zur rechtzeitigen Ermöglichung solcher Maßnahmen Beginn und Beendigung bestimmter Bauarbeiten **angezeigt werden** (§ 77 HBauO); die beabsichtigte Aufnahme der Nutzung ist mindestens 2 Wochen vorher der Bauaufsicht **anzuzeigen**. Nach Ermessen kann sie die **Bauausführung und Beseitigung überwachen** (§ 78 HBauO). Die Generalklausel für die **repressive Überwachung** findet sich in § 58 Abs. 1 HBauO. Danach kann die Bauaufsicht all diejenigen Maßnahmen nach pflichtgemäßem Ermessen treffen, die notwendig sind, um eine Einhaltung der öffentlich-rechtlichen Vorschriften sicherzustellen. Nur einzelne der danach möglichen Maßnahmen regelt das Gesetz ausdrücklich, so z. B. die Baueinstellung (§ 75 HBauO), die Nutzungsuntersagung und das Beseitigungsgebot (§ 76 Abs. 1 HBauO), die Befugnis, unter bestimmten Umständen auch bei bestandsgeschützten Gebäuden eine Anpassung an das geltende Recht zu verlangen (§ 76 Abs. 3 HBauO) und das Eingreifen nach der rechtswidrigen Teilung bebauter Grundstücke (§ 76 Abs. 4 HBauO).

Unter der in § 67 HBauO geregelten **Bauvorlageberechtigung** ist die ausschließliche Befugnis der im Gesetz genannten Berufsgruppen zu verstehen, Bauvorlagen für das nicht verfahrensfreie Errichten und Ändern von Gebäuden anzufertigen und zu unterschreiben. Diese Befugnis ist Architekten und den als bauvorlageberechtigt eingetragenen Ingenieuren gleichermaßen sachlich uneingeschränkt zuerkannt (§ 67 Abs. 2 HBauO). Eine eingeschränkte Bauvorlagebe-

# Einführung · A

rechtigung haben bestimmte Meister des Bauhandwerks, staatlich geprüfte Bautechniker sowie Hochschulabsolventen der einschlägigen Fachrichtungen, die (noch) nicht in die Liste der Architekten oder bauvorlageberechtigten Ingenieure eingetragen sind; die Bauvorlageberechtigung ist beschränkt auf Wohngebäude der Gebäudeklassen 1 und 2 (§ 67 Abs. 3 HBauO). § 67 Abs. 4 und 5 HBauO begründen eine im Hinblick auf die jeweilige Fachkompetenz eingeschränkte Bauvorlageberechtigung zugunsten von Innenarchitekten beim Umbau oder Ausbau von Gebäuden und zugunsten von Landschaftsarchitekten im Hinblick auf Freianlagen.

### 6. Nachbarrechtliche Regelungen des Bauordnungsrechts

Das Bauordnungsrecht dient dem Schutz der Allgemeinheit. Zwar wird durch verschiedene Regelungen z. B. auch ein Nachbar faktisch begünstigt; dies geschieht aber nur im Wege des Rechtsreflexes. Rechtlich durchsetzbare Ansprüche des Nachbarn resultieren hieraus nicht. Nach der Rechtsprechung der hamburgischen Verwaltungsgerichte ist indes eine Individualberechtigung durch bauordnungsrechtliche Normen dann anzunehmen, wenn der Gesetzgeber eine Drittbegünstigung deutlich zum Ausdruck gebracht hat. Dies kann in der Weise geschehen, dass Zustimmungsvorbehalte zugunsten des Nachbarn im Gesetz vorgesehen sind. Solche Zustimmungsvorbehalte – und damit Nachbarrechte – sind in § 71 Abs. 2 HBauO aufgeführt.

Eine Unterrichtungspflicht der Bauaufsichtsbehörde gegenüber dem Nachbarn besteht bei der Inanspruchnahme planungsrechtlicher Befreiungen oder Abweichungen von den Abstandsflächen, wobei zur Verfahrensbeschleunigung eine Ausschlussfrist von zwei Wochen für die Äußerung des Nachbarn besteht (s. § 71 Abs. 3 HBauO).

Als besondere Nachbarrechte sind das „Hammerschlags- und Leiterrecht", das Recht der Höherführung von Bauteilen an höheren Nachbargebäuden und des Anbringens übergreifender Bauteile sowie das Unterfangungsrecht geregelt (§ 74 HBauO). Nach § 74 Abs. 1 HBauO ist allgemein die Vornahme von Arbeiten zu dulden, soweit dies zur Errichtung, Änderung oder Unterhaltung von baulichen Anlagen auf den Nachbargrundstücken erforderlich ist; dazu gehört auch die Bewegung eines Kranauslegers (nicht aber des Transportgutes) im Luftraum über dem Nachbargrundstück.

Ein (privatrechtliches) Nachbarschaftsgesetz gibt es in Hamburg nicht.

### 7. Ergänzende Regelungen zum Bauordnungsrecht: Rechtsverordnungen, Technische Baubestimmungen, Globalrichtlinien, Fachanweisungen, Bauprüfdienste

**7.1** Die Bauordnung enthält nicht alle für die Ausführung von Bauvorhaben erforderlichen bauordnungsrechtlichen Regelungen. Es wurde angestrebt, das Gesetz nicht mit technischen Daten und Detailregelungen zu belasten und es auch von Vorschriften über außergewöhnliche Bauten und Anlagen freizuhalten. Eine Anreicherung der HBauO mit Einzelregelungen hätte ihre Übersichtlichkeit in Frage gestellt und auch das zügige Anpassen der einem schnelleren Wandel unterworfenen technischen Daten und Konstruktionsweisen an neue Erkenntnisse erschwert.

# A · Einführung

Die die allgemeinen baulichen Anforderungen konkretisierenden Vorschriften werden in Form von **Rechtsverordnungen** erlassen. Entsprechende Ermächtigungen sind insbesondere in § 81 HBauO, aber und auch anderen Vorschriften der HBauO enthalten. Für die meisten der benötigten Verordnungen haben die Länder ebenfalls Muster ausgearbeitet, so dass auch hier eine gewisse Einheitlichkeit der Rechtsanforderungen gesichert ist.
Die für das Baugeschehen in Hamburg wesentlichen Rechtsverordnungen sind unter C in diesem Band (Ergänzende Vorschriften) wiedergegeben:
- Bauvorlagenverordnung vom 30.6.2020 (GVBl. S. 391) – abgedruckt unter C 1 in diesem Band. Sie regelt im Einzelnen den Umfang, den Inhalt und die Zahl der in den bauaufsichtlichen Verfahren vorzulegenden Bauvorlagen und der dafür erforderlichen Unterschriften sowie die im elektronischen Verfahren geltenden Besonderheiten (z. B. Entfall der Unterschrift).
- Verordnung über Prüfingenieurinnen und Prüfingenieure, Prüfsachverständige und Technische Prüfungen (Prüfverordnung – PVO) vom 14.2.2006 (GVBl. S. 79, 222), zuletzt geändert am 17.1.2012 (GVBl. S. 8, 13) – abgedruckt unter C 2 in diesem Band. Die Verordnung benennt die Voraussetzungen, unter denen Prüfingenieurinnen und Prüfingenieure, Prüfsachverständige für technische Anlagen und Einrichtungen sowie Prüfsachverständige für Erd- und Grundbau behördlich anerkannt werden können, und regelt das Anerkennungsverfahren.
Prüfingenieurinnen und Prüfingenieure werden in der Regel von der Bauaufsichtsbehörde zur Prüfung der die Standsicherheit und den Brandschutz betreffenden bautechnischen Nachweise eingeschaltet (§ 81 Abs. 9 HBauO). Die Prüfsachverständigen für technische Anlagen und Einrichtungen werden bei der Prüfung der Wirksamkeit und Betriebssicherheit bestimmter technischer Anlagen und Einrichtungen hinzugezogen. Prüfbereiche und Verfahren dieser Prüfung sind im Einzelnen in den §§ 14 und 15 PVO geregelt.
Prüfsachverständige für Erd- und Grundbau bescheinigen die Vollständigkeit und Richtigkeit der Angaben über den Baugrund hinsichtlich Stoffbestand, Struktur und geologischer Einflüsse, dessen Tragfähigkeit und die getroffenen Annahmen zur Gründung oder Einbettung der baulichen Anlagen (vgl. § 20 PVO).
§ 21 PVO überträgt die Ausführungsgenehmigungen nach §§ 66 HBauO für Fahrgeschäfte auf den Technischen Überwachungs-Verein Nord Systems GmbH & Co KG, Hamburg. Hinsichtlich der Windkraftanlagen darf die Germanischer Lloyd AG, Hamburg, Typengenehmigungen nach § 65 HBauO erteilen; diese Aufgabe nimmt sie neben der Behörde für Stadtentwicklung und Wohnen als der insoweit allgemein zuständigen Bauaufsichtsbehörde wahr.
Nach § 22 PVO ist u. a. das Unterlassen der in § 15 PVO vorgeschriebenen Prüfungen der technischen Einrichtungen bußgeldpflichtig.
- Garagenverordnung (GarVO) vom 17.1.2012 (GVBl. S. 7, 8 ff.) – abgedruckt unter C 4 in diesem Band. Die Garagenverordnung regelt die besonderen bauordnungsrechtlichen Anforderungen an Garagen und offene Stellplätze. Bauliche Anforderungen werden insbesondere gestellt an die Ausgestaltung der Zu- und Abfahrten, der Rampen, an tragende Wände, Decken und Dächer, an Rauch- und Brandabschnitte, an die Verbindung von Garagen zu

## Einführung · A

Fluren, Treppenräume und Aufzugsvorrichtungen, an die Rettungswege, die Beleuchtung, die Lüftung und an Feuerlösch- und Brandmeldeanlagen. Differenziert wird dabei u. a. zwischen Kleingaragen (Nutzfläche bis 100 m²), Mittelgaragen (Nutzfläche von 100 m² bis 1000 m²) und Großgaragen (Nutzfläche über 1000 m²).
- Verordnung über den Bau und Betrieb von Versammlungsstätten (Versammlungsstättenverordnung – VStättVO) vom 5.8.2003 (GVBl. S. 420), zuletzt geändert am 1.3.2011 (GVBl. S. 91) – abgedruckt unter C 5 in diesem Band. Die Versammlungsstättenverordnung regelt als Sonderbauverordnung die baulichen und betrieblichen Anforderungen an überdachte Versammlungsstätten mit Versammlungsräumen, die mehr als 200 Besucher fassen, an Versammlungsstätten im Freien mit Szeneflächen, deren Besucherbereich mehr als 1000 Besucher fasst und an Sportstadien mit mehr als 5000 Besuchern. Versammlungsstätten sind bauliche Anlagen, die für die gleichzeitige Anwesenheit vieler Menschen bei Veranstaltungen aller Art, insbesondere erzieherischer, wirtschaftlicher, geselliger, kultureller, künstlerischer, politischer, sportlicher oder unterhaltender Art bestimmt sind sowie Schank- und Speisewirtschaften. Damit kommt dem Anwendungsbereich der Versammlungsstättenverordnung eine erhebliche praktische Bedeutung zu. Die Verordnung regelt insbesondere brandschutztechnische Anforderungen an Bauteile und Baustoffe von Versammlungsstätten, Anforderungen an die Rettungswege, Treppen und Türen, Anforderungen an die Bestuhlung, Abschrankungen und Schutzvorkehrungen, an Toilettenräume aber auch an die technischen Anlagen und Einrichtungen, wie Sicherheitsstromversorgungsanlagen, Sicherheitsbeleuchtung, die Rauchableitung, Feuerlöscheinrichtungen, Brand- und Alarmierungsanlagen usw. Daneben enthält die Verordnung auch Betriebsvorschriften, so z. B. zur Brandverhütung, zu verantwortlichen Personen, ggf. zu Brandsicherheitswachen, Sanitäts- und Rettungsdienst sowie Sicherheitskonzepten und ggf. Ordnungsdiensten.
- Verordnung über den Bau und Betrieb von Verkaufsstätten (Verkaufsstättenverordnung – VkVO) vom 5.8.2003 (GVBl. S. 413), – abgedruckt unter C 6 in diesem Band. Dem Anwendungsbereich der Verordnung unterfallen alle Verkaufsstätten mit einer Fläche von insgesamt mehr als 2000 m² mit Ausnahme von Messebauten. Verkaufsstätten sind dabei Gebäude, die dem Verkauf von Waren dienen und mindestens einen Verkaufsraum haben. Die Verordnung stellt dabei neben besonderen brandschutztechnischen Anforderungen vor allem Anforderungen an Rettungswege, an Treppen und Treppenräume, Ladenstraßen, Flure und Gänge, an Ausgänge und Türen. Geregelt sind auch Anforderungen an die Beleuchtung, an die Stromversorgung, an Feuerlösch-, Brandmelde- und Alarmierungsanlagen. Schließlich enthält die Verordnung Regelungen zur Gefahrenverhütung.
- Verordnung über den Bau und Betrieb von Beherbergungsstätten (Beherbergungsstättenverordnung – BeVO) vom 5.8.2003 (GVBl. S. 448), – abgedruckt unter C 7 in diesem Band. Die Verordnung regelt die besonderen Anforderungen an Beherbergungsstätten mit mehr als 12 Gastbetten. Beherbergungsstätten sind dabei Gebäude, die ganz oder teilweise für die Beherbergung von Gästen bestimmt sind, ausgenommen die Beherbergung in Ferienwohnungen. Auch diese Verordnung enthält neben besonderen brandschutztech-

# A · Einführung

nischen Anforderungen, Anforderungen an Rettungswege, Brandmelde- und Alarmierungsanlagen, die Beleuchtung, die Stromversorgung sowie bestimmte betriebliche Regelungen wie z. B. das Anbringen eines Rettungswegplans im Beherbergungsraum.
- Feuerungsverordnung (FeuVO) vom 25.9.2007 (GVBl. S. 338), zuletzt geändert am 2.11.2010 (GVBl. S. 582, 583) – abgedruckt unter C 8 in diesem Band.
- Übereinstimmungszeichen-Verordnung (ÜZVO) vom 20.5.2003 (GVBl. S. 134) – abgedruckt unter C 9 in diesem Band. Die Verordnung ist eine Folge der Umsetzung der EU-Bauproduktenrichtlinie in die HBauO. Sie regelt, wie das Übereinstimmungszeichen (Ü-Zeichen) im Sinne des § 22 Abs. 4 HBauO am zu verwendenden Bauprodukt anzubringen ist, welche Angaben es zu enthalten und wie es auszusehen hat.
- Verordnung über Anforderungen an Hersteller von Bauprodukten und Anwender von Bauarten (HAVO) vom 20.5.2003 (GVBl. S. 123) zuletzt geändert am 21.12.2010 (GVBl. S. 655, 658) – abgedruckt unter C 10 in diesem Band. Die Verordnung regelt die Anforderungen an Ausbildung und berufliche Erfahrung an Fachkräfte, die bei im Einzelnen genannten Tätigkeiten zur Verfügung stehen müssen.
- Verordnung über die Überwachung von Tätigkeiten mit Bauprodukten und bei Bauarbeiten (ÜTVO) vom 20.5.2003 (GVBl. S. 133), zuletzt geändert am 3.7.2007 (GVBl. S. 194) – abgedruckt unter C 11 in diesem Band. Die Verordnung nennt einzelne Tätigkeiten, die durch eine Überwachungsstelle nach § 23 Abs. 1 Satz 1 Nr. 5 HBauO überwacht werden müssen.
- Verordnung zur Feststellung der wasserrechtlichen Eignung von Bauprodukten und Bauarten durch Nachweise nach der Hamburgischen Bauordnung (WasBauPVO) vom 30.7.2002 (GVBl. S. 223) – abgedruckt unter C 12 in diesem Band. Die Verordnung nennt serienmäßig hergestellte Bauprodukte und bauliche Anlagen, für die auch hinsichtlich wasserrechtlicher Anforderungen die Nachweise nach §§ 20a, 20b und 22 bis 22b HBauO zu führen sind.
- Verordnung über Werbung mit Wechsellicht (WechsellichtVO) vom 28.4.1981 (GVBl. S. 91) – abgedruckt unter C 13 in diesem Band.
- Gestaltungsverordnungen; hier abgedruckt: Die Binnenalster-Verordnung, die Außenalster-Verordnung, die Rathausmarkt-Verordnung, die Speicherstadt-Verordnung (siehe C 14–C 18 in diesem Band). Hinsichtlich weiterer Gestaltungsverordnungen siehe Anmerkung zu § 12.

Von Bedeutung für das Baugeschehen in Hamburg sind daneben auch die in dieser Textausgabe nicht abgedruckten, nachstehend aufgeführten Vorschriften:
- Gesetz zum Abkommen über das Deutsche Institut für Bautechnik (DIBT-Abkommen) vom 22.12.1992 (GVBl. S. 313; Loseblattausgabe HmbGes. OrdNr. 2131-5), das Gesetz zu dem Abkommen zur zweiten Änderung des Abkommens über das Deutsche Institut für Bautechnik und zum Erlass des Bauprodukte-Marktüberwachungsdurchführungsgesetzes vom 29.1.2013 (GVBl. S. 17) sowie die Verordnung über die Übertragung bauaufsichtlicher Entscheidungsbefugnisse auf das Deutsche Institut für Bautechnik (DIBT-VO) vom 29.11.1994 (GVBl. S. 301, 310; Loseblattausgabe Hmb.Ges. OrdNr. 2131-1-9).
- Verordnung über die Anerkennung als Prüf-, Überwachungs- oder Zertifizierungsstelle nach Bauordnungsrecht (PÜZ-Anerkennungsverordnung –

## Einführung · A

PÜZAVO) vom 28.4.1998 (GVBl. S. 53; Loseblattausgabe HmbGes. OrdNr. 2131-1-13), zuletzt geändert am 21.12.2010 (GVBl. S. 655, 657); die Verordnung regelt die Anerkennung natürlicher oder juristischer Personen als Prüf-, Zertifizierungs- oder Überwachungsstelle im Rahmen der Zulassung bzw. Überwachung von Bauprodukten, insbesondere die Anerkennungsvoraussetzungen, das Verfahren der Anerkennung, die Pflichten der Prüf-, Überwachungs- und Zertifizierungsstellen und das Erlöschen bzw. den Widerruf der Anerkennung.

7.2 § 81a HBauO eröffnet die Möglichkeit, sog. **Technische Baubestimmungen** einzuführen. Diese Bestimmungen sind keine Rechtsvorschriften. Für denjenigen, der nach den Technischen Baubestimmungen baut, gilt aber die gesetzliche Vermutung, dass seine Bauausführung den anerkannten Regeln der Baukunst entspricht. Den bauaufsichtlichen Anforderungen kann aber auch anders als durch die Beachtung der eingeführten Baubestimmungen entsprochen werden. Will ein Bauherr die im Einzelfall gebotenen Anforderungen auf andere Weise erfüllen, so muss er nachweisen, dass auch seine Lösung den gestellten Anforderungen genügt. Die Technischen Baubestimmungen werden durch Bekanntmachung im Amtlichen Anzeiger eingeführt. Soweit Normen Inhalt der Technischen Baubestimmungen sind, können diese gesondert bezogen werden, DIN-Normen beispielsweise bei der Beuth-Vertrieb GmbH, Burggrafenstraße 4–7, 12623 Berlin. Die technischen Regeln für Bauprodukte werden gemäß § 20 Abs. 3 HBauO in der „Bauregelliste A" bekannt gemacht (veröffentlicht in den Mitteilungen des Deutschen Instituts für Bautechnik). Auch diese technischen Regeln sind Technische Baubestimmungen im Sinn von § 3 Abs. 3 HBauO. Soweit nicht in der „Bauregelliste A" bekannt gemacht, sind alle wesentlichen Technischen Baubestimmungen nachstehend in den Anmerkungen zu den jeweils einschlägigen Paragraphen aufgeführt.

7.3 Um die Einheitlichkeit der Aufgabenwahrnehmung und Rechtsanwendung durch die Bezirksämter sicherzustellen, erlässt der Senat sog. **Globalrichtlinien** bzw. die Fachbehörden (für das Baurecht die Behörde für Stadtentwicklung und Wohnen) und ggf. der Senat **Fachanweisungen**. Die Bezirksämter sind bei der Aufgabenerledigung an die Globalrichtlinien und Fachanweisungen gebunden. Eine Bindungswirkung gegenüber den Bauherren und anderen am Bau Beteiligten haben diese (nur) innerdienstlich verbindlichen Vorgaben dagegen nicht. Die Bezirksämter führen eine zentrale Sammlung aller Globalrichtlinien und Fachanweisungen, die jedermann zur Einsicht offensteht.

7.4 Erläuternde Ausführungen zum Baurecht und insbesondere zu Verfahrensabläufen werden schließlich für die beteiligten Dienststellen vom Amt für Bauordnung und Hochbau der Behörde für Stadtentwicklung und Wohnen in sog. **Bauprüfdiensten** gegeben. Den Bauprüfdiensten kommt weder innerdienstlich noch gegenüber Bauherren und den am Bau Beteiligten eine Bindungswirkung zu. Dennoch kommt ihnen für das praktische Baugeschehen in Hamburg eine große Bedeutung zu, da sie von der Fachkunde der zuständigen Aufsichtsbehörde getragen sind und regelmäßig von den Bauaufsichtsbehörden angewendet werden. Die Bauprüfdienste des Amtes für Bauordnung und Hochbau können im Internet unter www.hamburg.de/baugenehmigung eingesehen werden.

Im vorliegenden Band sind die Globalrichtlinien, Fachanweisungen und Bauprüfdienste – wie auch Technische Baubestimmungen – im Zusammenhang mit

# A · Einführung

den jeweils maßgeblichen Vorschriften (s. Anmerkungen zu den einzelnen Paragraphen) benannt.

**8. Baugebühren**

Die Gebühren, die für die Inanspruchnahme der Bauverwaltung in bau(ordnungs)rechtlichen Angelegenheiten zu zahlen sind, richten sich nach dem Gebührengesetz (GebG) vom 5.3.1986 (GVBl. S. 37) – Loseblattausgabe HmbGes. OrdNr. 202-1 – sowie der **Baugebührenordnung** (BauGebO) vom 23.5.2006 (GVBl. S. 261) mit (fast) jährlichen Änderungen – abgedruckt unter C 3 in diesem Band. Für die Ermittlung der Gebühren sind nach § 3 Abs. 1 BauGebO grundsätzlich die „anrechenbaren Kosten" maßgebend. Diese werden durch eine Multiplikation des Gebäude-Brutto-Rauminhalts mit den sog. „Anrechnungswerten" ermittelt (§ 3 Abs. 2 BauGebO). Die Anrechnungswerte sind in der Anlage 2 der BauGebO für Neubauten der dort benannten Gebäudearten in Euro/$m^3$ angegeben. Die Anrechnungswerte werden jährlich fortgeschrieben. Für die nicht in der Anlage 2 benannten baulichen Anlagen sowie für Umbauten sind die Herstellungskosten maßgebend (§ 3 Abs. 3 BauGebO).
Gebührenfreiheit besteht u. a. zugunsten des Bundes, der Bundesländer, bestimmter juristischer Personen des öffentlichen Rechts sowie von Wohlfahrtsverbänden – s. im einzelnen Gebührenfreiheitsverordnung (GebFreiVO) vom 6.12.1994 (GVBl. S. 370), zuletzt geändert am 14.12.2010 (GVBl. S. 667) – Loseblattausgabe HmbGes. OrdNr. 202-1-1 –.

**9. Verwaltungsorganisation in Hamburg. Anschriften. Behördenzuständigkeiten**

**9.1** Landesregierung (und zugleich oberste Landesbehörde) in Hamburg ist der Senat, dem Fachbehörden und Bezirksämter nachgeordnet sind. Er ist aus eigenem Recht Inhaber der Organisationsgewalt gegenüber den durch Gesetz eingerichteten und damit in ihrer Kernzuständigkeit festgeschriebenen Behörden sowie gegenüber den Bezirksämtern; er regelt ihre innere Gliederung und die Zuständigkeitsverteilungen im Einzelnen. Gegenüber allen Behörden ist er weisungsbefugt und evokationsberechtigt. Unmittelbare Assistenzeinheiten des Senats sind die Senatsbehörden Senatskanzlei und Personalamt. Wesentliche Festlegungen insoweit sind außer in der Verfassung der Freien und Hansestadt Hamburg von 1952 im Gesetz über Verwaltungsbehörden in der Fassung vom 30.7.1952 (BL I 2000-a), zuletzt geändert am 3.11.2020 (GVBl. S. 559) – Loseblattausgabe HmbGes. OrdNr. 2000-1), sowie im Bezirksverwaltungsgesetz (BezVG) vom 6.7.2006 (GVBl. S. 404, 452; Loseblattausgabe HmbGes. OrdNr. 2001-1), zuletzt geändert am 18.12.2020 (GVBl. S. 705) enthalten.
Die **Fachbehörden** (gegenwärtig 12) sind für das ganze Staatsgebiet zuständige, nach ihrer Fachkompetenz differenzierte Behörden, die im Wesentlichen ministerielle Aufgaben wahrnehmen, teilweise aber auch mit unmittelbarem Gesetzesvollzug betraut sind. Sie werden von einer/einem vom Senat bestellten Senatorin/Senator, der/dem Präses, geleitet, die/der Mitglied des Senats ist. Sie/Er trägt gegenüber dem Senat die Verantwortung nicht nur für die eigene Fachbehörde, sondern für alle Fachangelegenheiten des Verwaltungszweiges. Dies bedeutet beispielsweise, dass die Senatorin/der Senator der Behörde für Stadtentwicklung

## Einführung · A

und Wohnen auch die Angelegenheiten der Bauordnung fachlich zu verantworten hat, soweit sie von den Bezirksämtern wahrgenommen werden.
Die **Bezirksämter** sind örtliche Teilverwaltungen der Hansestadt (7 Bezirke), die die ihnen vom Senat zugewiesenen Verwaltungsaufgaben wahrzunehmen haben.
Für bauordnungsrechtliche Angelegenheiten sind in den Bezirksämtern die Fachämter Bauprüfung in den Zentren für Wirtschaftsförderung, Bauen und Umwelt (WBZ) zuständig. Diese Baudienststellen sind – neben der Behörde für Stadtentwicklung und Wohnen sowie der Hamburg Port Authority (s. 9.3.4) – die Anlaufstellen für alle bauinteressierten Bürgerinnen und Bürger.
**9.2 Welche Dienststelle** im Einzelnen **zuständig** ist, wird in den Rechtsvorschriften in der Regel nicht bestimmt. Wenn Behördenbezeichnungen gebraucht werden, so wird eine neutrale Behördenbezeichnung, beispielsweise Bauaufsichtsbehörde oder zuständige Behörde, verwendet.
Die Zuweisung der Zuständigkeiten erfolgt durch Anordnungen des Senats, die im Amtlichen Anzeiger veröffentlicht werden. Auf dem jeweils neuesten Stand zusammen gefasst wiedergegeben sind die Zuständigkeitsanordnungen in der Loseblattausgabe „Gesetze und Verordnungen der Freien und Hansestadt Hamburg" im Anhang I.
Im Bauordnungsrecht liegt die **Zuständigkeit ganz überwiegend bei den Bezirksämtern**, dies gilt namentlich für das **Baugenehmigungsverfahren und die Bauüberwachung**. Für die Überwachung der Bauausführung nach § 58 Abs. 1 HBauO und die stichprobenartige Baukontrolle ist, soweit es um den **Schutz von Personen geht, die Behörde für Stadtentwicklung und Wohnen** (dort das Amt für Bauordnung und Hochbau) zuständig.
Die Fachaufsicht gegenüber den Bezirksämtern in Bauordnungsangelegenheiten obliegt der Behörde für Stadtentwicklung und Wohnen. Sie nimmt für das Bauordnungswesen außerdem die Ministerialaufgaben wahr. Die Dienstaufsicht gegenüber den Bezirksämtern übt die Behörde für Wissenschaft, Forschung, Gleichstellung und Bezirke aus.

**9.3 Anschriften**
**9.3.1 Fachaufsicht in Bauangelegenheiten**
**Behörde für Stadtentwicklung und Wohnen**
**Amt für Bauordnung und Hochbau**
Neuenfelder Straße 19
21109 Hamburg
Telefon 4 28 40 – 0
info@bsw.hamburg.de
www.hamburg.de/bsw

**9.3.2 Dienstaufsicht über die Bezirksämter**
**Behörde für Wissenschaft, Forschung, Gleichstellung und Bezirke**
Hamburger Straße 37
22083 Hamburg
Telefon 4 28 63 – 0
info@bwfgb.hamburg.de
www.hamburg.de/bwfgb/

# A · Einführung

9.3.3 Bauprüfdienststellen der Bezirke
a) **Bezirksamt Hamburg-Mitte**
Dezernat Wirtschaft, Bauen und Umwelt
Fachamt Bauprüfung
Caffamacherreihe 1-3
20355 Hamburg
Telefon 4 28 54 – 3313
bp@hamburg-mitte.hamburg.de
www.hamburg.de/mitte
b) **Bezirksamt Altona**
Technisches Rathaus
Zentrum für Wirtschaftsförderung, Bauen und Umwelt,
Fachamt Bauprüfung
Jessenstraße 1 – 3
22767 Hamburg
Telefon 4 28 11 – 6363
wbz@altona.hamburg.de
www.hamburg.de/altona
c) **Bezirksamt Eimsbüttel**
Zentrum für Wirtschaftsförderung, Bauen und Umwelt
Fachamt Bauprüfung
Grindelberg 62 – 66
20144 Hamburg
Telefon 4 28 01 – 2233
bauprüfung@eimsbuettel.hamburg.de
www.hamburg.de/eimsbuettel/eimsbuettel-fachamt-baupruefung/
d) **Bezirksamt Hamburg-Nord**
Technisches Rathaus
Zentrum für Wirtschaftsförderung, Bauen und Umwelt
Fachamt Bauprüfung
Kümmellstraße 6
20249 Hamburg
Telefon 4 28 04 – 6807
wbz@hamburg-nord.hamburg.de
www.hamburg.de/hamburg-nord/wirtschaft-hamburg-nord/933312/zentrum-fuer-wirtschaftsfoerderung-bauen-und-umwelt/
e) **Bezirksamt Wandsbek**
Zentrum für Wirtschaftsförderung, Bauen und Umwelt
Schloßgarten 9
22041 Hamburg
Telefon 4 28 81 – 3345
wbz@wandsbek.hamburg.de
www.hamburg.de/wandsbek/baupruefung
f) **Bezirksamt Bergedorf**
Zentrum für Wirtschaftsförderung, Bauen und Umwelt
Fachamt Bauprüfung
Wentorfer Straße 38a
21029 Hamburg

## Einführung · A

Telefon 4 28 91 – 4301
baupruefung@bergedorf.hamburg.de
www.hamburg.de/bergedorf/navigation-wirtschaft/#anker_3
g) **Bezirksamt Harburg**
Zentrum für Wirtschaftsförderung, Bauen und Umwelt
Bauprüfung
Harburger Rathausforum 2
21073 Hamburg
Telefon 4 28 71 – 2389
wbz@harburg.hamburg.de
www.hamburg.de/harburg

**9.3.4 Weitere Bauprüfdienststellen**
a) **im Bereich HafenCity und Speicherstadt und in den Vorbehaltsgebieten**
Behörde für Stadtentwicklung und Wohnen
Amt für Bauordnung und Hochbau
Neuenfelder Straße 19
21109 Hamburg
Telefon 4 28 40 – 2121
baugenehmigungen@bsw.hamburg.de
www.hamburg.de/bsw
b) **im Hafennutzungsgebiet**
Hamburg Port Authority
Bauprüfabteilung Hafen
Neuer Wandrahm 4
20457 Hamburg
Telefon 4 28 47 – 3904
bauprüfabteilunghafen@hpa.hamburg.de
www.hamburg-port-authority.de/de/hpa-360/hafenbehoerde/
9.4 Für das **Bauordnungswesen gilt folgende Zuständigkeitsordnung** mit den weiteren behördeninternen Beteiligungsfestlegungen:
– **Anordnung über Zuständigkeiten im Bauordnungswesen** vom 8.8.2006 mit späteren Änderungen, – Loseblattausgabe GmbGes., Anhang I, OrdNr. 0-2131).

**10. Gesetzgebungskompetenzen im Bereich des öffentlichen Baurechts**

Die Bundesländer haben früher die Gesetzgebungskompetenz sowohl für das Bauordnungsrecht als auch für das Planungsrecht wahrgenommen. 1957 hat Hamburg ein Aufbaugesetz (neu) erlassen, das die Grundlage für zahlreiche beschlossene Durchführungspläne bildete, Vorläufer der heutigen Bebauungspläne. Die nach Art. 74 GG nur schwer abgrenzbare Gesetzgebungszuständigkeit zwischen Bund (Bodenrecht) und Ländern (Ordnungsrecht) haben Bundestag, Bundesrat und Bundesregierung veranlasst, gemeinsam das Bundesverfassungsgericht zu ersuchen, ein Rechtsgutachten über die Gesetzgebungskompetenz auf dem Gebiet des Baurechts zu erstellen. In dem Gutachten aus dem Jahr 1954 (BVerfGE 3, 407) hat das Gericht die u. a. nach der Gesetzgebungszuständigkeit für das „Baupolizeirecht im bisher gebräuchlichen Sinne" gestellte Frage dahin beantwortet, dass dieses als Teil des allgemeinen Ordnungsrechts in die ausschließliche Gesetzgebungskompetenz der Länder falle. Regelungen über die

# A · Einführung

Ausweisung von Baugebieten, über Baustufen und das Maß der baulichen Nutzung von Grundstücken hat es als nicht zum Baupolizeirecht gehörend und damit als in die Gesetzgebungszuständigkeit des Bundes fallend bezeichnet. Im Übrigen hat es dem Bund im Rahmen des Baupolizeirechts insoweit eine konkurrierende Gesetzgebungsmöglichkeit zuerkannt, als es sich um Gebäude für Wohnzwecke handelt.
Von der konkurrierenden Gesetzgebungsbefugnis, bauordnungsrechtliche Regelungen für Wohngebäude zu erlassen, hat der Bund, wie mit den Ländern abgesprochen, keinen Gebrauch gemacht (Bad Dürkheimer Vereinbarung vom 21.1.1955). Die Länder können damit Bauordnungsgesetze erlassen, die zwar gegenüber dem früheren Baurecht der Länder um wesentliche Regelungen gekürzt sind, in ihrem sachlichen Anwendungsbereich jedoch nach wie vor auf alle baulichen Anlagen bezogen sein können.

**11. Musterbauordnung**

Da das Baugeschehen in seinen vielfältigen Verflechtungen nicht auf ein Bundesland beschränkt ist, insbesondere die durch sicherheitliche Überlegungen bestimmten bautechnischen Anforderungen von der Sache her überall gleich oder doch jedenfalls ähnlich sein müssen und auch die am Baugeschehen Beteiligten ihre Tätigkeiten nicht auf ein Bundesland beschränken, war es für die in ihrer Gesetzgebungskompetenz gegenüber dem Bund und auch untereinander an sich unabhängigen Länder ein dringliches Gebot, das Bauordnungsrecht im gesamten Bundesgebiet so einheitlich wie möglich zu gestalten. Nur so konnte einer Behinderung des technischen Fortschritts durch Partikulargesetze sowie einer neuen Rechtsunsicherheit und Rechtsungleichheit begegnet werden. Die für das Bauordnungswesen zuständigen Minister und Senatoren der Länder haben daher 1955 eine „Musterbauordnungs-Kommission" berufen, die unter Mitwirkung von Sachverständigen aus Bund und Ländern sowie unter Beteiligung von kommunalen Spitzenverbänden den Entwurf einer Bauordnung als Musterbauordnung erarbeitet hat, der den Ländern als Grundlage für die von ihnen zu erlassenden Bauordnungen dienen konnte. Dieser Entwurf wurde am 30.10.1959 fertig gestellt (Musterbauordnung für die Länder des Bundesgebietes einschließlich des Landes Berlin, Schriftenreihe des Bundesministeriums für Wohnungsbau, Band 16). Auf diese Musterbauordnung ging die Hamburgische Bauordnung von 1969 zurück.
Die Musterbauordnung wird von der Arbeitsgemeinschaft der für Städtebau, Bau- und Wohnungswesen zuständigen Minister und Ministerinnen sowie Senatoren und Senatorinnen der Länder (Bauministerkonferenz) fortgeschrieben. Durch die Beratungen in den Fachkommissionen der Bauministerkonferenz wird sie auf dem neuesten Stand der technischen Erkenntnisse gehalten.

**12. Städtebaurecht – Baugesetzbuch und bundesrechtliche Rechtsverordnungen**

Der Bund hatte das Städtebaurecht zunächst in dem 1960 erlassenen Bundesbaugesetz (BBauG), geregelt, das mit Wirkung vom 1.7.1987 durch das **Baugesetzbuch (BauGB)** in der Fassung der Bekanntmachung vom 3.11.2017 (BGBl. I S. 3634), zuletzt geändert am 8.8.2020 (BGBl. I S. 1728) ersetzt worden ist – auszugsweise abgedruckt unter D 1 in diesem Band. Das in vier Kapitel unterteilte

## Einführung · A

Baugesetzbuch enthält in seinem ersten Kapitel „Allgemeines Städtebaurecht" Regelungen über
- die städtebauliche Planung (Bauleitplanung) mit Festlegungen über den vorbereitenden Bauleitplan (Flächennutzungsplan) und den verbindlichen Bauleitplan (Bebauungsplan), den Städtebaulichen Vertrag und den Vorhaben- und Erschließungsplan (§§ 1 bis 13a BauGB),
- die Sicherung der Bauleitplanung mit Festlegungen über Veränderungssperren, Zurückstellung von Bauanträgen, Teilung von Grundstücken und gesetzlichen Vorkaufsrechten (§§ 14 bis 28 BauGB),
- die städtebauliche Zulässigkeit von Vorhaben (§§ 29 bis 38 BauGB),
- Planungsentschädigungen (§§ 39 bis 44 BauGB),
- die Bodenordnung in der Form der Umlegung oder vereinfachten Umlegung (§§ 45 bis 84 BauGB),
- die Enteignung (§§ 85 bis 122 BauGB) und
- die Erschließung (§§ 123 bis 135 BauGB).

Im zweiten Kapitel werden städtebauliche Sanierungsmaßnahmen (§§ 136 bis 164b BauGB), städtebauliche Entwicklungsmaßnahmen, der Stadtumbau einschließlich Maßnahmen der Sozialen Stadt sowie private Initiativen zur Stadtentwicklung (§§ 165 bis 171f BauGB) geregelt. Das Kapitel regelt aber auch die Möglichkeit, Erhaltungssatzungen (§§ 172 bis 174 BauGB) zu erlassen und städtebauliche Gebote (Baugebot, Modernisierungs- und Instandsetzungsgebot, Pflanzgebot, Rückbau- und Entsiegelungsgebot) anzuordnen. Es geht außerdem auf den Sozialplan (§ 180 BauGB) sowie den Härteausgleich (§ 181 BauGB) ein.
Aus dem dritten Kapitel sind hervorzuheben die Regelungen über die Wertermittlungen (Ermittlung von Grundstückswerten) – §§ 192 bis 199 BauGB –, die Definition der Landwirtschaft (§ 201 BauGB), das Gebot der Erhaltung von Mutterboden (§ 202 BauGB), das Verwaltungsverfahren (§§ 207 bis 213 BauGB) sowie das Verfahren vor den Kammern und Senaten für Baulandsachen (§§ 217 bis 232 BauGB). Von großer praktischer Bedeutung beim Erlass des Flächennutzungsplans und der Bebauungspläne sind die Heilungsregelungen bei Verletzung von Verfahrens- und Formvorschriften sowie des Abwägungsgebotes (§§ 214 bis 216 BauGB).
Das vierte Kapitel enthält Überleitungs- und Schlussvorschriften, u. a. für die Bauleitplanung.
Das Bundesbaugesetz wurde bald nach seinem Inkrafttreten durch die **Baunutzungsverordnung** von 1962 konkretisiert – BauNVO –, die 1968, 1977, 1990 und 2013 neu gefasst wurde und jetzt in ihrer sechsten Fassung vom 21.11.2017 (BGBl. I S. 3786) gilt (abgedruckt unter D 2 in diesem Band). Zu beachten ist, dass auch die alten Fassungen der BauNVO für die in ihrer Geltungszeit erlassenen Bebauungspläne fortgelten (s. Näheres dazu unter Nr. 14 der Einführung). In der BauNVO werden die zulässige und ausnahmsweise zulässige Art der baulichen Nutzung in den einzelnen Baugebieten, das zulässige Maß der baulichen Nutzung, die Bauweise und die überbaubare Grundstücksfläche geregelt.
Als weitere auf das BauGB gestützte Rechtsverordnung ist die Verordnung über die Ausarbeitung der Bauleitpläne sowie über die Darstellung des Planinhalts (**Planzeichenverordnung 1990** – PlanzV 90 – vom 18.12.1990, BGBl. I 1991 S. 58), zuletzt geändert am 4.5.2017 (BGBl. I 1057), erlassen worden. Vorausge-

# A · Einführung

gangen waren die Planzeichenverordnungen von 1965 und 1981, die für die unter ihrer Geltung festgestellten Bauleitpläne weiterhin relevant bleiben.

**13. Ergänzende hamburgische Regelungen zum Städtebaurecht**

**13.1** Um den besonderen stadtstaatlichen Gegebenheiten entsprechen zu können, wird u. a. das Land Hamburg in § 246 BauGB ermächtigt, u. a. die Zuständigkeit von Behörden aber auch die Form der Rechtsetzung abweichend von den Vorschriften des BauGB zu regeln.

Diese besonderen hamburgischen Regelungen finden sich im **Gesetz über die Feststellung von Bauleitplänen und ihre Sicherung (Bauleitplanfeststellungsgesetz)** in der Fassung vom 30.11.1999 (GVBl. S. 271; Loseblattausgabe HmbGes. OrdNr. 2130-1), zuletzt geändert am 26.6.2020 (HmbGVBl. S. 380, 383) und in der **Verordnung zur Weiterübertragung von Verordnungsermächtigungen im Bereich der Bauleitplanung und Landschaftsplanung (Weiterübertragungsverordnung – Bau)** vom 8.8.2006 (GVBl. S. 481; Loseblattausgabe HmbGes.OrdNr. 2130-1-4), zuletzt geändert am 20.02.2020 (HmbGVBl. S. 148, 155).

Im Bauleitplanfeststellungsgesetz ist u. a. geregelt, dass in Hamburg anstelle der im BauGB vorgesehenen Form der Satzung für Bebauungspläne regelhaft die Form der Rechtsverordnung tritt. In bestimmten Fällen, nämlich dann, wenn die Feststellungskompetenz beim Landesparlament, der Bürgerschaft, liegt, werden die Bebauungspläne durch Gesetz festgestellt. Die hamburgischen Bebauungsplangesetze gelten als „satzungsvertretende Gesetze" (BVerfGE 70, 35). Damit sind sie – wie die Rechtsverordnungen über Bebauungspläne – einer Normenkontrolle durch das Hamburgische Oberverwaltungsgericht nach § 47 Verwaltungsgerichtsordnung zugänglich.

Mit der Weiterübertragungsverordnung-Bau hat der Senat u. a. von der Subdelegationsermächtigung nach dem Bauleitplanfeststellungsgesetz Gebrauch gemacht und die Ermächtigung zur Feststellung von Bebauungsplänen nach §§ 9 und 12 BauGB sowie zum Erlass von Veränderungssperren nach § 16 BauGB, Erhaltungsverordnungen nach § 172 Abs. 1 BauGB sowie Verordnungen nach § 34 Abs. 4 BauGB (Innenbereichsverordnung) und § 35 Abs. 6 BauGB (Außenbereichsverordnung) mit Ausnahme der Bebauungspläne in der HafenCity auf die in der FHH bestehenden sieben Bezirksämter delegiert. Dem Senat bzw. der zuständigen Fachbehörde (Behörde für Stadtentwicklung und Wohnen) stehen hierbei gegenüber den Bezirksämtern differenzierte Steuerungsmöglichkeiten zur Verfügung, insbesondere Vorgaben in Form von Globalrichtlinien, Fachanweisungen oder auch Weisungsmöglichkeiten im Einzelfall. Unberührt bleibt auch die Befugnis des Senats, nach § 42 des Bezirksverwaltungsgesetzes Angelegenheiten an sich zu ziehen und selbst zu erledigen (Evokation).

Städtebauliche Sanierungsmaßnahmen im Sinne der §§ 136 ff. BauGB werden in Hamburg in durch Rechtsverordnung **förmlich festgelegten Sanierungsgebieten** durchgeführt.

**Erhaltungsverordnungen** im Sinne der §§ 172 ff. BauGB werden in Hamburg ebenfalls in Form eigenständiger Rechtsverordnungen des Senats oder eines Bezirksamtes oder im Rahmen von Bebauungsplänen erlassen. Damit können u. a. folgende Absichten verfolgt werden: Losgelöst vom Denkmalschutz die Erhaltung solcher baulichen Anlagen, die allein oder im Zusammenhang mit anderen baulichen Anlagen das Ortsbild, die Stadtgestaltung oder das Landschaftsbild prägen (Nr. 1 des Abs. 1 mit Abs. 3 von § 172 BauGB – sog. städtebauliche Erhaltungsgebiete –) oder Sicherung des gewachsenen Baubestandes zugunsten der ansässigen Bevölkerung, die auf den gegenwärtigen Zustand des Wohnbereichs mit seinen Wohnungen und der Infrastruktur angewiesen ist (Nr. 2 des Abs. 1 mit Abs. 4 von § 172 BauGB – Soziale Erhaltungsgebiete –). Die Festlegung eines Erhaltungsgebiets durch Verordnung oder Bebauungsplan begründet einen eigenständigen Genehmigungsvorbehalt für den Rückbau, die Änderung und Nutzungsänderung von baulichen Anlagen; in den Fällen des § 172 Abs. 1 Nr. 1 BauGB bedarf auch die Errichtung baulicher Anlagen dieser Genehmigung.

## 14. Städtebauliche Planung in Hamburg

**14.1** Vorbereitender Bauleitplan im Sinne des § 5 BauGB ist in Hamburg der **Flächennutzungsplan** für die Freie und Hansestadt Hamburg in der Fassung der Neubekanntmachung vom 22.10.1997 (GVBl. S. 485). Diese Neubekanntmachung beinhaltet den Flächennutzungsplan vom 21.12.1973 unter Einschluss der seit 1973 erfolgten 486 Einzeländerungen. Die geltende Fassung vom 22.10.1997 hat inzwischen (Stand 23.1.2021) 171 Änderungen sowie 13 Berichtigungen nach § 13a Abs. 2 Nr. 2 BauGB erfahren. Der Flächennutzungsplan von 1973 hatte den Aufbauplan von 1960 abgelöst. Der Flächennutzungsplan übernimmt in Hamburg auch die Funktion eines Raumordnungsplans (vgl. auch § 13 Abs. 1 des Raumordnungsgesetzes vom 22.12.2008 (BGBl. I S. 2986)).

**14.2** Das hamburgische Staatsgebiet ist – wenn man von flächenmäßig untergeordneten und zudem nicht im Blickpunkt der städtebaulichen Entwicklung liegenden Arealen absieht – insgesamt mit **Bebauungsplänen** (d. h. mit Plänen nach dem BauGB/BBauG sowie mit übergeleiteten Bebauungsplänen) überplant. Die städtebaulich zulässige Nutzung der Grundstücke bestimmt sich damit ganz überwiegend nach vorhandenen Bebauungsplänen. Den Nutzungsregelungen des § 34 BauGB über die Zulässigkeit von Vorhaben innerhalb der im Zusammenhang bebauten Ortsteile kommt in Hamburg eine eher untergeordnete Bedeutung zu. Bei den Bebauungsplänen muss unterschieden werden zwischen den sog. qualifizierten und den einfachen (nicht qualifizierten) Bebauungsplänen. **Qualifiziert überplant** sind Gebietsteile, für die Bebauungspläne bestehen, die (allein oder gemeinsam mit sonstigen baurechtlichen Vorschriften) mindestens Festsetzungen über die Art und das Maß der baulichen Nutzung, die überbaubaren Grundstücksflächen und die örtlichen Verkehrsflächen enthalten (§ 30 Abs. 1 BauGB). **Einfache Bebauungspläne** sind Pläne, die nicht alle diese genannten Festsetzungskategorien enthalten (§ 30 Abs. 3 BauGB). Bei den qualifizierten und einfachen Bebauungsplänen müssen außerdem jeweils unterschieden werden

– Bebauungspläne nach § 8 BBauG/BauGB, also Bebauungspläne neuen Rechts, die seit 1960 entsprechend den Vorgaben des Bundesbaugesetzes bzw. des Baugesetzbuches erlassen worden sind, sowie
– sog. übergeleitete Bebauungspläne (Bebauungspläne alten Rechts), die nach den vor 1960 bestehenden gesetzlichen Regelungen zustande gekommen sind und auch jetzt noch fortgelten.

## A · Einführung

**14.3** Für mehr als die Hälfte des Staatsgebietes ist die zulässige Nutzung der Grundstücke durch **qualifizierte Bebauungspläne nach dem BBauG/BauGB** (Bebauungspläne neuen Rechts) festgelegt.
Diese Bebauungspläne werden ergänzt durch die Regelungen der jeweils zugehörigen BauNVO bzw. der BPVO. Die seit 1962 maßgeblichen 5 Fassungen der BauNVO unterscheiden sich zwar nicht wesentlich; um indes den Regelungsinhalt des einzelnen Bebauungsplans genau zu erschließen, kommt es darauf an, die jeweils einschlägige ergänzende städtebauliche Festlegung (in Form der jeweils maßgeblichen BauNVO) heranzuziehen. Danach muss bei Bebauungsplänen nach dem BauGB bzw. BBauG unterschieden werden:

- Erster Tag der öffentlichen Auslegung des Bebauungsplan-Entwurfs nach § 3 Abs. 2 BauGB fiel auf den Tag des Inkrafttretens der BauNVO 2017 oder lag in der Zeit nach diesem Datum: Anzuwenden ist die BauNVO in der Fassung von 2017;
- Erster Tag der öffentlichen Auslegung des Bebauungsplan-Entwurfs nach § 3 Abs. 2 BauGB fiel auf den 20.9.2013 oder lag in der Zeit zwischen diesem Datum und dem Tag vor dem Inkrafttreten der BauNVO 2017: Anzuwenden ist die BauNVO in der Fassung von 2013;
- Erster Tag der öffentlichen Auslegung des Bebauungsplan-Entwurfs nach § 3 Abs. 2 BauGB fiel auf den 27.1.1990 oder lag in der Zeit nach diesem Datum: Anzuwenden ist die BauNVO in der Fassung von 1990;
- Erster Tag der öffentlichen Auslegung lag in der Zeit zwischen dem 1.10.1977 und dem 26.1.1990: Anzuwenden ist die BauNVO in der Fassung vom 15.11.1977 (BGBl. I S. 1764), dabei ist für Pläne, deren erster Tag der öffentlichen Auslegung in der Zeit vom 1.1.1987 bis 26.1.1990 lag, der § 11 in der geänderten Fassung vom 19.12.1986 (BGBl. I S. 2665) anzuwenden;
- Erster Tag der öffentlichen Auslegung lag in der Zeit zwischen dem 1.1.1969 und dem 30.9.1977: Anzuwenden ist die BauNVO in der Fassung vom 26.11.1968 (BGBl. I S. 1238);
- Erster Tag der öffentlichen Auslegung lag in der Zeit zwischen dem 1.8.1962 und dem 31.12.1968: Anzuwenden ist die BauNVO vom 26.6.1962 (BGBl. I S. 429);
- Erster Tag der öffentlichen Auslegung lag zwischen dem 29.10.1960 und dem 31.7.1962: Anzuwenden sind die planungsrechtlichen Vorschriften der Baupolizeiverordnung (abgedruckt unter D 3 in diesem Band), jedoch ohne § 10 Abs. 5 BPVO, und die Vorschriften der Reichsgaragenordnung – letztere allerdings nur, wenn und soweit im Plan ausdrücklich auf sie Bezug genommen wird.

Bei den weiterhin geltenden **übergeleiteten qualifizierten Bebauungsplänen** (alten Rechts) handelt es sich um sog. Durchführungspläne sowie Baustufenpläne in Verbindung mit Teilbebauungsplänen. Im Einzelnen gilt folgendes (s. auch Bauprüfdienst 7/2016 Altes Planrecht):
a) Durchführungspläne (D-Pläne) nach den hamburgischen Aufbaugesetzen von 1949 und 1957: Mit den D-Plänen gelten fort die Baupolizeiverordnung mit den unter D 3 in diesem Band abgedruckten Vorschriften sowie die Vorschriften der Reichsgaragenordnung – letztere allerdings nur, wenn und soweit im Plan ausdrücklich auf sie Bezug genommen wird;

b) **Baustufenpläne** nach der Verordnung über die Regelung der Bebauung von 1936 (Bauregelungsverordnung), soweit sie durch Teilbebauungspläne ergänzt werden.
Baustufenpläne weisen keine örtlichen Verkehrsflächen und keine überbaubaren Grundstücksflächen aus. Qualifizierte Pläne sind sie daher nur insoweit, als sie hinsichtlich der örtlichen Verkehrsflächen und der überbaubaren Grundstücksflächen, durch andere Pläne, z. B. einen Teilbebauungsplan (TB-Plan nach dem früheren hamburgischen Bebauungsplangesetz von 1923) ergänzt werden. Sofern sie durch einen anderen Plan ergänzt werden, gilt dabei innerhalb eines Baustufenplanes nur der Gebietsteil als qualifiziert überplant, der durch den ergänzenden Plan die für die Qualifizierung notwendigen Festsetzungen aufweist. In Betracht kommen:
– Bebauungspläne nach dem Bundesbaugesetz bzw. Baugesetzbuch, die örtliche Verkehrsflächen enthalten (Straßenpläne),
– Teilbebauungspläne (TB-Pläne) nach dem früheren hamburgischen Bebauungsplangesetz von 1923,
– nur eingeschränkt Fluchtlinienpläne nach dem früheren preußischen Gesetz betr. die Anlegung und Veränderung von Straßen und Plätzen in Städten und ländlichen Ortschaften von 1875 (Fluchtliniengesetz),
– Bebauungspläne alten hamburgischen Rechts, z. B. nach dem Gesetz betr. den Bebauungsplan für die Vororte auf dem rechten Elbufer von 1892, die vereinzelt noch mit ihren Bau- und Straßenlinien fortgelten,
– Planfeststellungen öffentlicher Wege, z. B. nach § 17 des Bundesfernstraßengesetzes, sofern die festgestellten Straßen nicht anbaufrei zu halten sind.

Zu beachten ist, dass ein Baustufenplan auch in Verbindung mit den genannten Plänen nur dann ein qualifizierter Bebauungsplan ist, wenn der ergänzende Plan auch Festsetzungen über die überbaubare Grundstücksfläche enthält. Dies ist z. B. bei Fluchtlinienplänen nicht der Fall, weil es auch nach Ergänzung durch einen Fluchtlinienplan an einer Festsetzung der überbaubaren Grundstücksflächen fehlt (HmbOVG, Beschl. v. 14.6.2013, – 2 Bs 126/13). Die in den Fluchtlinienplänen enthaltenen Baufluchtlinien stellen keine vorderen Baulinien im Sinne von § 13 Abs. 1 BPVO dar, sondern haben nur die Wirkung von (vorderen) Baugrenzen. Damit fehlt es aber an einer Festsetzung der überbaubaren Grundstücksflächen.

Im Zusammenhang mit den Baustufenplänen gelten fort die Baupolizeiverordnung mit den unter D 3 in diesem Band abgedruckten Vorschriften und die Reichsgaragenordnung – letztere allerdings nur, wenn und soweit im Plan ausdrücklich auf sie Bezug genommen wird.

**14.4 Einfache Bebauungspläne neuen Rechts** (also nicht qualifizierte Bebauungspläne nach dem BBauG bzw. BauGB) sind in Hamburg nur in Einzelfällen erlassen worden.

Bei den **einfachen Bebauungsplänen alten Rechts** handelt es sich in Hamburg um **Baustufenpläne**. Sie fallen nicht in die Kategorie der qualifizierten Bebauungspläne, weil sie zwar Festsetzungen über Art und Maß der baulichen Nutzung enthalten, die überbaubaren Grundstücksflächen und die Verkehrsflächen jedoch nicht festsetzen.

# A · Einführung

**14.5** Zu den fortgeltenden baurechtlichen Vorschriften gehört auch die **Verordnung über landhausmäßige und halblandhausmäßige Bebauung im Stadtteil Bergedorf** vom 8.1.1934, zuletzt geändert am 10.12.1969 (BL I 21300-e, GVBl. 1969 S. 249; Loseblattausgabe HmbGes. OrdNr. 2130-11), die allerdings in Teilbereichen durch neue Bebauungspläne abgelöst worden ist.

**14.6** Außer den Festsetzungen nach § 9 BauGB können in Hamburg Bebauungspläne gemäß § 5 Bauleitplanfeststellungsgesetz auch Festsetzungen enthalten

- nach § 81 Abs. 2 und Abs. 2a HBauO, d. h. insbes. über Gestaltungsanforderungen und Werbung, über den Anschluss an Fernwärme sowie besondere Heizungsarten,
- nach Denkmalschutzrecht, d. h. über Denkmalschutz an Mehrheiten von unbeweglichen Sachen (Ensembles), über die Erhaltung von Denkmälern sowie über die Bestimmung von Grabungsschutzgebieten,
- nach § 10 Abs. 1 Satz 1 Nr. 4 des Hamburgischen Gesetzes zur Ausführung des Bundesnaturschutzgesetzes vom 11.5.2010 (HmbBNatSchAG) über die Unterschutzstellung von Naturdenkmälern,
- nach § 8 Abs. 1 S. 1 des Hamburgischen Klimaschutzgesetzes über die Nutzung bestimmter Arten und Techniken der Wärmebedarfsdeckung einschließlich des Anschlusses an das Fernwärmenetz aus Gründen des Klimaschutzes und
- nach § 9 Abs. 4 des Hamburgischen Abwassergesetzes von 2001 über die Festlegung von Gebieten, in denen die Einleitung von Niederschlagswasser in das Regen- oder Mischwassersiel untersagt ist bzw. eine Versickerung oder Einleitung in oberirdische Gewässer vorgeschrieben ist.

Außerdem können nach § 4 Abs. 3 und § 10 Abs. 1 Satz 1 Nr. 3 und 5 HmbBNatSchAG Festsetzungen nach § 9 Abs. 3 Satz 1 Nr. 4 des Bundesnaturschutzgesetzes über landschaftsplanerische Maßnahmen zur Umsetzung der konkretisierten Ziele des Naturschutzes und der Landschaftspflege insbesondere über die Unterschutzstellung als Landschaftsschutzgebiet oder als geschützter Landschaftsbestandteil getroffen werden.

**14.7** Bebauungspläne bestehen in aller Regel aus einem Textteil (textliche Festsetzung) und einer zeichnerischen Darstellung (zeichnerische Festsetzung). Während die textliche Festsetzung jeweils im Hamburgischen Gesetz- und Verordnungsblatt veröffentlicht wird, wird die Verkündung bei den zeichnerischen Festsetzungen durch Niederlegung des maßgeblichen Stücks beim Staatsarchiv bewirkt (s. § 3 Abs. 4 Bauleitplanfeststellungsgesetz). Die zeichnerische Darstellung kann dort durch jedermann kostenfrei eingesehen werden (Kattunbleiche 19, 22041 Hamburg, Tel. 42831-3200).

Entsprechendes gilt für den Flächennutzungsplan einschließlich seiner Begründung sowie für die übergeleiteten Bebauungspläne. Bei neueren Bebauungsplänen kann ein Abdruck des Plans auch beim örtlich zuständigen Bezirksamt kostenfrei eingesehen werden. Dort können auch Abdrucke der textlichen sowie zeichnerischen Festsetzung und der Bebauungsplan-Begründung, solange Abdrucke zur Verfügung stehen, gegen Kostenerstattung erworben werden. Einsehbar sind die Bebauungspläne auch im Internet unter www.hamburg.de/planportal/ und im Transparenzportal Hamburg.

## 15. Hafenentwicklungsgesetz

Ein ebenfalls die Nutzung des Grund und Bodens regelndes und damit dem Städtebaurecht zuzuordnendes Gesetz hat der hamburgische Landesgesetzgeber mit dem **Hafenentwicklungsgesetz** (HafenEG) vom 25.1.1982 (GVBl. S. 19), zuletzt geändert am 24.1.2020 (GVBl. S. 95) – Loseblattausgabe HmbGes. OrdNr. 9504-1 – erlassen. Dieses Gesetz löst das Hafenerweiterungsgesetz von 1961 ab und verdrängt das Planungsinstrumentarium des Baugesetzbuchs (einschließlich der Baunutzungsverordnung) durch hafenspezifische planerische Regelungen.

Eine Sonderregelung gegenüber dem allgemeinen städtebaulichen Planungsrecht für den Universalhafen Hamburg war erforderlich, da die Verhältnisse und Entwicklungen dieses Hafens andere als die bei (Land-)Grundstücken üblicher Art sind. Während die mit dem Planungsrecht des Baugesetzbuches zu erreichende Ordnung vor allem darauf abzielt, private Nutzungsinteressen im Verhältnis zueinander und bezogen auf öffentliche Einzelbedarfe gemeinverträglich zu gestalten, stellt das Vorhalten eines überregionalen Hafens insgesamt eine öffentliche Aufgabe mit Bedeutung für das gesamte Bundesgebiet dar. Den Hafenbelangen und Hafennutzungen würden die Planungskategorien des Baugesetzbuches nicht gerecht. Insbesondere ist es zum Zeitpunkt der notwendigen Inanspruchnahme neuer, für die Hafennutzung erst in einer mehrjährigen Vorbereitungsphase aufzuhöhender und herzurichtender Flächen nicht möglich, die Endnutzung so detailliert im Voraus festzulegen, wie die Bebauungsplanung es erfordert. Als Grundlage für die Inanspruchnahme von Grundstücken muss daher ein anderes Planungsinstrument als das des Bebauungsplans vorgehalten werden. Auch müssen die erworbenen Flächen nach Herrichtung im Eigentum der Hansestadt verbleiben können, um der öffentlichen Aufgabe der Hafenentwicklung und Vorhaltung von Flächen für Hafenzwecke gerecht zu werden. Die Gesetzgebungszuständigkeit des Landes für ein überregionales Sonderobjekt ist vom Bundesgerichtshof und vom Bund bestätigt und auch rechtsgutachtlich untermauert worden.

Der Geltungsbereich des HafenEG umfasst – insoweit weitergehend als das Hafenerweiterungsgesetz von 1961 – das gesamte **Hafengebiet** mit den Teilbereichen **Hafennutzungsgebiet** (bereits in Nutzung genommene oder für die Hafennutzung vorbereitete Bereiche) und **Hafenerweiterungsgebiete** (für die Hafennutzung vorgesehene oder hierfür in Vorbereitung befindliche Bereiche). Das Hafengebiet und seine beiden Teilbereiche sind im Gesetz räumlich festgeschrieben. Das Gesetz legt auch die grundsätzliche Zweckbestimmung dieses Gebietes fest, nämlich für den Hafenverkehr, den hafengebundenen Handel sowie die Hafenindustrie.

Im Hafengebiet tritt ein aufgefächertes Planungsinstrumentarium an die Stelle der Festlegungen, die im Bebauungsplan in einem Akt vorgenommen werden. Das Planungsinstrument für das Hafenerweiterungsgebiet ist eine „**hafenrechtliche Planfeststellung**", die auf der Grundlage von Prognosen des hafenplanerischen Bedarfs und im Rahmen einer umfassenden Hafenentwicklungsdarstellung erfolgt. Diese Planfeststellung bildet die Voraussetzung für hafenbezogene Vorbereitungsmaßnahmen im Hafenerweiterungsgebiet, ohne bereits die Infrastruktur der späteren Nutzung festgelegt zu haben; sie stellt ggf. die Enteig-

## A · Einführung

nungsgrundlage für noch nicht erworbene Flächen dar. Die für die Hafennutzung aufbereiteten Flächen des Hafenerweiterungsgebiets werden durch eine **Hafenplanungsverordnung** in das Hafennutzungsgebiet überführt. Hafenplanungsverordnungen können aber auch für bereits im Hafennutzungsgebiet gelegene Flächen erlassen werden, wenn dies zur Ordnung der Nutzung erforderlich wird. Die Hafenplanungsverordnung unterteilt das Hafennutzungsgebiet in gesetzlich näher bestimmte hafengemäße Nutzungszonen, wobei das Gesetz auch ausdrücklich die Möglichkeit zu Nutzungsbeschränkungen (z. B. durch Festlegung von Emissionsgrenzwerten) vorsieht, um insbesondere Rücksicht auf die außerhalb des Hafengebietes ausgeübten Nutzungen nehmen zu können. Zieht man in Betracht, dass das Hafenentwicklungsgesetz bereits selbst Festlegungen nach Fläche und Art der zulässigen Nutzungen im Hafen trifft (§ 3 HafenEG für das Hafenerweiterungsgebiet, § 6 HafenEG für das Hafennutzungsgebiet), so unterliegt der Hafen mit den hafenrechtlichen Planfeststellungen und den Hafenplanungsverordnungen einem dreistufigen Planungssystem.

Das HafenenEG trifft Sonderregelungen für das städtebauliche Planungsrecht, nicht aber für das Bauordnungsrecht. Die Bauordnung und die auf sie gestützten Rechtsverordnungen gelten für das Hafengebiet uneingeschränkt.

Die behördliche Zuständigkeit für die Wahrnehmung zahlreicher Aufgaben (z. B. nach dem Hamburgischen Wegegesetz, auf dem Gebiet des Wasserrechts und der Wasserwirtschaft sowie im staatlichen Hochbau) für das Hafengebiet ist bei der Hamburg Port Authority (HPA), einer Anstalt des öffentlichen Rechts, konzentriert. Ebenso liegen seit 2006 die behördlichen Aufgaben nach der HBauO im Hafennutzungsgebiet bei der HPA.

### 16. Umweltverträglichkeitsprüfung bei Bauvorhaben

Eine **Umweltverträglichkeitsprüfung** für bestimmte Projekte wurde im Jahre 1996 durch § 63a HBauO in das bauordnungsrechtliche Genehmigungs- und Zustimmungsverfahren eingeführt. Im Jahr 2002 trat dann das Gesetz über die Umweltverträglichkeitsprüfung (HmbUVPG) vom 10.12.1996 (GVBl. S. 310) an die Stelle des § 63a HBauO. Dieses Gesetz regelt nunmehr, für welche Projekte auch im Rahmen von Baugenehmigungsverfahren eine Umweltverträglichkeitsprüfung als unselbstständiger Teil des Genehmigungs- und Zustimmungsverfahrens durchzuführen ist. In der Anlage 1 dieses Gesetzes werden die einzelnen Projekte genannt, für die eine Umweltverträglichkeitsprüfung (UVP) im bauaufsichtlichen Verfahren in Betracht kommt. Maßgebend für die UVP-Pflicht ist in der Mehrzahl das Erreichen bzw. Überschreiten bestimmter Größenwerte (z. B. unterschiedliche Flächengröße). Dabei werden Schwellenwerte und Prüfwerte geregelt. Beim Erreichen und Überschreiten eines Schwellenwerts ist eine UVP zwingend durchzuführen. Beim Erreichen eines Prüfwerts ist eine (allgemeine oder standortbezogene) Vorprüfung durchzuführen. Hinsichtlich der Durchführung der UVP und der dabei anzuwendenden Kriterien verweist das HmbUVPG auf das (Bundes-)Gesetz über die Umweltverträglichkeitsprüfung (UVPG). Eine Kommentierung zu den für das bauaufsichtliche Verfahren bedeutsamen Vorschriften des HmbUVPG findet sich in Alexejew (Loseblatt-Kommentar zur HBauO, dort unter D 104).

# Hamburgische Bauordnung (HBauO)

Vom 14. Dezember 2005 (HmbGVBl. S. 525, S 563) mit der Änderung vom 20. Februar 2020 (HmbGVBl. S. 148. 155).

**Inhaltsverzeichnis**

Erster Teil   **Allgemeine Vorschriften**
§ 1   Anwendungsbereich
§ 2   Begriffe
§ 3   Allgemeine Anforderungen

Zweiter Teil   **Das Grundstück und seine Bebauung**
§ 4   Erschließung der Grundstücke
§ 5   Zugänge und Zufahrten auf den Grundstücken
§ 6   Abstandsflächen
§ 7   Gebäude auf mehreren Grundstücken; Anbau an Nachbargrenzen
§ 8   Teilung von Grundstücken
§ 9   Nicht überbaute Flächen, Vorgärten
§ 10   Kinderspielflächen
§ 11   Einfriedigungen

Dritter Teil   **Bauliche Anlagen**
Erster Abschnitt   **Gestaltung**
§ 12   Gestaltung
§ 13   Werbeanlagen

Zweiter Abschnitt   **Allgemeine Anforderungen an die Bauausführung**
§ 14   Baustellen
§ 15   Standsicherheit
§ 16   Schutz gegen schädliche Einflüsse
§ 17   Brandschutz
§ 18   Wärmeschutz, Schallschutz und Erschütterungsschutz
§ 19   Verkehrssicherheit
§ 19a   Bauarten

Dritter Abschnitt   **Bauprodukte, Bauarten**
§ 19b   Allgemeine Anforderungen für die Verwendung von Bauprodukten
§ 19c   Anforderungen für die Verwendung von CE-gekennzeichneten Bauprodukten
§ 20   Verwendbarkeitsnachweise
§ 20a   Allgemeine bauaufsichtliche Zulassung
§ 20b   Allgemeines bauaufsichtliches Prüfzeugnis
§ 20c   Nachweis der Verwendbarkeit von Bauprodukten im Einzelfall
§ 21   (frei)
§ 22   Übereinstimmungsbestätigung
§ 22a   Übereinstimmungserklärung der Herstellerin oder des Herstellers
§ 22b   Zertifizierung

§ 23 Prüf-, Zertifizierungs-, Überwachungsstellen
§ 23a Besondere Sachkunde- und Sorgfaltspflichten

Vierter Abschnitt **Wände, Decken, Dächer**
§ 24 Allgemeine Anforderungen an das Brandverhalten von Baustoffen und Bauteilen
§ 25 Tragende Wände, Stützen
§ 26 Außenwände
§ 27 Trennwände
§ 28 Brandwände
§ 29 Decken
§ 30 Dächer

Fünfter Abschnitt **Rettungswege, Öffnungen, Umwehrungen**
§ 31 Erster und zweiter Rettungsweg
§ 32 Treppen
§ 33 Notwendige Treppenräume, Ausgänge
§ 34 Notwendige Flure, offene Gänge
§ 35 Fenster, Türen, sonstige Öffnungen
§ 36 Umwehrungen und Brüstungen

Sechster Abschnitt **Technische Gebäudeausrüstung**
§ 37 Aufzüge
§ 38 Sicherheitstechnisch bedeutsame und überwachungsbedürftige Anlagen
§ 39 Leitungsanlagen, Installationsschächte und -kanäle
§ 40 Lüftungsanlagen
§ 41 Feuerungsanlagen, sonstige Anlagen zur Wärmeerzeugung, Brennstoffversorgung
§ 42 Anlagen zum Sammeln und Beseitigen von Abwasser
§ 43 Anlagen für Abfälle
§ 43a Elektrische Anlagen und Blitzschutzanlagen

Siebter Abschnitt **Nutzungsbedingte Anforderungen**
§ 44 Aufenthaltsräume
§ 45 Wohnungen
§ 46 (frei)
§ 47 (frei)
§ 48 Stellplätze für Kraftfahrzeuge und Fahrradplätze
§ 49 Ausgleichsabgabe für Stellplätze und Fahrradplätze
§ 50 (frei)
§ 51 Sonderbauten
§ 52 Barrierefreies Bauen

Vierter Teil **Die am Bau Beteiligten**
§ 53 Grundpflichten der am Bau Beteiligten
§ 54 Bauherrin oder Bauherr
§ 55 Entwurfsverfasserin oder Entwurfsverfasser

# HBauO · B

§ 56 Unternehmerin oder Unternehmer
§ 57 Bauleiterin oder Bauleiter

**Fünfter Teil** **Bauaufsichtsbehörden, Verfahren**
**Erster Abschnitt** **Bauaufsichtsbehörden**
§ 58 Aufgaben und Befugnisse der Bauaufsichtsbehörden, Erfordernis der Schriftform

**Zweiter Abschnitt** **Vorsorgende Überwachung**
§ 59 Verfahrensgrundsätze
§ 60 Verfahrensfreie Vorhaben
§ 61 Vereinfachtes Genehmigungsverfahren
§ 62 Baugenehmigungsverfahren mit Konzentrationswirkung
§ 63 Vorbescheid
§ 64 Zustimmungsverfahren
§ 65 Typengenehmigung
§ 66 Genehmigung Fliegender Bauten
§ 67 Bauvorlageberechtigung
§ 68 Bautechnische Nachweise und ihre Prüfung
§ 69 Abweichungen
§ 70 Bauantrag, Bauvorlagen; Beteiligung anderer Stellen
§ 71 Nachbarliche Belange
§ 72 Baugenehmigung
§ 72a Baubeginn
§ 73 Geltungsdauer der Baugenehmigung und des Vorbescheids

**Dritter Abschnitt** **Bauaufsichtliche Maßnahmen, Bauüberwachung, Baulasten**
§ 74 Inanspruchnahme von Nachbargrundstücken
§ 74a Nachträgliche Wärmedämmung
§ 74b Verbot unrechtmäßig gekennzeichneter Bauprodukte
§ 75 Einstellung von Arbeiten
§ 76 Herstellung ordnungsgemäßer Zustände
§ 77 Bauzustandsanzeigen; Aufnahme der Nutzung
§ 78 Bauüberwachung
§ 79 Baulasten, Baulastenverzeichnis

**Sechster Teil** **Ordnungswidrigkeiten, Rechtsverordnungen, Übergangs- und Schlussvorschriften**
§ 80 Ordnungswidrigkeiten
§ 81 Rechtsverordnungen
§ 81a Technische Baubestimmungen
§ 82 Aufhebung und Änderung von Vorschriften
§ 83 In-Kraft-Treten; Übergangsbestimmungen; Fortgeltung von Vorschriften

Anlage 1 Innenstadtbereich nach § 49 Absatz 2
Anlage 2 Verfahrensfreie Vorhaben nach § 60

# Erster Teil  Allgemeine Vorschriften

## § 1  Anwendungsbereich

(1) ¹Dieses Gesetz gilt für bauliche Anlagen und Bauprodukte. ²Es gilt auch für Grundstücke sowie für andere Anlagen und Einrichtungen, an die in diesem Gesetz oder in Vorschriften, die auf Grund dieses Gesetzes erlassen wurden, Anforderungen gestellt werden.

(2) Dieses Gesetz gilt nicht für
1. Anlagen des öffentlichen Verkehrs einschließlich Zubehör, Nebenanlagen und Nebenbetrieben, ausgenommen Gebäude,
2. Anlagen, die der Bergaufsicht unterliegen[1], ausgenommen Gebäude,
3. Leitungen und nach anderen Rechtsvorschriften zulassungsbedürftige Anlagen, die der öffentlichen Versorgung mit Wasser, Gas, Elektrizität, Wärme, der öffentlichen Abwasserentsorgung oder der Telekommunikation dienen, ausgenommen Gebäude,
4. Rohrleitungen, die dem Ferntransport von Stoffen dienen,
5. Kräne und ähnliche Anlagen, mit Ausnahme ihrer ortsfesten Bahnen und Unterstützungen,
6. öffentliche Hochwasserschutzanlagen nach §§ 3a und 4a des Hamburgischen Wassergesetzes in der Fassung vom 29. März 2005 (HmbGVBl. S. 97), ausgenommen Gebäude,
7. nach wasserrechtlichen Vorschriften zulassungsbedürftige Kaianlagen, Dalben und Vorsetzen sowie Schiffe und andere schwimmende Anlagen, die ortsfest benutzt werden[2], einschließlich ihrer Aufbauten.

**Anmerkungen**

1 Vgl. § 2 Abs. 1 Nr. 3 Bundesberggesetz (BBergG) vom 13.8.1980 (BGBl. I 1310), zuletzt geändert durch Artikel 237 der Verordnung vom 19. Juni 2020 (BGBl. I S. 1328).
2 Z. B. Wohnschiffe.

## § 2  Begriffe[1]

(1) ¹Bauliche Anlagen sind mit dem Erdboden verbundene, aus Bauprodukten hergestellte Anlagen; eine Verbindung mit dem Boden besteht auch dann, wenn die Anlage
1. durch eigene Schwere auf dem Boden ruht oder
2. auf ortsfesten Bahnen begrenzt beweglich ist oder
3. nach ihrem Verwendungszweck dazu bestimmt ist, überwiegend ortsfest benutzt zu werden.

²Bauliche Anlagen sind auch
1. Aufschüttungen und Abgrabungen,
2. Lagerplätze, Abstellplätze und Ausstellungsplätze,
3. Sport-, Spiel- und Freizeitflächen,
4. Campingplätze, Wochenendplätze und Zeltplätze[2],
5. Freizeit- und Vergnügungsparks,
6. Stellplätze für Kraftfahrzeuge sowie für Camping-, Verkaufs- und Wohnwagen[3],
7. Standplätze für Abfallbehälter,

8. Gerüste,
9. Hilfseinrichtungen zur statischen Sicherung von Bauzuständen.

³Anlagen sind bauliche Anlagen und sonstige Anlagen und Einrichtungen im Sinne des § 1 Absatz 1 Satz 2.

(2) Gebäude sind selbstständig benutzbare, überdeckte bauliche Anlagen, die von Menschen betreten werden können und geeignet oder bestimmt sind, dem Schutz von Menschen, Tieren oder Sachen zu dienen.

(3) ¹Gebäude werden in folgende Gebäudeklassen eingeteilt:
1. Gebäudeklasse 1:
   a) freistehende Gebäude mit einer Höhe bis zu 7,0 m und nicht mehr als zwei Nutzungseinheiten von insgesamt nicht mehr als 400 m$^2$,
   b) freistehende land- oder forstwirtschaftlich genutzte Gebäude,
2. Gebäudeklasse 2:
   Gebäude mit einer Höhe bis zu 7,0 m und nicht mehr als zwei Nutzungseinheiten von insgesamt nicht mehr als 400 m$^2$,
3. Gebäudeklasse 3:
   sonstige Gebäude mit einer Höhe bis zu 7,0 m,
4. Gebäudeklasse 4:
   Gebäude mit einer Höhe bis zu 13,0 m und Nutzungseinheiten mit jeweils nicht mehr als 400 m$^2$,
5. Gebäudeklasse 5:
   sonstige Gebäude einschließlich unterirdischer Gebäude.

²Höhe im Sinne des Satzes 1 ist das Maß der Fußbodenoberkante des höchstgelegenen Geschosses, in dem ein Aufenthaltsraum zulässig ist, über der Geländeoberfläche im Mittel. ³Geländeoberfläche ist die Höhe, die im Bebauungsplan festgesetzt ist oder die von der Bauaufsichtsbehörde bestimmt wird. ⁴Ist die Geländeoberfläche nicht festgesetzt oder bestimmt worden, ist die natürliche Geländeoberfläche maßgeblich. ⁵Als Nutzungseinheit gilt jede Wohnung sowie alle anderen für eine selbstständige Nutzung bestimmten Räume. ⁶Die Grundflächen der Nutzungseinheiten im Sinne dieses Gesetzes sind die Bruttogrundflächen; bei der Berechnung der Bruttogrundflächen nach Satz 1 bleiben Flächen in Kellergeschossen außer Betracht.

(4) Sonderbauten sind Anlagen und Räume besonderer Art oder Nutzung, die einen der nachfolgenden Tatbestände erfüllen:
1. Hochhäuser[4] (Gebäude mit einer Höhe nach Absatz 3 Satz 2 von mehr als 22 m),
2. bauliche Anlagen mit einer Höhe von mehr als 30 m,
3. Gebäude mit mehr als 1 600 m$^2$ Grundfläche des Geschosses mit der größten Ausdehnung, ausgenommen Wohngebäude und Garagen,
4. Verkaufsstätten[5], deren Verkaufsräume und Ladenstraßen eine Grundfläche von insgesamt mehr als 800 m$^2$ haben,
5. Gebäude mit Räumen, die einer Büro- oder Verwaltungsnutzung dienen und einzeln eine Grundfläche von mehr als 400 m$^2$ haben[6],
6. Gebäude mit Räumen, die einzeln für die Nutzung durch mehr als 100 Personen bestimmt sind,
7. Versammlungsstätten[7]
   a) mit Versammlungsräumen, die insgesamt mehr als 200 Besucher fassen, wenn diese Versammlungsräume gemeinsame Rettungswege haben,
   b) im Freien mit Szenenflächen und Freisportanlagen, die jeweils über ortsfeste Tribünen verfügen und mehr als 1 000 Besucher fassen,

8. Schank- und Speisegaststätten mit mehr als 40 Gastplätzen, Beherbergungsstätten[8] mit mehr als zwölf Betten und Spielhallen mit mehr als 150 m².
Grundfläche,
9. Krankenhäuser[9],
9a. Gebäude mit Nutzungseinheiten zum Zwecke der Pflege oder Betreuung von Personen mit Pflegebedürftigkeit oder behinderung, deren Selbstrettungsfähigkeit erheblich eingeschränkt ist, wenn die Nutzungseinheiten
   a) einzeln für mehr als sechs Personen bestimmt sind oder
   b) einen gemeinsamen Rettungsweg haben, der von insgesamt mehr als zwölf Personen benutzt wird,[10]
9b. Sonstigen Einrichtungen zur Unterbringung von Personen sowie Wohnheime,
10. Tageseinrichtungen für jeweils mehr als zehn Kinder[11], Menschen mit Behinderung oder alte Menschen,
11. Schulen[12], Hochschulen und ähnliche Einrichtungen,
12. Justizvollzugsanstalten und bauliche Anlagen für den Maßregelvollzug,
13. Camping- und Wochenendplätze,
14. Freizeit- und Vergnügungsparks,
15. Fliegende Bauten, soweit sie einer Ausführungsgenehmigung bedürfen,
16. Regallager[13] mit einer Oberkante Lagerguthöhe von mehr als 7,5 m,
17. bauliche Anlagen, deren Nutzung durch Umgang oder Lagerung von Stoffen mit Explosions- oder erhöhter Brandgefahr verbunden ist,
18. Anlagen und Räume, die in den Nummern 1 bis 17 nicht aufgeführt und deren Art oder Nutzung mit vergleichbaren Gefahren verbunden ist.

(5) Aufenthaltsräume sind Räume, die zum nicht nur vor übergehenden Aufenthalt von Menschen bestimmt oder geeignet sind.

(6) ¹Geschosse sind oberirdische Geschosse, wenn ihre Deckenoberkanten im Mittel mehr als 1,40 m über die Geländeoberfläche hinausragen; im Übrigen sind sie Kellergeschosse. ²Vollgeschosse sind Geschosse, deren Deckenoberkante im Mittel mehr als 1,40 m über die Geländeoberfläche hinausragt und die eine lichte Höhe von mindestens 2,3 m haben. ³Das oberste Geschoss und Geschosse im Dachraum sind Vollgeschosse, wenn sie diese Höhe über mindestens zwei Drittel der Geschossfläche des darunter liegenden Geschosses haben.

(7) ¹Garagen[14] [15] sind Gebäude oder Gebäudeteile zum Abstellen von Kraftfahrzeugen. ²Carports (überdachte Stellplätze) gelten als Garagen.

(8) Feuerstätten[16] sind in oder an Gebäuden ortsfest benutzte Anlagen oder Einrichtungen, die dazu bestimmt sind, durch Verbrennung Wärme zu erzeugen.

(9) Rettungswege sind Flächen auf Grundstücken sowie Flächen und Öffnungen in baulichen Anlagen, die dem sicheren Verlassen von Grundstücken und baulichen Anlagen, der Rettung von Menschen und den Löscharbeiten dienen.

(10) Bauprodukte sind
1. Produkte, Baustoffe, Bauteile und Anlagen sowie Bausätze gemäß Artikel 2 Nummer 2 der Verordnung (EU) Nr. 305/2011 des Europäischen Parlaments und des Rates vom 9. März 2011 zur Festlegung harmonisierter Bedingungen für die Vermarktung von Bauprodukten und zur Aufhebung der Richtlinie 89/106/EWG des Rates (ABl. EU 2011 Nr. L 88 S. 5, 2013 Nr. L 103 S. 10), zuletzt geändert am 21. Februar 2014 (ABl. EU Nr. L 159 S. 41), die hergestellt werden, um dauerhaft in bauliche Anlagen eingebaut zu werden,

2. aus Produkten, Baustoffen, Bauteilen sowie Bausätzen gemäß Artikel 2 Nummer 2 der Verordnung (EU) Nr. 305/2011 vorgefertigte Anlagen, die hergestellt werden, um mit dem Erdboden verbunden zu werden, und deren Verwendung sich auf die Anforderungen nach § 3 Satz 1 auswirken kann.

(11) Bauart ist das Zusammenfügen von Bauprodukten zu baulichen Anlagen oder Teilen von baulichen Anlagen.

Anmerkungen
1 Siehe auch FaQ zu § 2 HBauO.
2 Siehe auch Bauprüfdienst Campingplätze (BPD 3/1990).
3 Vgl. Wohnwagengesetz (vom 25.5.1999 (HmbGVBl. S. 93), zuletzt geändert durch Gesetz vom 27.4.2010 (HmbGVBl. 337, 341)), welches für Hamburg die Nutzung von Wohnwagen als Wohnung oder zum nicht nur vorübergehenden Aufenthalt von Menschen nur auf behördlich zugelassenen Wohnwagenstandplätzen übergangsweise erlaubt.
4 Siehe auch Bauprüfdienst Hochhäuser (BPD 1/2008).
5 Vgl. Verkaufsstättenverordnung (VkVO) vom 5.8.2003 (siehe C 6 in diesem Band).
6 Siehe Bauprüfdienst Bürogroßräume (BPD 2/2009).
7 Vgl. Versammlungsstättenverordnung (VStättVO) vom 5.8.2003, zuletzt geändert durch Verordnung vom 1.3.2011 (HmbGVBl. S. 91) (siehe C 5 in diesem Band).
8 Vgl. Beherbergungsstättenverordnung (BeVO) vom 5.8.2003 (siehe C 7 in diesem Band).
9 Siehe Bauprüfdienst Krankenhäuser (BPD 3/2016)
10 Siehe Bauprüfdienst besondere Wohnformen (BPD 1/2018).
11 Siehe Bauprüfdienst Kindertageseinrichtungen (BPD 5/2018)
12 Anforderungen an den Bau und Betrieb von Schulen (BPD 6/2011) in Verbindung mit Merkblatt zu Kompartments in Schulen.
13 Vgl. Industriebaurichtlinie (IndBauR), eingeführt als Technische Baubestimmung (VVTB A 2.2.2.8.)
14 Vgl. Garagenverordnung (GaVO) vom 17.1.2012 (siehe C 4 in diesem Band).
15 Siehe auch Bauprüfdienst bauliche Anforderungen an Stellplätze und Garagen (BPD 1/2013).
16 Vgl. Feuerstättenverordnung (FeuVO) vom 25.9.2007 (siehe C 8 in diesem Band).

### § 3 Allgemeine Anforderungen

(1) [1]Anlagen sind so anzuordnen, zu errichten, zu ändern und instand zu halten, dass die öffentliche Sicherheit und Ordnung, insbesondere Leben, Gesundheit und die natürlichen Lebensgrundlagen[1] nicht gefährdet werden; dabei sind die Grundanforderungen an Bauwerke gemäß Anhang I der Verordnung (EU) Nr. 305/2011 zu berücksichtigen. [2]Die Anlagen müssen ihrem Zweck entsprechend ohne Missstände zu benutzen sein. [3]Im Rahmen der Arbeiten nach Satz 1 ist sicherzustellen, dass keine unzumutbaren Belästigungen entstehen können. [4] Die Anforderungen der Sätze 1 bis 3 gelten auch für die Beseitigung von Anlagen und bei der Änderung ihrer Nutzung.

### Anmerkungen
1 Richtlinie zur Bemessung von Löschwasser-Rückhalteanlagen beim Lagern wassergefährdender Stoffe (LöRüRL) eingeführt mit der Verwaltungsvorschrift Technische Baubestimmungen (VVTB).
Siehe auch Bauprüfdienst Löschwasser-Rückhaltung (BPD 6/1993).

## Zweiter Teil  Das Grundstück und seine Bebauung

### § 4  Erschließung der Grundstücke[1]

(1) [1]Ein Grundstück darf nur bebaut werden, wenn es in ausreichender Breite von einem befahrbaren und nicht anbaufrei zu haltenden öffentlichen Weg aus unmittelbar oder durch Baulast[2] gesichert über ein anderes Grundstück zugänglich ist. [2]Der öffentliche Weg und der Zugang zum Grundstück müssen so beschaffen sein, dass die Ver- und Entsorgung, der Einsatz von Rettungs- und Löschgeräten sowie der durch die jeweilige Grundstücksnutzung hervorgerufene Verkehr ohne Schwierigkeiten möglich sind. [3]Für die Bebauung von Grundstücken mit Wohngebäuden der Gebäudeklassen 1 bis 3 genügt der unmittelbare Zugang von einem nicht befahrbaren öffentlichen Weg von höchstens 75 m Länge; dabei darf jedoch bei Gebäuden mit mehr als zwei Wohnungen der Gebäudeeingang nicht weiter als 85 m vom befahrbaren öffentlichen Weg entfernt sein. [4]Die Anforderungen der Sätze 1 bis 3 sind erfüllt, wenn der Wegeausbau nach § 14 des Hamburgischen Wegegesetzes (HWG) in der Fassung vom 22. Januar 1974 (HmbGVBl. S. 41, 83), zuletzt geändert am 17. Dezember 2002 (HmbGVBl. S. 347, 352), in der jeweils geltenden Fassung gesichert ist.

(2) [1]Jede Eigentümerin und jeder Eigentümer eines Gebäudes mit Aufenthaltsräumen ist verpflichtet, dieses an das öffentliche Wasserversorgungsnetz anzuschließen und die Wasserversorgungseinrichtungen zu benutzen. [2]Auf Grundstücken, die nicht an das öffentliche Wasserversorgungsnetz angeschlossen werden können, ist die Herstellung von Brunnen zulässig, wenn die hygienischen Anforderungen eingehalten werden können.

(3) [1]Bebaute Grundstücke sind unmittelbar durch eine eigene oder über ein anderes Grundstück, durch Baulast gesichert, durch eine eigene oder gemeinsame unterirdische Leitung (Grundleitung) an die öffentlichen Abwasseranlagen anzuschließen. [2]Ist ein Anschluss an die öffentlichen Abwasseranlagen nicht möglich, so ist eine Bebauung zulässig, wenn das Abwasser versickert oder in ein oberirdisches Gewässer eingeleitet werden darf[3]. [3]Auf Grundstücken, von denen das Schmutzwasser nur einer privaten Abwassersammelgrube zugeleitet werden kann, sind Wohngebäude mit insgesamt nicht mehr als zwei Nutzungseinheiten sowie andere Gebäude mit vergleichbarem Abwasseranfall zulässig.

### Anmerkung
1 Siehe auch Bauprüfdienst Erschließung (BPD 3/2020).
2 Siehe auch Bauprüfdienst Baulasten (BPD 1/2015)
3 Siehe auch Informationen zur Grundwassernutzungen der Behörde für Umwelt, Klima, Energie und Agrarwirtschaft (BUKEA)

## § 5 Zugänge und Zufahrten auf den Grundstücken[1] [2]

(1) Von öffentlichen Wegen ist für Rettungs- und Löscharbeiten ein Zu- oder Durchgang in ausreichender Breite und Höhe zu schaffen
1. zur Vorderseite von Gebäuden,
2. zur Rückseite von Gebäuden, wenn der zweite Rettungsweg aus diesen Gebäuden dort über Rettungsgeräte der Feuerwehr führt.

(2) Zu Gebäuden, bei denen die Oberkante der Brüstung von Fenstern oder Stellen, an die Rettungsgeräte der Feuerwehr angelegt werden sollen, mehr als 8,0 m über der Geländeoberfläche liegt, ist abweichend von Absatz 1 anstelle eines Zu- oder Durchgangs eine Zu- oder Durchfahrt zu schaffen.

(3) Ist für die Personenrettung der Einsatz von Hubrettungsfahrzeugen erforderlich, sind die für die Fahrzeuge erforderlichen Aufstell- und Bewegungsflächen vorzusehen.

(4) Bei Gebäuden, die ganz oder mit Teilen mehr als 50 m von einem öffentlichen Weg entfernt sind, sind Zufahrten oder Durchfahrten zu den vor und hinter den Gebäuden gelegenen Grundstücksteilen und Bewegungsflächen herzustellen, wenn sie aus Gründen des Feuerwehreinsatzes erforderlich sind.

(5) [1]Zu- und Durchfahrten, Aufstellflächen und Bewegungsflächen für die Feuerwehrfahrzeuge sind als solche zu kennzeichnen und ständig freizuhalten. [2]Die Kennzeichnung von Zufahrten muss von dem öffentlichen Weg aus sichtbar sein.

### Anmerkungen
1 Vgl. Richtlinie über Flächen für die Feuerwehr (mit Geltung für private Grundstücke), eingeführt als Technische Baubestimmung (siehe Verwaltungsvorschrift Technische Baubestimmungen) und FaQ zu § 5 HBauO.
2 Siehe auch Bauprüfdienst Erschließung (BPD 3/2020).

## § 6 Abstandsflächen[1]

(1) [1]Vor den Außenwänden von Gebäuden sind Flächen von oberirdischen Gebäuden freizuhalten (Abstandsflächen). [2]Satz 1 gilt entsprechend für andere Anlagen, von denen Wirkungen wie von Gebäuden ausgehen, gegenüber Gebäuden und Grundstücksgrenzen. [3]Eine Abstandsfläche ist nicht erforderlich vor Außenwänden, die an Grundstücksgrenzen errichtet werden, wenn nach planungsrechtlichen oder bauordnungsrechtlichen Vorschriften an die Grenze gebaut werden muss oder gebaut werden darf.

(2) [1]Abstandsflächen müssen auf dem Grundstück liegen. [2]Sie dürfen auch auf öffentlichen Verkehrs-, Grün-[2] und Wasserflächen liegen, jedoch nur bis zu deren Mitte. [3]Bei öffentlichen Grünflächen gilt dies nur sofern die Gebäude oder Anlagen innerhalb von Baulinien oder Baugrenzen errichtet werden. [4]Abstandsflächen dürfen sich ganz oder teilweise auf andere Grundstücke erstrecken, wenn durch Baulast gesichert ist, dass sie nicht überbaut werden; Absatz 3 bleibt unberührt. [5]Bei Wohngebäuden der Gebäudeklassen 1 bis 3 ist ein Flächenausgleich innerhalb einer unregelmäßig begrenzten Abstandsfläche zulässig.

(3) Die Abstandsflächen dürfen sich nicht überdecken; dies gilt nicht für
1. Außenwände, die in einem Winkel von mehr als 75 Grad zueinander stehen,

2. Außenwände zu einem fremder Sicht entzogenen Gartenhof bei Wohngebäuden der Gebäudeklassen 1 und 2,
3. Gebäude und andere Anlagen, die in den Abstandsflächen zulässig sind.

(4) [1]Die Tiefe der Abstandsfläche bemisst sich nach der Wandhöhe; sie wird rechtwinklig zur Wand gemessen. [2]Wandhöhe ist das Maß von der Geländeoberfläche bis zum Schnittpunkt der Wandaußenseite mit der Dachhaut oder bis zum oberen Abschluss der Wand. [3]Die Höhe von Dächern mit einer Neigung von weniger als 70 Grad wird zu einem Drittel der Wandhöhe hinzugerechnet. [4]Andernfalls wird die Höhe des Daches voll hinzugerechnet. [5]Die Sätze 1 bis 4 gelten für Dachaufbauten entsprechend. [6]Das sich ergebende Maß ist H.

(5) [1]Die Tiefe der Abstandsflächen beträgt 0,4 H, mindestens 2,5 m. [2]In Gewerbe- und Industriegebieten genügt eine Tiefe von 0,2 H, mindestens 2,5 m; an den Grenzen zu anderen Baugebieten gilt Satz 1.

(6) Bei der Bemessung der Abstandsflächen bleiben außer Betracht
1. vor die Außenwand vortretende untergeordnete Bauteile wie Gesimse und Dachüberstände,
2. Vorbauten einschließlich Balkone, wenn sie
   a) insgesamt nicht mehr als ein Drittel der Breite der jeweiligen Außenwand in Anspruch nehmen,
   b) nicht mehr als 1,50 m vor die Außenwand vortreten und
   c) mindestens 2,50 m von der gegenüberliegenden Nachbargrenze entfernt bleiben,
3. nachträgliche Wärmeschutzmaßnahmen[3] an bestehenden Gebäuden mit höchstens 0,20 m Dicke.

(7) [1]In den Abstandsflächen eines Gebäudes sowie ohne eigene Abstandsflächen sind, auch wenn sie nicht an die Grundstücksgrenze oder an das Gebäude angebaut werden, zulässig
1. eingeschossige Garagen und eingeschossige Gebäude ohne Aufenthaltsräume und Feuerstätten mit einer mittleren Wandhöhe bis zu 3,0 m und einer Gesamtlänge je Grundstücksgrenze von bis zu 9,0 m,
2. gebäudeunabhängige Solaranlagen mit einer Höhe bis zu 3,0 m und einer Gesamtlänge je Grundstücksgrenze von bis zu 9,0 m,
3. Stützmauern und Einfriedigungen in Gewerbe- und Industriegebieten, außerhalb dieser Baugebiete mit einer Höhe bis zu 2,0 m.

[2]Die Länge der in Satz 1 Nummern 1 und 2 genannten Anlagen darf auf einem Grundstück insgesamt 15,0 m nicht überschreiten.

(8) Zwingende Festsetzungen eines Bebauungsplans, die andere Bemessungen der Abstandsfläche ergeben, haben Vorrang.

## Anmerkungen

1 Die öffentlichen Grünflächen sind aufgeführt im Verzeichnis der öffentlichen Grün- und Erholungsanlagen vom 1.10.2011.
2 Zum Erfordernis der Nachbarzustimmung bei Abweichungen von § 6 Abs. 5 HBauO siehe § 71 Abs. 2 HBauO. Siehe auch die gesetzliche Abweichungsregelung in § 6 Abs. 6 Nr. 3 HBauO.
3 Siehe auch die korrespondierende Vorschrift des § 28 Abs. 2 Satz 3 HBauO.

## § 7 Gebäude auf mehreren Grundstücken; Anbau an Nachbargrenzen

(1) Die Errichtung eines Gebäudes auf mehreren Grundstücken ist zulässig, wenn durch Baulast gesichert ist, dass keine Verhältnisse eintreten können, die Vorschriften dieses Gesetzes oder auf Grund dieses Gesetzes erlassenen Vorschriften widersprechen.

(2) [1]Darf nach planungsrechtlichen Vorschriften[1] nicht an die Nachbargrenze gebaut werden, ist aber auf dem Nachbargrundstück ein Gebäude an der Grenze vorhanden, so kann zugelassen oder verlangt werden, dass angebaut wird. [2]Darf oder muss nach planungsrechtlichen Vorschriften[2] an die Nachbargrenze gebaut werden, ist aber auf dem Nachbargrundstück ein Gebäude mit Abstand zu dieser Grenze vorhanden, so kann zugelassen oder verlangt werden, dass ein Abstand eingehalten wird.

### Anmerkungen
1  Siehe auch § 22 Abs. 2 BauNVO (siehe D 2 in diesem Band) und § 11 BPVO (siehe D 3 in diesem Band).
2  Siehe auch § 22 Abs. 3 BauNVO (siehe D 2 in diesem Band) und § 11 BPVO (siehe D 3 in diesem Band).

## § 8 Teilung von Grundstücken

(1) Durch die Teilung eines Grundstücks dürfen keine Verhältnisse geschaffen werden, die diesem Gesetz oder auf Grund dieses Gesetzes erlassenen Vorschriften widersprechen[1].

(2) Soll bei einer Teilung nach Absatz 1 von diesem Gesetz oder von auf Grund dieses Gesetzes erlassenen Vorschriften abgewichen werden, ist § 69 entsprechend anzuwenden[2].

### Anmerkungen
1  Siehe auch § 19 Abs. 2 BauGB (siehe D 1 in diesem Band).
2  Zu Eingriffsbefugnissen siehe § 76 Abs. 4 HBauO.

## § 9 Nicht überbaute Flächen, Vorgärten[1]

(1) [1]Die nicht mit Gebäuden oder vergleichbaren baulichen Anlagen überbauten Flächen der bebauten Grundstücke sind
1. wasserdurchlässig zu belassen oder herzustellen
und
2. durch Begrünung und Bepflanzung gärtnerisch zu gestalten, soweit dem nicht die Erfordernisse einer anderen zulässigen Verwendung der Flächen entgegenstehen.
[2]Satz 1 findet keine Anwendung, soweit Bebauungspläne Festsetzungen zu den nicht überbauten Flächen treffen.

(2) [1]Vorgärten (Flächen zwischen der Straßenlinie oder Straßengrenze und der vorderen Fluchtlinie des Gebäudes) in Kleinsiedlungs-, Wohn-, Misch- und Dorfgebieten sind gärtnerisch zu gestalten. [2]Sofern die Gartengestaltung nicht erheblich beeinträchtigt wird und ein durch die Vorgärten geprägtes Straßen-

## B · HBauO §§ 9–11

bild erhalten bleibt, sind Stellplätze für Kraftfahrzeuge, Fahrradplätze und Standplätze für Abfall- und Wertstoffsammelbehälter sowie besondere bauliche Anlagen für Menschen mit Behinderungen zulässig.

### Anmerkungen
1 Siehe auch FaQ zu § 9 HBauO

### § 10 Kinderspielflächen[1][2]

(1) ¹Bei Gebäuden mit mehr als drei Wohnungen ist auf dem Grundstück eine ausreichend große Spielfläche mit geeigneter Ausstattung für Kinder herzustellen. ²Die Kinderspielfläche muss eine Größe von mindestens 10 m² je Wohneinheit, mindestens aber 100 m², haben. ³Eine Unterschreitung dieser Größe ist zulässig, wenn sonst die zulässige Bebauung auf dem Grundstück nicht oder nur mit unzumutbarem Aufwand verwirklicht werden kann.

(2) Die Herstellung ist auch auf einem anderen geeigneten Grundstück in unmittelbarer Nähe, dessen dauerhafte Nutzung für diesen Zweck durch Baulast gesichert ist, zulässig.

### Anmerkungen
1 Siehe auch Bauprüfdienst Kinderspielflächen (BPD 1/2012).
2 Siehe auch Broschüre der Behörde für Stadtentwicklung und Umwelt „Private Spielflächen in Innenstadtquartieren – Hinweise zur Gestaltung", September 2009.

### § 11 Einfriedigungen[1][2]

¹Bauliche Einfriedigungen an der Grenze zu öffentlichen Wegen und Grünflächen sowie an der Grenze zu benachbarten Grundstücken in der Tiefe der Vorgärten³ sind bis zu einer Höhe von 1,50 m, vom eigenen Grund gemessen, zulässig. ²Sie müssen durchbrochen sein. ³Einfriedigungen von gewerblich genutzten Grundstücken dürfen dicht und bis zu 2,25 m hoch ausgeführt werden.

### Anmerkungen
1 Ein Verbot Grundstücke einzufriedigen, gilt vielfach in Naturschutzgebieten und Landschaftsschutzgebieten.
 Zur Verfahrensfreistellung von Einfriedigungen siehe Nr. 6 der Anlage 2 zu § 60 HBauO.
 Die Einfriedigung von Waldflächen erfordert eine Genehmigung nach dem Landeswaldgesetz (§ 6 Abs. 3 Landeswaldgesetz vom 13.3.1978 (HmbGVBl. S. 74), zuletzt geändert durch Gesetz vom 2.12.2013 (HmbGVBl. S. 484).
2 Siehe auch FaQ zu § 11 HBauO
3 Zum Begriff des Vorgartens siehe § 9 Abs. 2 Satz 1 HBauO.

## Dritter Teil   Bauliche Anlagen

### Erster Abschnitt   Gestaltung

#### § 12   Gestaltung

(1) ¹Bauliche Anlagen müssen nach Form, Maßstab, Verhältnis der Baumassen und Bauteile zueinander, Werkstoff und Farbe so gestaltet sein, dass sie nicht verunstaltend wirken. ²Bauliche Anlagen dürfen das Straßen-, Orts- und Landschaftsbild nicht verunstalten.

(2) Bei baulichen Anlagen, die infolge ihres Umfangs, ihrer Höhe, ihrer Lage oder ihrer erhaltenswerten Gestaltungsmerkmale das Straßenbild, Ortsbild oder Landschaftsbild mitbestimmen, können besondere Anforderungen an die Gestaltung der Außenseiten und der Dächer gestellt werden.

#### § 13   Werbeanlagen[1][2][3][4]

(1) ¹Anlagen der Außenwerbung (Werbeanlagen) sind alle ortsfesten Einrichtungen, die der Ankündigung oder Anpreisung oder als Hinweis auf Gewerbe oder Beruf dienen und vom öffentlichen Verkehrsraum aus sichtbar sind. ²Für Werbeanlagen, die keine baulichen Anlagen sind, gelten die Vorschriften über die Gestaltung baulicher Anlagen sinngemäß.

(2) ¹In Kleinsiedlungsgebieten, Wohngebieten und Dorfgebieten sind Werbeanlagen nur an Gebäuden an der Stätte der Leistung, bis zur unteren Dachkante des Gebäudes, zulässig; in reinen Wohngebieten nur bis zur Höhe des Erdgeschosses. ²In Misch-, Kern-, Gewerbe- und Sondergebieten sind Werbeanlagen oberhalb der unteren Dachkante nur zulässig, sofern sie keine von der öffentlichen Verkehrsfläche sichtbare Hilfskonstruktion erfordern. ³Außerhalb der im Zusammenhang bebauten Ortsteile sind Werbeanlagen nur an der Stätte der Leistung, einzelne Hinweiszeichen darauf sowie Sammelschilder als Hinweis auf ortsansässige gewerbliche Betriebe, die den Belangen der Verkehrsteilnehmerinnen und Verkehrsteilnehmer dienen, zulässig. ⁴In allen Baugebieten sind zeitlich begrenzte Hinweise auf besondere Veranstaltungen, Messen, Schaustellungen, Feiern und Sportveranstaltungen zulässig.

(3) ¹Unzulässig sind:
1. Werbeanlagen, die die Sicherheit des Verkehrs gefährden,
2. Werbeanlagen in störender Häufung oder von störendem Umfang,
3. Werbeanlagen an Böschungen, Brücken, Ufern und Bäumen,
4. Werbeanlagen an öffentlichen Gebäuden repräsentativen oder städtebaulich hervorragenden Charakters in den Stadtteilen Hamburg-Altstadt, Neustadt und HafenCity, ausgenommen Hinweise auf dort befindliche Dienststellen, Unternehmen oder Veranstaltungen,
5. Werbeanlagen mit Wechsellicht außerhalb der vom Senat durch Rechtsverordnung bestimmten Gebiete,
6. Werbeanlagen in Vorgärten[5] mit Ausnahme von Schildern, die Inhaberinnen und Inhaber und Art eines auf dem Grundstück vorhandenen Betriebes oder eines dort ausgeübten freien Berufes (Stätte der Leistung) kennzeichnen.

²Satz 1 gilt nicht für zeitlich befristete Werbeanlagen nach Satz 1 Nummern 2 bis 4, die dem Wohl der Allgemeinheit dienen und insbesondere durch ihre Werbeaussagen kulturelle, karitative oder sportliche Zwecke fördern.

**(4)** Die Vorschriften dieses Gesetzes sind nicht anzuwenden auf
1. Anschläge an dafür genehmigten Säulen, Tafeln und Flächen,
2. Werbemittel an Zeitungs- und Zeitschriftenverkaufsstellen,
3. Auslagen und Dekorationen in Fenstern und Schaukästen,
4. Wahlwerbung für die Dauer eines Wahlkampfs.

Anmerkungen
1   Regelungen zu Werbeanlagen sind auch enthalten in:
    –   § 33 Straßenverkehrsordnung vom 6.3.2013 (BGBl. I S. 367);
    –   § 9 Bundesfernstraßengesetz vom 28.6. 2007 (BGBl. I S. 1206), zuletzt geändert durch Gesetz vom 31.5.2013 (BGBl. I S. 1388) – siehe hierzu auch Bauprüfdienst Bauanlagen an Bundesfernstraßen (BPD 12/1991);
    –   § 10a Hamburgisches Wassergesetz vom 29.3.2005 (HmbGVBl. S. 97), zuletzt geändert durch Gesetz vom 4.12.2012 (HmbGVBl. S. 510. 519), der Werbeverbot auf der Alster, ihren Kanälen und Fleeten regelt;
    –   Verordnung über Werbung mit Wechsellicht (WechsellichtVO) vom 28.4.1981 (siehe Ziff. 2.13 in diesem Band);
    –   hamburgischen Landschafts- und Naturschutzgebietsverordnungen;
    –   diversen Bebauungsplänen.
2   Siehe auch Bauprüfdienst Werbeanlagen (BPD 5/2013).
3   Zur Verfahrensfreistellung von Werbeanlagen siehe Nr. 11 der Anlage 2 zu § 60 HBauO.
4   Siehe auch FaQ zu § 13 HBauO.
5   Zum Begriff des Vorgartens siehe § 9 Abs. 2 Satz 1 HBauO.

Zweiter Abschnitt **Allgemeine Anforderungen an die Bauausführung**

**§ 14    Baustellen**[1]

**(1) Baustellen sind so einzurichten und zu betreiben, dass bauliche Anlagen ordnungsgemäß errichtet, geändert oder beseitigt werden können und Gefahren nicht entstehen.**

**(2)** [1]**Bei Bauarbeiten, durch die unbeteiligte Personen gefährdet werden können, ist die Gefahrenzone abzugrenzen oder durch Warnzeichen zu kennzeichnen.** [2]**Soweit erforderlich, sind Baustellen mit einem Bauzaun abzugrenzen, mit Schutzvorrichtungen gegen herabfallende Gegenstände zu versehen und zu beleuchten.**

**(3) Bei der Ausführung nicht verfahrensfreier Bauvorhaben hat die Bauherrin oder der Bauherr an der Baustelle ein Schild, das die Bezeichnung des Bauvorhabens sowie die Namen und Anschriften der Bauleiterin oder des Bauleiters und der Unternehmerin oder des Unternehmers für die Hauptgewerke enthalten muss, dauerhaft und vom öffentlichen Weg aus sichtbar anzubringen.**

**(4) Bäume, Hecken und sonstige Bepflanzungen, die auf Grund anderer Rechtsvorschriften zu erhalten sind, müssen während der Bauausführung geschützt werden.**

## § 14 HBauO · B

**Anmerkung**
1 Arbeitsschutz und Baustellensicherheit
   1. Verordnung über Sicherheit und Gesundheitsschutz auf Baustellen (BaustellenV) vom 10.6.1998 (BGBl. I S. 1283), zuletzt geändert am 27.6.2017 (BGBl. I S. 1966)
   2. Verordnung über Arbeitsstätten (ArbStättV) vom 12.8.2004 (BGBl. I S. 2179), zuletzt geändert am 19.7.2020 (BGBl. I S. 1328)
   3. Technische Regeln für Arbeitsstätten (ASR)(siehe www.baua.de) z. B. Gefährdungsbeurteilung, Sicherheits- und Gesundheitskennzeichnung, Fluchtwege und Notausgänge, Flucht und Rettungsplan)
   4. Gefahrstoffverordnung – (GefStoffV) vom 26.11.2010 (BGBl. I S. 1643, 1644), zuletzt geändert am 29.3.2017 (BGBl. I S. 626)
   5. Richtlinie für die Bewertung und Sanierung schwachgebundener Asbestprodukte (Asbest-Richtlinie) eingeführt mit der Verwaltungsvorschrift Technische Baubestimmung (VVTB)
   6. Merkblatt Sicherheit und Gesundheitsschutz auf Baustellen (www.hamburg.de/baugenehmigung)
   7. Merkblatt Passantenschutz an Hamburger Baustellen (www.hamburg.de/baugenehmigung)
   8. Hinweise für Bauherren und Arbeitgeber auf Baustellen zu Corona-Virus (www.hamburg.de/baugenehmigung)

Baulärm
   1. Hamburgische Lärmschutzgesetz vom 8.12.2010 (HmbGVBl. S. 621), zuletzt geändert am 8.7.2014 (HmbGVBl. S. 293)
   2. § 22 Abs. 1 Bundes-Immissionsschutzgesetz (BImschG) in der Fassung der Bekanntmachung vom 17.5.2013 (BGBl. I S. 1274), zuletzt geändert am 9.12.2020 (BGBl. I S. 2873)
   3. Geräte- und Maschinenlärmschutzverordnung (32. BImschV) vom 29.8.2002 (BGBl. I S. 3478), zuletzt geändert am 19.6.2020 (BGBl. I S. 1328)
   4. Allgemeine Verwaltungsvorschrift zum Schutz gegen Baulärm vom 1.8.1970 (BAnz Beilage 1970, Nr. 160)
   5. TA Lärm vom 26.8.1998 zuletzt geändert durch VV vom 1.6.2017
   6. Gesetz über Sonntage, Feiertage, Gedenktage und Trauertage (Feiertagsgesetz) vom 16.10.1953 (HmbBl. 113-1) zuletzt geändert am 19.12.2019 (HmbGVBl. S. 516)
   7. Feiertagsschutzverordnung vom 15.2.1957 (HmbBl. I 113-a-2), zuletzt geändert am 1.2.2005 (HmbGVBl. S. 22)
   8. Merkblatt „Ausnahmegenehmigung Baulärm" siehe www.hamburg.de/baugenehmigung

Gerüste
   1. DIN 4420 Arbeits- und Schutzgerüste eingeführt als Technische Baubestimmung (VVTB)
   2. DIN 4421 Traggerüste, Berechnung, Konstruktion und Ausführung eingeführt als Technische Baubestimmung (VVTB)
   3. Zur Verfahrensfreiheit von Gerüsten siehe Abschnitt I Nr. 12.2 der Anlage 2 zu § 60 HBauO
   4. Merkblatt der Berufsgenossenschaft der Bauwirtschaft (www.bgbau.de)

Funde
1. Anzeigepflicht für archäologische Funde gemäß § 18 Denkmalschutzgesetz vom 5.4.2013 (HmbGVBl. S. 142)
2. Anzeigepflicht für unbekannte Naturgebilde gemäß § 26 Hamburgisches Gesetz zur Ausführung des Bundesnaturschutzgesetzes (HmbBNatSchAG) vom 11.5.2010 (HmbGVBl. S. 350), zuletzt geändert am 24.1.2020 (HmbGVBl. S. 92)
3. Anzeige- Sicherungs- und Vorsorgepflichten für Kampfmittel gemäß Verordnung zur Verhütung von Schäden durch Kampfmittel (KampfmittelVO) vom 13.12.2005 (HmbGVBl. S. 557) zuletzt geändert am 8.7.2014 (HmbGVBl. S. 289)

Schutz der Natur und Artenschutz
1. Zu Eingriffen in Natur und Landschaft siehe § 15 Gesetz über Naturschutz und Landschaftspflege (BNatSchG) vom 29.7.2009 (BGBl. I S. 2542), zuletzt geändert am 7.8.2013 (BGBl. I S. 3154)
2. Verordnung zum Schutz des Baumbestandes und der Hecken in der Freien und Hansestadt Hamburg (BaumschutzVO) vom 17.9.1948 (HmbBl. 791-i), zuletzt geändert am 11.5.2010 (HmbGVBl. S. 350, 369)
3. Siehe Bauprüfdienst Schutz des Mutterbodens bei Bauvorhaben (BPD 5/ 1998)

Schutz des Grundwassers
1. Erlaubnisvorbehalt bei Gewässerbenutzung (z. B. bei Grundwasserabsenkungen und Abwassereinleitungen) nach § 8 ff. Wasserhaushaltsgesetz vom 31.7.2009 (WHG) (BGBl. I S. 2585), zuletzt geändert am 7.8.2013 (BGBl. I S. 3154)
2. Merkblatt zum Umgang mit Baugrubenwasser der Behörde für Umwelt, Klima, Energie und Agrarwirtschaft

## § 15 Standsicherheit[1] [2] [3]

(1) [1]Jede bauliche Anlage muss im Ganzen und in ihren einzelnen Teilen für sich allein standsicher sein. [2]Bauteile müssen auch im Brandfall ausreichend lange standsicher sein. [3]Die Standsicherheit muss auch beim Errichten, Ändern und Beseitigen sichergestellt sein. [4]Die Standsicherheit anderer baulicher Anlagen und die Tragfähigkeit des Baugrundes der Nachbargrundstücke dürfen nicht gefährdet werden.

(2) [1]Die Verwendung gemeinsamer Bauteile für mehrere bauliche Anlagen ist zulässig. [2]Für bauliche Anlagen auf mehreren Grundstücken gilt dies nur, wenn durch Baulast gesichert ist, dass die gemeinsamen Bauteile bei der Beseitigung einer der baulichen Anlagen bestehen bleiben können. [3]Für verfahrensfreie Gebäude bedarf es nicht der Bestellung einer Baulast.

**Anmerkungen**
1 Siehe eingeführte Technische Baubestimmungen (VVTB) mit technischen Regeln zu
    1. Lastannahmen und Grundlagen der Tragwerksplanung insbesondere DIN 1055

2. Regeln zur Bemessung und zur Ausführung im Grundbau, Mauerwerks-, Beton-, Stahlbeton- und Spannbetonbau, Metallbau, Holzbau, für Bauteile sowie Sonderkonstruktionen.
2   Zur Duldungspflicht von Unterfangungen bei direkt angrenzenden Bebauungen siehe § 74 Abs. 4 HBauO
3   Hinweise der Obersten Bauaufsicht Hamburg (www.hamburg.de/baugenehmigung)
    – Hinweise für die Überprüfung der Standsicherheit von baulichen Anlagen
    – Hinweise zur Untersuchung von Holzkonstruktionen in Nagelplattenbauweise
    – Zustimmungen im Einzelfall/vorhabenbezogene Bauartgenehmigung

## § 16   Schutz gegen schädliche Einflüsse[1] [2]

**[1]Bauliche Anlagen müssen so angeordnet, beschaffen und gebrauchstauglich sein, dass durch Wasser, Feuchtigkeit, pflanzliche und tierische Schädlinge sowie andere chemische[3] [4], physikalische oder biologische Einflüsse Gefahren oder unzumutbare Belästigungen nicht entstehen können. [2] Baugrundstücke müssen für bauliche Anlagen entsprechend geeignet sein.**

### Anmerkungen
1   Siehe Bundes-Bodenschutzgesetz vom 17.3.1998 (BGBl. I S. 502), zuletzt geändert am 27.9.2017 (BGBl. I S. 3465), sowie Hamburgisches Bodenschutzgesetz vom 20.2.2001 (HmbGVBl. S. 27), zuletzt geändert am 17.12.2013 (HmbGVBl. S. 503, 525).
2   Siehe DIN 68800 Holzschutz im Hochbau Teil 2 (bauliche Maßnahmen) und Teil 3 (chemischer Holzschutz) eingeführt als Technische Baubestimmung (VVTB).
3   Altlasthinweiskataster (www.hamburg.de/kataster).
4   Siehe AgBB-Schema des Ausschusses zur gesundheitlichen Bewertung von Bauprodukten (siehe www.umweltbundesamt.de und VVTB).

## § 17   Brandschutz[1]

**Bauliche Anlagen sind so anzuordnen, zu errichten, zu ändern und instand zu halten, dass der Entstehung eines Brandes und der Ausbreitung von Feuer und Rauch (Brandausbreitung) vorgebeugt wird und bei einem Brand die Rettung von Menschen und Tieren sowie wirksame Löscharbeiten möglich sind.**

### Anmerkungen
1   Zum Brandschutz siehe:
    1. DIN 4102 und DIN EN 13501 Brandverhalten von Baustoffen und Bauteilen sowie Eurocode 2 (Stahlbeton und Spanbeton), Eurocode 3 (Stahlbau), Eurocode 4 (Verbundtragwerke aus Stahl und Beton) und 5 (Holzbau) eingeführt als Technische Baubestimmung (VVTB)

2. Eingeführte Brandschutzrichtlinien: Industriebaurichtlinie – IBauR (A 2.2.2.8), Richtlinie über brandschutztechnische Anforderungen an Systemböden – SysBöR (AA 2.1.9), Lüftungsanlagen-Richtlinie – LüAR (A 2.2.1.8), Leitungsanlagen-Richtlinie – LAR (A 2.2.1.8), Holzbau-Richtlinie – HFHHolzR (A 2.2.1.4) eingeführt als Technische Baubestimmung (VVTB)
3. Richtlinie über Flächen für die Feuerwehr (A 2.2.1.1) eingeführt als Technische Baubestimmung sowie FaQ zu § 5 HBauO
4. Brandverhütungsschauen gemäß § 6 Feuerwehrgesetz vom 23.6.1986 (HmbGVBl. S. 137), zuletzt geändert am 18.5.2018 (HmbGVBl. S. 182) und Brandverhütungsschauverordnung (BVSVO) vom 1.12.2009 (HmbGVBl. S. 403), zuletzt geändert am 17.1.2012 (HmbGVBl. S. 8, 13)
5. Bauprüfdienst Beteiligung der Feuerwehr am bauaufsichtlichen Verfahren (BPD 4/2011)
6. Bauprüfdienst Brandschutztechnische Auslegungen (BPD 5/2012)
7. Bauprüfdienst Brandschutznachweise (BPD 5/2016)
8. siehe §§ 24–30 HBauO zu den Bauteilanforderungen, § 31–34 HBauO, § 35 Abs. 3 bis 5 HBauO zu den Rettungswegen, §§ 39–41 HBauO zu brandschutztechnisch bedeutsamer technischer Gebäudeausrüstung sowie § 51 HBauO zu Sonderbauten

## § 18 Wärmeschutz[1], Schallschutz[2] und Erschütterungsschutz[3]

**(1)** Gebäude müssen einen ihrer Nutzung und den klimatischen Verhältnissen entsprechenden Wärmeschutz haben.

**(2)** Gebäude müssen einen ihrer Nutzung entsprechenden Schallschutz haben. Geräusche, die von ortsfesten Einrichtungen in baulichen Anlagen oder auf Baugrundstücken ausgehen, sind so zu dämmen, dass Gefahren oder unzumutbare Belästigungen nicht entstehen.

**(3)** Erschütterungen oder Schwingungen, die von ortsfesten Einrichtungen in baulichen Anlagen oder auf Baugrundstücken ausgehen, sind so zu dämmen, dass Gefahren oder unzumutbare Belästigungen nicht entstehen.

### Anmerkungen
1 Zum Wärmeschutz siehe auch: DIN 4108 Wärmeschutz und Energieeinsparung in Gebäuden eingeführt als Technische Baubestimmung (VVTB A 6.2.1)).
2 Zum Schallschutz siehe auch:
   1. DIN 4109 (Schallschutz im Hochbau) eingeführt als Technische Baubestimmung (VVTB)
   2. siehe zu Fluglärm: Gesetz zum Schutz gegen Fluglärm vom 31.10.2007 (BGBl. I S. 2550) sowie Flugplatz-Schallschutzmaßnahmenverordnung vom 8.9.2009 (BGBl. I. S. 2992)
3 Zum Erschütterungsschutz: DIN 4149 Bauten in deutschen Erdbebengebieten (eingeführte Technische Baubestimmung (Ziffer 5.1).

## § 19 Verkehrssicherheit

(1) Bauliche Anlagen und die dem Verkehr dienenden nicht überbauten Flächen von bebauten Grundstücken müssen verkehrssicher sein[1].

(2) Die Sicherheit und Leichtigkeit des öffentlichen Verkehrs darf durch bauliche Anlagen oder deren Nutzung nicht gefährdet werden.

(3) Allgemein zugängliche Flächen und Treppen in Gebäuden sowie auf Grundstücken müssen eine lichte Durchgangshöhe von mindestens 2 m haben.

(4) Öffentlich zugängliche Wege auf den Grundstücken und Eingänge von Gebäuden müssen überschaubar und zu beleuchten sein.

(5) Gebäude sind mit einer vom öffentlichen Weg aus gut erkennbaren Hausnummer[2] zu kennzeichnen; bei Gebäuden mit Aufenthaltsräumen muss die Hausnummer beleuchtbar sein.

### Anmerkungen
1 Zur Verkehrssicherheit siehe auch:
  1. Streupflicht und Streusalzverbot: Siehe § 33 Abs. 2 Hamburgisches Wegegesetz vom 22.1.1974 (HmbGVBl. S. 41), zuletzt geändert am 28.11.2017 (HmbGVBl. S. 361)
  2. §§ 30 Abs. 9, 34 Abs. 2, 35 Abs. 1 und 3, 36 sowie § 52 Abs. 1 HBauO
2 Siehe Bauprüfdienst Hausnummern (BPD 6/2013).

## § 19a Bauarten[1]

(1) Bauarten dürfen nur angewendet werden, wenn bei ihrer Anwendung die baulichen Anlagen bei ordnungsgemäßer Instandhaltung während einer dem Zweck entsprechenden angemessenen Zeitdauer die Anforderungen dieses Gesetzes oder auf Grund dieses Gesetzes erfüllen und für ihren Anwendungszweck tauglich sind.

(2) Bauarten, die von Technischen Baubestimmungen nach § 81a Absatz 2 Nummer 2 oder Nummer 3 Buchstabe a wesentlich abweichen oder für die es allgemein anerkannte Regeln der Technik nicht gibt, dürfen bei der Errichtung, Änderung und Instandhaltung baulicher Anlagen nur angewendet werden, wenn für sie
1. eine allgemeine Bauartgenehmigung oder
2. eine vorhabenbezogene Bauartgenehmigung
durch die Bauaufsichtsbehörde[2] erteilt worden ist. § 20a Absätze 2 bis 7 gilt entsprechend.

(3) Anstelle einer allgemeinen Bauartgenehmigung genügt ein allgemeines bauaufsichtliches Prüfzeugnis für Bauarten, wenn die Bauart nach allgemein anerkannten Prüfverfahren beurteilt werden kann. In einer Technischen Baubestimmung nach § 81a werden diese Bauarten mit der Angabe der maßgebenden technischen Regeln bekannt gemacht. § 20b Absatz 2 gilt entsprechend.

(4) Wenn Gefahren im Sinne des § 3 Satz 1 nicht zu erwarten sind, kann die Bauaufsichtsbehörde[3] im Einzelfall oder für genau begrenzte Fälle allgemein festlegen, dass eine Bauartgenehmigung nicht erforderlich ist.

**B · HBauO** § 19a

(5) Bauarten bedürfen einer Bestätigung ihrer Übereinstimmung[4] mit den Technischen Baubestimmungen nach § 81a, den allgemeinen Bauartgenehmigungen, den allgemeinen bauaufsichtlichen Prüfzeugnissen für Bauarten oder den vorhabenbezogenen Bauartgenehmigungen; als Übereinstimmung gilt auch eine Abweichung, die nicht wesentlich ist. § 22 Absatz 2 gilt für den Anwender der Bauart entsprechend.

(6) Bei Bauarten, deren Anwendung in außergewöhnlichem Maß von der Sachkunde und Erfahrung der damit betrauten Personen oder von einer Ausstattung mit besonderen Vorrichtungen abhängt, kann in der Bauartgenehmigung oder durch Rechtsverordnung des Senats vorgeschrieben werden, dass die Anwenderin oder der Anwender über solche Fachkräfte und Vorrichtungen verfügt und den Nachweis hierüber gegenüber einer Prüfstelle nach § 23 Satz 1 Nummer 6 zu erbringen hat. In der Rechtsverordnung[5][6] können Mindestanforderungen an die Ausbildung, die durch Prüfung nachzuweisende Befähigung und die Ausbildungsstätten einschließlich der Anerkennungsvoraussetzungen gestellt werden.

(7) Für Bauarten, die einer außergewöhnlichen Sorgfalt bei Ausführung oder Instandhaltung bedürfen, kann in der Bauartgenehmigung oder durch Rechtsverordnung des Senats die Überwachung dieser Tätigkeiten durch eine Überwachungsstelle[7] nach § 23 Satz 1 Nummer 5 vorgeschrieben werden.

**Anmerkungen**

1 siehe Merkblatt der Obersten Bauaufsicht Hamburg zur Zustimmung im Einzelfall bzw. einer vorhabenbezogenen Bauartgenehmigung
2 Zuständige Bauaufsichtsbehörde ist in Hamburg das Deutsche Institut für Bautechnik (DIBt) (vgl. DIBt-VO vom 29.11.1994 (HmbGVBl. S. 301, 310) zuletzt geändert 23.1.2018 (HmbGVBl. S. 19, 27). Das Deutsche Institut für Bautechnik (DIBT) ist eine gemeinsame Einrichtung des Bundes und der Länder und hat u. a. die Aufgabe (siehe Einziger Paragraph Nr. 1 der DIBt-VO vom 29.11.1994 (HmbGVBl. S. 301, 310), die technischen Regeln für Bauprodukte in der Verwaltungsvorschrift Technische Baubestimmungen aufzustellen und im Einvernehmen mit den obersten Bauaufsichtsbehörden der Länder bekannt zu machen. Die Listen werden jährlich überarbeitet und vom DIBt herausgegeben. Sie werden in den DIBt-Mitteilungen veröffentlicht. http://www.dibt.de.
3 Zuständige Bauaufsichtsbehörde ist die Behörde für Stadtentwicklung und Wohnen- Amt für Bauordnung und Hochbau
4 Übereinstimmungszeichen-Verordnung vom 20.5.2003 (ÜZVO) (siehe C 9 in diesem Band).
5 Verordnung zur Feststellung der wasserrechtlichen Eignung von Bauprodukten und Bauarten durch Nachweise nach der Hamburgischen Bauordnung vom 30.7.2002 (WasBauPVO) (siehe C 12 in diesem Band).
6 Verordnung über Anforderungen an Hersteller von Bauprodukten und Anwender von Bauarten vom 20.5.2003 (HAVO) (siehe C 10 in diesem Band).
7 Verordnung über die Überwachung von Tätigkeiten mit Bauprodukten und bei Bauarten vom 20.5.2003 (ÜTVO) (siehe C 11 in diesem Band).

## Dritter Abschnitt  Bauprodukte

### § 19b  Allgemeine Anforderungen für die Verwendung von Bauprodukten

(1) Bauprodukte dürfen nur verwendet werden, wenn bei ihrer Verwendung die baulichen Anlagen bei ordnungsgemäßer Instandhaltung während einer dem Zweck entsprechenden angemessenen Zeitdauer die Anforderungen dieses Gesetzes oder auf Grund dieses Gesetzes erfüllen und gebrauchstauglich sind.

(2) Bauprodukte, die in Vorschriften anderer Vertragsstaaten des Abkommens vom 2. Mai 1992 über den Europäischen Wirtschaftsraum genannten technischen Anforderungen entsprechen, dürfen verwendet werden, wenn das geforderte Schutzniveau gemäß § 3 Satz 1 gleichermaßen dauerhaft erreicht wird.

### § 19c  Anforderungen für die Verwendung von CE-gekennzeichneten Bauprodukten

Ein Bauprodukt, das die CE-Kennzeichnung trägt, darf verwendet werden, wenn die erklärten Leistungen den in diesem Gesetz oder auf Grund dieses Gesetzes festgelegten Anforderungen für diese Verwendung entsprechen. Die §§ 20 bis 22b und § 23a Absatz 1 gelten nicht für Bauprodukte, die die CE-Kennzeichnung auf Grund der Verordnung (EU) 305/2011[1] tragen.

### Anmerkungen

1  Bauproduktengesetz in der Fassung vom 5.12.2012 (BGBl. I S. 2449) zuletzt geändert mit VO vom 19.6.2020 (BGBl. I S. 1328).
Hierzu: Prüf-, Überwachungs- und Zertifizierungsstelle nach dem Bauproduktengesetz ist das in Hamburg das Deutsche Institut für Bautechnik (DIBt) (vgl. DIBt-VO vom 29.11.1994 (HmbGVBl. S. 301, 310)).
Das Deutsche Institut für Bautechnik (DIBT) ist eine gemeinsame Einrichtung des Bundes und der Länder und hat u. a. die Aufgabe (siehe Einziger Paragraph Nr. 1 der DIBt-VO vom 29.11.1994 (HmbGVBl. S. 301, 310), die technischen Regeln für Bauprodukte und Bauarten in der Verwaltungsvorschrift für Technische Baubestimmungen aufzustellen und im Einvernehmen mit den obersten Bauaufsichtsbehörden der Länder bekannt zu machen. Die Listen werden jährlich überarbeitet und vom DIBt herausgegeben. Sie werden in den DIBt-Mitteilungen veröffentlicht. http://www.dibt.de/

### § 20  Verwendbarkeitsnachweise

(1) Ein Verwendbarkeitsnachweis (§§ 20a bis 20c) ist für ein Bauprodukt erforderlich, wenn
1. es keine Technische Baubestimmung und keine allgemein anerkannte Regel der Technik gibt,
2. das Bauprodukt von einer Technischen Baubestimmung (§ 81a Absatz 2 Nummer 3) wesentlich abweicht oder
3. eine Verordnung nach § 81 Absatz 4a es vorsieht.

(2) Ein Verwendbarkeitsnachweis ist nicht erforderlich für ein Bauprodukt,
1. das von einer allgemein anerkannten Regel der Technik abweicht oder
2. das für die Erfüllung der Anforderungen dieses Gesetzes oder auf Grund dieses Gesetzes nur eine untergeordnete Bedeutung hat.

(3) Die Technischen Baubestimmungen nach § 81a enthalten eine nicht abschließende Liste von Bauprodukten, die keines Verwendbarkeitsnachweises nach Absatz 1 bedürfen.

## § 20a Allgemeine bauaufsichtliche Zulassung[1]

(1) Die Bauaufsichtsbehörde[2] erteilt unter den Voraussetzungen des § 20 Absatz 1 eine allgemeine bauaufsichtliche Zulassung für Bauprodukte, wenn deren Verwendbarkeit im Sinne des § 19b Absatz 1 nachgewiesen ist.

(2) [1]Die zur Begründung des Antrags erforderlichen Unterlagen sind beizufügen. [2]Soweit erforderlich, sind Probestücke von der Antragstellerin oder dem Antragsteller zur Verfügung zu stellen oder durch Sachverständige, die die Bauaufsichtsbehörde bestimmen kann, zu entnehmen oder Probeausführungen unter Aufsicht der Sachverständigen herzustellen; § 70 Absatz 3 gilt entsprechend.

(3) Die Bauaufsichtsbehörde kann für die Durchführung der Prüfung die sachverständige Stelle und für Probeausführungen die Ausführungsstelle und Ausführungszeit vorschreiben.

(4) [1]Die allgemeine bauaufsichtliche Zulassung wird widerruflich und für eine bestimmte Frist erteilt, die in der Regel fünf Jahre beträgt. [2]Die Zulassung kann mit Nebenbestimmungen erteilt werden. [3]Sie kann auf Antrag in der Regel um fünf Jahre verlängert werden. [4]§ 73 Absatz 3 Satz 2 gilt entsprechend.

(5) Die Zulassung wird unbeschadet der privaten Rechte Dritter erteilt.

(6) Die Bauaufsichtsbehörde macht die von ihr erteilten allgemeinen bauaufsichtlichen Zulassungen nach Gegenstand und wesentlichem Inhalt öffentlich bekannt.

(7) Allgemeine bauaufsichtliche Zulassungen nach dem Recht anderer Länder gelten auch in der Freien und Hansestadt Hamburg.

### Anmerkungen
1 siehe FaQ zu § 20a HBauO (www.hamburg.de/baugenehmigung)
2 Bauaufsichtsbehörde für allgemeine bauaufsichtliche Zulassungen und deren Bekanntgabe ist das DIBt (siehe DIBt-VO vom 29.11.1994 (HmbGVBl. S. 301, 310)). Zu seinen Aufgaben und Kompetenzen gehört die
   – Erteilung von nationalen und europäischen technischen Zulassungen für Bauprodukte und -systeme,
   – Erteilung allgemeiner bauaufsichtlicher Zulassungen für Bauprodukte und Bauarten,
   – Bekanntmachung der Verwaltungsvorschrift Technische Baubestimmungen,
   – Anerkennung von Prüf-, Überwachungs- und Zertifizierungsstellen für Aufgaben im Rahmen des Ü-Zeichens und der CE-Kennzeichnung von Bauprodukten,
   – Marktüberwachung für Bauprodukte.

§§ 20a–20c   HBauO · B

Das DIBt erteilt u. a. die allgemeinen bauaufsichtlichen Zulassungen (abZ) für Bauprodukte und Bauarten und europäische technische Zulassungen (ETA) für Bauprodukte und Bausätze. Die abZ werden für solche Bauprodukte und Bauarten im Anwendungsbereich der Landesbauordnungen erteilt, für die es allgemein anerkannte Regeln der Technik, insbesondere DIN Normen, nicht gibt oder die von diesen wesentlich abweichen. Sie sind zuverlässige Verwendbarkeitsnachweise von Bauprodukten bzw. Anwendbarkeitsnachweise von Bauarten im Hinblick auf bautechnische Anforderungen an Bauwerke. Europäische technische Zulassungen werden für Bauprodukte im Anwendungsbereich des Bauproduktengesetzes erteilt; sie dokumentieren verlässlich die Brauchbarkeit eines Bauproduktes.

## § 20b   Allgemeines bauaufsichtliches Prüfzeugnis[1]

(1) [1]Bauprodukte, die nach allgemein anerkannten Prüfverfahren beurteilt werden, bedürfen anstelle einer allgemeinen bauaufsichtlichen Zulassung nur eines allgemeinen bauaufsichtlichen Prüfzeugnisses. [2]Dies wird mit der Angabe der maßgebenden technischen Regeln in den Technischen Baubestimmungen nach § 81a bekannt gemacht.

(2) [1]Ein allgemeines bauaufsichtliches Prüfzeugnis[2] wird von einer Prüfstelle nach § 23 Absatz 1 Satz 1 Nummer 1 für Bauprodukte nach Absatz 1 erteilt, wenn deren Verwendbarkeit im Sinne des § 19b Absatz 1 nachgewiesen ist. [2]§ 20a Absätze 2 und Absätze 4 bis 7 gilt entsprechend. [3]Die Anerkennungsbehörde für Stellen nach § 23 Satz 1 Nummer 1, § 81 Absatz 4 Satz 1 Nummer 4 kann allgemeine bauaufsichtliche Prüfzeugnisse zurücknehmen oder widerrufen; §§ 48 und 49 des Hamburgischen Verwaltungsverfahrensgesetzes finden Anwendung.

Anmerkungen
1   siehe FaQ zu § 20b HBauO
2   Siehe: Richtlinien für die Tätigkeit von Prüfstellen für die Erteilung allgemeiner bauaufsichtlicher Prüfzeugnisse des DIBt .

## § 20c   Nachweis der Verwendbarkeit von Bauprodukten im Einzelfall[1]

[1]Mit Zustimmung der Bauaufsichtsbehörde[1] dürfen unter den Voraussetzungen des § 20 Absatz 1 im Einzelfall Bauprodukte verwendet werden, wenn ihre Verwendbarkeit im Sinne des § 19b Absatz 1 nachgewiesen ist. [2]Wenn Gefahren im Sinne des § 3 Absatz 1 nicht zu erwarten sind, kann die Bauaufsichtsbehörde[2] im Einzelfall erklären, dass ihre Zustimmung nicht erforderlich ist.

Anmerkung
1   siehe Merkblatt der Obersten Bauaufsicht Hamburg (www.Hamburg.de/baugenehmigung)
2   Behörde für Stadtentwicklung und Wohnen – Amt für Bauordnung und Hochbau.

## § 21 (aufgehoben)

## § 22 Übereinstimmungsbestätigung[1]

(1) Bauprodukte bedürfen einer Bestätigung ihrer Übereinstimmung mit den Technischen Baubestimmungen nach § 81a Absatz 2, den allgemeinen bauaufsichtlichen Zulassungen, den allgemeinen bauaufsichtlichen Prüfzeugnissen oder den Zustimmungen im Einzelfall; als Übereinstimmung gilt auch eine Abweichung, die nicht wesentlich ist.

(2) [1]Die Bestätigung der Übereinstimmung erfolgt durch Übereinstimmungserklärung der Herstellerin oder des Herstellers (§ 22a).

(3) Die Übereinstimmungserklärung hat die Herstellerin oder der Hersteller durch Kennzeichnung der Bauprodukte mit dem Übereinstimmungszeichen (Ü-Zeichen[2]) unter Hinweis auf den Verwendungszweck abzugeben.

(4) Das Ü-Zeichen ist auf dem Bauprodukt, auf einem Beipackzettel oder auf seiner Verpackung oder, wenn dies Schwierigkeiten bereitet, auf dem Lieferschein oder auf einer Anlage zum Lieferschein anzubringen.

(5) Ü-Zeichen aus anderen Ländern und aus anderen Staaten gelten auch in der Freien und Hansestadt Hamburg.

### Anmerkung
1 siehe FaQ zu § 22 HBauO (www.hamburg.de/baugenehmigung)
2 Zum Ü-Zeichen:
   1. Baueinstellung bei Verwendung unberechtigt gekennzeichneter Bauprodukte gemäß § 75 HBauO
   2. Übereinstimmungszeichen-Verordnung vom 20.5.2003 (ÜZVO) (siehe C 9 in diesem Band)

## § 22a Übereinstimmungserklärung der Herstellerin oder des Herstellers[1]

(1) Die Herstellerin oder der Hersteller darf eine Übereinstimmungserklärung nur abgeben, wenn sie oder er durch werkseigene Produktionskontrolle sichergestellt hat, dass das hergestellte Bauprodukt den maßgebenden technischen Regeln, der allgemeinen bauaufsichtlichen Zulassung, dem allgemeinen bauaufsichtlichen Prüfzeugnis oder der Zustimmung im Einzelfall entspricht.

(2) [1]In den Technischen Baubestimmungen nach § 81a, in den allgemeinen bauaufsichtlichen Zulassungen, in den allgemeinen bauaufsichtlichen Prüfzeugnissen oder in den Zustimmungen im Einzelfall kann eine Prüfung der Bauprodukte durch eine Prüfstelle[2] vor Abgabe der Übereinstimmungserklärung vorgeschrieben werden, wenn dies zur Sicherung einer ordnungsgemäßen Herstellung erforderlich ist. [2]In diesen Fällen hat die Prüfstelle das Bauprodukt daraufhin zu überprüfen, ob es den maßgebenden technischen Regeln, der allgemeinen bauaufsichtlichen Zulassung, dem allgemeinen bauaufsichtlichen Prüfzeugnis oder der Zustimmung im Einzelfall entspricht.

(3) [1]In den Technischen Baubestimmungen nach § 81a, in den allgemeinen bauaufsichtlichen Zulassungen oder in den Zustimmungen im Einzelfall kann eine Zertifizierung vor Abgabe der Übereinstimmungserklärung vorgeschrieben werden, wenn dies zum Nachweis einer ordnungsgemäßen Herstellung

eines Bauproduktes erforderlich ist. ²Die Bauaufsichtsbehörde kann im Einzelfall die Verwendung von Bauprodukten ohne Zertifizierung gestatten, wenn nachgewiesen ist, dass diese Bauprodukte den technischen Regeln, Zulassungen, Prüfzeugnissen oder Zustimmungen nach Absatz 1 entsprechen.

(4) Bauprodukte, die nicht in Serie hergestellt werden, bedürfen nur einer Übereinstimmungserklärung nach Absatz 1, sofern nichts anderes bestimmt ist.

### Anmerkung
1  siehe FaQ zu 22a HBauO (www.hamburg.de/baugenehmigung)
2  Ein Verzeichnis der anerkannten Prüf-, Überwachungs-, und Zertifizierungsstellen führt das DIBt (www.dibt.de)

### § 22b   Zertifizierung[1]

(1) Der Herstellerin oder dem Hersteller ist ein Übereinstimmungszertifikat von einer Zertifizierungsstelle nach § 23 zu erteilen, wenn das Bauprodukt
1. den Technischen Baubestimmungen nach § 81a Absatz 2, der allgemeinen bauaufsichtlichen Zulassung, dem allgemeinen bauaufsichtlichen Prüfzeugnis oder der Zustimmung im Einzelfall entspricht und
2. einer werkseigenen Produktionskontrolle sowie einer Fremdüberwachung nach Maßgabe des Absatzes 2 unterliegt.

(2) ¹Die Fremdüberwachung ist von Überwachungsstellen[2] nach § 23 durchzuführen. ²Die Fremdüberwachung hat regelmäßig zu überprüfen, ob das Bauprodukt den maßgebenden technischen Regeln, der allgemeinen bauaufsichtlichen Zulassung, dem allgemeinen bauaufsichtlichen Prüfzeugnis oder der Zustimmung im Einzelfall entspricht.

### Anmerkung
1  siehe FaQ zu § 22b HBauO (www.hamburg.de/baugenehmigung)
2  Ein Verzeichnis der anerkannten Prüf-, Überwachungs-, und Zertifizierungsstellen führt das DIBt (www.dibt.de)

### § 23   Prüf-, Zertifizierungs-, Überwachungsstellen[1] [2]

(1) ¹Die Bauaufsichtsbehörde[3] kann eine natürliche oder juristische Person als
1. Prüfstelle für die Erteilung allgemeiner bauaufsichtlicher Prüfzeugnisse (§ 20b Absatz 2),
2. Prüfstelle für die Überprüfung von Bauprodukten vor Bestätigung der Übereinstimmung (§ 22a Absatz 2),
3. Zertifizierungsstelle (§ 22b Absatz 1),
4. Überwachungsstelle für die Fremdüberwachung (§ 22b Absatz 2),
5. Überwachungsstelle für die Überwachung nach § 23a Absatz 2 oder
6. Prüfstelle für die Überprüfung nach § 23a Absatz 1

anerkennen, wenn sie oder die bei ihr Beschäftigten nach ihrer Ausbildung, Fachkenntnis, persönlichen Zuverlässigkeit, ihrer Unparteilichkeit und ihren Leistungen die Gewähr dafür bieten, dass diese Aufgaben den öffentlich-rechtlichen Vorschriften entsprechend wahrgenommen werden, und wenn sie über die erforderlichen Vorrichtungen verfügen. ²Satz 1 ist entsprechend auf Behörden anzuwenden, wenn sie ausreichend mit geeigneten Fachkräften besetzt und mit

## B · HBauO §§ 23–24

den erforderlichen Vorrichtungen ausgestattet sind. ³Die Anerkennung von Prüf-, Zertifizierungs- und Überwachungsstellen anderer Länder gilt auch in der Freien und Hansestadt Hamburg.

Anmerkungen
1 siehe FaQ zu § 23 HBauO (www.hamburg.de/baugenehmigung)
2 Das Verzeichnis der Prüf-, Überwachungs- und Zertifizierungsstellen nach den Landesbauordnungen wird vom DIBt herausgegeben (www.dibt.de). Die Liste der notifizierten Stellen für Konformitätsnachweises für Bauprodukte nach der Bauproduktenrichtlinie veröffentlicht die Europäische Kommission unter *http://ec.europa.eu/enterprise/newapproach/nando/*.
3 Die anerkennende Bauaufsichtsbehörde ist das DIBt (DIBt-VO vom 29.11.1994 (HmbGVBl. S. 301, 310)).

### § 23a Besondere Sachkunde- und Sorgfaltsanforderungen

(1) Bei Bauprodukten, deren Herstellung in außergewöhnlichem Maß von der Sachkunde und Erfahrung der damit betrauten Personen oder von einer Ausstattung mit besonderen Vorrichtungen abhängt, kann in der allgemeinen bauaufsichtlichen Zulassung, in der Zustimmung im Einzelfall oder durch Rechtsverordnung des Senats vorgeschrieben werden, dass die Herstellerin oder der Hersteller über solche Fachkräfte und Vorrichtungen verfügt und den Nachweis hierüber gegenüber einer Prüfstelle nach § 23 Satz 1 Nummer 6 zu erbringen hat. In der Rechtsverordnung[1] können Mindestanforderungen an die Ausbildung, die durch Prüfung nachzuweisende Befähigung und die Ausbildungsstätten einschließlich der Anerkennungsvoraussetzungen gestellt werden.

(2) Für Bauprodukte, die wegen ihrer besonderen Eigenschaften oder ihres besonderen Verwendungszwecks einer außergewöhnlichen Sorgfalt bei Einbau, Transport, Instandhaltung oder Reinigung bedürfen, kann in der allgemeinen bauaufsichtlichen Zulassung, in der Zustimmung im Einzelfall oder durch Rechtsverordnung des Senats die Überwachung dieser Tätigkeiten durch eine Überwachungsstelle nach § 23 Satz 1 Nummer 5 vorgeschrieben werden, soweit diese Tätigkeiten nicht bereits durch die Verordnung (EU) Nr. 305/2011 erfasst sind.

Anmerkungen
1 Verordnung über die Überwachung von Tätigkeiten mit Bauprodukten und bei Bauarten vom 20.5.2003 (ÜTVO) (siehe C 11 in diesem Band).

### Vierter Abschnitt  Wände, Decken, Dächer

### § 24 Allgemeine Anforderungen an das Brandverhalten von Baustoffen und Bauteilen[1][2]

(1) ¹Baustoffe werden nach den Anforderungen an ihr Brandverhalten unterschieden in
1. nicht brennbare,
2. schwer entflammbare,
3. normal entflammbare.

²Baustoffe, die nicht mindestens normal entflammbar sind (leicht entflammbare Baustoffe) dürfen nicht verwendet werden; dies gilt nicht, wenn sie in Verbindung mit anderen Baustoffen nicht leicht entflammbar sind.

(2) ¹Bauteile werden nach den Anforderungen an ihre Feuerwiderstandsfähigkeit unterschieden in
1. feuerbeständige,
2. hoch Feuer hemmende,
3. Feuer hemmende;

die Feuerwiderstandsfähigkeit bezieht sich bei tragenden und aussteifenden Bauteilen auf deren Standsicherheit im Brandfall, bei Raum abschließenden Bauteilen auf deren Widerstand gegen die Brandausbreitung. ²Bauteile werden zusätzlich nach dem Brandverhalten ihrer Baustoffe unterschieden in
1. Bauteile aus nicht brennbaren Baustoffen,
2. Bauteile, deren tragende und aussteifende Teile aus nicht brennbaren Baustoffen bestehen und die bei Raum abschließenden Bauteilen zusätzlich eine in Bauteilebene durchgehende Schicht aus nicht brennbaren Baustoffen haben,
3. Bauteile, deren tragende und aussteifende Teile aus brennbaren Baustoffen bestehen und die allseitig eine brandschutztechnisch wirksame Bekleidung aus nicht brennbaren Baustoffen (Brandschutzbekleidung) und Dämmstoffe aus nicht brennbaren Baustoffen haben,
4. Bauteile aus brennbaren Baustoffen.

³Soweit in diesem Gesetz oder in Vorschriften auf Grund dieses Gesetzes nichts anderes bestimmt ist, müssen
1. Bauteile, die feuerbeständig sein müssen, mindestens den Anforderungen des Satzes 2 Nummer 2,
2. Bauteile, die hoch Feuer hemmend sein müssen, mindestens den Anforderungen des Satzes 2 Nummer 3

entsprechen.

(3) Bei Gebäuden mit einer Höhe nach § 2 Absatz 3 Satz 2 von bis zu 22 m und Nutzungseinheiten mit jeweils nicht mehr als 200 m² und Brandabschnitten von nicht mehr als 800 m² pro Geschoss sind abweichend von Absatz 2 Satz 3 tragende oder aussteifende sowie raumabschließende Bauteile, die hochfeuerhemmend oder feuerbeständig sein müssen, in Massivholzbauweise zulässig, wenn die geforderte Feuerwiderstandsfähigkeit nachgewiesen wird.[3][4]

### Anmerkung

1 siehe Merkblatt der Obersten Bauaufsicht Hamburg zu Brandschutzklassen (www.hamburg.de/baugenehmigung)
2 Siehe Bauprüfdienst Brandschutztechnische Auslegungen (BPD 5/2012)
3 Siehe Bauprüfdienst Bauen in Massivholzbauweise (BPD 2018-3)
4 Siehe Muster-Holzbaurichtline (Verwaltungsvorschrift Technische Baubestimmungen A 2.2.1.4).

### § 25 Tragende Wände, Stützen[1]

(1) ¹Tragende und aussteifende Wände und Stützen müssen im Brandfall ausreichend lange standsicher sein. ²Sie müssen
1. in Gebäuden der Gebäudeklasse 5 feuerbeständig,
2. in Gebäuden der Gebäudeklasse 4 hoch Feuer hemmend,
3. in Gebäuden der Gebäudeklassen 2 und 3 Feuer hemmend sein.

³Satz 2 gilt
1. für Geschosse im Dachraum nur, wenn darüber noch Aufenthaltsräume zulässig sind; § 27 Absatz 4 bleibt unberührt,
2. nicht für Balkone.

(2) Im Kellergeschoss müssen tragende und aussteifende Wände und Stützen
1. in Gebäuden der Gebäudeklassen 3 bis 5 feuerbeständig,
2. in Gebäuden der Gebäudeklassen 1 und 2 Feuer hemmend
sein.

Anmerkung
1   Siehe Bauprüfdienst Brandschutztechnische Auslegungen (BPD 5/2012).

## § 26   Außenwände[1]

(1) Außenwände und Außenwandteile wie Brüstungen und Schürzen sind so auszubilden, dass eine Brandausbreitung auf und in diesen Bauteilen ausreichend lange begrenzt ist.

(2) ¹Nicht tragende Außenwände und nicht tragende Teile tragender Außenwände müssen aus nicht brennbaren Baustoffen bestehen; sie sind aus brennbaren Baustoffen zulässig, wenn sie als Raum abschließende Bauteile Feuer hemmend sind. ²Satz 1 gilt nicht für brennbare Fensterprofile und Fugendichtungen sowie brennbare Dämmstoffe in nicht brennbaren geschlossenen Profilen der Außenwandkonstruktion.

(3) ¹Oberflächen von Außenwänden sowie Außenwandbekleidungen müssen einschließlich der Dämmstoffe und Unterkonstruktionen schwer entflammbar sein; Unterkonstruktionen aus normalentflammbaren Baustoffen sind zulässig, wenn die Anforderungen nach Absatz 1 erfüllt sind. ²Balkonbekleidungen, die über die erforderliche Umwehrungshöhe hinaus hoch geführt werden, müssen schwer entflammbar sein.

(4) Bei Außenwandkonstruktionen mit Geschoss übergreifenden Hohl- oder Lufträumen wie Doppelfassaden und hinterlüfteten Außenwandbekleidungen sind gegen die Brandausbreitung besondere Vorkehrungen zu treffen.

(5) Die Absätze 2 und 3 gelten nicht für Gebäude der Gebäudeklassen 1 bis 3.

Anmerkungen
1   Siehe Bauprüfdienst Brandschutztechnische Auslegungen (BPD 5/2012).

## § 27   Trennwände[1]

(1) Trennwände nach Absatz 2 müssen als Raum abschließende Bauteile von Räumen oder Nutzungseinheiten innerhalb von Geschossen ausreichend lange widerstandsfähig gegen die Brandausbreitung sein.

(2) Trennwände sind erforderlich
1. zwischen Nutzungseinheiten sowie zwischen Nutzungseinheiten und anders genutzten Räumen, ausgenommen notwendigen Fluren,
2. zum Abschluss von Räumen mit Explosions- oder erhöhter Brandgefahr,

3. zwischen Aufenthaltsräumen und anders genutzten Räumen im Kellergeschoss.

(3) ¹Trennwände nach Absatz 2 Nummern 1 und 3 müssen die Feuerwiderstandsfähigkeit der tragenden und aussteifenden Bauteile des Geschosses haben, jedoch mindestens Feuer hemmend sein. ²Trennwände nach Absatz 2 Nummer 2 müssen feuerbeständig sein.

(4) Die Trennwände nach Absatz 2 sind bis zur Rohdecke, im Dachraum bis unter die Dachhaut zu führen; werden in Dachräumen Trennwände nur bis zur Rohdecke geführt, ist diese Decke als Raum abschließendes Bauteil einschließlich der sie tragenden und aussteifenden Bauteile Feuer hemmend herzustellen.

(5) Öffnungen in Trennwänden nach Absatz 2 sind nur zulässig, wenn sie auf die für die Nutzung erforderliche Zahl und Größe beschränkt sind; sie müssen Feuer hemmende, dicht- und selbstschließende Abschlüsse haben.

(6) Die Absätze 1 bis 5 gelten nicht für Wohngebäude der Gebäudeklassen 1 und 2.

Anmerkung
1 Siehe Bauprüfdienst Brandschutztechnische Auslegungen (BPD 5/2012).

## § 28 Brandwände[1][2]

(1) Brandwände müssen als Raum abschließende Bauteile zum Abschluss von Gebäuden (Gebäudeabschlusswand) oder zur Unterteilung von Gebäuden in Brandabschnitte (innere Brandwand) ausreichend lange die Brandausbreitung auf andere Gebäude oder Brandabschnitte verhindern.

(2) ¹Brandwände sind erforderlich
1. als Gebäudeabschlusswand, wenn diese Wände mit einem geringerem Abstand als 5,0 m gegenüber anderen Gebäuden errichtet werden oder wenn diese Wände mit einem geringerem Abstand als 2,50 m gegenüber Grundstücksgrenzen errichtet werden[3]; es sei denn, dass ein Abstand von mindestens 5 m zu künftigen Gebäuden durch Baulast gesichert ist,
2. als innere Brandwand zur Unterteilung ausgedehnter Gebäude in Abständen von nicht mehr als 40 m,
3. als innere Brandwand zur Unterteilung landwirtschaftlich genutzter Gebäude in Brandabschnitte von nicht mehr als 10 000 m³ Brutto-Rauminhalt,
4. als Gebäudeabschlusswand zwischen Wohngebäuden und angebauten landwirtschaftlich genutzten Gebäuden sowie als innere Brandwand zwischen dem Wohnteil und dem landwirtschaftlich genutzten Teil eines Gebäudes.

²Satz 1 Nummer 1 gilt nicht für
1. Gebäude ohne Aufenthaltsräume und ohne Feuerstätten mit nicht mehr als 50 m³ Bruttorauminhalt,
2. Gewächshäuser ohne eigene Feuerstätten,
3. seitliche Wände von Vorbauten im Sinne des § 6 Absatz 6, wenn sie von dem Nachbargebäude oder der Nachbargrenze einen Abstand einhalten, der ihrer eigenen Ausladung entspricht, mindestens jedoch 1,0 m beträgt,
4. Wände zwischen aneinandergebauten Gebäuden auf demselben Grundstück, wenn sie den Anforderungen an Trennwände nach § 27 entsprechen

und die aneinandergebauten Gebäude in Abständen von höchstens 40 m durch Gebäudeabschlusswände nach Absatz 1 unterteilt werden. [4]Nachträgliche Wärmeschutzmaßnahmen[4] an bestehenden Außenwänden mit einer zusätzlichen Wandstärke bis zu 0,20 m werden bei der Abstandsbemessung nach Satz 1 Nummer 1 nicht berücksichtigt, sofern die neuen Bauteile aus nicht brennbaren Baustoffen bestehen.

(3) [1]Brandwände müssen auch unter zusätzlicher mechanischer Beanspruchung feuerbeständig sein und aus nicht brennbaren Baustoffen bestehen. [2]Anstelle von Brandwänden nach Satz 1 sind zulässig
1. für Gebäude der Gebäudeklasse 4 Wände, die auch unter zusätzlicher mechanischer Beanspruchung hoch Feuer hemmend sind,
2. für Gebäude der Gebäudeklassen 1 bis 3 hoch Feuer hemmende Wände,
3. für Gebäude der Gebäudeklassen 1 bis 3 Gebäudeabschlusswände, die jeweils von innen nach außen die Feuerwiderstandsfähigkeit der tragenden und aussteifenden Teile des Gebäudes, mindestens jedoch Feuer hemmende Bauteile, und von außen nach innen die Feuerwiderstandsfähigkeit feuerbeständiger Bauteile haben,
4. in den Fällen des Absatzes 2 Satz 1 Nummer 4 feuerbeständige Wände, wenn der umbaute Raum des landwirtschaftlich genutzten Gebäudes oder Gebäudeteils nicht größer als 2 000 m$^3$ ist.

(4) [1]Brandwände müssen bis zur Bedachung durchgehen und in allen Geschossen übereinander angeordnet sein. [2]Abweichend davon dürfen anstelle innerer Brandwände Wände geschossweise versetzt angeordnet werden, wenn
1. die Wände im Übrigen Absatz 3 Satz 1 entsprechen,
2. die Decken, soweit sie in Verbindung mit diesen Wänden stehen, feuerbeständig sind, aus nicht brennbaren Baustoffen bestehen und keine Öffnungen haben,
3. die Bauteile, die diese Wände und Decken unterstützen, feuerbeständig sind und aus nicht brennbaren Baustoffen bestehen,
4. die Außenwände in der Breite des Versatzes in dem Geschoss oberhalb oder unterhalb des Versatzes feuerbeständig sind und
5. Öffnungen in den Außenwänden im Bereich des Versatzes so angeordnet oder andere Vorkehrungen so getroffen sind, dass eine Brandausbreitung in andere Brandabschnitte nicht zu befürchten ist.

(5) [1]Brandwände sind 0,30 m über die Bedachung zu führen oder in Höhe der Dachhaut mit einer beiderseits 0,50 m auskragenden feuerbeständigen Platte aus nichtbrennbaren Baustoffen abzuschließen; darüber dürfen brennbare Teile des Daches nicht hinweggeführt werden. [2]Bei Gebäuden der Gebäudeklassen 1 bis 3 sind Brandwände mindestens bis unter die Dachhaut zu führen; verbleibende Hohlräume sind vollständig mit nicht brennbaren Baustoffen auszufüllen.

(6) Müssen Gebäude oder Gebäudeteile, die über Eck zusammenstoßen, durch eine Brandwand getrennt werden, so muss der Abstand dieser Wand von der inneren Ecke mindestens 5 m betragen; das gilt nicht, wenn der Winkel der inneren Ecke mehr als 120 Grad beträgt oder mindestens eine Außenwand auf 5 m Länge als öffnungslose feuerbeständige Wand aus nicht brennbaren Baustoffen ausgebildet ist.

(7) [1]Bauteile mit brennbaren Baustoffen dürfen über Brandwände nicht hinweggeführt werden. [2]Außenwandkonstruktionen, die eine seitliche Brandausbreitung begünstigen können, wie Doppelfassaden oder hinterlüftete Außen-

wandbekleidungen, dürfen ohne besondere Vorkehrungen über Brandwände nicht hinweggeführt werden. ³Außenwandbekleidungen von Gebäudeabschlusswänden sind einschließlich der Dämmstoffe und Unterkonstruktionen nicht brennbar auszuführen. ⁴Bauteile dürfen in Brandwände nur soweit eingreifen, dass deren Feuerwiderstandsfähigkeit nicht beeinträchtigt wird; für Leitungen, Leitungsschlitze und Schornsteine gilt dies entsprechend.

(8) ¹Öffnungen in Brandwänden sind unzulässig. ²Sie sind in inneren Brandwänden nur zulässig, wenn sie auf die für die Nutzung erforderliche Zahl und Größe beschränkt sind; die Öffnungen müssen feuerbeständige, dicht- und selbstschließende Abschlüsse haben.

(9) In inneren Brandwänden sind Verglasungen nur zulässig, wenn sie feuerbeständig und auf die für die Nutzung erforderliche Zahl und Größe beschränkt sind.

(10) Die Absätze 4 bis 9 gelten entsprechend auch für Wände, die nach Absatz 3 Satz 2 anstelle von Brandwänden zulässig sind.

Anmerkungen
1  Siehe Bauprüfdienst Brandschutztechnische Auslegungen (BPD 5/2012).
2  Siehe FaQ zu § 28 HBauO
3  Siehe auch § 71 Abs. 2 Nr. 1 HBauO.
4  Siehe auch § 6 Abs. 6 Nr. 3 HBauO.

## § 29  Decken¹

(1) ¹Decken müssen als tragende und Raum abschließende Bauteile zwischen Geschossen im Brandfall ausreichend lange standsicher und widerstandsfähig gegen die Brandausbreitung sein. ²Sie müssen
1. in Gebäuden der Gebäudeklasse 5 feuerbeständig,
2. in Gebäuden der Gebäudeklasse 4 hoch Feuer hemmend,
3. in Gebäuden der Gebäudeklassen 2 und 3 Feuer hemmend sein.
³Satz 2 gilt
1. für Geschosse im Dachraum nur, wenn darüber Aufenthaltsräume zulässig sind; § 27 Absatz 4 bleibt unberührt,
2. nicht für Balkone.

(2) ¹Im Kellergeschoss müssen Decken
1. in Gebäuden der Gebäudeklassen 3 bis 5 feuerbeständig,
2. in Gebäuden der Gebäudeklassen 1 und 2 Feuer hemmend sein.
²Decken müssen feuerbeständig sein
1. unter und über Räumen mit Explosions- oder erhöhter Brandgefahr, ausgenommen in Wohngebäuden der Gebäudeklassen 1 und 2,
2. zwischen dem landwirtschaftlich genutzten Teil und dem Wohnteil eines Gebäudes.

(3) Der Anschluss der Decken an die Außenwand ist so herzustellen, dass er den Anforderungen aus Absatz 1 Satz 1 genügt.

(4) Öffnungen in Decken, für die eine Feuerwiderstandsfähigkeit vorgeschrieben ist, sind nur zulässig
1. in Gebäuden der Gebäudeklassen 1 und 2,
2. innerhalb derselben Nutzungseinheit mit nicht mehr als insgesamt 400 m² in nicht mehr als zwei Geschossen,

3. im Übrigen, wenn sie auf die für die Nutzung erforderliche Zahl und Größe beschränkt sind und Abschlüsse mit der Feuerwiderstandsfähigkeit der Decke haben.

Anmerkung
1  Siehe Bauprüfdienst Brandschutztechnische Auslegungen (BPD 5/2012).

## § 30  Dächer[1]

(1) Bedachungen müssen gegen eine Brandbeanspruchung von außen durch Flugfeuer und strahlende Wärme ausreichend lange widerstandsfähig sein (harte Bedachung).

(2) [1]Bedachungen, die die Anforderungen nach Absatz 1 nicht erfüllen, sind zulässig bei Gebäuden der Gebäudeklassen 1 bis 3, wenn die Gebäude
1. einen Abstand von der Grundstücksgrenze von mindestens 12,5 m,
2. von Gebäuden auf demselben Grundstück mit harter Bedachung einen Abstand von mindestens 15 m,
3. von Gebäuden auf demselben Grundstück mit Bedachungen, die die Anforderungen nach Absatz 1 nicht erfüllen, einen Abstand von mindestens 24 m,
4. von Gebäuden auf demselben Grundstück ohne Aufenthaltsräume und ohne Feuerstätten mit nicht mehr als 50 m$^3$ Brutto-Rauminhalt einen Abstand von mindestens 5 m einhalten.
[2]Bei Gebäuden nach Satz 1 Nummer 1 sind angrenzende öffentliche Verkehrs-, Grün- und Wasserflächen bis zu deren Mitte anzurechnen.
[3]Soweit Gebäude nach Satz 1 Abstand halten müssen, genügt bei Wohngebäuden der Gebäudeklassen 1 und 2 in den Fällen von Satz 1
1. Nummer 1 ein Abstand von mindestens 6 m,
2. Nummer 2 ein Abstand von mindestens 9 m,
3. Nummer 3 ein Abstand von mindestens 12 m.

(3) Die Absätze 1 und 2 gelten nicht für
1. Gebäude ohne Aufenthaltsräume und ohne Feuerstätten mit nicht mehr als 50 m$^3$ Bruttorauminhalt,
2. lichtdurchlässige Bedachungen aus nicht brennbaren Baustoffen; brennbare Fugendichtungen und brennbare Dämmstoffe in nicht brennbaren Profilen sind zulässig,
3. Lichtkuppeln und Oberlichte von Wohngebäuden,
4. Eingangsüberdachungen und Vordächer aus nicht brennbaren Baustoffen,
5. Eingangsüberdachungen aus brennbaren Baustoffen, wenn die Eingänge zu Wohngebäuden der Gebäudeklassen 1 und 2 führen.

(4) Abweichend von den Absätzen 1 und 2 sind
1. lichtdurchlässige Teilflächen aus brennbaren Baustoffen in Bedachungen nach Absatz 1 und
2. begrünte Bedachungen
zulässig, wenn eine Brandentstehung bei einer Brandbeanspruchung von außen durch Flugfeuer und strahlende Wärme nicht zu befürchten ist oder Vorkehrungen hiergegen getroffen werden.

(5) ¹Dachüberstände, Dachgesimse und Dachaufbauten, lichtdurchlässige Bedachungen, Lichtkuppeln und Oberlichte sind so anzuordnen und herzustellen, dass Feuer nicht auf andere Gebäudeteile und Nachbargrundstücke übertragen werden kann. ²Von Brandwänden und von Wänden, die anstelle von Brandwänden zulässig sind, müssen mindestens 1,25 m entfernt sein
1. Oberlichte, Lichtkuppeln und Öffnungen in der Bedachung, wenn diese Wände nicht mindestens 0,30 m über die Bedachung geführt sind,
2. Dachgauben und ähnliche Dachaufbauten aus brennbaren Baustoffen, wenn sie nicht durch diese Wände gegen Brandübertragung geschützt sind.

(6) ¹Dächer von traufseitig aneinander gebauten Gebäuden müssen als Raum abschließende Bauteile für eine Brandbeanspruchung von innen nach außen einschließlich der sie tragenden und aussteifenden Bauteile Feuer hemmend sein. ²Öffnungen in diesen Dachflächen müssen waagerecht gemessen mindestens 1,25 m von der Brandwand oder der Wand, die anstelle der Brandwand zulässig ist, entfernt sein.

(7) ¹Dächer von Anbauten, die an Außenwände mit Öffnungen oder ohne Feuerwiderstandsfähigkeit anschließen, müssen innerhalb eines Abstands von 5 m von diesen Wänden als Raum abschließende Bauteile für eine Brandbeanspruchung von innen nach außen einschließlich der sie tragenden und aussteifenden Bauteile die Feuerwiderstandsfähigkeit der Decken des Gebäudeteils haben, an den sie angebaut werden. ²Dies gilt nicht für Anbauten an Wohngebäude der Gebäudeklassen 1 bis 3, sowie für sonstige Anbauten bis 1,50 m Tiefe mit Dächern aus nicht brennbaren Bauteilen, wenn ein vertikaler Feuerüberschlagsweg von einem Meter zu Öffnungen eingehalten wird.

(8) Glasdächer über Rettungswegen müssen so ausgebildet sein, dass Menschen durch herabfallende Glasteile nicht gefährdet werden.

(9) Für vom Dach aus vorzunehmende Arbeiten sind sicher benutzbare Vorrichtungen[2] anzubringen.

Anmerkungen
1 Siehe Bauprüfdienst Brandschutztechnische Auslegungen (BPD 5/2012).
2 DIN EN 795 Schutz gegen Absturz – Anschlageinrichtungen – Anforderungen und Prüfverfahren.

Fünfter Abschnitt **Rettungswege, Öffnungen, Umwehrungen**

### § 31   Erster und zweiter Rettungsweg[1,2,3]

(1) Für Nutzungseinheiten mit mindestens einem Aufenthaltsraum müssen in jedem Geschoss mindestens zwei voneinander unabhängige Rettungswege ins Freie vorhanden sein; beide Rettungswege dürfen jedoch innerhalb des Geschosses über denselben notwendigen Flur führen.

(2) ¹Für Nutzungseinheiten nach Absatz 1, die nicht zu ebener Erde liegen, muss der erste Rettungsweg über eine notwendige Treppe führen. ²Der zweite Rettungsweg kann eine weitere notwendige Treppe oder eine mit Rettungsge-

räten der Feuerwehr erreichbare Stelle[4] der Nutzungseinheit sein. [3]Ein zweiter Rettungsweg ist nicht erforderlich, wenn die Rettung über einen sicher erreichbaren Treppenraum möglich ist, in den Feuer und Rauch nicht eindringen können (Sicherheitstreppenraum[5] [6] [7]). [4]Bei Sonderbauten ist der zweite Rettungsweg über Rettungsgeräte der Feuerwehr nur zulässig, wenn keine Bedenken wegen der Personenrettung bestehen.

## Anmerkungen

1. siehe FaQ zu § 31 HBauO
2. Siehe Bauprüfdienst Brandschutztechnische Auslegungen (BPD 5/2012).
3. siehe Merkblatt der Obersten Bauaufsicht Hamburg zur Rauchsimulation (www.hamburg.de/baugenehmigung)
4. Siehe § 5 Abs. 2 und 3 HBauO.
5. Siehe Bauprüfdienst Anforderungen an den Bau und Betrieb von Hochhäusern (BPD 1/2008).
6. Siehe Merkblatt der Obersten Bauaufsicht zu Nachträglicher Wohnraumschaffung bei Bestandsbauten – sichere Benutzung des Treppenraums durch Errichtung einer Niederdruck-Wassernebellöschanlage
7. siehe Bauprüfdienst Sicherheitstreppenräume bei Wohngebäuden (BPD 2021/1)

### § 32  Treppen[1] [2] [3]

(1) [1]Jedes nicht zu ebener Erde liegende Geschoss und der benutzbare Dachraum eines Gebäudes müssen über mindestens eine Treppe zugänglich sein (notwendige Treppe). [2]Statt notwendiger Treppen sind Rampen mit flacher Neigung zulässig.

(2) [1]Einschiebbare Treppen und Rolltreppen sind als notwendige Treppen unzulässig. [2]In Gebäuden der Gebäudeklassen 1 und 2 sind einschiebbare Treppen und Leitern als Zugang zu einem Dachraum ohne Aufenthaltsraum zulässig.

(3) [1]Notwendige Treppen sind in einem Zuge zu allen angeschlossenen Geschossen zu führen; sie müssen mit den Treppen zum Dachraum unmittelbar verbunden sein. [2]Dies gilt nicht für Treppen
1. in Gebäuden der Gebäudeklassen 1 bis 3,
2. nach § 33 Absatz 1 Satz 3 Nummer 2.

(4) [1]Die tragenden Teile notwendiger Treppen müssen
1. in Gebäuden der Gebäudeklasse 5 Feuer hemmend und aus nicht brennbaren Baustoffen,
2. in Gebäuden der Gebäudeklasse 4 aus nicht brennbaren Baustoffen,
3. in Gebäuden der Gebäudeklasse 3 aus nicht brennbaren Baustoffen oder Feuer hemmend sein.

[2]Tragende Teile von Außentreppen nach § 33 Absatz 1 Satz 3 Nummer 3 für Gebäude der Gebäudeklassen 3 bis 5 müssen aus nicht brennbaren Baustoffen bestehen.

(5) Die nutzbare Breite der Treppenläufe und Treppenabsätze notwendiger Treppen muss für den größten zu erwartenden Verkehr ausreichen[4].

(6) ¹Treppen müssen einen festen und griffsicheren Handlauf haben. ²Für Treppen sind Handläufe auf beiden Seiten und Zwischenhandläufe vorzusehen, soweit die Verkehrssicherheit dies erfordert.

(7) Eine Treppe darf nicht unmittelbar hinter einer Tür beginnen, die in Richtung der Treppe aufschlägt; zwischen Treppe und Tür ist ein Treppenabsatz von mindestens 0,5 m Tiefe anzuordnen.

Anmerkungen
1   DIN 18065 Gebäudetreppen, Definitionen, Messregeln, Hauptmaße eingeführt als Technische Baubestimmung (Ziffer A.4.2.1)
2   Siehe Bauprüfdienst Brandschutztechnische Auslegungen (BPD 5/2012).
3   siehe FaQ zu § 32 HBauO
4   Siehe auch § 7 Abs. 4 Versammlungsstättenverordnung vom 1.3.2011 (VStättVO) (siehe C 5 in diesem Band).

## § 33   Notwendige Treppenräume, Ausgänge[1][2]

(1) ¹Jede notwendige Treppe muss zur Sicherstellung der Rettungswege aus den Geschossen ins Freie in einem eigenen, durchgehenden Treppenraum liegen (notwendiger Treppenraum). ²Notwendige Treppenräume müssen so angeordnet und ausgebildet sein, dass die Nutzung der notwendigen Treppen im Brandfall ausreichend lange möglich ist[3]. ³Notwendige Treppen sind ohne eigenen Treppenraum zulässig
1. in Gebäuden der Gebäudeklassen 1 und 2,
2. für die Verbindung von höchstens zwei Geschossen innerhalb derselben Nutzungseinheit von insgesamt nicht mehr als 200 m², wenn in jedem Geschoss ein anderer Rettungsweg erreicht werden kann,
3. als Außentreppe, wenn ihre Nutzung ausreichend sicher ist und im Brandfall nicht gefährdet werden kann.

(2) ¹Von jeder Stelle eines Aufenthaltsraumes sowie eines Kellergeschosses muss mindestens ein Ausgang in einen notwendigen Treppenraum oder ins Freie in höchstens 35 m Entfernung erreichbar sein. ²Übereinander liegende Kellergeschosse müssen jeweils mindestens zwei Ausgänge in notwendige Treppenräume oder ins Freie haben. ³Sind mehrere notwendige Treppenräume erforderlich, müssen sie so verteilt sein, dass sie möglichst entgegengesetzt liegen und dass die Rettungswege möglichst kurz sind.

(3) ¹Jeder notwendige Treppenraum muss an einer Außenwand liegen und einen unmittelbaren Ausgang ins Freie haben. ²Innen liegende notwendige Treppenräume sind zulässig, wenn ihre Nutzung ausreichend lange nicht durch Raucheintritt gefährdet werden kann. ³Sofern der Ausgang eines Treppenraumes nicht unmittelbar ins Freie führt, muss der Raum zwischen dem notwendigen Treppenraum und dem Ausgang ins Freie
1. mindestens so breit sein wie die dazugehörigen Treppenläufe,
2. Wände haben, die die Anforderungen an die Wände des Treppenraumes erfüllen,
3. rauchdichte und selbstschließende Abschlüsse zu notwendigen Fluren haben und
4. ohne Öffnungen zu anderen Räumen, ausgenommen zu notwendigen Fluren, sein.

(4) ¹Die Wände notwendiger Treppenräume müssen als Raum abschließende Bauteile
1. in Gebäuden der Gebäudeklasse 5 die Bauart von Brandwänden haben,
2. in Gebäuden der Gebäudeklasse 4 auch unter zusätzlicher mechanischer Beanspruchung hoch Feuer hemmend und
3. in Gebäuden der Gebäudeklasse 3 Feuer hemmend sein.

²Dies ist nicht erforderlich für Außenwände von Treppenräumen, die aus nicht brennbaren Baustoffen bestehen und durch andere an diese Außenwände anschließende Gebäudeteile im Brandfall nicht gefährdet werden können. ³Der obere Abschluss notwendiger Treppenräume muss als Raum abschließendes Bauteil die Feuerwiderstandsfähigkeit der Decken des Gebäudes haben; dies gilt nicht, wenn der obere Abschluss das Dach ist und die Treppenraumwände bis unter die Dachhaut reichen.

(5) In notwendigen Treppenräumen und in Räumen nach Absatz 3 Satz 3 müssen
1. Bekleidungen, Putze, Dämmstoffe, Unterdecken und Einbauten aus nicht brennbaren Baustoffen bestehen,
2. Wände und Decken aus brennbaren Baustoffen eine Bekleidung aus nicht brennbaren Baustoffen in ausreichender Dicke haben,
3. Bodenbeläge, ausgenommen Gleitschutzprofile, aus mindestens schwer entflammbaren Baustoffen bestehen.

(6) ¹In notwendigen Treppenräumen müssen Öffnungen
1. zu Kellergeschossen, zu nicht ausgebauten Dachräumen, Werkstätten, Läden, Lager- und ähnlichen Räumen sowie zu sonstigen Räumen und Nutzungseinheiten mit einer Fläche von mehr als 200 m², ausgenommen Wohnungen, mindestens Feuer hemmende, rauchdichte und selbstschließende Abschlüsse,
2. zu notwendigen Fluren rauchdichte und selbstschließende Abschlüsse,
3. zu sonstigen Räumen und Nutzungseinheiten mindestens dicht- und selbstschließende Abschlüsse haben.

²Die Feuerschutz- und Rauchschutzabschlüsse dürfen lichtdurchlässige Seitenteile und Oberlichte enthalten, wenn der Abschluss insgesamt nicht breiter als 2,50 m ist.

(7) ¹Notwendige Treppenräume müssen zu beleuchten sein. ²Innenliegende notwendige Treppenräume müssen in Gebäuden mit einer Höhe nach § 2 Absatz 3 Satz 2 von mehr als 13 m eine Sicherheitsbeleuchtung haben.

(8) ¹Notwendige Treppenräume müssen belüftet werden können. ²Sie müssen in jedem oberirdischen Geschoss unmittelbar ins Freie führende Fenster mit einem freien Querschnitt von mindestens 0,5 m² haben, die geöffnet werden können. ³Für innenliegende notwendige Treppenräume und notwendige Treppenräume in Gebäuden mit einer Höhe nach § 2 Absatz 3 Satz 2 von mehr als 13 m ist an der obersten Stelle eine Öffnung zur Rauchableitung mit einem freien Querschnitt von mindestens 1 m² erforderlich; sie muss vom Erdgeschoss sowie vom obersten Treppenabsatz aus geöffnet werden können. ⁴Bei Treppenräumen mit einer Grundfläche von über 40 m² sind besondere Vorkehrungen zu treffen zur Unterstützung der Personenrettung.

Anmerkung
1 Siehe FaQ zu § 33 HBauO (www.hamburg.de/baugenehmigung)
2 Siehe Bauprüfdienst Brandschutztechnische Auslegungen (BPD 5/2012).

3 Siehe Merkblatt der Obersten Bauaufsicht Hamburg zur Nachträglichen Wohnraumschaffung bei Bestandsbauten – sichere Benutzung des Treppenraums durch Errichtung einer Niederdruck – Wassernebellöschanlage

## § 34 Notwendige Flure, offene Gänge[1] [2]

(1) [1]Flure, über die Rettungswege aus Aufenthaltsräumen oder aus Nutzungseinheiten mit Aufenthaltsräumen zu Ausgängen in notwendige Treppenräume oder ins Freie führen (notwendige Flure), müssen so angeordnet und ausgebildet sein, dass ihre Benutzung im Brandfall ausreichend lange möglich ist. [2]Notwendige Flure sind nicht erforderlich
1. in Wohngebäuden der Gebäudeklassen 1 und 2,
2. in sonstigen Gebäuden der Gebäudeklassen 1 und 2, aus genommen in Kellergeschossen,
3. innerhalb von Wohnungen oder innerhalb von Nutzungseinheiten mit nicht mehr als 200 m²,
4. innerhalb von Nutzungseinheiten, die einer Büro- oder Verwaltungsnutzung[3] dienen, mit nicht mehr als 400 m²; das gilt auch für Teile größerer Nutzungseinheiten, wenn diese Teile nicht größer als 400 m² sind, Trennwände nach § 27 Absatz 2 Nummer 1 haben und jeder Teil unabhängig von anderen Teilen Rettungswege nach § 31 Absatz 1 hat.

(2) [1]Notwendige Flure müssen so breit sein, dass sie für den größten zu erwartenden Verkehr ausreichen, mindestens 1 m. [2]In den Fluren ist eine Folge von weniger als drei Stufen unzulässig.

(3) [1]Notwendige Flure sind durch nicht abschließbare, rauchdichte und selbstschließende Abschlüsse in Rauchabschnitte zu unterteilen. [2]Die Rauchabschnitte dürfen nicht länger als 30 m sein. [3]Die Abschlüsse sind bis an die Rohdecke zu führen; sie dürfen bis an die Unterdecke der Flure geführt werden, wenn die Unterdecke Feuer hemmend ist. [4]Notwendige Flure mit nur einer Fluchtrichtung, die zu einem Sicherheitstreppenraum[4] führen, dürfen nicht länger als 15,0 m sein. [5]Die Sätze 1 bis 4 gelten nicht für offene Gänge nach Absatz 5.

(4) [1]Die Wände notwendiger Flure müssen als Raum abschließende Bauteile Feuer hemmend, in Kellergeschossen, deren tragende und aussteifende Bauteile feuerbeständig sein müssen, feuerbeständig sein. [2]Die Wände sind bis an die Rohdecke zu führen. [3]Sie dürfen bis an die Unterdecke der Flure geführt werden, wenn die Unterdecke Feuer hemmend und ein nach Satz 1 vergleichbarer Raumabschluss sichergestellt ist. [4]Türen in diesen Wänden müssen dichtschließen; Öffnungen zu Lagerbereichen im Kellergeschoss müssen Feuer hemmende, dicht- und selbstschließende Abschlüsse haben.

(5) [1]Für Wände und Brüstungen notwendiger Flure mit nur einer Fluchtrichtung, die als offene Gänge vor den Außenwänden angeordnet sind, gilt Absatz 4 entsprechend. [2]Fenster sind in diesen Außenwänden ab einer Brüstungshöhe von 0,9 m zulässig.

(6) In notwendigen Fluren sowie in offenen Gängen nach Absatz 5 müssen
1. Bekleidungen, Putze, Unterdecken und Dämmstoffe aus nicht brennbaren Baustoffen bestehen,
2. Wände und Decken aus brennbaren Baustoffen eine Bekleidung aus nicht brennbaren Baustoffen in ausreichender Dicke haben.

## Anmerkungen
1 Siehe Bauprüfdienst Brandschutztechnische Auslegungen (BPD 5/2012).
2 Siehe Merkblatt der Obersten Bauaufsicht Hamburg zu Kompartments in Schulen, Hinweise und Anforderungen
3 Siehe Bauprüfdienst Bürogroßräume (BPD 2/2009).
4 Siehe Legaldefinition des Sicherheitstreppenraums in § 31 Abs. 2 Satz 3 HBauO.

### § 35 Fenster, Türen, sonstige Öffnungen[1] [2]

(1) Können die Fensterflächen nicht gefahrlos vom Erdboden, vom Innern des Gebäudes, von Loggien oder Balkonen aus gereinigt werden, so sind Vorrichtungen wie Aufzüge, Halterungen oder Stangen anzubringen, die eine Reinigung ermöglichen.

(2) [1]Glastüren und andere Glasflächen, die bis zum Fußboden allgemein zugänglicher Verkehrsflächen herabreichen, sind so zu kennzeichnen, dass sie leicht erkannt werden können. [2]Weitere Schutzmaßnahmen sind für größere Glasflächen vorzusehen, wenn dies die Verkehrssicherheit erfordert.

(3) [1]Jedes Kellergeschoss ohne Fenster muss mindestens eine Öffnung ins Freie[3] haben, um eine Rauchableitung zu ermöglichen. [2]Gemeinsame Kellerlichtschächte für übereinander liegende Kellergeschosse sind unzulässig.

(4) [1]Fenster, die als Rettungswege[2] nach § 31 Absatz 2 Satz 2 dienen, müssen im Lichten mindestens 0,9 m x 1,2 m groß und nicht höher als 1,20 m über der Fußbodenoberkante angeordnet sein. [2]Liegen diese Fenster in Dachschrägen oder Dachaufbauten, so darf ihre Unterkante oder ein davor liegender Austritt von der Traufkante horizontal gemessen nicht weiter als 1 m entfernt sein.

(5) [1]Ins Freie führende Türen von Gebäuden, die für die Tierhaltung bestimmt sind, müssen nach außen aufschlagen. [2]Ihre Zahl, Höhe und Breite muss so groß sein, dass die Tiere bei Gefahr ohne Schwierigkeiten ins Freie gelangen können.

## Anmerkungen
1 siehe FaQ zu § 35 HBauO
2 Siehe Bauprüfdienst Brandschutztechnische Auslegungen (BPD 5/2012).
3 Ebenda, siehe auch § 5 Abs. 2 und 3 HBauO.

### § 36 Umwehrungen und Brüstungen[1]

(1) In, an und auf baulichen Anlagen sind zu umwehren oder mit Brüstungen zu versehen:
1. Flächen, die im Allgemeinen zum Begehen bestimmt sind und unmittelbar an mehr als 1m tiefer liegende Flächen angrenzen; dies gilt nicht, wenn die Umwehrung dem Zweck der Flächen widerspricht,
2. nicht begehbare Oberlichte und Glasabdeckungen in Flächen, die im Allgemeinen zum Begehen bestimmt sind, wenn sie weniger als 0,50 m aus diesen Flächen herausragen,
3. Dächer oder Dachteile, die zum auch nur zeitweiligen Aufenthalt von Menschen bestimmt sind,
4. Öffnungen in begehbaren Decken sowie in Dächern oder Dachteilen nach Nummer 3, wenn sie nicht sicher abgedeckt sind,

5. nicht begehbare Glasflächen in Decken sowie in Dächern oder Dachteilen nach Nummer 3,
6. die freien Seiten von Treppenläufen, Treppenabsätzen und Treppenöffnungen (Treppenaugen),
7. Kellerlichtschächte und Betriebsschächte, die an Verkehrsflächen liegen, wenn sie nicht verkehrssicher abgedeckt sind.

(2) [1]In Verkehrsflächen liegende Kellerlichtschächte und Betriebsschächte sind in Höhe der Verkehrsfläche verkehrssicher abzudecken. [2]An und in Verkehrsflächen[2] liegende Abdeckungen müssen gegen unbefugtes Abheben gesichert sein.

(3) [1]Brüstungen mit einer Mindesttiefe von 15 cm zur Umgrenzung von Flächen mit einer Absturzhöhe bis zu 12,0 m müssen mindestens 0,8 m, von Flächen mit mehr als 12,0 m Absturzhöhe mindestens 0,9 m hoch sein. [2]Geringere Brüstungshöhen sind zulässig, wenn durch andere Vorrichtungen wie Geländer die nach Absatz 4 vorgeschriebenen Mindesthöhen eingehalten werden.

(4) Umwehrungen müssen folgende Mindesthöhen[3] haben:
1. Umwehrungen zur Sicherung von Öffnungen in begehbaren Decken und Dächern sowie Umwehrungen von Flächen mit einer Absturzhöhe von 1 m bis zu 12,0 m: 0,9 m,
2. Umwehrungen von Flächen mit mehr als 12,0 m Absturzhöhe: 1,1 m.

Anmerkungen
1 Zu Umwehrungen und Brüstungen:
   1. Richtlinie – Bauteile die gegen Absturz sichern eingeführt durch Verwaltungsvorschrift Technische Baubestimmungen unter Abschnitt 3.2.2.2.3
   2. Technische Regeln für die Verwendung von absturzsichernden Verglasungen (TRAV) eingeführt als Technische Baubestimmung (Ziffer 2.6.7)
   3. Bauprüfdienst Umwehrungen und Brüstungen (BPD 3/2013)
   4. FaQ zu § 36 HBauO
2 Siehe auch § 19 HBauO.
3 Abweichende Anforderungen für Arbeitsstätten gemäß Technischen Regeln für Arbeitsstätten (ASR) als Konkretisierung der Arbeitsstättenverordnung.

Sechster Abschnitt    **Technische Gebäudeausrüstung**

### § 37 Aufzüge[1]

(1) [1]Aufzüge im Innern von Gebäuden müssen eigene Fahrschächte haben, um eine Brandausbreitung in andere Geschosse ausreichend lange zu verhindern. [2]In einem Fahrschacht dürfen bis zu drei Aufzüge liegen. [3]Aufzüge ohne eigene Fahrschächte sind zulässig
1. innerhalb eines notwendigen Treppenraumes, ausgenommen in Hochhäusern,
2. innerhalb von Räumen, die Geschosse überbrücken,
3. zur Verbindung von Geschossen, die offen miteinander in Verbindung stehen dürfen,
4. in Gebäuden der Gebäudeklassen 1 und 2.
[4]Sie müssen sicher umkleidet sein.

(2) ¹Die Fahrschachtwände müssen als Raum abschließende Bauteile
1. in Gebäuden der Gebäudeklasse 5 feuerbeständig und aus nicht brennbaren Baustoffen,
2. in Gebäuden der Gebäudeklasse 4 hoch Feuer hemmend,
3. in Gebäuden der Gebäudeklasse 3 Feuer hemmend

sein; Fahrschachtwände aus brennbaren Baustoffen müssen schachtseitig eine Bekleidung aus nicht brennbaren Baustoffen in ausreichender Dicke haben. ²Fahr-schachttüren und andere Öffnungen in Fahrschachtwänden mit erforderlicher Feuerwiderstandsfähigkeit sind so herzustellen, dass die Anforderungen nach Absatz 1 Satz 1 nicht beeinträchtigt werden.

(3) ¹Fahrschächte müssen zu lüften sein und eine Öffnung zur Rauchableitung mit einem freien Querschnitt von mindestens 2,5 vom Hundert der Fahrschachtgrundfläche, mindestens jedoch 0,1 m² haben. ²Die Lage der Rauchaustrittsöffnungen muss so gewählt werden, dass der Rauchaustritt durch Windeinfluss nicht beeinträchtigt wird.

(4) ¹Gebäude mit einer Höhe nach § 2 Absatz 3 Satz 2 von mehr als 13,0 m müssen Aufzüge in ausreichender Zahl haben; dies gilt nicht, soweit bei bestehenden Gebäuden zusätzlicher Wohnraum durch Änderung des Dachgeschosses oder durch Errichtung zusätzlicher Geschosse geschaffen wird. ²Von diesen Aufzügen muss mindestens ein Aufzug Kinderwagen, Rollstühle, Krankentragen und Lasten aufnehmen können und Haltestellen in allen Geschossen haben. ³Dieser Aufzug muss von allen Wohnungen in dem Gebäude und von der öffentlichen Verkehrsfläche aus stufenlos erreichbar sein. ⁴Haltestellen im obersten Geschoss und in den Kellergeschossen sind nicht erforderlich, wenn sie nur unter besonderen Schwierigkeiten hergestellt werden können.

(5) ¹Fahrkörbe zur Aufnahme einer Krankentrage müssen eine nutzbare Grundfläche von mindestens 1,1 m x 2,1 m, zur Aufnahme eines Rollstuhls von mindestens 1,1 m x 1,4 m haben; Türen müssen eine lichte Durchgangsbreite von mindestens 0,9 m haben. ²In einem Aufzug für Rollstühle und Krankentragen darf der für Rollstühle nicht erforderliche Teil der Fahrkorbgrundfläche durch eine verschließbare Tür abgesperrt werden. ³Vor den Aufzügen muss eine ausreichende Bewegungsfläche vorhanden sein.

Anmerkungen
1   Für Aufzüge siehe auch das Produktsicherheitsgesetz vom 8.11.2011 (BGBl. I S. 2179), die Betriebssicherheitsverordnung vom 27.9.2002 (BGBl. I S. 3777), zuletzt geändert 30.4.2019 (BGBl. I S. 554) und die Aufzugsverordnung vom 6.4.2016 (BGBl. I S. 605).
    Alle übrigen Aufzüge sind diesen gemäß § 38 HBauO gleichgestellt.
    Im Übrigen gelten folgende europäischen Richtlinien: Aufzugsrichtlinie (RL 75/16/EG), Maschinenrichtlinie (RL 2006/42/EG) und die Arbeitsmittelbenutzungsrichtlinie (RL 89/655/EWG).
    Als technische Regeln gilt die Normenreihe DIN EN 81–20/50 „Sicherheitsregeln für die Konstruktion und den Einbau von Aufzügen".

## § 38 Sicherheitstechnisch bedeutsame und überwachungsbedürftige Anlagen[1]

Für sicherheitstechnisch bedeutsame und überwachungsbedürftige Anlagen, die weder gewerblichen noch wirtschaftlichen Zwecken dienen und in deren Gefahrenbereich auch keine Arbeitnehmerinnen und Arbeitnehmer beschäftigt werden, gelten die Sachanforderungen und die Festlegungen über erstmalige Prüfungen vor Inbetriebnahme und wiederkehrende Prüfungen nach
1. den auf Grund von § 34 des Produktsicherheitsgesetzes vom 8. Januar 2011 (BGBl. 2011 I S. 2178,2179,2012 I S. 131) erlassenen Verordnungen[2] und
2. der Betriebssicherheitsverordnung vom 3. Oktober 2015 (BGBl. I S. 49), zuletzt geändert am 29. März 2017 (BGBl. I S. 626,648), in der jeweils geltenden Fassung,

sowie der zugehörigen Technischen Regeln[3] sinngemäß.

### Anmerkungen
1 siehe FaQ zu § 38 HBauO
2 Aufzugsverordnung vom 6.4.2016 (BGBl. I S. 605); Betriebssicherheitsverordnung vom 3.2.2015 (BGBl. I S. 49), zuletzt geändert am 30.4.2019 (BGBl. I S. 554); Druckgeräteverordnung vom 8.4.2016 (BGBl. I S. 597; Anlagenverordnung – AwSV) vom 18.4.2017 (BGBl. 1 S. 905).
3 Technische Regeln für Betriebssicherheit (TRBS), (siehe www.baua.de).

## § 39 Leitungsanlagen, Installationsschächte und -kanäle[1] [2]

(1) Leitungen dürfen durch Raum abschließende Bauteile, für die eine Feuerwiderstandsfähigkeit vorgeschrieben ist, nur hindurchgeführt werden, wenn eine Brandausbreitung ausreichend lange nicht zu befürchten ist oder Vorkehrungen hiergegen getroffen sind; dies gilt nicht für Decken
1. für Gebäude der Gebäudeklassen 1 und 2,
2. innerhalb von Wohnungen,
3. innerhalb derselben Nutzungseinheit mit nicht mehr als insgesamt 400 m² Grundfläche in nicht mehr als zwei Geschossen.

(2) In notwendigen Treppenräumen, in Räumen nach § 33 Absatz 3 Satz 3 und in notwendigen Fluren sind Leitungsanlagen nur zulässig, wenn eine Nutzung als Rettungsweg im Brandfall ausreichend lange möglich ist.

(3) Für Installationsschächte und -kanäle gelten Absatz 1 sowie § 40 Absatz 2 Satz 1 entsprechend.

### Anmerkungen
1 Zu Leitungsanlagen:
  1. Richtlinie über brandschutztechnischen Anforderungen an Leitungsanlagen – Leitungsanlagenrichtlinie (LAR) eingeführt als Technische Baubestimmung
  2. Richtlinie über brandschutztechnische Anforderungen an Systemböden (SysBöR) eingeführt als technische Baubestimmung (Ziffer 3.4)
2 siehe FaQ zu § 39 HBauO (www.hamburg.de/baugenehmigung)

## § 40 Lüftungsanlagen[1]

(1) Lüftungsanlagen müssen betriebssicher und brandsicher sein; sie dürfen den ordnungsgemäßen Betrieb von Feuerungsanlagen nicht beeinträchtigen.

(2) [1]Lüftungsleitungen sowie deren Bekleidungen und Dämmstoffe müssen aus nicht brennbaren Baustoffen bestehen; brennbare Baustoffe sind zulässig, wenn ein Beitrag der Lüftungsleitung zur Brandentstehung und Brandweiterleitung nicht zu befürchten ist. [2]Lüftungsleitungen dürfen Raum abschließende Bauteile, für die eine Feuerwiderstandsfähigkeit vorgeschrieben ist, nur überbrücken, wenn eine Brandausbreitung ausreichend lange nicht zu befürchten ist oder wenn Vorkehrungen hiergegen getroffen sind.

(3) Lüftungsanlagen sind so herzustellen, dass sie Gerüche und Staub nicht in andere Räume übertragen.

(4) [1]Lüftungsanlagen dürfen nicht in Abgasanlagen eingeführt werden; die gemeinsame Nutzung von Lüftungsleitungen zur Lüftung und zur Ableitung der Abgase von Feuerstätten ist zulässig, wenn keine Bedenken wegen der Betriebssicherheit und des Brandschutzes bestehen. [2]Die Abluft ist ins Freie zu führen. [3]Nicht zur Lüftungsanlage gehörende Einrichtungen sind in Lüftungsleitungen unzulässig.

(5) Die Absätze 2 und 3 gelten nicht
1. für Gebäude der Gebäudeklassen 1 und 2,
2. innerhalb von Wohnungen,
3. innerhalb derselben Nutzungseinheit mit nicht mehr als 400 m² in nicht mehr als zwei Geschossen.

(6) Für raumlufttechnische Anlagen und Warmluftheizungen gelten die Absätze 1 bis 5 entsprechend.

### Anmerkungen

1 Zu Lüftungsanlagen:
   1. Richtlinie über die brandschutztechnischen Anforderungen an Lüftungsanlagen – Lüftungsanlagenrichtlinie (LüAR) eingeführt als Technische Baubestimmung
   2. Zur Lüftung von Garagen siehe auch § 17 Garagenverordnung vom 17.1.2012 (siehe C 4 dieses Bandes)
   3. Zur Verpflichtung der Betreiber zur wiederkehrenden Prüfung bestimmter Lüftungsanlagen und Warmluftheizungen durch anerkannte Prüfsachverständige siehe auch Prüfverordnung (PVO) vom 14.2.2006 (HmbGVBl S. 79), zuletzt geändert 17.1.2012 (HebGVBl S. 8, 13) (siehe C 2 in diesem Band)
   4. Richtlinie über die Lüftung fensterloser Küchen, Bäder und Toilettenräume in Wohnungen eingeführt als Technische Baubestimmung
   5. Bauprüfdienst Technische Prüfung (BPD 4/2010)
   6. Bauprüfdienst Prüfung technischer Gebäudeausrüstung (BPD 2/2011)
   7. FaQ zu § 40 HBauO
   8. Bauprüfdienst Erstellung und Prüfung von Brandschutznachweisen (BPD 5/2016)

## § 41 Feuerungsanlagen, sonstige Anlagen zur Wärmeerzeugung, Brennstoffversorgung[1]

(1) Feuerstätten und Abgasanlagen (Feuerungsanlagen) müssen betriebssicher und brandsicher sein.

(2) Feuerstätten dürfen in Räumen nur aufgestellt werden, wenn nach der Art der Feuerstätte und nach Lage, Größe, baulicher Beschaffenheit und Nutzung der Räume Gefahren nicht entstehen.

(3) [1]Abgase von Feuerstätten sind durch Abgasleitungen, Schornsteine und Verbindungsstücke (Abgasanlagen) so abzuführen, dass keine Gefahren oder unzumutbaren Belästigungen entstehen. [2]Abgasanlagen sind in solcher Zahl und Lage und so herzustellen, dass die Feuerstätten des Gebäudes ordnungsgemäß angeschlossen werden können. [3]Sie müssen leicht gereinigt werden können.

(4) [1]Behälter und Rohrleitungen für brennbare Gase und Flüssigkeiten müssen betriebssicher und brandsicher sein. [2]Diese Behälter sowie feste Brennstoffe sind so aufzustellen oder zu lagern, dass keine Gefahren oder unzumutbaren Belästigungen entstehen.

(5) Für die Aufstellung von ortsfesten Verbrennungsmotoren, Blockheizkraftwerken, Brennstoffzellen und Verdichtern sowie die Ableitung ihrer Verbrennungsgase gelten die Absätze 1 bis 3 entsprechend.

### Anmerkungen

1 Zu Feuerungsanlagen:
 1. Feuerungsverordnung (FeuVO) vom 25.9.2007, zuletzt geändert 2.11.2010 (siehe C 8 in diesem Band)
 2. Verordnung über kleine und mittlere Feuerungsanlagen (1. BImSchV) vom 19.6.2020 (BGBl. I S. 132)
 3. Zur Verfahrensfreistellung Nr. 3 der Anlage 2 zu § 60 HBauO
 4. Zur Prüfung von Feuerungsanlagen durch den Bezirksschornsteinfegermeister § 77 Abs. 2 Satz 4 HBauO

Zu Heizölbehältern:
 1. Verordnung über Anlagen mit wassergefährdenden Stoffen und über Fachbetriebe (Anlagenverordnung – AwSV) vom 21.4.2017 (BGBl. I S. 905)
 2. Zur Verfahrensfreistellung von Heizölbehältern Nr. 5 der Anlage 2 zu § 60 HBauO

Zu Schornsteinen und Abgasanlagen:
 1. DIN 1056 Freistehende Schornsteine in Massivbauart eingeführt als Technische Baubestimmung
 2. DIN 4133 Schornsteine aus Stahl eingeführt als Technische Baubestimmung
 3. Zur Anzeigepflicht von Abgasanlagen § 77 Abs. 2 Satz 3 HBauO
 4. Verordnung über Schornsteinfegerarbeiten vom 11.12.2012 (HmbGVBl. S. 498)

## § 42 Anlagen zum Sammeln und Beseitigen von Abwasser[1]

(1) ¹Abwassersammelgruben und Kleinkläranlagen müssen wasserdicht und ausreichend groß sein. ²Sie müssen eine dichte und sichere Abdeckung sowie Reinigungs- und Entleerungsöffnungen haben. ³Diese Öffnungen dürfen nur vom Freien aus zugänglich sein. ⁴Die Anlagen sind so zu entlüften, dass Gesundheitsschäden oder unzumutbare Belästigungen nicht entstehen. ⁵Die Zuleitungen zu Abwasserentsorgungsanlagen müssen geschlossen, dicht und, soweit erforderlich, zum Reinigen eingerichtet sein.

(2) Schächte oder Öffnungen, von denen Geruchsbelästigungen ausgehen können, müssen mindestens 5 m von Öffnungen von Aufenthaltsräumen und mindestens 2,50 m von der Grundstücksgrenze entfernt sein.

### Anmerkung
1 Zu Abwasseranlagen siehe § 4 Abs. 3 HBauO.

## § 43 Anlagen für Abfälle[1]

(1) Für bauliche Anlagen und Grundstücke, bei deren Nutzung Abfälle anfallen, sind befestigte und ausreichend bemessene Standplätze oder Abfallbehälterräume zur Aufnahme der Abfall- und Wertstoffsammelbehälter auf dem Grundstück oder, durch Baulast gesichert, auf einem anderen Grundstück herzustellen.

(2) ¹Die Standplätze müssen vor Öffnungen von Aufenthaltsräumen mindestens 5 m entfernt sein. ²Der Abstand darf bis auf 2 m verringert werden, wenn die Behälter in Müllbehälterschränken untergebracht werden. ³Die Sätze 1 und 2 gelten nicht, wenn auf dem Grundstück nur Abfall- und Wertstoffsammelbehälter bis zu insgesamt 240 Liter Fassungsvermögen untergebracht werden.[2]

(3) Feste Abfallstoffe dürfen innerhalb von Gebäuden vorübergehend aufbewahrt werden, in Gebäuden der Gebäudeklassen 3 bis 5 jedoch nur, wenn die dafür bestimmten Abfallbehälterräume unmittelbar vom Freien entleert werden können und
1. Trennwände und Decken als Raum abschließende Bauteile mit der Feuerwiderstandsfähigkeit der tragenden Wände,
2. Öffnungen vom Gebäudeinnern zum Aufstellraum mit Feuer hemmenden, dicht- und selbstschließenden Abschlüssen und
3. eine ständig wirksame Lüftung
haben.

### Anmerkungen
1 Zu Abfallanlagen:
　1. Kreislaufwirtschaftsgesetz (KrWG) vom 24.2.2012 (BGBl. I S. 212), zuletzt geändert 9.12.2020 (BGBl. I S. 2873) regelt u. a. die öffentliche Entsorgungspflicht
　2. Hamburgisches Abfallwirtschaftsgesetz (HmbAbfG) vom 21.3.2005 (HmbGVBl. S. 80), zuletzt geändert 28.11.2017 (HmbGVBl. S. 361)

3. Verordnung über die Benutzung von Abfallentsorgungseinrichtungen (AbfBenVO) vom 16.4.1991 (HmbGVBl. S. 163), zuletzt geändert in 2017 (HmbGVBl. S, 319) regelt u. a. Größen der Abfallbehälter
4. Verordnung über den Ausschluss von Abfällen von der Entsorgung durch den öffentlich-rechtlichen Entsorgungsträger (AbfAusschlussVO) vom 13.7.1999 (HmbHmbGVBl. S. 157), zuletzt geändert am 10.10.2017 (HmbGVBl. S. 319,326) schließt u. a. Bauschutt aus
5. Bioabfallverordnung (BioAbfVO) vom 4.4.2013) (BGBl. I S. 4043), zuletzt geändert zum 27.9.2017 (BGBl. IS. 3465
6. Verordnung zur Andienung von Siedlungsabfällen zur Beseitigung vom 10.4.2007 (HmbGVBl. S. 117), zuletzt geändert am 16.10.2007 (HmbGVBl. S. 354)
7. Verordnung zur Andienung von gefährlichen Abfällen zur Beseitigung vom 10.4.2007 (HmbGVBl. S. 117), zuletzt geändert am 26.7.2011 (HmbGVBl. S. 378)
8. Zu Abfällen auf Baustellen siehe Fußnote zu § 14
9. Zur Verfahrensfreistellung von Abfallbehältern und Standplätzen siehe Ziffer 5 der Anlage 2 zu § 60 HBauO
2 Zur Nachbarzustimmung bei Unterschreitung des Abstandes von Abfallbehälterstandplätzen siehe § 71 Abs. 2 Nr. 2 HBauO.

## § 43a Elektrische Anlagen[1] und Blitzschutzanlagen[2]

**(1) Elektrische Anlagen müssen dem Zweck und der Nutzung der baulichen Anlagen entsprechend ausgeführt sowie betriebssicher und brandsicher sein.**

**(2) Bauliche Anlagen, bei denen nach Lage, Bauart oder Nutzung Blitzschlag leicht eintreten oder zu schweren Folgen führen kann, sind mit dauernd wirksamen Blitzschutzanlagen zu versehen.**

### Anmerkungen
1 Zu elektrischen Anlagen:
1. Zur wiederkehrenden Prüfung von brandssicherheitlich bedeutsamen Elektroanlagen siehe Prüfverordnung vom 14.2.2006, zuletzt geändert zum 17.1.2012 (HmbGVBl. S. 8,13) (siehe C 2 in diesem Band)
2. Bauprüfdienst Betriebsräume elektrischer Anlagen (BPD 1/2010)
3. Zur Verfahrensfreistellung Nr. 3 der Anlage 2 zu § 60 HBauO
2 Zu Blitzschutzanlagen:
1. Bauprüfdienst Blitzschutzanlagen (BPD 2/2013)
2. Zur Verfahrensfreistellung Nr. 2 der Anlage 2 zu § 60 HBauO
3. siehe FaQ zu § 43a HBauO (www.hamburg.de/baugenehmigung)

### Siebter Abschnitt Nutzungsbedingte Anforderungen

## § 44 Aufenthaltsräume[1][2]

**(1) [1]Aufenthaltsräume müssen eine lichte Raumhöhe von mindestens 2,4 m haben. [2]Für Aufenthaltsräume in Wohngebäuden der Gebäudeklassen 1 und 2**

genügt eine lichte Raumhöhe von mindestens 2,3 m. ³Aufenthaltsräume in Dachgeschossen müssen über mehr als der Hälfte ihrer Grundfläche eine lichte Höhe von mindestens 2,3 m haben; Raumteile mit einer lichten Höhe bis 1,50 m bleiben bei der Berechnung der Grundfläche außer Betracht.

(2) ¹Aufenthaltsräume müssen ausreichend belüftet und mit Tageslicht belichtet werden können. ²Sie müssen Fenster mit einem Rohbaumaß der Fensteröffnungen von mindestens einem Achtel der Nettogrundfläche des Raumes einschließlich der Nettogrundfläche verglaster Vorbauten und Loggien haben.

(3) Aufenthaltsräume, die nicht dem Wohnen dienen, sind ohne Fenster zulässig, wenn
1. gesundheitliche Belange nicht entgegenstehen und
2. eine ausreichende Beleuchtung und Belüftung auf andere Weise sichergestellt ist oder wenn die Nutzung dieses erfordert.

Anmerkungen
1 siehe auch § 2 Absatz 5 – Definition Aufenthaltsraum
2 siehe FaQ zu § 44 HBauO

## § 45 Wohnungen¹

(1) ¹Jede Wohnung muss eine Küche oder einen Kochplatz haben. ²Fensterlose Kochplätze sind zulässig, wenn eine wirksame Lüftung gewährleistet ist.

(2) In Wohngebäuden der Gebäudeklassen 3 bis 5 sind leicht erreichbare und gut zugängliche Abstellflächen für Kinderwagen und Mobilitätshilfsmittel in ausreichender Zahl und Größe herzustellen; für jede Wohnung ist ein Abstellraum von mindestens 6 m² Grundfläche herzustellen.

(3) ¹Jede Wohnung muss ein Bad mit Badewanne oder Dusche und eine Toilette haben. ²Fensterlose Bäder und Toiletten sind zulässig, wenn eine wirksame Lüftung gewährleistet ist.²

(4) Jede Wohnung muss einen eigenen Wasserzähler haben.

(5) Wohnungen in Kellergeschossen sind unzulässig.

(6) ¹In Wohnungen müssen Schlafräume, Kinderzimmer und Flur, über die Rettungswege von Aufenthaltsräumen führen, jeweils mindestens einen Rauchwarnmelder³ haben. ²Die Rauchwarnmelder müssen so eingebaut und betrieben werden, dass Brandrauch frühzeitig erkannt und gemeldet wird. ³Vorhandene Wohnungen sind bis zum 31. Dezember 2010 mit Rauchwarnmeldern auszurüsten.

Anmerkungen
1 Zu Wohnungen:
  1. Hamburgisches Wohnraumschutzgesetz vom 8.3.1982 (HmbGVBl. S. 47), zuletzt geändert am 23.10.2018 (HmbGVBl. S. 3494)
  2. Fachanweisungen zur Durchführung des Wohnraumschutzgesetzes
  3. Bauprüfdienst besondere Wohnformen (BPD 1/2018)
  4. Zu Wohnwagen siehe Wohnwagengesetz vom 25.5.1999 (HmbGVBl. S. 93), zuletzt geändert am 27.4.2010 (HmbGVBl. S. 337, 341)
  5. FaQ zu § 45

2. Bauaufsichtliche Richtlinie über die Lüftung fensterloser Küchen, Bäder und Toilettenräume in Wohnungen eingeführt als Technische Baubestimmung.
3. DIN 14676 Rauchwarnmelder für Wohnhäuser, Wohnungen und Räume mit wohnähnlicher Nutzung.

## § 46 *(frei)*

## § 47 *(frei)*

## § 48 Stellplätze für Kraftfahrzeuge und Fahrradplätze[1]

(1) [1]Werden bauliche Anlagen sowie andere Anlagen, bei denen ein Zu- und Abfahrtsverkehr zu erwarten ist, errichtet, sind Stellplätze für Kraftfahrzeuge sowie Fahrradplätze auf dem Grundstück oder, durch Baulast gesichert, auf einem geeigneten Grundstück in der Nähe in geeigneter Beschaffenheit herzustellen oder nachzuweisen (notwendige Stellplätze und notwendige Fahrradplätze). [2]Ihre Zahl und Größe richtet sich nach Art und Zahl der vorhandenen und zu erwartenden Kraftfahrzeuge und Fahrräder der ständigen Benutzerinnen und Benutzer und Besucherinnen und Besucher der Anlagen. [3]Bei Änderungen der Anlage und bei Änderung der Nutzung, die nach Maßgabe des Satzes 2 zu Änderungen in Zahl und Größe der notwendigen Stellplätze und notwendigen Fahrradplätze führen, sind nur Stellplätze und Fahrradplätze für den Mehrbedarf als Folge der Änderungen herzustellen.

(1a) [1]Die Verpflichtung zur Herstellung oder zum Nachweis von Stellplätzen für Kraftfahrzeuge gilt abweichend von Absatz 1 nicht für Wohnungen oder Wohnheime. [2]Bei Wohnungen oder Wohnheimen entscheiden die Bauherrinnen und Bauherren in eigener Verantwortung über die Herstellung von Stellplätzen in angemessenem Umfang, wobei sie neben dem Stellplatzbedarf der Bewohnerinnen und Bewohner, den örtlichen Verkehrsverhältnissen, der Anbindung an den öffentlichen Nahverkehr insbesondere die Belange von Menschen mit Mobilitätseinschränkungen berücksichtigen sollen.

(2) Die Unterbringung von Kinderspielflächen sowie von notwendigen Fahrradplätzen auf dem Grundstück hat Vorrang vor der Unterbringung der notwendigen Stellplätze.

(3) [1]Notwendige Stellplätze und notwendige Fahrradplätze dürfen nicht für andere als den dafür vorgesehenen Zweck benutzt werden. [2]Einzelne Stellplätze in vorhandenen Garagen dürfen als Fahrradplätze genutzt werden.

(4) Die Herstellung von Stellplätzen kann ganz oder teilweise untersagt werden, wenn
1. die öffentlichen Wege im Bereich des Grundstücks oder die nächsten Verkehrsknoten durch den Kraftfahrzeugverkehr ständig oder regelmäßig zu bestimmten Zeiten überlastet sind oder ihre Überlastung zu erwarten ist oder
2. das Grundstück durch den öffentlichen Personennahverkehr gut erschlossen ist.

**Anmerkung**
1 Anforderungen an Garagen, Stellplätze und Fahrradplätze
 1. Fachanweisung notwendige Stellplätze und notwendige Fahrradplätze (FA 1/2013) (siehe Ziff. 2.19 in diesem Band)
 2. Bauprüfdienst Fahrradplätze und Abstellräume für Fahrräder und Kinderwagen (BPD 5/1996)
 3. siehe FaQ zu § 48 HBauO

## § 49 Ausgleichsabgabe für Stellplätze und Fahrradplätze[1]

(1) [1]Die Verpflichtung nach § 48 wird durch Zahlung eines Ausgleichsbetrages an die Freie und Hansestadt Hamburg erfüllt, wenn
1. notwendige Stellplätze oder notwendige Fahrradplätze[2] nicht oder nur unter unzumutbaren Schwierigkeiten hergestellt oder nachgewiesen werden können oder
2. notwendige Stellplätze als Stellplätze für Wohnungen oder Wohnheime (§ 48 Absatz 1a) genutzt werden sollen und die Stellplätze für Wohnungen oder Wohnheime ansonsten nicht oder nur unter unzumutbaren Schwierigkeiten hergestellt werden können.
[2]Für die Verjährung eines festgesetzten Anspruchs gilt § 22 Absatz 3 des Gebührengesetzes vom 5. März 1986 (HmbGVBl. S. 37), zuletzt geändert am 14. Dezember 2010 (HmbGVBl. S. 667), in der jeweils geltenden Fassung entsprechend.

(2) [1]Der Ausgleichsbetrag nach Absatz 1 beträgt
1. für die jeweils ersten drei Stellplätze bei
 einer Nutzungsänderung                            0 Euro,
2. für Bauvorhaben in dem in der Anlage 1 rot umrandeten Bereich,
 a) je notwendigem Stellplatz                    10.000 Euro,
 b) je notwendigem Fahrradplatz                   1.000 Euro,
3. im Übrigen
 a) je notwendigem Stellplatz                     6.000 Euro,
 b) je notwendigem Fahrradplatz                     600 Euro.
[2]Der Ausgleichsbetrag ist bis zur Aufnahme der Nutzung des Bauvorhabens zu entrichten.

(3) [1]Die Ausgleichsbeträge nach Absatz 2 und die sich darauf beziehenden Zinsen ruhen auf dem Grundstück als öffentliche Last und, solange das Grundstück mit einem Erbbaurecht belastet ist, auch auf diesem. [2]Die dingliche Haftung kann gegen die jeweilige Eigentümerin bzw. den jeweiligen Eigentümer oder gegen die Erbbauberechtigte bzw. den Erbbauberechtigten geltend gemacht werden. [3]Das gilt auch dann, wenn diese Person nicht persönliche Schuldnerin oder persönlicher Schuldner ist.

(4) Die Ausgleichsbeträge dürfen nur verwendet werden zum Erwerb von Flächen sowie zur Herstellung, Unterhaltung, Grundinstandsetzung und Modernisierung von
1. baulichen Anlagen zum Abstellen von Kraftfahrzeugen außerhalb öffentlicher Straßen und von Fahrrädern,
2. Verbindungen zwischen Parkeinrichtungen und Haltestellen des öffentlichen Personennahverkehrs,

3. Parkleitsystemen und anderen Einrichtungen zur Verringerung des Parksuchverkehrs sowie für sonstige Maßnahmen zugunsten des ruhenden Verkehrs sowie
4. Einrichtungen des öffentlichen Personennahverkehrs und von öffentlichen Radverkehrsanlagen.

**Anmerkung**
1   Siehe FaQ zu § 49 HBauO
2   Siehe Fachanweisung notwendige Stellplätze und notwendige Fahrradplätze (FA 1/2013) (siehe Ziff. 2.19 in diesem Band).

## § 50   (frei)

## § 51   Sonderbauten[1]

[1]Soweit die Vorschriften dieses Gesetzes oder die auf Grund dieses Gesetzes erlassenen Vorschriften zur Vermeidung oder Beseitigung von Gefahren, erheblichen Nachteilen oder erheblichen Belästigungen nicht ausreichen, können an Sonderbauten nach § 2 Absatz 4 im Einzelfall zur Verwirklichung der allgemeinen Anforderungen nach § 3, insbesondere zum Brandschutz und zur technischen Gebäudeausrüstung, besondere Anforderungen gestellt werden. [2]Dies gilt auch für bauliche Anlagen, die besonderen Gefährdungen ausgesetzt sein können.

**Anmerkung**
1   Sonderbauverordnungen:
    1. Versammlungsstättenverordnung vom 1.3.2011 (VStättVO) (siehe C 5 in diesem Band)
    2. Verkaufsstättenverordnung vom 5.8.2003 (VkVO) (siehe C 6 in diesem Band)
    3. Beherbergungsstättenverordnung vom 5.8.2003 (BeVO) (siehe C 7 in diesem Band)
    Bauprüfdienste:
    1. Bauprüfdienst Hochhäuser (BPD 1/2008)
    2. Bauprüfdienst Anforderungen an den Bau und Betrieb von Schulen (BPD 6/2011)
    3. Bauprüfdienst barrierefreies Bauen (BPD 2/2019)
    4. Bauprüfdienst Bürogroßräume (BPD 2/2009)
    5. Bauprüfdienst Windenenergieanlagen (BPD 1/2020)
    6. Bauprüfdienst Besondere Wohnformen (BPD 1/2018)
    7. Bauprüfdienst Betriebsräume für elektrische Anlagen (BPD 1/2010)
    8. Bauprüfdienst Löschwasser-Rückhaltung (BPD 6/1993)
    9. Bauprüfdienst Campingplätze (BPD 3/1990)
    10. Bauprüfdienst Kindertageseinrichtungen (BPD 5/2018)
    11. Bauprüfdienst Krankenhäuser (BPD 3/2016)
    12. Bauprüfdienst Flüchtlingsunterkünfte (BPD 1/2016)

Technische Baubestimmungen:
1. Industriebaurichtlinie (IndBauRl)
2. Richtlinie für Windenergieanlagen Ziffer 2.7.12

Merkblätter:
1. Kompartments in Schulen, Hinweise und Anforderungen (§ 34 HBauO)
2. Rauchsimulation – Arbeits- und Orientierungshilfe

## § 52 Barrierefreies Bauen[1]

(1) [1]In Gebäuden mit mehr als vier Wohnungen müssen die Wohnungen eines Geschosses barrierefrei erreichbar sein; diese Verpflichtung kann durch barrierefreie Wohnungen in entsprechendem Umfang in mehreren Geschossen erfüllt werden. [2]In diesen Wohnungen müssen die Wohn- und Schlafräume, eine Toilette, ein Bad sowie die Küche oder die Kochnische barrierefrei sein. [3]§ 37 Absatz 4 bleibt unberührt. [4]Die Sätze 1 und 2 gelten nicht, soweit Anforderungen wegen schwieriger Geländeverhältnisse, wegen des Einbaus eines sonst nicht erforderlichen Aufzugs oder wegen ungünstiger vorhandener Bebauung nur mit einem unverhältnismäßigen Mehraufwand erfüllt werden können.

(2) [1]Bauliche Anlagen, die öffentlich zugänglich sind, müssen in den dem allgemeinen Besucherverkehr dienenden Teilen von Menschen mit Behinderungen, alten Menschen und Personen mit Kleinkindern barrierefrei erreicht und ohne fremde Hilfe zweckentsprechend genutzt werden können.
[2]Diese Anforderungen gelten insbesondere für
1. Einrichtungen der Kultur und des Bildungswesens,
2. Sport- und Freizeitstätten,
3. Einrichtungen des Gesundheitswesens,
4. Büro-, Verwaltungs- und Gerichtsgebäude,
5. Verkaufs-, Gaststätten und Beherbergungsbetriebe,
6. Stellplätze, Garagen und Toilettenanlagen.

(3) Für bauliche Anlagen und Einrichtungen, die überwiegend oder ausschließlich von Menschen mit Behinderungen, alten Menschen und Personen mit Kleinkindern genutzt werden, wie
1. Tagesstätten, Werkstätten, Ausbildungsstätten, Heime und Wohnungen für Menschen mit Behinderungen,
2. Altenheime, Altenwohnheime, Pflegeheime und gleichartige Einrichtungen[2],
3. Tagesstätten und Heime für Kleinkinder

gilt Absatz 2 nicht nur für die dem allgemeinen Besucherverkehr dienenden Teile, sondern für alle Teile, die von dem jeweiligen Personenkreis genutzt werden.

## Anmerkungen

1 Anforderungen zur Barrierefreiheit auch:
  1. § 37 Abs. 4 HBauO, § 6 Abs. 1 GarVO, §§ 10 Abs. 7 und 12 Abs. 2 VStättVO
  2. DIN 18040 Teil 1 Öffentlich zugängliche Gebäude und DIN 18040 Teil 2 Wohnungen eingeführt als Technische Baubestimmung (A 4.2.2)
  3. Bauprüfdienst Barrierefreies Bauen (BPD 2/2019)

2   Heimrechtliche Regelungen:
1. Hamburgisches Gesetz zur Förderung der Wohn- und Betreuungsqualität älterer und betreuungsbedürftiger Menschen (Hamburgisches Wohn- und Betreuungsqualitätsgesetz – HmbWBG) vom 15.12.2009 (HmbGVBl. S. 494), zuletzt geändert zum 4.10.2018 (HmbGVBl. S. 336).
2. Verordnung über bauliche Mindestanforderungen für Altenheime, Altenwohnheime und Pflegeheime für Volljährige (Heimmindestbauverordnung) in der Fassung vom 3.5.1983 (BGBl. I S. 550), zuletzt geändert am 25.11.2003 (BGBl. I S. 2346)
3. Verordnung über bauliche Anforderungen an Wohn- und Betreuungsformen (Wohn- und Betreuungsbauverordnung) vom 14.2.2012 (HmbGVBl. S. 45 und 120)
4. Verordnung zur Durchführung des Wohn- und Betreuungsqualitätsgesetzes (Wohn- und Betreuungsdurchführungsverordnung) vom 6.2.2019

## Vierter Teil   Die am Bau Beteiligten

### § 53   Grundpflichten der am Bau Beteiligten

Bei der Errichtung, Änderung, Nutzungsänderung und der Beseitigung von Anlagen sind die Bauherrin oder der Bauherr und im Rahmen ihres Wirkungskreises die anderen am Bau Beteiligten dafür verantwortlich, dass die öffentlich-rechtlichen Vorschriften eingehalten werden.

### § 54   Bauherrin oder Bauherr

(1) Bauherrin oder Bauherr ist, wer auf eigene Verantwortung eine Anlage vorbereitet oder ausführt oder vorbereiten oder ausführen lässt.

(2) [1]Die Bauherrin oder der Bauherr hat zur Vorbereitung, Überwachung und Ausführung eines nicht verfahrensfreien Vorhabens geeignete Beteiligte nach Maßgabe der §§ 55 bis 57 zu bestellen, soweit sie oder er nicht selbst zur Erfüllung der Verpflichtungen nach diesen Vorschriften geeignet ist. [2]Der Bauherrin oder dem Bauherrn obliegen außerdem die nach den öffentlich-rechtlichen Vorschriften erforderlichen Anträge, Anzeigen und Nachweise[1]. [3]Sie oder er hat die zur Erfüllung der Anforderungen dieses Gesetzes oder auf Grund dieses Gesetzes erforderlichen Nachweise und Unterlagen zu den verwendeten Bauprodukten und den angewandten Bauarten bereitzuhalten. [4]Werden Bauprodukte verwendet, die die CE-Kennzeichnung nach der Verordnung (EU) Nr. 305/2011 tragen, ist die Leistungserklärung bereitzuhalten. [5]Die Bauherrin oder der Bauherr hat vor Baubeginn den Namen der Bauleiterin oder des Bauleiters und während der Bauausführung den Wechsel dieser Person unverzüglich der Bauaufsichtsbehörde mitzuteilen. [6]Wechselt die Bauherrin oder der Bauherr, hat die neue Bauherrin oder der neue Bauherr dies der Bauaufsichtsbehörde unverzüglich mitzuteilen.

(3) Treten bei einem Bauvorhaben mehrere Personen als Bauherrin oder als Bauherr auf, so kann die Bauaufsichtsbehörde verlangen, dass eine Vertreterin

oder ein Vertreter bestellt wird, die oder der ihr gegenüber die Verpflichtungen der Bauherrin oder des Bauherrn zu erfüllen hat.

Anmerkung
1  Siehe hierzu insbesondere § 70 Abs. 1 HBauO (Bauantrag mit Bauvorlagen), § 72a Abs. 4 HBauO (Baubeginnanzeige), § 77 Abs. 1 HBauO (Anzeige von Beginn und Beendigung bestimmter Bauarbeiten) und § 77 Abs. 2 HBauO (Anzeige der beabsichtigten Aufnahme der Nutzung).

## § 55  Entwurfsverfasserin oder Entwurfsverfasser[1]

(1) Entwurfsverfasserin oder Entwurfsverfasser ist, wer mit der selbständigen Planung von Bauvorhaben beauftragt worden ist.

(2) [1]Die Entwurfsverfasserin oder der Entwurfsverfasser muss nach Sachkunde und Erfahrung zur Vorbereitung des jeweiligen Bauvorhabens geeignet sein. [2]Sie oder er ist für die Vollständigkeit und Brauchbarkeit ihres oder seines Entwurfs und dafür, dass der Entwurf den öffentlich-rechtlichen Vorschriften entspricht, verantwortlich. [3]Die Entwurfsverfasserin oder der Entwurfsverfasser hat dafür zu sorgen, dass die für die Ausführung notwendigen Einzelzeichnungen, Einzelberechnungen und Anweisungen den öffentlich-rechtlichen Vorschriften entsprechen.

(3) [1]Hat die Entwurfsverfasserin oder der Entwurfsverfasser auf einzelnen Fachgebieten nicht die erforderliche Sachkunde und Erfahrung, so sind geeignete Fachplanerinnen oder Fachplaner heranzuziehen. [2]Diese sind für die von ihnen gefertigten Unterlagen, die sie zu unterzeichnen haben, verantwortlich. [3]Für das ordnungsgemäße Ineinandergreifen aller Fachplanungen bleibt die Entwurfsverfasserin oder der Entwurfsverfasser verantwortlich.

Anmerkungen
1  Siehe hierzu § 67 HBauO zur Bauvorlageberechtigung sowie Hamburgisches Architektengesetz vom 11.4.2006 (HmbGVBl. S. 157), zuletzt geändert am 31.8.2018 (HmbGVBl. S. 282), und Hamburgisches Gesetz über das Ingenieurwesen vom 10.12.1996 (HmbGVBl. S. 321), zuletzt geändert am 31.8.2018 (HmbGVBl. S. 282).

## § 56  Unternehmerin oder Unternehmer

(1) Unternehmerin oder Unternehmer ist, wer mit der selbstständigen Ausführung von Bau- oder Abbrucharbeiten beauftragt worden ist.

(2) [1]Jede Unternehmerin und jeder Unternehmer ist für die mit den öffentlich-rechtlichen Anforderungen übereinstimmende Ausführung der von ihr oder ihm übernommenen Arbeiten und insoweit für die ordnungsgemäße Einrichtung und den sicheren Betrieb der Baustelle[1] verantwortlich. [2]Sie oder er hat die erforderlichen Nachweise über die Verwendbarkeit der verwendeten Bauprodukte und Bauarten zu erbringen und auf der Baustelle bereitzuhalten. [3]Bei Bauprodukten, die die CE-Kennzeichnung nach der Verordnung (EU) Nr. 305/2011 tragen, ist die Leistungserklärung bereitzuhalten.

(3) Jede Unternehmerin und jeder Unternehmer hat auf Verlangen der Bauaufsichtsbehörde für Arbeiten, bei denen die Sicherheit der Anlage in außergewöhnlichem Maße von der besonderen Sachkenntnis und Erfahrung der Unternehmerin oder des Unternehmers oder von einer Ausstattung des Unternehmens mit besonderen Vorrichtungen abhängt, nachzuweisen, dass sie oder er für diese Arbeiten geeignet ist und über die erforderlichen Vorrichtungen verfügt.[2]

**Anmerkungen**
1  Siehe § 14 HBauO.
2  Besondere Anforderungen u. a.:
   1. Verordnung über Anforderungen an Hersteller von Bauprodukten und Anwender von Bauarten (HAVO) vom 20.5.2003 (siehe C 10 in diesem Band)
   2. Sowie diverse technische Regeln auch zur Ausführung einschließlich der Qualifikationsanforderungen im Grundbau, Mauerwerks-, Beton-, Stahlbeton- und Spannbeton-, Stahl-, Holz- und Glasbau sowie bei Sonderkonstruktionen

### § 57  Bauleiterin oder Bauleiter

(1) Bauleiterin oder Bauleiter ist, wer auf der Baustelle die Bauherrin oder den Bauherrn als sachkundige Person vertritt.

(2) [1]Die Bauleiterin oder der Bauleiter hat darüber zu wachen, dass die Baumaßnahme entsprechend den öffentlich-rechtlichen Anforderungen durchgeführt wird, und die dafür erforderlichen Weisungen zu erteilen. [2]Sie oder er hat im Rahmen dieser Aufgabe auf den sicheren bautechnischen Betrieb der Baustelle, insbesondere auf das gefahrlose Ineinandergreifen der Arbeiten der Unternehmerinnen und Unternehmer zu achten. [3]Die Verantwortlichkeit der Unternehmerinnen und Unternehmer bleibt unberührt.

(3) [1]Die Bauleiterin oder der Bauleiter muss über die für ihre oder seine Aufgabe erforderliche Sachkunde und Erfahrung verfügen. [2]Verfügt sie oder er auf einzelnen Teilgebieten nicht über die erforderliche Sachkunde, so sind geeignete Fachbauleiterinnen oder Fachbauleiter heranzuziehen. [3]Diese treten insoweit an die Stelle der Bauleiterin oder des Bauleiters. [4]Die Bauleiterin oder der Bauleiter hat ihre oder seine Tätigkeit auf die Tätigkeit der Fachbauleiterinnen und der Fachbauleiter abzustimmen.

Fünfter Teil  **Bauaufsichtsbehörden, Verfahren**

Erster Abschnitt  **Bauaufsichtsbehörden**

### § 58  Aufgaben und Befugnisse der Bauaufsichtsbehörden, Erfordernis der Schriftform

(1) [1]Die Bauaufsichtsbehörden[1] haben bei der Errichtung, Änderung, Nutzungsänderung und Beseitigung, bei der Nutzung und Instandhaltung von Anlagen und bei der Teilung von Grundstücken darüber zu wachen, dass die öffentlich-rechtlichen Vorschriften eingehalten werden, soweit nicht andere

Behörden zuständig sind². ²Sie können in Wahrnehmung dieser Aufgaben die erforderlichen Maßnahmen treffen.

(2) Bauaufsichtliche Bescheide und sonstige Maßnahmen gelten auch für und gegen Rechtsnachfolgerinnen und Rechtsnachfolger sowie alle über die bauliche Anlage Verfügungsberechtigten.

(3) ¹Die mit dem Vollzug dieses Gesetzes beauftragten Personen sind berechtigt, in Ausübung ihres Amtes Grundstücke und Anlagen einschließlich der Wohnungen zu betreten. ²Das Grundrecht der Unverletzlichkeit der Wohnung (Artikel 13 des Grundgesetzes) wird insoweit eingeschränkt.

(4) ¹Die nach diesem Gesetz und nach den auf Grund dieses Gesetzes erlassenen Vorschriften erforderlichen Anträge³, Genehmigungen und Bescheide bedürfen der Schriftform⁴, soweit nicht durch Rechtsvorschrift eine andere, insbesondere die elektronische Form vorgeschrieben oder zugelassen ist. ²Anzeigen, Mitteilungen und Unterrichtungen können schriftlich oder elektronisch erfolgen.

Anmerkungen

1 Bauaufsichtsbehörden sind in den Bezirken in den Zentren für Bauen, Umwelt und Wirtschaft (WBZ) der Bezirksämter, für die HafenCity, Speicherstadt und Vorbehaltsgebiete sowie für das Zustimmungsverfahren bei der Obersten Bauaufsicht der Behörde für Stadtentwicklung und Wohnen sowie für den Hafen bei der Hamburg Port Authority (HPA) angesiedelt.
2 Siehe auch Bauprüfdienst Zuständigkeiten auf Bahnflächen (BPD 4/1999).
3 Siehe Bauvorlagenverordnung vom 30.6.2020 (siehe C 1 in diesem Band).
4 Der Schriftform gleichgestellt sind nach § 3a des Hamburgischen Verwaltungsverfahrensgesetzes vom 9.11.1977 (HmbGVBl. S. 333, 402), zuletzt geändert am 14.3.2014 (HmbGVBl. S. 102) auch andere Verfahren (elektronische Signatur, DeMail, Personalausweis mit Online-Ausweisfunktion oder durch Rechtsverordnung geregeltes Verfahren).

*Zweiter Abschnitt* **Vorsorgende Überwachung**

### § 59 Verfahrensgrundsätze

(1) ¹Die Errichtung, Änderung, Nutzungsänderung und die Beseitigung von Anlagen bedürfen der Baugenehmigung, sofern in den §§ 60, 64 und 66 nichts anderes bestimmt ist. ²Eine Baugenehmigung entfällt, sofern Entscheidungen in sonstigen Verfahren mit Konzentrationswirkung getroffen werden.

(2) Die Genehmigungsfreiheit nach den §§ 60, 64 und 66 sowie die Beschränkung der bauaufsichtlichen Prüfung nach den §§ 61, 62 und § 68 Absatz 2 entbinden nicht von der Verpflichtung zur Einhaltung der Anforderungen, die durch öffentlich-rechtliche Vorschriften an Anlagen gestellt werden, und lassen die bauaufsichtlichen Eingriffsbefugnisse unberührt.

(3) Auf Verlangen der Bauherrin oder des Bauherrn wird für genehmigungsfreie Vorhaben nach § 60 oder § 64 ein Genehmigungsverfahren nach § 61 oder § 62 und für Vorhaben nach § 61 ein Baugenehmigungsverfahren nach § 62 durchgeführt.

(4) In den Verfahren nach den §§ 61 bis 64 findet für
1. die Errichtung, Änderung oder Nutzungsänderung eines oder mehrerer Gebäude, wenn dadurch dem Wohnen dienende Nutzungseinheiten mit einer Größe von insgesamt mehr als 5000 m² Bruttogrundfläche geschaffen werden,
2. die Errichtung, Änderung oder Nutzungsänderung baulicher Anlagen, die öffentlich genutzt sind, wenn dadurch die gleichzeitige Nutzung durch mehr als 100 zusätzliche Besucherinnen und Besucher ermöglicht wird, und
3. die Errichtung oder wesentliche Erweiterung von Sonderbauten nach § 2 Absatz 4 Nummer 9, Nummer 9a Buchstabe b, Nummern 9b, 10, 11, 13 und 14 einschließlich der Herstellung dieser Sonderbauten durch Änderung oder Nutzungsänderung bisher anders genutzter Anlagen,

sofern sich die Anlagen im Sinne der Nummern 1 bis 3 innerhalb des angemessenen Sicherheitsabstands eines Betriebsbereichs nach § 3 Absatz 5a des Bundes-Immissionsschutzgesetzes in der Fassung vom 17. Mai 2013 (BGBl. I S. 1275), zuletzt geändert am 18. Juli 2017 (BGBl. I S. 2771, 2773), in der jeweils geltenden Fassung befinden, eine den Vorschriften der Öffentlichkeitsbeteiligungsverordnung Seveso III vom 13. Juni 2017 (HmbGVBl. S. 157) in der jeweils geltenden Fassung entsprechende Öffentlichkeitsbeteiligung statt. Satz 1 findet keine Anwendung, wenn eine diesen Anforderungen entsprechende Öffentlichkeitsbeteiligung bereits im Rahmen eines anderen Verfahrens stattgefunden hat; ein solches Verfahren kann insbesondere das Verfahren, das zur Feststellung eines im betroffenen Bereich gültigen Bebauungsplans durchgeführt wurde, sein.

**Anmerkung**
Öffentlichkeitsbeteiligungsverordnung Seveso III – ÖffbetVO vom 13.6.2017 (HmbGVBl. 2017, S. 157)
Die Verordnung (ÖffbetVO) regelt die Beteiligung der Öffentlichkeit bei Vorhaben in der Nähe von Betrieben in denen mit gefährlichen Stoffen umgegangen wird (sogenannte Seveso-Betriebe). Ziel ist es die betroffene Öffentlichkeit über mögliche Folgen für umgebende Nutzungen bei einer Haverie in einem solchen Betrieb zu informieren, ihr Gelegenheit zur Stellungnahme zu geben und weitestgehend Transparenz zu schaffen über das Zulassungsverfahren der Nutzung, die in dem potentiellen Gefährdungsbereich zugelassen werden soll.
Mit der Beteiligung der Öffentlichkeit werden die relevanten Informationen über das Vorhaben und über die potentielle Gefährdungssituation und Ihre Bewältigung nach einer zweiwöchigen Ankündigung für 4 Wochen öffentlich ausgelegt. Der begründete Zulassungsbescheid wird für 2 Wochen öffentlich ausgelegt. Diese Verfahrensvorgaben zur Öffentlichkeitsbeteiligung machen es erforderlich die Genehmigungsfristen nach HBauO für die Durchführung der Öffentlichkeitsbeteiligung auszusetzen.

### § 60 Verfahrensfreie Vorhaben[1][2]

(1) Verfahrensfreie Vorhaben sind solche, die weder einer Genehmigung noch einer Zustimmung nach diesem Gesetz bedürfen.

(2) Verfahrensfrei sind die in der Anlage 2 zu diesem Gesetz bezeichneten Vorhaben.

## Anmerkung

1   Bei verfahrensfreien Vorhaben wird auf die Durchführung eines Genehmigungsverfahrens verzichtet. Die inhaltlichen Anforderungen der HBauO und anderer öffentlich-rechtlicher Vorschriften müssen aber beachtet werden.
2   siehe FaQ zu § 60 HBauO

## § 61  Vereinfachtes Genehmigungsverfahren[1] [2]

(1) Ein vereinfachtes Genehmigungsverfahren wird durchgeführt für
1.  die Errichtung, Änderung und Nutzungsänderung von Wohngebäuden, ausgenommen Hochhäuser[3], einschließlich der zugehörigen Nebenanlagen und Nebengebäude; das gilt auch für überwiegend Wohnzwecken dienende Gebäude mit
    a)   Räumen für die Berufsausübung freiberuflich Tätiger[1] und solcher Gewerbetreibender, die ihren Beruf in ähnlicher Weise ausüben, bis jeweils 200 m² und
    b)   sonstigen Nutzungseinheiten bis insgesamt 400 m²,
    außer Sonderbauten,
2.  sonstige Gebäude der Gebäudeklassen 1 und 2 einschließlich der zugehörigen Nebenanlagen und Nebengebäude, außer Sonderbauten, und
3.  die Beseitigung baulicher Anlagen.

(2) ¹Die Bauaufsichtsbehörde prüft
1.  die Zulässigkeit des Vorhabens nach den §§ 14 und 29 bis 37 des Baugesetzbuchs (BauGB) in der Fassung vom 23. September 2004 (BGBl. I S. 2415) zuletzt geändert am 31. Juli 2009 (BGBl. I S. 2585, 2617), in der jeweils geltenden Fassung, nach den weiteren Festsetzungen eines Bebauungsplans und nach auf § 172 BauGB gestützten Verordnungen,
1a. bei Grundstücken im Hafen die Zulässigkeit des Vorhabens nach den §§ 3 und 6 des Hafenentwicklungsgesetzes vom 25. Januar 1982 (HmbGVBl. S. 19), zuletzt geändert am 18. November 2008 (HmbGVBl. S. 390), in der jeweils geltenden Fassung,
2.  die Einhaltung der Anforderungen nach §§ 4, 6 und 10, des § 16 im Hinblick auf schädliche Bodenveränderungen oder Altlasten[4] im Sinne von § 2 des Bundes-Bodenschutzgesetzes vom 17. März 1998 (BGBl. I S. 502), zuletzt geändert am 31. August 2015 (BGBl. I S. 1474, 1491), in der jeweils geltenden Fassung, der §§ 52 und des § 68 sowie der Baumschutzverordnung vom 17. September 1948 (Sammlung des bereinigten hamburgischen Landesrechts I 791-i), zuletzt geändert am 11. Mai 2010 (HmbGVBl. S. 350, 359), in der geltenden Fassung[7]
3.  beantragte Abweichungen im Sinn von § 69,
4.  die Einhaltung der Anforderungen nach §§ 14, 15 und 17 des Bundesnaturschutzgesetzes vom 29. Juli 2009 (BGBl. I S. 2542), in der jeweils geltenden Fassung, in den Fällen, in denen dies nach § 18 Absatz 2 des Bundesnaturschutzgesetzes vorgesehen ist sowie
5.  bei Gebäuden mit gewerblichen Nutzungen[5] oder mit Tiefgaragen die Einhaltung der Anforderungen nach § 22 des Bundes-Immissionsschutzgesetzes in der Fassung vom 26. September 2002 (BGBl. I S. 3831), zuletzt geändert am 11. August 2010 (BGBl. I S. 1163), in der jeweils geltenden Fassung.

[2]Gesetzlich begründete Zustimmungs- und Einvernehmensvorbehalte bleiben unberührt.

(3) [1]Über den Antrag[6] ist innerhalb einer Frist von zwei Monaten nach Eingang der vollständigen Unterlagen zu entscheiden[7]. [2]Die Bearbeitungsfrist verkürzt sich auf einen Monat für Gebäude der Gebäudeklassen 1 bis 4, die
1. ausschließlich der Wohnnutzung dienen,
2. im Geltungsbereich eines Bebauungsplans im Sinne des § 30 Absatz 1 BauGB liegen,
3. keiner Befreiung oder Abweichung bedürfen,
4. keiner bauaufsichtlichen Prüfung der bautechnischen Nachweise nach § 68 Absatz 2 unterliegen,
5. keiner Prüfung der Zulässigkeit nach § 172 BauGB bedürfen,
6. auf einem Grundstück errichtet werden, für das keine Erkenntnisse im Altlasthinweiskataster über schädliche Bodenveränderungen oder Altlasten vorliegen und
7. keiner Prüfung der Einhaltung der Anforderungen des § 22 des Bundes-Immissionsschutzgesetzes unterliegen und
8. keiner Zulassung einer Ausnahme nach den Vorschriften der Baumschutzverordnung bedürfen.

[3]Im Einvernehmen mit der Bauherrin oder dem Bauherrn können die Fristen nach den Sätzen 1 und 2 verlängert werden. [4]Die Genehmigung gilt als erteilt, wenn sie nicht innerhalb der Fristen nach den Sätzen 1 bis 3 versagt wurde. [5]Nach Ablauf der jeweiligen Frist wird der Bauherrin oder dem Bauherrn der Eintritt der Genehmigungsfiktion bestätigt. [6]Sofern auf Grund gesetzlicher Bestimmungen die Zustimmung oder das Einvernehmen einer anderen Behörde einzuholen ist, treten die Rechtsfolgen nach den Sätzen 1 bis 5 nicht vor Ablauf einer Woche nach Eingang der Erklärung der anderen Behörde ein. [7]Die Fristen nach den Sätzen 1 bis 3 gelten nicht für Vorhaben innerhalb des angemessenen Sicherheitsabstands eines Betriebsbereichs nach § 59 Absatz 4 Satz 1 oder innerhalb des Achtungsabstands, sofern ein angemessener Sicherheitsabstand noch nicht ermittelt wurde[8].

### Anmerkungen

1 Bauprüfdienste (u.a):
   - Siehe Bauprüfdienst Sicherheitstreppenräume in Wohngebäuden (BPD 6/2020)
   - Bauprüfdienst Berücksichtigung der Luftsicherheit im Bauaufsichtlichen Verfahren (BPD 4/2020)
   - Bauprüfdienst Erschließung von Grundstücken in bauaufsichtlichen Verfahren (BPD 3/2020)
   - Bauprüfdienst Bauvorhaben im Nahbereich von Bahnanlagen (BPD 3/2019)
   - Bauprüfdienst Barrierefreies Bauen (BPD 2/2019)
   - Bauprüfdienst Bauen in Massivholzbauweise (BPD 3/2018)
   - Bauprüfdienst Altes Planrecht (BPD 7/2016)
   - Bauprüfdienst Brandschutznachweise (BPD 5/2016)
   - Bauprüfdienst Nachbarliche Belange (BPD 3/2014)
   - Bauprüfdienst Hausnummern (BPD 6/2016)
   - Bauprüfdienst Stellplätze und Garagen (BPD 1/2013)

- Bauprüfdienst Kinderspielflächen (BPD 1/2012)
- Bauprüfdienst Freie Berufe im Wohngebieten (BPD 1/2009)
- Bauprüfdienst Anforderungen an Fahrradplätze und Abstellräume für Fahrräder (BPD 5/1996)
2 siehe FaQ zu § 61 HBauO (www.hamburg.de/baugenehmigung)
3 Hochhäuser Gebäude mit einer Höhe (der Fußbodenoberkante des höchstgelegenen Geschosses, in dem ein Aufenthaltsraum zulässig ist) von mehr als 22 m (§ 2 Abs. 3 und 4 HBauO)
4 Siehe Altlasthinweiskataster der Behörde für Umwelt, Klima, Energie und Agrarwirtschaft (www.hamburg.de/kataster)
5 Typische gewerbliche Nutzungen, die dem § 22 BImSchG (in der Fassung vom 26.9.2002 (BGBl. I S. 3830), zuletzt geändert am 2.7.2013 (BGBl. I S. 1943) unterliegen sind z. B.: Lackierereien, Kfz-Werkstätten, chemische Reinigungen, Bäckereien oder Gaststätten.
6 Zu den erforderlichen Bauvorlagen siehe § 4 Bauvorlagenverordnung (siehe C 1 dieses Bandes).
7 Siehe Baumschutzverordnung (Verbot der Beseitigung und Beschädigung von Bäumen und Hecken). Die Regelung gilt für Bäume (außer Obstbäume) ab 25 cm Brusthöhendurchmesser (gemessen 130 cm über dem Boden) und Hecken (außer übliches Beschneiden zwischen 1. Oktober und dem 1. März – 30. September)
Siehe auch Merkblatt der Behörde für Umwelt, Klima, Energie und Agrarwirtschaft zur Einholung naturschutzrechtlicher Genehmigungen
8 Störfallbetriebe:
- Öffentlichkeitsbeteiligungsverordnung Seveso III – ÖffbetBetVO vom 13.6.2017 (HmbGVBl. 2017, S. 157)
- § 59 HBauO
- Bauprüfdienst Störfallbetriebe (BPD 2/2018)

## § 62 Baugenehmigungsverfahren mit Konzentrationswirkung[1] [2]

(1) [1]Im Baugenehmigungsverfahren mit Konzentrationswirkung prüft die Bauaufsichtsbehörde die Zulässigkeit nach
1. den Vorschriften des Baugesetzbuchs und den auf Grund des Baugesetzbuchs erlassenen Vorschriften,
2. den Vorschriften dieses Gesetzes und den auf Grund dieses Gesetzes erlassenen Vorschriften,
3. anderen öffentlich-rechtlichen Vorschriften, soweit diese für das Vorhaben beachtlich sind[3]; ausgenommen sind die Vorschriften zur Genehmigung nach den §§ 6 und 7 des Atomgesetzes in der jeweils geltenden Fassung sowie Vorschriften, die eine Prüfung im förmlichen Verfahren[4] vorsehen.
[2]Eine Prüfung der Zulässigkeit von Maßnahmen, die ausschließlich die Bauausführung betreffen, sowie des § 13 Absatz 1 des Hamburgischen Abwassergesetzes in der Fassung vom 24. Juli 2001 (HmbGVBl. S. 258, 280), zuletzt geändert am 17. Dezember 2013 (HmbGVBl. S. 540, 542), in der jeweils geltenden Fassung findet nicht statt. [3]§ 59 Absatz 2 bleibt unberührt.

(2) Die Bauaufsichtsbehörde hat über den Antrag innerhalb einer Frist von drei Monaten nach Eingang der vollständigen Unterlagen zu entscheiden; im Fall des § 70 Absatz 6 Satz 1 zweiter Halbsatz ist das Vorliegen der vervollständigten Un-

terlagen maßgebend für den Fristbeginn[5]. ²Die Frist kann im Einvernehmen mit der Bauherrin oder dem Bauherrn verlängert werden. ³Die Frist nach Satz 1 gilt nicht für Vorhaben innerhalb des angemessenen Sicherheitsabstands eines Betriebsbereichs nach § 59 Absatz 4 Satz 1 oder innerhalb des Achtungsabstands, sofern ein angemessener Sicherheitsabstand noch nicht ermittelt wurde.

Anmerkungen
1 Bauprüfdienste insbesondere:
   - Bauprüfdienst Baugenehmigungsverfahren mit Konzentrationswirkung (BPD 2020/8)
   - Bauprüfdienst Zu prüfende Rechtsbereiche im Baugenehmigungsverfahren mit Konzentrationswirkung nach § 62 HBauO (BPD 5/2020)
2 sie FaQ zu § 62 HBauO (www.hamburg.de/baugenehmigung)
3 Als Ergebnis wird nach § 72 Abs. 2 HBauO eine das gesamte Fachrecht umfassende „Genehmigung aus einer Hand" erteilt.
4 Förmliche Verfahren nach §§ 63 ff des Hamburgischen Verwaltungsverfahrensgesetzes vom 9.11.1977 (HmbGVBl. S. 333, 402), zuletzt geändert am 14.3.2014 (HmbGVBl. S. 102) sind z. B. erforderlich für UVP-pflichtige Erlaubnisse und Bewilligungen im Wasserrecht.
5 Zu den erforderlichen Bauvorlagen siehe § 4 Bauvorlagenverordnung (siehe C 1 dieses Bandes).

## § 63 Vorbescheid[1] [2]

(1) ¹Einer Bauherrin oder einem Bauherrn ist auf Antrag zu einzelnen Fragen[3] des Vorhabens ein Bescheid (Vorbescheid) zu erteilen. ²Die §§ 70, 71 und § 72 Absätze 1 bis 4 gelten entsprechend.

(2) ¹Die Bauaufsichtsbehörde hat über den Antrag innerhalb einer Frist von drei Monaten nach Eingang der vollständigen Unterlagen zu entscheiden; im Fall des § 70 Absatz 6 Satz 1 zweiter Halbsatz ist das Vorliegen der vervollständigten Unterlagen maßgebend für den Fristbeginn. ²Die Frist kann im Einvernehmen mit der Bauherrin oder dem Bauherrn verlängert werden. ³Die Frist nach Satz 1 gilt nicht für Vorhaben innerhalb des angemessenen Sicherheitsabstands eines Betriebsbereichs nach § 5 Absatz 4 Satz 1 oder innerhalb des Achtungsabstands, sofern ein angemessener Sicherheitsabstand noch nicht ermittelt wurde.

Anmerkungen
1 Siehe Bauprüfdienst Vorbescheidsverfahren (BPD 4/2012).
2 Siehe FaQ zur § 63 HBauO.
3 Zu den erforderlichen Bauvorlagen siehe § 9 Bauvorlagenverordnung (siehe C 1 dieses Bandes).

## § 64 Zustimmungsverfahren[1]

(1) ¹Genehmigungsbedürftige Vorhaben bedürfen keiner Genehmigung und Bauüberwachung, wenn
1. die Leitung der Entwurfsarbeiten und die Bauüberwachung einer Baudienststelle des Bundes oder der Länder übertragen ist und

2. die Baudienststelle mindestens mit einer Beamtin oder einem Beamten mit der Befähigung zum höheren technischen Verwaltungsdienst und mit sonstigen geeigneten Fachkräften ausreichend besetzt ist.
²Solche baulichen Anlagen bedürfen jedoch der Zustimmung der Bauaufsichtsbehörde².

(2) Den Beamtinnen oder Beamten des höheren technischen Verwaltungsdienstes werden gleichgestellt
1. technische Angestellte mit abgeschlossener Hochschulausbildung (Diplom-Ingenieurinnen oder Diplom-Ingenieure) des Hochbau- oder Bauingenieurwesens und mindestens dreijähriger Berufspraxis,
2. andere technische Angestellte des Hochbau- oder Bauingenieurwesens mit einer der Entgeltgruppen von Entgeltgruppe 12 des Tarifvertrages für den öffentlichen Dienst der Länder (TV-L) aufwärts und mit mindestens fünfjähriger Berufspraxis,
3. Beamtinnen und Beamte des gehobenen technischen Verwaltungsdienstes von Technischer Amtfrau bzw. vom Technischen Amtmann aufwärts,

die von der Leiterin oder dem Leiter der Baudienststelle für die Vorbereitung und Ausführung von Vorhaben bestellt sind.

(3) ¹Der Antrag auf Zustimmung ist bei der Bauaufsichtsbehörde einzureichen. ²Die Bauaufsichtsbehörde prüft die Zulässigkeit des Vorhabens nach
1. den Vorschriften des Baugesetzbuchs und auf Grund des Baugesetzbuchs,
2. den Vorschriften dieses Gesetzes und auf Grund dieses Gesetzes mit Ausnahme der Einhaltung der Anforderungen an die Standsicherheit, den Wärmeschutz, die Energieeinsparung, den Schallschutz, den Erschütterungsschutz sowie die technische Ausführung der für den Brandschutz bedeutsamen Anlagen der technischen Gebäudeausrüstung,
3. anderen öffentlich-rechtlichen Vorschriften, soweit diese für das Vorhaben beachtlich sind und eine Zulässigkeitsentscheidung nicht vorsehen.

³Sie entscheidet über Ausnahmen, Befreiungen und Abweichungen. ⁴Für das Zustimmungsverfahren und die Zustimmung gelten die Vorschriften dieses Gesetzes sinngemäß.

(4) Die öffentliche Bauherrin oder der öffentliche Bauherr trägt die Verantwortung, dass Entwurf und Ausführung des Vorhabens den öffentlich-rechtlichen Vorschriften und dem Zustimmungsbescheid entsprechen.

(5) ¹Für bauliche Anlagen, die der Landesverteidigung dienen, finden die Absätze 1 bis 3 keine Anwendung. ²Sie sind der Bauaufsichtsbehörde vor Baubeginn in geeigneter Weise zur Kenntnis zu bringen. ³Im Übrigen wirken die Bauaufsichtsbehörden nicht mit.

### Anmerkung
1 siehe FaQ zu § 64
2 Zuständige Behörde ist die Behörde für Stadtentwicklung und Wohnen.

### § 65 Typengenehmigung¹

(1) ¹Für bauliche Anlagen, die in derselben Ausführung an mehreren Stellen errichtet werden sollen, führt die Bauaufsichtsbehörde² auf Antrag eine Typenprüfung durch³. ²Eine Typengenehmigung wird erteilt, wenn die baulichen Anlagen oder Bauteile den Anforderungen nach diesem Gesetz oder

nach auf dieses Gesetz gestützten Rechtsvorschriften entsprechen und die Brauchbarkeit für den jeweiligen Verwendungszweck nachgewiesen ist. ³Eine Typengenehmigung kann auch erteilt werden für bauliche Anlagen, die in unterschiedlicher Ausführung, aber nach einem bestimmten System und aus bestimmten Bauteilen an mehreren Stellen errichtet werden sollen; in der Typengenehmigung ist die zulässige Veränderbarkeit festzulegen.

(2) ¹Die Typengenehmigung darf nur für eine bestimmte Frist erteilt werden, die fünf Jahre nicht überschreiten soll. ²Die Frist kann auf Antrag jeweils bis zu fünf Jahren verlängert werden. ³Weitere Nebenbestimmungen können festgelegt werden.

(3) Typengenehmigungen anderer Länder im Geltungsbereich des Grundgesetzes gelten auch in der Freien und Hansestadt Hamburg.

(4) ¹Eine Typengenehmigung entbindet nicht von der Verpflichtung, eine jeweils erforderliche Baugenehmigung oder Zustimmung einzuholen. ²Die in der Typengenehmigung entschiedenen Fragen brauchen dabei von der Bauaufsichtsbehörde nicht mehr geprüft zu werden.

## Anmerkungen
1 siehe FaQ zu § 65 HBauO
2 Zuständige Behörde ist die Behörde für Stadtentwicklung und Wohnen.
3 Zu den erforderlichen Bauvorlagen siehe § 7 Bauvorlagenverordnung (siehe C 1 in diesem Band).

### § 66 Genehmigung Fliegender Bauten[1]

(1) ¹Fliegende Bauten sind bauliche Anlagen, die geeignet und bestimmt sind, an verschiedenen Orten wiederholt aufgestellt und zerlegt zu werden. ²Baustelleneinrichtungen und Baugerüste gelten nicht als Fliegende Bauten.

(2) Fliegende Bauten bedürfen, bevor sie erstmals aufgestellt und in Gebrauch genommen werden, einer Ausführungsgenehmigung[2]; diese ist zu erteilen, wenn die Anforderungen nach diesem Gesetz eingehalten werden.

(3) Zuständig für die Erteilung der Ausführungsgenehmigung ist die Bauaufsichtsbehörde[3] der Freien und Hansestadt Hamburg, wenn
1. die Antragstellerin oder der Antragsteller ihren oder seinen Wohnsitz oder ihre oder seine gewerbliche Niederlassung in der Freien und Hansestadt Hamburg hat,
2. die Antragstellerin oder der Antragsteller ihren oder seinen Wohnsitz oder ihre oder seine gewerbliche Niederlassung außerhalb der Bundesrepublik Deutschland hat und der Fliegende Bau erstmals in der Freien und Hansestadt Hamburg aufgestellt und in Gebrauch genommen werden soll.

(4) ¹Die Ausführungsgenehmigung wird für eine bestimmte Frist erteilt, die höchstens fünf Jahre betragen soll. ²Sie kann auf Antrag von der nach Absatz 3 zuständigen Behörde jeweils bis zu fünf Jahren verlängert werden; § 73 Absatz 3 Satz 2 gilt entsprechend. ³Die Ausführungsgenehmigung wird in ein Prüfbuch eingetragen, dem eine Ausfertigung der mit einem Genehmigungsvermerk zu versehenden Bauvorlagen beizufügen ist. ⁴Ausführungsgenehmigungen anderer Länder im Geltungsbereich des Grundgesetzes gelten auch in der Freien und Hansestadt Hamburg.

(5) ¹Die Inhaberin oder der Inhaber der Ausführungsgenehmigung hat den Wechsel ihres oder seines Wohnsitzes oder ihrer oder seiner gewerblichen Niederlassung oder die Übertragung eines Fliegenden Baues an Dritte der Bauaufsichtsbehörde mitzuteilen. ²Diese Änderung wird von der nach Absatz 3 zuständigen Behörde in das Prüfbuch eingetragen.

(6) ¹Fliegende Bauten, die nach Absatz 2 Satz 1 einer Ausführungsgenehmigung bedürfen, dürfen unbeschadet anderer Vorschriften nur in Gebrauch genommen werden, wenn die Aufstellung der örtlich zuständigen Bauaufsichtsbehörde unter Vorlage des Prüfbuches angezeigt ist. ²Die Bauaufsichtsbehörde kann die Inbetriebnahme dieser Fliegenden Bauten von einer Gebrauchsabnahme durch Sachkundige abhängig machen. ³Das Ergebnis der Abnahme ist in das Prüfbuch einzutragen. ⁴In der Ausführungsgenehmigung kann bestimmt werden, dass Anzeigen nach Satz 1 nicht erforderlich sind, wenn eine Gefährdung im Sinne des § 3 Satz 1 nicht zu erwarten ist.

(7) ¹Die für die Erteilung der Gebrauchsabnahme zuständige Bauaufsichtsbehörde kann Auflagen machen oder die Aufstellung oder den Gebrauch Fliegender Bauten untersagen, soweit dies nach den örtlichen Verhältnissen oder zur Abwehr von Gefahren erforderlich ist, insbesondere weil die Betriebssicherheit oder Standsicherheit nicht oder nicht mehr gewährleistet ist oder weil von der Ausführungsgenehmigung abgewichen wird. ²Wird die Aufstellung oder der Gebrauch auf Grund von Mängeln am Fliegenden Bau untersagt, so ist dies in das Prüfbuch einzutragen. ³Wenn innerhalb einer angemessenen Frist ordnungsgemäße Zustände nicht hergestellt worden sind, ist das Prüfbuch einzuziehen und der Bauaufsichtsbehörde zuzuleiten, die das Prüfbuch ausgestellt hat.

(8) ¹Bei Fliegenden Bauten, die von Besucherinnen und von Besuchern betreten und längere Zeit an einem Aufstellungsort betrieben werden, kann die für die Gebrauchsabnahme zuständige Bauaufsichtsbehörde aus Gründen der Sicherheit weitere Besichtigungen und Nachabnahmen durchführen. ²Das Ergebnis der Nachabnahme ist in das Prüfbuch einzutragen.

(9) § 70 Absätze 1 bis 3 und § 78 Absätze 1 und 2 gelten entsprechend.

### Anmerkungen
1 Siehe:
   - DIN EN 13782 Anlage 2.7/22 Fliegende Bauten – Zelte – Sicherheit (LTB Nr. 2.7.2)
   - DIN EN 13814 Anlage 2.7/23 Fliegende Bauten und Anlagen für Veranstaltungsplätze und Vergnügungsparks – Sicherheit
   - Bauprüfdienst Fliegende Bauten (BPD 1/2017)
   - Muster-Verwaltungsvorschrift über Ausführungsgenehmigungen für Fliegende Bauten und deren Gebrauchsabnahmen (M-FlBauVwV) (siehe www.bauministerkonferenz)
   - FaQ zu § 66 HBauO (siehe www.hamburg.de/baugenehmigung)
   - Auslegungen zur DIN EN 13814 und Musterentscheidungshilfen des Arbeitskreises „Fliegende Bauten" der Fachkommission Bauaufsicht der ARGEBAU (siehe www.bauministerkonferenz)
2 Zur Verfahrensfreistellung von Fliegenden Bauten siehe Ziffer 12.7 ff. der Anlage 2 zu § 60 HBauO.

3 Zuständige Behörde ist die Behörde für Stadtentwicklung und Wohnen. Für Fahrgeschäfte (Karussels, Autoscouter, Achterbahnen usw.) ist diese Aufgabe dem TÜV Nord übertragen (siehe: www.tuev-nord.de/de/fliegende-bauten).

## § 67 Bauvorlageberechtigung

(1) [1]Bauvorlagen für das nicht verfahrensfreie Errichten und Ändern von Vorhaben müssen von einer Entwurfsverfasserin oder einem Entwurfsverfasser, die oder der bauvorlageberechtigt ist, unterschrieben sein[1]. [2]Dies gilt nicht für Bauvorlagen, die üblicherweise von Fachkräften mit anderer Ausbildung als nach den Absätzen 2 bis 5 verfasst werden.

(2) Bauvorlageberechtigt ist, wer
1. auf Grund des Hamburgischen Architektengesetzes vom 11. April 2006 (HmbGVBl. S. 157) in der jeweils geltenden Fassung die Berufsbezeichnung „Architektin" oder „Architekt" zu führen berechtigt ist[2],
2. in der Liste der bauvorlageberechtigten Ingenieurinnen und bauvorlageberechtigten Ingenieure nach § 15 des Hamburgischen Gesetzes über das Ingenieurwesen vom 10. Dezember 1996 (HmbGVBl. S. 321), zuletzt geändert am 18. November 2008 (HmbGVBl. S. 384, 387), in der jeweils geltenden Fassung, oder in der entsprechenden Liste eines anderen Bundeslandes eingetragen ist oder
3. auf Grund des Hamburgischen Gesetzes über das Ingenieurwesen als Angehörige oder Angehöriger der Fachrichtungen Architektur, Hochbau oder Bauingenieurwesen die Berufsbezeichnung „Ingenieurin" oder „Ingenieur" führen darf, eine praktische Tätigkeit von mindestens drei Jahren in der Fachrichtung ausgeübt hat und im Dienst einer Person des öffentlichen Rechts steht, nur für die dienstliche Tätigkeit.

(3) [1]Bauvorlageberechtigt für Wohngebäude der Gebäudeklassen 1 und 2 sind auch
1. die Angehörigen der Fachrichtungen Architektur, Hochbau oder Bauingenieurwesen, die an einer deutschen Hochschule, Fachhochschule oder einer als gleichwertig anerkannten Lehranstalt das Studium erfolgreich abgeschlossen haben,
2. die Meisterinnen und Meister des Maurer-, Zimmerer- oder des Beton- und Stahlbetonbauerhandwerks,
3. die staatlich geprüften Technikerinnen und staatlich geprüften Techniker der Fachrichtung Bautechnik.

[2]Personen, die ihren Wohnsitz, ihre Niederlassung oder ihren Beschäftigungsort in einem anderen Mitgliedstaat der Europäischen Union oder einem nach dem Recht der Europäischen Gemeinschaften gleichgestellten Staat haben, sind nach Satz 1 bauvorlageberechtigt, wenn sie über eine Ausbildung verfügen, die den in Satz 1 genannten Ausbildungen gleichwertig ist.

(4) Bauvorlageberechtigt für den mit der Berufsaufgabe der Innenarchitektin oder des Innenarchitekten verbundenen Umbau oder Ausbau von Gebäuden ist auch, wer auf Grund des Hamburgischen Architektengesetzes in der jeweils geltenden Fassung die Berufsbezeichnung „Innenarchitektin" oder „Innenarchitekt" zu führen berechtigt ist.

(5) Bauvorlageberechtigt für Freianlagen im Zusammenhang mit dem Errichten und Ändern von Gebäuden ist auch, wer auf Grund des Hamburgischen Archi-

tektengesetzes in der jeweils geltenden Fassung die Berufsbezeichnung „Landschaftsarchitektin" oder „Landschaftsarchitekt" zu führen berechtigt ist.

**Anmerkungen**
1. Zur Verzicht auf die Schriftform im elektronischen Verfahren siehe § 58 Absatz 4 HBauO und BauVorlagenVO
2. Architekten- und Stadtplanerliste (www.akhh.de)
Liste der bauvorlageberechtigten Ingenieure (www.hikb.de)

### § 68 Bautechnische Nachweise und ihre Prüfung[1]

(1) [1]Die Einhaltung der Anforderungen an die Standsicherheit, den Brandschutz einschließlich der hierfür bedeutsamen Anlagen der technischen Gebäudeausrüstung, den Wärmeschutz und die Energieeinsparung sowie an den Schallschutz und den Erschütterungsschutz ist für genehmigungs- und zustimmungsbedürftige Vorhaben nach näherer Maßgabe der Verordnung[1] auf Grund § 81 Absatz 6 nachzuweisen (bautechnische Nachweise). [2]Zu den für den Brandschutz bedeutsamen Anlagen der technischen Gebäudeausrüstung[2] gehören insbesondere Rauch- und Wärmeabzugsanlagen, Lüftungsanlagen und Starkstromanlagen sowie CO-Überwachungsanlagen, Brandmeldeanlagen, Alarmierungsanlagen, Feuerlöschanlagen, Schutzvorhänge, Wandhydranten, technische Anlagen zur Unterstützung des Funkverkehrs (Gebäudefunkanlagen) und eine Sicherheitsstromversorgung.

(2) [1]Im vereinfachten Genehmigungsverfahren nach § 61 Absatz 1 bei
1. Wohngebäuden
   a) der Gebäudeklassen 2 und 3 mit Tiefgaragen,
   b) der Gebäudeklasse 3, die nicht freistehen,
   c) der Gebäudeklassen 4 und 5 und
   d) mit sonstigen Nutzungseinheiten nach § 61 Absatz 1 Nummer 1 von mehr als insgesamt 200 m²,
2. sonstigen Gebäuden, ausgenommen freistehende Gebäude mit Nutzungseinheiten von insgesamt nicht mehr als 200 m²,

und im Baugenehmigungsverfahren nach § 62 werden die bautechnischen Nachweise zur Standsicherheit, zum Wärmeschutz, zur Energieeinsparung[3] und zum Brandschutz einschließlich der Anforderungen an Rettungswege bauaufsichtlich geprüft[4]. [2]Die Bauaufsichtsbehörde kann bei Vorhaben von geringer sicherheitlicher Bedeutung auf eine Prüfung der bautechnischen Nachweise zur Standsicherheit, zum Wärmeschutz und zur Energieeinsparung verzichten.

(3) [1]Bei der Beseitigung von Gebäuden der Gebäudeklassen 3 bis 5 und baulichen Anlagen von mehr als 15 m Gesamthöhe wird die sichere Abbruchfolge bauaufsichtlich geprüft. [2]Sofern Gebäude der Gebäudeklassen 3 bis 5 an das zu beseitigende Gebäude angrenzen, ist deren Standsicherheit ebenfalls bauaufsichtlich zu prüfen.

**Anmerkungen**
1. Bauvorlagenverordnung (BauVorlVO) vom 30.6.2020 (siehe C 1 in diesem Band).

2 Siehe
- Bauprüfdienst Prüfung Technischer Anlagen und Einrichtungen im bauaufsichtlichen Verfahren (BPD 2/2011)
- Bauprüfdienst Überwachung von Technischen Anlagen und Einrichtungen nach der Prüfverordnung (BPD 4/2010)
- Bauprüfdienst Bauvorhaben im Nahbereich von Bahnanlagen (BPD 3/2019)
- Bauprüfdienst Brandschutznachweise (BPD 5/2016)
- FaQ zu § 68 HBauO
- Grundsätze für die Prüfung technischer Anlagen und Einrichtungen (www.hamburg.de/baugenehmigung)
- Beantwortung von Fachfragen zur PVO (www.hamburg.de/baugenehmigung)
3 Die Prüfung umfasst die Vorgaben des Gebäudeenergiegesetzes (GEG) vom 8.8.2020 (BGBl. I S. 1728), des Hamburgischen Klimaschutzgesetzes vom 20.2.2020 (HmbGVBl. 2020. S. 148) und der Hamburgischen Klimaschutzverordnung vom 11.12.2007 (HmbGVBl. 2008 S. 1), zuletzt geändert am 20.2.2020 (HmbGVBl. S. 148). Die Anforderungen an den Wärmeschutz (siehe auch DIN 4108 Wärmeschutz und Energieeinsparung in Gebäuden; VVTB A 6.2.1) gehen in der Regel darin auf.
4 Für die Bauaufsichtsbehörden prüft die Standsicherheit die Behörde für Stadtentwicklung und Wohnen. Diese beauftragt in der Regel anerkannte Prüfingenieure (siehe hierzu Prüfverordnung (PVO) (siehe C 2 in diesem Band). Die Liste der anerkannten Prüfingenieure und der anerkannten Prüfsachverständigen für technischen Anlagen und Einrichtungen ist auf der Internetseite der Stadt Hamburg veröffentlicht /www.hamburg.de/baugenehmigung)

## § 69 Abweichungen

**(1) [1]Die Bauaufsichtsbehörde kann Abweichungen von Anforderungen dieses Gesetzes und auf Grund dieses Gesetzes erlassenen Vorschriften zulassen[1], wenn**
1. **sie unter Berücksichtigung des Zwecks der jeweiligen Anforderung und unter Würdigung der öffentlich-rechtlich geschützten nachbarlichen Belange[2] mit den öffentlichen Belangen, insbesondere den Anforderungen des § 3 Satz 1, vereinbar sind oder**
2. **Gründe des Wohls der Allgemeinheit die Abweichung erfordern oder**
3. **bei bestehenden Gebäuden zusätzlicher Wohnraum durch Änderung des Dachgeschosses oder durch Errichtung zusätzlicher Geschosse geschaffen wird, das Vorhaben ansonsten nicht oder nur mit unzumutbarem Aufwand verwirklicht werden kann und die öffentliche Sicherheit und Ordnung nicht gefährdet werden, insbesondere wenn keine Bedenken wegen des Brandschutzes bestehen.[3]**
**[2]§ 81a Absatz 1 Satz 3 bleibt unberührt.**
**(2) [1]Die Zulassung von Abweichungen nach Absatz 1, von Ausnahmen und Befreiungen nach § 31 BauGB oder von Abweichungen nach § 34 Absatz 3a BauGB ist gesondert zu beantragen; der Antrag ist zu begründen[4]. [2]Für Vorhaben, die keiner Genehmigung bedürfen, sowie für Abweichungen von Vorschriften, die im Genehmigungsverfahren nicht geprüft werden, gilt Satz 1 entsprechend.**

## Anmerkungen

1 Zum Erfordernis, verwaltungsintern die Behörde für Stadtentwicklung und Wohnen insbesondere bei erheblichen Abweichungen von den Brandschutzanforderungen zu beteiligen, hat der Senat eine Drucksache über Zustimmungsvorbehalte der Behörde für Stadtentwicklung und Wohnen bei bauordnungsrechtlichen Abweichungsentscheidungen beschlossen.
2 Siehe § 71 HBauO und Bauprüfdienst Nachbarliche Belange (BPD 3/2014).
3 Die Neuregelung ist für Bestandsbauten entwickelt worden und soll, weil bei diesen eine Kompensation am Maßstab eines Neubaus nicht verhältnismäßig wäre. Die Behörde für Stadtentwicklung veröffentlicht regelmäßig Praxisauslegungen und Beispiele unter www.hamburg.de/baugenehmigung
4 Zu den erforderlichen Bauvorlagen siehe § 9 Bauvorlagenverordnung (siehe Ziff. 2.1 in diesem Band).

## § 70 Bauantrag[1], Bauvorlagen[2]; Beteiligung anderer Stellen[3]

(1) Der Bauantrag ist unter Angabe, ob ein Verfahren nach § 61 oder nach § 62 durchgeführt werden soll, bei der Bauaufsichtsbehörde[4] einzureichen.

(2) [1]Der Eingang der Unterlagen ist innerhalb von zwei Wochen nach Antragstellung zu bestätigen; sofern Unterlagen fehlen, sind diese zu benennen. [2]Mit dem Bauantrag sind alle für die Beurteilung des Vorhabens und die Bearbeitung des Bauantrags erforderlichen Unterlagen (Bauvorlagen) einzureichen. [3]Bauvorlagen können nach näherer Maßgabe der Rechtsverordnung nach § 81 Absatz 6 in der jeweils geltenden Fassung nachgereicht werden; sie bleiben dann bei der Beurteilung der Vollständigkeit der Unterlagen und der an diese geknüpften Fristen nach § 61 Absatz 3 und § 62 Absatz 1 außer Betracht.

(3) [1]Weist der Bauantrag erhebliche Mängel auf, fordert die Bauaufsichtsbehörde die Bauherrin oder den Bauherrn zur Behebung der Mängel innerhalb einer angemessenen Frist auf. [2]Werden die Mängel innerhalb der Frist nicht behoben, gilt der Antrag als zurückgenommen.

(4) In besonderen Fällen kann zur Beurteilung der Einwirkung des Bauvorhabens auf die Umgebung verlangt werden, dass es in geeigneter Weise auf dem Baugrundstück dargestellt wird.

(5) Die Bauaufsichtsbehörde holt unverzüglich die Stellungnahmen der Behörden und Stellen ein, deren Zustimmung oder Einvernehmen zur Baugenehmigung erforderlich ist, deren Entscheidung wegen der Baugenehmigung entfällt oder deren Aufgabenbereich durch das Vorhaben berührt wird[5].

(6) [1]Die Stellungnahmen der beteiligten Behörden und Stellen sind innerhalb eines Monats nach Eingang der vollständigen Unterlagen abzugeben, soweit nicht andere Fristen durch Rechtsvorschrift vorgesehen sind; sofern die für die fachliche Stellungnahme erforderlichen Unterlagen zu vervollständigen sind, beginnt die Frist mit dem Vorliegen der vervollständigten Unterlagen. [2]Geht die Stellungnahme nicht innerhalb der vorgeschriebenen Frist ein, so soll die Bauaufsichtsbehörde davon ausgehen, dass die von den Behörden und Stellen wahrzunehmenden öffentlichen Belange der Erteilung der Baugenehmigung nicht entgegenstehen. [3]Bedarf die Erteilung der Baugenehmigung der Zustimmung oder des Einvernehmens einer anderen Behörde oder sonstigen Stelle, so gilt diese als erteilt, wenn sie nicht innerhalb der Frist nach Satz 1 verweigert wird.

**Anmerkungen**
1 Bauantragsformulare sind verfügbar unter: http://www.hamburg.de/formulardownload/ und Online-Bauanträge unter: https://gateway.hamburg.de/ bzw. den Pfad www.hamburg.de/baugenehmigung.
2 Siehe
 – Bauvorlagenverordnung (siehe C 1 in diesem Band)
 – Erläuterungen zum Inhalt von Bauvorlagen mit Beispielen für die Darstellungen im Lageplan, Grundrissen, Schnitten und Ansichten (www.hamburg.de/baugenehmigung)
 – BPD Brandschutznachweise (BPD 5/2016)
3 siehe Bauprüfdienste:
 – Bauprüfdienst Zu prüfende Rechtsbereiche im Baugenehmigungsverfahren mit Konzentrationswirkung nach § 62 HBauO (BPD 5/2020)
 – Bauprüfdienst Berücksichtigung der Luftverkehrssicherheit im bauaufsichtlichen Verfahren (BPD 4/2020)
 – Bauprüfdienst Bauvorhaben im Nahbereich von Bahnanlagen (BPD 3/2019)
 – Bauprüfdienst Störfallbetriebe (BPD 2/2018)
 – Bauprüfdienst Bauliche Anlagen im Nahbereich von Hochspannungsfreileitungen (BPD 6/2016)
 – Bauprüfdienst Beteiligung der Feuerwehr am bauaufsichtlichen Verfahren (BPD 4/2011)
 – Bauprüfdienst Bauanlagen an Bundesfernstraßen (BPD 12/1991)
 – FaQ zu § 70 HBauO
4 Zuständige Bauaufsichtsbehörden sind die Bezirksämter, die Behörde für Stadtentwicklung und Wohnen für die Hafencity und für Vorbehaltsgebiete sowie für das Zustimmungsverfahren, Typengenehmigungen und Fliegende Bauten (soweit nicht auf Dritte übertragen) und die Hamburg Port Authority für das Hafengebiet. (www.hamburg.de/baugenehmigung)
5 Siehe Bauprüfdienst Baugenehmigungsverfahren mit Konzentrationswirkung nach § 62 HBauO (BPD 8/2020)

## § 71 Nachbarliche Belange[1][2][3]

**(1) Die Belange der Eigentümerinnen und Eigentümer sowie der Erbbauberechtigten angrenzender oder betroffener Grundstücke (Nachbarn) sind nach den Absätzen 2 und 3 zu berücksichtigen.**

**(2) Die Zustimmung der Eigentümerinnen und Eigentümer sowie der Erbbauberechtigten des angrenzenden Grundstückes ist erforderlich bei Abweichungen von den Anforderungen:**
**1. an Abstandsflächen, und zwar des § 6 Absatz 5, soweit die Mindesttiefe von 2,50 m unterschritten werden soll; § 6 Absatz 6 Nummer 3 bleibt unberührt,**
**2. an die Lage der Standplätze für Abfallbehälter und Wertstoffbehälter, und zwar des § 43 Absatz 2, soweit der Mindestabstand zu Öffnungen von Aufenthaltsräumen auf angrenzenden Grundstücken unterschritten werden soll.**

**(3) ¹Vor Erteilung von Befreiungen von den Festsetzungen eines Bebauungsplans oder vor Abweichungen von § 6 dieses Gesetzes beteiligt die Bauaufsichtsbehörde die Eigentümerinnen und Eigentümer sowie Erbbauberechtigten**

angrenzender oder betroffener Grundstücke, wenn zu erwarten ist, dass öffentlich-rechtlich geschützte nachbarliche Belange berührt werden. ²Einwendungen sind innerhalb von zwei Wochen nach Zugang des Beteiligungsschreibens bei der Bauaufsichtsbehörde schriftlich oder zur Niederschrift vorzubringen. ³Wird den Einwendungen eines Nachbarn nicht entsprochen, so ist ihm die Entscheidung über die Befreiung oder die Abweichung zuzustellen. ⁴Sofern Einwendungen innerhalb dieser Frist nicht bei der Bauaufsichtsbehörde eingehen, sind sie ausgeschlossen. ⁵Auf den Ausschluss der Einwendungen sind die Nachbarn hinzuweisen. ⁶Die Beteiligung nach Satz 1 entfällt, wenn die zu beteiligenden Nachbarn die Lagepläne und Bauzeichnungen unterschrieben oder dem Bauvorhaben auf andere Weise zugestimmt haben.

### Anmerkungen
1 Siehe Bauprüfdienst Nachbarliche Belange (BPD 3/2014).
2 Das nachbarliche Verhältnis behandeln außerhalb des Bauordnungsrechts auch §§ 906–923 BGB.
3 siehe auch § 74 Inanspruchnahme von Nachbargrundstücken und § 74a Nachträgliche Wärmedämmung.

## § 72 Baugenehmigung

(1) ¹Die Baugenehmigung ist zu erteilen, wenn dem Vorhaben keine öffentlich-rechtlichen Vorschriften entgegenstehen, die im bauaufsichtlichen Genehmigungsverfahren zu prüfen sind. ²Sie wird innerhalb der gesetzlichen Fristen, gegebenenfalls unter dem Vorbehalt ergänzender Genehmigungen, erteilt.

(2) ¹Die Baugenehmigung schließt andere die Anlage betreffende behördliche Entscheidungen ein, sofern solche nach den im Baugenehmigungsverfahren zu prüfenden öffentlich-rechtlichen Vorschriften erforderlich sind. ²Diese sind zu benennen.¹

(3) Die Baugenehmigung kann mit Nebenbestimmungen² versehen und unter dem Vorbehalt der nachträglichen Aufnahme, Änderung oder Ergänzung einer Auflage erteilt werden.

(4) Die Baugenehmigung wird unbeschadet der Rechte Dritter erteilt.

(5) ¹Auf Antrag kann eine Genehmigung für einen Teil der Anlage erteilt werden, wenn eine vorläufige Beurteilung ergibt, dass der Errichtung der gesamten Anlage keine von vornherein unüberwindlichen Hindernisse im Hinblick auf die Genehmigungsvoraussetzungen entgegenstehen (Teilbaugenehmigung). ²Die Bindungswirkung der vorläufigen Gesamtbeurteilung entfällt, wenn eine Änderung der Sach- oder Rechtslage oder Einzelprüfungen im Rahmen späterer Teilgenehmigungen zu einer abweichenden Beurteilung führen.

### Anmerkung
1 Siehe Bauprüfdienst Baugenehmigungsverfahren mit Konzentrationswirkung nach § 62 HBauO (BPD 8/2020).
2 siehe FaQ zu § 72 HBauO (www.hamburg.de/baugenehmigung)

## § 72a Baubeginn[1]

(1) [1]Mit der Bauausführung, der Beseitigung baulicher Anlagen oder mit der Ausführung des jeweiligen Bauabschnitts darf erst begonnen werden, wenn
1. die Baugenehmigung der Bauherrin oder dem Bauherrn zugegangen ist und
2. die Baubeginnanzeige der Bauaufsichtsbehörde vorliegt.

[2]Abweichend von Satz 1 Nummer 1 kann die Bauaufsichtsbehörde in Bezug auf Aufnahmeeinrichtungen, Gemeinschaftsunterkünfte oder sonstige Unterkünfte für Flüchtlinge oder Asylbegehrende auf Antrag vorläufig zulassen, dass bereits vor Erteilung der Baugenehmigung mit den Maßnahmen nach Satz 1 begonnen wird (Zulassung des vorzeitigen Baubeginns), wenn
1. mit der Erteilung der Baugenehmigung gerechnet werden kann und
2. die Bauherrin oder der Bauherr sich verpflichtet, alle bis zur Entscheidung über die Erteilung der Baugenehmigung durch die Maßnahmen verursachten Schäden zu ersetzen und, wenn das Vorhaben nicht genehmigt wird, den früheren Zustand wiederherzustellen.

[3]Die Zulassung kann jederzeit widerrufen werden. [4]Sie kann mit Auflagen verbunden oder unter dem Vorbehalt nachträglicher Auflagen erteilt werden. [5]Die Bauaufsichtsbehörde kann die Leistung einer Sicherheit verlangen, soweit dies erforderlich ist, um die Erfüllung der Pflichten der Bauherrin oder des Bauherrn zu sichern. [6]§ 72 Absatz 2 gilt entsprechend. [7]Über die Maßnahmen sollen die Nachbarn möglichst frühzeitig informiert werden.

(2) Vor Baubeginn eines Gebäudes müssen die Grundfläche abgesteckt und seine Höhenlage festgelegt und gekennzeichnet sein[1].

(3) Die Baugenehmigungen beziehungsweise der Bescheid über die Zulassung des vorzeitigen Baubeginns sowie die Bauvorlagen einschließlich der bautechnischen Nachweise müssen an der Baustelle von Baubeginn an vorliegen.

(4) Die Bauherrin oder der Bauherr hat den Ausführungsbeginn genehmigungsbedürftiger Vorhaben und die Wiederaufnahme der Bauarbeiten nach einer Unterbrechung von mehr als drei Monaten mindestens eine Woche vorher der Bauaufsichtsbehörde mitzuteilen (Baubeginnanzeige).

### Anmerkung
1 siehe:
  - FaQ zu § 72a HBauO (www.hamburg.de/baugenehmigung)
  - Baubeginnanzeige (Vordrucke, Onlinedienste)
2 Siehe Bauprüfdienst Höhenanweisung (BPD 9/1982)

## § 73 Geltungsdauer der Baugenehmigung und des Vorbescheids

(1) Die Baugenehmigung und die Teilbaugenehmigung erlöschen, wenn innerhalb von drei Jahren nach ihrer Erteilung mit der Ausführung des Vorhabens nicht begonnen oder die Bauausführung länger als ein Jahr unterbrochen worden ist.

(2) Der Vorbescheid gilt zwei Jahre[1].

(3) [1]Die Fristen nach den Absätzen 1 und 2 können auf Antrag jeweils bis zu einem Jahr verlängert werden. [2]Sie können auch rückwirkend verlängert

werden, wenn der Antrag vor Fristablauf bei der Bauaufsichtsbehörde eingegangen ist.
³Ist die Frist des Absatzes 1 bereits zwei Mal verlängert worden, ist eine weitere Verlängerung nicht möglich.

Anmerkung
1 Siehe
- Bauprüfdienst Vorbescheidsverfahren (BPD 4/2012).
- FaQ zu § 73 HBauO (www.hamburg.de/baugenehmigung)

Dritter Abschnitt **Bauaufsichtliche Maßnahmen[1], Bauüberwachung, Baulasten**

### § 74 Inanspruchnahme von Nachbargrundstücken

(1) Die Grundeigentümerinnen und Grundeigentümer sind verpflichtet, das Betreten ihrer Grundstücke und das Aufstellen der erforderlichen Gerüste sowie die Vornahme von Arbeiten zu dulden, soweit dies zur Errichtung, Änderung oder Unterhaltung von Anlagen auf den Nachbargrundstücken erforderlich ist.

(2) Grenzt ein Gebäude unmittelbar an ein höheres Gebäude auf einem Nachbargrundstück, so hat die Eigentümerin oder der Eigentümer des höheren Gebäudes zu dulden, dass die erforderlichen Schornsteine und Lüftungsleitungen des niedrigeren Gebäudes an der Grenzwand des höheren Gebäudes befestigt und instand gehalten werden.

(3) ¹Wird ein Gebäude an ein niedrigeres Gebäude auf einem Nachbargrundstück angebaut, so hat die Eigentümerin oder der Eigentümer des neu errichteten höheren Gebäudes dafür zu sorgen, dass das Dach des vorhandenen niedrigeren Gebäudes dicht an die Wand des höheren Gebäudes angeschlossen wird. ²Die Eigentümerin oder der Eigentümer des vorhandenen niedrigeren Gebäudes hat dabei zu dulden, dass der erforderliche dichte Anschluss auch durch übergreifende Bauteile hergestellt wird.

(4) Soll eine bauliche Anlage tiefer als eine bereits vorhandene angrenzende Nachbarbebauung gegründet werden, so hat die Eigentümerin oder der Eigentümer der bestehenden baulichen Anlage die Unterfangung zu dulden, wenn und soweit diese zur Erhaltung der Standsicherheit der bestehenden baulichen Anlage erforderlich ist.

(5) Kommt hinsichtlich der Absätze 1 bis 4 eine Einigung zwischen den Beteiligten nicht zustande, so kann die Bauaufsichtsbehörde die entsprechenden Anordnungen erlassen.

(6) ¹Die Bauherrin oder der Bauherr haben Arbeiten, die eine Duldungspflicht auslösen, mindestens zwei Wochen vor Ausführungsbeginn der Nachbarin oder dem Nachbarn mitzuteilen. ²Die Mitteilung ist nicht erforderlich, wenn die Arbeiten zur Abwendung einer unmittelbaren Gefahr notwendig sind.

(7) ¹Die Bauherrin oder der Bauherr ist der Nachbarin oder dem Nachbarn zum Ersatz jeden Schadens verpflichtet, der aus Maßnahmen aus den Absätzen 1 bis 4 entsteht. ²Auf Verlangen der Nachbarin oder des Nachbarn ist vor Beginn der Ausführung in Höhe des voraussichtlich entstehenden Schadens Sicher-

heit zu leisten; die Sicherheitsleistung ist nicht erforderlich, wenn die Arbeiten zur Abwendung einer unmittelbaren Gefahr notwendig sind.

Anmerkung
1   Siehe Bauprüfdienst Verwaltungszwang (8/2002).

## § 74a   Nachträgliche Wärmedämmung

(1) ¹Eigentümerinnen und Eigentümer, Erbbau- und Nutzungsberechtigte eines Grundstücks haben zu dulden (zur Duldung Verpflichtete), dass eine Wärmedämmung, die nachträglich auf die Außenwand eines zulässigerweise an oder auf der Grundstücksgrenze errichteten Gebäudes aufgebracht wird, sowie die mit dieser in Zusammenhang stehenden untergeordneten Bauteile auf das Grundstück übergreifen, soweit beziehungsweise solange
1. die Überbauung der Grenze zum Nachbargrundstück in der Tiefe um nicht mehr als 0,20 m überschreitet,
2. die Benutzung des Grundstücks nicht oder nur geringfügig beeinträchtigt und eine zulässige beabsichtigte Nutzung des Grundstücks nicht oder nur geringfügig behindert wird,
3. die übergreifenden Bauteile öffentlich-rechtlichen Vorschriften entsprechen,
4. eine vergleichbare Wärmedämmung nicht auf andere, die Belang der zur Duldung Verpflichteten weniger stark berührende Weise mit vertretbarem Aufwand vorgenommen werden kann und
5. die Anbringung einer vergleichbaren Wärmedämmung nicht bereits im Zeitpunkt der Errichtung des Gebäudes üblich war.
²§ 7 Absatz 1 ist für nach Satz 1 zulässige Maßnahmen nicht anzuwenden. § 74 Absatz 1 gilt für die zur Duldung Verpflichteten entsprechend.

(2) ¹Die Bauherrin oder der Bauherr hat der oder dem zur Duldung Verpflichteten eine Baumaßnahme nach Absatz 1 Satz 1 spätestens einen Monat vor Beginn der Arbeiten anzuzeigen. ²Aus der Anzeige müssen Art und Umfang der Baumaßnahme hervorgehen. ³Ist der Aufenthalt der oder des zur Duldung Verpflichteten mit zumutbarem Aufwand nicht zu ermitteln oder ist sie oder er bei einem Aufenthalt im Ausland nicht alsbald erreichbar und hat sie oder er keine Vertretung bestellt, so genügt statt der Anzeige an die zur Duldung Verpflichtete oder den zur Duldung Verpflichteten die Anzeige an die unmittelbare Besitzerin oder den unmittelbaren Besitzer. ⁴Mit der Baumaßnahme darf erst nach erfolgter Anzeige begonnen werden.

(3) ¹Die oder der durch den Überbau Begünstigte ist gegenüber den zur Duldung Verpflichteten verpflichtet, die Wärmedämmung in einem ordnungsgemäßen und funktionsgerechten Zustand zu erhalten und die wärmegedämmte Wand baulich zu unterhalten. ²§ 74 Absatz 1 gilt entsprechend.

(4) ¹Eigentümerinnen und Eigentümern, Erbbau- und dinglich Nutzungsberechtigten eines Grundstücks ist ein angemessener Ausgleich in Geld zu leisten. ²Sofern nichts anderes vereinbart wird, gelten § 912 Absatz 2 und die §§ 913 und 914 des Bürgerlichen Gesetzbuchs entsprechend.

(5) ¹Die Bauherrin oder der Bauherr hat der oder dem zur Duldung Verpflichteten auch ohne Verschulden den Schaden zu ersetzen, der durch einen Überbau nach Absatz 1 Satz 1 oder die mit seiner Errichtung verbundenen Arbeiten

entsteht. ²Auf Verlangen ist in Höhe des voraussichtlich entstehenden Schadens Sicherheit zu leisten, die auch in einer Bankbürgschaft bestehen kann. ³In diesem Fall darf das Recht erst nach Leistung der Sicherheit ausgeübt werden. ⁴Eine Sicherheitsleistung kann nicht verlangt werden, wenn der voraussichtlich entstehende Schaden durch eine Haftpflichtversicherung gedeckt ist.

(6) Die oder der zur Duldung Verpflichtete ist berechtigt, die Beseitigung der Wärmedämmung zu verlangen, soweit dadurch eine zulässige beabsichtigte Benutzung ihres oder seines Grundstücks nicht nur unwesentlich beeinträchtigt wird, insbesondere soweit sie oder er selbst zulässigerweise an die Grenzwand anbauen will.

### § 74b Verbot unrechtmäßig gekennzeichneter Bauprodukte

Sind Bauprodukte entgegen § 22 mit dem Ü-Zeichen gekennzeichnet, kann die Bauaufsichtsbehörde die Verwendung dieser Bauprodukte untersagen und deren Kennzeichnung entwerten oder beseitigen lassen.

### § 75 Einstellung von Arbeiten

(1) ¹Werden Anlagen im Widerspruch zu öffentlich-rechtlichen Vorschriften errichtet, geändert oder beseitigt, so kann die Bauaufsichtsbehörde[1] die Einstellung der Arbeiten anordnen. ²Dies gilt auch dann, wenn
1. die Ausführung eines Vorhabens entgegen den Vorschriften des § 72a begonnen wurde,
2. bei der Ausführung eines Vorhabens von den genehmigten Bauvorlagen abgewichen wird,
3. Bauprodukte verwendet werden, die entgegen der Verordnung (EU) Nr. 305/2011 keine CE-Kennzeichnung oder entgegen § 22 kein Ü-Zeichen tragen, oder
4. Bauprodukte verwendet werden, die unberechtigt mit der CE-Kennzeichnung oder dem Ü-Zeichen (§ 22 Absatz 3) gekennzeichnet sind.

³Die Einstellung kann auch mündlich angeordnet werden.

(2) Werden unzulässige Arbeiten trotz einer Einstellung fortgesetzt, so kann die Bauaufsichtsbehörde die Baustelle versiegeln oder die an der Baustelle vorhandenen Bauprodukte, Geräte, Maschinen und Bauhilfsmittel in amtlichen Gewahrsam bringen.

Anmerkung
1   Zuständige Bauaufsichtsbehörden sind die Bezirksämter, die Behörde für Stadtentwicklung und Wohnen für die Hafencity und für Vorbehaltsgebiete und die Hamburg Port Authority für das Hafengebiet sowie bei Verstößen gegen Arbeitsschutz- und Lärmschutzvorschriften auf Baustellen die Behörde für Stadtentwicklung und Wohnen.

### § 76 Herstellung ordnungsgemäßer Zustände[1]

(1) ¹Werden Anlagen im Widerspruch zu öffentlich-rechtlichen Vorschriften errichtet oder geändert, so kann die Bauaufsichtsbehörde[2] die teilweise

oder vollständige Beseitigung der Anlage anordnen, wenn nicht auf andere Weise rechtmäßige Zustände hergestellt werden können. ²Werden Anlagen im Widerspruch zu öffentlich-rechtlichen Vorschriften genutzt, so kann diese Nutzung untersagt werden.

(2) Die Bauaufsichtsbehörde kann anordnen, dass
1. verwahrloste oder durch Beschriftung und Bemalung verunstaltete Bau- und Werbeanlagen oder Teile von ihnen ganz oder teilweise in Stand gesetzt werden, dass ihr Anstrich erneuert oder dass die Fassade gereinigt wird; ist eine Instandsetzung nicht möglich, so kann die Bauaufsichtsbehörde die Beseitigung der Anlage verlangen,
2. Grundstücke aufgeräumt oder ordnungsgemäß hergerichtet werden oder dass endgültig nicht mehr genutzte Anlagen beseitigt oder dauerhaft gesichert werden,
3. Sachen, insbesondere Fahrzeuge, Schutt und Gerümpel, auf unbebauten Grundstücken und Grundstücksteilen nicht oder nur unter bestimmten Vorkehrungen aufgestellt oder gelagert werden.

(3) ¹Die Bauaufsichtsbehörde² kann verlangen, dass bestehende bauliche Anlagen den Anforderungen dieses Gesetzes oder den auf Grund dieses Gesetzes erlassenen Vorschriften angepasst werden, soweit dies wegen einer Gefährdung der Sicherheit oder Gesundheit notwendig ist. ³Dies gilt auch für die Herstellung von Folgeeinrichtungen auf den Grundstücken, wie Kinderspielplätze, Standplätze für Abfall- und Wertstoffbehälter sowie Stellplätze für Kraftfahrzeuge und Fahrradplätze, wenn geeignete Flächen verfügbar sind. ³Die Herstellung von Standplätzen zur Aufnahme der Abfallbehälter auf dem Grundstück kann unabhängig von den Voraussetzungen des Satzes 1 auch dann verlangt werden, wenn
1. ausreichend Platz auf dem Grundstück vorhanden ist,
2. die Benutzung des Grundstücks durch die Aufstellung von Abfallbehältern
3. die Herstellung nicht mit unverhältnismäßigen Aufwendungen verbunden ist und
nicht oder nur geringfügig beeinträchtigt wird.
⁴§ 43 Absätze 1 und 2 gilt entsprechend. ⁵Bei wesentlicher Änderung baulicher Anlagen kann gefordert werden, dass auch die von der Änderung nicht berührten Teile der baulichen Anlage an die Anforderungen dieses Gesetzes oder der auf Grund dieses Gesetzes erlassenen Vorschriften angepasst werden, wenn dies keine unzumutbaren Mehrkosten verursacht.

(4) Werden durch Veränderung der Grenzen bebauter Grundstücke Verhältnisse geschaffen, die öffentlich-rechtlichen Vorschriften⁴ zuwiderlaufen, so kann die Bauaufsichtsbehörde verlangen, dass ein rechtmäßiger Zustand hergestellt wird.

## Anmerkungen
1  Bauprüfdienst Verwaltungszwang (BPD 8/2002)
2  Ebendie.
3  Zuständige Bauaufsichtsbehörden sind die Bezirksämter, die Behörde für Stadtentwicklung und Wohnen für die Hafencity und für Vorbehaltsgebiete und die Hamburg Port Authority für das Hafengebiet
4  Siehe § 8 HBauO und § 19 Abs. 2 BauGB.

## § 77 Bauzustandsanzeigen, Aufnahme der Nutzung[1]

(1) [1]Die Bauaufsichtsbehörde[2] kann verlangen, dass ihr Beginn und Beendigung bestimmter Bauarbeiten angezeigt werden.[3] [2]Die Bauarbeiten dürfen erst fortgesetzt werden, wenn die Bauaufsichtsbehörde der Fortführung der Bauarbeiten zugestimmt hat.

(2) [1]Die Bauherrin oder der Bauherr hat die beabsichtigte Aufnahme der Nutzung einer nicht verfahrensfreien baulichen Anlage mindestens zwei Wochen vorher der Bauaufsichtsbehörde anzuzeigen. [2]Eine bauliche Anlage darf erst benutzt werden, wenn sie selbst, Zufahrtswege, Anlagen zur Wasserversorgung und Abwasserentsorgung sowie Gemeinschaftsanlagen in dem erforderlichen Umfang sicher benutzbar sind, nicht jedoch vor dem in Satz 1 bezeichneten Zeitpunkt. [3]Die Bauherrin oder der Bauherr hat die Errichtung von Abgasanlagen der bevollmächtigten Bezirksschornsteinfegerin oder dem bevollmächtigten Bezirksschornsteinfeger rechtzeitig anzuzeigen. [4]Feuerstätten, ortsfeste Verbrennungsmotoren und Blockheizkraftwerke dürfen erst dann in Betrieb genommen werden, wenn die bevollmächtigte Bezirksschornsteinfegerin oder der bevollmächtigte Bezirksschornsteinfeger die Tauglichkeit und sichere Benutzbarkeit der Abgasanlagen bescheinigt hat.

### Anmerkungen
1 FaQ zu § 77 HBauO (www.hamburg.de/baugenehmigung)
2 Zuständige Bauaufsichtsbehörden sind die Bezirksämter, die Behörde für Stadtentwicklung und Wohnen für die Hafencity und für Vorbehaltsgebiete und die Hamburg Port Authority für das Hafengebiet.
3 Vordrucke und Online-Antrage siehe www.hamburg.de/baugenehmigung

## § 78 Bauüberwachung

(1) Die Bauaufsichtsbehörde kann bei der Bauausführung und der Beseitigung baulicher Anlagen die Einhaltung der öffentlich-rechtlichen Vorschriften und Anforderungen und die ordnungsgemäße Erfüllung der Pflichten der am Bau Beteiligten überwachen.

(2) Im Rahmen der Bauüberwachung können Proben von Bauprodukten, soweit erforderlich, auch aus fertigen Bauteilen zu Prüfzwecken entnommen werden.

(3) [1]Den mit der Überwachung beauftragten Personen[1] ist jederzeit Einblick in die Bescheide und Genehmigungen, Zulassungen, Prüfzeugnisse, Übereinstimmungszertifikate, Zeugnisse und Aufzeichnungen über die Prüfungen von Bauprodukten in die CE-Kennzeichnungen und Leistungserklärungen nach der Verordnung (EU) Nr. 305/2011, in die Bautagebücher und andere vorgeschriebene Aufzeichnungen zu gewähren. [2]Die Bauherrin oder der Bauherr hat für die Besichtigungen und die damit verbundenen möglichen Prüfungen die erforderlichen Arbeitskräfte und Geräte bereitzustellen.

(4) Die Bauaufsichtsbehörde oder die bzw. der Prüfsachverständige soll, soweit sie oder er im Rahmen der Bauüberwachung Erkenntnisse über systematische Rechtsverstöße gegen die Verordnung (EU) Nr. 305/2011 erlangt, diese der für die Marktüberwachung zuständigen Stelle mitteilen.

## Anmerkung
1 Siehe Prüfverordnung (PVO) (siehe C 2 in diesem Band).

## § 79 Baulasten, Baulastenverzeichnis[1]

(1) [1]Durch Erklärung gegenüber der Bauaufsichtsbehörde[2] können Grundstückseigentümerinnen und Grundstückseigentümer sowie Erbbauberechtigte mit Zustimmung der Grundstückseigentümerin oder des Grundstückseigentümers öffentlich-rechtliche Verpflichtungen zu einem ihre Grundstücke betreffenden Handeln, Dulden oder Unterlassen übernehmen, die sich nicht schon aus öffentlich-rechtlichen Vorschriften ergeben (Baulasten). [2]Baulasten werden unbeschadet der Rechte Dritter mit der Eintragung in das Baulastenverzeichnis wirksam und wirken auch gegenüber der Rechtsnachfolgerin oder dem Rechtsnachfolger. [3]Steht das Grundstück im öffentlichen Eigentum, kann die Bestellung einer Baulast durch eine Erlaubnis nach § 19 HWG, die für den Zeitraum der regelmäßigen Standdauer vergleichbarer baulicher Anlagen erteilt wird, oder die Erteilung einer vergleichbaren öffentlich-rechtlichen Gestattung ersetzt werden.

(2) Die Unterschrift unter die Erklärung nach Absatz 1 muss amtlich oder öffentlich beglaubigt oder vor der Bauaufsichtsbehörde geleistet werden.

(3) [1]Die Baulast geht durch schriftlichen Verzicht der Bauaufsichtsbehörde unter. [2]Der Verzicht ist zu erklären, wenn ein öffentliches Interesse an der Baulast nicht mehr besteht. [3]Vor dem Verzicht sollen die durch die Baulast Verpflichteten und Begünstigten angehört werden. [4]Der Verzicht wird mit der Löschung der Baulast im Baulastenverzeichnis wirksam.

(4) [1]Das Baulastenverzeichnis wird von der Bauaufsichtsbehörde[3] geführt. [2]Das Baulastenverzeichnis begründet eine widerlegbare Vermutung für den Bestand und Umfang der eingetragenen Baulast. [3]Ein Rechtsanspruch auf Übernahme in das Baulastenverzeichnis besteht nicht.

(5) Wer ein berechtigtes Interesse darlegt, kann in das Baulastenverzeichnis Einsicht nehmen oder sich Ablichtungen fertigen lassen.

## Anmerkungen
1 Siehe Bauprüfdienst Baulasten (1/2015).
2 Zuständige Bauaufsichtsbehörden sind die Bezirksämter, die Behörde für Stadtentwicklung und Wohnen für die Hafencity und für Vorbehaltsgebiete und die Hamburg Port Authority für das Hafengebiet.
3 Zuständig für das Baulastverzeichnis ist der Landesbetrieb für Geoinformationen und Vermessung (https://serviceportal.hamburg.de).

## Sechster Teil  Ordnungswidrigkeiten, Rechtsverordnungen, Übergangs- und Schlussvorschriften

### § 80  Ordnungswidrigkeiten[1] [2] [3]

(1) Ordnungswidrig handelt, wer vorsätzlich oder fahrlässig
1. bei der Errichtung oder dem Betrieb einer Baustelle entgegen § 14 Absatz 1 Gefährdungen oder vermeidbare Belästigungen herbeiführt oder entgegen § 14 Absatz 2 erforderliche Schutzmaßnahmen unterlässt,
2. Bauprodukte entgegen § 22 Absatz 3 ohne das Ü-Zeichen
3. Bauarten entgegen § 19a ohne Bauartgenehmigung oder allgemeines bauaufsichtliches Prüfzeugnis für Bauarten anwendet,
4. Bauprodukte mit dem Ü-Zeichen kennzeichnet, ohne dass die Voraussetzungen des § 22 Absatz 3 vorliegen,
5. den Pflichten als Bauherrin oder Bauherr (§ 54 Absatz 2), als Entwurfsverfasserin oder Entwurfsverfasser (§ 55 Absatz 2), als Unternehmerin oder Unternehmer (§ 56 Absatz 2), als Bauleiterin oder Bauleiter (§ 57 Absatz 2) oder als deren Vertretung zuwiderhandelt,
6. Fliegende Bauten ohne Ausführungsgenehmigung (§ 66 Absatz 2) oder ohne Anzeige und Abnahme (§ 66 Absatz 6) in Gebrauch nimmt,
7. ohne die erforderliche Baugenehmigung (§ 72 Absätze 1 und 2) oder Teilbaugenehmigung (§ 72 Absatz 5) beziehungsweise den erforderlichen Bescheid über die Zulassung des vorzeitigen Baubeginns (§ 72a Absatz 1) oder abweichend davon oder ohne die erforderliche Ausnahme, Befreiung beziehungsweise Abweichungsentscheidung Anlagen errichtet, aufstellt, anbringt, ändert, benutzt oder beseitigt,
8. entgegen § 72a Absatz 1 vor Zugang der Baugenehmigung oder ohne dass die Baubeginnanzeige nach § 72a Absatz 4 der Bauaufsichtsbehörde vorliegt, mit der Bauausführung oder mit der Ausführung des jeweiligen Bauabschnitts beginnt,
9. entgegen § 72a Absatz 2 mit der Bauausführung eines Gebäudes beginnt, ohne dass die Grundfläche abgesteckt und seine Höhenlage festgelegt und gekennzeichnet ist,
10. entgegen § 72a Absatz 3 nicht von Baubeginn an Baugenehmigungen, Bauvorlagen sowie bautechnische Nachweise an der Baustelle vorhält,
11. entgegen § 72a Absatz 4 die Baubeginnsanzeige nicht mindestens eine Woche vor Ausführungsbeginn genehmigungsbedürftiger Vorhaben und vor Wiederaufnahme der Bauarbeiten nach einer Unterbrechung von mehr als drei Monaten mitteilt,
12. entgegen § 77 Absatz 1 Satz 1 Beginn und Beendigung bestimmter Bauarbeiten nicht anzeigt,
13. entgegen § 77 Absatz 1 Satz 2 bestimmte Bauarbeiten ohne Zustimmung fortführt,
14. entgegen § 77 Absatz 2 Satz 2 bauliche Anlagen benutzt,
15. entgegen § 77 Absatz 2 Satz 4 Feuerungsanlagen oder ortsfeste Verbrennungsmotoren und Blockheizkraftwerke ohne die erforderliche Bescheinigung der bevollmächtigten Bezirksschornsteinfegerin oder des bevollmächtigten Bezirksschornsteinfegers über die sichere Benutzbarkeit der Abgasanlagen und Leitung in Betrieb nimmt,
16. einer nach diesem Gesetz erlassenen oder als auf Grund dieses Gesetzes erlassen geltenden Rechtsverordnung zuwiderhandelt, sofern die Rechts-

verordnung für einen bestimmten Tatbestand auf diese Bußgeldvorschrift verweist.

(2) Ordnungswidrig handelt auch, wer wider besseres Wissen unrichtige Angaben macht oder unrichtige Pläne oder Unterlagen vorlegt, um einen nach diesem Gesetz vorgesehenen Verwaltungsakt zu erwirken oder zu verhindern.

(3) Die Ordnungswidrigkeit kann mit einer Geldbuße bis zu 100.000 Euro geahndet werden.

(4) [1]Ist eine Ordnungswidrigkeit nach Absatz 1 Nummern 2 bis 4 begangen worden, so können Gegenstände, auf die sich die Ordnungswidrigkeit bezieht, eingezogen werden. [2]§ 23 des Gesetzes über Ordnungswidrigkeiten in der Fassung vom 19. Februar 1987 (BGBl. I S. 603), zuletzt geändert am 9. Dezember 2004 (BGBl. I S. 3220, 3229), ist anzuwenden.

Anmerkungen

1 Zur Bemessung der Höhe der Bußgelder siehe Bußgeldkatalog der Bezirksämter.
2 Siehe Bauprüfdienst:
   - Verwaltungszwang (BPD 8/2002)
   - Unterrichtung des Gewerbezentralregisters über Bußgeldentscheidungen (BPD 10/1985).
3 Weitere Ordnungswidrigkeitstatbestände sind geregelt in
   - § 23 Garagenverordnung (siehe C 4 in diesem Band)
   - § 22 Prüfverordnung (siehe C 2 in diesem Band)
   - § 33 Verkaufsstättenverordnung (siehe C 6 in diesem Band)
   - § 14 Beherbergungsstättenverordnung (siehe C 7 in diesem Band)
   - § 47 Versammlungsstättenverordnung (siehe C 5 in diesem Band)

§ 81 Rechtsverordnungen

(1) Zur Verwirklichung der in § 3 Satz 1, § 19a Absatz 1 und 19b Absatz 1 bezeichneten allgemeinen Anforderungen wird der Senat ermächtigt, durch Rechtsverordnung Vorschriften zu erlassen über
1. die nähere Bestimmung allgemeiner Anforderungen in den §§ 4 bis 52,
2. (aufgehoben)
3. den Nachweis der Befähigung der in § 23a Absatz 1 genannten Personen; dabei können Mindestanforderungen an die Ausbildung, die durch Prüfung nachzuweisende Befähigung und die Ausbildungsstätten einschließlich der Anerkennungsvoraussetzungen gestellt werden,
4. die Überwachung von Tätigkeiten mit einzelnen Bauprodukten nach § 23a Absatz 2; dabei können für die Überwachungsstellen über die in § 23 festgelegten Mindestanforderungen hinaus weitere Anforderungen im Hinblick auf die besonderen Eigenschaften und die besondere Verwendung der Bauprodukte gestellt werden,
5. besondere Anforderungen oder Erleichterungen, die sich aus der besonderen Art oder Nutzung der baulichen Anlagen nach § 51 für Errichtung, Änderung, Unterhaltung, Betrieb und Benutzung ergeben sowie über die Anwendung solcher Anforderungen auf bestehende bauliche Anlagen dieser Art,
6. Erst-, Wiederholungs- und Nachprüfung von Anlagen, die zur Verhütung erheblicher Gefahren oder Nachteile ständig ordnungsgemäß unterhalten

werden müssen, und die Erstreckung dieser Nachprüfungspflicht auf bestehende Anlagen,
soweit sich aus Absatz 11 nicht etwas anderes ergibt.

(2) ¹Der Senat wird ermächtigt, durch Rechtsverordnung für bestimmte Gebiete eine bestimmte Heizungsart oder den Anschluss von Gebäuden an gemeinsame Heizungsanlagen bestimmter Art oder an eine Fernheizung und die Benutzung dieser Einrichtungen vorzuschreiben, um Gefahren, unzumutbare Belästigungen oder sonstige Nachteile durch Luftverunreinigungen zu vermeiden oder zur Sicherung der örtlichen Energieversorgung und zur allgemeinen Energieersparnis sowie zum umfassenden Schutz der Umwelt, soweit sich aus Absatz 11 nicht etwas anderes ergibt. ²In der Rechtsverordnung sind Abweichungen vom Anschluss- und Benutzungsgebot in Fällen vorzusehen, in denen auch unter Berücksichtigung der Erfordernisse des Gemeinwohls Anschluss und Benutzung unzumutbar sind.

(2a) ¹Der Senat wird ermächtigt, zur Erreichung baugestalterischer Ziele[1] in genau abgegrenzten bebauten oder unbebauten Teilen des Gebiets der Freien und Hansestadt Hamburg durch Rechtsverordnung Vorschriften über die äußere Gestaltung von baulichen und sonstigen Anlagen (§ 2 Absatz 1) zu erlassen, insbesondere über
1. die Gebäude, Geschoss und Traufhöhe,
2. die Auswahl der Baustoffe und Farben der Fassaden und sonstiger von außen sichtbarer Bauteile,
3. die Zahl, Größe, Anordnung und Ausführung von Fenstern oder sonstigen verglasten Bauteilen sowie von Hauseingängen,
4. die Art, Ausführung und Neigung von Dächern.
²Vorschriften über Werbeanlagen können sich auch auf deren Art, Zahl, Größe und Anbringungsort erstrecken.

(3) ¹Der Senat wird ermächtigt, Rechtsverordnungen, die auf die Verordnung über Baugestaltung vom 10. November 1936 (Reichsgesetzblatt I S. 938) oder zugleich auf die Baupflegesatzung für die Freie und Hansestadt Hamburg vom 14. September 1939 (Sammlung des bereinigten hamburgischen Landesrechts I 21301-b) gestützt sind, aufzuheben oder nach Absatz 1 Nummer 2 zu ändern. ²Das gilt auch, soweit Vorschriften zugleich auf § 20a des Gesetzes, betreffend das Verhältnis der Verwaltung zur Rechtspflege, vom 23. April 1879 (Sammlung des bereinigten hamburgischen Landesrechts I 20100-b) gestützt sind.

(4) ¹Der Senat wird ermächtigt, durch Rechtsverordnung die Befugnisse zur
1. Entscheidung über allgemeine Bauartgenehmigungen (§ 19a) und allgemeine bauaufsichtliche Zulassungen (§ 20a) sowie deren öffentliche Bekanntmachung,
2. Anerkennung von Prüf-, Zertifizierungs- und Überwachungsstellen (§ 23),
3. Erteilung von Typengenehmigungen anhand von Typenprüfungen (§ 65)
auf nicht zur unmittelbaren Verwaltung der Freien und Hansestadt Hamburg gehörende Behörden zu übertragen.
²Die in Satz 1 genannten Befugnisse können auch auf eine Behörde eines anderen Landes übertragen werden, die der Aufsicht einer obersten Bauaufsichtsbehörde untersteht oder an deren Willensbildung die Freie und Hansestadt Hamburg mitwirkt.

(4a) Der Senat kann durch Rechtsverordnung vorschreiben, dass für bestimmte Bauprodukte und Bauarten, auch soweit sie Anforderungen nach anderen Rechtsvorschriften unterliegen, hinsichtlich dieser Anforderungen § 19a

Absatz 2, §§ 20 bis 23a ganz oder teilweise anwendbar sind, wenn die anderen Rechtsvorschriften dies verlangen oder zulassen.

(5) Der Senat wird ermächtigt, durch Rechtsverordnung
1. das Ü-Zeichen (§ 22 Absatz 3) festzulegen und zu diesem Zeichen zusätzliche Angaben zu verlangen,
2. das Anerkennungsverfahren nach § 23, die Voraussetzungen für die Anerkennung, ihre Rücknahme, ihren Widerruf und ihr Erlöschen zu regeln, insbesondere auch Altersgrenzen festzulegen, sowie eine ausreichende Haftpflichtversicherung zu fordern.

(6) [1]Der Senat wird ermächtigt, zum bauaufsichtlichen Verfahren durch Rechtsverordnung Vorschriften zu erlassen über
1. die erforderlichen Anträge, Anzeigen, Nachweise und die in diesem Zusammenhang erforderlichen Unterschriften,
2. Umfang, Inhalt und Zahl der Bauvorlagen und die in diesem Zusammenhang erforderlichen Unterschriften,
3. das Verfahren im Einzelnen,
4. das Erheben und Verarbeiten personenbezogener Daten zum Zweck der Erfüllung der bauaufsichtlichen Aufgaben nach § 58, insbesondere die Übermittlung im Rahmen der notwendigen Beteiligung anderer öffentlicher Stellen, sowie die Übermittlung an sonstige Stellen, soweit diese die Daten zur Erfüllung der ihnen obliegenden öffentlichen Aufgaben benötigen. Dabei sind Art, Umfang, Empfängerinnen und Empfänger der zu übermittelnden Daten sowie die Zwecke der Verwendung und die Dauer der Speicherung zu bestimmen.

[2]Dabei können für verschiedene Arten von Vorhaben unterschiedliche Anforderungen und Verfahren festgelegt werden. [3]Für verschiedene Arten von Vorhaben können unterschiedliche Anforderungen und Verfahren festgelegt werden.

(7) Der Senat wird ermächtigt, durch Rechtsverordnung die Anlage 2 (Anlage zu § 60) zu ändern, soweit die Verwirklichung der allgemeinen Anforderungen nach § 3 nicht gefährdet wird.

(8) Der Senat wird ermächtigt, durch Rechtsverordnung Vorschriften für Sachverständige zu erlassen über
1. die Fachbereiche, in denen die Sachverständigen tätig werden,
2. die Anforderungen an die Sachverständigen, insbesondere in Bezug auf deren Ausbildung, Fachkenntnisse, Berufserfahrung, persönliche Zuverlässigkeit sowie Fort- und Weiterbildung,
3. das Verfahren der Anerkennung sowie die Voraussetzungen für die Anerkennung, ihren Widerruf, ihre Rücknahme und ihr Erlöschen,
4. die Festsetzung einer Altersgrenze,
5. das Erfordernis einer ausreichenden Haftpflichtversicherung,
6. die Überwachung der Sachverständigen,
7. die Vergütung der Sachverständigen.

(9) Der Senat wird ermächtigt, durch Rechtsverordnung Vorschriften zu erlassen über Prüfingenieurinnen und Prüfingenieure, denen im Auftrag der Bauaufsichtsbehörde bauaufsichtliche Prüfaufgaben und Aufgaben der Bauüberwachung übertragen werden können.

(10) Der Senat wird ermächtigt, durch Rechtsverordnung zu bestimmen, dass für bestimmte Typengenehmigungen sowie für bestimmte Fliegende Bauten die Aufgaben der Bauaufsichtsbehörde nach §§ 65 und 66 ganz oder teilweise auf andere Stellen übertragen werden, und die Vergütung dieser Stellen zu regeln.

## B · HBauO § 81

(11) ¹Der Senat wird ermächtigt, durch Rechtsverordnung die Verordnungsermächtigung nach den Absätzen 2 und 2a für die Fälle auf die Bezirksämter zu übertragen, in denen die örtlich zuständigen Bezirksversammlungen den Verordnungsentwürfen zugestimmt haben. ²Die Verordnungen bedürfen in diesen Fällen vor ihrem Erlass durch das Bezirksamt der Genehmigung der zuständigen Behörde². ³Die Bürgerschaft beschließt Vorschriften nach Absatz 1 Nummer 2 und Absatz 2 durch Gesetz, wenn die örtlich zuständige Bezirksversammlung dem Verordnungsentwurf nicht zugestimmt oder nicht binnen vier Monaten nach Vorlage des Entwurfes zur Abstimmung über ihre Zustimmung entschieden hat.

### Anmerkungen

1 Diverse Gestaltungsverordnungen u. a.:
   - Binnenalster-Verordnung vom 3.5.1949 (siehe C 14 in diesem Band)
   - Außenalster-Verordnung vom 29.5.1953 (siehe C 15 in diesem Band)
   - Rathausmarkt-Verordnung vom 29.5.1953 (siehe C 16 in diesem Band)
   - Alsterfleet-Verordnung vom 3.4.1959 (siehe C 17 in diesem Band)
   - Verordnung zur Gestaltung der Deichstraße vom 19.2.1974 (HmbGVBl. S. 82), zuletzt geändert am 1.9.2005 (HmbGVBl. S. 377, 382)
   - Verordnung zur Gestaltung der Speicherstadt vom 5.8.2008 (siehe C 18 in diesem Band)
   - Verordnung zur Gestaltung der Palmaille vom 9.9.1952 (HmbGVBL I 21301-e), zuletzt geändert am 28.10.1982 (HmbGVBl. S. 361)
   - Verordnung über die Gestaltung von Neu-Altona vom 13.11.1956 (HmbGVBL I 21301-h), zuletzt geändert am 4.12.2001 (HmbGVBl. S. 528), teilweise verdrängt durch jüngere B-Pläne
   - Verordnung zum Schutze des Milieubereichs Frank`sche Siedlung in Klein Borstel vom 28.4.1981 (HmbGVBl. S. 85)
   - Verordnung zum Schutze des Milieubereichs Sachsentor vom 13.6.1978 (HmbGVBl. S. 202)
   - Verordnung zur Gestaltung geneigter Dächer in Lohbrügge-Nord vom 13.9.1983 (HmbGVBl. S. 214)
   - Verordnung zum Schutze des Milieubereichs Ortskern Marmstorf vom 4.3.1980 (HmbGVBl. S. 39)
   - Verordnung über die Erhaltung und Gestaltung baulicher Anlagen in Neugraben-Fischbek (Falkenberg-Siedlung) vom 3.5.1994 (HmbGVBl S. 159) und gestalterische Festsetzungen in diversen Bebauungsplänen
   - Verordnung über Anforderungen an Hersteller von Bauprodukten und Anwender von Bauarten (HAVO) vom 20.5.2003 (siehe C 10 in diesem Band)
   - Beherbergungsstättenverordnung vom 5.8.2003 (siehe C 7 in diesem Band)
   - Verkaufsstättenverordnung vom 5.8.2003 (siehe C 6 in diesem Band)
   - Versammlungsstättenverordnung vom 5.8.2003 (siehe C 5 in diesem Band)

2 Zuständige Behörde ist die Behörde für Stadtentwicklung und Wohnen.

## § 81a Technische Baubestimmungen[1] [2]

(1) [1]Die Anforderungen nach § 3 können durch Technische Baubestimmungen konkretisiert werden. [2]Die Technischen Baubestimmungen sind zu beachten. [3]Von den in den Technischen Baubestimmungen enthaltenen Planungs-, Bemessungs und Ausführungsregelungen kann abgewichen werden, wenn mit einer anderen Lösung in gleichem Maße die Anforderungen erfüllt werden und in der Technischen Baubestimmung eine Abweichung nicht ausgeschlossen ist; § 19a Absatz 2, § 20 Absatz 1 und § 69 Absatz 1 bleiben unberührt.

(2) Die Konkretisierungen können durch Bezugnahmen auf Fundstellen technischer Regeln oder auf andere Weise erfolgen, insbesondere in Bezug auf:
1. bestimmte bauliche Anlagen oder ihre Teile,
2. die Planung, Bemessung und Ausführung baulicher Anlagen und ihrer Teile,
3. die Leistung von Bauprodukten in bestimmten baulichen Anlagen oder ihren Teilen, insbesondere:
   a) Planung, Bemessung und Ausführung baulicher Anlagen bei Einbau eines Bauprodukts,
   b) Merkmale von Bauprodukten, die sich für einen Verwendungszweck auf die Erfüllung der Anforderungen nach § 3 Satz 1 auswirken,
   c) Verfahren für die Feststellung der Leistung eines Bauproduktes im Hinblick auf Merkmale, die sich für einen Verwendungszweck auf die Erfüllung der Anforderungen nach § 3 Satz 1 auswirken,
   d) zulässige oder unzulässige besondere Verwendungszwecke,
   e) die Festlegung von Klassen und Stufen in Bezug auf bestimmte Verwendungszwecke,
   f) die für einen bestimmten Verwendungszweck anzugebende oder erforderliche und anzugebende Leistung in Bezug auf ein Merkmal, das sich für einen Verwendungszweck auf die Erfüllung der Anforderungen nach § 3 Satz 1 auswirkt, soweit vorgesehen in Klassen und Stufen,
4. die Bauarten und die Bauprodukte, die nur eines allgemeinen bauaufsichtlichen Prüfzeugnisses nach § 19a Absatz 3 oder nach § 20b Absatz 1 bedürfen,
5. Voraussetzungen zur Abgabe der Übereinstimmungserklärung für ein Bauprodukt nach § 22a,
6. die Art, den Inhalt und die Form technischer Dokumentation.

(3) Die Technischen Baubestimmungen sollen nach den Grundanforderungen gemäß Anhang I der Verordnung (EU) Nr. 305/2011 gegliedert sein.

(4) Die Technischen Baubestimmungen enthalten die in § 20 Absatz 3 genannte Liste.

(5) Die Bauaufsichtsbehörde erlässt die zur Durchführung dieses Gesetzes oder der Rechtsvorschriften auf Grund dieses Gesetzes erforderlichen Technischen Baubestimmungen auf der Grundlage der vom Deutschen Institut für Bautechnik im Einvernehmen mit den Obersten Bauaufsichtsbehörden der Länder veröffentlichten Technischen Baubestimmungen als technische Verwaltungsvorschriften.

### Anmerkungen
1 siehe Verwaltungsvorschrift Technische Baubestimmungen (www.hamburg.de/baugenehmigung)
2 Technische Baubestimmungen (www.dibt.de)

## § 82 Aufhebung und Änderung von Vorschriften

Es treten außer Kraft:
1. die Hamburgische Bauordnung vom 1. Juli 1986 (HmbGVBl. S. 183) in der geltenden Fassung,
2. das Hamburgische Gesetz zur Erleichterung des Wohnungsbaus vom 18. Juli 2001 (HmbGVBl. S. 221, 223),
3. das Gesetz über die Höhe des Ausgleichsbetrages für Stellplätze und Fahrradplätze vom 15. April 1992 (HmbGVBl. S. 81) in der geltenden Fassung,
4. die Bauanzeigeverordnung vom 18. Mai 1993 (HmbGVBl. S. 99) in der geltenden Fassung,
5. die Baufreistellungsverordnung vom 5. Januar 1988 (HmbGVBl. S. 1) in der geltenden Fassung.

## § 83 In-Kraft-Treten; Übergangsbestimmungen; Fortgeltung von Vorschriften

(1) [1]Dieses Gesetz tritt am ersten Tage des vierten auf die Verkündung folgenden Monats in Kraft[1]. [2]Die Vorschriften über die Ermächtigung zum Erlass von Rechtsverordnungen treten am Tage nach der Verkündung in Kraft.

(2) [1]Dieses Gesetz gilt für Vorhaben, für die nach seinem In-Kraft-Treten Genehmigungsanträge gestellt werden, sowie für genehmigungsfreie Vorhaben, mit deren Ausführung nach dem In-Kraft-Treten des Gesetzes begonnen wird. [2]Ist über einen Antrag beim In-Kraft-Treten dieses Gesetzes noch nicht entschieden worden, so kann die Antragstellerin oder der Antragsteller verlangen, dass die Entscheidung nach diesem Gesetz getroffen wird.

(3) § 39 Absatz 3 Sätze 2 und 3 der Hamburgischen Bauordnung in der bis zum 31. März 2006 geltenden Fassung[2] gilt fort.

(4) Soweit in diesem Gesetz an die Festsetzung von Baugebieten Rechtsfolgen geknüpft werden[3], gelten diese auch für die entsprechenden Baugebiete in den nach § 173 Absatz 3 Satz 1 des Bundesbaugesetzes übergeleiteten Bebauungsplänen und in Bebauungsplänen nach dem Bundesbaugesetz, bei denen der erste Tag der öffentlichen Auslegung in die Zeit zwischen dem 29. Oktober 1960 und dem 31. Juli 1962 fiel.

(5) Soweit in landesrechtlichen Rechtsvorschriften auf die nach § 82 außer Kraft getretenen Vorschriften verwiesen ist, finden an ihrer Stelle die maßgeblichen Bestimmungen dieses Gesetzes oder der auf Grund dieses Gesetzes erlassenen Vorschriften entsprechende Anwendung.

(6) (Änderungsanweisung)

### Anmerkungen
1 Die HBauO trat am 1.4.2006 in Kraft.
2 § 39 Abs. 3 Satz 2 und 3 der alten Fassung der HBauO (Wasserversorgungsanlagen) hatten folgenden Wortlaut:
[2]Die Eigentümerinnen und Eigentümer bestehender Gebäude sind verpflichtet, bis zum 1. September 2004 jede Wohnung oder andere Nutzungseinheit nach Satz 1 mit solchen Einrichtungen auszurüsten.

³Ausnahmen können zugelassen werden, soweit die Ausrüstung im Einzelfall wegen besonderer Umstände durch einen unangemessenen Aufwand oder in sonstiger Weise zu unverhältnismäßigen Kosten führt.

3 Siehe Bauprüfdienst Wasserzähler (BPD 2/2014).
4 An festgesetzte Baugebiete knüpfen z. B. die Regelungen des § 13 HBauO an. Den Baugebieten nach Baunutzungsverordnung sind Baugebiete nach Baupolizeiverordnung vergleichbar.

B · HBauO   Anlage 1

Anlage 1
## Innenstadtbereich nach § 49 Absatz 2

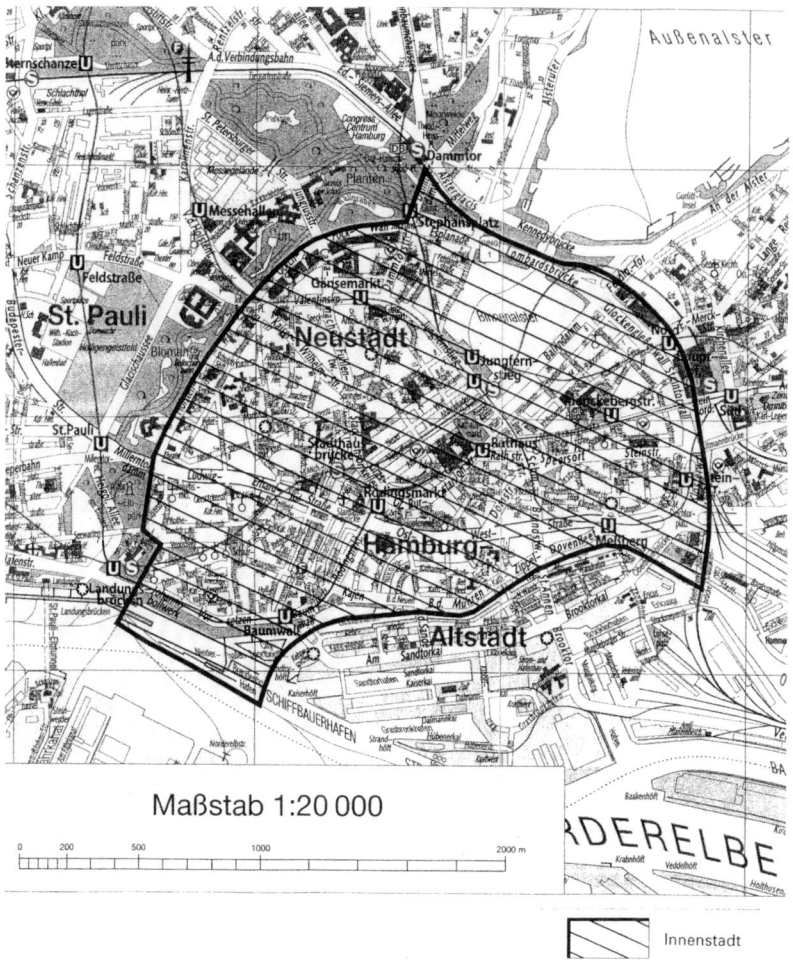

Maßstab 1:20 000

Anlage 2  HBauO · B

Anlage 2

# Verfahrensfreie Vorhaben nach § 60

Hinweis:

[1]Für die nachfolgenden Vorhaben ist eine Genehmigung der Bauaufsichtsbehörden nicht erforderlich. [2]Inhaltliche Anforderungen, die durch öffentlich-rechtliche Vorschriften an diese Vorhaben gestellt werden, sind zu beachten. [3]Zulassungsentscheidungen nach anderen Vorschriften als der Hamburgischen Bauordnung und der auf diese gestützten Vorschriften sind einzuholen. [4]Bauaufsichtliche Eingriffsbefugnisse bleiben bei Verstößen gegen diese Vorschriften unberührt. [5]Sofern von dieser Anlage erfasste Vorhaben Teil eines Vorhabens sind, das in einem Verfahren nach § 61, § 62 oder § 64 zu prüfen ist, werden sie in das jeweilige Verfahren einbezogen.

## Übersicht:

**I    Errichtung und Änderungen von Anlagen**
1. Gebäude und Überdachungen
2. Technische Gebäudeausrüstung
3. Anlagen der Ver- und Entsorgung
4. Masten, Antennen und ähnliche Anlagen
5. Behälter
6. Mauern und Einfriedigungen
7. Verkehrsanlagen
8. Aufschüttungen und Abgrabungen
9. Anlagen in Gärten und zur Freizeitgestaltung
10. Tragende und nicht tragende Bauteile
11. Werbeanlagen und Automaten
12. Vorübergehend aufgestellte oder benutzbare Anlagen
13. Plätze
14. Container
15. Sonstige Anlagen

**II   Änderung der Nutzung**

**III  Beseitigung von Anlagen**

**IV   Instandhaltungsarbeiten**


**I    Errichtung und Änderungen von Anlagen**

**1.   Gebäude und Überdachungen:**

1.1 ein eingeschossiges Gebäude ohne Aufenthaltsräume bis 30 m³ umbauten Raum je zugehörigem Hauptgebäude, außer im Außenbereich,
1.2 eine Garage mit einer Wandhöhe bis zu 3,0 m und einer Bruttogrundfläche bis zu 50 m² je zugehörigem Hauptgebäude, außer im Außenbereich; die Fläche von Stellplätzen nach Nummer 13.2 ist anzurechnen,

**B · HBauO** Anlage 2

1.3 Gebäude ohne Feuerungsanlagen mit einer traufseitigen Wandhöhe bis zu 5,0 m, die einem land- oder forstwirtschaftlichen Betrieb oder einem Betrieb der gartenbaulichen Erzeugung dienen, höchstens 100 m$^2$ Bruttogrundfläche haben und nur zur Unterbringung von Sachen oder zum vorübergehenden Schutz von Tieren bestimmt sind,

1.4 Gewächshäuser auf landwirtschaftlich oder erwerbsgärtnerisch genutzten Flächen mit höchstens 100 m$^2$ Grundfläche und
- bis zu 4,50 m Firsthöhe,
- bis zu 6,0 m Firsthöhe, wenn eine Typengenehmigung nach § 65 vorliegt; nicht freigestellt sind Foliengewächshäuser mit Feuerstätten,

1.5 Fahrgastunterstände, die dem öffentlichen Personenverkehr oder der Schülerbeförderung dienen,

1.6 Schutzhütten für Wanderer, die jedermann zugänglich sind und keine Aufenthaltsräume haben,

1.7 Überdachungen von Terrassen mit einer Fläche bis zu 30 m$^2$ und einer Tiefe bis zu 3,0 m vor Erdgeschossen sowie untergeordnete Überdachungen wie zum Beispiel Hauseingangsüberdachungen,

1.8 Gartenlauben in Kleingartenanlagen mit einer Grundfläche von höchstens 24 m$^2$,

1.9 Wochenendhäuser in festgesetzten Wochenendhausgebieten;

**2. Anlagen der technischen Gebäudeausrüstung**

mit Ausnahme frei stehender Abgasanlagen mit einer Höhe von mehr als 10 m,

2.1 folgende Anlagen zur Nutzung erneuerbarer Energien:

2.1.1 Solaranlagen in, an und auf Dachflächen außer bei Hochhäusern sowie die damit verbundene Änderung der Nutzung oder der äußeren Gestalt des Gebäudes,

2.1.2 gebäudeunabhängige Solaranlagen mit einer Höhe bis zu 3 m und einer Gesamtlänge bis zu 9 m,

2.1.3 Windenergieanlagen bis zu 10 m Höhe gemessen von der Geländeoberfläche bis zum höchsten Punkt der vom Rotor bestrichenen Fläche und einem Rotordurchmesser bis zu drei Metern außer in reinen Wohngebieten sowie Windenergieanlagen mit einer Gesamthöhe bis zu 15 m über Geländeoberfläche in festgesetzten Gewerbe und Industriegebieten und im Hafennutzungsgebiet;

**3. Anlagen der Ver- und Entsorgung:**

3.1 Brunnen,

3.2 Anlagen, die der öffentlichen Versorgung mit Telekommunikation, Elektrizität, Gas, Öl oder Wärme dienen, mit einer Höhe bis zu 5,0 m und einer Bruttogrundfläche bis zu 10 m$^2$,

3.3 Grundstücksentwässerungsanlagen;

**4. Masten, Antennen und ähnliche Anlagen:**

4.1 unbeschadet der Nummer 3.2 Antennen einschließlich der Masten mit einer Höhe bis zu 10,0 m und zugehöriger Versorgungseinheiten mit einem Bruttorauminhalt bis zu 10 m$^3$ sowie, soweit sie in, auf oder an einer bestehenden

Anlage 2 **HBauO · B**

baulichen Anlage errichtet werden, die damit verbundene Änderung der Nutzung oder der äußeren Gestalt der Anlage,
4.2 Masten und Unterstützungen für Fernsprechleitungen, für Leitungen zur Versorgung mit Elektrizität, für Seilbahnen und für Leitungen sonstiger Verkehrsmittel, für Sirenen, für Überwachungskameras und für Fahnen,
4.3 Signalhochbauten für die Landesvermessung,
4.4 Flutlichtmasten auf zugelassenen Sportstätten mit einer Höhe bis zu 10,0 m, außer im Außenbereich;

## 5. Behälter:

5.1 ortsfeste Behälter für Flüssiggas mit einem Fassungsvermögen von weniger als 3 t, für nicht verflüssigte Gase mit einem Bruttorauminhalt bis zu 6 m³,
5.2 ortsfeste Behälter für brennbare oder wassergefährdende Flüssigkeiten mit einem Bruttorauminhalt bis zu 10 m³,
5.3 ortsfeste Behälter sonstiger Art mit einem Bruttorauminhalt bis zu 50 m³ und einer Höhe bis zu 3,0 m,
5.4 Gärfutterbehälter mit einer Höhe bis zu 6,0 m und Schnitzelgruben,
5.5 Fahrsilos, Kompost- und ähnliche Anlagen außer im Außenbereich,
5.6 Wasserbecken mit einem Beckeninhalt bis zu 100 m³,
5.7 Behälter zum Sammeln wieder verwertbarer Abfallstoffe wie Altpapier und Altglas bis zu 10 m³ Größe auf öffentlichen Wegen, Grünflächen oder öffentlich genutzten Privatflächen,
5.8 Standplätze für Wertstoff- und Abfallbehälter einschließlich der zugehörigen Müllbehälterschränke,
5.9 Briefkästen, Behälter und Schränke mit einer Bruttogrundfläche bis 10 m², die zu Zwecken der Postannahme bzw. Postverteilung aufgestellt werden;

## 6. Mauern und Einfriedigungen:

6.1 Mauern einschließlich Stützmauern und Einfriedigungen mit einer Höhe bis zu 2,0 m, außer im Außenbereich,
6.2 offene, sockellose Einfriedigungen für Grundstücke, die einem land- oder forstwirtschaftlichen Betrieb oder einem Betrieb der gartenbaulichen Erzeugung dienen;

## 7. Verkehrsanlagen:

Private Verkehrsanlagen einschließlich Brücken und Durchlässe mit einer lichten Weite bis zu 5,0 m und Untertunnelungen mit einem Durchmesser bis zu 3,0 m;

## 8. Aufschüttungen und Abgrabungen:

8.1 bis insgesamt 50 m² Grundfläche,
8.2 von mehr als 50 m² bis zu 400 m² Grundfläche und bis zu 2 m Höhe oder Tiefe, soweit nicht an bauliche Anlagen angeschüttet oder an baulichen Anlagen abgegraben wird,
8.3 im Hafennutzungsgebiet bis zu der von der Wasserbehörde festgelegten Höhe des Hochwasserschutzes (Bemessungswasserstand plus Wellenauflauf), sofern

**B · HBauO** Anlage 2

sie die Hamburg Port Authority zur hochwassersicheren Aufhöhung von Flächen durchführt,
8.4 ohne Flächen- oder Höhenbegrenzung, sofern die Aufschüttungen oder Abgrabungen einschließlich ihrer Höhe oder Tiefe in einem Bebauungsplan oder in einem Verfahren nach § 14 des Hafenentwicklungsgesetzes festgelegt sind;

**9. Anlagen in Gärten und zur Freizeitgestaltung:**

9.1 Schwimmbecken mit einem Beckeninhalt bis zu 100 m$^3$, außer im Außenbereich und in Kleingartenanlagen,
9.2 Sprungschanzen, Sprungtürme und Rutschbahnen mit einer Höhe bis zu 10 m in Badeanstalten, ansonsten bis zu 3 m,
9.3 Anlagen, die der zweckentsprechenden Einrichtung von Spiel-, Abenteuerspiel-, Bolz- und Sportplätzen, Reit- und Wanderwegen, Trimm- und Lehrpfaden dienen, ausgenommen Gebäude und Tribünen, sowie das Auswechseln von Belägen auf Spiel- und Sportflächen,
9.4 Wohnwagen, Zelte und bauliche Anlagen, die keine Gebäude sind, auf Camping-, Zelt- und Wochenendplätzen,
9.5 Anlagen, die der Gartennutzung, der Gartengestaltung oder der zweckentsprechenden Einrichtung von Gärten dienen,
9.6 Boots- und Badestege, soweit sie nicht – auch nicht vorübergehend – allgemein zugänglich sind und keine Aufbauten haben,
9.7 Maßnahmen zur inneren Erschließung von öffentlichen Freizeit- und Parkanlagen sowie von Kleingartenanlagen,
9.8 Saunaanlagen, die nicht gewerblichen oder öffentlichen Zwecken dienen;

**10. Tragende und nicht tragende Bauteile:**

10.1 nicht tragende und nicht aussteifende Bauteile in baulichen Anlagen,
10.2 die Änderung tragender oder aussteifender Bauteile innerhalb von Wohngebäuden der Gebäudeklassen 1 und 2,
10.3 Türen und Fenster, einschließlich Dachflächenfenster, sowie die dafür bestimmten Öffnungen,
10.4 Außenwandverkleidungen einschließlich Maßnahmen der Wärmedämmung außer bei Hochhäusern sowie Verblendung und Verputz baulicher Anlagen,
10.5 Bedachungen einschließlich Maßnahmen der Wärmedämmung außer bei Hochhäusern,
10.6 Herstellung von Dachgauben und Dacheinschnitten, wobei deren Länge insgesamt nicht mehr als ein Drittel ihrer zugehörigen Gebäudeseitenlänge betragen darf;

**11. Werbeanlagen und Automaten:**

11.1 Werbeanlagen mit einer Ansichtsfläche bis zu 1 m$^2$,
11.2 Automaten,
11.3 Werbeanlagen an der Stätte der Leistung, die nach ihrem erkennbaren Zweck nur vorübergehend für höchstens zwei Monate angebracht werden, außer im Außenbereich,

## Anlage 2    HBauO · B

11.4 Werbeanlagen in Gewerbe-, Industrie- und vergleichbaren Sondergebieten an der Stätte der Leistung mit einer Höhe bis zu 10,0 m ab Geländeoberfläche sowie Sammelschilder als Hinweis auf ortsansässige gewerbliche Betriebe mit einer Höhe bis zu 10,0 m ab Geländeoberfläche,
11.5 Erneuerung und Austausch der Werbemotive bei Wechselwerbeanlagen,
11.6 Erneuerung und Austausch bestehender Werbeanlagen, wenn Art und Größe nicht verändert werden,
11.7 Werbeanlagen, für die eine Genehmigung nach wegerechtlichen Vorschriften erforderlich ist, außer Werbeanlagen an Fassaden und Baugerüsten;

### 12.   Vorübergehend aufgestellte oder benutzbare Anlagen:

12.1 Baustelleneinrichtungen einschließlich der Bauschilder, Bauzäune, Lagerhallen, Schutzhallen und Unterkünfte, ausgenommen Schutzdächer, deren Firsthöhe über 25 m Geländeoberfläche liegt,
12.2 Gerüste, wenn es sich dabei um eingeschossige Lehr- und Traggerüste bis zu einer Gerüsthöhe von 5 m oder um Arbeits- und Schutzgerüste handelt, bei denen die oberste Gerüstbühne nicht höher als 25 m über der Geländeoberfläche liegt und die Gerüste von Sachkundigen aufgestellt werden,
12.3 Toilettenwagen und -häuschen,
12.4 Behelfsbauten, die der Landesverteidigung, dem Katastrophenschutz oder der Unfallhilfe dienen,
12.5 bauliche Anlagen, die für höchstens drei Monate auf genehmigtem Messe- und Ausstellungsgelände errichtet werden, ausgenommen Fliegende Bauten,
12.6 Verkaufsstände und andere bauliche Anlagen auf Straßenfesten, Volksfesten und Märkten, ausgenommen Fliegende Bauten,
12.7 Fliegende Bauten mit einer Höhe bis zu 5 m, die nicht dazu bestimmt sind, von Besuchern betreten zu werden,
12.8 Fliegende Bauten mit einer Höhe bis zu 5 m, die für Kinder betrieben werden und eine Geschwindigkeit von höchstens 1 m/s haben,
12.9 Bühnen, die Fliegende Bauten sind, einschließlich Überdachungen und sonstigen Aufbauten mit einer Höhe bis zu 5 m, einer Grundfläche bis zu 100 m$^2$ und einer Fußbodenhöhe bis zu 1,50 m,
12.10 Zelte, die Fliegende Bauten sind, mit einer Grundfläche bis zu 75 m$^2$;
12.11 Eingeschossige überdeckte bauliche Anlagen als Fliegende Bauten wie Verkaufs- oder Ausstellungsstände, einschließlich aller Anbauten und Vordächer, mit einer Grundfläche bis zu 75 m$^2$ und einer Höhe bis zu 5 m, auch wenn sie von Besuchern betreten werden,
12.12 aufblasbare Spielgeräte mit einer Höhe des betretbaren Bereichs von bis zu 5 m oder mit überdachten Bereichen, bei denen die Entfernung zum Ausgang nicht mehr als 3 m oder, sofern ein Absinken der Überdachung konstruktiv verhindert wird, nicht mehr als 10 m beträgt;

### 13   Plätze:

13.1 Lager- und Abstellplätze, die einem land- oder forstwirtschaftlichen Betrieb oder einem Betrieb der gartenbaulichen Erzeugung dienen, außer im Außenbereich,

**B · HBauO** Anlage 2

13.2 nicht überdachte Stellplätze mit einer Fläche bis zu 50 m² je zugehörigem Hauptgebäude, außer im Außenbereich, wobei die Fläche von Garagen nach Nummer 1.2 anzurechnen ist,
13.3 Kinderspielplätze;

**14. Container:**

14.1 Container für den vorübergehenden Aufenthalt von Personal im Hafengebiet nach § 2 Absatz 2 des Hafenentwicklungsgesetzes in der jeweils geltenden Fassung sowie in festgesetzten Gewerbe- und Industriegebieten,
14.2 Schlaf- und Bürocontainer bis zu einer Stapelhöhe von zwei Containern auf Baustellen,
14.3 ortsfeste Container, die der Lagerung von nicht wassergefährdenden Stoffen dienen,
– im Hafengebiet,
– auf Baustellen,
– auf dafür genehmigten Flächen;

**15. Sonstige Anlagen:**

15.1 Fahrradabstellanlagen mit einer Gesamtfläche bis zu 50 m², außer im Außenbereich,
15.2 Zapfsäulen und Tankautomaten genehmigter Tankstellen, Eigenverbrauchstankstellen, sofern die Behältergröße nach Nummern 5.1 (Flüssiggas oder nicht verflüssigtes Gas) und 5.2 (brennbare oder wassergefährdende Flüssigkeiten) nicht überschritten wird,
15.3 Regale mit einer Höhe bis zu 7,50 m Oberkante Lagergut, außer im Außenbereich,
15.4 Grabdenkmale auf Friedhöfen, Feldkreuze, Denkmäler, Skulpturen und sonstige Kunstwerke jeweils mit einer Höhe bis zu 4 m,
15.5 Bedienungs- und Wartungsanlagen einschließlich der zugehörigen Treppen, Leitern, Tritte, Laufstege und Umwehrungen,
15.6 Rohrleitungen und Rohrbrücken bis 10 m Spannweite innerhalb von Industrie- und Gewerbebetrieben, sofern sie nicht über öffentliche Verkehrsflächen führen,
15.7 Verputz baulicher Anlagen, Außenwandanstriche und Anstriche äußerer Bauteile, ausgenommen bildliche Darstellungen,
15.8 Telefonzellen bzw. Telefonstandsäulen,
15.9 andere unbedeutende Anlagen oder untergeordnete Teile von Anlagen wie Markisen, Rollläden, Terrassen, Dacheindeckungen und Dachrinnen, Außenleuchten, Maschinenfundamente, Fahrzeugwaagen, Pergolen, Jägerstände, Wildfütterungsstände, Bienenfreistände, Taubenhäuser, Teppichklopf- und Wäschetrocknungsvorrichtungen im Freien, Sicherheitsvorrichtungen an Dächern und Gebäuden.

**II   Änderung der Nutzung**

Verfahrensfrei ist die Änderung der Nutzung von Anlagen, wenn
1. für die neue Nutzung keine anderen öffentlich-rechtlichen Anforderungen als für die bisherige gelten oder
2. die Errichtung oder Änderung der Anlagen nach Abschnitt I verfahrensfrei wäre.

Anlage 2   HBauO · B

## III   Beseitigung von Anlagen

[1]Verfahrensfrei ist die Beseitigung von
1. Anlagen nach Abschnitt I,
2. Gebäuden der Gebäudeklassen 1 und 2, es sei denn, die zu beseitigenden Gebäude der Gebäudeklasse 2 grenzen an Gebäude der Gebäudeklassen 3 bis 5 an,
3. sonstigen Anlagen, die keine Gebäude sind, mit einer Höhe bis zu 10 m.

[2]Nach der Beseitigung von Gebäuden, für die eine Hausnummer festgesetzt wurde, ist die Bauaufsichtsbehörde zu informieren. [3]Die beabsichtigte Beseitigung von Gebäuden mit Ausnahme der Anlagen nach Abschnitt I Nummer 1 ist der für den Bauarbeiterschutz zuständigen Behörde einen Monat vorher mitzuteilen.

## IV   Instandhaltungsarbeiten

Verfahrensfrei sind Instandhaltungsarbeiten.

# Bauvorlagenverordnung (BauVorlVO)

Vom 30. Juni 2020 (HmbGVBl. 2020, S. 391).

Auf Grund von § 81 Absatz 6 der Hamburgischen Bauordnung (HBauO) vom 14.12.2005 (HmbGVBl. S. 525, 563), zuletzt geändert am 20.2.2020 (HmbGVBl. S. 148, 155), wird verordnet:

**Inhaltsübersicht**

Teil I   Bauvorlagen und Bescheinigungen

Abschnitt I   **Allgemeines**
§ 1   Begriff, Beschaffenheit, Unterschrift, Verzicht
§ 2   Anzahl
§ 3   Übereinstimmungsgebot

Abschnitt II   **Vorzulegende Bauvorlagen**
§ 4   Vereinfachtes und konzentriertes Verfahren
§ 5   Werbeanlagen
§ 6   Beseitigung von Anlagen
§ 7   Typengenehmigung, Fliegende Bauten
§ 8   Vorhabenbezogene Bauartgenehmigung, Zustimmung im Einzelfall
§ 9   Vorbescheide, Abweichungen, Ausnahmen, Befreiungen

Abschnitt III   **Inhaltliche Anforderungen**
§ 10   Auszug aus dem Liegenschaftskataster, Lageplan
§ 11   Bauzeichnungen
§ 12   Baubeschreibung
§ 13   Betriebsbeschreibung
§ 14   Standsicherheitsnachweis
§ 15   Brandschutznachweis
§ 16   Nachweis des Wärmeschutzes und zur Energieeinsparung
§ 17   Nachweise des Schall- und Erschütterungsschutzes
§ 18   Bauvorlagen nach anderen öffentlich-rechtlichen Vorschriften
§ 19   Abwasserrecht
§ 20   Wegerecht
§ 21   Naturschutzrecht
§ 22   Wasserrecht
§ 23   Immissionsschutzrecht
§ 24   Abfallrecht
§ 25   Lebensmittelrecht
§ 26   Asbestsanierung

Teil II   **Verfahren**
§ 27   Elektronisches Verfahren

§ 1  BauVorlVO · C 1

Teil III **Datenschutz und Aufbewahrungspflicht**
§ 28 Verarbeiten von personen- und vorhabensbezogenen Daten für Aufgaben der Bauaufsichtsbehörden
§ 29 Übermittlung von Daten zur Aufgabenerfüllung anderer Stellen
§ 30 Dauer der Speicherung von Daten
§ 31 Aufbewahrungspflicht

Teil IV **Schlussbestimmungen**
§ 32 Außerkrafttreten

# Teil I Bauvorlagen und Bescheinigungen

## Abschnitt I   Allgemeines

### § 1   Begriff, Beschaffenheit, Unterschrift, Verzicht

(1) Bauvorlagen sind die Unterlagen, die für die Beurteilung von Vorhaben oder die Prüfung von Anträgen im bauaufsichtlichen Verfahren erforderlich sind. Bautechnische Nachweise gelten auch dann als Bauvorlagen, wenn sie der Bauaufsichtsbehörde nicht vorzulegen sind.

(2) Bauvorlagen müssen aus alterungsbeständigem Papier oder gleichwertigem Material lichtbeständig hergestellt sein und dem Format DIN A 4 entsprechen oder auf diese Größe gefaltet sein.

(3) Stellt die Bauaufsichtsbehörde Papiervordrucke oder elektronische Formulare zur Verfügung, sind diese zu verwenden.

(4) Anträge sind von der Bauherrin oder dem Bauherrn (§ 54 Absatz 1 HBauO) zu unterschreiben, die Entwurfsverfasserin oder der Entwurfsverfasser (§ 55 Absatz 1 HBauO) sind im Antrag zu benennen. Die Bauvorlagen sind von der Entwurfsverfasserin oder dem Entwurfsverfasser oder von der Fachplanerin oder dem Fachplaner (§ 55 Absatz 3 HBauO) zu unterschreiben. Mehrausfertigungen nach § 2 Satz 2 müssen nicht nach § 67 Absatz 1 HBauO unterschrieben sein. Die Bauaufsichtsbehörde kann die schriftliche Zustimmung der Grundeigentümerin oder des Grundeigentümers zur Antragstellung verlangen, wenn diese Personen nicht zugleich Bauherrin oder Bauherr sind.

(5) Eine Zustimmungserklärung der Nachbarn nach § 71 Absatz 2 HBauO ist ebenso eine Bauvorlage wie eine Baulasterklärung nach § 79 Absatz 1 HBauO oder ein öffentlich-rechtlicher Vertrag für Sondernutzungen nach § 20 Nummer 3.

(6) Die Bauaufsichtsbehörde darf ein Modell oder weitere Bauvorlagen verlangen, wenn dies zur Beurteilung des Vorhabens erforderlich ist.

(7) Die Bauaufsichtsbehörde soll auf Bauvorlagen verzichten, wenn diese im Einzelfall zur Beurteilung des Vorhabens nicht erforderlich sind.

(8) Soweit das Verfahren in elektronischer Form (§ 27) geführt wird, finden die Absätze 2 und 3 sowie, soweit das Erfordernis einer Unterschrift oder der Schriftform betroffen ist, Absatz 4 keine Anwendung.

## § 2 Anzahl

¹Der im bauaufsichtlichen Verfahren zu stellende Antrag und die dazu erforderlichen Bauvorlagen sind einzureichen
1. in zweifacher Ausfertigung bei Typengenehmigungen, Fliegenden Bauten und der Zustimmung im Einzelfall nach § 7;
2. in einfacher Ausfertigung bei vorhabenbezogenen Bauartgenehmigungen und Zustimmungen im Einzelfall nach § 8;
3. in zweifacher Ausfertigung die Bauvorlagen für den Standsicherheitsnachweis nach § 14, den Nachweis des Wärmeschutzes und zur Energieeinsparung nach § 16;
4. in dreifacher Ausfertigung bei Vorhaben im vereinfachten Genehmigungsverfahren (§ 61 HBauO) nach § 4 Absatz 1, bei Werbeanlagen nach § 5, bei der Beseitigung von Anlagen nach § 6, bei Vorbescheiden und bei Abweichungen nach § 9;
5. in achtfacher Ausfertigung bei Vorhaben im Baugenehmigungsverfahren mit Konzentrationswirkung (§ 62 HBauO) nach § 4 Absatz 2, davon abweichend jedoch
   5.1 in dreifacher Ausfertigung die Bauvorlagen für den Brandschutznachweis nach § 15;
   5.2 in dreifacher Ausfertigung die Bauvorlagen nach anderen öffentlich-rechtlichen Vorschriften nach §§ 18, 20 bis 25;
   5.3 in jeweils zweifacher Ausfertigung die Bauvorlagen zur Prüfung abwasserrechtlicher Belange nach § 19.

Weitere Mehrausfertigungen sind einzureichen, wenn eine Beteiligung weiterer Stellen im Verfahren dies erfordert. Soweit das Verfahren in elektronischer Form geführt wird oder die Bauaufsichtsbehörde auf die Einreichung von Mehrausfertigungen verzichtet, finden die Sätze 1 und 2 keine Anwendung.

## § 3 Übereinstimmungsgebot

Die Bauzeichnungen, Baubeschreibungen, Berechnungen und Konstruktionszeichnungen sowie sonstige Zeichnungen und Beschreibungen, die den bautechnischen Nachweisen zugrunde liegen, müssen miteinander übereinstimmen und gleiche Positionsangaben haben.

## Abschnitt II  Verfahrens- und vorhabenbezogene Anforderungen

### § 4 Vereinfachtes und konzentriertes Verfahren

(1) Für die Errichtung, Änderung oder Nutzungsänderung baulicher Anlagen, die einem Verfahren nach § 61 HBauO unterliegen, sind soweit erforderlich vorzulegen:
1. ein aktueller Auszug aus dem Liegenschaftskataster (§ 10 Absatz 1);
2. der Lageplan mit Darstellungen nach § 10 Absatz 6 Nummern 1 bis 10, 12 und 14;
3. die Bauzeichnungen (§ 11);
4. die Baubeschreibung (§ 12);
5. die erforderlichen Angaben über die gesicherte Erschließung hinsichtlich der Versorgung mit Wasser und Energie sowie der Entsorgung von Abwasser und der verkehrsmäßigen Erschließung, soweit das Bauvorhaben nicht an eine öf-

## § 4 BauVorlVO · C 1

fentliche Wasser- oder Energieversorgung oder eine öffentliche Abwasserentsorgungsanlage angeschlossen werden kann oder nicht in ausreichender Breite an einer öffentlichen Verkehrsfläche liegt;
6. bei Bauvorhaben im Geltungsbereich eines Bebauungsplans, der Festsetzungen über das Maß der baulichen Nutzung enthält, eine Berechnung des zulässigen, des vorhandenen und des geplanten Maßes der baulichen Nutzung;
7. bei Abweichungen, Ausnahmen und Befreiungen die in § 9 Absätze 2 und 3 genannten Bauvorlagen;
8. der Nachweis der Standsicherheit (§ 14), soweit er nach § 68 Absatz 2 HBauO bauaufsichtlich geprüft wird;
9. der Nachweis des Brandschutzes (§ 15), soweit er nach § 68 Absatz 2 HBauO bauaufsichtlich geprüft wird und nicht bereits in den übrigen Bauvorlagen enthalten ist;
10. der Nachweis des Wärmeschutzes und zur Energieeinsparung (§ 16), soweit er nach § 68 Absatz 2 HBauO bauaufsichtlich geprüft wird;
11. bei Eingriffen in Natur und Landschaft die in § 17 Absatz 4 des Bundesnaturschutzgesetzes vom 29. Juli 2009 (BGBl. I S. 2542), zuletzt geändert am 11. Mai 2010 (HmbGVBl. S. 350, 359), in der jeweils geltenden Fassung genannten Angaben;
12. bei Ausnahmen nach den Vorschriften der Baumschutzverordnung vom 17. September 1948 (Sammlung des bereinigten hamburgischen Landesrechts I 791-i), zuletzt geändert am 11. Mai 2010 (HmbGVBl. S. 350, 359), in der jeweils geltenden Fassung ein Lageplan auf der Grundlage von § 10 Absätze 2,4,5 und 6 im Maßstab 1:500 mit folgenden Darstellungen und Angaben:
    a) Hecken
    b) geschützter Baumbestand mit eingemessener Lage, Benennung der Arten, Angaben zum Stammdurchmesser (gemessen in 1,30 m Höhe), zum Kronendurchmesser sowie zu den Geländehöhen am Stammfuß der Bäume bei geplanten Geländeveränderungen, auch soweit Baumbestand auf Nachbargrundstücken oder öffentlichen Verkehrsflächen betroffen ist;
    c) Markierung der Bäume und Hecken, die entfernt werden sollen.

(2) Bei Vorhaben, die einem Verfahren nach § 62 HBauO unterliegen, sind vorzulegen:
1. ein aktueller Auszug aus dem Liegenschaftskataster (§ 10 Absatz 1);
2. der Lageplan mit Darstellungen nach § 10 Absatz 6;
3. die in Absatz 1 Nummern 3 bis 6 und 8 bis 10 genannten Bauvorlagen;
4. die Betriebsbeschreibung (§ 13);
5. die Bauvorlagen nach anderen öffentlich-rechtlichen Vorschriften (§§ 18 – 25);
6. bei Abweichungen, Ausnahmen und Befreiungen die in § 9 Absätze 2 bis 4 genannten Bauvorlagen;
7. die vorhabenbezogene Bauartgenehmigung oder die Zustimmung im Einzelfall oder die zu ihrer Erteilung erforderlichen Bauvorlagen;
8. die Berechnung der Anzahl der notwendigen Stellplätze und der Anzahl der notwendigen Fahrradplätze (§ 48 Absatz 1 HBauO).

(3) Die Bauherrin oder der Bauherr können Bauvorlagen, die die grundsätzliche Genehmigungsfähigkeit des Vorhabens nicht berühren, aus der Vollständigkeitsprüfung der Bauvorlagen nach § 70 Absatz 2 HBauO herausnehmen und zu einem späteren Zeitpunkt zur Prüfung nachreichen. Dazu gehören insbesondere
1. die vorhabenbezogene Bauartgenehmigung oder die Zustimmung im Einzelfall oder die zu ihrer Erteilung erforderlichen Bauvorlagen;
2. der Standsicherheitsnachweis (§ 14);

3. die Bauvorlagen zur technischen Ausführung der Starkstromanlagen einschließlich der Sicherheitsstromversorgung sowie der Lüftungs-, Rauch- und Wärmeabzugsanlagen (§ 15 Absatz 3);
4. der Nachweis des Wärmeschutzes und zur Energieeinsparung (§ 16).

## § 5 Werbeanlagen

(1) Vorzulegen sind:
1. ein Auszug aus dem Liegenschaftskataster (§ 10 Absatz 1);
2. ein Lageplan mit Darstellung nach § 10 Absatz 6 Nummern 1, 2, 4 und 10 mit Einzeichnung des Standorts der Werbeanlage;
3. eine Zeichnung (Absatz 2) und Beschreibung (Absatz 3) oder eine andere geeignete Darstellung der Werbeanlage, wie ein farbiges Lichtbild oder eine farbige Lichtbildmontage;
4. sofern die Standsicherheit betroffen ist, der Standsicherheitsnachweis (§ 14);
5. bei Abweichungen, Ausnahmen und Befreiungen die in § 9 Absatz 2 und 4 genannten Bauvorlagen.

(2) Die Zeichnung muss die Darstellung der Werbeanlage und ihre Maße, auch bezogen auf den Standort und auf Anlagen, an denen die Werbeanlage angebracht oder in deren Nähe sie aufgestellt werden soll, sowie Angaben über die Farbgestaltung enthalten.

(3) In der Beschreibung sind die Art und die Beschaffenheit der Werbeanlage sowie, soweit erforderlich, die Abstände zu öffentlichen Verkehrsflächen anzugeben. Bei beleuchteten Werbeanlagen ist die Art der Beleuchtung, deren Lichtstärke und Farbgebung anzugeben.

## § 6 Beseitigung von Anlagen

Für die Beseitigung von Anlagen (§ 61 Absatz 1 Nummer 3 HBauO) sind vorzulegen
1. ein Auszug aus dem Liegenschaftskataster (§ 10 Absatz 1);
2. ein Lageplan mit Darstellungen nach § 10 Absatz 3 Nummern 1, 2, 4 und 10, der die Lage der zu beseitigenden Anlagen unter Bezeichnung des Grundstücks nach Straße und Hausnummer darstellt;
3. ein Verzeichnis über Gefahrstoffe im Sinne der Gefahrstoffverordnung vom 26. November 2010 (BGBl. I S. 1643, 1644), zuletzt geändert am 29, März 2017 (BGBl. I S. 626, 648), in der jeweils geltenden Fassung sowie biologische Arbeitsstoffe im Sinne der Biostoffverordnung vom 15. Juli 2013 (BGBl. I S. 2514), geändert am 29. März 2017 (BGBl. I S. 626,648) in der jeweils geltenden Fassung;
4. bei der Beseitigung von Gebäuden der Gebäudeklasse 3 bis 5 und von baulichen Anlagen von mehr als 15 m Gesamthöhe der Nachweis der sicheren Abbruchfolge; dazu gehören bei einfachen erdgeschossigen Anlagen eine Beschreibung der sicheren Abbruchfolge, bei komplexeren Anlagen auch rechnerische Nachweise mit Angaben zur Standsicherheit.

## § 7 Typengenehmigung, Fliegende Bauten

(1) Mit dem Antrag auf Erteilung einer Typengenehmigung nach § 65 HBauO sind Bauvorlagen nach § 4 Absatz 1 Nummern 3, 4, 8 und 9 sowie der Energieausweis nach § 16 Nummer 2 vorzulegen.

(2) ¹Dem Antrag auf Erteilung einer Ausführungsgenehmigung Fliegender Bauten nach § 66 HBauO sind die in § 4 Absatz 1 Nummern 3, 4, 8 und 9 sowie Absatz 2 Nummer 4 genannten Bauvorlagen beizufügen. ²Ergänzend sind Pläne und technische Angaben zu maschinen-, elektro- und sicherheitstechnischen Einrichtungen vorzulegen. ³Die Bau- und Betriebsbeschreibung muss ausreichende Angaben über Konstruktion, Aufbau, Betrieb und die den Besuchern dienenden Sicherheitseinrichtungen und Schutzmaßnahmen enthalten.

### § 8 Vorgezogene Bauartgenehmigung, Zustimmung im Einzelfall

Für die vorhabenbezogene Bauartgenehmigung gemäß § 19a Absatz 2 Satz 1 Nummer 2 HBauO und die Zustimmung im Einzelfall gemäß §§ 20c HBauO sind Bauvorlagen, insbesondere Unterlagen mit Material- und Konstruktionsangaben sowie Ausführungspläne vorzulegen.

### § 9 Vorbescheide, Abweichungen, Ausnahmen, Befreiungen

Im Verfahren zur Entscheidung über
1. die Erteilung eines Vorbescheides nach § 63 HBauO;
2. die Zulassung von Abweichungen nach § 69 HBauO;
3. die Zulassung von Ausnahmen und Befreiungen von den Vorschriften zum Wärmeschutz und der Energieeinsparung;
4. die Zulassung von Ausnahmen und Befreiungen von Anforderungen sonstiger öffentlich-rechtlicher Vorschriften in einem Verfahren nach § 62 HBauO

ist neben den nach § 1 Absatz 1 erforderlichen Bauvorlagen jeweils auch eine Begründung vorzulegen.

## Abschnitt III  Inhaltliche Anforderungen

### § 10 Auszug aus dem Liegenschaftskataster, Lageplan

(1) ¹Der aktuelle Auszug aus dem darstellenden Teil des Liegenschaftskatasters (Liegenschaftskarte) muss das Baugrundstück und die benachbarten Grundstücke im Umkreis von mindestens 50 m darstellen. ²Der Auszug aus dem beschreibenden Teil des Liegenschaftskatasters muss Angaben zu der Grundstückseigentümerin oder dem Grundstückseigentümer, der oder dem Erbbauberechtigten sowie Hinweise zu möglichen öffentlich-rechtlichen Beschränkungen enthalten. ³Das Baugrundstück ist zu kennzeichnen.

(2) ¹Der Lageplan ist auf der Grundlage der Liegenschaftskarte zu erstellen und mit einer numerischen Angabe des Maßstabs sowie einer Maßstabsleiste zu versehen. Dabei ist ein Maßstab von mindestens 1:500 zu verwenden. Ein größerer Maßstab ist zu verwenden, wenn es für die Beurteilung des Vorhabens erforderlich ist.

(3) Bei Änderungen baulicher Anlagen, bei denen Außenwände und Dächer sowie die Nutzung nicht verändert werden, ist der Lageplan nicht erforderlich.

(4) Im Lageplan sind die Zeichen und Farben nach der Anlage zu verwenden; im Übrigen ist die Planzeichenverordnung 1990 vom 18. Dezember 1990 (BGBl. 1991 I S. 58), zuletzt geändert am 4. Mai 2017 (BGBl. I S. 1057, 1063), in der jeweils geltenden Fassung, entsprechend anzuwenden. Sonstige Darstellungen sind zu erläutern.

(5) Der Inhalt des Lageplans ist auf mehreren Teilplänen in geeignetem Maßstab darzustellen, wenn der Lageplan sonst unübersichtlich würde.

(6) Der Lageplan muss, soweit dies zur Beurteilung des Vorhabens erforderlich ist, enthalten:
1. die Nordrichtung;
2. die katastermäßigen Flächengrößen, Flurstücksnummern und die Flurstücksgrenzen des Baugrundstücks und der benachbarten Grundstücke;
3. die Festsetzungen eines Bebauungsplans für das Baugrundstück über die überbaubaren und die nicht überbaubaren Grundstücksflächen;
4. die angrenzenden öffentlichen Verkehrsflächen mit Angabe der Breite und der Höhenlage mit Bezug auf das Höhenbezugssystem;
5. die geplante bauliche Anlage unter Angabe der Außenmaße, der Dachform und der Höhenlage des Erdgeschossfußbodens zur Straße;
6. Flächen, die von Baulasten oder Hofgemeinschaften betroffen sind;
7. die Abstände der geplanten baulichen Anlage zu anderen baulichen Anlagen auf dem Baugrundstück und auf den benachbarten Grundstücken, zu den Nachbargrenzen sowie die Abstandsflächen;
8. die Höhenlage der Eckpunkte des Baugrundstücks und der Eckpunkte der geplanten baulichen Anlage mit Bezug auf das Höhenbezugssystem;
9. die Aufteilung und Nutzung der nicht überbauten Flächen unter Angabe der Lage, Größe und Ausgestaltung der Kinderspielflächen, der Lage, Anzahl und Größe der Stellplätze für Kraftfahrzeuge und Fahrradplätze, der Lage und Breite der Zu- und Abfahrten einschließlich der Rampenneigung, der Anlagen für Abfälle sowie der Flächen, die mittels Begrünung und Bepflanzung gärtnerisch zu gestalten sind;
10. die vorhandenen baulichen Anlagen auf dem Baugrundstück und den benachbarten Grundstücken mit Angabe ihrer Nutzung, First- und Außenwandhöhe, Dachform und der Art der Außenwände und der Bedachung;
11. Baudenkmäler, Ensembles, Gartendenkmäler sowie Bodendenkmäler gemäß § 4 Absatz 1 Satz 1 des Denkmalschutzgesetzes vom 5. April 2013 (HmbGVBl. S. 142) in der jeweils geltenden Fassung, auch solche auf angrenzenden Grundstücken;
12. Leitungen, die der öffentlichen Versorgung mit Wasser, Gas, Elektrizität, Wärme, der öffentlichen Abwasserentsorgung oder der Telekommunikation und Rohrleitungen, die dem Ferntransport von Stoffen dienen sowie deren Abstände zu der geplanten baulichen Anlage;
13. vorhandene Hochspannungsfreileitungen im Bereich des Grundstücks und der angrenzenden Grundstücke (Grundrissprojektion mit Angabe des Abstandsmaßes der Gebäude zur Mittelachse der Freileitung);
14. Hydranten und andere Entnahmestellen für die Feuerwehr;
15. ortsfeste Anlagen zum Umgang mit wassergefährdenden, brennbaren oder entzündlichen Stoffen sowie deren Größe und Abstände zu baulichen Anlagen;
16. die Abstände der geplanten baulichen Anlage zu oberirdischen Gewässern, Hochwasserschutzanlagen;
17. die Lage in einem Wasserschutz- oder Überschwemmungsgebiet;
18. die Lage in einem Wald oder in einem Abstand von weniger als 100 m zu einem Wald.

## § 11 Bauzeichnungen

(1) $^1$Jede Bauzeichnung ist mit einer numerischen Angabe des Maßstabs sowie einer Maßstabsleiste zu versehen. $^2$Für die Bauzeichnungen ist ein Maßstab von min-

§ 12 BauVorlVO · C 1

destens 1:100 zu verwenden. ³Ein größerer Maßstab ist zu verwenden, wenn er zur Darstellung der erforderlichen Eintragung notwendig ist; ein kleinerer Maßstab kann verwendet werden, wenn er dafür ausreicht.

(2) In den Bauzeichnungen sind die Zeichen und Farben nach der Anlage zu verwenden.

(3) In den Bauzeichnungen sind anzugeben:
1. die Maße;
2. die wesentlichen Bauprodukte und Bauarten;
3. die Rohbaumaße der Fensteröffnungen in Aufenthaltsräumen;
4. bei Änderung baulicher Anlagen die zu beseitigenden und die geplanten Bauteile.

(4) ¹In den Bauzeichnungen sind darzustellen:
1. die Grundrisse aller Geschosse mit Angabe der vorgesehenen Nutzung der Räume und mit Einzeichnung der
   1.1 Treppen,
   1.2 lichten Öffnungsmaße der Türen sowie deren Art und Anordnung an und in Rettungswegen,
   1.3 Abgasanlagen,
   1.4 Räume für die Aufstellung von Feuerstätten unter Angabe der Nennwärmeleistung sowie der Räume für die Brennstofflagerung unter Angabe der vorgesehenen Art und Menge des Brennstoffes,
   1.5 Räume für Mittelspannungsschaltanlagen, Transformatoren, Niederspannungshauptverteilung und Netzersatzaggregat sowie Batterieräume,
   1.6 Aufzugsschächte, Aufzüge und deren nutzbaren Grundflächen der Fahrkörbe von Personenaufzügen,
   1.7 Installationsschächte, -kanäle und Lüftungsleitungen, soweit sie raumabschließende Bauteile durchdringen,
   1.8 Räume für die Aufstellung von Lüftungsanlagen;
2. die Schnitte, aus denen Folgendes ersichtlich ist:
   2.1 die Gründung der geplanten baulichen Anlage und, soweit erforderlich, die Gründungen anderer baulicher Anlagen,
   2.2 der Anschnitt der vorhandenen und der geplanten Geländeoberfläche,
   2.3 die Höhenlage des Erdgeschossfußbodens mit Bezug auf das Höhenbezugssystem,
   2.4 die Höhe der Fußbodenoberkante des höchstgelegenen Geschosses, in dem ein Aufenthaltsraum zulässig ist, über der geplanten Geländeoberfläche,
   2.5 die lichten Raumhöhen,
   2.6 der Verlauf der Treppen und Rampen mit ihrem Steigungsverhältnis sowie die lichten Durchgangshöhen,
   2.7 die Wandhöhe im Sinne des § 6 Absatz 4 Satz 2 HBauO,
   2.8 die Dachhöhen und Dachneigungen;
3. die Ansichten der geplanten baulichen Anlage mit dem Anschluss an Nachbargebäude unter Angabe von Baustoffen und Farben, der vorhandenen und geplanten Geländeoberfläche sowie des Straßengefälles.

§ 12 Baubeschreibung

¹In der Baubeschreibung sind das Vorhaben und seine Nutzung zu erläutern, soweit dies zur Beurteilung erforderlich ist und die notwendigen Angaben nicht im Lage-

plan und den Bauzeichnungen enthalten sind. ²Die Gebäudeklasse und die Höhe im Sinne des § 2 Absatz 3 Satz 2 HBauO sind anzugeben.

## § 13 Betriebsbeschreibung

¹Insbesondere bei gewerblichen oder industriellen Vorhaben sind betriebsbedingte Einrichtungen, technische Arbeitsmittel, Anlagen, Arbeits- und Produktionsabläufe, Betriebszeiten und Verkehrsauswirkungen zu beschreiben sowie sich aus der Nutzung und der regelmäßigen Instandhaltung ergebende Maßnahmen zum Umwelt- und Gesundheitsschutz und die Anzahl der voraussichtlich beschäftigten Personen anzugeben. ²Weiter sind auch die Art und die Menge der beim Betrieb eingesetzten, verarbeiteten, produzierten, gelagerten oder anfallenden Stoffe, Abfälle, Abwässer und durch den Betrieb zu erwartende Immissionen aufgelistet darzustellen.

## § 14 Standsicherheitsnachweis

(1) Für den Nachweis der Standsicherheit tragender Bauteile einschließlich ihrer Feuerwiderstandsfähigkeit nach § 15 Absatz 1 Nummer 1 sind eine Darstellung des gesamten statischen Systems sowie die erforderlichen Konstruktionszeichnungen, Berechnungen und Beschreibungen vorzulegen.

(2) ¹Die statischen Berechnungen müssen die Standsicherheit, auch im Brandfall, der baulichen Anlagen und ihrer Teile nachweisen. ²Die Beschaffenheit des Baugrundes und seine Tragfähigkeit sind anzugeben. ³Soweit erforderlich, ist nachzuweisen, dass die Standsicherheit anderer baulicher Anlagen und die Tragfähigkeit des Baugrundes der Nachbargrundstücke nicht gefährdet werden.

(3) ¹Konstruktive Einzelheiten wichtiger baulicher Zwischenzustände sind zu erfassen. ²Bei schwierigen Baukonstruktionen und Umbauten, die mit Hilfe von Schalungs- und Hilfsgerüsten errichtet werden, sind Berechnungen für die Standsicherheit der Gerüste vorzulegen.

## § 15 Brandschutznachweis

(1) Für den Nachweis des Brandschutzes sind im Lageplan, in den Bauzeichnungen und in der Baubeschreibung, soweit erforderlich, insbesondere anzugeben:
1. das Brandverhalten der Baustoffe (Baustoffklasse) und die Feuerwiderstandsfähigkeit der Bauteile (Feuerwiderstandsklasse) entsprechend den Benennungen nach § 24 HBauO oder entsprechend den Klassifizierungen nach der Verwaltungsvorschrift Technische Baubestimmungen;
2. die Bauteile, Einrichtungen und Vorkehrungen sowie die Anlagen der technischen Gebäudeausrüstung nach § 68 Absatz 1 HBauO, an die Anforderungen hinsichtlich des Brandschutzes gestellt werden;
3. die Nutzungseinheiten, die Brand- und Rauchabschnitte;
4. die aus Gründen des Brandschutzes erforderlichen Abstände innerhalb und außerhalb des Gebäudes;
5. der erste und der zweite Rettungsweg nach § 31 HBauO, insbesondere notwendige Treppenräume, Ausgänge, notwendige Flure, mit Rettungsgeräten der Feuerwehr erreichbare Stellen einschließlich Fenster, die als Rettungswege nach § 31 Absatz 2 Satz 2 HBauO dienen, unter Angabe der lichten Maße und Brüstungshöhen;

6. die Flächen für die Feuerwehr, Zu- und Durchgänge, Zu- und Durchfahrten, Bewegungsflächen und die Aufstellflächen für Hubrettungsfahrzeuge einschließlich ihrer Erreichbarkeit über den öffentlichen Grund mit Schleppkurvennachweis;
7. die Löschwasserversorgung.

(2) Bei Sonderbauten nach § 2 Absatz 4 HBauO sowie Mittel- und Großgaragen nach § 2 Absatz 1 Nummer 2 und 3 der Garagenverordnung vom 17. Januar 2012 (HmbGVBl. S. 8) in der jeweils gültigen Fassung müssen, soweit es für die Beurteilung erforderlich ist, zusätzlich Angaben gemacht werden insbesondere über
1. brandschutzrelevante Einzelheiten der Nutzung, insbesondere auch die Anzahl und Art der die bauliche Anlage nutzenden Personen sowie Explosions- oder erhöhte Brandgefahren, Brandlasten, Gefahrstoffe und Risikoanalysen;
2. Rettungswegbreiten und -längen, Einzelheiten der Rettungswegführung und -ausbildung und der Kennzeichnung;
3. die Bemessung der Löschwasserversorgung, Einrichtungen zur Löschwasserentnahme sowie die Löschwasserrückhaltung;
4. betriebliche und organisatorische Maßnahmen zur Brandverhütung, Brandbekämpfung und Rettung von Menschen und Tieren wie Feuerwehrplan, Brandschutzordnung, Werkfeuerwehr, Bestellung von Brandschutzbeauftragten und Selbsthilfekräften;
5. die in § 68 Absatz 1 HBauO genannten Anlagen der technischen Gebäudeausrüstung mit Grundrisszeichnungen, aus denen die Lage der Zentrale und der Wirkbereiche hervorgeht, und einer Anlagenbeschreibung.

(3) Bei
1. Hochhäusern nach § 2 Absatz 4 Nummer 1 HBauO;
2. Verkaufsstätten nach § 1 der Verkaufsstättenverordnung vom 5. August 2003 (HmbGVBl. S. 413) in der jeweils geltenden Fassung;
3. Versammlungsstätten nach § 2 Absatz 4 Nummer 7 HBauO;
4. Beherbergungsstätten nach § 2 Absatz 4 Nummer 8 HBauO;
5. Krankenhäusern nach § 2 Absatz 4 Nummer 9 HBauO;
6. Pflege- und Betreuungseinrichtungen nach § 2 Absatz 4 Nummer 9a HBauO und Einrichtungen mit vergleichbarer Nutzung;
7. Mittel- und Großgaragen nach § 2 Absatz 1 Nummern 2 und 3 der Garagenverordnung;
8. Schulen nach § 2 Absatz 4 Nummer 11 HBauO;
9. Hallenbauten mit industrieller oder gewerblicher Nutzung mit einer Geschossfläche von mehr als 1.600 m2 müssen zusätzliche Angaben und Darstellungen gemacht werden für die in § 68 Absatz 1 HBauO genannten
   a) Starkstromanlagen einschließlich der Sicherheitsstromversorgung auch mit Strangschemata der allgemeinen Stromversorgung und der Sicherheitsstromversorgung, Grundrisszeichnungen der Geschosse und Schnitte mit Angabe der Lage der Verteiler, der Leitungsführung sowie der brandschutztechnischen Maßnahmen, die Art und Lage der Verbraucher der Sicherheitsstromversorgungsanlage, der Sicherheitsleuchten und ihrer Stromkreisbezeichnungen;
   b) Lüftungsanlagen, Rauch- und Wärmeabzugsanlagen (RWA-Anlagen) mit Schemadarstellungen der Lüftungs- und RWA-Anlagen, Grundrisszeichnungen der Geschosse und Schnitte mit Darstellung der Kanalführungen sowie der brandschutztechnischen Maßnahmen an den Anlagen, Darstellungen der Zuluft- und Entrauchungsöffnungen für die RWA-Anlagen.

# C 1 · BauVorlVO §§ 16–19

(4) Der Brandschutznachweis kann auch gesondert in Form eines objektbezogenen Brandschutzkonzeptes dargestellt werden.

## § 16 Nachweis des Wärmeschutzes und zur Energieeinsparung

Für den Nachweis des Wärmeschutzes und zur Energieeinsparung sind
1. Berechnungen zur Einhaltung der Anforderungen nach den Vorschriften des Wärmeschutzes und zur Energieeinsparung;
2. der Energieausweis nach § 18 der Energieeinsparverordnung vom 24. Juli 2007 (BGBl. I S. 1519), geändert am 24. Oktober 2015 (BGBl. I S. 1789,1790), in der jeweils geltenden Fassung

vorzulegen.

## § 17 Nachweise des Schall- und Erschütterungsschutzes

Der nach bauordnungsrechtlichen Vorschriften geforderte Schall- und Erschütterungsschutz ist nachzuweisen.

## § 18 Bauvorlagen nach anderen öffentlich-rechtlichen Vorschriften

Im Genehmigungsverfahren nach § 62 HBauO sind auch die Bauvorlagen vorzulegen, die zur Prüfung der Zulässigkeit des Vorhabens nach anderen öffentlich-rechtlichen Vorschriften im Sinne von § 62 Absatz 1 Satz 1 Nummer 3 HBauO erforderlich sind.

## § 19 Abwasserrecht

Zur Prüfung abwasserrechtlicher Belange sind folgende Bauvorlagen vorzulegen:
1. für genehmigungspflichtige Einleitungen von Niederschlagswasser mit Begrenzung der Einleitmenge nach § 11a des Hamburgischen Abwassergesetzes (Hmb-AbwG) in der Fassung vom 24. Juli 2001 (HmbGVBl. S. 258, 280), zuletzt geändert am 23. Januar 2018 (HmbGVBl. S. 19, 27), in der jeweils geltenden Fassung:
1.1 aktueller Auszug aus dem Liegenschaftskataster (§ 10 Absatz 1);
1.2 aktueller Auszug aus der Anlagendokumentation (Sielkataster) der Hamburger Stadtentwässerung;
1.3 Entwässerungslageplan auf der Grundlage von § 10 Absätze 2 und 4 mit folgenden Darstellungen:
1.3.1 Darstellungen nach § 10 Absatz 6 Nummern 1, 2, 4, 5, 6, 10, 15 und 17;
1.3.2 Schmutz- und Niederschlagswasserleitungen von der Gebäudeaußenwand bis zur Einleitungsstelle einschließlich aller Schächte, Inspektionsöffnungen und Ablaufstellen;
1.3.3 öffentliche Abwasserleitungen vor dem Baugrundstück einschließlich der Deckel- und Sohlhöhen;
1.3.4 Abwasservolumenströme sowie Nennweiten, Gefälle und Sohlhöhen der Rohrleitungen für Misch- und Niederschlagswasser;
1.3.5 abflusswirksame Flächen mit Angabe der Größen und Befestigungsarten;

## § 19 BauVorlVO · C 1

1.3.6 Höhenangaben bezogen auf Normalhöhennull für die Hoch- und Tiefpunkte des Baugrundstücks, aller zur Grundstücksentwässerungsanlage gehörenden Schachtabdeckungen, der Ablaufstellen für Niederschlagswasser und der Zu- und Abläufe des Regenwasserrückhalteraumes;
1.3.7 Abwasserbehandlungsanlagen, Abwasserhebeanlagen, Abwassersammelgruben mit Angabe der Deckel- und Sohlhöhen bezogen auf Normalhöhennull;
1.4 Entwässerungslageplan mit Darstellung der zur Verfügung stehenden Überflutungsflächen mindestens im Maßstab 1:500 mit Höhenangaben des Geländes und der Einstauhöhen bezogen auf Normalhöhennull;
1.5 Dachflächenaufsichtsplan von Dächern, die über Dachabläufe oder innen liegende Rinnen entwässert werden, im Maßstab 1:100 mit Darstellung der Dachentwässerung und dem Gefälle der Dachflächen sowie gegebenenfalls Dachnotentwässerung einschließlich Angabe der Aufstauhöhen;
1.6 Grundrisse der Geschosse, in denen sich Regenwasserrückhaltungen befinden;
1.7 Entwässerungsschema mit Angabe der Volumenströme, Nennweiten und Gefälle der Abwasserleitungen für Niederschlagswasser;
1.8 technische Bauzeichnungen im Maßstab 1:100 sowie technische Datenblätter von Abwasserhebeanlagen, Regenwasserrückhaltungen und Abflussbegrenzern (Drosseleinrichtungen);
1.9 Erläuterungsbericht zur Entwässerung mit Beschreibung der für die Einleitungsgenehmigung relevanten Entwässerungsgegenstände;
1.10 tabellarische Zusammenstellung der
    1.10.1 abflusswirksamen Flächen und dazugehörigen Abflussbeiwerte;
    1.10.2 hydraulischen Berechnung und Bemessung für das Regenwassersystem einschließlich der Regenwasserrückhaltung, statischen Drosseln und Drosselstrecken sowie Berechnung für den Nachweis der schadlosen Überflutung und der Dachnotentwässerung bei Retentionsdächern, nach den allgemein anerkannten Regeln der Technik;
2. für genehmigungspflichtige Einleitungen von Abwasser nach § 11a HmbAbwG im Übrigen:
2.1 aktueller Auszug aus dem Liegenschaftskataster (§ 10 Absatz 1);
2.2 aktueller Auszug aus der Anlagendokumentation (Sielkataster) der Hamburger Stadtentwässerung;
2.3 Entwässerungslageplan auf der Grundlage von § 10 Absätze 2 und 4 mit folgenden Darstellungen:
    2.3.1 Darstellungen nach § 10 Absatz 6 Nummern 1, 2, 4, 5, 6, 10 und 15;
    2.3.2 soweit eine Abwasserbehandlungsanlage erforderlich ist, die damit in Verbindung stehenden Leitungen von der Anfallstelle bis zur Einleitungsstelle;
    2.3.3 Abwasservolumenströme für Schmutz- und Niederschlagswasser;
    2.3.4 Angaben nach Nummer 1.3.5;
    2.3.5 Höhenangaben bezogen auf Normalhöhennull für die Hoch- und Tiefpunkte des Baugrundstücks, aller zur Grundstücksentwässerungsanlage gehörenden Schachtabdeckungen, der Zu- und Abläufe der Abwasserbehandlungsanlage und der Ablaufstellen für Niederschlagswasser;
    2.3.6 Angaben nach Nummer 1.3.7;
2.4 Grundrisse mit den Anfallstellen für das genehmigungspflichtige Abwasser und zugehörigen Entwässerungsgegenständen;
2.5 Entwässerungsschemata mit Angabe der Volumenströme, Nennweiten und Gefälle der Abwasserleitungen;

## C 1 · BauVorlVO § 20

2.6 technische Bauzeichnungen im Maßstab 1:100 sowie technische Datenblätter von Abwasserbehandlungsanlagen einschließlich Regenwasserbehandlungsanlagen;
2.7 Erläuterungsbericht zur Entwässerung mit Angaben zur Abwasserentstehung, -ableitung und -behandlung mit den erforderlichen Angaben zu Art, Menge und Dauer der Einleitung, Art der eingesetzten technischen Verfahren, der Schmutzwasser- beziehungsweise Regenwasserbehandlungsanlagen und -verfahren und der Einleitstellen;
2.8 tabellarische Zusammenstellung der
    2.8.1 hydraulischen Berechnung und Bemessung für das Regenwasser- und Schmutzwassersystem;
    2.8.2 Berechnung und Bemessung der Abwasserbehandlungsanlagen einschließlich der Regenwasserbehandlungsanlagen;
3. für genehmigungspflichtige Anschlüsse an das öffentliche Siel nach § 7 HmbAbwG:
3.1 aktueller Auszug aus dem Liegenschaftskataster (§ 10 Absatz 1);
3.2 aktueller Auszug aus der Anlagendokumentation (Sielkataster) der Hamburger Stadtentwässerung;
3.3 Lageplan, Maßstab 1:250 oder 1:500 im Format DIN A 4 oder DIN A 3 mit folgenden Darstellungen und Angaben:
    3.3.1 Darstellungen nach § 10 Absatz 6 Nummern 1, 2, 4, 5 und 10;
    3.3.2 Leitungsführung Regenwasser und Schmutzwasser auf dem Grundstück mit Kennzeichnung der Einleitungsstellen und der Abwassermengen;
    3.3.3 überbaute, bebaute und befestigte (voll- und teilversiegelte) und an das öffentliche Sielnetz direkt oder indirekt angeschlossene Flächen;
    3.3.4 Einzugsgebietsgrenzen (Regenwasser), Rückhalteeinrichtungen, Versickerungsanlagen;
    3.3.5 Nennweite (DN) der Sielanschlussleitungen, Sielanschlüsse gekennzeichnet mit zum Beispiel „S – Anschluss vorhanden" oder zum Beispiel „R – Anschluss neu herstellen", vorhandene Einleitbegrenzungen (Regenwasser in Liter pro Sekunde l/s) bezogen auf die Anschlussleitungen;
3.4 Bei Sielanschlussleitungen eine hydraulische Berechnung der Einleitmengen.

### § 20 Wegerecht

Zur Prüfung wegerechtlicher Belange sind folgende Bauvorlagen vorzulegen:
1. Lageplan zum Wegerecht auf der Grundlage von § 10 Absätze 2 und 6 im Maßstab 1:250 mit folgenden Darstellungen und Angaben:
    1.1 die für das Bauvorhaben in Anspruch genommenen öffentlichen Verkehrsflächen oder öffentlich genutzten privaten Verkehrsflächen;
    1.2 Lage und Größe der vorhandenen und geplanten Überfahrten über öffentliche Wege mit Art und Gewicht der Fahrzeuge, Anzahl der betroffenen Stellplätze und der mit der Überfahrt verbundenen Nutzungen, einschließlich der erforderlichen Schleppkurven für Feuerwehr- und Lieferfahrzeuge;
2. die Beschreibung von Art, Dauer (Beginn und Ende) und Umfang von Sondernutzungen öffentlicher Wege oder öffentlich genutzter privater Verkehrsflächen mit Ausnahme der Sondernutzungen für ausschließlich die Bauausführung betreffende Maßnahmen;
3. bei Inanspruchnahme von Sondernutzungen die Sondernutzungsverträge nach § 19 Absatz 5 des Hamburgischen Wegegesetzes (HWG) in der Fassung vom 22. Januar 1974 (HmbGVBl. S. 41, 83), zuletzt geändert am 28. November 2017 (HmbGVBl. S. 361), in der jeweils geltenden Fassung; bei Umbauten des öffentli-

§§ 21, 22  BauVorlVO · C 1

chen Grundes der öffentlich-rechtliche Vertrag nach § 13 Absatz 5 HWG sowie die Beschreibung der Art, Dauer (Beginn und Ende) und des Umfangs der Maßnahme.

## § 21 Naturschutzrecht

Zur Prüfung naturschutzrechtlicher Belange sind folgende Bauvorlagen vorzulegen:
1. Lageplan zum Naturschutzrecht auf der Grundlage von § 10 Absätze 2 und 6 im Maßstab 1:500 mit folgenden Darstellungen und Angaben:
   1.1 Gehölzbestand und Hecken, die dem Naturschutz unterliegen;
   1.2 geschützter Baumbestand mit eingemessener Lage, Benennung der Arten, Angaben zum Stammdurchmesser (gemessen in 1,30 m Höhe), zum Kronendurchmesser sowie zu den Geländehöhen am Stammfuß der Bäume bei geplanten Geländeveränderungen, auch soweit Baumbestand auf Nachbargrundstücken oder öffentlichen Verkehrsflächen betroffen ist;
   1.3 Markierung der Bäume, Gehölze und Hecken, die entfernt werden sollen;
   1.4 Naturdenkmale;
   1.5 vorhandene oberirdische Gewässer sowie geschützte und schützenswerte Biotope nach § 30 des Bundesnaturschutzgesetzes und § 14 des Hamburgischen Gesetzes zur Ausführung des Bundesnaturschutzgesetzes vom 11. Mai 2010 (HmbGVBl. S. 350, 402), zuletzt geändert am 24. Januar 2020 (HmbGVBl. S. 92), in der jeweils geltenden Fassung;
   1.6 Angaben und Darstellungen zur Umsetzung der naturschutzrechtlichen Anforderungen des Bebauungsplans;
2. bei Eingriffen in Natur und Landschaft die in § 17 Absatz 4 des Bundesnaturschutzgesetzes genannten Angaben;
3. Angaben zu vorkommenden geschützten Arten (§ 44 des Bundesnaturschutzgesetzes) und der beabsichtigten Berücksichtigung der Artenschutzbelange.

## § 22 Wasserrecht

(1) Zur Prüfung wasserrechtlicher Belange (Oberflächengewässer) sind folgende Bauvorlagen vorzulegen:
1. Lageplan Oberflächengewässer im Maßstab 1:5 000 (Deutsche Grundkarte) als Übersichtsplan mit Angaben zur Lage des Grundstücks und des Einleitgewässers;
2. aktueller Auszug aus dem Liegenschaftskataster (§ 10 Absatz 1);
3. Erläuterungsbericht als Betriebsbeschreibung mit Darstellung und Angaben zu relevanten Produktionsprozessen wie Anfallort und Entstehungsprozess des Abwassers, Abwasserkreisläufe, Kontaminationsquellen, zeitliche Veränderung der Abwassermenge sowie chemische und physikalische Eigenschaften, Produktionskapazität, Auslastung, Vermeidungs- und Wiederverwendungsmöglichkeiten für Abwasser, Wassersparmaßnahmen und gegebenenfalls Benennung der verantwortlichen Aufsichtsperson (Gewässerschutzbeauftragter), Bauzeichnung (Draufsicht/ Schnitte/Fließbild), bautechnische Zulassung, Wartungsplan;
4. Beschreibung der Abwasseranlage, der Abwasserbehandlungsverfahren mit Nachweis insbesondere der Bemessung sowie der Bemessungsgrundlagen, voraussichtliche Reinigungsleistung/Ablaufwerte, Redundanzen, Wartung, Maßnahmen bei Schadens- oder Störfällen, Anfall von Reststoffen, Analyseergebnisse der Rohwasseranalysen, Sicherheitsdatenblätter, Einleitmenge ins Gewässer, zeichnerische Darstellung des Einleitbauwerks, hydraulische Berechnung sowie Bewertung der Behandlungsbedürftigkeit von abzuleitendem Niederschlagswasser nach geltenden Vorschriften;

## C 1 · BauVorlVO § 22

5. Nachweis der schadlosen Überflutung und der Regenwasserrückhaltung nach den allgemein anerkannten Regeln der Technik einschließlich der erforderlichen Berechnungen und Darstellung der Überflutungsflächen auf einem gesonderten Überflutungsplan (bei Einleitungsmengenbegrenzung);
6. Beschreibung der Entnahme- beziehungsweise Einleitungsstellen in ein Gewässer;
7. bei der Gewässerbenutzung nach § 15 des Hamburgischen Wassergesetzes in der Fassung vom 29. März 2005 (HmbGVBl. S. 97), zuletzt geändert am 4. Dezember 2012 (HmbGVBl. S. 510, 519), in der jeweils geltenden Fassung durch bauliche Anlagen in, an, über und unter oberirdischen Gewässern je nach Erfordernis zusätzlich zu den Angaben in Nummern 1 und 2
    7.1 Baubeschreibung mit den erforderlichen Angaben zu den Auswirkungen des Vorhabens auf das Gewässer;
    7.2 Bauzeitenplan mit Darstellung der Arbeiten am Gewässer.

(2) Zur Prüfung wasserrechtlicher Belange (Grundwasser) sind folgende Bauvorlagen vorzulegen:
1. Lageplan zum Wasserrecht im Maßstab 1:500 auf der Grundlage von § 10 Absatz 2 mit den erforderlichen Darstellungen und Angaben insbesondere zur Lage der geplanten Anlagen, vor allem der Brunnen, der Messstellen, der Versickerungsanlage sowie der Erdwärmesonden und -kollektoren;
2. Erläuterungsbericht mit Beschreibung der Maßnahmen mit den erforderlichen Angaben wie zur Art, Menge und Dauer der Entnahme oder Einleitung, Ausbautiefen (insbesondere bei Brunnen und Erdwärmesonden), Art und Größe der Versickerungseinrichtungen, Art der eingesetzten technischen Verfahren;
3. bei der dauerhaften Benutzung von Grundwasser nach § 9 des Wasserhaushaltsgesetzes (WHG) vom 31. Juli 2009 (BGBl. I S. 2585), zuletzt geändert am 4. Dezember 2018 (BGBl. I S. 2254, 2255), in der jeweils geltenden Fassung zusätzlich zu den Angaben in Nummern 1 und 2 je nach Erfordernis:
    3.1 Angaben zur Untergrundbeschaffenheit (insbesondere Bodenschichtenverzeichnisse, Baugrundgutachten, Grundwasserstände);
    3.2 Grundwasseranalysen;
    3.3 hydraulische Berechnung (bei Versickerungsanlagen);
    3.4 Nachweis der schadlosen Überflutung nach den allgemein anerkannten Regeln der Technik einschließlich der erforderlichen Berechnungen und Darstellung der Überflutungsflächen auf einem gesonderten Überflutungsplan (bei Versickerungsanlagen);
    3.5 Sicherheitsdatenblätter der verwendeten Stoffe (bei Erdwärmesonden und -kollektoren);
    3.6 Darstellung der Umweltauswirkungen der verwendeten technischen Verfahren.

(3) Zur Prüfung wasserrechtlicher Belange (Umgang mit wassergefährdenden Stoffen) sind folgende Bauvorlagen vorzulegen:
1. Betriebsbeschreibung mit den erforderlichen Angaben zu Anlagen zum Umgang mit wassergefährdenden Stoffen (§§ 52, 62 und 63 WHG) und zu den Auswirkungen des Vorhabens auf das Gewässer mit:
    1.1 Angabe der Menge der wassergefährdenden Stoffe, unterschieden nach Wassergefährdungsklassen, Aggregatzustand sowie Lagerort;
    1.2 Beschreibung der organisatorischen Vorkehrungen zur Verhinderung von Schadensfällen;
2. zeichnerische Darstellung und Beschreibung der Anlagen zur Lagerung und zum Umschlag von wassergefährdenden Stoffen;
3. zeichnerische Darstellung und Beschreibung der Bauteile, deren Eignung nach § 63 WHG festzustellen ist;

§§ 23–26  BauVorlVO · C 1

4. Nachweis über die Einhaltung der in öffentlich-rechtlichen Vorschriften oder Technischen Baubestimmungen nach § 81a HBauO geregelten Vorgaben für die Bemessung von Löschwasser-Rückhalteanlagen beim Lagern wassergefährdender Stoffe.

## § 23  Immissionsschutzrecht

Zur Prüfung immissionsschutzrechtlicher Belange sind folgende Bauvorlagen vorzulegen:
1. Schallquellenplan im Maßstab 1:500 auf Grundlage von § 10 Absatz 2;
2. Beschreibung der Schallquellen nach Art, Intensität und Dauer;
3. Lageplan zur Außenbeleuchtung im Maßstab 1:500 auf Grundlage von § 10 Absatz 2;
4. Beschreibung der Außenbeleuchtung (Art, Lichtabstrahlung, Betriebsdauer);
5. Lageplan zu Luftemissionsquellen (außer Gebäudeheizung) im Maßstab 1:500 auf Grundlage von § 10 Absatz 2;
6. Beschreibung der Luftemissionsquellen (Art, Betriebsdauer).

## § 24  Abfallrecht

Zur Prüfung der abfallrechtlichen Belange sind folgende Bauvorlagen vorzulegen:
1. Angaben über Art und Menge der Abfälle;
2. Beschreibung der Abfallentsorgung.

## § 25  Lebensmittelrecht

Zur Prüfung lebensmittelrechtlicher Belange sind bei der Errichtung oder Änderung von gewerblichen Küchen folgende Bauvorlagen vorzulegen:
1. Grundrisszeichnung der gesamten Küche mit Darstellung aller Räume, Funktionsbereiche, Arbeitsflächen, Schränke, Handwaschbecken, Kochstellen, fest eingebauten Geräte, Wrasenabzüge, Spülen, Bodeneinläufe und Schmutzwasserausgüsse im Maßstab 1:50, soweit erforderlich im Maßstab 1:20 oder 1:25;
2. Betriebsbeschreibung und Darstellung der Funktionsabläufe.

## § 26  Asbestsanierung

Der Bauaufsichtsbehörde ist nach einer Asbestsanierung in Gebäuden der Bericht eines akkreditierten Messinstituts über die Erfolgskontrollmessung nach der Sanierung beziehungsweise nach der Durchführung von vorläufigen Maßnahmen innerhalb von Gebäuden vorzulegen. Dies gilt nicht bei Beachtung der allgemein anerkannten Regeln der Technik für Sanierungsarbeiten geringen Umfangs. Vor Beginn der genehmigungsbedürftigen Beseitigung baulicher Anlagen ist die Bescheinigung einer oder eines Sachkundigen einzureichen, dass asbesthaltige Bauteile vollständig entfernt wurden oder dass solche nicht vorhanden sind. Akkreditierte Messinstitute und Sachkundige dürfen nicht tätig werden, wenn sie, ihre Mitarbeiterinnen und Mitarbeiter oder Angehörige der Organisation oder des Unternehmens bereits, insbesondere als Entwurfsverfasserin, Entwurfsverfasser, Nachweiserstellerin, Nachweisersteller, Bauleiterin, Bauleiter, Unternehmerin oder Unternehmer, mit dem Gegenstand der Prüfung oder der Bescheinigung befasst waren oder wenn ein sonstiger Befangenheitsgrund vorliegt.

## Teil II Verfahren

### § 27 Elektronisches Verfahren

(1) Bauaufsichtliche Verfahren sollen in elektronischer Form über einen von der Freien und Hansestadt Hamburg zur Verfügung gestellten elektronischen Zugang durchgeführt werden (elektronisches Verfahren). Die Bauaufsichtsbehörde kann Bestimmungen zur verpflichtenden Nutzung des elektronischen Verfahrens treffen; sie macht ihre Entscheidung jeweils öffentlich bekannt.

(2) Die von der Bauaufsichtsbehörde festgelegten technischen Anforderungen an Bauvorlagen, die im elektronischen Verfahren eingereicht werden, werden im elektronischen Zugang nach Absatz 1 Satz 1 hinterlegt und der Antragstellerin beziehungsweise dem Antragsteller dort auf geeignete Art und Weise zur Kenntnis gegeben. Bauvorlagen, die diesen Anforderungen nicht genügen, können als nicht eingereicht behandelt werden. Die übermittelnde Person sowie die Antragstellerin beziehungsweise der Antragsteller sind von der Bauaufsichtsbehörde über diese Entscheidung zu informieren.

(3) Die Bauaufsichtsbehörde kann bestimmen, dass
1. im Einzelnen bezeichnete Daten zum bauaufsichtlichen Verfahren sowie
2. Anzeigen gegenüber der Bauaufsichtsbehörde

auch außerhalb des elektronischen Verfahrens auf dem von ihr vorgegebenen Weg elektronisch zu übermitteln sind; sie macht ihre Entscheidung jeweils öffentlich bekannt.

(4) Die Bauaufsichtsbehörde kann elektronisch übermittelte Dokumente in Papier nachfordern, wenn dies für die Bearbeitung erforderlich ist. Die Antragstellerin beziehungsweise der Antragsteller ist für die Übereinstimmung der elektronischen mit den Papierdokumenten verantwortlich; die Bauaufsichtsbehörde ist zur Überprüfung dieser Übereinstimmung nicht verpflichtet.

(5) Im bauaufsichtlichen Verfahren erteilte Bescheide bedürfen auch im elektronischen Verfahren der Schriftform. § 3a des Hamburgischen Verwaltungsverfahrensgesetzes vom 9. November 1977 (HmbGVBl. S. 333, 402), zuletzt geändert am 18. März 2020 (HmbGVBl. S. 171), in der jeweils geltenden Fassung bleibt unberührt.

## Teil III Datenschutz und Aufbewahrungsfrist

### § 28 Verarbeiten von personen- und vorhabensbezogenen Daten für Aufgaben der Bauaufsichtsbehörden

(1) [1]Die Bauaufsichtsbehörde ist berechtigt, die nach den §§ 1, 2, 4 bis 25 erhobenen Daten zur Erteilung eines baurechtlichen Bescheides sowie im Rahmen der ihr zugewiesenen Aufgaben zu verarbeiten und zu nutzen. [2]Diese Daten können übermittelt werden, soweit die Übermittlung notwendig ist, um die Vereinbarkeit des Vorhabens oder eines Sachverhalts mit öffentlich-rechtlichen Vorschriften zu prüfen.

(2) Die Bauaufsichtsbehörde hat die Übermittlung ohne Nennung von Namen und Anschrift der Bauherrin oder des Bauherrn, der Entwurfsverfasserin oder des Entwurfsverfassers und der oder des Bauvorlageberechtigten vorzunehmen, wenn der Zweck der Übermittlung auch auf diese Weise ohne zusätzliche Erschwerung erreicht werden kann und wenn die Antragstellerin oder der Antragsteller entsprechende Bauvorlagen einreicht.

§ 29  BauVorlVO · C 1

### § 29  Übermittlung von Daten zur Aufgabenerfüllung anderer Stellen

(1) ¹Die Bauaufsichtsbehörde ist berechtigt, folgende Daten nach Maßgabe des Absatzes 2 an Dritte zu deren Aufgabenerfüllung zu übermitteln:
1. Name und Anschrift der am Bau Beteiligten (§§ 54 bis 57 HBauO);
2. Name und Anschrift der Grundstückseigentümerin oder des Grundstückseigentümers, der oder des Erbbau- und Nießbrauchberechtigten;
3. Lage des Grundstücks, genaue Flurstücksbezeichnung und wenn möglich Hausnummer;
4. Bauvorlagen nach den §§ 4 bis 9.

²Zur Anschrift gehören auch Angaben zu Telekommunikationsmedien.

(2) Die Bauaufsichtsbehörde ist berechtigt, folgende Daten zu übermitteln:
1. über den Eingang eines Antrages Daten nach Absatz 1 Satz 1 an
   1.1 die zuständigen Behörden oder Stellen für Landesplanung, Stadterneuerung und Gesundheitsschutz, Luftverkehr, Verkehr und Straßenwesen, Eisenbahnwesen, Denkmalschutz, Zollrecht, Gewerberecht, Bergrecht, Wohnungswesen, Waldrecht, Wasserrecht, Bodenordnung, Umweltschutz, Naturschutz, Immissionsschutz, Arbeitsschutz, Hafenentwicklung und für andere Rechtsbereiche, soweit diese für das Vorhaben beachtlich sind,
   1.2 die Deutsche Post AG und die für die Telekommunikation zuständigen Unternehmen für Entwicklungsplanungen und für Straßenübersichten für das Fernmeldewesen,
   1.3 die Ver- und Entsorgungsunternehmen für Elektrizität, Fernwärme, Gas, Wasser, Abwasser und Abfälle für die Planung und Herstellung der Ver- und Entsorgungseinrichtungen,
   1.4 die Bezirksschornsteinfegermeisterin beziehungsweise den Bezirksschornsteinfegermeister zur Prüfung von Schornsteinen und anderen Abgasanlagen;
2. über die Erteilung einer Genehmigung, einer Zustimmung, eines Vorbescheides sowie einer abweichenden Entscheidung Daten nach Absatz 1 Satz 1 an
   2.1 die zuständigen Behörden oder Stellen für Landesplanung, Stadterneuerung und Bodenordnung, Umweltschutz, Naturschutz, Immissionsschutz, Arbeitsschutz, Gesundheitsschutz, Luftverkehr, Verkehr und Straßenwesen, Eisenbahnwesen, Denkmalschutz, Zollrecht, Gewerberecht, Bergrecht, Wohnungswesen, Waldrecht, Wasserrecht, Hafenentwicklung und für andere Rechtsbereiche, soweit diese für das Vorhaben beachtlich sind,
   2.2 Verkehrsunternehmen bei Vorhaben im Nahbereich eines Verkehrsweges,
   2.3 die Ver- und Entsorgungsunternehmen für Elektrizität, Fernwärme, Gas, Wasser, Abwasser, Post, Telekommunikation und Abfälle sowie die hierfür zuständige Behörde oder Stelle,
   2.4 die für den Bauarbeiterschutz zuständige Behörde zur Erfüllung der Aufgaben zum Schutz von Personen bei der Bauausführung,
   2.5 die für die Führung des Liegenschaftskatasters zuständige Stelle,
   2.6 die für die Steuererhebung zuständige Behörde für die Einheitsbewertung des Grundbesitzes und für die Festsetzung der Grundsteuer,
   2.7 die Berufsgenossenschaften zur Einhaltung der Unfallverhütungsvorschriften,
   2.8 die für die Flächensanierung oder Kampfmittelbeseitigung jeweils zuständigen Behörden,
   2.9 die für die Erhebung der Sielbau- und Sielanschlussbeiträge und Erschließungsbeiträge zuständige Behörde,
   2.10 die für die Eingriffsregelung nach Naturschutzrecht zuständige Behörde,
   2.11 die für die statistische Erhebungen zuständige Behörde,
   2.12 die für die Eintragung ins Wasserbuch zuständige Behörde;

## C 1 · BauVorlVO § 29

3. über den Eingang einer Baubeginnanzeige und einer Anzeige über den Beginn einer Beseitigung Daten nach Absatz 1 Satz 1 Nummern 1 bis 3 an
   3.1 die auf Baustellen für den Schutz von Personen und der Umwelt zuständige Behörde,
   3.2 die für die Führung des Liegenschaftskatasters zuständige Behörde,
   3.3 die örtliche Polizeidienststelle zur Vornahme vorhabensbedingter verkehrsregelnder Maßnahmen,
   3.4 die für die Flächensanierung oder Kampfmittelbeseitigung jeweils zuständigen Behörden,
   3.5 die im Genehmigungsverfahren beteiligten Behörden und Stellen,
   3.6 sofern im Einzelfall erforderlich, Behörden und Stellen nach Nummer 2;
4. über die Meldung der Aufnahme der Nutzung nach § 77 Absatz 2 HBauO Daten nach Absatz 1 Satz 1 Nummer 3 an
   4.1 die zuständigen Behörden oder Stellen für Landesplanung, Stadterneuerung und Gesundheitsschutz, Luftverkehr, Verkehr und Straßenwesen, Eisenbahnwesen, Denkmalschutz, Zollrecht, Gewerberecht, Bergrecht, Wohnungswesen, Waldrecht, Wasserrecht, Bodenordnung, Umweltschutz, Naturschutz, Immissionsschutz, Arbeitsschutz, Hafenentwicklung und für andere Rechtsbereiche, soweit diese für das Vorhaben beachtlich sind,
   4.2 die Ver- und Entsorgungsunternehmen für Elektrizität, Fernwärme, Gas, Wasser, Abwasser, Post, Telekommunikation und Abfälle sowie die hierfür zuständige Behörde oder Stelle,
   4.3 die für die Steuererhebung zuständige Behörde für die Einheitsbewertung des Grundbesitzes und für die Festsetzung der Grundsteuer,
   4.4 die für die Führung des Liegenschaftskatasters zuständige Behörde,
   4.5 die für die Erhebung der Sielbenutzungsgebühr, der Sielbau- und Sielanschlussbeiträge und für Erschließungsbeiträge zuständige Behörde oder Stelle;
   4.6 die für statistische Erhebungen zuständige Behörde oder Stelle;
5. über die Erteilung, Aufhebung und Änderung der Hausnummern zur Vervollständigung und Berichtigung der Unterlagen Daten nach Absatz 1 Satz 1 Nummern 2 und 3 an
   5.1 die für die Steuererhebung zuständige Behörde,
   5.2 die für die Landesplanung zuständige Behörde,
   5.3 die für die Abwasserbeseitigung zuständige Behörde,
   5.4 die für die Abfallentsorgung zuständige Behörde,
   5.5 die für die Grundstücksentwässerung zuständige Behörde,
   5.6 die für die Führung des Liegenschaftskatasters zuständige Behörde,
   5.7 die für die Telekommunikation, Post sowie die Elektrizitäts-, Fernwärme, Wasser- und Gasversorgung zuständigen Unternehmen,
   5.8 die für die Führung des Hausnummernverzeichnisses zuständige Stelle;
6. über die Bestellung und Löschung einer Baulast Daten nach Absatz 1 Satz 1 Nummern 2 und 3 an
   6.1 die für die Abwasserbeseitigung zuständige Behörde,
   6.2 die für die Stadterneuerung und Bodenordnung zuständige Behörde,
   6.3 die für die Führung des Liegenschaftskatasters zuständige Behörde.

(3) [1]Die Bauaufsichtsbehörde ist in begründeten Einzelfällen berechtigt, die Daten nach Absatz 1 Satz 1 an die zuständigen Behörden zu übermitteln
1. zur Abwehr von Gefahren für die öffentliche Sicherheit;
2. zur Verhinderung und Verfolgung von Straftaten von erheblicher Bedeutung;
3. zur Abwehr von Gefahren für die in § 1 Absatz 1 des Hamburgischen Verfassungsschutzgesetzes vom 7. März 1995 (HmbGVBl. S. 45), zuletzt geändert am

24. Januar 2020 (HmbGVBl. S. 99), in der jeweils geltenden Fassung genannten Schutzgüter. ²Die Entscheidung für eine Übermittlung nach Satz 1 trifft die Leiterin oder der Leiter der Bauaufsichtsbehörde oder im Falle ihrer oder seiner Verhinderung die Vertreterin oder der Vertreter.

(4) An andere Stellen dürfen Daten mit Einwilligung der Bauherrin oder des Bauherrn übermittelt werden.

## § 30 Dauer der Speicherung von Daten

¹Für die Dauer der Speicherung der Daten gelten für die behördlichen Dienststellen die Vorschriften über die Aufbewahrung von Akten. ²Nichtöffentliche Stellen haben die auf Grund der §§ 21 und 22 übermittelten Daten spätestens vier Wochen nach Erfüllung des Zwecks, zu dem sie übermittelt wurden, zu löschen.

## § 31 Aufbewahrungspflicht

Die Bauherrin beziehungsweise der Bauherr und ihre oder seine Rechtsnachfolgerin beziehungsweise Rechtsnachfolger haben die Baugenehmigung einschließlich der geprüften Bauvorlagen, die bautechnischen Nachweise, auch soweit sie nicht bauaufsichtlich geprüft sind, und Bescheinigungen von Prüfsachverständigen bis zur Beseitigung der baulichen Anlage oder einer die Genehmigungsfrage als solche berührenden Änderung oder Nutzungsänderung aufzubewahren und auf Verlangen der Bauaufsichtsbehörde vorzulegen.

## Teil IV Schlussbestimmungen

### § 32 Außerkrafttreten

¹Die Verordnung vom 14. Dezember 2010 (HmbGVBl. S. 643) in der geltenden Fassung wird aufgehoben.

# C 1 · BauVorlVO  Anlage

Anlage

## Zeichen und Farben für Bauvorlagen (zu § 10 Absatz 4 und § 11 Absatz 2)

| | Zeichen: | Farbe: |
|---|---|---|
| 1. Lageplan: | | Violett |
| a) Grenzen des Grundstücks | — — — — — | Violett |
| b) vorhandene bauliche Anlagen | (Kreuzschraffur) | Grau |
| c) geplante bauliche Anlagen | (Diagonalschraffur) | Rot |
| d) zu beseitigende bauliche Analgen | (Rechteck mit Kreuzen) | Gelb |
| e) Flächen, die von Baulasten bestroffen sind | (Diagonalschraffur) | Braun |
| 2. Bauzeichungen: | | |
| a) vorhandene Bauteile | (Kreuzschraffur) | Grau |
| b) geplante Bauteile | (Diagonalschraffur) | Rot |

Anlage **BauVorlVO · C 1**

| c) zu beseitigende Bauteile | 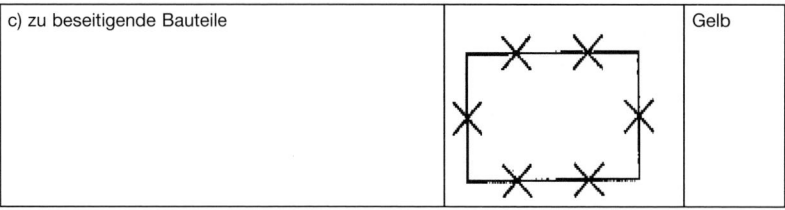 | Gelb |

# Verordnung über Prüfingenieurinnen und Prüfingenieure, Prüfsachverständige und Technische Prüfungen (Prüfverordnung – PVO)

Vom 14. Februar 2006 mit der Änderung vom 17. Januar 2012 (HmbGVBl. vom 28. Februar 2006 S. 79, vom 24. Januar 2012 S. 8)

Auf Grund von § 81 Absatz 1 Nummer 6 und Absätze 8, 9 und 10 der Hamburgischen Bauordnung vom 14. Dezember 2005 (HmbGVBl. S. 525, 563), zuletzt geändert am 11. Mai 2010 (HmbGVBl. S. 350, 370), und § 28 des Feuerwehrgesetzes vom 23. Juni 1986 (HmbGVBl. S. 137), zuletzt geändert am 15. Dezember 2009 (HmbGVBl. S. 405, 433), wird verordnet:

**Inhaltsverzeichnis**

Teil I **Allgemeine Vorschriften**
§ 1 Anwendungsbereich
§ 2 Prüfingenieurinnen, Prüfingenieure und Prüfsachverständige
§ 3 Voraussetzungen der Anerkennung
§ 4 Allgemeine Voraussetzungen
§ 5 Allgemeine Pflichten
§ 6 Anerkennungsverfahren
§ 7 Erlöschen, Widerruf und Rücknahme der Anerkennung
§ 8 Führung der Bezeichnung Prüfingenieurin, Prüfingenieur, Prüfsachverständige oder Prüfsachverständiger
§ 9 Gleichwertigkeit, gegenseitige Anerkennung

Teil II **Prüfingenieurinnen und Prüfingenieure**
§ 10 Besondere Voraussetzungen
§ 11 Beirat
§ 12 Prüfung der besonderen Voraussetzungen
§ 13 Aufgabenerledigung

Teil III **Technische Prüfungen, Prüfsachverständige für technische Anlagen und Einrichtungen**

Abschnitt 1 Prüfung von Technischen Anlagen und Einrichtungen
§ 14 Prüfbereiche
§ 15 Verfahren der Prüfung

Abschnitt 2 **Prüfsachverständige für technische Anlagen und Einrichtungen**
§ 16 Besondere Voraussetzungen
§ 17 Fachrichtungen

Teil IV **Prüfsachverständige für den Erd- und Grundbau**
§ 18 Besondere Voraussetzungen
§ 19 Beirat
§ 20 Aufgabenerledigung

§§ 1, 2  PVO · C 2

Teil V   Fliegende Bauten, Windkraftanlagen
§ 21    Übertragung bauaufsichtlicher Aufgaben

Teil VI  Ordnungswidrigkeiten, Übergangs- und Schlussvorschriften
§ 22    Ordnungswidrigkeiten
§ 23    Übergangsvorschriften
§ 24    Aufhebung und Änderung von Vorschriften
§ 25    In-Kraft-Treten

## Teil I  Allgemeine Vorschriften

### § 1   Anwendungsbereich

(1) Diese Verordnung regelt
1. die Anerkennung und Tätigkeit der Prüfingenieurinnen, Prüfingenieure und Prüfsachverständigen in den Fachbereichen nach den Absätzen 2 und 3,
2. die Pflicht von Bauherrinnen und Bauherren oder Betreiberinnen und Betreibern, die Prüfung bestimmter technischer Anlagen und Einrichtungen zu veranlassen,
3. die Übertragung bauaufsichtlicher Aufgaben bei Fliegenden Bauten und Windkraftanlagen.

(2) Prüfingenieurinnen und Prüfingenieure werden auf Antrag für die Fachrichtungen Massivbau, Metallbau oder Holzbau anerkannt.

(3) Prüfsachverständige werden in den Fachbereichen
1. technische Anlagen und Einrichtungen sowie
2. Erd- und Grundbau
auf Antrag anerkannt.

(4) [1]Verfahren nach dieser Verordnung können über den Einheitlichen Ansprechpartner Hamburg abgewickelt werden. [2]Es gelten die Bestimmungen zum Verfahren über die einheitliche Stelle nach den §§ 71a bis 71e des Hamburgischen Verwaltungsverfahrensgesetzes (HmbVwVfG) vom 9. November 1977 (HmbGVBl. S. 333, 402), zuletzt geändert am 15. Dezember 2009 (HmbGVBl. S. 444, 449), in der jeweils geltenden Fassung. [3]Über den Antrag ist innerhalb einer Frist von drei Monaten zu entscheiden, § 42a Absatz 2 Sätze 2 bis 4 HmbVwVfG ist anzuwenden.

### § 2   Prüfingenieurinnen, Prüfingenieure und Prüfsachverständige

(1) [1]Prüfingenieurinnen und Prüfingenieure nehmen in ihrem Fachbereich bauaufsichtliche Prüfaufgaben nach der Hamburgischen Bauordnung oder nach auf Grund dieser erlassenen Vorschriften im Auftrag der Bauaufsichtsbehörde wahr. [2]Sie unterstehen der Fachaufsicht der Bauaufsichtsbehörde.

(2) [1]Prüfsachverständige prüfen und bescheinigen in ihrem jeweiligen Fachbereich im Auftrag der Bauherrin bzw. des Bauherrn oder der Betreiberin bzw. des Betreibers die Einhaltung bauordnungsrechtlicher Anforderungen, soweit dies nach der Hamburgischen Bauordnung oder auf Grund dieser erlassenen Vorschriften vorgesehen ist. [2]Die Prüfsachverständigen sind im Rahmen der ihnen obliegenden Pflichten fachlich unabhängig und an Weisungen des Auftraggebers nicht gebunden.

## § 3 Voraussetzungen der Anerkennung

(1) Soweit nachfolgend nichts anderes geregelt ist, werden als Prüfingenieurinnen, Prüfingenieure und Prüfsachverständige nur Personen anerkannt, die die allgemeinen Voraussetzungen des § 4 sowie die besonderen Voraussetzungen ihres jeweiligen Fachbereichs und, soweit erforderlich, ihrer jeweiligen Fachrichtung nachgewiesen haben.

(2) [1]Die Anerkennung kann bei Bewerberinnen und Bewerbern, die nicht Deutsche im Sinne des Artikel 116 Absatz 1 des Grundgesetzes sind, versagt werden, wenn die Gegenseitigkeit nicht gewahrt ist. [2]Dies gilt nicht für Bewerberinnen und Bewerber, welche die Staatsangehörigkeit eines Mitgliedstaats der Europäischen Union besitzen oder nach dem Recht der Europäischen Gemeinschaften wie Angehörige der Europäischen Union zu behandeln sind.

## § 4 Allgemeine Voraussetzungen

(1) Prüfingenieurinnen, Prüfingenieure und Prüfsachverständige können nur Personen sein, die
1. nach ihrer Persönlichkeit Gewähr dafür bieten, dass sie ihre Aufgaben ordnungsgemäß im Sinne des § 5 erfüllen,
2. die Fähigkeit besitzen, öffentliche Ämter zu bekleiden,
3. eigenverantwortlich und unabhängig tätig sind und
4. die deutsche Sprache in Wort und Schrift beherrschen.

(2) [1]Die Anerkennung wird für den Geschäftssitz der prüfenden Person erteilt. [2]Der Geschäftssitz kann verlegt werden. [3]Eine Änderung der Anschrift ist der Anerkennungsbehörde mitzuteilen.

(3) Eigenverantwortlich tätig im Sinne von Absatz 1 Nummer 3 ist,
1. wer seine berufliche Tätigkeit als einzige Inhaberin oder einziger Inhaber eines Büros selbständig auf eigene Rechnung und Verantwortung ausübt,
2. wer
   a) sich mit anderen Prüfingenieurinnen und Prüfingenieuren oder Prüfsachverständigen, Ingenieurinnen, Ingenieuren oder Architektinnen, Architekten zusammengeschlossen hat,
   b) innerhalb dieses Zusammenschlusses Vorstand, Geschäftsführerin, Geschäftsführer oder persönlich haftende Gesellschafterin oder Gesellschafter mit einer rechtlich gesicherten leitenden Stellung ist, und
   c) kraft Satzung, Statut oder Gesellschaftsvertrag dieses Zusammenschlusses die Berufsaufgaben als Prüfingenieurin, Prüfingenieur oder Prüfsachverständige, Prüfsachverständiger selbständig auf eigene Rechnung und Verantwortung und frei von Weisungen ausüben kann, oder
3. wer als Hochschullehrerin oder Hochschullehrer im Rahmen einer Nebentätigkeit in selbständiger Beratung tätig ist.

(4) Unabhängig tätig im Sinne von Absatz 1 Nummer 3 ist, wer bei Ausübung der Berufstätigkeit weder eigene Produktions-, Handels- oder Lieferinteressen hat noch fremde Interessen dieser Art vertritt, die unmittelbar oder mittelbar im Zusammenhang mit der beruflichen Tätigkeit stehen.

## § 5 Allgemeine Pflichten

(1) [1]Prüfingenieurinnen, Prüfingenieure und Prüfsachverständige haben ihre Tätigkeit unparteiisch, gewissenhaft und gemäß den bauordnungsrechtlichen Vorschrif-

## § 5  PVO · C 2

ten zu erfüllen; sie müssen sich darüber und über die Entwicklungen in ihrem Fachbereich stets auf dem Laufenden halten und über die für ihre Aufgabenerfüllung erforderlichen Geräte und Hilfsmittel verfügen. [2]Prüfingenieurinnen und Prüfingenieure dürfen vorbehaltlich des Absatzes 2a in der Bundesrepublik Deutschland außerhalb ihres Geschäftssitzes nach § 6 Absatz 3 Nummer 4 keine weiteren Niederlassungen als Prüfingenieurin und Prüfingenieur unterhalten. [3]Unbeschadet weitergehender Vorschriften dürfen sich Prüfingenieurinnen, Prüfingenieure und Prüfsachverständige bei ihrer Tätigkeit der Mithilfe befähigter und zuverlässiger angestellter Mitarbeiterinnen und Mitarbeiter nur in einem solchen Umfang bedienen, dass sie deren Tätigkeit jederzeit voll überwachen können. [4]Angehörige des Zusammenschlusses nach § 4 Absatz 3 Nummer 2 stehen angestellten Mitarbeiterinnen und Mitarbeitern nach Satz 3 gleich, sofern die Prüfingenieurin oder der Prüfingenieur hinsichtlich ihrer oder seiner Mithilfe bei der Prüftätigkeit ein Weisungsrecht hat und die Prüfung am Geschäftssitz des Prüfingenieurs erfolgt. [5]Prüfingenieurinnen, Prüfingenieure und Prüfsachverständige müssen mit einer Haftungssumme von mindestens je 500.000 Euro für Personen- sowie für Sach- und Vermögensschäden je Schadensfall, die mindestens zweimal im Versicherungsjahr zur Verfügung stehen muss, haftpflichtversichert sein; die Anerkennungsbehörde ist zuständige Stelle im Sinne des § 117 Absatz 2 des Versicherungsvertragsgesetzes vom 23. November 2007 (BGBl. I S. 2631), zuletzt geändert am 14. April 2010 (BGBl. I S. 410, 416), in der jeweils geltenden Fassung.

(2) Ergeben sich Änderungen der Verhältnisse der Prüfingenieurinnen, Prüfingenieure und Prüfsachverständigen nach § 6 Absatz 3 Satz 1 Nummern 4 und 5, sind sie verpflichtet, dies der Anerkennungsbehörde (§ 6 Absatz 1) unverzüglich anzuzeigen.

(2a) [1]Die Errichtung einer Zweitniederlassung als Prüfingenieurin oder Prüfingenieur oder Prüfsachverständige oder Prüfsachverständiger in der Bundesrepublik Deutschland bedarf der Genehmigung durch die Anerkennungsbehörde. [2]Die Genehmigung ist zu versagen, wenn wegen der Zahl der Mitarbeiter, die bei der Prüftätigkeit mitwirken sollen, der Entfernung zwischen den Niederlassungen oder aus anderen Gründen Bedenken gegen eine ordnungsgemäße Aufgabenerledigung bestehen. [3]Liegt die Zweitniederlassung in einem anderen Land, entscheidet die Anerkennungsbehörde im Benehmen mit der Anerkennungsbehörde des anderen Landes. [4]Für die Zweitniederlassung gilt Absatz 1 Sätze 3 bis 5 entsprechend.

(3) Prüfingenieurinnen, Prüfingenieure und Prüfsachverständige dürfen nicht tätig werden, wenn sie, ihre Mitarbeiterinnen und Mitarbeiter oder Angehörige der Organisationen oder des Unternehmens bereits, insbesondere als Entwurfsverfasserin, Entwurfsverfasser, Nachweisstellerin, Nachweissteller, Bauleiterin, Bauleiter, Unternehmerin oder Unternehmer mit dem Gegenstand der Prüfung oder der Bescheinigung befasst waren oder wenn ein sonstiger Befangenheitsgrund vorliegt.

(4) Die Prüfingenieurin, der Prüfingenieur oder die bzw. der Prüfsachverständige, die oder der aus wichtigem Grund einen Auftrag nicht annehmen kann, muss die Ablehnung unverzüglich erklären.

(5) Ergibt sich bei der Tätigkeit der Prüfingenieurinnen, Prüfingenieure und Prüfsachverständigen, dass der Auftrag teilweise einem anderen Fachbereich oder einer anderen Fachrichtung zuzuordnen ist, sind sie verpflichtet, die Auftraggeberin oder den Auftraggeber unverzüglich zu unterrichten.

(6) [1]Prüfingenieurinnen und Prüfingenieure können sich bei der Prüfung nur durch eine andere Prüfingenieurin oder einen anderen Prüfingenieur derselben Fachrichtung vertreten lassen. [2]Dasselbe gilt auch für Prüfsachverständige.

## C 2 · PVO  §§ 6, 7

### § 6  Anerkennungsverfahren

(1) Über den Antrag auf Anerkennung entscheidet die Bauaufsichtsbehörde (Anerkennungsbehörde).

(2) Im Antrag auf Anerkennung muss angegeben sein,
1. für welche Fachbereiche und, soweit vorgesehen, für welche Fachrichtungen die Anerkennung beantragt wird und
2. ob und wie oft die Antragstellerin oder der Antragsteller im Fall des § 1 Absatz 2 sich bereits erfolglos auch in einem anderen Land einem Anerkennungsverfahren in diesen Fachbereichen und, soweit vorgesehen, Fachrichtungen unterzogen hat.

(3) Dem Antrag sind die für die Anerkennung erforderlichen Nachweise beizugeben, insbesondere
1. ein Lebenslauf mit lückenloser Angabe des fachlichen Werdegangs bis zum Zeitpunkt der Antragstellung,
2. je eine beglaubigte Kopie der Abschluss- und Beschäftigungszeugnisse,
3. der Nachweis über den Antrag auf Erteilung eines Führungszeugnisses zur Vorlage bei einer Behörde (Belegart O oder P) eines nach dem Recht der Europäischen Gemeinschaften gleich gestellten anderen Staates, der nicht älter als drei Monate sein soll,
4. Angaben über den Geschäftssitz und etwaige sonstige Niederlassungen,
5. die Nachweise über die Erfüllung der besonderen Voraussetzungen für die Anerkennung in den jeweiligen Fachbereichen und, soweit vorgesehen, Fachrichtungen,
6. eine Erklärung, dass Versagensgründe nach § 4 nicht vorliegen.

(4) [1]Die Anerkennungsbehörde führt nach Fachbereichen gesonderte Listen der Prüfingenieurinnen, Prüfingenieure und Prüfsachverständigen, die in erforderlichen Abständen im Amtlichen Anzeiger bekannt gemacht werden. [2]Jeder hat das Recht auf Auskunft aus diesen Listen. [3]Die Eintragung ist in den Fällen des § 7 zu löschen.

(5) [1]Verlegt die Prüfingenieurin oder der Prüfingenieur ihren oder seinen Geschäftssitz in ein anderes Land, so hat sie oder er dies der Anerkennungsbehörde anzuzeigen. [2]Die Anerkennungsbehörde übersendet die über die Prüfingenieurin oder den Prüfingenieur vorhandenen Akten der Anerkennungsbehörde des Landes, in dem die Prüfingenieurin oder der Prüfingenieur ihren oder seinen neuen Geschäftssitz gründen will.

(6) Verlegt die Prüfingenieurin oder der Prüfingenieur, die oder der für eine bestimmte Fachrichtung in einem anderen Land anerkannt ist, ihren oder seinen Geschäftssitz in die Freie und Hansestadt Hamburg, so wird sie oder er nach Vorlage der Akten der vormaligen Anerkennungsbehörde in der Regel ohne erneute Prüfung für die jeweilige Fachrichtung als Prüfingenieurin oder Prüfingenieur anerkannt.

### § 7  Erlöschen, Widerruf und Rücknahme der Anerkennung

(1) Die Anerkennung erlischt, wenn
1. die Prüfingenieurin, der Prüfingenieur, die Prüfsachverständige oder der Prüfsachverständige gegenüber der Anerkennungsbehörde schriftlich darauf verzichtet,
2. die Prüfingenieurin, der Prüfingenieur, die Prüfsachverständige oder der Prüfsachverständige das 68. Lebensjahr vollendet hat,

§§ 8, 9   PVO · C 2

3. die Prüfingenieurin, der Prüfingenieur, die Prüfsachverständige oder der Prüfsachverständige die Fähigkeit zur Bekleidung öffentlicher Ämter verliert,
4. der erforderliche Versicherungsschutz (§ 5 Absatz 1 Satz 5) nicht mehr besteht oder
5. die Prüfingenieurin oder der Prüfingenieur ihren oder seinen Geschäftssitz in ein anderes Land verlegt.

(2) Unbeschadet von § 49 des Hamburgischen Verwaltungsverfahrensgesetzes (HmbVwVfG) vom 9. November 1977 (HmbGVBl. S. 333, 402), zuletzt geändert am 20. April 2005 (HmbGVBl. S. 141,142), in der jeweils geltenden Fassung kann die Anerkennung widerrufen werden, wenn die Prüfingenieurin, der Prüfingenieur oder die Prüfsachverständige bzw. der Prüfsachverständige
1. in Folge geistiger und körperlicher Gebrechen nicht mehr in der Lage ist, ihre bzw. seine Tätigkeit ordnungsgemäß auszuüben,
2. gegen die ihr oder ihm obliegenden Pflichten schwerwiegend, wiederholt, vorsätzlich oder grob fahrlässig verstoßen hat,
3. ihre oder seine Tätigkeit in einem Umfang ausübt, die eine ordnungsgemäße Erfüllung ihrer oder seiner Pflichten nicht erwarten lässt,
4. außerhalb des Geschäftssitzes, für den die Anerkennung als Prüfingenieurin oder Prüfingenieur ausgesprochen worden ist, ohne die erforderliche Genehmigung nach § 5 Absatz 2a Niederlassungen als Prüfingenieurin oder Prüfingenieur einrichtet oder
5. wenn die Tätigkeit länger als drei Jahre nicht ausgeübt wurde.

(3) § 48 HmbVwVfG bleibt unberührt.

(4) ¹Die Anerkennungsbehörde ist berechtigt, an den Prüfungen einer Prüfingenieurin, eines Prüfingenieurs oder einer bzw. eines Prüfsachverständigen teilzunehmen. ²Die Prüfingenieurin, der Prüfingenieur, die Prüfsachverständige oder der Prüfsachverständige hat der Bauaufsichtsbehörde auf Verlangen Auskunft über die Prüftätigkeit zu geben und Unterlagen hierüber vorzulegen.


## § 8   Führung der Bezeichnung Prüfingenieurin, Prüfingenieur, Prüfsachverständige oder Prüfsachverständiger

Wer nicht als Prüfingenieurin, Prüfingenieur, Prüfsachverständige oder Prüfsachverständiger in einem bestimmten Fachbereich oder, soweit vorgesehen, in einer bestimmten Fachrichtung nach dieser Verordnung anerkannt ist, darf die Bezeichnung Prüfingenieurin, Prüfingenieur, Prüfsachverständige oder Prüfsachverständiger für diesen Fachbereich und für diese Fachrichtung nicht führen.


## § 9   Gleichwertigkeit, gegenseitige Anerkennung

(1) ¹Die Anerkennung als Prüfingenieurin oder Prüfingenieur ist für die jeweilige Fachrichtung gleichwertig. ²Anerkennungen anderer Länder gelten auch in der Freien und Hansestadt Hamburg; eine weitere Eintragung in die von der Anerkennungsbehörde nach § 6 Absatz 4 geführte Liste der Prüfingenieurinnen und Prüfingenieure erfolgt nicht.

(2) ¹Persönliche Anerkennungen von Prüfsachverständigen für technische Anlagen und Einrichtungen und von Prüfsachverständigen für Erd- und Grundbau anderer Länder gelten auch in der Freien und Hansestadt Hamburg. ²Eine Eintragung in die nach § 6 Absatz 4 geführten Listen erfolgt nicht.

(3) *(aufgehoben)*

(4) Personen, welche die Staatsangehörigkeit eines anderen Mitgliedstaates der Europäischen Union oder eines nach dem Recht der Europäischen Gemeinschaften gleich gestellten anderen Staates besitzen, sind berechtigt, als Prüfingenieurin oder Prüfingenieur oder Prüfsachverständige oder Prüfsachverständiger Aufgaben nach dieser Verordnung auszuführen, wenn
1. sie eine vergleichbare Berechtigung besitzen,
2. die Gleichwertigkeit der Berechtigung durch die Anerkennungsbehörde allgemein festgestellt und in geeigneter Weise bekannt gemacht wurde und
3. sie die deutsche Sprache in Wort und Schrift beherrschen.

## Teil II Prüfingenieurinnen und Prüfingenierure

### § 10 Besondere Voraussetzungen

Als Prüfingenieurinnen und Prüfingenieure in den Fachrichtungen Massivbau, Metallbau oder Holzbau werden nur Personen anerkannt, die
1. das Studium des Bauingenieurwesens an einer deutschen Hochschule oder ein gleichwertiges Studium an einer ausländischen Hochschule abgeschlossen haben,
2. seit mindestens zwei Jahren als mit der Tragwerksplanung befasste Ingenieurin bzw. befasster Ingenieur eigenverantwortlich und unabhängig oder als hauptberufliche Hochschullehrerin bzw. hauptberuflicher Hochschullehrer tätig sind,
3. mindestens zehn Jahre mit der Aufstellung von Standsicherheitsnachweisen, der technischen Bauleitung oder mit vergleichbaren Tätigkeiten betraut gewesen sind, wovon sie mindestens fünf Jahre lang Standsicherheitsnachweise aufgestellt haben und mindestens ein Jahr lang mit der technischen Bauleitung betraut gewesen sein müssen; die Zeit einer technischen Bauleitung darf jedoch nur bis zu höchstens drei Jahren angerechnet werden,
4. über die erforderlichen Kenntnisse der einschlägigen bauordnungsrechtlichen Vorschriften verfügen; der Nachweis dieser Kenntnisse ist gegenüber der Anerkennungsbehörde zu führen,
5. durch ihre Leistungen als Ingenieurinnen bzw. Ingenieure überdurchschnittliche Fähigkeiten bewiesen haben und
6. die für eine Prüfingenieurin oder einen Prüfingenieur erforderlichen Fachkenntnisse und Erfahrungen besitzen.

### § 11 Beirat

(1) [1]Die Anerkennungsbehörde bildet einen Beirat. [2]Dieser hat vor der Anerkennung ein Gutachten über die Eignung der Antragstellerin bzw. des Antragstellers zu erstellen. [3]Das Gutachten kann Vorbehalte enthalten. [4]Der Beirat kann verlangen, dass die Antragstellerin bzw. der Antragsteller ihre bzw. seine fachlichen Kenntnisse darlegt.

(2) [1]Der Beirat besteht aus sechs Mitgliedern. [2]Die Anerkennungsbehörde beruft die Mitglieder des Beirates sowie, soweit erforderlich, stellvertretende Mitglieder für den Verhinderungsfall. [3]Dem Beirat sollen Personen aus der Wissenschaft und Forschung, aus der Bauwirtschaft, den Ingenieurverbänden und der Anerkennungsbehörde angehören. [4]Die Berufung erfolgt für fünf Jahre; Wiederberufungen sind zulässig. [5]Abweichend von Satz 4 endet die Mitgliedschaft im Beirat

§§ 12, 13   **PVO · C 2**

1. wenn die Voraussetzungen für die Berufung nach Satz 3 nicht mehr vorliegen oder
2. mit der Vollendung des 68. Lebensjahres; der Abschluss einer eingeleiteten Begutachtung bleibt unberührt.

(3) [1]Die Mitglieder des Beirates sind unabhängig und an Weisungen nicht gebunden. [2]Sie sind zur Unparteilichkeit und Verschwiegenheit verpflichtet. [3]Sie sind ehrenamtlich tätig.

(4) Der Beirat gibt sich eine Geschäftsordnung.

## § 12   Prüfung der besonderen Voraussetzungen

(1) [1]Im Folgenden werden die zusätzlichen Anerkennungsvoraussetzungen, die über die allgemeinen Voraussetzungen des § 4 hinaus an Prüfingenieurinnen und Prüfingenieure zu stellen sind, geregelt. [2]Die Anerkennungsbehörde entscheidet über das Vorliegen der Anerkennungsvoraussetzungen nach § 10 Nummern 4 bis 6 sowie über die Vergleichbarkeit von Tätigkeiten im Sinne des § 10 Nummer 3 erster Halbsatz. [3]Die Entscheidung ist zu begründen.

(2) [1]Die Bewerberin bzw. der Bewerber hat ihre bzw. seine Kenntnisse schriftlich oder mündlich nachzuweisen. [2]Die Bewerberin bzw. der Bewerber kann bei mündlichen Prüfungsleistungen verlangen, dass ihr bzw. ihm die Gründe für die vorgenommene Bewertung unmittelbar im Anschluss an die Eröffnung des Ergebnisses mündlich dargelegt werden. [3]Die Einwendungen gegen die Bewertung der Prüfungsleistungen sind innerhalb von zwei Wochen nach Bekanntgabe der Bewertung gegenüber der Anerkennungsbehörde schriftlich zu begründen.

(3) [1]Eine Bewerberin bzw. ein Bewerber, die bzw. der die Prüfung nicht bestanden hat, kann sie insgesamt nur zweimal wiederholen; dies gilt auch, soweit die Prüfung in einem anderen Land nicht bestanden worden ist. [2]Die Prüfung ist im gesamten Umfang zu wiederholen.

## § 13   Aufgabenerledigung

(1) [1]Prüfingenieurinnen und Prüfingenieure dürfen nur bauaufsichtliche Prüfaufgaben wahrnehmen, für deren Fachrichtung sie anerkannt sind. [2]Sie sind auch berechtigt, einzelne Bauteile mit höchstens durchschnittlichem Schwierigkeitsgrad der anderen Fachrichtungen zu prüfen. [3]Gehören wichtige Teile einer baulichen Anlage mit überdurchschnittlichem oder sehr hohem Schwierigkeitsgrad zu Fachrichtungen, für die die Prüfingenieurin oder der Prüfingenieur nicht anerkannt ist, hat sie bzw. er unter ihrer bzw. seiner Federführung weitere, für diese Fachrichtungen anerkannte Prüfingenieurinnen oder Prüfingenieure hinzuziehen, deren Ergebnisse der Überprüfung in den Prüfbericht aufzunehmen sind. [4]Die Zustimmung der Auftraggeberin bzw. des Auftraggebers ist einzuholen.

(2) [1]Prüfingenieurinnen und Prüfingenieure prüfen die Vollständigkeit und Richtigkeit der Standsicherheitsnachweise, auch für den Brandfall sowie die Einhaltung der Anforderungen an den Wärmeschutz und die Energieeinsparung. [2]Die Bauaufsichtsbehörde kann für den Prüfbericht der Prüfingenieurin bzw. des Prüfingenieurs ein Muster einführen und dessen Verwendung vorschreiben sowie Festlegungen hinsichtlich des Umfangs und der Durchführung der bautechnischen Prüfung und der Bauzustandsbesichtigungen in einer Prüfanweisung treffen. [3]Die zuständige Behörde ist berechtigt, die Tätigkeit der Prüfingenieurinnen und der Prüfingenieure, insbesondere die Einhaltung der von ihr herausgegebenen allgemeinen besonderen

161

## C 2 · PVO § 14

Prüfanweisungen, zu überwachen. [4]Die Prüfingenieurin oder der Prüfingenieur hat im Einvernehmen mit der Auftraggeberin bzw. dem Auftraggeber eine Prüfsachverständige bzw. einen Prüfsachverständigen für den Erd- und Grundbau einzuschalten, wenn Bedenken hinsichtlich der verwendeten Annahmen oder der bodenmechanischen Kenngrößen bestehen.

(3) [1]Prüfingenieurinnen und Prüfingenieure überwachen die ordnungsgemäße Bauausführung hinsichtlich der von ihnen geprüften und bescheinigten Nachweise. [2]Die Überwachung der Bauausführung kann sich nach ordnungsgemäßem Ermessen auf Stichproben beschränken.

(4) [1]Die Prüfingenieurinnen und die Prüfingenieure haben ein Verzeichnis über die von ihnen ausgeführten Prüfaufträge und die von ihnen erteilten Bescheinigungen nach einem von der Bauaufsichtsbehörde festgelegten Muster zu führen. [2]Das Verzeichnis ist jeweils für ein Kalenderjahr, spätestens zum 1. März des folgenden Jahres, der Anerkennungsbehörde vorzulegen.

## Teil III  Technische Prüfungen, Prüfsachverständige für technische Anlagen und Einrichtungen

### Abschnitt 1  Prüfung von Technischen Anlagen und Einrichtungen

### § 14  Prüfbereiche

(1) Zur Einhaltung der Anforderungen nach §§ 3 und 17 HBauO sind die im Folgenden genannten Anlagen durch Prüfsachverständige für technische Anlagen und Einrichtungen auf ihre Wirksamkeit und Betriebssicherheit zu prüfen:
1. Lüftungsanlagen, ausgenommen solche, die einzelne Nutzungseinheiten im selben Geschoss unmittelbar ins Freie be- oder entlüften,
2. CO-Warnanlagen,
3. Rauchabzugsanlagen sowie maschinelle Anlagen zur Rauchfreihaltung von Rettungswegen,
4. selbsttätige Feuerlöschanlagen, wie Sprinkleranlagen, Sprühwasserlöschanlagen und Wassernebel-Löschanlagen,
5. nichtselbsttätige Feuerlöschanlagen mit nassen Steigleitungen und Druckerhöhungsanlagen einschließlich des Anschlusses an die Wasserversorgungsanlage,
6. Brandmeldeanlagen,
7. Alarmierungsanlagen,
8. Starkstromanlagen einschließlich der Sicherheitsstromversorgung.

(2) [1]Technische Anlagen und Einrichtungen gemäß Absatz 1 sind zu prüfen in
1. Verkaufsstätten im Sinne des § 1 der Verkaufsstättenverordnung vom 5. August 2003 (HmbGVBl. S. 413) in der jeweils geltenden Fassung,
2. Versammlungsstätten im Sinne des § 1 der Versammlungsstättenverordnung vom 5. August 2003 (HmbGVBl. S. 420) in der jeweils geltenden Fassung,
3. Krankenhäusern, Pflegeheimen und Stätten mit vergleichbarer Nutzung,
4. Beherbergungsstätten im Sinne des § 1 der Beherbergungsstättenverordnung vom 5. August 2003 (HmbGVBl. S. 448) in der jeweils geltenden Fassung ab 60 Betten,
5. Hochhäusern im Sinne des § 2 Absatz 4 Nummer 1 HBauO,

§ 15 PVO · C 2

6. Gebäude von Anlagen des öffentlichen nicht schienengebundenen Verkehrs, die für die gleichzeitige Anwesenheit von mehr als 600 Personen bestimmt sind,
7. geschlossene Großgaragen im Sinne des § 2 Absatz 1 Nummer 3 und Absatz 5 der Garagenverordnung vom 17. Januar 2012 (HmbGVBl. S. 8), in der jeweils geltenden Fassung,
8. allgemein bildenden und berufsbildenden Schulen,
9. Hallenbauten mit industrieller oder gewerblicher Nutzung mit einer Geschossfläche von mehr als 2.000 m² und
10. Tageseinrichtungen für Kinder,

wenn sie bauordnungsrechtlich gefordert oder soweit an sie bauordnungsrechtliche Anforderungen hinsichtlich des Brandschutzes gestellt werden. ²Die Prüfung beschränkt sich bei baulichen Anlagen
1. nach Satz 1 Nummer 8, soweit Absatz 1 Nummer 8 betroffen ist, auf die Sicherheitsstromversorgung,
2. nach Satz 1 Nummer 9 auf die technischen Anlagen und Einrichtungen nach Absatz 1 Nummern 3 bis 7,
3. nach Satz 1 Nummer 10 auf die technischen Anlagen und Einrichtungen nach Absatz 1 Nummern 6 und 7.

(3) § 51 HBauO bleibt unberührt.

## § 15  Verfahren der Prüfung

(1) ¹Die Prüfungen nach § 14 sind vor der ersten Inbetriebnahme der baulichen Anlagen, unverzüglich nach einer wesentlichen Änderung der technischen Anlagen und Einrichtungen sowie jeweils innerhalb einer Frist von drei Jahren (wiederkehrende Prüfungen) durchführen zu lassen. ²Bei bestehenden technischen Anlagen und Einrichtungen ist die Frist vom Zeitpunkt der letzten Prüfung zu rechnen. ³Sind Prüfungen bisher nicht vorgenommen worden, so sind Prüfungen innerhalb eines Jahres nach In-Kraft-Treten dieser Verordnung durchzuführen.

(2) ¹Die Bauherrin, der Bauherr, die Betreiberin oder der Betreiber hat die Prüfungen nach Absatz 1 zu veranlassen, die dafür nötigen Vorrichtungen und fachlich geeigneten Arbeitskräfte bereitzustellen und die erforderlichen Unterlagen bereitzuhalten. ²Die Bauherrin oder der Bauherr gemäß § 54 HBauO hat die Prüfungen in Fällen der ersten Inbetriebnahme und nach wesentlichen Änderungen vor der Wiederinbetriebnahme zu veranlassen; die Betreiberin oder der Betreiber in den übrigen Fällen. ³Teilprüfungen von technischen Anlagen und Einrichtungen sind nicht zulässig.

(3) ¹Über jede durchgeführte Prüfung hat die oder der Prüfsachverständige der Bauherrin, dem Bauherrn, der Betreiberin oder dem Betreiber unverzüglich eine Bescheinigung – bei Feststellung von Mängeln mit einem gesonderten Mängelbericht – zu übergeben, aus der der Zeitpunkt, Art, Umfang und Ergebnis der Prüfung hervorgehen. ²Die Prüfsachverständige oder der Prüfsachverständige hat der Bauaufsichtsbehörde unverzüglich eine Durchschrift der Bescheinigung zu übermitteln. ³Ist die oder der Prüfsachverständige in einem anderen Land und nicht in der Freien und Hansestadt Hamburg persönlich anerkannt, so hat sie oder er mit der Prüfbescheinigung eine Kopie ihrer oder seiner Anerkennung der Bauaufsichtsbehörde vorzulegen.

(4) ¹Werden bei den Prüfungen Mängel festgestellt, hat die Prüfsachverständige bzw. der Prüfsachverständige der Bauherrin bzw. dem Bauherrn oder der Betreiberin bzw. dem Betreiber in der Bescheinigung nach Absatz 3 mit angemessener Fristsetzung Gelegenheit zur Beseitigung der Mängel zu geben. ²Die Bauherrin, der Bauherr, die Betreiberin oder der Betreiber hat die Mängel innerhalb der gesetzten Frist

vollständig zu beseitigen. ³Ergeben die nach Fristablauf durchzuführenden erneuten Prüfungen, dass die beanstandeten Mängel nicht beseitigt wurden, hat die Prüfsachverständige oder der Prüfsachverständige der Bauaufsichtsbehörde dies unverzüglich einschließlich des gesonderten Mängelberichts mit einer überschlägigen Beurteilung des Gefährdungsgrades mitzuteilen.

(5) ¹Besteht eine drohende Gefahr, hat die Prüfsachverständige oder der Prüfsachverständige dies der Bauaufsichtsbehörde durch Übermittlung der Bescheinigung nach Absatz 3 einschließlich des gesonderten Mängelberichts unverzüglich mitzuteilen; die Bauaufsichtsbehörde kann die Nutzung ganz oder teilweise bis zur Vorlage einer Bescheinigung nach Absatz 3, aus der sich die Beseitigung der Gefahr ergibt, untersagen. ²Das weitere Vorgehen der oder des Prüfsachverständigen nach Absatz 4 bleibt hiervon unberührt.

(6) ¹Die Bauaufsichtsbehörde kann für die Prüfbescheinigung der Prüfsachverständigen ein Muster einführen und dessen Verwendung vorschreiben. ²Die eingeführten Grundsätze für die Prüfung technischer Anlagen und Einrichtungen sind durch die Prüfsachverständigen zu beachten. ³Weiterhin ist die Bauaufsichtsbehörde berechtigt, die Tätigkeit der Prüfsachverständigen, insbesondere die Einhaltung der Grundsätze für die Prüfung, zu überwachen.

## Abschnitt 2  Prüfsachverständige für technische Anlagen und Einrichtungen

### § 16  Besondere Voraussetzungen

(1) Als Prüfsachverständige für technische Anlagen und Einrichtungen im Sinne von § 14 Absatz 1 werden Personen anerkannt, die
1. ein Ingenieurstudium an einer deutschen Hochschule oder ein gleichwertiges Studium an einer ausländischen Hochschule abgeschlossen haben,
2. den Nachweis ihrer besonderen Sachkenntnisse in den Fachrichtungen im Sinne von § 17, auf die sich ihre Prüftätigkeit beziehen soll, durch ein Fachgutachten einer von der Anerkennungsbehörde bestimmten Stelle erbracht haben,
3. als Ingenieurin oder Ingenieur mindestens fünf Jahre in der Fachrichtung, in der die Prüftätigkeit ausgeübt werden soll, praktisch tätig gewesen sind und dabei mindestens zwei Jahre bei Prüfungen mitgewirkt haben.

(2) Abweichend von § 4 Absatz 1 Nummer 3 müssen Prüfsachverständige für technische Anlagen und Einrichtungen nicht eigenverantwortlich tätig sein, wenn sie Beschäftigte eines Unternehmens oder einer Organisation sind, deren Zweck in der Durchführung vergleichbarer Prüfungen besteht und deren Beschäftigte für die Prüftätigkeit nach § 15 keiner fachlichen Weisung unterliegen.

(3) ¹Bedienstete des Bundes und der Freien und Hansestadt Hamburg mit den für die Ausübung der Tätigkeit als Prüfsachverständige erforderlichen Kenntnissen und Erfahrungen für technische Anlagen und Einrichtungen gelten in ihrem Zuständigkeitsbereich als Prüfsachverständige nach Absatz 1. ²Sie werden in den Listen nach § 6 Absatz 4 nicht geführt.

### § 17  Fachrichtungen

¹Prüfsachverständige für technische Anlagen und Einrichtungen können in einer oder mehreren Fachrichtungen anerkannt werden. ²Die Fachrichtungen entsprechen den Bezeichnungen der in § 14 Absatz 1 genannten technischen Anlagen und Einrichtungen.

## Teil IV  Prüfsachverständige für Erd- und Grundbau

### § 18  Besondere Voraussetzungen

(1) ¹Als Prüfsachverständige für den Erd- und Grundbau werden Personen anerkannt, die
1. als Angehörige der Fachrichtung Bauingenieurwesen, Geotechnik oder eines Studiengangs mit Schwerpunkt Ingenieurgeologie ein Studium an einer deutschen Hochschule oder ein gleichwertiges Studium an einer ausländischen Hochschule abgeschlossen haben,
2. neun Jahre im Bauwesen tätig, davon mindestens drei Jahre im Erd- und Grundbau mit der Anfertigung oder Beurteilung von Standsicherheitsnachweisen betraut gewesen sind,
3. über vertiefte Kenntnisse und Erfahrungen im Erd- und Grundbau verfügen,
4. nicht an einem Unternehmen der Bauwirtschaft oder an einem Bohrunternehmen beteiligt sind; das Beteiligungsverbot gilt auch für ihre Mitarbeiterinnen und Mitarbeiter sowie für Angehörige eines Zusammenschlusses nach § 4 Absatz 3 Nummer 2.

²Der Nachweis der Anerkennungsvoraussetzungen nach Satz 1 Nummer 3 ist durch die Vorlage eines Verzeichnisses aller innerhalb eines Zeitraums von zwei Jahren vor Antragstellung erstellten Baugrundgutachten zu führen, von denen mindestens zehn Gutachten die Bewältigung überdurchschnittlicher Aufgaben zeigen müssen. ³Zwei dieser Gutachten sind gesondert vorzulegen. ⁴Über das Vorliegen der Zulassungsvoraussetzung nach Satz 1 Nummer 4 hat die Bewerberin bzw. der Bewerber eine besondere Erklärung abzugeben.

(2) Abweichend von § 4 Absatz 1 Nummer 3 müssen Prüfsachverständige für den Erd- und Grundbau nicht eigenverantwortlich tätig sein, wenn sie in fachlicher Hinsicht für ihre Tätigkeit allein verantwortlich sind und Weisungen nicht unterliegen.

### § 19  Beirat

Die Anerkennungsbehörde kann bei einem Beirat, der bei einer von ihr bestimmten Stelle gebildet ist, ein Gutachten über die Anerkennungsvoraussetzungen nach § 18 Absatz 1 Satz 1 Nummer 3 einholen.

### § 20  Aufgabenerledigung

Prüfsachverständige für Erd- und Grundbau bescheinigen die Vollständigkeit und Richtigkeit der Angaben über den Baugrund hinsichtlich Stoffbestand, Struktur und geologischer Einflüsse, dessen Tragfähigkeit und die getroffenen Annahmen zur Gründung oder Einbettung der baulichen Anlage.

## Teil V  Fliegende Bauten, Windkraftanlagen

### § 21  Übertragung bauaufsichtlicher Aufgaben

(1) Die Aufgaben der Bauaufsichtsbehörde nach § 66 HBauO für Fahrgeschäfte werden dem Technischen Überwachungs-Verein Nord Systems GmbH & Co. KG, Hamburg übertragen.

## C 2 · PVO §§ 22, 23

(2) Für Windkraftanlagen darf die Germanische Lloyd AG, Hamburg Typengenehmigungen nach § 65 HBauO erteilen.

(3) ¹Die Germanische Lloyd AG und der Technische Überwachungs-Verein erheben für die ihnen übertragenen Amtshandlungen Gebühren und Auslagen nach Maßgabe der Baugebührenordnung in der jeweils geltenden Fassung. ²§ 13 Absatz 6 gilt entsprechend.

(4) ¹Die Germanische Lloyd AG und der Technische Überwachungs-Verein unterstehen der Rechts- und Fachaufsicht der zuständigen Behörde. ²Diese kann allgemein und im Einzelfall Weisungen erteilen.

## Teil VI  Ordnungswidrigkeiten, Übergangs- und Schlussvorschriften

### § 22  Ordnungswidrigkeiten

Nach § 80 Absatz 1 Nummer 17[*)] HBauO kann mit Geldbuße bis zu 100.000 Euro belegt werden, wer
1. entgegen § 8 die Bezeichnung Prüfingenieurin, Prüfingenieur, Prüfsachverständige oder Prüfsachverständiger führt oder wer, ohne Prüfsachverständige oder Prüfsachverständiger zu sein, Bescheinigungen ausstellt, die nach den Vorschriften der Hamburgischen Bauordnung oder der auf Grund dieser erlassenen Bestimmungen nur von einer oder einem Prüfsachverständigen ausgestellt werden dürfen; dies gilt auch für die unberechtigte Führung der Bezeichnungen von Fachbereichen und Fachrichtungen sowie die Ausstellung von Bescheinigungen, für die keine Anerkennung in der benötigten Fachrichtung beziehungsweise des benötigten Fachbereiches vorliegt,
2. vorsätzlich oder fahrlässig entgegen § 15 Absatz 1 die vorgeschriebenen Prüfungen nicht oder nicht rechtzeitig durchführen lässt,
3. vorsätzlich oder fahrlässig entgegen § 15 Absatz 3 unrichtige Prüfbescheinigungen ausstellt oder
4. vorsätzlich oder fahrlässig entgegen § 15 Absatz 4 Satz 2 die festgestellten Mängel nicht innerhalb der in der Prüfbescheinigung gesetzten Frist beseitigen lässt und dies zu einer Gefährdung von Leben, Gesundheit oder erheblichen Vermögenswerten geführt hat.

### § 23  Übergangsvorschriften

(1) Die bisher auf Grund von § 4 der Verordnung über die Überwachung haustechnischer Anlagen vom 13. November 1984 (HmbGVBl. S. 227) in der bis zum 31. März 2006 geltenden Fassung anerkannten Sachverständigen gelten für die in ihrer Anerkennung genannten Fachrichtungen als Prüfsachverständige für technische Anlagen und Einrichtungen nach § 1 Absatz 3 Nummer 1.

(2) ¹Die bisher auf Grund von § 3 der Prüfingenieurverordnung vom 4. Januar 1972 (HmbGVBl. S. 3, 18) in der bis zum 31. März 2006 geltenden Fassung, anerkannten

---

[*)] Gemäß Änderung der HBauO vom 27.4.2010 ist seit dem 1. September 2010 § 80 Absatz 1 Nummer 16 HBauO anwendbar.

Prüfingenieure für Baustatik gelten für die in ihrer Anerkennung genannten Fachrichtungen als Prüfingenieurinnen oder Prüfingenieure nach § 1 Absatz 2. ²Ihre Anerkennung erlischt abweichend von § 7 Absatz 1 Nummer 2 mit Vollendung des 70. Lebensjahres.

(3) Die bisher auf Grund von § 2 der Verordnung über anerkannte sachverständige Personen für bautechnische Prüfaufgaben vom 18. September 2001 (HmbGVBl. S. 405) in der bis zum 31. März 2006 geltenden Fassung ausgesprochenen Anerkennungen als sachverständige Personen erlöschen mit In-Kraft-Treten dieser Verordnung.

### § 24 Aufhebung und Änderung von Vorschriften

(1) Es treten außer Kraft:
1. die Verordnung über die Überwachung haustechnischer Anlagen vom 13. November 1984 (HmbGVBl. S. 227) in der geltenden Fassung,
2. die Prüfingenieurverordnung vom 4. Januar 1972 (HmbGVBl. S. 3, 18) in der geltenden Fassung,
3. die Verordnung über anerkannte sachverständige Personen für bautechnische Prüfaufgaben vom 18. September 2001 (HmbGVBl. S. 405) und
4. die Verordnung zur Übertragung von bauaufsichtlichen Aufgaben betreffend Fliegende Bauten vom 29. November 1994 (HmbGVBl. S. 301, 310) in der geltenden Fassung.

(2) (Änderungsanweisung)

(3) (Änderungsanweisung)

### § 25 In-Kraft-Treten

Diese Verordnung tritt am 1. April 2006 in Kraft.

# Baugebührenordnung (BauGebO)

Vom 23. Mai 2006, zuletzt geändert am 1. Dezember 2020 (HmbGVBl. S. 680,681)
Auf Grund von §§ 2, 5, 10, 12 und 18 des Gebührengesetzes (GebG) vom 5. März 1986 (HmbGVBl. S. 37), zuletzt geändert am 4. Dezember 2001 (HmbGVBl. S. 531, 532), sowie § 81 Absatz 1 Nummer 6 und Absätze 8 bis 10 der Hamburgischen Bauordnung (HBauO) vom 14. Dezember 2005 (HmbGVBl. S. 525, 563), geändert am 11. April 2006 (HmbGVBl. S. 166), wird verordnet:

**Inhaltsverzeichnis**

§ 1   Geltungsbereich
§ 2   Mindestgebühr
§ 3   Maßgebliche Kosten
§ 4   Gebühren für die Prüfung bautechnischer Nachweise
§ 5   Gebührenermäßigungen
§ 6   Gebühren in besonderen Fällen
§ 7   Vorauszahlungen
§ 8   Gebührentatbestände
§ 9   Änderungen von Rechtsverordnungen
§ 10  Schlussbestimmungen

Anlage 1   Gebührenverzeichnis
Anlage 2   Tabelle der Anrechnungswerte in Euro je Kubikmeter Brutto – Rauminhalt für Neubauten nach § 3 Absatz 2
Anlage 3   Bauwerksklassen nach § 4 Absatz 1

### § 1   Geltungsbereich

(1) Für die in der Anlage 1 genannten Amtshandlungen nach
1. der Hamburgischen Bauordnung,
2. dem Baugesetzbuch (BauGB) in der Fassung vom 23. September 2004 (BGBl. I S. 2415), zuletzt geändert am 21. Juni 2005 (BGBl. I S. 1818, 1824),
3. dem Wohnungseigentumsgesetz (WEG) vom 15. März 1951 (BGBl. III 403-1), zuletzt geändert am 5. Mai 2004 (BGBl. I S. 718, 833),
4. dem Hamburgischen Abwassergesetz (HmbAbwG) in der Fassung vom 24. Juli 2001 (HmbGVBl. S. 258, 280), zuletzt geändert am 17. Dezember 2002 (HmbGVBl. S. 347, 352),
5. der Baupolizeiverordnung vom 8. Juni 1938 (Sammlung des bereinigten hamburgischen Landesrechts I 21 302-n),
6. der Prüfverordnung (PVO) vom 14. Februar 2006 (HmbGVBl. S. 79),
7. Kapitel III der Verordnung (EG) Nr. 765/2008 des Europäischen Parlaments und des Rates vom 9. Juli 2008 über die Vorschriften für die Akkreditierung und Marktüberwachung im Zusammenhang mit der Vermarktung von Produkten und zur Aufhebung der Verordnung (EWG) Nr. 339/93 des Rates (ABl. EU Nr. L 218 S. 30) sowie Kapitel VIII der Verordnung (EU) Nr. 305/2011 des Europäischen Parlaments und des Rates vom 9. März 2011 zur Festlegung harmonisierter Bedingungen für die Vermarktung von Bauprodukten und zur Aufhebung der Richtlinie 89/106/EWG des Rates (ABl. EU 2011 Nr. L 88 S. 5, 2013 Nr. L 103 S. 10),

zuletzt geändert am 21. Februar 2014 (ABl. EU Nr. L 159 S. 41), und Abschnitt 6 des Produktsicherheitsgesetzes (ProdSG) vom 8. November 2011 (BGBl. 2011 I S. 2178, 2179, 2012 I S. 131), geändert am 31. August 2015 (BGBl. I S. 1474, 1538), soweit es nach dem Bauproduktengesetz vom 5. Dezember 2012 BGBl. I S. 2449, 2450), geändert am 31. August 2015 (BGBl. I S. 1474, 1494), Anwendung findet
in ihren jeweils geltenden Fassungen sowie für weitere Amtshandlungen und Benutzungen auf dem Gebiet des Bauwesens werden Verwaltungs- und Benutzungsgebühren sowie besondere Auslagen nach dieser Gebührenordnung erhoben.

(2) [1]Über den Geltungsbereich des Absatzes 1 hinaus gilt diese Gebührenordnung auch für alle Entscheidungen, die die Baugenehmigung nach § 72 Absatz 2 Satz 1 HBauO einschließt. [2]Satz 1 gilt nicht für die Gebühren und Auslagen, die von Behörden auf der Grundlage von nach Bundesrecht erlassenen Gebühren- oder Kostenverordnungen zu erheben sind oder die Anstalten des öffentlichen Rechts aufgrund ihrer Beteiligung an einem Baugenehmigungsverfahren mit Konzentrationswirkung zustehen. [3]Satz 1 gilt ebenfalls nicht für Benutzungsgebühren und -entgelte für die Sondernutzung öffentlicher Land- und Wasserflächen sowie für die Erhebung von Grundwassergebühren nach dem Grundwassergebührengesetz vom 26. Juni 1989 (HmbGVBl. S. 115), zuletzt geändert am 14. Dezember 2005 (HmbGVBl. S. 519).

### § 2  Mindestgebühr

(1) Die Mindestgebühr beträgt 31 Euro, soweit in dieser Gebührenordnung nichts anderes bestimmt ist.

(2) Für die in dieser Gebührenordnung nicht aufgeführten Amtshandlungen auf dem Gebiet des Bauwesens im Sinne von § 3 Absatz 1 Nummer 1 GebG werden Gebühren nach dem Zeitaufwand erhoben.

(3) Die Gebühr nach Zeitaufwand beträgt 31 Euro je angefangene halbe Arbeitsstunde, soweit in der Anlage 1 keine anderen Stundensätze genannt werden.

### § 3  Maßgebliche Kosten

(1) Die Gebühren für die Erteilung von Baugenehmigungen werden nach den anrechenbaren Kosten oder den Herstellungskosten ermittelt.

(2) [1]Die anrechenbaren Kosten bei Neubauten sind für die in der Anlage 2 genannten Gebäudearten aus der Multiplikation des Gebäude-Brutto-Rauminhalts mit dem jeweils angegebenen Anrechnungswert zu ermitteln. [2]Die Anrechnungswerte der Anlage 2 basieren auf der Indexzahl 100 für das Jahr 2006. [3]Abweichend von Satz 2 basieren die Anrechnungswerte nach Nummer 22 der Anlage 2 auf der Indexzahl 100 für das Jahr 2020. [4]Die für die jeweiligen Folgejahre geltenden Anrechnungswerte der Anlage 2 werden jährlich von der für das Bauordnungswesen zuständigen Fachbehörde aufgrund der veränderten Preisindizes für Bauwerke fortgeschrieben, auf volle Euro gerundet und im Amtlichen Anzeiger veröffentlicht. [5]Maßgebend für die Fortschreibung der Anrechnungswerte ist der Quotient, der sich aus den Werten der vom Statistischen Bundesamt bekannt gemachten Preisindizes für Bauwerke(Neubau, Wohn-und Nichtwohngebäude, Bauleistungen am Bauwerk) für die jeweils zwei vorangegangenen Jahre ergibt.

(3) [1]Für die nicht in der Anlage 2 genannten Gebäude und baulichen Anlagen sowie für Umbauten sind die maßgeblichen Kosten nach dem Umfang sämtlicher Arbeiten und Lieferungen (Herstellungskosten), die zur Fertigstellung erforderlich sind, zu er-

## C 3 · BauGebO §§ 4, 5

mitteln. ²Gleiches gilt für Anlagen und Einrichtungen im Sinne des § 1 Absatz 1 HBauO. ³Zu den Herstellungskosten gehört nicht die auf die Kosten entfallende Umsatzsteuer. ⁴Traggerüste und Baugruben, für deren Sicherung Standsicherheitsnachweise zu prüfen sind, gelten als eigenständige bauliche Anlage und sind gebührenrechtlich gesondert zu erfassen.

(4) ¹Bei Gebäuden mit gemischter Nutzung sind für die verschiedenen Nutzungsarten die anrechenbaren Kosten nach Absatz 2 anteilig zu ermitteln. ²Nutzungen von weniger als 10 vom Hundert des Gesamtvolumens müssen nicht gesondert betrachtet werden.

(5) ¹Die oder der Gebührenpflichtige hat die zur Errechnung der Gebühr maßgeblichen Kostennachweise mit dem Antrag vorzulegen. ²Die Bauaufsichtsbehörde kann die anrechenbaren Kosten oder die Herstellungskosten schätzen, wenn die oder der Gebührenpflichtige die anrechenbaren Kosten oder die Herstellungskosten nicht nachgewiesen hat oder diese offensichtlich unzutreffend sind.

(6) Die anrechenbaren Kosten sowie die Herstellungskosten sind jeweils auf volle 1000 Euro aufzurunden.

### § 4  Gebühren für die Prüfung bautechnischer Nachweise

(1) ¹Zur Bemessung der Gebühr nach Nummer 4.1 der Anlage 1 ist die bauliche Anlage in die dem Schwierigkeitsgrad entsprechende Bauwerksklasse nach Anlage 3 einzustufen. ²Die volle Gebühr in Euro wird durch Multiplikation der Faktoren Bemessungsgrundfaktor, Bauwerksklassenfaktor und Baukostenfaktor berechnet. ³Der Bemessungsgrundfaktor beträgt 9,70. ⁴Der Bauwerksklassenfaktor ist die um 1 erhöhte Bauwerksklasse nach Anlage 3. ⁴Der Baukostenfaktor ist die Potenz mit der Basis ein Tausendstel der anrechenbaren Kosten und dem Exponenten 0,8.

(2) Besteht eine bauliche Anlage aus Bauteilen unterschiedlicher Bauwerksklassen nach Anlage 3, so ist sie entsprechend dem überwiegenden Leistungsumfang einzustufen.

(3) ¹Besteht eine Baumaßnahme aus mehreren baulichen Anlagen, so ist die Gebühr für jede einzelne Anlage getrennt zu ermitteln. ²Dabei sind die anrechenbaren Kosten und die Bauwerksklasse der jeweiligen baulichen Anlage zugrunde zu legen. ³Wenn die Bauvorlagen gleichzeitig zur Prüfung vorgelegt werden, die baulichen Anlagen der gleichen Bauwerksklasse angehören und auch im Übrigen statisch konstruktive Vergleichbarkeit besteht, sind die anrechenbaren Kosten dieser baulichen Anlagen zusammenzufassen; die Gebühr ist danach wie für eine bauliche Anlage zu berechnen.

(4) ¹Mit den Gebühren nach den Nummern 4.1 bis 4.10 und 4.12 bis 4.18 der Anlage 1 sind die Auslagen für das Heranziehen von Prüfingenieurinnen oder Prüfingenieuren abgegolten. ²In den Fällen von Gebührenfreiheit und bei Rücknahme eines Bauantrages sind sie jedoch als besondere Auslagen zu erstatten.

### § 5  Gebührenermäßigungen

(1) Für mehrere gleiche Gebäude oder andere gleiche bauliche Anlagen, die im räumlichen Zusammenhang stehen, ermäßigen sich die Gebühren nach den Nummern 1.1 bis 1.3 der Anlage 1 für die zweite und jede weitere bauliche Anlage um die Hälfte, wenn Bauanträge und Bauvorlagen gleichzeitig und aufeinander Bezug nehmend zur Prüfung vorgelegt werden.

(2) ¹Für mehrere Gebäude oder andere bauliche Anlagen mit gleichen Standsicherheitsnachweisen, die im räumlichen Zusammenhang stehen, ermäßigen sich die Gebühren nach den Nummern 4.1 bis 4.4, 4.6, 4.9, 4.12 und 4.18 der Anlage 1 für die zweite und jede weitere bauliche Anlage um acht Zehntel, wenn die Nachweise gleichzeitig zur Prüfung vorgelegt werden. ²Dabei sind die Gebühren für die sich wiederholenden baulichen Anlagen gesondert zu ermitteln.

(3) Die Ermäßigungen nach den Absätzen 1 und 2 werden gleichmäßig auf alle Bauanträge verteilt.

(4) ¹Für bauliche Anlagen, für die eine Typengenehmigung erteilt worden ist, ermäßigen sich die Gebühren nach den Nummern 1.1 bis 1.3 der Anlage 1 um die Hälfte. ²Absätze 1 und 2 finden keine Anwendung.

## § 6 Gebühren in besonderen Fällen

(1) Wird ein Antrag durch die Antragstellerin oder den Antragsteller zurückgenommen, sind Gebühren nach Nummer 4 der Anlage 1 für die Prüfung bautechnischer Nachweise in Höhe der angefallenen Kosten zu erstatten.

(2) Gilt ein Antrag wegen unvollständiger Bauvorlagen die trotz Aufforderung nicht fristgerecht vervollständigt wurden, nach § 70 Absatz 3 Satz 2 HBauO als zurückgenommen, so wird die Gebühr nach Anlage 1 erhoben; Absatz 1 gilt entsprechend.

(3) ¹Werden Anträge auf Genehmigungen oder Vorbescheide wegen einer Veränderungssperre nach § 14 BauGB abgelehnt oder zurückgenommen, so wird die Mindestgebühr erhoben. ²Das Gleiche gilt, wenn ein Antrag zurückgenommen wird, nachdem die Entscheidung über die Zulässigkeit des Vorhabens nach § 15 BauGB ausgesetzt worden ist.
³Gebühren nach Nummer 4 der Anlage 1 für die Prüfung bautechnischer Nachweise werden anteilig erhoben, wenn die Prüfung noch nicht abgeschlossen ist.

(4) Amtshandlungen nach § 144 Absätze 1 und 2 BauGB in förmlich festgelegten Sanierungsgebieten und städtebaulichen Entwicklungsbereichen sind gebührenfrei; Gebührenfreiheit besteht nicht für ein ganz oder teilweise erfolgloses Widerspruchverfahren.

## § 7 Vorauszahlungen

Die Bauaufsichtsbehörde kann, insbesondere bei der Prüfung von bautechnischen Nachweisen durch zu beauftragende Prüfingenieurinnen oder Prüfingenieure, Vorauszahlungen zu den zu erwartenden Prüfgebühren verlangen oder den Prüffortgang von jeweiligen Vorauszahlungen abhängig machen.

## § 8 Gebührentatbestände

¹Die in der Anlage 1 genannten Gebührentatbestände stellen eine Auflistung gegebenenfalls erforderlicher Amtshandlungen dar, die gebührenrechtlich gesondert bewertet werden. ²Die einzelnen Gebührentatbestände gelten nebeneinander.

## § 9 (Änderungsanweisungen)

## § 10 Schlussbestimmungen

(1) [1]Diese Verordnung tritt mit Wirkung vom 1. April 2006 in Kraft. [2]Sie gilt für Amtshandlungen in Verfahren, die nach dem 31. März 2006 eingeleitet werden, sowie für vor dem 1. April 2006 eingeleitete Baugenehmigungsverfahren, die nach der Hamburgischen Bauordnung vom 14. Dezember 2005 entschieden werden.

(2) [1]Zu dem in Absatz 1 Satz 1 bezeichneten Zeitpunkt tritt die Baugebührenordnung vom 6. Dezember 1988 (HmbGVBl. S. 279) in der geltenden Fassung außer Kraft. [2]Sie gilt fort für Verfahren, für die nicht nach Absatz 1 Gebühren zu erheben sind.

Anlage 1 BauGebO · C 3

Anlage 1

# Gebührenverzeichnis

| Nummer | Gebührentatbestand | Gebührensatz in Euro |
|---|---|---|
| 1 | Errichtung, Änderung, Nutzungsänderung und Beseitigung baulicher Anlagen, Werbeanlagen und Erteilung von Vorbescheiden | |
| 1.1 | Genehmigung zum Errichten oder Ändern baulicher Anlagen im Verfahren nach § 62 HBauO, sofern in den Nummern 1.3 bis 1.9 nichts anderes bestimmt ist | |
| 1.1.1 | für je 1 000 Euro der anrechenbaren Kosten .................... mindestens | 19,37 122 |
| 1.1.2 | für je 1 000 Euro der Herstellungskosten in den Fällen nach § 3 Absatz 3 Satz 1 .................................................... mindestens | 12,96 122 |
| 1.2 | Genehmigung zum Errichten und Ändern baulicher Anlagen im Verfahren nach § 61 HBauO, auch bei Eintritt der Genehmigungsfiktion, und sofern in den Nummern 1.3 bis 1.9 nichts anderes bestimmt ist | |
| 1.2.1 | für je 1 000 Euro der anrechenbaren Kosten .................... mindestens | 14,74 61 |
| 1.2.2 | für je 1 000 Euro der Herstellungskosten in den Fällen nach § 3 Absatz 3 Satz 1 .................................................... mindestens | 9,96 61 |
| 1.3 | Genehmigung zum Errichten oder Ändern von Sonderbauten im Sinne von § 2 Absatz 4 Nummern 1 bis 12 und 15 bis 18 HBauO | |
| 1.3.1 | für je 1 000 Euro der anrechenbaren Kosten .................... mindestens | 25,22 122 |
| 1.3.2 | für je 1 000 Euro der Herstellungskosten in den Fällen nach § 3 Absatz 3 Satz 1 .................................................... mindestens | 19,47 122 |
| 1.4 | Gestrichen | |
| 1.5 | Genehmigung von selbständigen Aufschüttungen oder Abgrabungen nach § 62 HBauO ................................................ bis | 63 1000 |
| 1.6 | Genehmigung von Gerüsten nach § 62 HBauO .................... bis | 63 1000 |
| 1.7 | Genehmigung von Nutzungsänderungen, auch wenn im Zusammenhang damit keine oder nur geringfügige genehmigungsbedürftige Baumaßnahmen durchgeführt werden ................ bis | 63 3600 |
| 1.8 | Genehmigung für die Beseitigung von Gebäuden, Gebäudeteilen und sonstigen baulichen Anlagen | |
| 1.8.1 | bei Verfahren nach § 62 HBauO ....................................... bis | 126 4500 |
| 1.8.2 | bei Verfahren nach § 61 HBauO ....................................... bis | 63 3000 |

# C 3 · BauGebO  Anlage 1

| Nummer | Gebührentatbestand | Gebührensatz in Euro |
|---|---|---|
| 1.9 | Genehmigung von Werbeanlagen .................................<br>bis | 126<br>5000 |
| 1.10 | Die Gebühren nach den Nummern 1.1 bis 1.7 und 1.9 werden auch in den Fällen erhoben, in denen diese Anlagen geprüft werden, wenn sie ohne Genehmigung errichtet worden sind. | |
| 1.11 | Erteilung eines Vorbescheides nach § 63 HBauO ...............<br>bis<br>Die Gebühr wird zur Hälfte angerechnet, wenn der Vorbescheid ohne wesentliche Änderung zu einer Genehmigung nach den Nummern 1.1 bis 1.9 führt. Die Mindestgebühr nach § 2 Absatz 1 darf dabei nicht unterschritten werden. § 12 Absatz 2 Satz 2 GebG findet keine Anwendung. | 63<br>10000 |
| 1.12 | Erteilen einer Teilbaugenehmigung nach § 72 Absatz 5 HBauO je Antrag ................................................................. | bis zu 20 vom Hundert (v. H.) der Gebühr nach den Nummern 1.1 bis 1.3, höchstens 6 000 |
| 1.13 | Verlängerung der Geltungsdauer einer Genehmigung, eines Vorbescheides oder einer Befristung nach § 65 Absatz 2, § 66 Absatz 4 und § 73 Absatz 3 HBauO ................................. | 10 v. H. der Genehmigungsgebühr, höchstens 600 |
| 1.14 | Prüfung von nachgereichten geänderten Bauvorlagen während des Genehmigungsverfahrens sowie Prüfung und Genehmigung solcher Vorhaben bis zur Innutzungnahme des Vorhabens als Änderungsanträge nach §§ 61 und 62 HBauO<br>je Antrag ................................................................. | zusätzlich bis zu 30 v. H. der Gebühr nach den Nummern 1.1 bis 1.3 |
| 1.15 | Rücknahme des Antrags nach § 70 Absatz 3 HBauO wegen unvollständiger Bauvorlagen ................................................<br>bis | 126<br>10 000 |
| 1.16 | Durchführung einer Umweltverträglichkeitsprüfung, einer allgemeinen Vorprüfung des Einzelfalles oder einer standortbezogenen Vorprüfung des Einzelfalles nach dem Gesetz über die Umweltverträglichkeitsprüfung in Hamburg vom 10. Dezember 1996 (HmbGVBl. S. 310), geändert am 17. Dezember 2002 (HmbGVBl. S. 347), in der jeweils geltenden Fassung im Rahmen eines bauaufsichtlichen Zulassungsverfahrens ............... | zusätzlich bis zu 50 v. H. der Gebühr nach den Nummern 1.1 bis 1.5 |

Anlage 1    BauGebO · C 3

| Nummer | Gebührentatbestand | Gebührensatz in Euro |
|---|---|---|
| 1.17 | Erteilung einer Zustimmung nach § 64 HBauO ..................... | 30 v. H. der Gebühren nach den Nummern 1.1 bis 1.15 |
| 2 | **Abweichungen, Ausnahmen und Befreiungen, Baulasten, Zulassung von Anlagen nach § 23 Absatz 5 der Baunutzungsverordnung** | |
| 2.1 | Abweichungen von bauordnungsrechtlichen Vorschriften nach § 69 HBauO je Abweichung ............................................. bis | 63 1000 |
| 2.2 | Ausnahmen von planungsrechtlichen oder sonstigen Vorschriften je Ausnahme ................................................. bis | 63 1000 |
| 2.3 | Befreiungen von planungsrechtlichen Festsetzungen oder Vorschriften nach § 31 Absatz 2 Nummern 1 bis 3 BauGB oder sonstigen Vorschriften je Befreiung ............................ bis | 126 5000 |
| 2.4 | Eintragung oder Löschung einer Baulast nach § 79 HBauO ...... bis | 63 1000 |
| 2.5 | Zulassung von Anlagen nach § 23 Absatz 5 der Baunutzungsverordnung in der Fassung vom 23. Januar 1990 (BGBl. I S. 133), zuletzt geändert am 11. Juni 2013 (BGBl. I S. 1548, 1551), ....... bis | 31 500 |
| 3 | **Bauzustandsbesichtigungen** | |
| 3.1 | Bauzustandsbesichtigungen von baulichen Anlagen, über deren Zulässigkeit in einem anderen als dem bauaufsichtlichen Verfahren entschieden worden ist, je Bauzustandsbesichtigung ............................................. bis | 2 500 |
| 3.2 | weitere Besichtigung nach Beanstandung ........................... bis | 450 |

# C 3 · BauGebO Anlage 1

| Nummer | Gebührentatbestand | Gebührensatz in Euro |
|---|---|---|
| 4 | **Prüfung der Nachweise der Standsicherheit, des Brandschutzes, des Wärmeschutzes und zur Energieeinsparung nach § 68 HBauO** | |
| 4.1 | Prüfung des Standsicherheitsnachweises .......................... | die nach § 4 Absatz 1 errechnete Gebühr, |
| 4.2 | Prüfung der Standsicherheitsnachweise, wenn die Prüfung auf Veranlassung des Antragstellers abschnittsweise erfolgt .......... | Gebühr nach Nummer 4.1 zuzüglich bis zu 50 v. H. dieses Betrages |
| 4.3 | Prüfung des Standsicherheitsnachweises für Umbauten, Aufstockungen und Lastabtragungen im Bestand ......................... | Gebühr nach Nummer 4.1 zuzüglich bis zu 50 v. H. dieses Betrages |
| 4.4 | Prüfung der Standsicherheit im Brandfall ........................... | 5 v. H. der errechneten Gebühr nach Nummer 4.1 |
| 4.5 | Die Gebühr nach Zeitaufwand beträgt 47 Euro je angefangene halbe Arbeitsstunde; bei einer Beauftragung von anerkannten Prüfingenieurinnen oder Prüfingenieuren durch die Bauaufsichtsbehörde 61,50 Euro je angefangene halbe Arbeitsstunde. Die genannten Sätze sind den Gebührenermittlungen in den Nummern Nr. 4.6, 4.8 bis 4.11.1, 4.13.1 bis 4.13.4, 4.15 bis 4.17 zugrunde zu legen. Die Obergrenzen der einzelnen Gebührentatbestände gelten bei Anwendung der Regelung nach Nummer 4.14 nicht. Die Mindestgebühr für die Gebührentatbestände zur Prüfung der bautechnischen Nachweise nach Nummer 4 entspricht jeweils einer halben Arbeitsstunde. | |
| 4.6 | Prüfung von besonderen rechnerischen Nachweisen für die Feuerwiderstandsfähigkeit tragender Bauteile .......................... | Gebühr nach Zeitaufwand |
| 4.7 | Prüfung von Ausführungszeichnungen, Elementplänen sowie Werkstattzeichnungen des Metall- und Ingenieurholzbaues ...... | bis zu 200 v. H. der Gebühr nach Nummer 4.1 |
| 4.8 | -(aufgehoben) | |
| 4.9 | Prüfung von vorgezogener Lastzusammenstellung für die Gründung .................................................................. | bis zu 25 v. H. der Gebühr nach Nummer 4.1 |

Anlage 1  BauGebO · C 3

| Nummer | Gebührentatbestand | Gebührensatz in Euro |
|---|---|---|
| 4.10 | Prüfung eines Nachtrages zu den bautechnischen Nachweisen infolge von Änderungen oder Fehlern ................................. | bis zum zweifachen Satz der Gebühr nach Nummer 4.1 |
| 4.11 | Prüfung der Standsicherheit, der Standsicherheit im Brandfall sowie der Einhaltung der Anforderungen an den Wärmeschutz und die Energieeinsparung im Rahmen einer Typengenehmigung oder Typenprüfung ................................. | bis zum zwanzigfachen Satz der errechneten Gebühr nach Nummern 4.1, 4.4, 4.6, 4.7, 4.10, 4.12, 4.17, 4.18 oder nach Zeitaufwand |
| 4.11.1 | Prüfung der Standsicherheit, der Standsicherheit im Brandfall sowie der Einhaltung der Anforderungen an den Wärmeschutz und die Energieeinsparung im Rahmen der Verlängerung einer Typengenehmigung oder Typenprüfung ................................. | bis zum zehnfachen Satz der errechneten Gebühr nach Nummern 4.1, 4.4, 4.6, 4.7, 4.10, 4.12, 4.17, 4.18 oder nach Zeitaufwand |
| 4.12 | Prüfung der Einhaltung der Anforderungen an den Wärmeschutz und die Energieeinsparung ................................. | 10 v. H. der Gebühr nach Nummer 4.1 |
| 4.13 | Bauzustandsbesichtigungen baulicher Anlagen und Bauüberwachungsmaßnahmen (§ 78 Absatz 1 HBauO) | |
| 4.13.1 | bei der Errichtung baulicher Anlagen ................................. | bis zu 100 v. H. der Gebühr nach Nummer 4.1 |
| 4.13.2 | bei Umbauten ................................. | bis zu 200 v. H. der Gebühr nach Nummer 4.1 |
| 4.13.3 | bei der Beseitigung von baulichen Anlagen ................................. | Gebühr nach Zeitaufwand |
| 4.13.4 | weitere Besichtigung nach Beanstandung ................................. bis | 450 |
| 4.13.5 | hinsichtlich der Einhaltung der Anforderungen an den Wärmeschutz und die Energieeinsparung ................................. | 5 v. H. der Gebühr nach Nummer 4.1 |

# C 3 · BauGebO Anlage 1

| Nummer | Gebührentatbestand | Gebührensatz in Euro |
|---|---|---|
| 4.13.6 | Bei Fassaden nach Nummer 4.17 ................. | Gebühr nach Zeitaufwand |
| 4.14 | Stehen Aufwand und Gebühr in einem groben Missverhältnis zueinander, wird nach dem Zeitaufwand abgerechnet. | |
| 4.15 | (aufgehoben) | |
| 4.16 | Prüfung von Standsicherheitsnachweisen, die künftige bauliche Erweiterungen oder Nutzungsänderungen berücksichtigen ....... | Gebühr nach Zeitaufwand |
| 4.17 | Prüfung von ingenieurmäßig konstruierten Fassaden in einfacher Massivbauweise und einfache einschalige Fassadenkonstruktionen ................. | Gebühr nach Zeitaufwand |
| 4.18 | Prüfung der Standsicherheit, wenn diese an einem komplexen räumlichen Tragsystem als Gesamtsystem nachgewiesen worden ist ................. | 25 v. H. der Gebühr nach Nummer 4.1 |
| 5 | **Bescheinigungen nach dem Baugesetzbuch und dem Wohnungseigentumsgesetz** | |
| 5.1 | Bescheinigung darüber, dass ein Grundstück<br>– keiner Verfügungs- oder Veränderungssperre nach § 51 BauGB (Umlegung) unterliegt oder<br>– keiner Genehmigungspflicht nach § 144 BauGB (Sanierung) unterliegt oder<br>– nicht in vorbereitende Untersuchungen nach § 141 BauGB (Sanierung) einbezogen ist oder<br>– nicht in vorbereitende Untersuchungen nach § 165 Absatz 4 BauGB (städtebauliche Entwicklungsmaßnahme) einbezogen ist<br>je Grundstück ................. | 63 |
| 5.2 | Erteilung einer Abgeschlossenheitsbescheinigung nach § 7 Absatz 4 Satz 1 Nummer 2 WEG | |
| 5.2.1 | je Nutzungseinheit ................. | 31,50 |
| 5.2.2 | je Nutzungseinheit im Bestand ................. | 126 |
| 5.2.3 | je Garagenstellplatz ................. | 7,85 |
| 5.2.4 | mindestens jedoch je Antrag | 63 |
| 5.2.5 | bei Überprüfung der Abgeschlossenheit durch Ortsbesichtigung zusätzlich zu den Gebühren nach Nummern 5.2.1 bis 5.2.4 ...... bis | 400 |
| 5.3 | Negativattest, dass eine Genehmigung zur Begründung von Sondereigentum nach § 172 BauGB nicht erforderlich ist ........ | 31 |
| 6 | **Fliegende Bauten, Typengenehmigung** | |
| 6.1 | Fliegende Bauten nach § 66 HBauO mit Ausnahme von Fahrgeschäften | |

Anlage 1  BauGebO · C 3

| Nummer | Gebührentatbestand | Gebührensatz in Euro |
|---|---|---|
| 6.1.1 | Erteilung oder Verlängerung einer Ausführungsgenehmigung einschließlich technischer Prüfung | Gebühr nach Zeitaufwand. Die Gebühr beträgt 47 Euro je angefangene halbe Arbeitsstunde. Mindestens 94,- |
| 6.1.2 | Besichtigung eines Bühnenaufbaus für Großveranstaltungen oder einer anderen Einzelkonstruktion zum Zwecke der Freigabe für den Gebrauch .................................................. bis | 504 |
| 6.1.3 | Besichtigung Fliegender Bauten zum Zwecke der Freigabe für den Gebrauch je $m^2$ Grundfläche ...................................... mindestens ............................................................... höchstens ............................................................... | 0,13 13 120 |
| 6.1.4 | Freigabe für den Gebrauch ohne Besichtigung .................... | 16 |
| 6.2 | Fliegende Bauten nach § 66 HBauO als Fahrgeschäfte | |
| 6.2.1 | Die Gebühr nach Zeitaufwand beträgt 135 Euro je Arbeitsstunde. Angefangene Arbeitsstunden werden zeitanteilig vergütet. | |
| 6.2.2 | Erteilung oder Verlängerung einer Ausführungsgenehmigung einschließlich technischer Prüfung | nach Zeitaufwand gemäß Nummer 6.2.1 |
| 6.2.3 | Besichtigung eines Fahrgeschäftes zum Zwecke der Freigabe für den Gebrauch | nach Zeitaufwand gemäß Nummer 6.2.1 |
| 6.2.4 | Freigabe für den Gebrauch ohne Besichtigung ................... | 17 |
| 6.2.5 | Besichtigung zum Zwecke der Freigabe für den Gebrauch nach einem Unfall, Schadenseintritt oder einer Betriebsstörung ........ | nach Zeitaufwand gemäß Nummer 6.2.1 |
| 6.2.6 | Bei Besichtigungen auf Veranlassung der Antragstellerin oder des Antragstellers zusätzlich zu den Gebühren nach Nummern 6.2.3 und 6.2.5<br>a) an Sonnabenden sowie Sonn- und Feiertagen ............<br>b) zur Nachtzeit (22.00 Uhr bis 6.00 Uhr) ........................ | 70 v. H. der jeweiligen Gebühr<br>40 v. H. der jeweiligen Gebühr |
| 6.3 | Typengenehmigung nach § 65 HBauO<br>Die Gebührentatbestände nach Nummer 4.11 ist gesondert anzuwenden. | |
| 6.3.1 | Erteilung einer Typengenehmigung ........................... bis | 500<br>25 000 |
| 6.3.2 | Verlängerung einer Typengenehmigung ...................... bis | 250<br>5 000 |

# C 3 · BauGebO  Anlage 1

| Nummer | Gebührentatbestand | Gebührensatz in Euro |
|---|---|---|
| 7 | **Zustimmung im Einzelfall** | |
| 7.1 | Zustimmung im Einzelfall zur Verwendbarkeit von Bauprodukten nach § 20c HBauO HBauO .................... bis | 500 7500 |
| 7.2 | Bauaufsichtlicher Bescheid, dass eine Zustimmung im Einzelfall nach § 20c Satz 2 HBauO nicht erforderlich ist ............. | 420 |
| 7.3 | Vorhabenbezogene Bauartgenehmigung zur Verwendbarkeit von Bauarten nach § 19a HBauO ...................... bis | 500 7 500 |
| 7.4 | Bauaufsichtlicher Bescheid, dass eine vorhabenbezogene Bauartgenehmigung nach § 19a Absatz 4 HBauO nicht erforderlich ist ............. | 420 |
| 8 | **Anerkennung von Prüfingenieurinnen und Prüfingenieuren und von Prüfsachverständigen** | |
| 8.1 | Anerkennung als Prüfingenieurin oder Prüfingenieur für Bautechnik nach § 10 PVO je Fachrichtung ........................ | 460 |
| 8.2 | Anerkennung als Prüfsachverständige oder Prüfsachverständiger für technische Anlagen und Einrichtungen oder für den Erd- und Grundbau nach §§ 16 und 18 PVO ................... bis | 150 450 |
| 8.3 | Überwachung und Kontrolle der Prüftätigkeit betreffend Nachweise nach § 68 HBauO von Antragstellerinnen oder Antragstellern nach § 10 PVO im Rahmen des Anerkennungsverfahrens ... | anteilig bis zu 20 v. H. der Gebühr nach den Nummern 4.1 bis 4.4 und 4.6 bis 4.18 |
| 9 | Genehmigungen nach dem Baugesetzbuch, Bestätigung der zur Genehmigungsfiktion | |
| 9.1 | Genehmigung zur Errichtung, zum Rückbau, zur Änderung oder zur Nutzungsänderung baulicher Anlagen oder zur Begründung von Sondereigentum gemäß §§ 172 und 173 BauGB, je Gebäude ................... bis | 63 1 800 |
| 9.2 | Ausstellung eines Zeugnisses bei Eintritt der Genehmigungsfiktion nach § 22 Absatz 5 BauGB ................. | 63 |
| 10 | **Sonstige Amtshandlungen** | |
| 10.1 | Bauaufsichtliche Anordnungen nach §§ 58, 75 oder 76 HBauO . bis | 126 3 750 |
| 10.2 | Einsichtgewährung in eine Bauakte je Akte ................ bis | 31 63 |
| 10.3 | Beratung außerhalb von bauaufsichtlichen Genehmigungsverfahren je angefangene halbe Arbeitsstunde ................. § 2 Absatz 1 findet keine Anwendung. | 31 |

Anlage 1    BauGebO · C 3

| Nummer | Gebührentatbestand | Gebührensatz in Euro |
|---|---|---|
| 11 | **Sachverständigenkosten** Die Kosten für die Hinzuziehung von Sachverständigen und sachverständigen Stellen werden, mit Ausnahme der Fälle von § 4 Absatz 4 Satz 1, als besondere Auslagen erhoben. | |
| 12 | **Überlassen von Zeichnungen oder Berechnungen aus einer Bauakte (Benutzungsgebühr)** | |
| 12.1 | bis zu einer Rückgabefrist von 14 Tagen .............................. bis | 31 252 |
| 12.2 | für jeden weiteren Tag nach Ablauf von 14 Tagen ................. | 3,15 |
| 13 | **Erfolglose Widerspruchsverfahren** | |
| 13.1 | bei Widersprüchen gegen die Ablehnung eines Antrages ......... bis | die volle für die beantragte Amtshandlung vorgesehene Gebühr 5 000 |
| 13.2 | bei Widersprüchen gegen die Festsetzung oder die Höhe einer Gebühr ................................................................ bis | 1 000 |
| 13.3 | in allen übrigen Fällen ................................................. bis Bei Teilerfolg des Widerspruchs ist die Gebühr anteilig festzusetzen. | 80 5 000 |
| 14 | **Maßnahmen zur Durchführung des Kapitels III der Verordnung (EG) Nr. 765/2008 sowie Abschnitt 6 ProdSG, soweit es nach dem Bauproduktengesetz Anwendung findet und Kapitel VIII der Verordnung (EU) Nr. 305/2011** | |
| 14.1 | Aufforderung nach Artikel 56 Absatz 1 Satz 3, Artikel 58 Absatz 1, Artikel 59 Absatz 1, Maßnahmen nach Artikel 56 Absatz 4 Satz 2, Artikel 59 Absatz 2 der Verordnung (EU) Nr. 305/ 2011 ................................................................ | Gebühr nach Zeitaufwand. Die Gebühr beträgt 47 Euro je angefangene halbe Arbeitsstunde. Mindestens 191 Euro |
| 14.2 | Verlangen nach Artikel 11 Absatz 8, Artikel 12 Absatz 2 Satz 2 Buchstaben b und c, Artikel 13 Absatz 9, Artikel 14 Absatz 5 der Verordnung (EU) Nr. 305/2011 ................................... | Gebühr nach Zeitaufwand. Die Gebühr beträgt 47 Euro je angefangene halbe Arbeitsstunde. Mindestens 191 Euro |

# C 3 · BauGebO  Anlage 1

| Nummer | Gebührentatbestand | Gebührensatz in Euro |
|---|---|---|
| 14.3 | sonstige Amtshandlungen nach der Verordnung (EU) Nr. 305/2011, nach Abschnitt 6 ProdSG sowie sonstige Regelungen (auch Rechtsakte der Europäischen Union), die Sachverhalte im Bereich der Verordnung (EU) Nr. 305/2011 betreffen, soweit sie nicht in speziellen Gebührentatbeständen enthalten sind ......... | Gebühr nach Zeitaufwand. Die Gebühr beträgt 44 Euro je angefangene halbe Arbeitsstunde. Mindestens 191 Euro |

Anlage 2  BauGebO · C 3

Anlage 2

## Tabelle der Anrechnungswerte in Euro je Kubikmeter Brutto-Rauminhalt für Neubauten nach § 3 Absatz 2

| Gebäudeart | | Anrechnungswert Euro/m³ |
|---|---|---|
| 1. | Wohngebäude | 142 |
| 2. | Wochenendhäuser | 125 |
| 3. | Büro- und Verwaltungsgebäude, Banken und Arztpraxen | 194 |
| 4. | Schulen | 183 |
| 5. | Kindergärten | 164 |
| 6. | Hotels, Pensionen, Heime bis 60 Betten | 164 |
| 7. | Hotels, Heime, Sanatorien mit mehr als 60 Betten | 194 |
| 8. | Krankenhäuser | 213 |
| 9. | Versammlungsstätten wie Fest-, Mehrzweckhallen, Lichtspieltheater (soweit sie nicht unter Nummer 7 oder 12 fallen) | 164 |
| 10. | Kirchen | 184 |
| 11. | Leichenhallen, Friedhofskapellen | 148 |
| 12. | Turn- und Sporthallen, einfache Mehrzweckhallen (soweit sie nicht unter Nummer 9 fallen) | 111 |
| 13. | Hallenbäder | 184 |
| 14. | sonstige nicht unter Nummern 1 bis 13 aufgeführte eingeschossige Gebäude (z. B. Umkleidegebäude von Sporthallen und Schwimmbädern) | 139 |
| 15. | eingeschossige Verkaufsstätten | 110 |
| 16. | mehrgeschossige Verkaufsstätten | 194 |
| 17. | Kleingaragen | 117 |
| 18. | eingeschossige Mittel- und Großgaragen | 138 |
| 19. | mehrgeschossige Mittel- und Großgaragen | 168 |
| 20. | Tiefgaragen | 194 |
| 21. | eingeschossige Fabrik-, Werkstatt- und Lagergebäude sowie Tennis- und Sporthallen | |
| 21.1 | mit nicht geringen Einbauten | 96 |
| 21.2 | ohne oder mit geringen Einbauten a) bis 2 000 m³ Brutto-Rauminhalt | |
| | Bauart schwer[1] | 70 |
| | sonstige Bauarten | 60 |
| | b) der 2 000 m³ übersteigende Brutto-Rauminhalt bis 5 000 m³ | |
| | Bauart schwer[1] | 60 |
| | sonstige Bauarten | 47 |
| | c) der 5 000 m³ übersteigende Brutto-Rauminhalt bis 20 000 m³ | |
| | Bauart schwer[1] | 43 |
| | sonstige Bauarten | 37 |
| | d) der 20 000 m³ übersteigende Brutto-Rauminhalt bis 50 000 m³ | |
| | Bauart schwer[1] | 30 |
| | sonstige Bauarten | 26 |
| | e) der 50 000 m³ übersteigende Brutto-Rauminhalt | |
| | Bauart schwer[1] | 11 |
| | sonstige Bauarten | 9 |
| 22. | mehrgeschossige Fabrik-, Werkstatt- und Lagergebäude ohne oder mit geringen Einbauten | |
| | a) bis 2000 m³ Brutto-Rauminhalt | 138 |
| | b) der 2000 m³ übersteigende Brutto-Rauminhalt bis 5000 m³ | 116 |
| | c) der 5000 m³ übersteigende Brutto-Rauminhalt bis 20 000 m³ | 86 |

# C 3 · BauGebO   Anlage 2

| Gebäudeart | Anrechnungs-wert Euro/m³ |
|---|---|
| d) der 20 000 m³ übersteigende Brutto-Rauminhalt bis 50 000 m³ | 60 |
| e) der 50 000 m³ übersteigende Brutto-Rauminhalt | 24 |
| 23. mehrgeschossige Fabrik-, Werkstatt- und Lagergebäude mit Einbauten | 155 |
| 24. sonstige eingeschossige kleinere gewerbliche Bauten (soweit sie nicht unter Nummer 21 fallen) | 117 |
| 25. Stallgebäude, Scheunen und sonstige landwirtschaftliche Betriebsgebäude | wie Nummer 21 |
| 26. Schuppen, offene Feldscheunen und ähnliche Gebäude | 53 |
| 27. erwerbsgärtnerische Betriebsgebäude (Gewächshäuser) | |
| a) bis 1 500 m³ Brutto-Rauminhalt | 40 |
| b) der 1 500 m³ übersteigende Brutto-Rauminhalt | 25 |
| c) der 20 000 m³ übersteigende Brutto-Rauminhalt | 8 |

Für die Bemessung der Gebühren nach den Nummern 4.1 bis 4.17 der Anlage 1 sind folgende Zuschläge zu berücksichtigen:

1. Bei Gebäuden mit mehr als fünf Vollgeschossen sind die anrechenbaren Kosten um 5 v. H. sowie bei Hochhäusern und bei Gebäuden mit befahrbaren Decken (außer bei den Nummern 18 bis 20) um 10 v. H. zu erhöhen.

2. Die angegebenen Anrechnungswerte berücksichtigen nur Flachgründungen mit Streifen- oder Einzelfundamenten. Mehrkosten für andere Gründungen sind gesondert zu ermitteln und den anrechenbaren Kosten hinzuzurechnen.

Anlage 3    BauGebO · C 3

Anlage 3

# Bauwerksklassen nach § 4 Absatz 1

1. Bauwerksklasse 1
   Tragwerke mit sehr geringem Schwierigkeitsgrad, insbesondere
   - einfache statisch bestimmte ebene Tragwerke aus Holz, Stahl, Stein oder unbewehrtem Beton mit ruhenden Lasten, ohne Nachweis horizontaler Aussteifung;
2. Bauwerksklasse 2
   Tragwerke mit geringem Schwierigkeitsgrad, insbesondere
   - statisch bestimmte ebene Tragwerke in gebräuchlichen Bauarten ohne Vorspann- und Verbundkonstruktionen, mit vorwiegend ruhenden Lasten,
   - Deckenkonstruktionen mit vorwiegend ruhenden Flächenlasten, die sich mit gebräuchlichen Tabellen berechnen lassen,
   - Mauerwerksbauten mit bis zur Gründung durchgehenden tragenden Wänden ohne Nachweis horizontaler Aussteifung,
   - Flachgründungen und Stützwände einfacher Art;
3. Bauwerksklasse 3
   Tragwerke mit durchschnittlichem Schwierigkeitsgrad, insbesondere
   - schwierige statisch bestimmte und statisch unbestimmte ebene Tragwerke in gebräuchlichen Bauarten ohne Vorspannkonstruktionen und ohne Stabilitätsuntersuchungen,
   - einfache Verbundkonstruktionen des Hochbaus ohne Berücksichtigung des Einflusses von Kriechen und Schwinden,
   - Tragwerke für Gebäude mit Abfangung der tragenden, beziehungsweise aussteifenden Wände,
   - ausgesteifte Skelettbauten,
   - ebene Pfahlrostgründungen,
   - einfache Gewölbe,
   - einfache Rahmentragwerke ohne Vorspannkonstruktionen und ohne Stabilitätsuntersuchungen,
   - einfache Traggerüste und andere einfache Gerüste für Ingenieurbauwerke,
   - einfache verankerte Stützwände;
4. Bauwerksklasse 4
   Tragwerke mit überdurchschnittlichem Schwierigkeitsgrad, insbesondere
   - statisch und konstruktive schwierige Tragwerke in gebräuchlichen Bauarten und Tragwerke, für deren Standsicherheits- und Festigkeitsnachweis schwierig zu ermittelnde Einflüsse zu berücksichtigen sind,
   - vielfach statisch unbestimmte Systeme,
   - statisch bestimmte räumliche Fachwerke,
   - einfache Faltwerke nach der Balkentheorie,
   - statisch bestimmte Tragwerke, die Schnittgrößenbestimmungen nach der Theorie II. Ordnung erfordern,
   - einfach berechnete, seilvorspannte Konstruktionen,
   - Tragwerke für schwierige Rahmen- und Skelettbauten sowie turmartige Bauten, bei denen der Nachweis der Stabilität und Aussteifung die Anwendung besonderer Berechnungsverfahren erfordert,
   - Verbundkonstruktionen, soweit nicht in Bauwerksklasse 3 oder 5 erwähnt,
   - einfache Trägerroste und einfache orthotrope Platten,
   - Tragwerke mit einfachen Schwingungsuntersuchungen,

## C 3 · BauGebO  Anlage 3

- schwierige statisch unbestimmte Flachgründungen, schwierige ebene und räumliche Pfahlgründungen, besondere Gründungsverfahren, Unterfahrungen,
- schiefwinklige Einfeldplatten für Ingenieurbauwerke,
- schiefwinklig gelagerte oder gekrümmte Träger,
- schwierige Gewölbe und Gewölbereihen,
- Rahmentragwerke, soweit nicht in Bauwerksklasse 3 oder 5 erwähnt,
- schwierige Traggerüste und andere schwierige Gerüste für Ingenieurbauwerke,
- schwierige, verankerte Stützwände;

5. Bauwerksklasse 5
Tragwerke mit sehr hohem Schwierigkeitsgrad, insbesondere
- statisch und konstruktiv ungewöhnlich schwierige Tragwerke,
- schwierige Tragwerke in neuen Bauarten,
- räumliche Stabwerke und statisch unbestimmte räumliche Fachwerke,
- schwierige Trägerroste und schwierige orthotrope Platten,
- Verbundträger mit Vorspannung durch Spannglieder oder andere Maßnahmen,
- Flächentragwerke (Platte, Scheiben, Faltwerke, Schalen), die die Anwendung der Elastizitätstheorie erfordern,
- statisch unbestimmte Tragwerke, die Schnittgrößenbestimmungen nach der Theorie II. Ordnung erfordern,
- Tragwerke mit Standsicherheitsnachweisen, die nur unter Zuhilfenahme modellstatischer Untersuchungen beurteilt werden können,
- Tragwerke mit Schwingungsuntersuchungen, soweit nicht in Bauwerksklasse 4 erwähnt,
- seilverspannte Konstruktionen, soweit nicht in Bauwerksklasse 4 erwähnt,
- schiefwinklige Mehrfeldplatten,
- schiefwinklig gelagerte und gekrümmte Träger,
- schwierige Rahmentragwerke mit Vorspannkonstruktionen und Stabilitätsuntersuchungen,
- sehr schwierige Traggerüste und andere sehr schwierige Gerüste für Ingenieurbauwerke, zum Beispiel weit gespannte oder hohe Traggerüste.

# Verordnung über den Bau und Betrieb von Garagen und offenen Stellplätzen (Garagenverordnung – GarVO)

Vom 17. Januar 2012 (HmbGVBl. vom 24. Januar 2012 S. 8)

Auf Grund von § 81 Absatz 1 Nummern 1 und 3 der Hamburgischen Bauordnung (HBauO) vom 14. Dezember 2005 (HmbGVBl. S. 525, 563), zuletzt geändert am 20. Dezember 2011 (HmbGVBl. S. 554), wird verordnet:

## Inhaltsverzeichnis

Teil I **Allgemeine Vorschriften**
§ 1  Anwendungsbereich
§ 2  Begriffe
§ 3  Allgemeine Anforderungen, allgemeine Sicherheit

Teil II **Bauvorschriften**
§ 4  Zu- und Abfahrten
§ 5  Rampen
§ 6  Stellplätze und Fahrgassen
§ 7  Lichte Höhe
§ 8  Tragende Wände, Decken, Dächer
§ 9  Außenwände
§ 10  Trennwände, sonstige Innenwände und Tore
§ 11  Gebäudeabschlusswände
§ 12  Wände und Decken von Kleingaragen
§ 13  Rauchabschnitte, Brandabschnitte
§ 14  Verbindungen zu Garagen und zwischen Garagengeschossen
§ 15  Rettungswege
§ 16  Beleuchtung
§ 17  Lüftung
§ 18  Feuerlöschanlagen
§ 19  Brandmeldeanlagen

Teil III **Betriebsvorschriften**
§ 20  Betriebsvorschriften für Garagen
§ 21  Abstellen von Kraftfahrzeugen in anderen Räumen als Garagen

Teil IV **Schlussvorschriften**
§ 22  Weitergehende Anforderungen
§ 23  Ordnungswidrigkeiten
§ 24  Änderung von Rechtsvorschriften
§ 25  Schlussbestimmungen

# Teil I Allgemeine Vorschriften

## § 1 Anwendungsbereich

Diese Verordnung gilt für Garagen und offene Stellplätze.

## § 2 Begriffe

(1) Es sind Garagen mit einer Nutzfläche
1. bis 100 m² Kleingaragen,
2. über 100 m² bis 1000 m² Mittelgaragen,
3. über 1000 m² Großgaragen.

(2) ¹Die Nutzfläche einer Garage ist die Summe aller miteinander verbundenen Flächen der Garagenstellplätze und der Verkehrsflächen. ²Die Nutzfläche einer automatischen Garage ist die Summe der Flächen aller Garagenstellplätze. ³Stellplätze auf Dächern und die dazugehörigen Verkehrsflächen werden der Nutzfläche nicht zugerechnet; § 4 Absatz 6 bleibt unberührt.

(3) Offene Garagen sind Garagen, die unmittelbar ins Freie führende unverschließbare Öffnungen in einer Größe von insgesamt mindestens einem Drittel der Gesamtfläche der Umfassungswände haben, bei denen mindestens zwei sich gegenüberliegende Umfassungswände mit den ins Freie führenden Öffnungen nicht mehr als 70 m voneinander entfernt sind und bei denen eine ständige Querlüftung vorhanden ist.

(4) Offene Kleingaragen sind Kleingaragen, die unmittelbar ins Freie führende unverschließbare Öffnungen in einer Größe von insgesamt mindestens einem Drittel der Gesamtfläche der Umfassungswände haben.

(5) Geschlossene Garagen sind Garagen, die die Voraussetzungen nach den Absätzen 3 und 4 nicht erfüllen.

(6) Oberirdische Garagen sind Garagen oder Garagengeschosse, deren Fußboden des untersten Geschosses im Mittel nicht mehr als 1,50 m unter der festgelegten Geländeoberfläche liegt.

(7) Tiefgaragen sind Garagen oder Garagengeschosse, deren Fußboden des obersten Geschosses im Mittel mehr als 1,50 m unter der festgelegten Geländeoberfläche liegt.

(8) Automatische Garagen sind Garagen ohne Personen- und Fahrverkehr, in denen die Kraftfahrzeuge mit mechanischen Förderanlagen von der Garagenzufahrt zu den Garagenstellplätzen befördert und ebenso zum Abholen an die Garagenausfahrt zurückbefördert werden.

(9) Stellplätze sind Flächen, die dem Abstellen von Kraftfahrzeugen außerhalb der öffentlichen Flächen dienen. Ausstellungsräume, Verkaufsräume, Werkräume und Lagerräume für Kraftfahrzeuge sind keine Stellplätze oder Garagen.

## § 3 Allgemeine Anforderungen, allgemeine Sicherheit

(1) Soweit in dieser Verordnung nichts Abweichendes geregelt ist, sind auf tragende und aussteifende sowie auf raumabschließende Bauteile von Garagen die Anforderungen der Hamburgischen Bauordnung an diese Bauteile in Gebäuden der Gebäudeklasse 5 anzuwenden; die Erleichterungen des § 28 Absatz 3 Satz 2, § 29 Absatz 4 Nummern 1 und 2, § 34 Absatz 1 Satz 2 Nummer 2, § 37 Absatz 1 Satz 3

Nummer 4, § 39 Absatz 1 Nummern 1 und 3 sowie des § 40 Absatz 5 Nummern 1 und 3 HBauO sind nicht anzuwenden.

(2) Stellplätze, Verkehrsflächen, Treppenräume und sonstige allgemein zugängliche Flächen von Mittel- und Großgaragen sind so überschaubar zu halten, dass nicht einsehbare Bereiche vermieden werden; sie müssen so angeordnet sein, dass sie durch Aufsichtspersonen oder elektronische Anlagen wie Videoanlagen überwacht werden können. Wände und Decken müssen helle Oberflächen haben.

## Teil II Bauvorschriften

### § 4 Zu- und Abfahrten

(1) [1]Zwischen Garagen und öffentlichen Verkehrsflächen müssen Zu- und Abfahrten von mindestens 3 m Länge vorhanden sein. [2]Geringere Längen sind zulässig, wenn keine Bedenken wegen der Sicht auf die Verkehrsfläche bestehen.

(2) Vor den die freie Zufahrt zur Garage zeitweilig hindernden Anlagen, wie Schranken oder Tore, kann ein Stauraum für wartende Kraftfahrzeuge gefordert werden, wenn dies wegen der Sicherheit oder Leichtigkeit des Verkehrs erforderlich ist.

(3) [1]Die Fahrbahnen von Zu- und Abfahrten vor Mittel- und Großgaragen müssen mindestens 2,75 m breit sein; der Halbmesser des inneren Fahrbahnrandes muss mindestens 5 m betragen. [2]Für Fahrbahnen im Bereich von Zu- und Abfahrtssperren genügt eine Breite von 2,30 m. [3]Breitere Fahrbahnen können in Kurven mit Innenradien von weniger als 10 m verlangt werden, wenn dies wegen der Verkehrssicherheit erforderlich ist.

(4) Großgaragen müssen getrennte Fahrbahnen für Zu- und Abfahrten haben.

(5) [1]Bei Großgaragen ist neben den Fahrbahnen der Zu- und Abfahrten ein mindestens 0,80 m breiter Gehweg erforderlich. [2]Der Gehweg muss gegenüber der Fahrbahn erhöht oder verkehrssicher abgegrenzt werden.

(6) In den Fällen der Absätze 3 bis 5 sind die Stellplätze auf Dächern und die dazugehörigen Verkehrsflächen der Nutzfläche zuzurechnen.

(7) Für Zu- und Abfahrten von Stellplätzen gelten die Absätze 2 bis 5 sinngemäß.

(8) [1]Offene Stellplätze und Garagen müssen vom öffentlichen Straßengrund in Vorwärtsfahrt angefahren und verlassen werden können. [2]Dies gilt nicht für Kleingaragen und offene Anlagen bis zu vier Stellplätzen in unmittelbarer Straßennähe.

### § 5 Rampen

(1) [1]Rampen von Mittel- und Großgaragen dürfen nicht mehr als 15 vom Hundert (v. H.) geneigt sein. [2]Bei gewendelten Rampen ist die Neigung in der Mitte der Fahrspur zu messen. [3]Die Breite der Fahrbahnen auf diesen Rampen muss mindestens 2,75 m, in gewendelten Rampenbereichen mindestens 3,50 m betragen. [4]Gewendelte Rampenteile müssen eine Querneigung von mindestens 3 v. H. haben. [5]Der Halbmesser des inneren Fahrbahnrandes muss mindestens 5,0 m betragen.

(2) Zwischen öffentlicher Verkehrsfläche und einer Rampe mit mehr als 10 v. H. Neigung muss eine geringer geneigte Fläche von mindestens 3 m Länge liegen.

(3) ¹In Großgaragen müssen Rampen, die von Fußgängern benutzt werden, einen mindestens 0,80 m breiten Gehweg haben, der gegenüber der Fahrbahn erhöht oder verkehrssicher abgegrenzt ist. ²An Rampen, die von Fußgängern nicht benutzt werden dürfen, ist auf das Verbot hinzuweisen.
(4) Für Rampen von offenen Stellplatzanlagen gelten die Absätze 1 bis 3 sinngemäß.
(5) Kraftbetriebene geneigte Hebebühnen sind keine Rampen.

### § 6 Stellplätze und Fahrgassen

(1) ¹Ein Stellplatz muss mindestens 5 m lang sein. ²Die Breite eines Stellplatzes muss mindestens betragen
1. 2,30 m, wenn keine Längsseite,
2. 2,40 m, wenn eine Längsseite,
3. 2,50 m, wenn beide Längsseiten des Stellplatzes durch Wände, Stützen, andere Bauteile oder Einrichtungen begrenzt sind,
4. 3,50 m, wenn der Stellplatz für Menschen mit Behinderung bestimmt ist.
³Stellplätze auf kraftbetriebenen Hebebühnen brauchen in den Fällen des Satzes 2 Nummern 1 bis 3 nur 2,30 m breit zu sein. ⁴Die Sätze 1 und 2 gelten nicht für Stellplätze auf horizontal verschiebbaren Plattformen und für diese Plattformen.

(2) ¹Fahrgassen müssen, soweit sie unmittelbar der Zu- oder Abfahrt von Stellplätzen dienen, hinsichtlich ihrer Breite mindestens die Anforderungen der folgenden Tabelle erfüllen; Zwischenwerte sind zu interpolieren:

| Anordnung der Stellplätze zur Fahrgasse | Erforderliche Fahrgassenbreite (in m) Bei einer Stellplatzbreite von | | |
|---|---|---|---|
| | 2,30 m | 2,40 m | 2,50 m |
| 90 Grad | 6,50 | 6,00 | 5,50 |
| bis 45 Grad | 3,50 | 3,25 | 3,00 |

²Vor kraftbetriebenen Hebebühnen müssen die Fahrgassen mindestens 8 m breit sein, wenn die Hebebühnen Fahrspuren haben oder beim Absenken in die Fahrgasse hineinragen.

(3) ¹Fahrgassen müssen, soweit sie nicht unmittelbar der Zu oder Abfahrt von Stellplätzen dienen, mindestens 2,75 m breit sein. ²Fahrgassen mit Gegenverkehr müssen in Mittel- und Großgaragen mindestens 5 m breit sein. ³Das gilt auch für offene Stellplatzanlagen.

(4) Stellplätze auf horizontal verschiebbaren Plattformen sind in Fahrgassen zulässig, wenn
1. eine Breite der Fahrgassen von mindestens 2,75 m erhalten bleibt,
2. die Plattformen nicht vor kraftbetriebenen Hebebühnen angeordnet werden und
3. in Fahrgassen mit Gegenverkehr kein Durchgangsverkehr stattfindet.

(5) ¹Die einzelnen Stellplätze und die Fahrgassen sind durch Markierungen am Boden leicht erkennbar und dauerhaft gegeneinander abzugrenzen. ²Dies gilt nicht für
1. Kleingaragen ohne Fahrgassen,
2. Stellplätze auf kraftbetriebenen Hebebühnen,
3. Stellplätze auf horizontal verschiebbaren Plattformen.
³Mittel- und Großgaragen müssen in jedem Geschoss leicht erkennbare und dauerhafte Hinweise auf Fahrtrichtungen und Ausfahrten haben.

(6) Abschlüsse zwischen Fahrgasse und Stellplätzen sind in Mittel- und Großgaragen nur zulässig, wenn wirksame Löscharbeiten möglich bleiben.

(7) Die Absätze 1 bis 5 gelten nicht für automatische Garagen.

## § 7 Lichte Höhe

[1]Mittel- und Großgaragen müssen in den zum Begehen bestimmten Bereichen, auch unter Unterzügen, Lüftungsleitungen und sonstigen Bauteilen eine lichte Höhe von mindestens 2 m haben. [2]Dies gilt nicht für kraftbetriebene Hebebühnen.

## § 8 Tragende Wände, Decken, Dächer

(1) Tragende Wände von Garagen sowie Decken über und unter Garagen und zwischen Garagengeschossen müssen feuerbeständig sein.

(2) Liegen Stellplätze nicht mehr als 22 m über der Geländeoberfläche, so brauchen Wände und Decken nach Absatz 1
1. bei oberirdischen Mittel- und Großgaragen nur feuerhemmend zu sein und aus nichtbrennbaren Baustoffen zu bestehen, soweit sich aus den §§ 25 und 29 HBauO keine weitergehenden Anforderungen ergeben,
2. bei offenen Mittel- und Großgaragen in Gebäuden, die allein der Garagennutzung dienen, nur aus nichtbrennbaren Baustoffen zu bestehen.

(3) Wände und Decken nach Absatz 1 brauchen bei eingeschossigen oberirdischen Mittel- und Großgaragen auch mit Dachstellplätzen, wenn das Gebäude allein der Garagennutzung dient, nur feuerhemmend zu sein oder aus nichtbrennbaren Baustoffen zu bestehen.

(4) Wände und Decken nach Absatz 1 brauchen bei automatischen Garagen nur aus nichtbrennbaren Baustoffen zu bestehen, wenn das Gebäude allein als automatische Garage genutzt wird.

(5) Für befahrbare Dächer von Garagen gelten die Anforderungen an Decken.

(6) [1]Bekleidungen und Dämmschichten unter Decken und Dächern müssen
1. bei Großgaragen aus nichtbrennbaren,
2. bei Mittelgaragen aus mindestens schwerentflammbaren
Baustoffen bestehen. [2]Bei Großgaragen dürfen Bekleidungen aus mindestens schwerentflammbaren Baustoffen bestehen, wenn deren Bestandteile volumenmäßig überwiegend nichtbrennbar sind und deren Abstand zur Decke oder zum Dach höchstens 0,02 m beträgt.

(7) Für Pfeiler und Stützen gelten die Absätze 1 bis 6 sinngemäß.

## § 9 Außenwände

(1) Außenwände von Mittel- und Großgaragen müssen aus nichtbrennbaren Baustoffen bestehen.

(2) Absatz 1 gilt nicht für Außenwände von eingeschossigen oberirdischen Mittel- und Großgaragen, wenn das Gebäude allein der Garagennutzung dient.

## § 10 Trennwände, sonstige Innenwände und Tore

(1) ¹Trennwände zwischen Garagen und anders genutzten Räumen müssen § 27 Absatz 3 Satz 1 HBauO entsprechen. ²Wände zwischen Mittel- oder Großgaragen und anderen Gebäuden müssen feuerbeständig sein.

(2) In Mittel- und Großgaragen müssen sonstige Innenwände und Tore, Einbauten, insbesondere Einrichtungen für mechanische Parksysteme, aus nichtbrennbaren Baustoffen bestehen.

## § 11 Gebäudeabschlusswände

Als Gebäudeabschlusswände nach § 28 Absatz 2 Satz 1 Nummer 1 HBauO genügen bei eingeschossigen oberirdischen Mittel- und Großgaragen feuerbeständige Abschlusswände ohne Öffnungen, wenn das Gebäude allein der Garagennutzung dient.

## § 12 Wände und Decken von Kleingaragen

(1) Für Kleingaragen sind tragende Wände und Decken ohne Feuerwiderstand zulässig; für Kleingaragen in sonst anders genutzten Gebäuden gelten die Anforderungen des § 25 HBauO für diese Gebäude.

(2) ¹Wände und Decken zwischen geschlossenen Kleingaragen und anderen Räumen müssen feuerhemmend sein und feuerhemmende Abschlüsse haben, soweit sich aus § 27 Absatz 3 HBauO keine weitergehenden Anforderungen ergeben. ²§ 27 Absatz 6 HBauO bleibt unberührt. ³ Abstellräume mit bis zu 20 m² Fläche bleiben unberücksichtigt.

(3) ¹Als Gebäudeabschlusswand nach § 28 Absatz 2 Satz 1 Nummer 1 HBauO genügen Wände, die feuerhemmend sind oder aus nichtbrennbaren Baustoffen bestehen. ²Für offene Kleingaragen ist eine Gebäudeabschlusswand nach § 28 Absatz 2 Satz 1 Nummer 1 HBauO nicht erforderlich.

(4) § 10 Absatz 1 gilt nicht für Trennwände
1. zwischen Kleingaragen und Räumen oder Gebäuden, die nur Abstellzwecken dienen und nicht mehr als 20 m² Grundfläche haben,
2. zwischen offenen Kleingaragen und anders genutzten Räumen oder Gebäuden.

## § 13 Rauchabschnitte, Brandabschnitte

(1) ¹Geschlossene Garagen, ausgenommen automatische Garagen, müssen durch mindestens feuerhemmende, aus nichtbrennbaren Baustoffen bestehende Wände in Rauchabschnitte unterteilt sein. ²Die Nutzfläche eines Rauchabschnitts darf
1. in oberirdischen geschlossenen Garagen höchstens 5000 m²,
2. in sonstigen geschlossenen Garagen höchstens 2500 m²

betragen; sie darf höchstens doppelt so groß sein, wenn die Garagen automatische Feuerlöschanlagen haben. ³Ein Rauchabschnitt darf sich auch über mehrere Geschosse erstrecken.

(2) ¹Öffnungen in den Wänden nach Absatz 1 müssen mit Rauchschutzabschlüssen versehen sein. ²Abweichend davon sind dicht- und selbstschließende Abschlüsse aus nichtbrennbaren Baustoffen zulässig. ³Die Abschlüsse müssen Feststellanlagen

haben, die bei Raucheinwirkung ein selbsttätiges Schließen bewirken; sie müssen auch von Hand geschlossen werden können.

(3) Automatische Garagen müssen durch Brandwände nach § 28 Absatz 3 Satz 1 HBauO in Brandabschnitte von höchstens 6.000 m$^3$ Brutto-Rauminhalt unterteilt sein.

(4) § 28 Absatz 2 Satz 1 Nummer 2 HBauO gilt nicht für Garagen.

## § 14 Verbindungen zu Garagen und zwischen Garagengeschossen

(1) Flure, Treppenräume und Aufzugsvorräume, die nicht nur den Benutzern der Garagen dienen, dürfen verbunden sein
1. mit geschlossenen Mittel- und Großgaragen nur durch Räume mit feuerbeständigen Wänden und Decken sowie feuerhemmenden, rauchdichten und selbstschließenden Türen, die in Fluchtrichtung aufschlagen (Sicherheitsschleusen); zwischen Sicherheitsschleusen und Fluren oder Treppenräumen genügen selbst- und dichtschließende Türen; abweichend davon darf die Sicherheitsschleuse direkt mit einem Aufzug verbunden sein, wenn der Aufzug in einem eigenen, feuerbeständigen Schacht liegt oder direkt ins Freie führt,
2. mit anderen Garagen unmittelbar nur durch Öffnungen mit mindestens feuerhemmenden und selbstschließenden Türen.

(2) [1]Mittel- und Großgaragen dürfen mit sonstigen nicht zur Garage gehörenden Räumen sowie mit anderen Gebäuden unmittelbar nur durch Öffnungen mit mindestens feuerhemmenden, rauchdichten und selbstschließenden Türen verbunden sein. [2]Automatische Garagen dürfen mit nicht zur Garage gehörenden Räumen sowie mit anderen Gebäuden nicht verbunden sein.

(3) Die Absätze 1 und 2 gelten nicht für Verbindungen
1. zu offenen Kleingaragen,
2. zwischen Kleingaragen und Räumen oder Gebäuden, die nur Abstellzwecken dienen, und nicht mehr als 20 m$^2$ Grundfläche haben.

(4) Türen zu Treppenräumen, die Garagengeschosse miteinander verbinden, müssen mindestens feuerhemmend, rauchdicht und selbstschließend sein und aus nichtbrennbaren Baustoffen bestehen.

## § 15 Rettungswege

(1) [1]Jede Mittel- und Großgarage muss in jedem Geschoss mindestens zwei voneinander unabhängige Rettungswege nach § 31 Absatz 1 HBauO haben. [2]In oberirdischen Mittel- und Großgaragen genügt ein Rettungsweg, wenn ein Ausgang ins Freie in höchstens 10 m Entfernung erreichbar ist. [3]Der zweite Rettungsweg darf auch über eine Rampe führen. [4]Bei oberirdischen Mittel- und Großgaragen, deren Stellplätze im Mittel nicht mehr als 3 m über der Geländeoberfläche liegen, sind Treppenräume für notwendige Treppen nicht erforderlich.

(2) [1]Von jeder Stelle einer Mittel- und Großgarage muss in demselben Geschoss mindestens ein Treppenraum einer notwendigen Treppe oder, wenn ein Treppenraum nicht erforderlich ist, mindestens eine notwendige Treppe oder ein Ausgang ins Freie
1. bei offenen Mittel- und Großgaragen in einer Entfernung von höchstens 50 m,
2. bei geschlossenen Mittel- und Großgaragen in einer Entfernung von höchstens 30 m

erreichbar sein. [2]Die Entfernung ist in der Luftlinie, jedoch nicht durch Bauteile zu messen.

(3) ¹In Mittel- und Großgaragen müssen dauerhafte und leicht erkennbare Hinweise auf die Ausgänge vorhanden sein. ²In Großgaragen müssen die zu den notwendigen Treppen oder zu den Ausgängen ins Freie führende Wege auf dem Fußboden durch dauerhafte und leicht erkennbare Markierungen sowie an den Wänden durch beleuchtete Hinweise gekennzeichnet sein.

(4) Für Dachstellplätze gelten die Absätze 1 bis 3 sinngemäß.

(5) Die Absätze 1 bis 3 gelten nicht für automatische Garagen.

## § 16  Beleuchtung

(1) ¹In Mittel- und Großgaragen muss eine allgemeine elektrische Beleuchtung vorhanden sein. ²Sie muss so beschaffen sein, dass in Fahr- und Rettungswegen eine Beleuchtungsstärke von mindestens 75 Lux und an allen übrigen Stellen der Nutzfläche eine Beleuchtungsstärke von mindestens 20 Lux erreicht wird. ³Sie kann in zwei Stufen schaltbar sein, wobei in der ersten Stufe an allen Stellen eine Beleuchtungsstärke von 1 Lux erreicht werden muss.

(2) In geschlossenen Großgaragen, ausgenommen eingeschossige Großgaragen mit festem Benutzerkreis, muss zur Beleuchtung der Rettungswege eine Sicherheitsbeleuchtung vorhanden sein.

(3) Die Absätze 1 und 2 gelten nicht für automatische Garagen.

## § 17  Lüftung

(1) ¹Geschlossene Mittel- und Großgaragen müssen maschinelle Abluftanlagen aufweisen. ²Die Verteilung und Größe der Zuluftöffnungen muss so bemessen sein, dass sämtliche Teile der Garage ausreichend gelüftet werden. ³Bei nicht ausreichenden Zuluftöffnungen muss eine maschinelle Zuluftanlage vorhanden sein. ⁴Die maschinellen Abluftanlagen von geschlossenen Großgaragen müssen für eine wirksame Rauchabführung im Brandfall geeignet sein.

(2) ¹Für geschlossene Mittel- und Großgaragen mit geringem Zu- und Abgangsverkehr, wie Wohnhausgaragen, genügt eine natürliche Lüftung durch Lüftungsöffnungen oder über Lüftungsschächte. ²Die Lüftungsöffnungen müssen
1. einen freien Gesamtquerschnitt von mindestens 1500 cm² je Garagenstellplatz haben,
2. in den Außenwänden oberhalb der Geländeoberfläche in einer Entfernung von höchstens 35 m einander gegenüberliegen,
3. unverschließbar sein und
4. so über die Garage verteilt sein, dass in sämtlichen Bereichen eine ständige Querlüftung gesichert ist.

³Die Lüftungsschächte müssen
1. untereinander in einem Abstand von höchstens 20 m angeordnet sein und
2. bei einer Höhe bis zu 2 m einen freien Gesamtquerschnitt von mindestens 1500 cm² je Garagenstellplatz und bei einer Höhe von mehr als 2 m einen freien Gesamtquerschnitt von mindestens 3000 cm² je Garagenstellplatz haben.

(3) Für geschlossene Mittel- und Großgaragen genügt abweichend von den Absätzen 1 und 2 eine natürliche Lüftung, wenn im Einzelfall nach dem Gutachten eines nach Bauordnungsrecht anerkannten Prüfsachverständigen der Fachrichtung Lüftungsanlagen zu erwarten ist, dass der Mittelwert des Volumengehalts an Kohlen-

§ 18  GarVO · C 4

monoxid in der Luft, gemessen über jeweils eine halbe Stunde und in einer Höhe von 1,50 m über dem Fußboden (CO-Halbstundenmittelwert), auch während der regelmäßigen Verkehrsspitzen im Mittel nicht mehr als 100 ppm (= 100 cm$^3$/m$^3$) betragen wird und wenn dies auf der Grundlage der Messungen, die nach Inbetriebnahme der Garage über einen Zeitraum von mindestens einem Monat durchzuführen sind, von einem nach Bauordnungsrecht anerkannten Prüfsachverständigen der Fachrichtung Lüftungsanlagen bestätigt wird.

(4) [1]Die maschinellen Abluftanlagen sind so zu bemessen und zu betreiben, dass der CO-Halbstundenmittelwert unter Berücksichtigung der regelmäßig zu erwartenden Verkehrsspitzen nicht mehr als 100 ppm beträgt. [2]Diese Anforderungen gelten als erfüllt, wenn die Abluftanlage in Garagen mit geringem Zu- und Abgangsverkehr mindestens 6 m$^3$, bei anderen Garagen mindestens 12 m$^3$ Abluft in der Stunde je m$^2$ Garagennutzfläche abführen kann; für Garagen mit regelmäßig besonders hohen Verkehrsspitzen kann im Einzelfall ein Nachweis der nach Satz 1 erforderlichen Leistung der Abluftanlage verlangt werden.

(5) [1]Maschinelle Abluftanlagen müssen in jedem Lüftungssystem mindestens zwei gleich große Ventilatoren haben, die bei gleichzeitigem Betrieb zusammen den erforderliche Gesamtvolumenstrom erbringen. [2]Jeder Ventilator einer maschinellen Zu- oder Abluftanlage muss aus einem eigenen Stromkreis gespeist werden, an den andere elektrische Anlagen nicht angeschlossen werden dürfen. [3]Soll das Lüftungssystem zeitweise nur mit einem Ventilator betrieben werden, müssen die Ventilatoren so geschaltet sein, dass sich bei Ausfall eines Ventilators der andere selbsttätig einschaltet.

(6) [1]Geschlossene Großgaragen mit nicht nur geringem Zu- und Abgangsverkehr müssen Kohlenmonoxid-Anlagen zur Messung, Steuerung und Warnung (CO-Warnanlagen) haben. [2]Die CO-Warnanlagen müssen so beschaffen sein, dass die Benutzer der Garagen bei einem Kohlenmonoxid-Gehalt der Luft von mehr als 250 ppm über Lautsprecher und durch Blinkzeichen dazu aufgefordert werden, die Garage zügig zu verlassen oder im Stand der Motoren abzustellen. [3]Während dieses Zeitraumes müssen die Garagenausfahrten ständig offen gehalten werden und die maschinelle Lüftungsanlage in Betrieb sein. [4]Die CO-Warnanlagen müssen an eine Ersatzstromquelle angeschlossen sein.

(7) Automatische Garagen müssen abweichend von den Absätzen 1 bis 6 nur Öffnungen zur wirksamen Rauchabführung haben.

### § 18  Feuerlöschanlagen

(1) Nichtselbsttätige Feuerlöschanlagen müssen vorhanden sein in
1. geschlossenen Garagen mit mehr als 20 Stellplätzen auf kraftbetriebenen Hebebühnen, wenn jeweils mehr als zwei Kraftfahrzeuge übereinander angeordnet werden können,
2. automatischen Garagen mit bis zu 20 Stellplätzen.

(2) Automatische Feuerlöschanlagen müssen vorhanden sein
1. in Geschossen von Großgaragen, wenn der Fußboden der Geschosse mehr als 4 m unter der Geländeoberfläche liegt und das Gebäude nicht allein der Garagennutzung dient; dies gilt nicht, wenn die Großgarage zu Geschossen mit anderer Nutzung in keiner Verbindung steht,
2. in automatischen Garagen mit mehr als 20 Garagenstellplätzen.

## § 19 Brandmeldeanlagen

Geschlossene Mittel- und Großgaragen müssen Brandmeldeanlagen haben, wenn sie in Verbindung stehen mit baulichen Anlagen oder Räumen, für die Brandmeldeanlagen erforderlich sind.

## Teil III Betriebsvorschriften

### § 20 Betriebsvorschriften für Garagen

(1) [1]In Mittel- und Großgaragen muss die allgemeine elektrische Beleuchtung nach § 16 Absatz 1 während der Benutzungszeit ständig mit einer Beleuchtungsstärke von mindestens 1 Lux eingeschaltet sein, soweit nicht Tageslicht mit einer entsprechenden Beleuchtungsstärke vorhanden ist. [2]Dies gilt nicht für automatische Garagen.

(2) [1]In Mittel- und Großgaragen dürfen brennbare Stoffe außerhalb von Kraftfahrzeugen nicht aufbewahrt werden. [2]In Kleingaragen dürfen bis zu 200 Liter Dieselkraftstoff und bis zu 20 Liter Benzin in dicht verschlossenen, bruchsicheren Behältern aufbewahrt werden.

### § 21 Abstellen von Kraftfahrzeugen in anderen Räumen als Garagen

(1) Kraftfahrzeuge dürfen in Treppenräumen, Fluren und Kellergängen nicht abgestellt werden.

(2) Kraftfahrzeuge dürfen in sonstigen Räumen, die keine Garagen sind, mit Ausnahme von § 2 Absatz 9 Satz 2 nur abgestellt werden, wenn
1. das Gesamtfassungsvermögen der Kraftstoffbehälter aller abgestellten Kraftfahrzeuge nicht mehr als 12 Liter beträgt,
2. Kraftstoff außer dem Inhalt der Kraftstoffbehälter abgestellter Kraftfahrzeuge in diesen Räumen nicht aufbewahrt wird und
3. diese Räume keine Zündquellen oder leicht entzündliche Stoffe enthalten und von Räumen mit Feuerstätten oder leicht entzündlichen Stoffen durch Türen mit geschlossener Oberfläche abgetrennt sind

oder wenn die Kraftfahrzeuge Arbeitsmaschinen sind.

## Teil IV Schlussvorschriften

### § 22 Weitergehende Anforderungen

Weitergehende Anforderungen als nach dieser Verordnung können zur Erfüllung des § 3 HBauO gestellt werden, soweit Garagen oder Stellplätze für Kraftfahrzeuge bestimmt sind, deren Länge mehr als 5 m, deren Breite mehr als 2 m oder deren Höhe mehr als 1,70 m beträgt.

## § 23 Ordnungswidrigkeiten

Ordnungswidrig nach § 80 Absatz 1 Nummer 16 HBauO handelt, wer vorsätzlich oder fahrlässig
1. entgegen § 17 Absatz 4 maschinelle Lüftungsanlagen so betreibt, dass der genannte Wert des Kohlenmonoxid-Gehaltes der Luft überschritten wird,
2. entgegen § 20 Absatz 1 Mittel- und Großgaragen nicht ständig beleuchtet,
3. entgegen § 20 Absatz 2 brennbare Stoffe in Garagen aufbewahrt.

## § 24 Änderung von Rechtsvorschriften

(1) § 14 Absatz 2 Satz 1 Nummer 7 der Prüfverordnung vom 14. Februar 2006 (HmbGVBl. S. 79, 222), zuletzt geändert am 21. Dezember 2010 (HmbGVBl. S. 655, 656), erhält folgende Fassung:
„7. geschlossene Großgaragen im Sinne des § 2 Absatz 1 Nummer 3 und Absatz 5 der Garagenverordnung vom 17. Januar 2012 (HmbGVBl. S. 8) in der jeweils geltenden Fassung,"

(2) § 1 Absatz 1 Nummer 14 der Brandverhütungsschauverordnung vom 1. Dezember 2009 (HmbGVBl. S. 403) erhält folgende Fassung:
„14. unterirdischen Großgaragen im Sinne der Garagenverordnung vom 17. Januar 2012 (HmbGVBl. S. 8) in der jeweils geltenden Fassung, die mit anderen Objekten nach dieser Verordnung in Verbindung stehen."

## § 25 Schlussbestimmungen

(1) [1]Diese Verordnung tritt am 1. Februar 2012 in Kraft. [2]Zum selben Zeitpunkt tritt die Garagenverordnung vom 17. April 1990 (HmbGVBl. S. 75) in der geltenden Fassung außer Kraft.

(2) Für die zum Zeitpunkt des Inkrafttretens dieser Verordnung bestehenden Garagen gilt § 20 entsprechend.

# Verordnung über den Bau und Betrieb von Versammlungsstätten – Versammlungsstättenverordnung (VStättVO)

Vom 5. August 2003, zuletzt geändert am 1. März 2011 (HmbGVBl. vom 15. August 2003 S. 420, 11. März 2011 S. 91)
Auf Grund von § 80 Absatz 1 Nummer 14, § 81 Absatz 1 Nummer 4, Absatz 2 Satz 1 Nummern 1 und 2, Absatz 3 Nummer 1 der Hamburgischen Bauordnung (HBauO) vom 1. Juli 1986 (HmbGVBl. S. 183), zuletzt geändert am 17. Dezember 2002 (HmbGVBl. S. 347, 353), sowie auf Grund von § 23 des Feuerwehrgesetzes vom 23. Juni 1986 (HmbGVBl. S. 137), zuletzt geändert am 18. Juli 2001 (HmbGVBl. S. 251, 255), wird verordnet:

**Inhaltsverzeichnis**

Teil 1 **Allgemeine Vorschriften**
§ 1 Anwendungsbereich
§ 2 Begriffe

Teil 2 **Allgemeine Bauvorschriften**

Abschnitt 1 **Bauteile und Baustoffe**
§ 3 Bauteile
§ 4 Dächer
§ 5 Dämmstoffe, Unterdecken, Bekleidungen und Bodenbeläge

Abschnitt 2 **Rettungswege**
§ 6 Führung der Rettungswege
§ 7 Bemessung der Rettungswege
§ 8 Treppen
§ 9 Türen und Tore

Abschnitt 3 **Besucherplätze und Einrichtungen für Besucher**
§ 10 Bestuhlung, Gänge und Stufengänge
§ 11 Abschrankungen und Schutzvorrichtungen
§ 12 Toilettenräume
§ 13 (freibleibend aus redaktionellen Gründen)

Abschnitt 4 **Technische Anlagen und Einrichtungen, besondere Räume**
§ 14 Sicherheitsstromversorgungsanlagen, elektrische Anlagen und Blitzschutzanlagen
§ 15 Sicherheitsbeleuchtung
§ 16 Rauchableitung
§ 17 Heizungsanlagen und Lüftungsanlagen
§ 18 Stände und Arbeitsgalerien für Licht-, Ton-, Bild- und Regieanlagen
§ 19 Feuerlöscheinrichtungen und -anlagen

§ 25 VStättVO · C 5

§ 20 Brandmelde- und Alarmierungsanlagen, Brandmelder- und Alarmzentrale, Brandfallsteuerung der Aufzüge
§ 21 Werkstätten, Magazine und Lagerräume

Teil 3 **Besondere Bauvorschriften**

Abschnitt 1 **Großbühnen**
§ 22 Bühnenhaus
§ 23 Schutzvorhang
§ 24 Feuerlösch- und Brandmeldeanlagen
§ 25 Platz für die Brandsicherheitswache

Abschnitt 2 **Versammlungsstätten mit mehr als 5.000 Besucherplätzen**
§ 26 Räume für Lautsprecherzentrale, Polizei, Feuerwehr, Sanitäts- und Rettungsdienst
§ 27 Abschrankung und Blockbildung in Sportstadien mit mehr als 10.000 Besucherplätzen
§ 28 Wellenbrecher
§ 29 Abschrankung von Stehplätzen vor Szenenflächen
§ 30 Einfriedungen und Eingänge

Teil 4 **Betriebsvorschriften**

Abschnitt 1 **Rettungswege, Besucherplätze**
§ 31 Rettungswege, Flächen für die Feuerwehr
§ 32 Besucherplätze nach dem Bestuhlungs- und Rettungswegeplan

Abschnitt 2 **Brandverhütung**
§ 33 Vorhänge, Sitze, Ausstattungen, Requisiten und Ausschmückungen
§ 34 Aufbewahrung von Ausstattungen, Requisiten, Ausschmückungen und brennbarem Material
§ 35 Rauchen, Verwendung von offenem Feuer und pyrotechnischen Gegenständen

Abschnitt 3 **Betrieb technischer Einrichtungen**
§ 36 Bedienung und Wartung der technischen Einrichtungen
§ 37 Laseranlagen

Abschnitt 4 **Verantwortliche Personen, besondere Betriebsvorschriften**
§ 38 Pflichten der Betreiber, Veranstalter und Beauftragten
§ 39 Verantwortliche für Veranstaltungstechnik
§ 40 Aufgaben und Pflichten der Verantwortlichen für Veranstaltungstechnik, technische Probe
§ 41 Brandsicherheitswache, Sanitäts- und Rettungsdienst
§ 42 Brandschutzordnung, Feuerwehrpläne
§ 43 Sicherheitskonzept, Ordnungsdienst

Teil 5 **Zusätzliche Bauvorlagen**
§ 44 Zusätzliche Bauvorlagen, Bestuhlungs- und Rettungswegeplan
§ 45 Gastspielprüfbuch

# C 5 · VStättVO § 1

Teil 6 **Bestehende Versammlungsstätten**
§ 46 Anwendung der Vorschriften auf bestehende Versammlungsstätten

Teil 7 **Schlussvorschriften**
§ 47 Ordnungswidrigkeiten
§ 48 In-Kraft-Treten

## § 1 Anwendungsbereich

(1) Die Vorschriften dieser Verordnung gelten für den Bau und Betrieb von
1. Versammlungsstätten mit Versammlungsräumen, die einzeln mehr als 200 Besucher fassen. Sie gelten auch für Versammlungsstätten mit mehreren Versammlungsräumen, die insgesamt mehr als 200 Besucher fassen, wenn diese Versammlungsräume gemeinsame Rettungswege haben,
2. Versammlungsstätten im Freien mit Szenenflächen, deren Besucherbereich mehr als 1.000 Besucher fasst und ganz oder teilweise aus baulichen Anlagen besteht,
3. Sportstadien, die mehr als 5.000 Besucher fassen.

(2) [1]Die Anzahl der Besucher ist wie folgt zu bemessen:
1. für Sitzplätze an Tischen:
   1 Besucher je $m^2$ Grundfläche des Versammlungsraumes,
2. für Sitzplätze in Reihen und für Stehplätze:
   2 Besucher je $m^2$ Grundfläche des Versammlungsraumes,
3. für Stehplätze auf Stufenreihen:
   2 Besucher je laufendem Meter Stufenreihe,
4. bei Ausstellungsräumen:
   1 Besucher je $m^2$ Grundfläche des Versammlungsraumes.

[2]Für Besucher nicht zugängliche Flächen werden in die Berechnung nicht einbezogen. [3]Von der Bemessungsformel kann eine Abweichung zugelassen werden, wenn durch Begrenzung der Personenzahl ausreichende Rettungswegbreiten nach § 7 nachgewiesen werden. [4]Für Versammlungsstätten im Freien und für Sportstadien gelten Satz 1 Nummern 1 bis 3 und Satz 2 entsprechend.

(3) Die Vorschriften dieser Verordnung gelten nicht für
1. Räume, die dem Gottesdienst gewidmet sind,
2. Unterrichtsräume in allgemein- und berufsbildenden Schulen,
3. Ausstellungsräume in Museen,
4. Fliegende Bauten.

(4) [1]Soweit in dieser Verordnung nichts Abweichendes geregelt ist, sind auf tragende und aussteifende sowie auf Raum abschließende Bauteile die Anforderungen der Hamburgischen Bauordnung vom 14. Dezember 2005 (HmbGVBl. S. 525, 563), geändert am 11. April 2006 (HmbGVBl. S. 157), in der jeweils geltenden Fassung an diese Bauteile in Gebäuden der Gebäudeklasse 5 anzuwenden. [2]Die Erleichterungen des § 28 Absatz 3 Satz 2, § 29 Absatz 4 Satz 2 Nummern 1 und 2, § 34 Absatz 1 Satz 2 Nummer 2, § 37 Absatz 1 Satz 3 Nummer 4, § 39 Absatz 1 Nummern 1 und 3 sowie des § 40 Absatz 5 Nummern 1 und 3 HBauO sind nicht anzuwenden.

(5) Bauprodukte, Bauarten und Prüfverfahren, die den in Vorschriften eines anderen Mitgliedstaats der Europäischen Union, der Türkei oder eines Vertragsstaats des Abkommens über den Europäischen Wirtschaftsraum genannten technischen Anforderungen entsprechen, dürfen verwendet werden, wenn das geforderte Schutzniveau in Bezug auf Sicherheit, Gesundheit und Gebrauchstauglichkeit gleichermaßen dauerhaft erreicht und die Verwendbarkeit nachgewiesen wird.

## § 2 Begriffe

(1) Versammlungsstätten sind bauliche Anlagen oder Teile baulicher Anlagen, die für die gleichzeitige Anwesenheit vieler Menschen bei Veranstaltungen, insbesondere erzieherischer, wirtschaftlicher, geselliger, kultureller, künstlerischer, politischer, sportlicher oder unterhaltender Art, bestimmt sind sowie Schank- und Speisewirtschaften.

(2) Erdgeschossige Versammlungsstätten sind Gebäude mit nur einem Geschoss ohne Ränge oder Emporen, dessen Fußboden an keiner Stelle mehr als 1 m unter der Geländeoberfläche liegt; dabei bleiben Geschosse außer Betracht, die ausschließlich der Unterbringung technischer Anlagen und Einrichtungen dienen.

(3) [1]Versammlungsräume sind Räume für Veranstaltungen oder für den Verzehr von Speisen und Getränken. [2]Hierzu gehören auch Aulen und Foyers, Vortrags- und Hörsäle sowie Studios.

(4) Szenenflächen sind Flächen für künstlerische und andere Darbietungen; für Darbietungen bestimmte Flächen unter 20 m$^2$ gelten nicht als Szenenflächen.

(5) In Versammlungsstätten mit einem Bühnenhaus ist
1. das Zuschauerhaus der Gebäudeteil, der die Versammlungsräume und die mit ihnen in baulichem Zusammenhang stehenden Räume umfasst,
2. das Bühnenhaus der Gebäudeteil, der die Bühnen und die mit ihnen in baulichem Zusammenhang stehenden Räume umfasst,
3. die Bühnenöffnung die Öffnung in der Trennwand zwischen der Hauptbühne und dem Versammlungsraum,
4. die Bühne der hinter der Bühnenöffnung liegende Raum mit Szenenflächen; zur Bühne zählen die Hauptbühne sowie die Hinter- und Seitenbühnen einschließlich der jeweils zugehörigen Ober- und Unterbühnen,
5. eine Großbühne eine Bühne
   a) mit einer Szenenfläche hinter der Bühnenöffnung von mehr als 200 m$^2$,
   b) mit einer Oberbühne mit einer lichten Höhe von mehr als 2,5 m über der Bühnenöffnung oder
   c) mit einer Unterbühne,
6. die Unterbühne der begehbare Teil des Bühnenraumes unter dem Bühnenboden, der zur Unterbringung einer Untermaschinerie geeignet ist,
7. die Oberbühne der Teil des Bühnenraumes über der Bühnenöffnung, der zur Unterbringung einer Obermaschinerie geeignet ist.

(6) Mehrzweckhallen sind überdachte Versammlungsstätten für verschiedene Veranstaltungsarten.

(7) Studios sind Produktionsstätten für Film, Fernsehen und Hörfunk und mit Besucherplätzen.

(8) Foyers sind Empfangs- und Pausenräume für Besucher.

(9) [1]Ausstattungen sind Bestandteile von Bühnen- oder Szenenbildern. [2]Hierzu gehören insbesondere Wand-, Fußboden- und Deckenelemente, Bildwände, Treppen und sonstige Bühnenbildteile.

(10) [1]Requisiten sind bewegliche Einrichtungsgegenstände von Bühnen- oder Szenenbildern. [2]Hierzu gehören insbesondere Möbel, Leuchten, Bilder und Geschirr.

(11) [1]Ausschmückungen sind vorübergehend eingebrachte Dekorationsgegenstände. [2]Zu den Ausschmückungen gehören insbesondere Drapierungen, Girlanden, Fahnen und künstlicher Pflanzenschmuck.

(12) Sportstadien sind Versammlungsstätten mit Tribünen für Besucher und mit nicht überdachten Sportflächen.

## C 5 · VStättVO §§ 3, 4

(13) Tribünen sind bauliche Anlagen mit ansteigenden Steh- oder Sitzplatzreihen (Stufenreihen) für Besucher.

(14) Innenbereich ist die von Tribünen umgebene Fläche für Darbietungen.

### § 3  Bauteile

(1) [1]Tragende und aussteifende Bauteile, wie Wände, Pfeiler, Stützen und Decken, müssen feuerbeständig, in erdgeschossigen Versammlungsstätten feuerhemmend sein. [2]Satz 1 gilt nicht für erdgeschossige Versammlungsstätten mit automatischen Feuerlöschanlagen.

(2) Außenwände mehrgeschossiger Versammlungsstätten müssen aus nicht brennbaren Baustoffen bestehen.

(3) [1]Trennwände sind erforderlich zum Abschluss von Versammlungsräumen und Bühnen. [2]Diese Trennwände müssen feuerbeständig, in erdgeschossigen Versammlungsstätten mindestens feuerhemmend sein. [3]In der Trennwand zwischen der Bühne und dem Versammlungsraum ist eine Bühnenöffnung zulässig.

(4) Werkstätten, Magazine und Lagerräume sowie Räume unter Tribünen und Podien müssen feuerbeständige Trennwände und Decken haben.

(5) [1]Der Fußboden von Szenenflächen muss fugendicht sein. [2]Betriebsbedingte Öffnungen sind zulässig. [3]Die Unterkonstruktion, mit Ausnahme der Lagerhölzer, muss aus nicht brennbaren Baustoffen bestehen. [4]Räume unter dem Fußboden, die nicht zu einer Unterbühne gehören, müssen feuerbeständige Wände und Decken haben.

(6) Die Unterkonstruktion der Fußböden von Tribünen und Podien, die veränderbare Einbauten in Versammlungsräumen sind, muss aus nichtbrennbaren Baustoffen bestehen; dies gilt nicht für Podien mit insgesamt nicht mehr als 20 m² Fläche.

(7) Veränderbare Einbauten sind so auszubilden, dass sie in ihrer Standsicherheit nicht durch dynamische Schwingungen gefährdet werden können.

### § 4  Dächer

(1) [1]Tragwerke von Dächern, die den oberen Abschluss von Räumen der Versammlungsstätte bilden oder die von diesen Räumen nicht durch feuerbeständige Bauteile getrennt sind, müssen feuerhemmend sein. [2]Tragwerke von Dächern über Tribünen und Szenenflächen im Freien müssen mindestens feuerhemmend sein oder aus nicht brennbaren Baustoffen bestehen. [3]Satz 1 gilt nicht für Versammlungsstätten mit automatischen Feuerlöschanlagen.

(2) [1]Bedachungen, ausgenommen Dachhaut und Dampfsperre, müssen bei Dächern, die den oberen Abschluss von Räumen der Versammlungsstätten bilden oder die von diesen Räumen nicht durch feuerbeständige Bauteile getrennt sind, aus nicht brennbaren Baustoffen hergestellt werden. [2]Dies gilt nicht für Bedachungen über Versammlungsräumen mit nicht mehr als 1.000 m² Grundfläche.

(3) [1]Lichtdurchlässige Bedachungen über Versammlungsräumen müssen aus nicht brennbaren Baustoffen bestehen. [2]Bei Versammlungsräumen mit automatischen Feuerlöschanlagen genügen schwer entflammbare Baustoffe, die nicht brennend abtropfen können.

## § 5 Dämmstoffe, Unterdecken, Bekleidungen und Bodenbeläge

(1) Dämmstoffe müssen aus nicht brennbaren Baustoffen bestehen.

(2) [1]Bekleidungen an Wänden in Versammlungsräumen müssen aus mindestens schwer entflammbaren Baustoffen bestehen. [2]In Versammlungsräumen mit nicht mehr als 1.000 m$^2$ Grundfläche genügen geschlossene nicht hinterlüftete Holzbekleidungen.

(3) [1]Unterdecken und Bekleidungen an Decken in Versammlungsräumen müssen aus nicht brennbaren Baustoffen bestehen. [2]In Versammlungsräumen mit nicht mehr als 1.000 m$^2$ Grundfläche genügen Bekleidungen aus mindestens schwer entflammbaren Baustoffen oder geschlossene nicht hinterlüftete Holzbekleidungen.

(4) In Foyers, durch die Rettungswege aus anderen Versammlungsräumen führen, in notwendigen Treppenräumen, Räumen zwischen notwendigen Treppenräumen und Ausgängen ins Freie sowie notwendigen Fluren müssen Unterdecken und Bekleidungen aus nicht brennbaren Baustoffen bestehen.

(5) Unterdecken und Bekleidungen, die mindestens schwer entflammbar sein müssen, dürfen nicht brennend abtropfen.

(6) [1]Unterkonstruktionen, Halterungen und Befestigungen von Unterdecken und Bekleidungen nach den Absätzen 2 bis 4 müssen aus nicht brennbaren Baustoffen bestehen; dies gilt nicht für Versammlungsräume mit nicht mehr als 100 m$^2$ Grundfläche. [2]In den Hohlräumen hinter Unterdecken und Bekleidungen aus brennbaren Baustoffen dürfen Kabel und Leitungen nur in Installationsschächten oder Installationskanälen aus nicht brennbaren Baustoffen verlegt werden.

(7) [1]In notwendigen Treppenräumen, Räumen zwischen notwendigen Treppenräumen und Ausgängen ins Freie müssen Bodenbeläge nicht brennbar sein. [2]In notwendigen Fluren sowie in Foyers durch die Rettungswege aus anderen Versammlungsräumen führen, müssen Bodenbeläge mindestens schwer entflammbar sein.

## § 6 Führung der Rettungswege

(1) [1]Rettungswege müssen ins Freie zu öffentlichen Verkehrsflächen führen. [2]Zu den Rettungswegen von Versammlungsstätten gehören insbesondere die frei zu haltenden Gänge und Stufengänge, die Ausgänge aus Versammlungsräumen, die notwendigen Flure und notwendigen Treppen, die Ausgänge ins Freie, die als Rettungsweg dienenden Balkone, Dachterrassen und Außentreppen sowie die Rettungswege im Freien auf dem Grundstück.

(2) [1]Versammlungsstätten müssen in jedem Geschoss mit Aufenthaltsräumen mindestens zwei voneinander unabhängige bauliche Rettungswege haben; dies gilt für Tribünen entsprechend. [2]Die Führung beider Rettungswege innerhalb eines Geschosses durch einen gemeinsamen notwendigen Flur ist zulässig. [3]Rettungswege dürfen über Balkone, Dachterrassen und Außentreppen auf das Grundstück führen, wenn sie im Brandfall sicher begehbar sind.

(3) Rettungswege dürfen über Gänge und Treppen sowie durch Foyers oder Hallen zu Ausgängen ins Freie geführt werden, soweit mindestens ein weiterer von dem Foyer oder der Halle unabhängiger baulicher Rettungsweg vorhanden ist.

(4) Versammlungsstätten müssen für Geschosse mit jeweils mehr als 800 Besucherplätzen nur diesen Geschossen zugeordnete Rettungswege haben.

(5) Versammlungsräume und sonstige Aufenthaltsräume mit mehr als 100 m² Grundfläche müssen jeweils mindestens zwei möglichst weit auseinander und entgegengesetzt liegende Ausgänge ins Freie oder zu Rettungswegen haben.

(6) Ausgänge und Rettungswege müssen durch Sicherheitszeichen dauerhaft und gut sichtbar gekennzeichnet sein.

## § 7 Bemessung der Rettungswege

(1) [1]Die Entfernung von jedem Besucherplatz bis zum nächsten Ausgang aus dem Versammlungsraum oder von der Tribüne darf nicht länger als 30 m sein. [2]Bei mehr als 5 m lichter Höhe ist je 2,5 m zusätzlicher lichter Höhe über der zu entrauchenden Ebene für diesen Bereich eine Verlängerung der Entfernung um 5 m zulässig. [3]Die Entfernung von 60 m bis zum nächsten Ausgang darf nicht überschritten werden.

(2) [1]Die Entfernung von jeder Stelle einer Bühne bis zum nächsten Ausgang darf nicht länger als 30 m sein. [2]Gänge zwischen den Wänden der Bühne und dem Rundhorizont oder den Dekorationen müssen eine lichte Breite von 1,20 m haben; in Großbühnen müssen diese Gänge vorhanden sein.

(3) Die Entfernung von jeder Stelle eines notwendigen Flures oder eines Foyers bis zum Ausgang ins Freie oder zu einem notwendigen Treppenraum darf nicht länger als 30 m sein.

(4) [1]Die Breite der Rettungswege ist nach der größtmöglichen Personenzahl zu bemessen. [2]Die lichte Breite eines jeden Teiles von Rettungswegen muss mindestens 1,20 m betragen. [3]Die lichte Breite eines jeden Teiles von Rettungswegen muss für die darauf angewiesenen Personen mindestens betragen bei
1. Versammlungsstätten im Freien sowie Sportstadien     1,20 m je 600 Personen,
2. anderen Versammlungsstätten     1,20 m je 200 Personen.
[4]Staffelungen sind nur in Schritten von 0,60 m zulässig. [5]Bei Rettungswegen von Versammlungsräumen mit nicht mehr als 200 Besucherplätzen und bei Rettungswegen im Bühnenhaus genügt eine lichte Breite von 0,90 m. [6]Für Rettungswege von Arbeitsgalerien genügt eine Breite von 0,80 m.

(5) [1]Ausstellungshallen müssen durch Gänge so unterteilt sein, dass die Tiefe der zur Aufstellung von Ausstellungsständen bestimmten Grundflächen (Ausstellungsflächen) nicht mehr als 30 m beträgt. [2]Die Entfernung von jeder Stelle auf einer Ausstellungsfläche bis zu einem Gang darf nicht mehr als 20 m betragen; sie wird auf die nach Absatz 1 bemessene Entfernung nicht angerechnet. [3]Die Gänge müssen auf möglichst geradem Weg zu entgegengesetzt liegenden Ausgängen führen. [4]Die lichte Breite der Gänge und der zugehörigen Ausgänge muss mindestens 3,00 m betragen.

(6) Die Entfernungen werden in der Lauflinie gemessen.

## § 8 Treppen

(1) Die Führung der jeweils anderen Geschossen zugeordneten notwendigen Treppen in einem gemeinsamen Treppenraum (Schachteltreppen) ist zulässig.

(2) [1]Notwendige Treppen müssen feuerbeständig sein. [2]Für notwendige Treppen in Treppenräumen oder als Außentreppen genügen nicht brennbare Baustoffe. [3]Für notwendige Treppen von Tribünen und Podien als veränderbare Einbauten genügen Bauteile aus nichtbrennbaren Baustoffen und Stufen aus Holz. [4]Die Sätze 1 bis 3 gelten nicht für notwendige Treppen von Ausstellungsständen.

(3) Die lichte Breite notwendiger Treppen darf nicht mehr als 2,40 m betragen.

(4) [1]Notwendige Treppen und dem allgemeinen Besucherverkehr dienende Treppen müssen auf beiden Seiten feste und griffsichere Handläufe ohne freie Enden haben. [2]Die Handläufe sind über Treppenabsätze fortzuführen.

(5) Notwendige Treppen und dem allgemeinen Besucherverkehr dienende Treppen müssen geschlossene Trittstufen haben; dies gilt nicht für Außentreppen.

(6) Wendeltreppen sind als notwendige Treppen für Besucher unzulässig.

## § 9 Türen und Tore

(1) Türen und Tore in raumabschließenden Innenwänden, die feuerbeständig sein müssen, sowie in inneren Brandwänden müssen mindestens feuerhemmend, rauchdicht und selbstschließend sein.

(2) Türen und Tore in raumabschließenden Innenwänden, die feuerhemmend sein müssen, müssen mindestens rauchdicht und selbstschließend sein.

(3) [1]Türen in Rettungswegen müssen in Fluchtrichtung aufschlagen und dürfen keine Schwellen haben. [2]Während des Aufenthaltes von Personen in der Versammlungsstätte müssen die Türen der jeweiligen Rettungswege jederzeit von innen leicht und in voller Breite geöffnet werden können.

(4) [1]Schiebetüren sind im Zuge von Rettungswegen unzulässig, dies gilt nicht für automatische Schiebetüren, die die Rettungswege nicht beeinträchtigen. [2]Pendeltüren müssen in Rettungswegen Vorrichtungen haben, die ein Durchpendeln der Türen verhindern.

(5) Türen, die selbstschließend sein müssen, dürfen offen gehalten werden, wenn sie Einrichtungen haben, die bei Raucheinwirkung ein selbsttätiges Schließen der Türen bewirken; sie müssen auch von Hand geschlossen werden können.

(6) Mechanische Vorrichtungen zur Vereinzelung oder Zählung von Besuchern, wie Drehtüren oder -kreuze, sind in Rettungswegen unzulässig; dies gilt nicht für mechanische Vorrichtungen, die im Gefahrenfall von innen leicht und in voller Breite geöffnet werden können.

## § 10 Bestuhlung, Gänge und Stufengänge

(1) [1]In Reihen angeordnete Sitzplätze müssen unverrückbar befestigt sein; werden nur vorübergehend Stühle aufgestellt, so sind sie in den einzelnen Reihen fest miteinander zu verbinden. [2]Satz 1 gilt nicht für Gaststätten und Kantinen sowie für abgegrenzte Bereiche von Versammlungsräumen mit nicht mehr als 20 Sitzplätzen und ohne Stufen, wie Logen.

(2) Die Sitzplatzbereiche der Tribünen von Versammlungsstätten mit mehr als 5.000 Besucherplätzen müssen unverrückbar befestigte Einzelsitze haben.

(3) [1]Sitzplätze müssen mindestens 0,50 m breit sein. [2]Zwischen den Sitzplatzreihen muss eine lichte Durchgangsbreite von mindestens 0,40 m vorhanden sein.

(4) [1]Sitzplätze müssen in Blöcken von höchstens 30 Sitzplatzreihen angeordnet sein. [2]Hinter und zwischen den Blöcken müssen Gänge mit einer Mindestbreite von 1,20 m vorhanden sein. [3]Die Gänge müssen auf möglichst kurzem Weg zum Ausgang führen.

(5) ¹Seitlich eines Ganges dürfen höchstens 10 Sitzplätze, bei Versammlungsstätten im Freien und Sportstadien höchstens 20 Sitzplätze angeordnet sein. ²Zwischen zwei Seitengängen dürfen 20 Sitzplätze, bei Versammlungsstätten im Freien und Sportstadien höchstens 40 Sitzplätze angeordnet sein. ³In Versammlungsräumen dürfen zwischen zwei Seitengängen höchstens 50 Sitzplätze angeordnet sein, wenn auf jeder Seite des Versammlungsraumes für jeweils vier Sitzreihen eine Tür mit einer lichten Breite von 1,20 m angeordnet ist.

(6) ¹Von jedem Tischplatz darf der Weg zu einem Gang nicht länger als 10 m sein. ²Der Abstand von Tisch zu Tisch soll 1,50 m nicht unterschreiten.

(7) ¹In Versammlungsräumen müssen für Rollstuhlbenutzer mindestens 1 vom Hundert Besucherplätze, mindestens jedoch 2 Plätze auf ebenen Standflächen vorhanden sein. ²Den Plätzen für Rollstuhlbenutzer sind Besucherplätze für Begleitpersonen zuzuordnen. ³Die Plätze für Rollstuhlbenutzer und die Wege zu ihnen sind durch Hinweisschilder gut sichtbar zu kennzeichnen.

(8) ¹Stufen in Gängen (Stufengänge) müssen eine Steigung von mindestens 0,10 m und höchstens 0,19 m und einen Auftritt von mindestens 0,26 m haben. ²Der Fußboden des Durchganges zwischen Sitzplatzreihen und der Fußboden von Stehplatzreihen muss mit dem anschließenden Auftritt des Stufenganges auf einer Höhe liegen. ³Stufengänge in Mehrzweckhallen mit mehr als 5.000 Besucherplätzen und in Sportstadien müssen sich durch farbliche Kennzeichnung von den umgebenden Flächen deutlich abheben.

### § 11 Abschrankungen und Schutzvorrichtungen

(1) ¹Flächen, die im Allgemeinen zum Begehen bestimmt sind und unmittelbar an tiefer liegende Flächen angrenzen, sind mit Abschrankungen zu umwehren, soweit sie nicht durch Stufengänge oder Rampen mit der tiefer liegenden Fläche verbunden sind. ²Satz 1 ist nicht anzuwenden:
1. für die den Besuchern zugewandten Seiten von Bühnen und Szenenflächen,
2. vor Stufenreihen, wenn die Stufenreihe nicht mehr als 0,50 m über dem Fußboden der davor liegenden Stufenreihe oder des Versammlungsraumes liegt oder
3. vor Stufenreihen, wenn die Rückenlehnen der Sitzplätze der davor liegenden Stufenreihe den Fußboden der hinteren Stufenreihe um mindestens 0,65 m überragen.

(2) Abschrankungen, wie Umwehrungen, Geländer, Wellenbrecher, Zäune, Absperrgitter oder Glaswände, müssen mindestens 1,10 m hoch sein.

(3) ¹Vor Sitzplatzreihen genügen Umwehrungen von 0,90 m Höhe; bei mindestens 0,20 m Brüstungsbreite der Umwehrung genügen 0,80 m; bei mindestens 0,50 m Brüstungsbreite genügen 0,70 m. ²Liegt die Stufenreihe nicht mehr als 1 m über dem Fußboden der davor liegenden Stufenreihe oder des Versammlungsraumes, genügen vor Sitzplatzreihen 0,65 m.

(4) Abschrankungen in den für Besucher zugänglichen Bereichen müssen so bemessen sein, dass sie dem Druck einer Personengruppe standhalten.

(5) Die Fußböden und Stufen von Tribünen, Podien, Bühnen oder Szenenflächen dürfen keine Öffnungen haben, durch die Personen abstürzen können.

(6) ¹Spielfelder, Manegen, Fahrbahnen für den Rennsport und Reitbahnen müssen durch Abschrankungen, Netze oder andere Vorrichtungen so gesichert sein, dass Besucher durch die Darbietung oder den Betrieb des Spielfeldes, der Manege oder der

Bahn nicht gefährdet werden. ²Für Darbietungen und für den Betrieb technischer Einrichtungen im Luftraum über den Besucherplätzen gilt Satz 1 entsprechend.

(7) Werden Besucherplätze im Innenbereich von Fahrbahnen angeordnet, so muss der Innenbereich ohne Betreten der Fahrbahnen erreicht werden können.

## § 12 Toilettenräume

(1) ¹Versammlungsstätten müssen getrennte Toilettenräume für Damen und Herren haben. ²Toiletten sollen in jedem Geschoss angeordnet werden. ³Es sollen mindestens vorhanden sein:

| Besucherplätze | Damentoiletten | Herrentoiletten | |
|---|---|---|---|
| | Toilettenbecken | Toilettenbecken | Urinalbecken |
| bis 1.000 je 100 | 1,2 | 0,8 | 1,2 |
| über 1.000 je weitere 100 | 0,8 | 0,4 | 0,6 |
| über 20.000 je weitere 100 | 0,4 | 0,3 | 0,6. |

⁴Die ermittelten Zahlen sind auf ganze Zahlen aufzurunden. ⁵Soweit die Aufteilung der Toilettenräume nach Satz 3 nach der Art der Veranstaltung nicht zweckmäßig ist, kann für die Dauer der Veranstaltung eine andere Aufteilung erfolgen, wenn die Toilettenräume entsprechend gekennzeichnet werden. ⁶Auf dem Gelände der Versammlungsstätte oder in der Nähe vorhandene Toiletten können angerechnet werden, wenn sie für die Besucher der Versammlungsstätte zugänglich sind.

(2) Für Rollstuhlbenutzer muss eine ausreichende Zahl geeigneter, stufenlos erreichbarer Toiletten, mindestens jedoch je 10 Plätzen für Rollstuhlbenutzer eine Toilette, vorhanden sein.

(3) Jeder Toilettenraum muss einen Vorraum mit Waschbecken haben.

## § 13 (freibleibend aus redaktionellen Gründen)

## § 14 Sicherheitsstromversorgungsanlagen, elektrische Anlagen und Blitzschutzanlagen

(1) Versammlungsstätten müssen eine Sicherheitsstromversorgungsanlage haben, die bei Ausfall der Stromversorgung den Betrieb der sicherheitstechnischen Anlagen und Einrichtungen übernimmt, insbesondere der
1. Sicherheitsbeleuchtung,
2. automatischen Feuerlöschanlagen und Druckerhöhungsanlagen für die Löschwasserversorgung,
3. Rauchabzugsanlagen,
4. Brandmeldeanlagen,
5. Alarmierungsanlagen.

(2) In Versammlungsstätten für verschiedene Veranstaltungsarten, wie Mehrzweckhallen, Theater und Studios, sind für die vorübergehende Verlegung beweglicher Kabel und Leitungen bauliche Vorkehrungen, wie Installationsschächte und -kanäle oder Abschottungen, zu treffen, die die Ausbreitung von Feuer und Rauch verhindern und die sichere Begehbarkeit insbesondere der Rettungswege gewährleisten.

(3) Elektrische Schaltanlagen dürfen für Besucher nicht zugänglich sein.

## C 5 · VStättVO §§ 15, 16

(4) Versammlungsstätten müssen Blitzschutzanlagen haben, die auch die sicherheitstechnischen Einrichtungen schützen (äußerer und innerer Blitzschutz).

### § 15 Sicherheitsbeleuchtung

(1) In Versammlungsstätten muss eine Sicherheitsbeleuchtung vorhanden sein, die so beschaffen ist, dass Arbeitsvorgänge auf Bühnen und Szenenflächen sicher abgeschlossen werden können und sich Besucher, Mitwirkende und Betriebsangehörige auch bei vollständigem Versagen der allgemeinen Beleuchtung bis zu öffentlichen Verkehrsflächen hin gut zurechtfinden können.

(2) Eine Sicherheitsbeleuchtung muss vorhanden sein
1. in notwendigen Treppenräumen, in Räumen zwischen notwendigen Treppenräumen und Ausgängen ins Freie und in notwendigen Fluren,
2. in Versammlungsräumen sowie in allen übrigen Räumen für Besucher (z. B. Foyers, Garderoben, Toiletten),
3. für Bühnen und Szenenflächen,
4. in den Räumen für Mitwirkende und Beschäftigte mit mehr als 20 m² Grundfläche, ausgenommen Büroräume,
5. in elektrischen Betriebsräumen, in Räumen für haustechnische Anlagen sowie in Scheinwerfer- und Bildwerferräumen,
6. in Versammlungsstätten im Freien und Sportstadien, die während der Dunkelheit benutzt werden,
7. für Sicherheitszeichen von Ausgängen und Rettungswegen,
8. für Stufenbeleuchtungen.

(3) [1]In betriebsmäßig verdunkelten Versammlungsräumen, auf Bühnen und Szenenflächen muss eine Sicherheitsbeleuchtung in Bereitschaftsschaltung vorhanden sein. [2]Die Ausgänge, Gänge und Stufen im Versammlungsraum müssen auch bei Verdunklung unabhängig von der übrigen Sicherheitsbeleuchtung erkennbar sein. [3]Bei Gängen in Versammlungsräumen mit auswechselbarer Bestuhlung sowie bei Sportstadien mit Sicherheitsbeleuchtung ist eine Stufenbeleuchtung nicht erforderlich.

### § 16 Rauchableitung

(1) Versammlungsräume und sonstige Aufenthaltsräume mit mehr als 200 m² Grundfläche, Versammlungsräume in Kellergeschossen, Bühnen sowie notwendige Treppenräume müssen entraucht werden können.

(2) Für die Entrauchung von Versammlungsräumen und sonstigen Aufenthaltsräumen mit nicht mehr als 1.000 m² Grundfläche genügen Rauchableitungsöffnungen mit einer freien Öffnungsfläche von insgesamt 1 vom Hundert der Grundfläche, Fenster oder Türen mit einer freien Öffnungsfläche von insgesamt 2 vom Hundert der Grundfläche oder maschinelle Rauchabzugsanlagen mit einem Luftvolumenstrom von 36 m³/h je Quadratmeter Grundfläche.

(3) Für die Entrauchung von Versammlungsräumen und sonstigen Aufenthaltsräumen mit mehr als 1.000 m² Grundfläche sowie von Bühnen müssen Rauchabzugsanlagen vorhanden sein, die so bemessen sind, dass sie eine raucharme Schicht von mindestens 2,50 m auf allen zu entrauchenden Ebenen, bei Bühnen jedoch mindestens eine raucharme Schicht von der Höhe der Bühnenöffnung, ermöglichen.

(4) Notwendige Treppenräume müssen Rauchableitungsöffnungen mit einer freien Öffnungsfläche von mindestens 1 m² haben.

(5) ¹Rauchableitungsöffnungen sollen an der höchsten Stelle des Raumes liegen und müssen unmittelbar ins Freie führen. ²Die Rauchableitung über Schächte mit strömungstechnisch äquivalenten Querschnitten ist zulässig, wenn die Wände der Schächte die Anforderungen nach § 3 Absatz 3 erfüllen. ³Die Austrittsöffnungen müssen mindestens 0,25 m über der Dachfläche liegen. ⁴Fenster und Türen, die auch der Rauchableitung dienen, müssen im oberen Drittel der Außenwand der zu entrauchenden Ebene angeordnet werden.

(6) Die Abschlüsse der Rauchableitungsöffnungen von Bühnen mit Schutzvorhang müssen bei einem Überdruck von 350 Pa selbsttätig öffnen; eine automatische Auslösung durch geeignete Temperaturmelder ist zulässig.

(7) ¹Maschinelle Rauchabzugsanlagen sind für eine Betriebszeit von 30 Minuten bei einer Rauchgastemperatur von 300 °C auszulegen. ²Maschinelle Lüftungsanlagen können als maschinelle Rauchabzugsanlagen betrieben werden, wenn sie die an diese gestellten Anforderungen erfüllen.

(8) ¹Die Vorrichtungen zum Öffnen oder Einschalten der Rauchabzugsanlagen, der Abschlüsse der Rauchableitungsöffnungen und zum Öffnen der nach Absatz 5 angerechneten Fenster müssen von einer jederzeit zugänglichen Stelle im Raum aus leicht bedient werden können. ²Bei notwendigen Treppenräumen muss die Vorrichtung zum Öffnen von jedem Geschoss aus leicht bedient werden können.

(9) ¹Jede Bedienungsstelle muss mit einem Hinweisschild mit der Bezeichnung „RAUCHABZUG" und der Bezeichnung des jeweiligen Raumes gekennzeichnet sein. ²An der Bedienungsvorrichtung muss die Betriebsstellung der Anlage oder Öffnung erkennbar sein.

## § 17    Heizungsanlagen und Lüftungsanlagen

(1) ¹Heizungsanlagen in Versammlungsstätten müssen dauerhaft fest eingebaut sein. ²Sie müssen so angeordnet sein, dass ausreichende Abstände zu Personen, brennbaren Bauprodukten und brennbarem Material eingehalten werden und keine Beeinträchtigung durch Abgase entstehen.

(2) Versammlungsräume und sonstige Aufenthaltsräume mit mehr als 200 m² Grundfläche müssen Lüftungsanlagen haben.

## § 18    Stände und Arbeitsgalerien für Licht-, Ton-, Bild- und Regieanlagen

(1) ¹Stände und Arbeitsgalerien für den Betrieb von Licht-, Ton-, Bild- und Regieanlagen, wie Schnürböden, Beleuchtungstürme oder Arbeitsbrücken, müssen aus nicht brennbaren Baustoffen bestehen. ²Der Abstand zwischen Arbeitsgalerien und Raumdecken muss mindestens 2 m betragen.

(2) ¹Von Arbeitsgalerien müssen mindestens zwei Rettungswege erreichbar sein. ²Jede Arbeitsgalerie einer Hauptbühne muss auf beiden Seiten der Hauptbühne einen Ausgang zu Rettungswegen außerhalb des Bühnenraumes haben.

(3) Öffnungen in Arbeitsgalerien müssen so gesichert sein, dass Personen oder Gegenstände nicht herabfallen können.

## § 19 Feuerlöscheinrichtungen und -anlagen

(1) ¹Versammlungsräume, Bühnen, Foyers, Werkstätten, Magazine, Lagerräume und notwendige Flure sind mit geeigneten Feuerlöschern in ausreichender Zahl auszustatten. ²Die Feuerlöscher sind gut sichtbar und leicht zugänglich anzubringen.

(2) In Versammlungsstätten mit Versammlungsräumen von insgesamt mehr als 1.000 m² Grundfläche müssen Wandhydranten in ausreichender Zahl gut sichtbar und leicht zugänglich an geeigneten Stellen angebracht sein.

(3) Versammlungsstätten mit Versammlungsräumen von insgesamt mehr als 3.600 m² Grundfläche müssen eine automatische Feuerlöschanlage haben; dies gilt nicht für Versammlungsstätten, deren Versammlungsräume jeweils nicht mehr als 400 m² Grundfläche haben.

(4) Foyers oder Hallen, durch die Rettungswege aus anderen Versammlungsräumen führen, müssen eine automatische Feuerlöschanlage haben.

(5) Versammlungsräume, bei denen eine Fußbodenebene höher als 22 m über der Geländeoberfläche liegt, sind nur in Gebäuden mit automatischer Feuerlöschanlage zulässig.

(6) ¹Versammlungsräume in Kellergeschossen müssen eine automatische Feuerlöschanlage haben. ²Dies gilt nicht für Versammlungsräume mit nicht mehr als 200 m², deren Fußboden an keiner Stelle mehr als 5 m unter der Geländeoberfläche liegt.

(7) In Versammlungsräumen müssen offene Küchen oder ähnliche Einrichtungen mit einer Grundfläche von mehr als 30 m² eine dafür geeignete automatische Feuerlöschanlage haben.

(8) Die Wirkung automatischer Feuerlöschanlagen darf durch überdeckte oder mehrgeschossige Ausstellungs- oder Dienstleistungsstände nicht beeinträchtigt werden.

(9) Automatische Feuerlöschanlagen müssen an eine Brandmelderzentrale angeschlossen sein.

## § 20 Brandmelde- und Alarmierungsanlagen, Brandmelder- und Alarmzentrale, Brandfallsteuerung der Aufzüge

(1) Versammlungsstätten mit Versammlungsräumen von insgesamt mehr als 1.000 m² Grundfläche müssen Brandmeldeanlagen mit automatischen und nicht automatischen Brandmeldern haben.

(2) Versammlungsstätten mit Versammlungsräumen von insgesamt mehr als 1.000 m² Grundfläche müssen Alarmierungs- und Lautsprecheranlagen haben, mit denen im Gefahrenfall Besucher, Mitwirkende und Betriebsangehörige alarmiert und Anweisungen erteilt werden können.

(3) In Versammlungsstätten mit Versammlungsräumen von insgesamt mehr als 1.000 m² Grundfläche müssen zusätzlich zu den örtlichen Bedienungsvorrichtungen zentrale Bedienungsvorrichtungen für Rauchabzugs-, Feuerlösch-, Brandmelde-, Alarmierungs- und Lautsprecheranlagen in einem für die Feuerwehr leicht zugänglichen Raum (Brandmelder- und Alarmzentrale) zusammengefasst werden.

(4) ¹In Versammlungsstätten mit Versammlungsräumen von insgesamt mehr als 1.000 m² Grundfläche müssen die Aufzüge mit einer Brandfallsteuerung ausgestattet sein, die durch die automatische Brandmeldeanlage ausgelöst wird. ²Die Brandfallsteuerung muss sicherstellen, dass die Aufzüge ein Geschoss mit Ausgang ins

Freie oder das diesem nächstgelegene, nicht von der Brandmeldung betroffene Geschoss unmittelbar anfahren und dort mit geöffneten Türen außer Betrieb gehen.

(5) ¹Automatische Brandmeldeanlagen müssen durch technische Maßnahmen gegen Falschalarme gesichert sein. ²Brandmeldungen müssen von der Brandmelderzentrale unmittelbar und automatisch zur Leitstelle der Feuerwehr weitergeleitet werden.

## § 21 Werkstätten, Magazine und Lagerräume

(1) Für feuergefährliche Arbeiten, wie Schweiß-, Löt- oder Klebearbeiten, müssen dafür geeignete Werkstätten vorhanden sein.

(2) Für das Aufbewahren von Dekorationen, Requisiten und anderem brennbaren Material müssen eigene Lagerräume (Magazine) vorhanden sein.

(3) Für die Sammlung von Abfällen und Wertstoffen müssen dafür geeignete Behälter im Freien oder besondere Lagerräume vorhanden sein.

(4) Werkstätten, Magazine und Lagerräume dürfen mit notwendigen Treppenräumen nicht in unmittelbarer Verbindung stehen.

## § 22 Bühnenhaus

(1) In Versammlungsstätten mit Großbühnen sind alle für den Bühnenbetrieb notwendigen Räume und Einrichtungen in einem eigenen, von dem Zuschauerhaus getrennten Bühnenhaus unterzubringen.

(2) ¹Die Trennwand zwischen Bühnen- und Zuschauerhaus muss feuerbeständig und in der Bauart einer Brandwand hergestellt sein. ²Türen in dieser Trennwand müssen feuerbeständig und selbstschließend sein.

## § 23 Schutzvorhang

(1) ¹Die Bühnenöffnung von Großbühnen muss gegen den Versammlungsraum durch einen Vorhang aus nicht brennbarem Material dicht geschlossen werden können (Schutzvorhang). ²Der Schutzvorhang muss durch sein Eigengewicht schließen können. ³Die Schließzeit darf 30 Sekunden nicht überschreiten. ⁴Der Schutzvorhang muss einem Druck von 450 Pa nach beiden Richtungen standhalten. ⁵Eine höchstens 1 m breite, zur Hauptbühne sich öffnende, selbsttätig schließende Tür im Schutzvorhang ist zulässig.

(2) ¹Der Schutzvorhang muss so angeordnet sein, dass er im geschlossenen Zustand an allen Seiten an feuerbeständige Bauteile anschließt. ²Der Bühnenboden darf unter dem Schutzvorhang durchgeführt werden. ³Das untere Profil dieses Schutzvorhangs muss ausreichend steif sein oder mit Stahldornen in entsprechende stahlbewehrte Aussparungen im Bühnenboden eingreifen.

(3) ¹Die Vorrichtung zum Schließen des Schutzvorhangs muss mindestens an zwei Stellen von Hand ausgelöst werden können. ²Beim Schließen muss auf der Bühne ein Warnsignal zu hören sein.

## § 24 Feuerlösch- und Brandmeldeanlagen

(1) Großbühnen müssen eine automatische Sprühwasserlöschanlage haben, die auch den Schutzvorhang beaufschlagt.

(2) Die Sprühwasserlöschanlage muss zusätzlich mindestens von zwei Stellen aus von Hand in Betrieb gesetzt werden können.

(3) In Großbühnen müssen neben den Ausgängen zu den Rettungswegen in Höhe der Arbeitsgalerien und des Schnürbodens Wandhydranten vorhanden sein.

(4) Großbühnen und Räume mit besonderen Brandgefahren müssen eine Brandmeldeanlage mit automatischen und nicht automatischen Brandmeldern haben.

(5) Die Auslösung eines Alarmes muss optisch und akustisch am Platz der Brandsicherheitswache erkennbar sein.

## § 25 Platz für die Brandsicherheitswache

(1) [1]Auf jeder Seite der Bühnenöffnung muss für die Brandsicherheitswache ein besonderer Platz mit einer Grundfläche von mindestens 1 m x 1 m und einer Höhe von mindestens 2,20 m vorhanden sein. [2]Die Brandsicherheitswache muss die Fläche, die bespielt wird, überblicken und betreten können.

(2) [1]Am Platz der Brandsicherheitswache müssen die Vorrichtung zum Schließen des Schutzvorhangs und die Auslösevorrichtungen der Rauchabzugs- und Sprühwasserlöschanlagen der Bühne sowie ein nicht automatischer Brandmelder leicht erreichbar angebracht und durch Hinweisschilder gekennzeichnet sein. [2]Die Auslösevorrichtungen müssen beleuchtet sein. [3]Diese Beleuchtung muss an die Sicherheitsstromversorgung angeschlossen sein. [4]Die Vorrichtungen sind gegen unbeabsichtigtes Auslösen zu sichern.

## § 26 Räume für Lautsprecherzentrale, Polizei, Feuerwehr, Sanitäts- und Rettungsdienst

(1) [1]Mehrzweckhallen und Sportstadien müssen einen Raum für eine Lautsprecherzentrale haben, von dem aus die Besucherbereiche und der Innenbereich überblickt und Polizei, Feuerwehr und Rettungsdienste benachrichtigt werden können. [2]Die Lautsprecheranlage muss eine Vorrangschaltung für die Einsatzleitung der Polizei haben.

(2) [1]In Mehrzweckhallen und Sportstadien sind ausreichend große Räume für die Polizei und die Feuerwehr anzuordnen. [2]Der Raum für die Einsatzleitung der Polizei muss eine räumliche Verbindung mit der Lautsprecherzentrale haben und mit Anschlüssen für eine Videoanlage zur Überwachung der Besucherbereiche ausgestattet sein.

(3) Wird die Funkkommunikation der Einsatzkräfte von Polizei und Feuerwehr innerhalb der Versammlungsstätte durch die bauliche Anlage gestört, ist die Versammlungsstätte mit technischen Anlagen zur Unterstützung des Funkverkehrs auszustatten.

(4) In Mehrzweckhallen und Sportstadien muss mindestens ein ausreichend großer Raum für den Sanitäts- und Rettungsdienst vorhanden sein.

## § 27 Abschrankung und Blockbildung in Sportstadien mit mehr als 10.000 Besucherplätzen

(1) ¹Die Besucherplätze müssen vom Innenbereich durch mindestens 2,20 m hohe Abschrankungen abgetrennt sein. ²In diesen Abschrankungen sind den Stufengängen zugeordnete, mindestens 1,80 m breite Tore anzuordnen, die sich im Gefahrenfall leicht zum Innenbereich hin öffnen lassen. ³Die Tore dürfen nur vom Innenbereich oder von zentralen Stellen aus zu öffnen sein und müssen in geöffnetem Zustand durch selbsteinrastende Feststeller gesichert werden. ⁴Der Übergang in den Innenbereich muss niveaugleich sein.

(2) Stehplätze müssen in Blöcken für höchstens 2.500 Besucher angeordnet werden, die durch mindestens 2,20 m hohe Abschrankungen mit eigenen Zugängen abgetrennt sind.

(3) Die Anforderungen nach den Absätzen 1 oder 2 gelten nicht, soweit in dem mit den für öffentliche Sicherheit oder Ordnung zuständigen Behörden, insbesondere der Polizei, der Feuerwehr und der Rettungsdienste, abgestimmten Sicherheitskonzept nachgewiesen wird, dass abweichende Abschrankungen oder Blockbildungen unbedenklich sind.

## § 28 Wellenbrecher

¹Werden mehr als 5 Stufen von Stehplatzreihen hintereinander angeordnet, so ist vor der vordersten Stufe eine durchgehende Schranke von 1,10 m Höhe anzuordnen. ²Nach jeweils fünf weiteren Stufen sind Schranken gleicher Höhe (Wellenbrecher) anzubringen, die einzeln mindestens 3 m und höchstens 5,50 m lang sind. ³Die seitlichen Abstände zwischen den Wellenbrechern dürfen nicht mehr als 5 m betragen. ⁴Die Abstände sind nach höchstens 5 Stehplatzreihen durch versetzt angeordnete Wellenbrecher zu überdecken, die auf beiden Seiten mindestens 0,25 m länger sein müssen als die seitlichen Abstände zwischen den Wellenbrechern. ⁵Die Wellenbrecher sind im Bereich der Stufenvorderkante anzuordnen.

## § 29 Abschrankung von Stehplätzen vor Szenenflächen

(1) Werden vor Szenenflächen Stehplätze für Besucher angeordnet, so sind die Besucherplätze von der Szenenfläche durch eine Abschrankung so abzutrennen, dass zwischen der Szenenfläche und der Abschrankung ein Gang von mindestens 2 m Breite für den Ordnungsdienst und Rettungskräfte vorhanden ist.

(2) ¹Werden vor Szenenflächen mehr als 5.000 Stehplätze für Besucher angeordnet, so sind durch mindestens zwei weitere Abschrankungen vor der Szenenfläche nur von den Seiten zugängliche Stehplatzbereiche zu bilden. ²Die Abschrankungen müssen voneinander an den Seiten einen Abstand von jeweils mindestens 5 m und über die Breite der Szenenfläche einen Abstand von mindestens 10 m haben.

## § 30 Einfriedungen und Eingänge

(1) Stadionanlagen müssen eine mindestens 2,20 m hohe Einfriedung haben, die das Überklettern erschwert.

(2) ¹Vor den Eingängen sind Geländer so anzuordnen, dass Besucher nur einzeln und hintereinander Einlass finden. ²Es sind Einrichtungen für Zugangskontrollen so-

wie für die Durchsuchung von Personen und Sachen vorzusehen. [3]Für die Einsatzkräfte von Polizei, Feuerwehr und Rettungsdiensten sind von den Besuchereingängen getrennte Eingänge anzuordnen.

(3) [1]Für Einsatz- und Rettungsfahrzeuge müssen besondere Zufahrten, Aufstell- und Bewegungsflächen vorhanden sein. [2]Von den Zufahrten und Aufstellflächen aus müssen die Eingänge der Versammlungsstätten unmittelbar erreichbar sein. [3]Für Einsatz- und Rettungsfahrzeuge muss eine Zufahrt zum Innenbereich vorhanden sein. [4]Die Zufahrten, Aufstell- und Bewegungsflächen müssen gekennzeichnet sein.

### § 31 Rettungswege, Flächen für die Feuerwehr

(1) [1]Rettungswege auf dem Grundstück sowie Zufahrten, Aufstell- und Bewegungsflächen für Einsatzfahrzeuge von Polizei, Feuerwehr und Rettungsdiensten müssen ständig frei gehalten werden. [2]Darauf ist dauerhaft und gut sichtbar hinzuweisen.

(2) Rettungswege in der Versammlungsstätte müssen ständig frei gehalten werden.

(3) Während des Betriebes müssen alle Türen von Rettungswegen unverschlossen sein.

### § 32 Besucherplätze nach dem Bestuhlungs- und Rettungswegeplan

(1) Die Zahl der im Bestuhlungs- und Rettungswegeplan genehmigten Besucherplätze darf nicht überschritten und die genehmigte Anordnung der Besucherplätze darf nicht geändert werden.

(2) Eine Ausfertigung des für die jeweilige Nutzung genehmigten Planes ist in der Nähe des Haupteinganges eines jeden Versammlungsraumes gut sichtbar anzubringen.

(3) Ist nach der Art der Veranstaltung die Abschrankung der Stehflächen vor Szenenflächen erforderlich, sind Abschrankungen nach § 29 auch in Versammlungsstätten mit nicht mehr als 5.000 Stehplätzen einzurichten.

### § 33 Vorhänge, Sitze, Ausstattungen, Requisiten und Ausschmückungen

(1) Vorhänge von Bühnen und Szenenflächen müssen aus mindestens schwer entflammbarem Material bestehen.

(2) [1]Sitze von Versammlungsstätten mit mehr als 5.000 Besucherplätzen müssen aus mindestens schwer entflammbarem Material bestehen. [2]Die Unterkonstruktion muss aus nicht brennbarem Material bestehen.

(3) [1]Ausstattungen müssen aus mindestens schwer entflammbarem Material bestehen. [2]Bei Bühnen oder Szenenflächen mit automatischen Feuerlöschanlagen genügen Ausstattungen aus normal entflammbarem Material.

(4) Requisiten müssen aus mindestens normal entflammbarem Material bestehen.

(5) [1]Ausschmückungen müssen aus mindestens schwer entflammbarem Material bestehen. [2]Ausschmückungen in notwendigen Fluren und notwendigen Treppenräumen müssen aus nicht brennbarem Material bestehen.

(6) [1]Ausschmückungen müssen unmittelbar an Wänden, Decken oder Ausstattungen angebracht werden. [2]Frei im Raum hängende Ausschmückungen sind zulässig, wenn sie einen Abstand von mindestens 2,50 m zum Fußboden haben. [3]Ausschmü-

ckungen aus natürlichem Pflanzenschmuck dürfen sich nur so lange sie frisch sind in den Räumen befinden.

(7) Der Raum unter dem Schutzvorhang ist von Ausstattungen, Requisiten oder Ausschmückungen so freizuhalten, dass die Funktion des Schutzvorhangs nicht beeinträchtigt wird.

(8) Brennbares Material muss von Zündquellen, wie Scheinwerfern oder Heizstrahlern, so weit entfernt sein, dass das Material durch diese nicht entzündet werden kann.

## § 34 Aufbewahrung von Ausstattungen, Requisiten, Ausschmückungen und brennbarem Material

(1) Ausstattungen, Requisiten und Ausschmückungen dürfen nur außerhalb der Bühnen und der Szenenflächen aufbewahrt werden; dies gilt nicht für den Tagesbedarf.

(2) Auf den Bühnenerweiterungen dürfen Szenenaufbauten der laufenden Spielzeit bereitgestellt werden, wenn die Bühnenerweiterungen durch dichtschließende Abschlüsse aus nicht brennbaren Baustoffen gegen die Hauptbühne abgetrennt sind.

(3) An den Zügen von Bühnen oder Szenenflächen dürfen nur Ausstattungsteile für einen Tagesbedarf hängen.

(4) Pyrotechnische Gegenstände, brennbare Flüssigkeiten und anderes brennbares Material, insbesondere Packmaterial, dürfen nur in den dafür vorgesehenen Magazinen aufbewahrt werden.

## § 35 Rauchen, Verwendung von offenem Feuer und pyrotechnischen Gegenständen

(1) [1]Auf Bühnen und Szenenflächen, in Werkstätten und Magazinen ist das Rauchen verboten. [2]Das Rauchverbot gilt nicht für Darsteller und Mitwirkende auf Bühnen- und Szenenflächen während der Proben und Veranstaltungen, soweit das Rauchen in der Art der Veranstaltungen begründet ist.

(2) [1]In Versammlungsräumen, auf Bühnen- und Szenenflächen und in Sportstadien ist das Verwenden von offenem Feuer, brennbaren Flüssigkeiten und Gasen, pyrotechnischen Gegenständen und anderen explosionsgefährlichen Stoffen verboten. [2]§ 17 Absatz 1 bleibt unberührt. [3]Das Verwendungsverbot gilt nicht, soweit das Verwenden von offenem Feuer, brennbaren Flüssigkeiten und Gasen sowie pyrotechnischen Gegenständen in der Art der Veranstaltung begründet ist und der Veranstalter die erforderlichen Brandschutzmaßnahmen im Einzelfall mit der Feuerwehr abgestimmt hat. [4]Die Verwendung pyrotechnischer Gegenstände muss durch eine nach Sprengstoffrecht geeignete Person überwacht werden.

(3) Die Verwendung von Kerzen und ähnlichen Lichtquellen als Tischdekoration sowie die Verwendung von offenem Feuer in dafür vorgesehenen Kücheneinrichtungen zur Zubereitung von Speisen ist zulässig.

(4) Auf die Verbote der Absätze 1 und 2 ist dauerhaft und gut sichtbar hinzuweisen.

## § 30 Bedienung und Wartung der technischen Einrichtungen

(1) [1]Der Schutzvorhang muss täglich vor der ersten Vorstellung oder Probe durch Aufziehen und Herablassen auf seine Betriebsbereitschaft geprüft werden. [2]Der

Schutzvorhang ist nach jeder Vorstellung herabzulassen und zu allen arbeitsfreien Zeiten geschlossen zu halten.

(2) Die Automatik der Sprühwasserlöschanlage kann während der Dauer der Anwesenheit der Verantwortlichen für Veranstaltungstechnik abgeschaltet werden.

(3) Die automatische Brandmeldeanlage kann abgeschaltet werden, soweit dies in der Art der Veranstaltung begründet ist und der Veranstalter die erforderlichen Brandschutzmaßnahmen im Einzelfall mit der Feuerwehr abgestimmt hat.

(4) Während des Aufenthaltes von Personen in Räumen, für die eine Sicherheitsbeleuchtung vorgeschrieben ist, muss diese in Betrieb sein, soweit die Räume nicht ausreichend durch Tageslicht erhellt sind.

## § 37    Laseranlagen

Auf den Betrieb von Laseranlagen in den für Besucher zugänglichen Bereichen sind die arbeitsschutzrechtlichen Vorschriften entsprechend anzuwenden.

## § 38    Pflichten der Betreiber, Veranstalter und Beauftragten

(1) Der Betreiber ist für die Sicherheit der Veranstaltung und die Einhaltung der Vorschriften verantwortlich.

(2) Während des Betriebes von Versammlungsstätten muss der Betreiber oder ein von ihm beauftragter Veranstaltungsleiter ständig anwesend sein.

(3) Der Betreiber muss die Zusammenarbeit von Ordnungsdienst, Brandsicherheitswache und Sanitätswache mit der Polizei, der Feuerwehr und dem Rettungsdienst gewährleisten.

(4) Der Betreiber ist zur Einstellung des Betriebes verpflichtet, wenn für die Sicherheit der Versammlungsstätte notwendige Anlagen, Einrichtungen oder Vorrichtungen nicht betriebsfähig sind oder wenn Betriebsvorschriften nicht eingehalten werden können.

(5) [1]Der Betreiber kann die Verpflichtungen nach den Absätzen 1 bis 4 durch schriftliche Vereinbarung auf den Veranstalter übertragen, wenn dieser oder dessen beauftragter Veranstaltungsleiter mit der Versammlungsstätte und deren Einrichtungen vertraut ist. [2]Die Verantwortung des Betreibers bleibt unberührt.

## § 39    Verantwortliche für Veranstaltungstechnik

(1) [1]Verantwortliche für Veranstaltungstechnik sind
1. die Geprüften Meister für Veranstaltungstechnik,
2. technische Fachkräfte mit bestandenem fachrichtungsspezifischen Teil der Prüfung nach § 3 Absatz 1 Nummer 2 in Verbindung mit den §§ 5, 6 oder 7 der Verordnung über die Prüfung zum anerkannten Abschluss „Geprüfter Meister für Veranstaltungstechnik/Geprüfte Meisterin für Veranstaltungstechnik" in den Fachrichtungen Bühne/Studio, Beleuchtung, Halle in der jeweiligen Fachrichtung,
3. Hochschulabsolventen mit berufsqualifizierendem Hochschulabschluss der Fachrichtung Theater- und Veranstaltungstechnik mit mindestens einem Jahr Berufserfahrung im technischen Betrieb von Bühnen, Studios oder Mehrzweck-

§ 40   VStättVO · C 5

hallen in der jeweiligen Fachrichtung, denen die zuständige Behörde oder die von ihr bestimmte Stelle ein Befähigungszeugnis nach Anlage 1 ausgestellt hat,
4. technische Bühnen- und Studiofachkräfte, die das Befähigungszeugnis nach den bis zum Inkrafttreten dieser Verordnung geltenden Vorschriften erworben haben oder die Tätigkeit als technische Bühnen- und Studiofachkraft ohne Befähigungszeugnis ausüben durften und in den letzten drei Jahren ausgeübt haben.
²Auf Antrag stellt die zuständige Behörde auch den Personen nach Satz 1 Nummern 1 bis 4 ein Befähigungszeugnis nach Anlage 1 aus. ³Die in einem anderen Land der Bundesrepublik Deutschland ausgestellten Befähigungszeugnisse werden anerkannt.

(2) Gleichwertige Ausbildungen, die in einem anderen Mitgliedstaat der Europäischen Union oder einem Vertragsstaat des Abkommens über den Europäischen Wirtschaftsraum erworben und durch einen Ausbildungsnachweis belegt werden, sind entsprechend den europäischen Richtlinien zur Anerkennung von Berufsqualifikationen den in Absatz 1 genannten Ausbildungen gleichgestellt.

### § 40   Aufgaben und Pflichten der Verantwortlichen für Veranstaltungstechnik, technische Probe

(1) Die Verantwortlichen für Veranstaltungstechnik müssen mit den bühnen-, studio- und beleuchtungstechnischen und sonstigen technischen Einrichtungen der Versammlungsstätte vertraut sein und deren Sicherheit und Funktionsfähigkeit, insbesondere hinsichtlich des Brandschutzes, während des Betriebes gewährleisten.

(2) Auf- oder Abbau bühnen-, studio- und beleuchtungstechnischer Einrichtungen von Großbühnen oder Szenenflächen mit mehr als 200 m² Grundfläche oder in Mehrzweckhallen mit mehr als 5.000 Besucherplätzen, wesentliche Wartungs- und Instandsetzungsarbeiten an diesen Einrichtungen und technische Proben müssen von einem Verantwortlichen für Veranstaltungstechnik geleitet und beaufsichtigt werden.

(3) Bei Generalproben, Veranstaltungen, Sendungen oder Aufzeichnungen von Veranstaltungen auf Großbühnen oder Szenenflächen mit mehr als 200 m² Grundfläche oder in Mehrzweckhallen mit mehr als 5.000 Besucherplätzen müssen mindestens ein für die bühnen- oder studiotechnischen Einrichtungen sowie ein für die beleuchtungstechnischen Einrichtungen Verantwortlicher für Veranstaltungstechnik anwesend sein.

(4) ¹Bei Szenenflächen mit mehr als 50 m² und nicht mehr als 200 m² Grundfläche oder in Mehrzweckhallen mit nicht mehr als 5.000 Besucherplätzen müssen die Aufgaben nach den Absätzen 1 bis 3 zumindest von einer Fachkraft für Veranstaltungstechnik mit mindestens drei Jahren Berufserfahrung wahrgenommen werden. ²Die Aufgaben können auch von erfahrenen Bühnenhandwerkern oder Beleuchtern wahrgenommen werden, die diese Aufgaben nach den bis zum Inkrafttreten dieser Verordnung geltenden Vorschriften wahrnehmen durften und in den letzten drei Jahren ausgeübt haben.

(5) ¹Die Anwesenheit nach Absatz 3 ist nicht erforderlich, wenn
1. die Sicherheit und Funktionsfähigkeit der bühnen-, studio- und beleuchtungstechnischen sowie der sonstigen technischen Einrichtungen der Versammlungsstätte vom Verantwortlichen für Veranstaltungstechnik überprüft wurden,
2. die Einrichtungen während der Veranstaltung nicht bewegt oder sonst verändert werden,

3. von Art oder Ablauf der Veranstaltung keine Gefahren ausgehen können und
4. die Aufsicht durch eine Fachkraft für Veranstaltungstechnik geführt wird, die mit den technischen Einrichtungen vertraut ist.

²Im Fall des Absatzes 4 können die Aufgaben nach den Absätzen 1 bis 3 von einer aufsichtführenden Person wahrgenommen werden, wenn
1. von Auf- und Abbau sowie dem Betrieb der bühnen-, studio- und beleuchtungstechnischen Einrichtungen keine Gefahren ausgehen können,
2. von Art oder Ablauf der Veranstaltung keine Gefahren ausgehen können und
3. die Aufsicht führende Person mit den technischen Einrichtungen vertraut ist.

(6) ¹Bei Großbühnen sowie bei Szenenflächen mit mehr als 200 m² Grundfläche und bei Gastspielveranstaltungen mit eigenem Szenenaufbau in Versammlungsräumen muss vor der ersten Veranstaltung eine nicht öffentliche technische Probe mit vollem Szenenaufbau und voller Beleuchtung stattfinden. ²Diese technische Probe ist der Bauaufsichtsbehörde mindestens 24 Stunden vorher anzuzeigen. ³Beabsichtigte wesentliche Änderungen des Szenenaufbaues nach der technischen Probe sind der zuständigen Bauaufsichtsbehörde rechtzeitig anzuzeigen. ⁴Die Bauaufsichtsbehörde kann auf die technische Probe verzichten, wenn dies nach der Art der Veranstaltung oder nach dem Umfang des Szenenaufbaues unbedenklich ist.

### § 41 Brandsicherheitswache, Sanitäts- und Rettungsdienst

(1) Bei Veranstaltungen mit erhöhten Brandgefahren hat der Betreiber eine Brandsicherheitswache einzurichten.

(2) ¹Bei jeder Veranstaltung auf Großbühnen sowie Szenenflächen mit mehr als 200 m² Grundfläche muss eine Brandsicherheitswache der für den Brandschutz zuständigen Behörde anwesend sein. ²Den Anweisungen der Brandsicherheitswache ist zu folgen. ³Eine Brandsicherheitswache der für den Brandschutz zuständigen Behörde ist nicht erforderlich, wenn die für den Brandschutz zuständige Behörde dem Betreiber bestätigt, dass er über eine ausreichende Zahl ausgebildeter Kräfte verfügt, die die Aufgaben der Brandsicherheitswache wahrnehmen.

(3) Veranstaltungen mit voraussichtlich mehr als 5.000 Besuchern sind der für den Sanitäts- und Rettungsdienst zuständigen Behörde rechtzeitig anzuzeigen.

### § 42 Brandschutzordnung, Feuerwehrpläne

(1) ¹Der Betreiber oder ein von ihm Beauftragter hat im Einvernehmen mit der für den Brandschutz zuständigen Behörde eine Brandschutzordnung aufzustellen und durch Aushang bekannt zu machen. ²In der Brandschutzordnung sind insbesondere die Erforderlichkeit und die Aufgaben eines Brandschutzbeauftragten und der Kräfte für den Brandschutz sowie die Maßnahmen festzulegen, die zur Rettung Behinderter, insbesondere Rollstuhlbenutzer, erforderlich sind.

(2) ¹Das Betriebspersonal ist bei Beginn des Arbeitsverhältnisses und danach mindestens einmal jährlich zu unterweisen über
1. die Lage und die Bedienung der Feuerlöscheinrichtungen und -anlagen, Rauchabzugsanlagen, Brandmelde- und Alarmierungsanlagen und der Brandmelder- und Alarmzentrale,
2. die Brandschutzordnung, insbesondere über das Verhalten bei einem Brand oder bei einer Panik, und
3. die Betriebsvorschriften.

²Der für den Brandschutz zuständigen Behörde ist Gelegenheit zu geben, an der Unterweisung teilzunehmen. ³Über die Unterweisung ist eine Niederschrift zu fertigen, die der Bauaufsichtsbehörde auf Verlangen vorzulegen ist.

(3) Im Einvernehmen mit der für den Brandschutz zuständigen Behörde sind Feuerwehrpläne anzufertigen und der Feuerwehr zur Verfügung zu stellen.

## § 43 Sicherheitskonzept, Ordnungsdienst

(1) Erfordert es die Art der Veranstaltung, hat der Betreiber ein Sicherheitskonzept aufzustellen und einen Ordnungsdienst einzurichten.

(2) ¹Für Versammlungsstätten mit mehr als 5.000 Besucherplätzen hat der Betreiber im Einvernehmen mit den für Sicherheit oder Ordnung zuständigen Behörden, insbesondere der Polizei, der Feuerwehr und der Rettungsdienste, ein Sicherheitskonzept aufzustellen. ²Im Sicherheitskonzept sind die Mindestzahl der Kräfte des Ordnungsdienstes gestaffelt nach Besucherzahlen und Gefährdungsgraden sowie die betrieblichen Sicherheitsmaßnahmen und die allgemeinen und besonderen Sicherheitsdurchsagen festzulegen.

(3) Der nach dem Sicherheitskonzept erforderliche Ordnungsdienst muss unter der Leitung eines vom Betreiber oder Veranstalter bestellten Ordnungsdienstleiters stehen.

(4) ¹Der Ordnungsdienstleiter und die Ordnungsdienstkräfte sind für die betrieblichen Sicherheitsmaßnahmen verantwortlich. ²Sie sind insbesondere für die Kontrolle an den Ein- und Ausgängen und den Zugängen zu den Besucherblöcken, die Beachtung der maximal zulässigen Besucherzahl und der Anordnung der Besucherplätze, die Beachtung der Verbote des § 35, die Sicherheitsdurchsagen sowie für die geordnete Evakuierung im Gefahrenfall verantwortlich.

## § 44 Zusätzliche Bauvorlagen, Bestuhlungs- und Rettungswegeplan

(1) Mit den Bauvorlagen ist ein Brandschutzkonzept vorzulegen, in dem insbesondere die maximal zulässige Zahl der Besucher, die Anordnung und Bemessung der Rettungswege und die zur Erfüllung der brandschutztechnischen Anforderungen erforderlichen baulichen, technischen und betrieblichen Maßnahmen dargestellt sind.

(2) Für die nach dieser Verordnung erforderlichen technischen Einrichtungen sind besondere Pläne, Beschreibungen und Nachweise vorzulegen.

(3) Mit den bautechnischen Nachweisen sind Standsicherheitsnachweise für dynamische Belastungen vorzulegen.

(4) Der Verlauf der Rettungswege im Freien, die Zufahrten und die Aufstell- und Bewegungsflächen für die Einsatz- und Rettungsfahrzeuge sind in einem besonderen Außenanlagenplan darzustellen.

(5) ¹Die Anordnung der Sitz- und Stehplätze, einschließlich der Plätze für Rollstuhlbenutzer, der Bühnen-, Szenen- oder Spielflächen sowie der Verlauf der Rettungswege sind in einem Bestuhlungs- und Rettungswegeplan im Maßstab von mindestens 1 : 200 darzustellen. ²Sind verschiedene Anordnungen vorgesehen, so ist für jede ein besonderer Plan vorzulegen.

# C 5 · VStättVO §§ 45–47

## § 45 Gastspielprüfbuch

(1) Für den eigenen, gleichbleibenden Szenenaufbau von wiederkehrenden Gastspielveranstaltungen kann auf schriftlichen Antrag ein Gastspielprüfbuch erteilt werden.

(2) [1]Das Gastspielprüfbuch muss dem Muster der Anlage 2 entsprechen. [2]Der Veranstalter ist durch das Gastspielprüfbuch von der Verpflichtung entbunden, an jedem Gastspielort die Sicherheit des Szenenaufbaues und der dazu gehörenden technischen Einrichtungen erneut nachzuweisen.

(3) [1]Das Gastspielprüfbuch wird von der zuständigen Behörde erteilt. [2]Die Geltungsdauer ist auf die Dauer der Tournee zu befristen und kann auf schriftlichen Antrag verlängert werden. [3]Vor der Erteilung ist eine technische Probe durchzuführen. [4]Die in einem anderen Land der Bundesrepublik Deutschland ausgestellten Gastspielprüfbücher werden anerkannt.

(4) [1]Das Gastspielprüfbuch ist der für den Gastspielort zuständigen Bauaufsichtsbehörde rechtzeitig vor der ersten Veranstaltung am Gastspielort vorzulegen. [2]Werden für die Gastspielveranstaltung Fliegende Bauten genutzt, ist das Gastspielprüfbuch mit der Anzeige der Aufstellung der Fliegenden Bauten vorzulegen. [3]Die Befugnisse nach § 58 HBauO bleiben unberührt.

## § 46 Anwendung der Vorschriften auf bestehende Versammlungsstätten

(1) Die zum Zeitpunkt des In-Kraft-Tretens der Verordnung bestehenden Versammlungsstätten mit mehr als 5.000 Besucherplätzen sind innerhalb von zwei Jahren folgenden Vorschriften anzupassen:
1. Kennzeichnung der Ausgänge und Rettungswege (§ 6 Absatz 6),
2. Sitzplätze (§ 10 Absatz 2 und § 33 Absatz 2),
3. Lautsprecheranlage (§ 20 Absatz 2 und § 26 Absatz 1),
4. Einsatzzentrale für die Polizei (§ 26 Absatz 2),
5. Abschrankung von Besucherbereichen (§ 27 Absätze 1 und 3),
6. Wellenbrecher (§ 28),
7. Abschrankung von Stehplätzen vor Szenenflächen (§ 29).

(2) Auf die zum Zeitpunkt des In-Kraft-Tretens der Verordnung bestehenden Versammlungsstätten sind die Betriebsvorschriften des Teils 4 sowie § 10 Absatz 1, § 14 Absatz 3 und § 19 Absatz 8 entsprechend anzuwenden.

## § 47 Ordnungswidrigkeiten

Ordnungswidrig nach § 80 Absatz 1 Nummer 16 HBauO handelt, wer vorsätzlich oder fahrlässig
1. entgegen § 31 Absatz 1 die Rettungswege auf dem Grundstück, die Zufahrten, Aufstell- und Bewegungsflächen nicht frei hält,
2. entgegen § 31 Absatz 2 die Rettungswege in der Versammlungsstätte nicht frei hält,
3. entgegen § 31 Absatz 3 während des Betriebes Türen in Rettungswegen verschließt oder feststellt,
4. entgegen § 32 Absatz 1 die Zahl der genehmigten Besucherplätze überschreitet oder die genehmigte Anordnung der Besucherplätze ändert,
5. entgegen § 32 Absatz 3 erforderliche Abschrankungen nicht einrichtet,

6. entgegen § 33 Absätze 1 bis 5 andere als die dort genannten Materialien verwendet oder entgegen § 33 Absätze 6 bis 8 anbringt,
7. entgegen § 34 Absätze 1 bis 3 Ausstattungen auf der Bühne aufbewahrt oder nicht von der Bühne entfernt,
8. entgegen § 34 Absatz 4 pyrotechnische Gegenstände, brennbare Flüssigkeiten oder anderes brennbares Material außerhalb der dafür vorgesehenen Magazine aufbewahrt,
9. entgegen § 35 Absätze 1 und 2 raucht oder offenes Feuer, brennbare Flüssigkeiten oder Gase, explosionsgefährliche Stoffe oder pyrotechnische Gegenstände verwendet,
10. entgegen § 36 Absatz 4 die Sicherheitsbeleuchtung nicht in Betrieb nimmt,
11. entgegen § 37 Laseranlagen in Betrieb nimmt,
12. als Betreiber, Veranstalter oder beauftragter Veranstaltungsleiter entgegen § 38 Absatz 2 während des Betriebes nicht anwesend ist,
13. als Betreiber, Veranstalter oder beauftragter Veranstaltungsleiter entgegen § 38 Absatz 4 den Betrieb der Versammlungsstätte nicht einstellt,
14. entgegen § 40 Absätze 2 bis 5 in Verbindung mit § 38 Absatz 1 als Betreiber, Veranstalter oder beauftragter Veranstaltungsleiter den Betrieb von Bühnen oder Szenenflächen zulässt, ohne dass die erforderlichen Verantwortlichen oder Fachkräfte für Veranstaltungstechnik, die erfahrenen Bühnenhandwerker oder Beleuchter oder die aufsichtführenden Personen anwesend sind,
15. entgegen § 40 Absätze 2 bis 5 als Verantwortlicher oder Fachkraft für Veranstaltungstechnik, als erfahrener Bühnenhandwerker oder Beleuchter oder als aufsichtführende Person die Versammlungsstätte während des Betriebes verlässt,
16. als Betreiber entgegen § 41 Absätze 1 und 2 nicht für die Durchführung der Brandsicherheitswache sorgt oder entgegen § 41 Absatz 3 die Veranstaltung nicht anzeigt,
17. als Betreiber oder Veranstalter die nach § 42 Absatz 2 vorgeschriebenen Unterweisungen unterlässt,
18. als Betreiber oder Veranstalter entgegen § 43 Absätze 1 bis 3 keinen Ordnungsdienst oder keinen Ordnungsdienstleiter bestellt,
19. als Ordnungsdienstleiter oder Ordnungsdienstkraft entgegen § 43 Absätze 3 oder 4 seinen Aufgaben nicht nachkommt,
20. als Betreiber einer der Anpassungspflichten nach § 46 Absatz 1 nicht oder nicht fristgerecht nachkommt.

## § 48  In-Kraft-Treten

Diese Verordnung tritt am 1. Oktober 2003 in Kraft.

## C 5 · VStättVO  Anlage 1

**Anlage 1 zur VStättVO**

| | |
|---|---|
| Herr/Frau<br>geboren am<br>in<br>gegenwärtige Anschrift<br><br>hat die Eignung als<br><br>**Verantwortliche/r für Veranstaltungstechnik** | (Innenseite)<br><br><br><br><br><br>(Foto) |
| nach § 39 der Versammlungsstättenverordnung nachgewiesen.<br><br>Befähigungszeugnis-Nr.:<br><br>Ausstellende Behörde        (Siegel)<br><br>Ort, Datum<br><br>(Unterschrift) | <br><br><br><br><br><br>(Unterschrift des Inhabers) |
| | (Außenseite)<br><br><br><br><br>**Befähigungszeugnis<br>als**<br><br>**Verantwortliche/r<br>für<br>Veranstaltungstechnik** |

Als Befähigungszeugnis kann auch ein Ausweis im Format 5,4 cm x 8,6 cm mit den erforderlichen Daten ausgestellt werden.

Anlage 2   **VStättVO · C 5**

**Anlage 2 zur VStättVO**

- Seite 1 -

**GASTSPIELPRÜFBUCH**
nach § 45 VStättVO

Gastspielveranstaltung: _____

Art der Veranstaltung: _____

Veranstalter: _____

Straße/Hausnummer: _____
PLZ: _____ Ort: _____
Telefonnummer: _____ Fax: _____
Email: _____

das Gastspielbuch gilt bis zum: _____

Auf der Grundlage der Angaben in diesem Gastspielprüfbuch, evtl. Auflagen und einer nicht öffentlichen Probe am _____ in der Veranstaltungsstätte _____ ist der Nachweis der Sicherheit der Gastspielveranstaltung erbracht.

Dieses Gastspielprüfbuch ist in drei Ausfertigungen ausgestellt worden, davon verbleibt eine Ausfertigung bei der ausstellenden Behörde

ausgestellt am: _____
durch: _____

# C 5 · VStättVO  Anlage 2

-Seite 2-

Name des Geschäftsführers/Vertreters des Veranstalters: _____

(Anschrift, falls diese nicht mit der des Veranstalters identisch ist.)

Straße/Hausnummer: _____

PLZ: _____ Ort: _____

Telefonnummer: _____ Fax: _____

Email: _____

Dieses Gastspielprüfbuch hat 5 Seiten und folgende Anhänge:

..... Seiten statische Berechnungen (Anhang 1)
..... Seiten Angaben über das Brandverhalten der Materialien (Anhang 2)
..... Seiten Angaben über die feuergefährlichen Handlungen (Anhang 3)
..... Seiten Angaben über pyrotechnische Effekte (Anhang 4)
..... Seiten Sonstige Angaben z.B. über Prüfzeugnisse, Baumuster (Anhang 5)
..... Seiten _____
..... Seiten _____
..... Seiten _____

**Veranstaltungsleiter** gemäß § 38 Abs. 2 und 5 der VStättVO für die geplanten Gastspiele ist

Herr/Frau: _____

**Verantwortliche für Veranstaltungstechnik der Fachrichtung** nach § 40 der VStättVO sind:

1. **Bühne/Studio:**

   Herr/Frau: _____
   Befähigungszeugnis Nr.: _____
   Ausstellungsdatum: _____
   ausstellende Behörde: _____

2. **Halle:**

   Herr/Frau: _____
   Befähigungszeugnis Nr.: _____
   Ausstellungsdatum: _____
   ausstellende Behörde: _____

3. **Beleuchtung:**

   Herr/Frau: _____
   Befähigungszeugnis Nr.: _____
   Ausstellungsdatum: _____
   ausstellende Behörde: _____

4. **Fachkraft für Veranstaltungstechnik** (§ 40 Abs. 4 VStättVO):
   Bei Szenenflächen mit nicht mehr als 200 m² Grundfläche:
   Herr/Frau: _____

Anlage 2   **VStättVO · C 5**

- Seite 3 -

1. **Ausführliche Beschreibung der Veranstaltung:**
   (Angaben zur Veranstaltungsart zu den vorgesehenen Gastspielen, zur Anzahl der Mitwirkenden, zu feuergefährlichen Handlungen, pyrotechnischen Effekten, anderen technischen Einrichtungen, z. B. Laser, zur Ausstattung, zum Ablauf der Veranstaltung und zu sonstigen Vorgängen, die Maßnahmen zur Gefahrenabwehr erforderlich machen.)

2. **Darstellung der Aufbauten, Ausstattungen, technischen Einrichtungen**
   (Die Aufbauten und Ausstattungen sind zu beschreiben, zeichnerisch ist der Bühnenaufbau mindestens durch einen Grundriss und möglichst durch einen Schnitt darzustellen. Werden Ausrüstungen in größerem Umfang gehangen, ist ein Hängeplan erforderlich, auf bewegliche Teile der Dekoration und zum Aufbau gehörende maschinen- und elektrotechnische Einrichtungen und die damit verbundenen Gefahren ist hinzuweisen. Es sind Angaben zu mitgeführten Bühnen/Szenenflächen, Zuschauertribünen und Bestuhlungen zu machen, sonstige Angaben.)

# C 5 · VStättVO  Anlage 2

## 3. Gefährdungsanalyse

a) Bei gefährlichen szenischen Vorgängen ist eine Gefährdungsanalyse durchzuführen. Gefährliche szenische Vorgänge sind z. B. offene Verwandlungen, maschinentechnische Bewegungen, künstlerische Tätigkeiten im oder über dem Zuschauerbereich

- Beschreibung der gefährlichen szenischen Handlung: _____

- Unterwiesene Personen: _____

- Schutzmaßnahmen: _____

- Einweisung vor jeder Probe und Vorstellung erforderlich:   ☐ ja   ☐ nein

b) Vor dem Einsatz gefährlicher szenischer Einrichtungen ist eine Gefährdungsanalyse durchzuführen.

Gefährliche szenische Einrichtungen sind Geräte, Einrichtungen und Einbauten in kritischen Bereichen von Bühnen, Szenenflächen und Zuschauerbereichen, z. B. Unterbauen des Schutzvorhangs, Anordnung von Regieeinrichtungen, Vorführgeräten, Scheinwerfern, Kameras, Laseranlagen usw. im Zuschauerraum, Leitungsverbindungen zwischen Brandabschnitten.

- Geräte, Einrichtungen und Einbauten: _____

- Unterbauen des Schutzvorhangs: _____

- Ortsveränderliche technische Einrichtungen im Zuschauerraum: _____

- Laseranlagen/Standort: _____

- Leitungsverbindungen: _____

- Sonstiges: _____

Anlage 2  **VStättVO · C 5**

- Seite 5 -

**4. Auflagen**

**5. Rechtsbehelfsbelehrung**

Gegen diesen Bescheid kann innerhalb eines Monats nach Bekanntgabe Widerspruch erhoben werden. Der Widerspruch ist schriftlich oder zur Niederschrift

bei _____
in  _____

einzulegen.

Hamburg, den



(Dienstsiegel) (Behörde)

## C 5 · VStättVO Anlage 2

- Seite 6 -

**Anhang 1**
zum Gastspielprüfbuch _____
   Titel der Gastspielveranstaltung

**Standsicherheitsnachweis**[*)]
(ggf. Hinweis auf beigefügte statische Berechnungen)

---

[*)] ggf. weitere Seiten anfügen

Anlage 2  **VStättVO · C 5**

- Seite 7 -

**Anhang 2**
zum Gastspielprüfbuch ................................................................................
Titel der Gastspielveranstaltung

**Baustoff- und Materialliste**

In der Versammlungsstättenverordnung werden an die zur Verwendung kommenden Baustoffe und Materialien brandschutztechnische Anforderungen gestellt. Folgende Mindestanforderungen sind zu erfüllen:

| Ort: Gegenstand | Szenenfläche ohne automatische Feuerlöschanlage | Szenenfläche mit automatischer Feuerlöschanlage | Großbühne | Zuschauerraum und Nebenräume | Foyers |
|---|---|---|---|---|---|
| Szenenpodien: Fußboden/Bodenbeläge | B 2 | B 2 | B 2 | B 2 | B 2 |
| Szenenpodien: Unterkonstruktion | A 1 | A 1 | A 1 | A 1 | A 1 |
| Vorhänge | B 1 | B 1 | B 1 | - | - |
| Ausstattungen | B 1 | B 2 | B 2 | - | - |
| Requisiten | B 2 | B 2 | B 2 | - | - |
| Ausschmückungen | B 1 | B 1 | B 1 | B 1 | B 1 |

**Erläuterungen:**

Nach DIN 4102 Teil 1 gelten für Baustoffe folgende Bezeichnungen:

**nicht brennbare Baustoffe:**                                         **A 1**
**nicht brennbare Baustoffe mit brennbaren Bestandteilen:**   **A 2**
**schwer entflammbare Baustoffe:**                         **B 1**
**normal entflammbare Baustoffe:**                         **B 2**

Soweit die eingesetzten Materialien keine Baustoffe sind, werden die Bezeichnungen entsprechend den für Baustoffe geltenden Klassifizierungen verwendet.

Ort bezeichnet den Einsatzort des Baustoffes oder Materials:
**B**    = Bühne
**S**    = Szenenfläche
**SmF** = Szenenfläche mit automatischer Feuerlöschanlage
**SoL** = Szenenfläche ohne automatischer Feuerlöschanlage
**Z**    = Zuschauerraum (bei Versammlungsstätten mit Bühnenhaus)
**V**    = Versammlungsraum
**F**    = Foyer

Für Baustoffe und Materialien sind die Verwendungsnachweise nach den §§ 20 bis 22b HBauO zu führen. Für Textilien und Möbel können gleichwertige Klassifizierungen nach den dafür geltenden DIN-Normen nachgewiesen werden.

Ist das Material nach DIN 4102-1 geprüft und klassifiziert, so wird das Brandverhalten mit dem (allgemeinen bauaufsichtlichen) Prüfzeugnis nachgewiesen. Ansonsten ist das Material mit einem dafür durch allgemeines bauaufsichtliches Prüfzeugnis zugelassenen Feuerschutzmittel zu behandeln, durch das die Zuordnung zu einer angestrebten Baustoffklasse erreicht werden kann.

## C 5 · VStättVO Anlage 2

- Seite 8 -

(noch Anhang 2)
zum Gastspielprüfbuch ......................................................................................
Titel der Gastspielveranstaltung

**Zur Verwendung kommen folgende Baustoffe und Materialien**[*]:

| Baustoff oder Material ||||  Feuerschutz ||||
|---|---|---|---|---|---|---|---|
| lfd. Nr. | *Beschreibung* | Baustoff- klasse A 1, A 2, B 1, B 2 | Ort | Klassifi- zierung nach DIN/Prüf zeichen | Feuer- schutz- mit- tel/Prüfzei chen | damit erreichte Baustoff- klasse | aufge- bracht am |
|  |  |  |  |  |  |  |  |
|  |  |  |  |  |  |  |  |
|  |  |  |  |  |  |  |  |
|  |  |  |  |  |  |  |  |
|  |  |  |  |  |  |  |  |
|  |  |  |  |  |  |  |  |
|  |  |  |  |  |  |  |  |
|  |  |  |  |  |  |  |  |
|  |  |  |  |  |  |  |  |
|  |  |  |  |  |  |  |  |
|  |  |  |  |  |  |  |  |
|  |  |  |  |  |  |  |  |
|  |  |  |  |  |  |  |  |
|  |  |  |  |  |  |  |  |
|  |  |  |  |  |  |  |  |
|  |  |  |  |  |  |  |  |
|  |  |  |  |  |  |  |  |
|  |  |  |  |  |  |  |  |
|  |  |  |  |  |  |  |  |
|  |  |  |  |  |  |  |  |

---

[*] *ggf. weitere Seiten anfügen*

Anlage 2    **VStättVO · C 5**

- Seite 9 -

**Anhang 3**
zum Gastspielprüfbuch _____
                     Titel der Gastspielveranstaltung

**Angaben über feuergefährliche Handlungen**
Dieser Anhang ist erforderlich, wenn auf der Bühne/Szenenfläche oder im Versammlungsraum szenisch bedingt, geraucht oder offenes Feuer verwendet wird. Feuergefährliche Handlungen sind der zuständigen Behörde am Gastspielort anzuzeigen. Für feuergefährliche Handlungen, von denen eine besondere Gefahr wegen ihrer Art oder der Nähe des Abbrennortes zu Ausstattungen oder Personen ausgeht, ist eine Gefährdungsanalyse durchzuführen. Für die Einhaltung der sich daraus ergebenden Auflagen ist der Veranstalter verantwortlich.

**Handlungen mit offenem Feuer**[*]

| Zeitpunkt im Ablauf | Anzahl | Art (Zigarette, Kerze o.ä.) | Szenischer Ablauf (Ablauf der Aktion) | Ort auf der Bühne/Szenenfläche | Löschen/ Aschablage | Nr. der Gefährdungsanalyse |
|---|---|---|---|---|---|---|
|  |  |  |  |  |  |  |
|  |  |  |  |  |  |  |
|  |  |  |  |  |  |  |
|  |  |  |  |  |  |  |
|  |  |  |  |  |  |  |
|  |  |  |  |  |  |  |
|  |  |  |  |  |  |  |
|  |  |  |  |  |  |  |
|  |  |  |  |  |  |  |
|  |  |  |  |  |  |  |
|  |  |  |  |  |  |  |
|  |  |  |  |  |  |  |
|  |  |  |  |  |  |  |

**Erläuterungen:**
Der Zeitpunkt im Ablauf kann, je nach Veranstaltungstyp, in Akten, Szenen, Bildern, Programmpunkten oder Musikstücken oder in Minuten von einer Nullzeit ausgehend, angegeben werden. Unter Anzahl ist die Stückzahl der zu diesem Zeitpunkt entzündeten Effekte einzutragen. Art bezeichnet den Typ des Effektes, z. B. Zigarette, Kerze, Fackel, Brennpaste, Gas usw. Ort auf der Bühne/Szenenfläche bezeichnet, in welchem Teilraum oder auf welcher Teilfläche die Aktion hauptsächlich stattfindet. Unter Löschen/Aschablage sind die Vorrichtungen einzutragen, die für das sichere Löschen der feuergefährlichen Gegenstände oder für die Ablage der Asche vorgesehen sind.

_____
[*] ggf. weitere Seiten anfügen

# C 5 · VStättVO  Anlage 2

- Seite 10 -

(noch Anhang 3)

zum Gastspielprüfbuch _____
 Titel der Gastspielveranstaltung

**Brandschutztechnische Gefährdungsanalyse**[*)]
(Für feuergefährliche Handlungen, von denen eine besondere Gefahr wegen ihrer Art oder der Nähe des Abbrennortes zu Ausstattungen oder Personen ausgeht, ist eine Gefährdungsanalyse durchzuführen).

Feuergefährliche Handlungen

Gefahren durch:
- ☐ Flammbildung
- ☐ Funkenflug
- ☐ Blendung
- ☐ Wärmestrahlung
- ☐ Abtropfen heißer Schlacke
- ☐ Druckwirkung
- ☐ Splittereinwirkung
- ☐ Staubablagerung
- ☐ Schallwirkung
- ☐ Gegenseitige Beeinflussung verschiedener Effekte
- ☐ Gesundheitsgefährdende Gase, Stäube, Dämpfe, Rauch

Schutzmaßnahmen:  Abstände zu Personen:
 Abstände zu Dekorationen:
 Unterwiesene Personen:
 Lösch- und Feuerbekämpfungsmittel:

Sonstige Maßnahmen:

---

[*)] ggf. weitere Seiten anfügen

Anlage 2   **VStättVO · C 5**

- Seite 11 -

**Anhang 4**

zum Gastspielprüfbuch _____
Titel der Gastspielveranstaltung

**Angaben über die pyrotechnischen Effekte**

Diese Anlage ist erforderlich, wenn auf der Bühne/Szenenfläche oder im Versammlungsraum szenisch bedingte pyrotechnische Effekte durchgeführt werden. Pyrotechnische Effekte sind der zuständigen Behörde anzuzeigen und bedürfen der Genehmigung. Für pyrotechnische Effekte, von denen eine besondere Gefahr wegen ihrer Art oder der Nähe des Abbrennortes zu Ausstattungen oder Personen ausgeht, ist eine Gefährdungsanalyse durchzuführen. Für die Einhaltung der sich daraus ergebenden Auflagen ist der Veranstalter verantwortlich.

Pyrotechnische Effekte der Klassen III, IV und T2 dürfen nur von verantwortlichen Personen im Sinne der §§ 19 und 21 SprengG durchgeführt werden. Pyrotechnische Gegenstände der Klassen I, II und T1 dürfen auch von Personen ohne Befähigungsschein verwendet werden, wenn sie vom Veranstalter hierzu beauftragt sind.

Nach Sprengstoffrecht verantwortliche Personen:

**Erlaubnisscheininhaber:**

Name/Vorname: _____
Erlaubnisschein Nr.: _____
Ausstellungsdatum: _____
ausstellende Behörde: _____

**Befähigungsscheininhaber:**
Name/Vorname: _____
Befähigungsschein Nr.: _____
Ausstellungsdatum: _____
ausstellende Behörde: _____

**Beauftragte Person:**
(nur Klasse I, II, T1)

Herr/Frau: _____

# C 5 · VStättVO Anlage 2

(noch Anhang 4)
zum Gastspielprüfbuch _____

Titel der Gastspielveranstaltung

**Pyrotechnische Effekte**[*)]

| Lfd. Nr. | Zeitpunkt im Ablauf | Anzahl | Art des Effektes | BAM-Nummer | Ort auf der Bühne/ Szenenfläche | Dauer des Effektes | Nr. der Gefährdungsanalyse |
|---|---|---|---|---|---|---|---|
|  |  |  |  |  |  |  |  |
|  |  |  |  |  |  |  |  |
|  |  |  |  |  |  |  |  |
|  |  |  |  |  |  |  |  |
|  |  |  |  |  |  |  |  |
|  |  |  |  |  |  |  |  |
|  |  |  |  |  |  |  |  |
|  |  |  |  |  |  |  |  |
|  |  |  |  |  |  |  |  |
|  |  |  |  |  |  |  |  |
|  |  |  |  |  |  |  |  |
|  |  |  |  |  |  |  |  |
|  |  |  |  |  |  |  |  |
|  |  |  |  |  |  |  |  |
|  |  |  |  |  |  |  |  |
|  |  |  |  |  |  |  |  |
|  |  |  |  |  |  |  |  |

**Erläuterungen:**
Unter lfd. Nr. sind die vorgesehenen Effekte fortlaufend in der Reihenfolge des Abbrennens zu nummerieren. Der Zeitpunkt im Ablauf kann, je nach Veranstaltungstyp, in Akten, Szenen, Bildern, Programmpunkten oder Musikstücken oder in Minuten von einer Nullzeit ausgehend angegeben werden. Unter Anzahl ist die Stückzahl der zu diesem Zeitpunkt gezündeten, identischen Effekte einzutragen. Art bezeichnet den Typ des Effektes (Bühnenblitz, Fontäne o. a.). BAM-Nr. meint das Zulassungszeichen der Bundesanstalt für Materialprüfung. Bei Ort auf der Bühne/Szenenfläche ist anzugeben, wo die Effekte gezündet werden. Dauer des Effektes bezeichnet die Zeitspanne vom Zünden des Effektes bis zum endgültigen Verlöschen in Sekunden. Bei extrem kurzzeitigen Effekten, wie Blitzen oder Knallkörpern, ist eine "0" einzutragen.

___

[*)] ggf. weitere Seiten anfügen

Anlage 2  **VStättVO · C 5**

- Seite 13 -

(noch Anhang 4)
zum Gastspielprüfbuch _____
                          Titel der Gastspielveranstaltung

**Pyrotechnische Gefährdungsanalyse**[*)]

(Vor dem Einsatz pyrotechnischer Effekte ist eine Gefährdungsanalyse durchzuführen.)

Pyrotechnische Effekte

Gefahren durch:    ☐ Flammbildung
                   ☐ Funkenflug
                   ☐ Blendung
                   ☐ Wärmestrahlung
                   ☐ Abtropfen heißer Schlacke
                   ☐ Druckwirkung
                   ☐ Splittereinwirkung
                   ☐ Staubablagerung
                   ☐ Schallwirkung
                   ☐ Gegenseitige Beeinflussung verschiedener Effekte
                   ☐ Gesundheitsgefährdende Gase, Staube, Dämpfe, Rauch

Schutzmaßnahmen:   Abstände zu Personen:
                   Abstände zu Dekorationen:
                   Unterwiesene Personen:
                   Lösch- u. Feuerbekämpfungsmittel:

Sonstige Maßnahmen:

---

[*)]  ggf. weitere Seiten anfügen

## C 5 · VStättVO  Anlage 2

- Seite 14 -

**Anhang 5**
zum Gastspielprüfbuch _____
 Titel der Gastspielveranstaltung

**Sonstige Angaben**

**Für folgende Bauprodukte liegen Prüfzeugnisse vor:**

**Für folgende Fliegende Bauten liegen Ausführungsgenehmigungen vor:**

# Verordnung über den Bau und Betrieb von Verkaufsstätten (Verkaufsstättenverordnung – VkVO)

Vom 5. August 2003 (HmbGVBl. Nr. 36 vom 15. August 2003 Seite 413)
Auf Grund von § 80 Absatz 1 Nummer 14 sowie § 81 Absatz 1 Nummern 4 und 5 und Absatz 2 Satz 1 Nummer 2 der Hamburgischen Bauordnung (HBauO) vom 1. Juli 1986 (HmbGVBl. S. 183), zuletzt geändert am 17. Dezember 2002 (HmbGVBl. S. 347, 353), wird verordnet:

**Inhaltsübersicht**

| | |
|---|---|
| § 1 | Anwendungsbereich |
| § 2 | Begriffe |
| § 3 | Tragende Wände, Pfeiler und Stützen |
| § 4 | Außenwände |
| § 5 | Trennwände |
| § 6 | Brandabschnitte |
| § 7 | Decken |
| § 8 | Dächer |
| § 9 | Verkleidungen, Dämmstoffe |
| § 10 | Rettungswege in Verkaufsstätten |
| § 11 | Treppen |
| § 12 | Treppenräume, Treppenraumerweiterungen |
| § 13 | Ladenstraßen, Flure, Hauptgänge |
| § 14 | Ausgänge |
| § 15 | Türen in Rettungswegen |
| § 16 | Rauchabführung |
| § 17 | Beheizung |
| § 18 | Sicherheitsbeleuchtung |
| § 19 | Blitzschutzanlagen |
| § 20 | Feuerlöscheinrichtungen, Brandmeldeanlagen und Alarmierungseinrichtungen |
| § 21 | Sicherheitsstromversorgungsanlagen |
| § 22 | Lage der Verkaufsräume |
| § 23 | Räume für Abfälle und Wertstoffe |
| § 24 | Gefahrenverhütung |
| § 25 | Rettungswege auf dem Grundstück, Flächen für die Feuerwehr |
| § 26 | Verantwortliche Personen |
| § 27 | Brandschutzordnung |
| § 28 | (freibleibend aus redaktionellen Gründen) |
| § 29 | Zusätzliche Bauvorlagen |
| § 30 | (freibleibend aus redaktionellen Gründen) |
| § 31 | Weitergehende Anforderungen |
| § 32 | Übergangsvorschriften |

## C 6 · VkVO §§ 1–4

§ 33 Ordnungswidrigkeiten
§ 34 In-Kraft-Treten

### § 1 Anwendungsbereich

Die Vorschriften dieser Verordnung gelten für jede Verkaufsstätte, deren Verkaufsräume und Ladenstraßen einschließlich ihrer Bauteile eine Fläche von insgesamt mehr als 2.000 m² haben.

### § 2 Begriffe

(1) ¹Verkaufsstätten sind Gebäude oder Gebäudeteile, die
1. ganz oder teilweise dem Verkauf von Waren dienen,
2. mindestens einen Verkaufsraum haben und
3. keine Messebauten sind.

²Zu einer Verkaufsstätte gehören alle Räume, die unmittelbar oder mittelbar, insbesondere durch Aufzüge oder Ladenstraßen, miteinander in Verbindung stehen; als Verbindung gilt nicht die Verbindung durch Treppenräume notwendiger Treppen sowie durch Leitungen, Schächte und Kanäle haustechnischer Anlagen.

(2) Erdgeschossige Verkaufsstätten sind Gebäude mit nicht mehr als einem Geschoss, dessen Fußboden an keiner Stelle mehr als 1 m unter der Geländeoberfläche liegt; dabei bleiben Treppenraumerweiterungen sowie Geschosse außer Betracht, die ausschließlich der Unterbringung haustechnischer Anlagen und Feuerungsanlagen dienen.

(3) ¹Verkaufsräume sind Räume, in denen Waren zum Verkauf oder sonstige Leistungen angeboten werden oder die dem Kundenverkehr dienen, ausgenommen Treppenräume notwendiger Treppen, Treppenraumerweiterungen sowie Garagen. ²Ladenstraßen gelten nicht als Verkaufsräume.

(4) Ladenstraßen sind überdachte oder überdeckte Flächen, an denen Verkaufsräume liegen und die dem Kundenverkehr dienen.

(5) Treppenraumerweiterungen sind Räume, die Treppenräume mit Ausgängen ins Freie verbinden.

### § 3 Tragende Wände, Pfeiler und Stützen

¹Tragende Wände, Pfeiler und Stützen müssen feuerbeständig, bei erdgeschossigen Verkaufsstätten ohne Sprinkleranlagen mindestens feuerhemmend sein. ²Dies gilt nicht für erdgeschossige Verkaufsstätten mit Sprinkleranlagen.

### § 4 Außenwände

Außenwände müssen bestehen aus
1. nicht brennbaren Baustoffen, soweit sie nicht feuerbeständig sind, bei Verkaufsstätten ohne Sprinkleranlagen,
2. mindestens schwer entflammbaren Baustoffen, soweit sie nicht feuerbeständig sind, bei Verkaufsstätten mit Sprinkleranlagen,
3. mindestens schwer entflammbaren Baustoffen, soweit sie nicht mindestens feuerhemmend sind, bei erdgeschossigen Verkaufsstätten.

## § 5 Trennwände

(1) Trennwände zwischen einer Verkaufsstätte und Räumen, die nicht zur Verkaufsstätte gehören, müssen feuerbeständig sein und dürfen keine Öffnungen haben.

(2) ¹In Verkaufsstätten ohne Sprinkleranlagen sind Lagerräume mit einer Fläche von jeweils mehr als 100 m² sowie Werkräume mit erhöhter Brandgefahr, wie Schreinereien, Maler- oder Dekorationswerkstätten, von anderen Räumen durch feuerbeständige Wände zu trennen. ²Diese Werk- und Lagerräume müssen durch feuerbeständige Trennwände so unterteilt werden, dass Abschnitte von nicht mehr als 500 m² entstehen. ³Öffnungen in den Trennwänden müssen mindestens feuerhemmende und selbstschließende Abschlüsse haben.

## § 6 Brandabschnitte

(1) ¹Verkaufsstätten sind durch Brandwände in Brandabschnitte zu unterteilen. ²Die Fläche der Brandabschnitte darf je Geschoss betragen in
1. erdgeschossigen Verkaufsstätten mit Sprinkleranlagen nicht mehr als 10.000 m²,
2. sonstigen Verkaufsstätten mit Sprinkleranlagen nicht mehr als 5.000 m²,
3. erdgeschossigen Verkaufsstätten ohne Sprinkleranlagen nicht mehr als 3.000 m²,
4. sonstigen Verkaufsstätten ohne Sprinkleranlagen nicht mehr als 1.500 m²,

wenn sich die Verkaufsstätten über nicht mehr als drei Geschosse erstrecken und die Gesamtfläche aller Geschosse innerhalb eines Brandabschnitts nicht mehr als 3.000 m² beträgt.

(2) Abweichend von Absatz 1 können Verkaufsstätten mit Sprinkleranlagen auch durch Ladenstraßen in Brandabschnitte unterteilt werden, wenn
1. die Ladenstraßen bis zu ihrem Dach in voller Höhe mindestens 10 m breit sind; Einbauten oder Einrichtungen sind innerhalb dieser Breite unzulässig,
2. die Ladenstraßen ausreichende Rauchabzugsanlagen haben,
3. das Tragwerk der Dächer der Ladenstraßen aus nicht brennbaren Baustoffen besteht und
4. die Bedachung der Ladenstraßen aus nicht brennbaren Baustoffen besteht.

(3) In Verkaufsstätten mit Sprinkleranlagen brauchen Brandwände abweichend von Absatz 1 im Kreuzungsbereich mit Ladenstraßen nicht hergestellt zu werden, wenn
1. die Ladenstraßen eine Breite von mindestens 10 m über eine Länge von mindestens 10 m beiderseits der Brandwände haben und
2. im Übrigen die Anforderungen nach Absatz 2 in diesem Bereich erfüllt sind.

(4) ¹Öffnungen in den Brandwänden nach Absatz 1 sind zulässig, wenn sie selbstschließende und feuerbeständige Abschlüsse haben. ²Die Abschlüsse müssen Feststellanlagen haben, die bei Raucheinwirkung ein selbsttätiges Schließen bewirken.

(5) Brandwände sind mindestens 30 cm über Dach zu führen oder in Höhe der Dachhaut mit einer beiderseits 50 cm auskragenden feuerbeständigen Platte aus nicht brennbaren Baustoffen abzuschließen; darüber dürfen brennbare Teile des Daches nicht hinweggeführt werden.

## § 7 Decken

(1) ¹Decken müssen feuerbeständig sein und aus nicht brennbaren Baustoffen bestehen. ²Sie brauchen nur
1. feuerhemmend zu sein und aus nicht brennbaren Baustoffen zu bestehen in erdgeschossigen Verkaufsstätten ohne Sprinkleranlagen,
2. aus nicht brennbaren Baustoffen zu bestehen in erdgeschossigen Verkaufsstätten mit Sprinkleranlagen.
³Für die Beurteilung der Feuerwiderstandsdauer bleiben abgehängte Unterdecken außer Betracht.

(2) ¹Unterdecken einschließlich ihrer Aufhängungen müssen in Verkaufsräumen, Treppenräumen, Treppenraumerweiterungen, notwendigen Fluren und in Ladenstraßen aus nicht brennbaren Baustoffen bestehen. ²In Verkaufsräumen mit Sprinkleranlagen dürfen Unterdecken aus brennbaren Baustoffen bestehen, wenn auch der Deckenhohlraum durch die Sprinkleranlagen geschützt ist.

(3) ¹In Decken sind Öffnungen unzulässig. ²Dies gilt nicht für Öffnungen zwischen Verkaufsräumen sowie zwischen Ladenstraßen
1. in Verkaufsstätten mit Sprinkleranlagen,
2. in Verkaufsstätten ohne Sprinkleranlagen, soweit die Öffnungen für nicht notwendige Treppen erforderlich sind.

## § 8 Dächer

(1) Das Tragwerk von Dächern, die den oberen Abschluss von Räumen der Verkaufsstätten bilden oder die von diesen Räumen nicht durch feuerbeständige Bauteile getrennt sind, muss
1. aus nicht brennbaren Baustoffen bestehen in Verkaufsstätten mit Sprinkleranlagen, ausgenommen in erdgeschossigen Verkaufsstätten,
2. mindestens feuerhemmend sein in erdgeschossigen Verkaufsstätten ohne Sprinkleranlagen,
3. feuerbeständig sein in sonstigen Verkaufsstätten ohne Sprinkleranlagen.

(2) Bedachungen müssen
1. gegen Flugfeuer und strahlende Wärme widerstandsfähig sein und
2. bei Dächern, die den oberen Abschluss von Räumen der Verkaufsstätten bilden oder die von diesen Räumen nicht durch feuerbeständige Bauteile getrennt sind, aus nicht brennbaren Baustoffen bestehen, mit Ausnahme der Dachhaut und der Dampfsperre.

(3) ¹Lichtdurchlässige Bedachungen über Verkaufsräumen und Ladenstraßen dürfen abweichend von Absatz 2 Nummer 1
1. schwer entflammbar sein bei Verkaufsstätten mit Sprinkleranlagen,
2. nicht brennbar sein bei Verkaufsstätten ohne Sprinkleranlagen.
²Sie dürfen im Brandfall nicht brennend abtropfen.

## § 9 Verkleidungen, Dämmstoffe

(1) Außenwandverkleidungen einschließlich der Dämmstoffe und Unterkonstruktionen müssen bestehen aus
1. mindestens schwer entflammbaren Baustoffen bei Verkaufsstätten mit Sprinkleranlagen und bei erdgeschossigen Verkaufsstätten,

2. nicht brennbaren Baustoffen bei sonstigen Verkaufsstätten ohne Sprinkleranlagen.

(2) Deckenverkleidungen einschließlich der Dämmstoffe und Unterkonstruktionen müssen aus nicht brennbaren Baustoffen bestehen.

(3) Wandverkleidungen einschließlich der Dämmstoffe und Unterkonstruktionen müssen in Treppenräumen, Treppenraumerweiterungen, notwendigen Fluren und in Ladenstraßen aus nicht brennbaren Baustoffen bestehen.

## § 10 Rettungswege in Verkaufsstätten

(1) ¹Für jeden Verkaufsraum, Aufenthaltsraum und für jede Ladenstraße müssen in demselben Geschoss mindestens zwei voneinander unabhängige Rettungswege zu Ausgängen ins Freie oder zu Treppenräumen notwendiger Treppen vorhanden sein. ²Anstelle eines dieser Rettungswege darf ein Rettungsweg über Außentreppen ohne Treppenräume, Rettungsbalkone, Terrassen und begehbare Dächer auf das Grundstück führen, wenn hinsichtlich des Brandschutzes keine Bedenken bestehen; dieser Rettungsweg gilt als Ausgang ins Freie.

(2) ¹Von jeder Stelle
1. eines Verkaufsraumes in höchstens 25 m Entfernung,
2. eines sonstigen Raumes oder einer Ladenstraße in höchstens 35 m Entfernung
muss mindestens ein Ausgang ins Freie oder ein Treppenraum notwendiger Treppen erreichbar sein (erster Rettungsweg). ²Die Entfernung wird in der Luftlinie, jedoch nicht durch Bauteile gemessen. ³Die Länge der Lauflinie darf in Verkaufsräumen 35 m nicht überschreiten.

(3) Der erste Rettungsweg einer gesprinklerten Verkaufsstätte darf, soweit er über eine Ladenstraße führt, auf der Ladenstraße eine zusätzliche Länge von höchstens 35 m haben, wenn die Ladenstraße ausreichende Rauchabzugsanlagen hat und der nach Absatz 1 erforderliche zweite Rettungsweg für Verkaufsräume mit einer Fläche von mehr als 100 m² nicht über diese Ladenstraße führt.

(4) In erdgeschossigen Verkaufsstätten sowie in sonstigen Verkaufsstätten mit Sprinkleranlagen darf der Rettungsweg nach den Absätzen 2 und 3 innerhalb von Brandabschnitten, soweit er über einen notwendigen Flur für Kunden mit einem unmittelbaren Ausgang ins Freie oder in einen Treppenraum notwendiger Treppen führt, in diesem Flur eine zusätzliche Länge von höchstens 35 m haben.

(5) Von jeder Stelle eines Verkaufsraumes muss ein Hauptgang oder eine Ladenstraße in höchstens 10 m Entfernung, gemessen in der Luftlinie, erreichbar sein.

(6) ¹In Rettungswegen ist nur eine Folge von mindestens drei Stufen zulässig. ²Die Stufen müssen eine Stufenbeleuchtung haben.

(7) ¹An Kreuzungen der Ladenstraßen und der Hauptgänge sowie an Türen im Zuge von Rettungswegen ist deutlich und dauerhaft auf die Ausgänge durch Sicherheitszeichen hinzuweisen. ²Die Sicherheitszeichen müssen beleuchtet sein.

## § 11 Treppen

(1) ¹Notwendige Treppen müssen feuerbeständig sein, aus nicht brennbaren Baustoffen bestehen und an den Unterseiten geschlossen sein. ²Dies gilt nicht für notwendige Treppen nach § 10 Absatz 1 Satz 2, wenn wegen des Brandschutzes Bedenken nicht bestehen.

(2) [1]Notwendige Treppen für Kunden müssen mindestens 2 m breit sein und dürfen eine Breite von 2,50 m nicht überschreiten. [2]Für notwendige Treppen für Kunden genügt eine Breite von mindestens 1,25 m, wenn die Treppen für Verkaufsräume bestimmt sind, deren Fläche insgesamt nicht mehr als 500 m² beträgt.

(3) [1]Notwendige Treppen mit gewendelten Läufen sind in Verkaufsräumen unzulässig. [2]Dies gilt nicht für Verkaufsräume, die
1. eine Fläche von nicht mehr als 100 m² haben oder
2. eine Fläche von mehr als 100 m², aber nicht mehr als 500 m² haben, wenn diese Treppen im Zuge nur eines der zwei erforderlichen Rettungswege liegen.

[3]Diese Treppen brauchen nicht in Treppenräumen zu liegen und die Anforderungen nach Absatz 1 Satz 1 nicht zu erfüllen.

(4) [1]Treppen für Kunden müssen auf beiden Seiten Handläufe ohne freie Enden haben. [2]Die Handläufe müssen fest und griffsicher sein und sind über Treppenabsätze fortzuführen.

### § 12 Treppenräume, Treppenraumerweiterungen

(1) Innen liegende Treppenräume notwendiger Treppen sind in Verkaufsstätten zulässig, wenn eine gefahrlose Benutzung der Treppenräume sichergestellt ist.

(2) [1]Die Wände von Treppenräumen notwendiger Treppen müssen in der Bauart von Brandwänden hergestellt sein. [2]Bodenbeläge müssen in Treppenräumen notwendiger Treppen aus nicht brennbaren Baustoffen bestehen.

(3) [1]Treppenraumerweiterungen müssen
1. die Anforderungen an Treppenräume erfüllen,
2. feuerbeständige Decken aus nicht brennbaren Baustoffen haben und
3. mindestens so breit sein wie die notwendigen Treppen, mit denen sie in Verbindung stehen.

[2]Sie dürfen nicht länger als 35 m sein und keine Öffnungen zu anderen Räumen haben.

### § 13 Ladenstraßen, Flure, Hauptgänge

(1) Ladenstraßen müssen mindestens 5 m breit sein.

(2) [1]Wände und Decken notwendiger Flure für Kunden müssen
1. feuerbeständig sein und aus nicht brennbaren Baustoffen bestehen in Verkaufsstätten ohne Sprinkleranlagen,
2. mindestens feuerhemmend sein und in den wesentlichen Teilen aus nicht brennbaren Baustoffen bestehen in Verkaufsstätten mit Sprinkleranlagen.

[2]Bodenbeläge in notwendigen Fluren für Kunden müssen mindestens schwer entflammbar sein.

(3) [1]Notwendige Flure für Kunden müssen mindestens 2 m breit sein. [2]Für notwendige Flure für Kunden genügt eine Breite von 1,50 m, wenn die Flure für Verkaufsräume bestimmt sind, deren Fläche insgesamt nicht mehr als 500 m² beträgt.

(4) [1]Hauptgänge müssen mindestens 2 m breit sein. [2]Sie müssen auf möglichst kurzem Wege zu Ausgängen ins Freie, zu Treppenräumen notwendiger Treppen, zu notwendigen Fluren für Kunden oder zu Ladenstraßen führen. Verkaufsstände an Hauptgängen müssen unverrückbar sein.

(5) Ladenstraßen, notwendige Flure für Kunden und Hauptgänge dürfen innerhalb der nach den Absätzen 1, 3 und 4 erforderlichen Breiten nicht durch Einbauten oder Einrichtungen eingeengt sein.

(6) Die Anforderungen an sonstige notwendige Flure nach § 33 HBauO bleiben unberührt.

## § 14 Ausgänge

(1) [1]Jeder Verkaufsraum, Aufenthaltsraum und jede Ladenstraße muss mindestens zwei Ausgänge haben, die zum Freien oder zu Treppenräumen notwendiger Treppen führen. [2]Für Aufenthaltsräume, die eine Fläche von nicht mehr als 100 m$^2$ haben, genügt ein Ausgang.

(2) [1]Ausgänge aus Verkaufsräumen müssen mindestens 2 m breit sein; für Ausgänge aus Verkaufsräumen, die eine Fläche von nicht mehr als 500 m$^2$ haben, genügt eine Breite von 1 m. [2]Ein Ausgang, der in einen Flur führt, darf nicht breiter sein als der Flur.

(3) [1]Die Ausgänge aus einem Geschoss einer Verkaufsstätte ins Freie oder in Treppenräume notwendiger Treppen müssen eine Breite von mindestens 30 cm je 100 m$^2$ der Flächen der Verkaufsräume haben; dabei bleiben die Flächen von Ladenstraßen im Sinne von § 6 Absätze 2 und 3, § 10 Absatz 3 und § 13 Absatz 1 außer Betracht. [2]Ausgänge aus Geschossen einer Verkaufsstätte müssen mindestens 2 m breit sein. [3]Ein Ausgang, der in einen Treppenraum führt, darf nicht breiter sein als die notwendige Treppe.

(4) Ausgänge aus Treppenräumen notwendiger Treppen ins Freie oder in Treppenraumerweiterungen müssen mindestens so breit sein wie die notwendigen Treppen.

## § 15 Türen in Rettungswegen

(1) In Verkaufsstätten ohne Sprinkleranlagen müssen Türen von Treppenräumen notwendiger Treppen und von notwendigen Fluren für Kunden mindestens feuerhemmend, rauchdicht und selbstschließend sein, ausgenommen Türen, die ins Freie führen.

(2) In Verkaufsstätten mit Sprinkleranlagen müssen Türen von Treppenräumen notwendiger Treppen und von notwendigen Fluren für Kunden rauchdicht und selbstschließend sein, ausgenommen Türen, die ins Freie führen.

(3) [1]Türen nach den Absätzen 1 und 2 sowie Türen, die ins Freie führen, dürfen nur in Fluchtrichtung aufschlagen und keine Schwellen haben. [2]Sie müssen während der Betriebszeit von innen mit einem einzigen Griff leicht in voller Breite zu öffnen sein. [3]Elektrische Verriegelungen von Türen in Rettungswegen sind nur zulässig, wenn die Türen im Gefahrenfall jederzeit geöffnet werden können.

(4) Türen, die selbstschließend sein müssen, dürfen offen gehalten werden, wenn sie Feststellanlagen haben, die bei Raucheinwirkung ein selbsttätiges Schließen der Türen bewirken; sie müssen auch von Hand geschlossen werden können.

(5) [1]Drehtüren und Schiebetüren sind in Rettungswegen unzulässig; dies gilt nicht für automatische Dreh- und Schiebetüren, die die Rettungswege im Brandfall nicht beeinträchtigen. [2]Pendeltüren müssen in Rettungswegen Schließvorrichtungen haben, die ein Durchpendeln der Türen verhindern.

(6) Rollläden, Scherengitter oder ähnliche Abschlüsse von Türöffnungen, Toröffnungen oder Durchfahrten im Zuge von Rettungswegen müssen so beschaffen sein, dass sie von Unbefugten nicht geschlossen werden können.

## § 16 Rauchabführung

(1) In Verkaufsstätten ohne Sprinkleranlagen müssen Verkaufsräume ohne notwendige Fenster nach § 44 Absatz 2 HBauO sowie Ladenstraßen Rauchabzugsanlagen haben.

(2) In Verkaufsstätten mit Sprinkleranlagen müssen Lüftungsanlagen in Verkaufsräumen im Brandfall von Hand und automatisch so betrieben werden können, dass sie nur entlüften, soweit es die Zweckbestimmung der Absperrvorrichtungen gegen Brandübertragung zulässt.

(3) [1]Rauchabzugsanlagen müssen von Hand und automatisch durch Rauchmelder ausgelöst werden können und sind an den Bedienungsstellen mit der Aufschrift „Rauchabzug" zu versehen. [2]An den Bedienungseinrichtungen muss erkennbar sein, ob die Rauchabzugsanlage betätigt wurde.

(4) [1]Innen liegende Treppenräume notwendiger Treppen müssen Rauchabzugsanlagen haben. [2]Sonstige Treppenräume notwendiger Treppen, die durch mehr als zwei Geschosse führen, müssen an ihrer obersten Stelle eine Rauchabzugsvorrichtung mit einem freien Querschnitt von mindestens 5 vom Hundert der Grundfläche der Treppenräume, jedoch nicht weniger als 1 m² haben. [3]Die Rauchabzugsvorrichtungen müssen von jedem Geschoss aus zu öffnen sein.

## § 17 Beheizung

Feuerstätten dürfen in Verkaufsräumen, Ladenstraßen, Lagerräumen und Werkräumen zur Beheizung nicht aufgestellt werden.

## § 18 Sicherheitsbeleuchtung

[1]Verkaufsstätten müssen eine Sicherheitsbeleuchtung haben. [2]Sie muss vorhanden sein
1. in Verkaufsräumen,
2. in Treppenräumen, Treppenraumerweiterungen und Ladenstraßen sowie in notwendigen Fluren,
3. in Arbeits- und Pausenräumen mit einer Fläche von mehr als 30 m²,
4. in Toilettenräumen mit einer Fläche von mehr als 50 m²,
5. in elektrischen Betriebsräumen und Räumen für haustechnische Anlagen,
6. für Hinweisschilder auf Ausgänge und für Stufenbeleuchtung.

## § 19 Blitzschutzanlagen

Gebäude mit Verkaufsstätten müssen Blitzschutzanlagen haben.

## § 20 Feuerlöscheinrichtungen, Brandmeldeanlagen und Alarmierungseinrichtungen

(1) [1]Verkaufsstätten müssen Sprinkleranlagen haben. [2]Dies gilt nicht für
1. erdgeschossige Verkaufsstätten nach § 6 Absatz 1 Satz 2 Nummer 3,
2. sonstige Verkaufsstätten nach § 6 Absatz 1 Satz 2 Nummer 4.

³Geschosse einer Verkaufsstätte nach Satz 2 Nummer 2 müssen Sprinkleranlagen haben, wenn sie mit ihrem Fußboden im Mittel mehr als 3 m unter der Geländeoberfläche liegen und Verkaufsräume mit einer Fläche von mehr als 500 m² haben.
(2) In Verkaufsstätten müssen vorhanden sein:
1. geeignete Feuerlöscher und geeignete Wandhydranten in ausreichender Zahl, gut sichtbar und leicht zugänglich,
2. Brandmeldeanlagen mit nicht automatischen Brandmeldern zur unmittelbaren Alarmierung der dafür zuständigen Stelle und
3. Alarmierungseinrichtungen, durch die alle Betriebsangehörigen alarmiert und Anweisungen an sie und an die Kunden gegeben werden können,
4. Anlagen zur Unterstützung des Funkverkehrs in Verkaufsstätten über 10.000 m², wenn die Funkkommunikation der Einsatzkräfte von Polizei und Feuerwehr durch die bauliche Anlage gestört ist.

## § 21  Sicherheitsstromversorgungsanlagen

Verkaufsstätten müssen eine Sicherheitsstromversorgungsanlage haben, die bei Ausfall der allgemeinen Stromversorgung den Betrieb der sicherheitstechnischen Anlagen und Einrichtungen übernimmt, insbesondere der
1. Sicherheitsbeleuchtung einschließlich der Beleuchtung von Stufen und Hinweisen auf Ausgänge,
2. Sprinkleranlagen einschließlich Löschwasserversorgungstechnik,
3. Rauchabzugsanlagen,
4. Schließeinrichtungen für Feuerschutzabschlüsse (zum Beispiel Rolltore),
5. Brandmeldeanlagen,
6. Alarmierungseinrichtungen.

## § 22  Lage der Verkaufsräume

¹Verkaufsräume, ausgenommen Gaststätten, dürfen mit ihrem Fußboden nicht mehr als 22 m über der Geländeoberfläche liegen. ²Verkaufsräume dürfen mit ihrem Fußboden im Mittel nicht mehr als 5 m unter der Geländeoberfläche liegen.

## § 23  Räume für Abfälle und Wertstoffe

¹Verkaufsstätten müssen für Abfälle und Wertstoffe besondere Räume haben, die mindestens den Abfall und die Wertstoffe von zwei Tagen aufnehmen können. ²Die Räume müssen feuerbeständige Wände und Decken sowie mindestens feuerhemmende und selbstschließende Türen haben.

## § 24  Gefahrenverhütung

(1) ¹Das Rauchen und das Verwenden von offenem Feuer ist in Verkaufsräumen und Ladenstraßen verboten. ²Dies gilt nicht für Bereiche, in denen Getränke oder Speisen verabreicht oder Besprechungen abgehalten werden. ³Auf das Verbot ist dauerhaft und leicht erkennbar hinzuweisen.

(2) ¹In Ladenstraßen nach § 6 Absatz 2 innerhalb der erforderlichen Breiten, in Ladenstraßen nach § 6 Absatz 3 innerhalb der erforderlichen Flächen, in Treppenräumen notwendiger Treppen, in Treppenraumerweiterungen und in notwendigen Flu-

ren dürfen brennbare Dekorationen nicht angebracht oder Gegenstände nicht abgestellt werden. ²In Ladenstraßen und Hauptgängen innerhalb der nach § 13 Absätze 1 und 4 erforderlichen Breiten dürfen Gegenstände nicht abgestellt werden.

## § 25 Rettungswege auf dem Grundstück, Flächen für die Feuerwehr

(1) Kunden und Betriebsangehörige müssen aus der Verkaufsstätte unmittelbar oder über Flächen auf dem Grundstück auf öffentliche Verkehrsflächen gelangen können.

(2) ¹Die als Rettungswege dienenden Flächen auf dem Grundstück sowie die Flächen für die Feuerwehr nach § 5 HBauO müssen ständig freigehalten werden. ²Hierauf ist dauerhaft und leicht erkennbar hinzuweisen.

## § 26 Verantwortliche Personen

(1) Während der Betriebszeit einer Verkaufsstätte muss der Betreiber oder ein von ihm bestimmter Vertreter ständig anwesend sein.

(2) Der Betreiber einer Verkaufsstätte hat
1. einen Brandschutzbeauftragten und
2. für Verkaufsstätten, deren Verkaufsräume eine Fläche von insgesamt mehr als 15.000 m² haben, Selbsthilfekräfte für den Brandschutz zu bestellen.
Die Namen dieser Personen und jeder Wechsel sind der für den Brandschutz zuständigen Behörde auf Verlangen mitzuteilen.
Der Betreiber hat für die Ausbildung dieser Personen im Einvernehmen mit der für den Brandschutz zuständigen Behörde zu sorgen.

(3) Der Brandschutzbeauftragte hat für die Einhaltung der Vorschriften in Absatz 5 sowie in § 13 Absatz 5, § 24, § 25 Absatz 2 und § 27 zu sorgen.

(4) Die erforderliche Anzahl der Selbsthilfekräfte für den Brandschutz ist von der Bauaufsichtsbehörde im Einvernehmen mit der für den Brandschutz zuständigen Behörde festzulegen.

(5) Selbsthilfekräfte für den Brandschutz müssen in erforderlicher Anzahl während der Betriebszeit der Verkaufsstätte anwesend sein.

## § 27 Brandschutzordnung

(1) ¹Der Betreiber einer Verkaufsstätte hat im Einvernehmen mit der für den Brandschutz zuständigen Behörde eine Brandschutzordnung aufzustellen. ²In der Brandschutzordnung sind insbesondere die Aufgaben des Brandschutzbeauftragten und der Selbsthilfekräfte für den Brandschutz sowie die Maßnahmen festzulegen, die zur Rettung Behinderter, insbesondere Rollstuhlbenutzer, erforderlich sind.

(2) Die Betriebsangehörigen sind bei Beginn des Arbeitsverhältnisses und danach mindestens einmal jährlich zu belehren über
1. die Lage und die Bedienung der Feuerlöschgeräte, Brandmelde und Feuerlöscheinrichtungen und
2. die Brandschutzordnung, insbesondere über das Verhalten bei einem Brand oder bei einer Panik.

(3) Im Einvernehmen mit der für den Brandschutz zuständigen Behörde sind Feuerwehrpläne anzufertigen und der für den Brandschutz zuständigen Behörde zur Verfügung zu stellen.

## § 28 *(freibleibend aus redaktionellen Gründen)*

## § 29 Zusätzliche Bauvorlagen

Die Bauvorlagen müssen zusätzliche Angaben enthalten über
1. eine Berechnung der Flächen der Verkaufsräume und der Brandabschnitte,
2. eine Berechnung der erforderlichen Breiten der Ausgänge aus den Geschossen ins Freie oder in Treppenräume notwendiger Treppen,
3. die Sprinkleranlagen, die sonstigen Feuerlöscheinrichtungen und die Feuerlöschgeräte, den Verlauf und die Länge der Rettungswege einschließlich ihres Verlaufs im Freien sowie über die Ausgänge und die Art der Türen,
4. die Brandmeldeanlagen,
5. die Alarmierungseinrichtungen,
6. die Sicherheitsbeleuchtung und die Sicherheitsstromversorgung,
7. die Anlagen zur Unterstützung der Funkkommunikation von Einsatzkräften,
8. die Rauchabzugsvorrichtungen und Rauchabzugsanlagen,
9. die Rettungswege auf dem Grundstück und die Flächen für die Feuerwehr.

## § 30 *(freibleibend aus redaktionellen Gründen)*

## § 31 Weitergehende Anforderungen

An Lagerräume, deren lichte Höhe mehr als 8 m beträgt, können aus Gründen des Brandschutzes weitergehende Anforderungen gestellt werden.

## § 32 Übergangsvorschriften

Auf die im Zeitpunkt des In-Kraft-Tretens der Verordnung bestehenden Verkaufsstätten sind § 13 Absätze 4 und 5 und die §§ 24 bis 27 anzuwenden.

## § 33 Ordnungswidrigkeiten

Ordnungswidrig im Sinne des § 80 Absatz 1 Nummer 14 HBauO handelt, wer vorsätzlich oder fahrlässig
1. Ladenstraßen, Flure und Hauptgänge entgegen § 13 Absatz 5 einengt oder einengen lässt,
2. Türen im Zuge von Rettungswegen entgegen § 15 Absatz 3 während der Betriebszeit abschließt oder abschließen lässt,
3. in Ladenstraßen, in Treppenräumen notwendiger Treppen, in Treppenraumerweiterungen oder in notwendigen Fluren entgegen § 24 Absatz 2 Satz 1 brennbare Dekorationen anbringt oder anbringen lässt oder Gegenstände abstellt oder abstellen lässt,
4. in Ladenstraßen oder Hauptgängen entgegen § 24 Absatz 2 Satz 2 Gegenstände abstellt oder abstellen lässt,
5. Rettungswege auf dem Grundstück oder Flächen für die Feuerwehr entgegen § 25 Absatz 2 nicht freihält oder freihalten lässt,
6. als Betreiber oder dessen Vertreter entgegen § 26 Absatz 1 während der Betriebszeit nicht ständig anwesend ist,

## C 6 · VkVO § 34

7. als Betreiber entgegen § 26 Absatz 2 den Brandschutzbeauftragten und die Selbsthilfekräfte für den Brandschutz in der erforderlichen Anzahl nicht bestellt,
8. als Betreiber entgegen § 26 Absatz 5 nicht sicherstellt, dass Selbsthilfekräfte für den Brandschutz in der erforderlichen Anzahl während der Betriebszeit anwesend sind.

### § 34    In-Kraft-Treten

Diese Verordnung tritt am 1. Oktober 2003 in Kraft.

# Verordnung über den Bau und Betrieb von Beherbergungsstätten (Beherbergungsstättenverordnung – BeVO)

Vom 5. August 2003 (HmbGVBl. vom 15. August 2003 S. 44)

Auf Grund von § 80 Absatz 1 Nummer 14 sowie § 81 Absatz 1 Nummern 4 und 5 und Absatz 2 Satz 1 Nummer 2 der Hamburgischen Bauordnung (HBauO) vom 1. Juli 1986 (HmbGVBl. S. 183), zuletzt geändert am 17. Dezember 2002 (HmbGVBl. S. 347, 353), wird verordnet:

## Inhaltsübersicht

- § 1 Anwendungsbereich
- § 2 Begriffe
- § 3 Rettungswege
- § 4 Tragende Wände, Stützen, Decken
- § 5 Trennwände
- § 6 Notwendige Flure
- § 7 Türen
- § 8 Sicherheitsbeleuchtung, Sicherheitsstromversorgung, Blitzschutzanlage
- § 9 Alarmierungseinrichtungen, Brandmeldeanlagen, Brandfallsteuerung von Aufzügen
- § 10 Weitergehende Anforderungen
- § 11 Freihalten der Rettungswege, Brandschutzordnung, verantwortliche Personen
- § 12 Zusätzliche Bauvorlagen
- § 13 Anwendung der Vorschriften auf bestehende Beherbergungsstätten
- § 14 Ordnungswidrigkeiten
- § 15 In-Kraft-Treten

## § 1 Anwendungsbereich

Die Vorschriften dieser Verordnung gelten für Beherbergungsstätten mit mehr als 12 Gastbetten.

## § 2 Begriffe

(1) Beherbergungsstätten sind Gebäude oder Gebäudeteile, die ganz oder teilweise für die Beherbergung von Gästen, ausgenommen die Beherbergung in Ferienwohnungen, bestimmt sind.

(2) ¹Beherbergungsräume sind Räume, die dem Wohnen oder Schlafen von Gästen dienen. ²Eine Folge unmittelbar zusammenhängender Beherbergungsräume (Suite) gilt als ein Beherbergungsraum.

(3) Galsträume sind Räume, die für den Aufenthalt von Gästen, jedoch nicht zum Wohnen oder Schlafen bestimmt sind, wie Speiseräume und Tagungsräume.

## § 3 Rettungswege

(1) [1]Für jeden Beherbergungsraum müssen mindestens zwei voneinander unabhängige Rettungswege vorhanden sein; sie dürfen jedoch innerhalb eines Geschosses über denselben notwendigen Flur führen. [2]Der erste Rettungsweg muss für Beherbergungsräume, die nicht zu ebener Erde liegen, über eine notwendige Treppe führen, der zweite Rettungsweg über eine weitere notwendige Treppe oder eine Außentreppe. [3]Einer der Rettungswege nach Satz 2 darf über ein Foyer führen; dabei darf die Entfernung zwischen Treppenraum und Ausgang aus dem Foyer ins Freie nicht mehr als 20 m betragen. [4]In Beherbergungsstätten mit insgesamt nicht mehr als 60 Gastbetten genügt als zweiter Rettungsweg eine mit Rettungsgeräten der Feuerwehr erreichbare Stelle des Beherbergungsraumes; dies gilt nicht, wenn in einem Geschoss mehr als 30 Gastbetten vorhanden sind.

(2) [1]An Abzweigungen notwendiger Flure, an den Zugängen zu notwendigen Treppenräumen und an den Ausgängen ins Freie ist durch Sicherheitszeichen auf die Ausgänge hinzuweisen. [2]Die Sicherheitszeichen müssen beleuchtet sein.

## § 4 Tragende Wände, Stützen, Decken

(1) [1]Tragende Wände, Stützen und Decken müssen feuerbeständig sein. [2]Dies gilt nicht für oberste Geschosse von Dachräumen, wenn sich dort keine Beherbergungsräume befinden.

(2) Tragende Wände, Stützen und Decken brauchen nur feuerhemmend zu sein
1. in Gebäuden mit nicht mehr als zwei oberirdischen Geschossen,
2. in obersten Geschossen von Dachräumen mit Beherbergungsräumen.

## § 5 Trennwände

(1) [1]Trennwände müssen feuerbeständig sein
1. zwischen Räumen einer Beherbergungsstätte und Räumen, die nicht zu der Beherbergungsstätte gehören sowie
2. zwischen Beherbergungsräumen und
   a) Gasträumen,
   b) Küchen.
[2]Soweit in Beherbergungsstätten die tragenden Wände, Stützen und Decken nur feuerhemmend zu sein brauchen, genügen feuerhemmende Trennwände.

(2) Trennwände zwischen Beherbergungsräumen sowie zwischen Beherbergungsräumen und sonstigen Räumen müssen feuerhemmend sein.

(3) [1]In Trennwänden nach Absatz 1 Satz 1 Nummer 2 und nach Absatz 2 sind Öffnungen unzulässig. [2]Öffnungen in Trennwänden nach Absatz 1 Satz 1 Nummer 1 müssen feuerhemmende Feuerschutzabschlüsse haben, die auch die Anforderungen an Rauchschutzabschlüsse erfüllen.

## § 6 Notwendige Flure

(1) § 33 Absatz 1 Satz 2 Nummer 1 HBauO ist nicht anzuwenden.

(2) [1]In notwendigen Fluren müssen Bekleidungen, Unterdecken und Dämmstoffe aus nicht brennbaren Baustoffen bestehen. [2]Bodenbeläge müssen aus mindestens schwer entflammbaren Baustoffen bestehen.

(3) In notwendigen Fluren mit nur einer Fluchtrichtung (Stichfluren) darf die Entfernung zwischen Türen von Beherbergungsräumen und notwendigen Treppenräumen oder Ausgängen ins Freie nicht länger als 15 m sein.

(4) Stufen in notwendigen Fluren müssen beleuchtet sein.

## § 7   Türen

(1) Feuerhemmende Feuerschutzabschlüsse, die auch die Anforderungen an Rauchschutzabschlüsse erfüllen, müssen vorhanden sein in Öffnungen
1. von notwendigen Treppenräumen zu anderen Räumen, ausgenommen zu notwendigen Fluren, und
2. von notwendigen Fluren in Kellergeschossen zu Räumen, die von Gästen nicht benutzt werden.

(2) Rauchschutzabschlüsse müssen vorhanden sein in Öffnungen
1. von notwendigen Treppenräumen zu notwendigen Fluren,
2. von notwendigen Fluren zu Beherbergungsräumen und
3. von notwendigen Fluren zu Gasträumen, wenn an den Fluren in demselben Rauchabschnitt Öffnungen zu Beherbergungsräumen liegen.

## § 8   Sicherheitsbeleuchtung, Sicherheitsstromversorgung, Blitzschutzanlage

(1) Beherbergungsstätten müssen
1. in notwendigen Fluren und in notwendigen Treppenräumen,
2. in Räumen zwischen notwendigen Treppenräumen und Ausgängen ins Freie,
3. für Sicherheitszeichen, die auf Ausgänge hinweisen, und
4. für Stufen in notwendigen Fluren
eine Sicherheitsbeleuchtung haben.

(2) Beherbergungsstätten müssen eine Sicherheitsstromversorgung haben, die bei Ausfall der allgemeinen Stromversorgung den Betrieb der sicherheitstechnischen Anlagen und Einrichtungen übernimmt, insbesondere
1. der Sicherheitsbeleuchtung,
2. der Alarmierungseinrichtungen und
3. der Brandmeldeanlage.

(3) Für Beherbergungsstätten mit mehr als 60 Gastbetten ist eine Blitzschutzanlage erforderlich.

## § 9   Alarmierungseinrichtungen, Brandmeldeanlagen, Brandfallsteuerung von Aufzügen

(1) [1]Beherbergungsstätten müssen Alarmierungseinrichtungen haben, durch die im Gefahrenfall die Betriebsangehörigen und Gäste gewarnt werden können. [2]Bei Beherbergungsstätten mit mehr als 60 Gastbetten müssen sich die Alarmierungseinrichtungen bei Auftreten von Rauch in den notwendigen Fluren auch selbsttätig auslösen.

(2) [1]Beherbergungsstätten mit mehr als 60 Gastbetten müssen Brandmeldeanlagen mit automatischen Brandmeldern, die auf die Kenngröße Rauch in den notwendigen Fluren ansprechen, sowie mit nicht automatischen Brandmeldern (Handfeuermelder) haben. [2]Die automatischen Brandmeldeanlagen müssen in einer Betriebsart

ausgeführt werden, bei der mit technischen Maßnahmen Falschalarme vermieden werden. ³Brandmeldungen sind unmittelbar und automatisch zu der für den Brandschutz zuständigen Behörde zu übertragen.

(3) ¹Aufzüge von Beherbergungsstätten mit mehr als 60 Gastbetten sind mit einer Brandfallsteuerung auszustatten, die durch die automatische Brandmeldeanlage ausgelöst wird. ²Die Brandfallsteuerung hat sicherzustellen, dass die Aufzüge das nicht vom Rauch betroffene Eingangsgeschoss, ansonsten das in Fahrtrichtung davor liegende Geschoss, anfahren und dort mit geöffneten Türen außer Betrieb gehen.

## § 10 Weitergehende Anforderungen

An Beherbergungsstätten in Hochhäusern können aus Gründen des Brandschutzes weitergehende Anforderungen gestellt werden.

## § 11 Freihalten der Rettungswege, Brandschutzordnung, verantwortliche Personen

(1) ¹Die Rettungswege müssen frei von Hindernissen sein. ²Türen im Zuge von Rettungswegen dürfen nicht versperrt werden und müssen von innen leicht zu öffnen sein.

(2) ¹In jedem Beherbergungsraum sind an dessen Ausgang ein Rettungswegplan und Hinweise zum Verhalten bei einem Brand anzubringen. ²Die Hinweise müssen auch in den Fremdsprachen, die der Herkunft der üblichen Gäste Rechnung tragen, abgefasst sein.

(3) Für Beherbergungsstätten mit mehr als 60 Gastbetten sind im Einvernehmen mit der für den Brandschutz zuständigen Behörde
1. eine Brandschutzordnung zu erstellen und
2. Feuerwehrpläne anzufertigen; die Feuerwehrpläne sind der örtlichen Feuerwehr zur Verfügung zu stellen.

(4) Die Betriebsangehörigen sind bei Beginn des Arbeitsverhältnisses und danach mindestens einmal jährlich über
1. die Bedienung der Alarmierungseinrichtungen und der Brandmelder zu unterweisen und
2. die Brandschutzordnung und das Verhalten bei einem Brand zu belehren.

(5) Für die Einhaltung der in den Absätzen 1 bis 4 gestellten Anforderungen ist der Betreiber oder der von ihm Beauftragte verantwortlich.

## § 12 Zusätzliche Bauvorlagen

Die Bauvorlagen müssen zusätzliche Angaben enthalten über
1. die Sicherheitsbeleuchtung,
2. die Sicherheitsstromversorgung,
3. die Alarmierungseinrichtungen,
4. die Brandmeldeanlage,
5. die Rettungswege auf dem Grundstück und die Flächen für die Feuerwehr.

## § 13 Anwendung der Vorschriften auf bestehende Beherbergungsstätten

Auf die im Zeitpunkt des In-Kraft-Tretens dieser Verordnung bestehenden Beherbergungsstätten sind die Vorschriften des § 11 (Freihalten der Rettungswege, Brandschutzordnung, verantwortliche Personen) anzuwenden.

## § 14 Ordnungswidrigkeiten

Ordnungswidrig nach § 80 Absatz 1 Nummer 14 HBauO handelt, wer vorsätzlich oder fahrlässig
1. entgegen § 11 Absatz 1 Rettungswege nicht frei von Hindernissen hält, Türen im Zuge von Rettungswegen versperrt oder versperren lässt oder als Verantwortlicher nicht dafür sorgt, dass diese Türen von innen leicht geöffnet werden können,
2. entgegen § 11 Absatz 2 den Rettungswegplan und Hinweise zum Verhalten bei einem Brand nicht in jedem Beherbergungsraum anbringt oder anbringen lässt.

## § 15 In-Kraft-Treten

Diese Verordnung tritt am 1. September 2003 in Kraft.

# Feuerungsverordnung (FeuVO)

Vom 25. September 2007, zuletzt geändert am 2. November 2010 (HmbGVBl. vom 9. Oktober 2007 S. 338, 5. November 2010 S. 583 ff)

Auf Grund von § 81 Absatz 1 Nummern 1 und 5 der Hamburgischen Bauordnung (HBauO) vom 14. Dezember 2005 (HmbGVBl. S. 525, 563), zuletzt geändert am 11. Mai 2010 (HmbGVBl. S. 350, 370), wird verordnet:

**Inhaltsübersicht**

§ 1  Anwendungsbereich
§ 2  Begriffe
§ 3  Verbrennungsluftversorgung von Feuerstätten
§ 4  Aufstellung von Feuerstätten, Gasleitungsanlagen
§ 5  Aufstellräume für Feuerstätten
§ 6  Heizräume
§ 7  Abgasanlagen
§ 8  Abstände von Abgasanlagen zu brennbaren Bauteilen
§ 9  Abführung von Abgasen
§ 10 Wärmpumpen, Blockheizkraftwerke und ortsfeste Verbrennungsmotoren
§ 11 Brennstofflagerung in Brennstofflagerräumen
§ 12 Brennstofflagerung außerhalb von Brennstofflagerräumen
§ 13 Außerkrafttreten

### § 1    Anwendungsbereich

¹Diese Verordnung gilt für
1. Feuerstätten, Wärmepumpen und Blockheizkraftwerke in Gebäuden, soweit diese der Beheizung von Räumen oder der Warmwasserversorgung dienen,
2. Feuerstätten, die Gashaushaltskochgeräte sind,
3. die Aufstellung und Räume von Feuerstätten, Wärmepumpen, Blockheizkraftwerken nach Nummer 1 sowie von ortsfesten Verbrennungsmotoren,
4. Abgasanlagen und Brennstoffversorgungseinrichtungen von Feuerstätten aller Art und für ortsfeste Verbrennungsmotoren.

²Die Verordnung gilt nicht für Brennstoffzellen und ihre Anlagen zur Abführung der Prozessgase.

### § 2    Begriffe

(1) Als Nennleistung gilt
1. die auf dem Typenschild der Feuerstätte angegebene höchste Leistung, bei Blockheizkraftwerken die Gesamtleistung,
2. die in den Grenzen des auf dem Typenschild angegebenen Leistungsbereiches fest eingestellte und an einem Zusatzschild angegebene höchste nutzbare Leistung der Feuerstätte oder
3. bei Feuerstätten ohne Typenschild die aus dem Brennstoffdurchsatz mit einem Wirkungsgrad von 80 vom Hundert ermittelte Leistung.

§§ 3, 4    FeuVO · C 8

(2) ¹Raumluftunabhängig sind Feuerstätten, denen die Verbrennungsluft über Leitungen oder Schächte nur direkt vom Freien zugeführt wird und bei denen kein Abgas in Gefahr drohender Menge in den Aufstellraum austreten kann. ²Andere Feuerstätten sind raumluftabhängig.

## § 3    Verbrennungsluftversorgung von Feuerstätten

(1) Für raumluftabhängige Feuerstätten mit einer Nennleistung von insgesamt nicht mehr als 35 kW reicht die Verbrennungsluftversorgung aus, wenn jeder Aufstellraum
1. mindestens eine Tür ins Freie oder ein Fenster, das geöffnet werden kann (Räume mit Verbindung zum Freien), und einen Rauminhalt von mindestens 4 m³ je 1 kW Nennleistung dieser Feuerstätten hat,
2. mit anderen Räumen mit Verbindung zum Freien nach Maßgabe des Absatzes 2 verbunden ist (Verbrennungsluftverbund) oder
3. eine ins Freie führende Öffnung mit einem lichten Querschnitt von mindestens 150 cm² oder zwei Öffnungen von je 75 cm² oder Leitungen ins Freie mit strömungstechnisch äquivalenten Querschnitten hat.

(2) ¹Der Verbrennungsluftverbund im Sinne des Absatzes 1 Nummer 2 zwischen dem Aufstellraum und Räumen mit Verbindung zum Freien muss durch Verbrennungsluftöffnungen von mindestens 150 cm² zwischen den Räumen hergestellt sein. ²Der Gesamtrauminhalt der Räume, die zum Verbrennungsluftverbund gehören, muss mindestens 4 m³ je 1 kW Nennleistung der Feuerstätten, die gleichzeitig betrieben werden können, betragen. ³Räume ohne Verbindung zum Freien sind auf den Gesamtrauminhalt nicht anzurechnen.

(3) Für raumluftabhängige Feuerstätten mit einer Nennleistung von insgesamt mehr als 35 kW und nicht mehr als 50 kW reicht die Verbrennungsluftversorgung aus, wenn jeder Aufstellraum die Anforderungen nach Absatz 1 Nummer 3 erfüllt.

(4) ¹Für raumluftabhängige Feuerstätten mit einer Nennleistung von insgesamt mehr als 50 kW reicht die Verbrennungsluftversorgung aus, wenn jeder Aufstellraum eine ins Freie führende Öffnung oder Leitung hat. ²Der Querschnitt der Öffnung muss mindestens 150 cm² und für jedes über 50 kW hinausgehende Kilowatt 2 cm² mehr betragen. ³Leitungen müssen strömungstechnisch äquivalent bemessen sein. ⁴Der erforderliche Querschnitt darf auf höchstens zwei Öffnungen oder Leitungen aufgeteilt sein.

(5) ¹Verbrennungsluftöffnungen und -leitungen dürfen nicht verschlossen oder zugestellt werden, sofern nicht durch besondere Sicherheitseinrichtungen gewährleistet ist, dass die Feuerstätten nur bei geöffnetem Verschluss betrieben werden können. ²Der erforderliche Querschnitt darf durch den Verschluss oder durch Gitter nicht verengt werden.

(6) Abweichend von den Absätzen 1 bis 4 kann für raumluftabhängige Feuerstätten eine ausreichende Verbrennungsluftversorgung auf andere Weise nachgewiesen werden.

(7) ¹Die Absätze 1 und 2 gelten nicht für Gas-Haushalts-Kochgeräte. ²Die Absätze 1 bis 4 gelten nicht für offene Kamine.

## § 4    Aufstellung von Feuerstätten, Gasleitungsanlagen

(1) Feuerstätten dürfen nicht aufgestellt werden
1. in notwendigen Treppenräumen, in Räumen zwischen notwendigen Treppenräumen und Ausgängen ins Freie und in notwendigen Fluren,

## C 8 · FeuVO  § 4

2. in Garagen, ausgenommen raumluftunabhängige Feuerstätten, deren Oberflächentemperatur bei Nennleistung nicht mehr als 300 Grad Celsius beträgt.

(2) ¹Die Betriebssicherheit von raumluftabhängigen Feuerstätten darf durch den Betrieb von Raumluft absaugenden Anlagen wie Lüftungs- oder Warmluftheizungsanlagen, Dunstabzugshauben, Abluft-Wäschetrockner nicht beeinträchtigt werden. ²Dies gilt als erfüllt, wenn
1. ein gleichzeitiger Betrieb der Feuerstätten und der Luft absaugenden Anlagen durch Sicherheitseinrichtungen verhindert wird,
2. die Abgasabführung durch besondere Sicherheitseinrichtungen überwacht wird,
3. die Abgase der Feuerstätten über die Luft absaugenden Anlagen abgeführt werden oder
4. anlagentechnisch sichergestellt ist, dass während des Betriebes der Feuerstätten kein gefährlicher Unterdruck entstehen kann.

(3) ¹Feuerstätten für gasförmige Brennstoffe ohne Flammenüberwachung dürfen nur in Räumen aufgestellt werden, wenn durch mechanische Lüftungsanlagen während des Betriebes der Feuerstätten stündlich mindestens ein fünffacher Luftwechsel sichergestellt ist. ²Für Gas-Haushalts-Kochgeräte genügt ein Außenluftvolumenstrom von 100 m³/h.

(4) Feuerstätten für gasförmige Brennstoffe mit Strömungssicherung dürfen unbeschadet des § 3 in Räumen aufgestellt werden,
1. mit einem Rauminhalt von mindestens 1 m³ je kW Nennleistung dieser Feuerstätten, soweit sie gleichzeitig betrieben werden können,
2. in denen durch unten und oben angeordnete Öffnungen mit einem Mindestquerschnitt von jeweils 75 cm² ins Freie eine Durchlüftung sichergestellt ist oder
3. in denen durch andere Maßnahmen, wie beispielsweise unten und oben in derselben Wand angeordnete Öffnungen mit einem Mindestquerschnitt von jeweils 150 cm² zu unmittelbaren Nachbarräumen, ein zusammenhängender Rauminhalt der Größe nach Nummer 1 eingehalten wird.

(5) ¹Gasleitungsanlagen in Räumen müssen so beschaffen, angeordnet oder mit Vorrichtungen ausgerüstet sein, dass bei einer äußeren thermischen Beanspruchung von bis zu 650 Grad Celsius über einen Zeitraum von 30 Minuten keine gefährlichen Gas-Luft-Gemische entstehen können. ²Alle Gasentnahmestellen müssen mit einer Vorrichtung ausgerüstet sein, die im Brandfall die Brennstoffzufuhr selbsttätig absperrt. ³Satz 2 gilt nicht, wenn Gasleitungsanlagen durch Ausrüstung mit anderen selbsttätigen Vorrichtungen die Anforderungen nach Satz 1 erfüllen.

(6) Feuerstätten für Flüssiggas (Propan, Butan und deren Gemische) dürfen in Räumen, deren Fußboden an jeder Stelle mehr als 1 m unter der Geländeoberfläche liegt, nur aufgestellt werden, wenn
1. die Feuerstätten eine Flammenüberwachung haben und
2. sichergestellt ist, dass auch bei abgeschalteter Feuerungseinrichtung Flüssiggas aus den im Aufstellraum befindlichen Brennstoffleitungen in Gefahr drohender Menge nicht austreten kann oder über eine mechanische Lüftungsanlage sicher abgeführt wird.

(7) ¹Feuerstätten müssen von Bauteilen aus brennbaren Baustoffen so weit entfernt oder so abgeschirmt sein, dass an diesen bei Nennleistung der Feuerstätten keine höheren Temperaturen als 85 Grad Celsius auftreten können. ²Dies gilt als erfüllt, wenn mindestens die vom Hersteller angegebenen Abstandsmaße eingehalten werden oder, wenn diese Angaben fehlen, ein Mindestabstand von 40 cm eingehalten wird.

(8) ¹Vor den Feuerungsöffnungen von Feuerstätten für feste Brennstoffe sind Fußböden aus brennbaren Baustoffen durch einen Belag aus nicht brennbaren Baustoffen zu schützen. ²Der Belag muss sich nach vorn auf mindestens 50 cm und seitlich auf mindestens 30 cm über die Feuerungsöffnung hinaus erstrecken.

(9) ¹Bauteile aus brennbaren Baustoffen müssen von den Feuerraumöffnungen offener Kamine nach oben und zu den Seiten einen Abstand von mindestens 80 cm haben. ² Bei Anordnung eines beiderseits belüfteten Strahlungsschutzes genügt ein Abstand von 40 cm.

## § 5 Aufstellräume für Feuerstätten

(1) ¹In einem Raum dürfen Feuerstätten mit einer Nennleistung von insgesamt mehr als 100 kW, die gleichzeitig betrieben werden sollen, nur aufgestellt werden, wenn dieser Raum
1. nicht anderweitig genutzt wird, ausgenommen zur Aufstellung von Wärmepumpen, Blockheizkraftwerken und ortsfesten Verbrennungsmotoren sowie für zugehörige Installationen und zur Lagerung von Brennstoffen,
2. gegenüber anderen Räumen keine Öffnungen, ausgenommen Öffnungen für Türen, hat,
3. dicht- und selbstschließende Türen hat und
4. gelüftet werden kann.

²In einem Raum nach Satz 1 dürfen Feuerstätten für feste Brennstoffe jedoch nur aufgestellt werden, wenn deren Nennleistung insgesamt nicht mehr als 50 kW beträgt.

(2) ¹Brenner und Brennstofffördereinrichtungen der Feuerstätten für flüssige und gasförmige Brennstoffe mit einer Gesamtnennleistung von mehr als 100 kW müssen durch einen außerhalb des Aufstellraumes angeordneten Schalter (Notschalter) jederzeit abgeschaltet werden können. ²Neben dem Notschalter muss ein Schild mit der Aufschrift „NOTSCHALTER-FEUERUNG" vorhanden sein.

(3) Wird in dem Aufstellraum nach Absatz 1 Heizöl gelagert oder ist der Raum für die Heizöllagerung nur von diesem Aufstellraum zugänglich, muss die Heizölzufuhr von der Stelle des Notschalters nach Absatz 2 aus durch eine entsprechend gekennzeichnete Absperreinrichtung unterbrochen werden können.

(4) Abweichend von Absatz 1 dürfen die Feuerstätten auch in anderen Räumen aufgestellt werden, wenn die Nutzung dieser Räume dies erfordert und die Feuerstätten sicher betrieben werden können.

## § 6 Heizräume

(1) ¹Feuerstätten für feste Brennstoffe mit einer Nennleistung von insgesamt mehr als 50 kW, die gleichzeitig betrieben werden sollen, dürfen nur in besonderen Räumen (Heizräumen) aufgestellt werden. ²§ 5 Absätze 3 und 4 gilt entsprechend. ³Die Heizräume dürfen
1. nicht anderweitig genutzt werden, ausgenommen zur Aufstellung von Feuerstätten für flüssige und gasförmige Brennstoffe, Wärmepumpen, Blockheizkraftwerken, ortsfesten Verbrennungsmotoren und für zugehörige Installationen sowie zur Lagerung von Brennstoffen und
2. mit Aufenthaltsräumen, ausgenommen solche für das Betriebspersonal, sowie mit notwendigen Treppenräumen nicht in unmittelbarer Verbindung stehen.

[4]Wenn in Heizräumen Feuerstätten für flüssige und gasförmige Brennstoffe aufgestellt werden, gilt § 5 Absatz 2 entsprechend.

(2) Heizräume müssen
1. mindestens einen Rauminhalt von 8 m³ und eine lichte Höhe von 2 m,
2. einen Ausgang, der ins Freie oder einen Flur führt, der die Anforderungen an notwendige Flure erfüllt, und
3. Türen, die in Fluchtrichtung aufschlagen,

haben.

(3) [1]Wände, ausgenommen nichttragende Außenwände, und Stützen von Heizräumen sowie Decken über und unter ihnen müssen feuerbeständig sein.[2]Öffnungen in Decken und Wänden müssen, soweit sie nicht unmittelbar ins Freie führen, mindestens Feuer hemmende und selbstschließende Abschlüsse haben. [3]Die Sätze 1 und 2 gelten nicht für Trennwände zwischen Heizräumen und den zum Betrieb der Feuerstätten gehörenden Räumen, wenn diese Räume die Anforderungen der Sätze 1 und 2 erfüllen.

(4) [1]Heizräume müssen zur Raumlüftung jeweils eine obere und eine untere Öffnung ins Freie mit einem Querschnitt von mindestens je 150 cm² oder Leitungen ins Freie mit strömungstechnisch äquivalenten Querschnitten haben. [2] § 3 Absatz 5 gilt sinngemäß. [3]Der Querschnitt einer Öffnung oder Leitung darf auf die Verbrennungsluftversorgung nach § 3 Absatz 4 angerechnet werden.

(5) [1]Lüftungsleitungen für Heizräume müssen eine Feuerwiderstandsdauer von mindestens 90 Minuten haben, soweit sie durch andere Räume führen, ausgenommen angrenzende, zum Betrieb der Feuerstätten gehörende Räume, die die Anforderungen nach Absatz 3 Sätze 1 und 2 erfüllen. [2]Die Lüftungsleitungen dürfen mit anderen Lüftungsanlagen nicht verbunden sein und nicht der Lüftung anderer Räume dienen.

(6) Lüftungsleitungen, die der Lüftung anderer Räume dienen, müssen, soweit sie durch Heizräume führen, eine Feuerwiderstandsdauer von mindestens 90 Minuten oder selbsttätige Absperrvorrichtungen mit einer Feuerwiderstandsdauer von mindestens 90 Minuten haben und ohne Öffnungen sein.

## § 7 Abgasanlagen

(1) Abgasanlagen müssen nach lichtem Querschnitt und Höhe, soweit erforderlich auch nach Wärmedurchlasswiderstand und Beschaffenheit der inneren Oberfläche, so bemessen sein, dass die Abgase bei allen bestimmungsgemäßen Betriebszuständen ins Freie abgeführt werden und gegenüber Räumen kein gefährlicher Überdruck auftreten kann.

(2) [1]Die Abgase von Feuerstätten für feste Brennstoffe müssen in Schornsteine, die Abgase von Feuerstätten für flüssige oder gasförmige Brennstoffe dürfen auch in Abgasleitungen eingeleitet werden. [2]§ 40 Absatz 4 HBauO bleibt unberührt

(3) [1]Abweichend von Absatz 2 Satz 1 sind Feuerstätten für gasförmige Brennstoffe ohne Abgasanlage zulässig, wenn durch einen sicheren Luftwechsel im Aufstellraum gewährleistet ist, dass Gefahren oder unzumutbare Belästigungen nicht entstehen. [2]Dies gilt insbesondere als erfüllt, wenn
1. durch maschinelle Lüftungsanlagen während des Betriebs der Feuerstätten ein Luftvolumenstrom von mindestens 30 m³/h je kW Nennleistung aus dem Aufstellraum ins Freie abgeführt wird oder

## § 7  FeuVO · C 8

2. besondere Sicherheitseinrichtungen verhindern, dass die Kohlenmonoxid-Konzentration in den Aufstellräumen einen Wert von 30 Teile je Million (ppm) überschreitet,
3. bei Gas-Haushalts-Kochgeräten, soweit sie gleichzeitig betrieben werden können, mit einer Nennleistung von nicht mehr als 11 kW der Aufstellraum einen Rauminhalt von mehr als 15 m$^3$ aufweist und mindestens eine Tür ins Freie oder ein Fenster hat, das geöffnet werden kann.

(4) Mehrere Feuerstätten dürfen an einen gemeinsamen Schornstein, an eine gemeinsame Abgasleitung oder an ein gemeinsames Verbindungsstück nur angeschlossen werden, wenn
1. durch die Bemessung nach Absatz 1 und die Beschaffenheit der Abgasanlage die Ableitung der Abgase für jeden Betriebszustand sichergestellt ist,
2. eine Übertragung von Abgasen zwischen den Aufstellräumen und ein Austritt von Abgasen über nicht in Betrieb befindliche Feuerstätten ausgeschlossen sind,
3. die gemeinsame Abgasleitung aus nicht brennbaren Baustoffen besteht oder eine Brandübertragung zwischen den Geschossen durch selbsttätige Absperrvorrichtungen oder andere Maßnahmen verhindert wird und
4. die Anforderungen des § 4 Absatz 2 für alle angeschlossenen Feuerstätten gemeinsam erfüllt sind.

(5) [1]In Gebäuden muss jede Abgasleitung, die Geschosse überbrückt, in einem eigenen Schacht angeordnet sein. [2]Dies gilt nicht
1. für Abgasleitungen in Gebäuden der Gebäudeklassen 1 und 2, die durch nicht mehr als eine Nutzungseinheit führen,
2. für einfach belegte Abgasleitungen im Aufstellraum der Feuerstätte und
3. für Abgasleitungen, die eine Feuerwiderstandsdauer von mindestens 90 Minuten, in Gebäuden der Gebäudeklassen 1 und 2 eine Feuerwiderstandsdauer von mindestens 30 Minuten haben.

[3]Schächte für Abgasleitungen dürfen nicht anderweitig genutzt werden. [4]Die Anordnung mehrerer Abgasleitungen in einem gemeinsamen Schacht ist zulässig, wenn
1. die Abgasleitungen aus nicht brennbaren Baustoffen bestehen,
2. die zugehörigen Feuerstätten in demselben Geschoss aufgestellt sind oder
3. eine Brandübertragung zwischen den Geschossen durch selbsttätige Absperrvorrichtungen oder andere Maßnahmen verhindert wird.

[5]Die Schächte müssen eine Feuerwiderstandsdauer von mindestens 90 Minuten, in Gebäuden der Gebäudeklassen 1 und 2 von mindestens 30 Minuten haben.

(6) [1]Abgasleitungen aus normal entflammbaren Baustoffen innerhalb von Gebäuden müssen, soweit sie nicht gemäß Absatz 5 in Schächten zu verlegen sind, zum Schutz gegen mechanische Beanspruchung von außen in Schutzrohren aus nicht brennbaren Baustoffen angeordnet oder mit vergleichbaren Schutzvorkehrungen aus nicht brennbaren Baustoffen ausgestattet sein. [2]Dies gilt nicht für Abgasleitungen im Aufstellraum der Feuerstätten. [3]§ 8 Absätze 1 bis 3 bleibt unberührt.

(7) Schornsteine müssen
1. gegen Rußbrände beständig sein,
2. in Gebäuden, in denen sie Geschosse überbrücken, eine Feuerwiderstandsdauer von mindestens 90 Minuten haben oder in durchgehenden Schächten mit einer Feuerwiderstandsdauer von 90 Minuten angeordnet sein,
3. unmittelbar auf dem Baugrund gegründet oder auf einem feuerbeständigen Unterbau errichtet sein; es genügt ein Unterbau aus nicht brennbaren Baustoffen für Schornsteine in Gebäuden der Gebäudeklassen 1 bis 3, für Schornsteine

## C 8 · FeuVO § 8

die oberhalb der obersten Geschossdecke beginnen, sowie für Schornsteine an Gebäuden,
4. durchgehend, insbesondere nicht durch Decken unterbrochen sein und
5. für die Reinigung Öffnungen mit Schornsteinreinigungsverschlüssen haben.

(8) Schornsteine, Abgasleitungen und Verbindungsstücke, die unter Überdruck betrieben werden, müssen innerhalb von Gebäuden
1. in vom Freien dauernd gelüfteten Räumen liegen,
2. in Räumen liegen, die § 3 Absatz 1 Nummer 3 entsprechen,
3. soweit sie in Schächten liegen, über die gesamte Länge und den ganzen Umfang hinterlüftet sein oder
4. der Bauart nach so beschaffen sein, dass Abgase in Gefahr drohender Menge nicht austreten können.

(9) Verbindungsstücke dürfen nicht in Decken, Wänden oder unzugänglichen Hohlräumen angeordnet sowie nicht in andere Geschosse oder Nutzungseinheiten geführt werden.

(10) [1]Luft-Abgas-Systeme sind zur Abgasabführung nur zulässig, wenn sie getrennte, durchgehende Luft- und Abgasführungen haben. [2]An diese Systeme dürfen nur raumluftunabhängige Feuerstätten angeschlossenwerden, deren Bauart sicherstellt, dass sie für diese Betriebsweise geeignet sind. [3]Im Übrigen gelten für Luft-Abgas-Systeme die Absätze 4 bis 9 sinngemäß.

### § 8 Abstände von Abgasanlagen zu brennbaren Bauteilen

(1) Abgasanlagen müssen zu Bauteilen aus brennbaren Baustoffen so weit entfernt oder so abgeschirmt sein, dass an den genannten Bauteilen
1. bei Nennleistung keine höheren Temperaturen als 85 Grad Celsius und
2. bei Rußbränden in Schornsteinen keine höheren Temperaturen als 100 Grad Celsius

auftreten können.

(2) [1]Die Anforderungen von Absatz 1 gelten insbesondere als erfüllt, wenn
1. die aufgrund von harmonisierten technischen Spezifikationen angegebenen Mindestabstände eingehalten sind,
2. bei Abgasanlagen für Abgastemperaturen der Feuerstätten bei Nennleistung bis zu 400 Grad Celsius, deren Wärmedurchlasswiderstand mindestens 0,12 m$^2$K/W und deren Feuerwiderstandsdauer mindestens 90 Minuten beträgt, ein Mindestabstand von 5 cm eingehalten ist oder
3. bei Abgasanlagen für Abgastemperaturen der Feuerstätten bei Nennleistung bis zu 400 Grad Celsius ein Mindestabstand von 40 cm eingehalten ist.

[2]Im Falle von Satz 1 Nummer 2 ist
1. zu Holzbalken und Bauteilen entsprechender Abmessungen ein Mindestabstand von 2 cm ausreichend,
2. zu Bauteilen mit geringer Fläche wie Fußleisten und Dachlatten, soweit die Ableitung der Wärme aus diesen Bauteilen nicht durch Wärmedämmung behindert wird, kein Mindestabstand erforderlich.

[3]Abweichend von Satz 1 Nummer 3 genügt bei Abgasleitungen für Abgastemperaturen der Feuerstätten bei Nennleistung bis zu 300 Grad Celsius außerhalb von Schächten
1. ein Mindestabstand von 20 cm oder
2. wenn die Abgasleitungen mindestens 2 cm dick mit nicht brennbaren Baustoffen mit geringer Wärmeleitfähigkeit ummantelt sind oder die Abgastemperatur

§ 9 FeuVO · C 8

der Feuerstätte bei Nennleistung nicht mehr als 160 Grad Celsius betragen kann, ein Mindestabstand von 5 cm.
[4]Abweichend von Satz 1 Nummer 3 genügt für Verbindungsstücke zu Schornsteinen ein Mindestabstand von 10 cm, wenn die Verbindungsstücke mindestens 2 cm dick mit nicht brennbaren Baustoffen geringer Wärmeleitfähigkeit ummantelt sind.
[5]Die angegebenen Mindestabstände gelten für den Anwendungsfall der Hinterlüftung.

(3) [1]Bei Abgasleitungen und Verbindungsstücken zu Schornsteinen für Abgastemperaturen der Feuerstätten bei Nennleistung bis zu 400 Grad Celsius, die durch Bauteile aus brennbaren Baustoffen führen, gelten die Anforderungen von Absatz 1 insbesondere als erfüllt, wenn diese Abgasleitungen und Verbindungsstücke
1. in einem Mindestabstand von 20 cm mit einem Schutzrohr aus nicht brennbaren Baustoffen versehen oder
2. in einer Dicke von mindestens 20 cm mit nicht brennbaren Baustoffen mit geringer Wärmeleitfähigkeit ummantelt werden.
[2]Abweichend von Satz 1 genügt bei Feuerstätten für flüssige und gasförmige Brennstoffe ein Maß von 5 cm, wenn die Abgastemperatur der Feuerstätten bei Nennleistung nicht mehr als 160 Grad Celsius betragen kann.

(4) Werden bei Durchführungen von Abgasanlagen durch Bauteile aus brennbaren Baustoffen Zwischenräume verschlossen, müssen dafür nichtbrennbare Baustoffe mit geringer Wärmeleitfähigkeit verwendet und die Anforderungen des Absatzes 1 erfüllt werden.

### § 9 Abführung von Abgasen

(1) Die Mündungen von Abgasanlagen müssen
1. den First um mindestens 40 cm überragen oder von der Dachfläche mindestens 1 m entfernt sein; ein Abstand von der Dachfläche von 40 cm genügt, wenn nur raumluftunabhängige Feuerstätten für flüssige oder gasförmige Brennstoffe angeschlossen sind, die Summe der Nennleistungen der angeschlossenen Feuerstätten nicht mehr als 50 kW beträgt und das Abgas durch Ventilatoren abgeführt wird,
2. Dachaufbauten, Gebäudeteile, Öffnungen zu Räumen und ungeschützte Bauteile aus brennbaren Baustoffen, ausgenommen Bedachungen, um mindestens 1 m überragen, soweit deren Abstand zu den Abgasanlagen weniger als 1,5 m beträgt,
3. bei Feuerstätten für feste Brennstoffe in Gebäuden, deren Bedachung überwiegend nicht den Anforderungen des § 30 Absatz 1 HBauO entspricht, am First des Daches austreten und diesen um mindestens 80 cm überragen.

(2) Die Abgase von raumluftunabhängigen Feuerstätten für gasförmige Brennstoffe dürfen durch die Außenwand ins Freie geleitet werden, wenn
1. eine Ableitung der Abgase über Dach nicht oder nur mit unverhältnismäßig hohem Aufwand möglich ist,
2. die Nennleistung der Feuerstätte 11 kW zur Beheizung und 28 kW zur Warmwasseraufbereitung nicht überschreitet und
3. Gefahren oder unzumutbare Belästigungen nicht entstehen.

(3) Abweichend von Absatz 1 Nummern 1 und 2 können weitergehende Anforderungen gestellt werden, wenn Gefahren oder unzumutbare Belästigungen zu befürchten sind.

## § 10 Wärmepumpen, Blockheizkraftwerke und ortsfeste Verbrennungsmotoren

(1) Für die Aufstellung von
1. Sorptionswärmepumpen mit feuerbeheizten Austreibern,
2. Blockheizkraftwerken in Gebäuden und
3. ortsfesten Verbrennungsmotoren

gelten § 3 Absätze 1 bis 6 sowie § 4 Absätze 1 bis 7 entsprechend.

(2) Es dürfen
1. Sorptionswärmepumpen mit einer Nennleistung der Feuerung von mehr als 50 kW,
2. Wärmepumpen, die die Abgaswärme von Feuerstätten mit einer Nennleistung von insgesamt mehr als 50 kW nutzen,
3. Kompressionswärmepumpen mit elektrisch angetriebenen Verdichtern mit Antriebsleistungen von mehr als 50 kW,
4. Kompressionswärmepumpen mit Verbrennungsmotoren,
5. Blockheizkraftwerke mit mehr als 35 kW Nennleistung in Gebäuden und
6. ortsfeste Verbrennungsmotoren

nur in Räumen aufgestellt werden, die die Anforderungen nach § 5 erfüllen.

(3) [1]Die Verbrennungsgase von Blockheizkraftwerken und ortsfesten Verbrennungsmotoren in Gebäuden sind durch eigene, dichte Leitungen über Dach abzuleiten. [2]Mehrere Verbrennungsmotoren dürfen an eine gemeinsame Leitung nach Maßgabe des § 7 Absatz 4 angeschlossen werden. [3]Die Leitungen müssen außerhalb der Aufstellräume der Verbrennungsmotoren nach Maßgabe des § 7 Absätze 5 und 8 sowie § 8 beschaffen oder angeordnet sein.

(4) [1]Die Einleitung der Verbrennungsgase von Blockheizkraftwerken oder ortsfesten Verbrennungsmotoren in Abgasanlagen für Feuerstätten ist zulässig, wenn die einwandfreie Abführung der Verbrennungsgase und, soweit Feuerstätten angeschlossen sind, auch die einwandfreie Abführung der Abgase nachgewiesen ist. [2]§ 7 Absatz 1 gilt entsprechend.

(5) Für die Abführung der Abgase von Sorptionswärmepumpen mit feuerbeheizten Austreibern und Abgaswärmepumpen gelten die §§ 7 bis 9 entsprechend.

## § 11 Brennstofflagerung in Brennstofflagerräumen

(1) [1]Je Gebäude oder Brandabschnitt darf die Lagerung von
1. Holzpellets von mehr als 10.000 l,
2. sonstigen festen Brennstoffen in einer Menge von mehr als 15.000 kg,
3. Heizöl und Dieselkraftstoff in Behältern mit mehr als insgesamt 5.000 l oder
4. Flüssiggas in Behältern mit einem Füllgewicht von mehr als insgesamt 16 kg

nur in besonderen Räumen (Brennstofflagerräume) erfolgen, die nicht zu anderen Zwecken genutzt werden dürfen. [4]Das Fassungsvermögen der Behälter darf insgesamt 100.000 l Heizöl oder Dieselkraftstoff oder 6.500 l Flüssiggas je Brennstofflagerraum und 30.000 l Flüssiggas je Gebäude oder Brandabschnitt nicht überschreiten.

(2) [1]Wände und Stützen von Brennstofflagerräumen sowie Decken über oder unter ihnen müssen feuerbeständig sein. [2]Öffnungen in Decken und Wänden müssen, soweit sie nicht unmittelbar ins Freie führen, mindestens Feuer hemmende und selbstschließende Abschlüsse haben. [3]Durch Decken und Wände von Brennstofflagerräumen dürfen keine Leitungen geführt werden, ausgenommen Leitungen, die

zum Betrieb dieser Räume erforderlich sind, sowie Heizrohrleitungen, Wasserleitungen und Abwasserleitungen. ⁴Die Sätze 1 und 2 gelten nicht für Trennwände zwischen Brennstofflagerräumen und Heizräumen.

(3) Brennstofflagerräume für flüssige Brennstoffe müssen
1. gelüftet und von der Feuerwehr vom Freien aus beschäumt werden können und
2. an den Zugängen mit der Aufschrift „HEIZÖLLAGERUNG" oder „DIESELKRAFTSTOFFLAGERUNG" gekennzeichnet sein.

(4) Brennstofflagerräume für Flüssiggas
1. müssen über eine ständig wirksame Lüftung verfügen,
2. dürfen keine Öffnungen zu anderen Räumen, ausgenommen Öffnungen für Türen, und keine offenen Schächte und Kanäle haben,
3. dürfen mit ihren Fußböden nicht allseitig unterhalb der Geländeoberfläche liegen,
4. dürfen in ihren Fußböden keine Öffnungen haben,
5. müssen an ihren Zugängen mit der Aufschrift „FLÜSSIGGASANLAGE" gekennzeichnet sein und
6. dürfen nur mit elektrischen Anlagen ausgestattet sein, die den Anforderungen der Vorschriften aufgrund des § 14 des Geräte- und Produktsicherheitsgesetzes vom 6. Januar 2004 (BGBl. I S. 2, 219), zuletzt geändert am 7. Juli 2005 (BGBl. I S. 1970, 2012), in der jeweils geltenden Fassung für elektrische Anlagen in explosionsgefährdeten Räumen entsprechen.

(5) Für Brennstofflagerräume für Holzpellets gilt Absatz 4 Nummer 6 entsprechend.

## § 12   Brennstofflagerung außerhalb von Brennstofflagerräumen

(1) Feste Brennstoffe sowie Behälter zur Lagerung von brennbaren Gasen und Flüssigkeiten dürfen nicht in notwendigen Treppenräumen, in Räumen zwischen notwendigen Treppenräumen und Ausgängen ins Freie und in notwendigen Fluren gelagert oder aufgestellt werden.

(2) Heizöl oder Dieselkraftstoff dürfen gelagert werden
1. in Wohnungen bis zu 100 l,
2. in Räumen außerhalb von Wohnungen bis zu 1.000 l,
3. in Räumen außerhalb von Wohnungen bis zu 5.000 l je Gebäude oder Brandabschnitt, wenn diese Räume gelüftet werden können und gegenüber anderen Räumen keine Öffnungen, ausgenommen Öffnungen mit dicht schließenden Türen, haben,
4. in Räumen in Gebäuden der Gebäudeklasse 1 mit nicht mehr als einer Nutzungseinheit, die keine Aufenthaltsräume sind und den Anforderungen nach Nummer 3 genügen bis zu 5.000 l.

(3) ¹Sind in den Räumen nach Absatz 2 Nummern 2 bis 4 Feuerstätten aufgestellt, müssen diese
1. außerhalb erforderlicher Auffangräume für auslaufenden Brennstoff stehen und
2. einen Abstand von mindestens 1 m zu Behältern für Heizöl oder Dieselkraftstoff haben.
²Dieser Abstand kann bis auf die Hälfte verringert werden, wenn ein beiderseits belüfteter Strahlungsschutz vorhanden ist. ³Ein Abstand von 0,1 m genügt, wenn nachgewiesen ist, dass die Oberflächentemperatur der Feuerstätte 40 Grad Celsius nicht überschreitet.

(4) Flüssiggas darf in Wohnungen und in Räumen außerhalb von Wohnungen gelagert werden, jeweils in einem Behälter mit einem Füllgewicht von nicht mehr als 16

## C 8 · FeuVO § 13

kg, wenn die Fußböden allseitig oberhalb der Geländeoberfläche liegen und außer Abläufen mit Flüssigkeitsverschluss keine Öffnungen haben.

### § 13 Außerkrafttreten

Die Feuerungsverordnung vom 18. Februar 1997 (HmbGVBl. S. 20) wird aufgehoben.

# Verordnung über das Übereinstimmungszeichen (Übereinstimmungszeichen-Verordnung – ÜZVO)

Vom 20. Mai 2003 (HmbGVBl. 2003, S. 134)

Auf Grund von § 20 Absatz 4 und § 81 Absatz 6 Nummer 1 der Hamburgischen Bauordnung (HBauO) vom 1. Juli 1986 (HmbGVBl. S. 183), zuletzt geändert am 17. Dezember 2002 (HmbGVBl. S. 347, 353), wird verordnet:

## § 1

(1) Das Übereinstimmungszeichen (Ü-Zeichen) nach § 22 Absatz 4 HBauO besteht aus dem Buchstaben „Ü" und hat folgende Angaben zu enthalten:
1. Name des Herstellers; zusätzlich das Herstellwerk, wenn der Name des Herstellers eine eindeutige Zuordnung des Bauprodukts zu dem Herstellwerk nicht ermöglicht; anstelle des Namens des Herstellers genügt der Name des Vertreibers des Bauprodukts mit der Angabe des Herstellwerks; die Angabe des Herstellwerks darf verschlüsselt erfolgen, wenn sich beim Hersteller oder Vertreiber und, wenn ein Übereinstimmungszertifikat erforderlich ist, bei der Zertifizierungsstelle und Überwachungsstelle das Herstellwerk jederzeit eindeutig ermitteln lässt,
2. Grundlage der Übereinstimmungsbestätigung
   a. Kurzbezeichnung der für das geregelte Bauprodukt im Wesentlichen maßgebenden technischen Regel,
   b. die Bezeichnung für eine allgemeine bauaufsichtliche Zulassung als „Z" und deren Nummer,
   c. die Bezeichnung für ein allgemeines bauaufsichtliches Prüfzeugnis als „P", dessen Nummer und die Bezeichnung der Prüfstelle oder
   d. die Bezeichnung für eine Zustimmung im Einzelfall als „ZiE" und die Behörde,
3. die für den Verwendungszweck wesentlichen Merkmale des Bauprodukts, soweit sie nicht durch die Angabe der Kurzbezeichnung der technischen Regel nach Nummer 2 Buchstabe a abschließend bestimmt sind,
4. die Bezeichnung oder das Bildzeichen der Zertifizierungsstelle, wenn die Einschaltung einer Zertifizierungsstelle vorgeschrieben ist.

(2) [1]Die Angaben nach Absatz 1 sind auf der von dem Buchstaben „Ü" umschlossenen Innenfläche oder in deren unmittelbarer Nähe anzubringen. [2]Der Buchstabe „Ü" und die Angaben nach Absatz 1 müssen deutlich lesbar sein. [3]Der Buchstabe „Ü" muss in seiner Form der folgenden Abbildung entsprechen:

(3) Wird das Ü-Zeichen auf einem Beipackzettel, der Verpackung, dem Lieferschein oder einer Anlage zum Lieferschein angebracht, so darf der Buchstabe „Ü" ohne oder mit einem Teil der Angaben nach Absatz 1 zusätzlich auf dem Bauprodukt angebracht werden.

### § 2

(1) Diese Verordnung tritt am Tage nach der Verkündung in Kraft.

(2) Zum selben Zeitpunkt tritt die Übereinstimmungszeichen-Verordnung vom 29. November 1994 (HmbGVBl. S. 301, 310) außer Kraft.

# Verordnung über Anforderungen an Herstellern von Bauprodukten und Anwender von Bauarten (HAVO)

Vom 20. Mai 2003, zuletzt geändert durch Artikel 6 der Verordnung vom 21. Dezember 2010 (HmbGVBl. S. 655, 658)

Auf Grund von § 20 Absatz 5, § 21 Absatz 1 Satz 4 und § 81 Absatz 1 Nummer 2 der Hamburgischen Bauordnung (HBauO) vom 1. Juli 1986 (HmbGVBl. S. 183), zuletzt geändert am 17. Dezember 2002 (HmbGVBl. S. 347, 353), wird verordnet:

## § 1

(1) [1]Für
1. die Ausführung von Schweißarbeiten zur Herstellung tragender Stahlbauteile,
2. die Ausführung von Schweißarbeiten zur Herstellung tragender Aluminiumbauteile,
3. die Ausführung von Schweißarbeiten zur Herstellung von Betonstahlbewehrungen,
4. die Ausführung von Leimarbeiten zur Herstellung tragender Holzbauteile und von Brettschichtholz,
5. die Herstellung und den Einbau von Beton mit höherer Festigkeit und anderen besonderen Eigenschaften (Beton der Überwachungsklasse 2 oder 3) auf Baustellen, die Herstellung von vorgefertigten tragenden Bauteilen aus Beton der Überwachungsklasse 2 oder 3 sowie die Herstellung von Transportbeton,
6. die Instandsetzung von tragenden Betonbauteilen, deren Standsicherheit gefährdet ist,

müssen die Herstellerin und der Hersteller und die Anwenderin und der Anwender über Fachkräfte mit besonderer Sachkunde und Erfahrung sowie über besondere Vorrichtungen verfügen. [2]Die Anforderungen an die erforderliche Ausbildung und berufliche Erfahrung der Fachkräfte sowie die erforderlichen Vorrichtungen bestimmen sich nach den von der Bauaufsichtsbehörde im Amtlichen Anzeiger bekannt gemachten technischen Regeln in der jeweils geltenden Fassung der Liste der Technischen Baubestimmungen einschließlich der dort aufgeführten Anlagen in den Fällen des Satzes 1; maßgeblich sind für Satz 1
1. Nummer 1 die laufende Nummer 2.4.4 (Teil 7 der technischen Regel),
2. Nummer 2 die laufende Nummer 2.4.1,
3. Nummer 3 die laufende Nummer 2.3.4,
4. Nummer 4 die laufende Nummer 2.5.1 (Teil 1 und -1/A 1 der technischen Regel),
5. Nummer 5 die laufende Nummer 2.3.1,
6. Nummer 6 die laufende Nummer 2.3.11 (Teil 3 der technischen Regel)
der vorgenannten Liste.

(2) Fachkräfte mit besonderer Sachkunde und Erfahrung sowie besondere Vorrichtungen nach Absatz 1 Satz 1 sind nicht erforderlich, wenn auf andere Weise in gleichem Maße die allgemeinen Anforderungen des § 3 Absatz 1 der Hamburgischen Bauordnung vom 14. Dezember 2005 (HmbGVBl. S. 525), zuletzt geändert am 11. Mai 2010 (HmbGVBl. S. 350, 370), erfüllt werden. Die Erfüllung der Anforderungen nach Absatz 1 Satz 2 kann auch durch gleichwertige Nachweise anderer Mitgliedstaaten der Europäischen Union belegt werden.

## § 2

(1) Die Hersteller und Anwender haben vor der erstmaligen Durchführung der Arbeiten nach § 1 und danach für Tätigkeiten nach
1. § 1 Satz 1 Nummern 1 bis 3, 5 und 6 in Abständen von höchstens drei Jahren,
2. § 1 Satz 1 Nummer 4 in Abständen von höchstens fünf Jahren

gegenüber einer nach § 23 Absatz 1 Satz 1 Nummer 6 HBauO vom 14. Dezember 2005 (HmbGVBl. S. 525, 563), geändert am 11. April 2006 (HmbGVBl. S. 166), anerkannten Prüfstelle nachzuweisen, dass sie über die vorgeschriebenen Fachkräfte und Vorrichtungen verfügen.

(2) [1]Für die in § 1 aufgeführten Bauprodukte gelten die Überwachungsstellen für die Fremdüberwachung nach § 23 Absatz 1 Satz 1 Nummer 4 HBauO als Prüfstelle nach § 23 Absatz 1 Satz 1 Nummer 6 HBauO. [2]Dies gilt auch für die Stellen, welche in den vom Deutschen Institut für Bautechnik im Einvernehmen mit der Bauaufsichtsbehörde bekannt gemachten Verzeichnissen der Stellen für Eignungsnachweise zum Schweißen von Stahl- und Aluminiumkonstruktionen und von Betonstahl sowie zum Leimen tragender Holzbauteile geführt wurden und die Eignung der Hersteller und Anwender geprüft haben.

## § 3

Die Bauaufsichtsbehörde kann im Einzelfall zulassen, dass Bauprodukte, Bauarten oder Teile baulicher Anlagen abweichend von den Regelungen dieser Verordnung hergestellt werden, wenn nachgewiesen ist, dass Gefahren im Sinne des § 3 Absatz 1 HBauO nicht zu erwarten sind.

## § 4

Die Verfahren nach dieser Verordnung können über den Einheitlichen Ansprechpartner Hamburg abgewickelt werden. Es gelten die Bestimmungen zum Verfahren über die einheitliche Stelle nach den §§ 71a bis 71e des Hamburgischen Verwaltungsverfahrensgesetzes vom 9. November 1977 (HmbGVBl. S. 333, 402), zuletzt geändert am 15. Dezember 2009 (HmbGVBl. S. 444, 449), in der jeweils geltenden Fassung. Über den Antrag ist innerhalb einer Frist von drei Monaten zu entscheiden, § 42a Absatz 2 Sätze 2 bis 4 HmbVwVfG ist anzuwenden.

# Verordnung über die Überwachung von Tätigkeiten mit Bauprodukten und bei Bauarten (ÜTVO)

Vom 20. Mai 2003, zuletzt geändert durch Verordnung vom 3. Juli 2007 (HmbGVBl. 2003, S. 133, 2007 S. 194)

Auf Grund von § 20 Absatz 6, § 21 Absatz 1 Satz 4 und § 81 Absatz 1 Nummer 3 der Hamburgischen Bauordnung (HBauO) vom 1. Juli 1986 (HmbGVBl. S. 183), zuletzt geändert am 17. Dezember 2002 (HmbGVBl. S. 347, 353), wird verordnet:

## § 1

¹Folgende Tätigkeiten müssen durch eine Überwachungsstelle nach § 23 Absatz 1 Satz 1 Nummer 5 HBauO vom 14. Dezember 2005 (HmbGVBl. S. 525, 563), geändert am 11. April 2006 (HmbGVBl. S. 166), überwacht werden:
1. der Einbau von punktgestützten, hinterlüfteten Wandbekleidungen aus Einscheibensicherheitsglas in einer Höhe von mehr als 8 m über Gelände,
2. das Herstellen und der Einbau von Beton mit höherer Festigkeit und anderen besonderen Eigenschaften (Beton der Überwachungsklasse 2 oder 3) auf Baustellen,
3. die Instandsetzung von tragenden Betonbauteilen, deren Standsicherheit gefährdet ist,
4. der Einbau von Verpressankern, sofern sie nicht der Baugrubensicherung dienen,
5. das Herstellen von Einpressmörtel auf der Baustelle und das Einpressen in Spannkanäle,
6. das Einbringen von Ortschäumen in Bauteilflächen über 50 m².

²Die Überwachung erfolgt nach einschlägigen Technischen Baubestimmungen und kann sich auf Stichproben beschränken.

## § 2

Für die Tätigkeiten nach § 1 Satz 1 Nummern 2, 3, 5 und 6 gelten die Überwachungsstellen, die bisher als Überwachungsstellen nach § 23 Absatz 1 Satz 1 Nummer 4 HBauO die entsprechenden Bauprodukte überwachen, als anerkannte Überwachungsstellen nach § 23 Absatz 1 Satz 1 Nummer 5 HBauO.

# Verordnung zur Feststellung der wasserrechtlichen Eignung von Bauprodukten und Bauarten durch Nachweise nach der Hamburgischen Bauordnung (WasBauPVO)

Vom 30. Juli 2002 (HmbGVBl. 2002, S. 223)

Auf Grund von § 20 Absatz 4 und § 21 Absatz 2 der Hamburgischen Bauordnung (HBauO) vom 1. Juli 1986 (HmbGVBl. S. 183), zuletzt geändert am 14. Mai 2002 (HmbGVBl. S. 76), wird verordnet:

**Einziger Paragraph**

Für folgende serienmäßig hergestellte Bauprodukte und für folgende Bauarten sind auch hinsichtlich wasserrechtlicher Anforderungen Verwendbarkeits-, Anwendbarkeits- und Übereinstimmungsnachweise nach den §§ 20a, 20b und 22 bis 22b HBauO in Verbindung mit § 20 Absatz 2, § 20 Absatz 3 Satz 1 Nummern 1 und 2 sowie § 23 HBauO zu führen:
1. Abwasserbehandlungsanlagen
    a) Kleinkläranlagen, die für einen Anfall von Abwässern bis zu 8 m$^3$/Tag bemessen sind,
    b) Leichtflüssigkeitsabscheider für Benzin und Öl,
    c) Fettabscheider,
    d) Amalgamabscheider für Zahnarztpraxen,
    e) Anlagen zur Begrenzung von Schwermetallen in Abwässern, die bei der Herstellung keramischer Erzeugnisse anfallen,
    f) Anlagen zur Begrenzung von abfiltrierbaren Stoffen, Arsen, Antimon, Barium, Blei und anderen Schwermetallen, die für einen Anfall von bei der Herstellung und Verarbeitung von Glas und künstlichen Mineralfasern anfallenden Abwässern bis zu 8 m$^3$/Tag bemessen sind,
    g) Anlagen zur Begrenzung von Kohlenwasserstoffen in mineralölhaltigen Abwässern,
    h) Anlagen zur Begrenzung des Silbergehaltes in Abwässern aus fotografischen Verfahren und
    i) Anlagen zur Begrenzung von Halogenkohlenstoffen in Abwässern von Chemischreinigungen.
2. Bauprodukte und Bauarten für ortsfest verwendete Anlagen zum Lagern, Abfüllen und Umschlagen von wassergefährdenden Stoffen:
    a) Auffangwannen und -vorrichtungen sowie vorgefertigte Teile für Abfangräume und -flächen,
    b) Abdichtungsmittel für Auffangwannen, -vorrichtungen, -räume und für Flächen,
    c) Behälter,
    d) Innenbeschichtungen und Auskleidungen für Behälter und Rohre,
    e) Rohre, zugehörige Formstücke, Dichtmittel, Armaturen und
    f) Sicherheitseinrichtungen.

# Verordnung über Werbung mit Wechsellicht (WechsellichtVO)

Vom 28. April 1981 (HmbGVBl. 1981, S. 91)

Auf Grund von § 73 Absatz 8 und § 114 Absatz 1 Nummer 6 der Hamburgischen Bauordnung vom 10. Dezember 1969 (Hamburgisches Gesetz- und Verordnungsblatt Seite 249) wird verordnet:

## § 1

Bei Werbeanlagen darf Wechsellicht in folgenden Gebietsteilen verwendet werden:
1. Im Bereich des Vergnügungsviertels Reeperbahn an den Straßenseiten der in der Anlage 1 rot gekennzeichneten Grundstücke oder Grundstücksteile,
2. im Bereich des Vergnügungsviertels Steindamm an den Straßenseiten der in der Anlage 2 rot gekennzeichneten Grundstücke oder Grundstücksteile,
3. im Bereich des Stadtteils Hamburg-Altstadt an den Straßenseiten der in der Anlage 3
rot gekennzeichneten Grundstücke oder Grundstücksteile.

## § 2

(1) [1]Werbeanlagen mit Wechsellicht sind nur an Gebäuden und innerhalb von Schaufenstern zulässig. [2]Das Wechsellicht darf sich in Form, Farbe und Helligkeit erst nach mindestens 30 Sekunden verändern. [3]Bei Schwell-Lichtanlagen und vergleichbaren Anlagen mit stufenlosem Wechsel von Form, Farbe und Lichtstärke muss eine Periode mindestens 30 Sekunden dauern. [4]Diese zeitlichen Begrenzungen gelten nicht in Gebietsteilen nach § 1 Nummer 1.

(2) Wechsellicht ist auch ohne die zeitliche Begrenzung nach Absatz 1 Sätze 2 und 3 in Form von Laufschriften und sonstigen Lauflichtanlagen zulässig.

## § 3

Außerhalb der in § 1 genannten Gebietsteile kann die Bauaufsichtsbehörde Werbeanlagen mit Wechsellicht ausnahmsweise innerhalb von Schaufenstern und ohne die Beschränkungen des § 2 Absatz 1 Sätze 2 und 3 zulassen, wenn das bestehende Erscheinungsbild nicht beeinträchtigt wird.

## C 13 · WechsellichtVO   Anlage 1

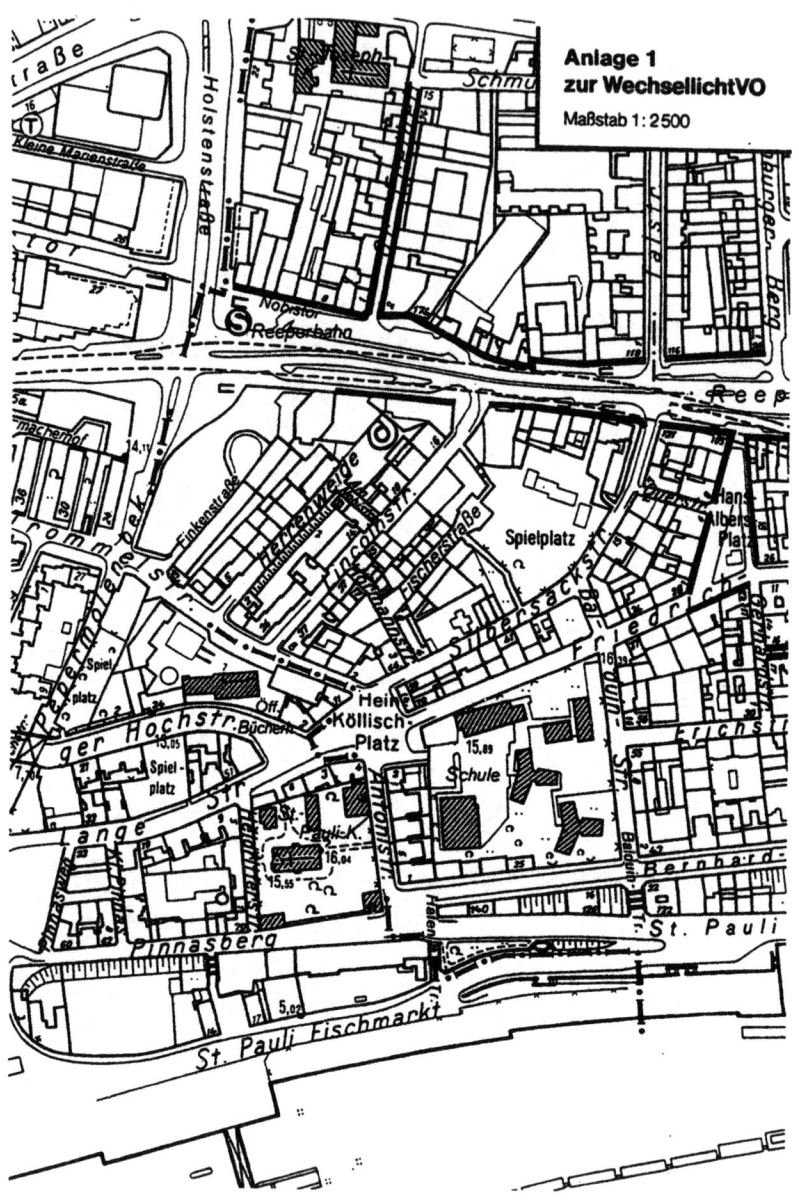

**Anlage 1
zur WechsellichtVO**

Maßstab 1:2500

Anlage 1   WechsellichtVO · C 13

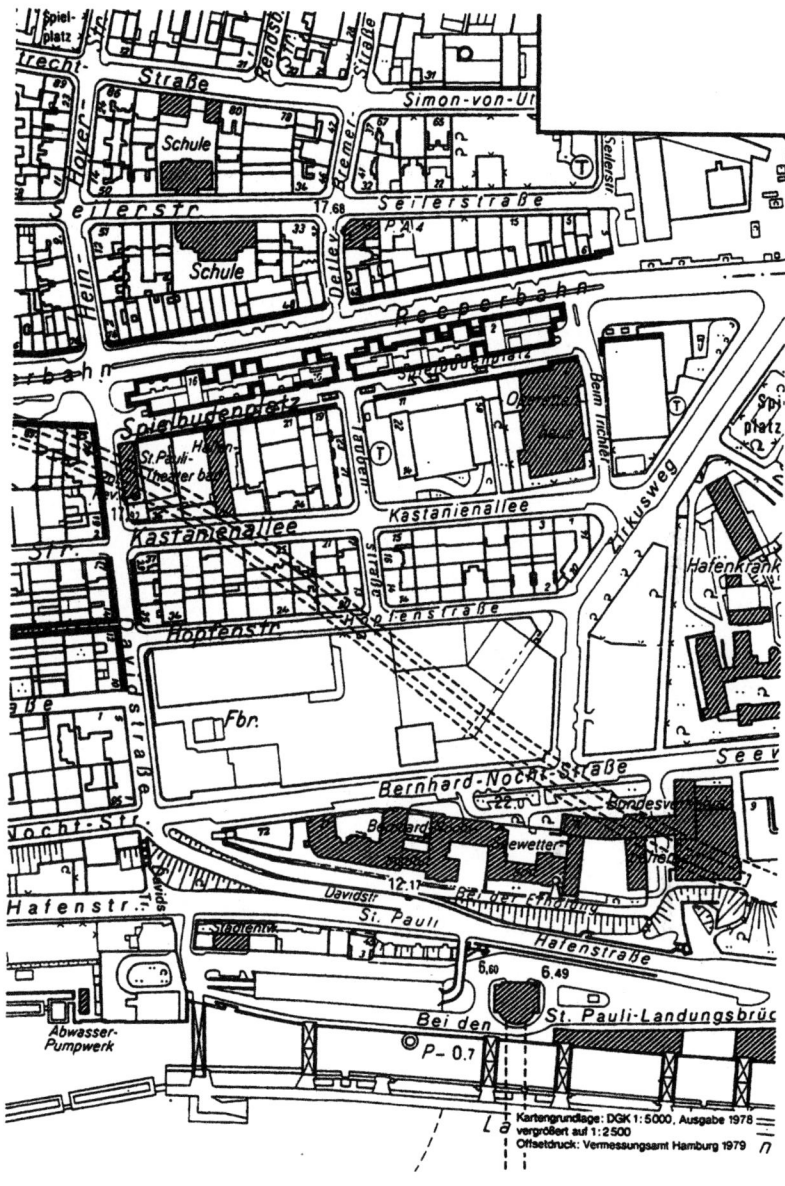

## C 13 · WechsellichtVO   Anlage 2

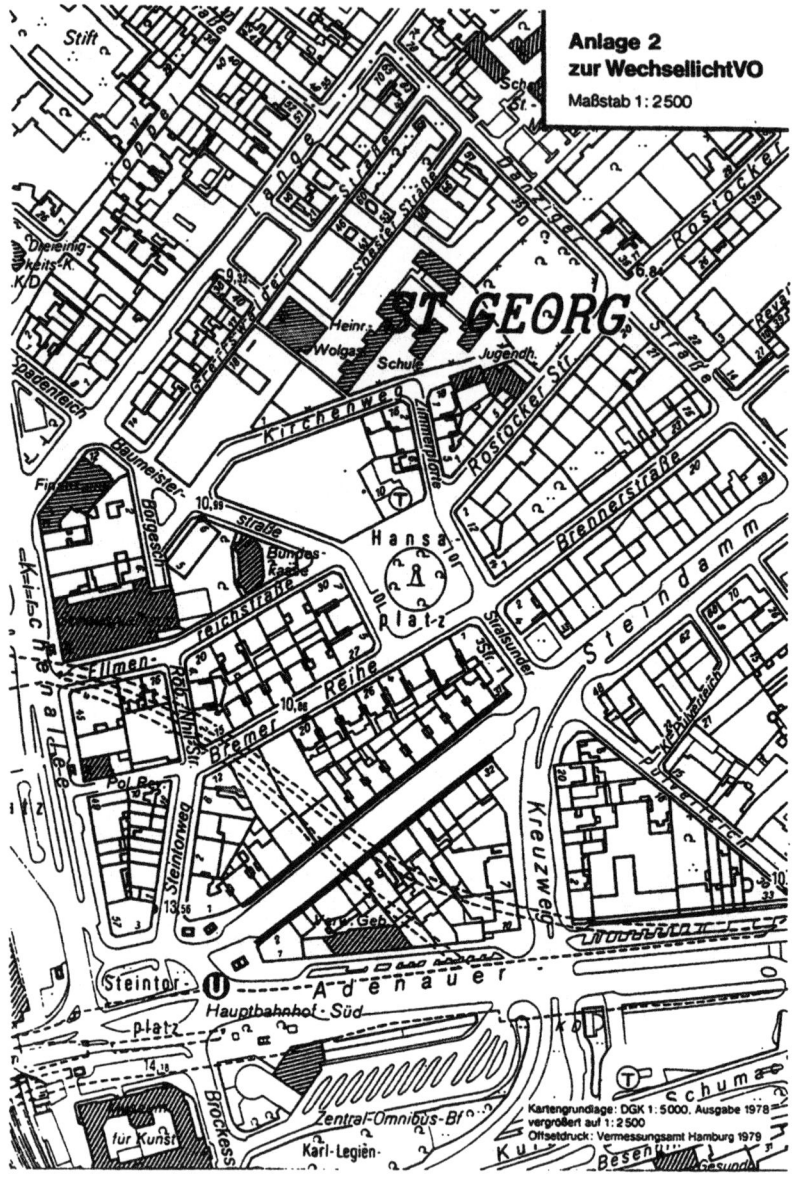

Anlage 3    WechsellichtVO · C 13

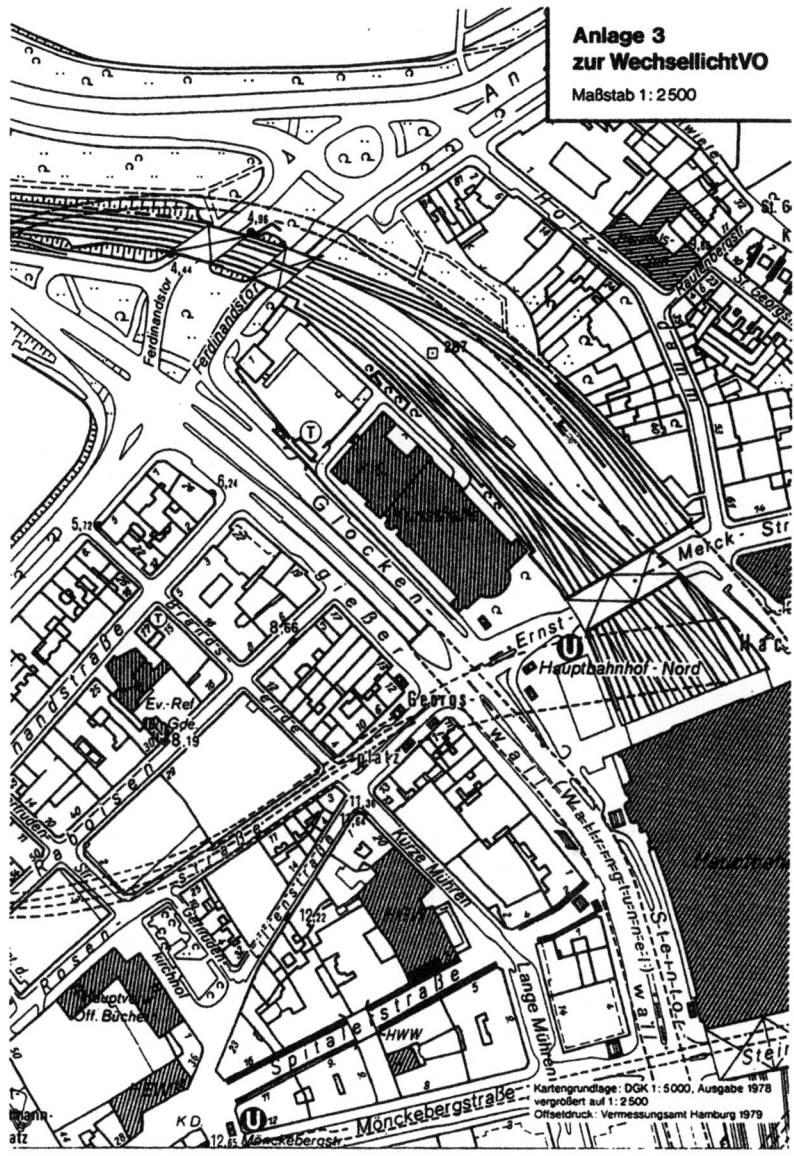

# Binnenalster-Verordnung

Vom 3. Mai 1949, zuletzt geändert durch Rechtsvorschrift vom 21. Februar 1978 (HmbBL I 21301-c, S, HmbGVBl. S. 61)
Auf Grund des § 2 der Verordnung über Baugestaltung vom 10. November 1936 (Reichsgesetzblatt I Seite 938) wird verordnet:

## § 1

Bauliche Anlagen an der Binnenalster innerhalb der auf der anliegenden Karte durch eine rote Linie abgegrenzten Flächen sollen in ihrer Gestaltung auf die Bauwerke Rücksicht nehmen, die diesem für Hamburg typischen Stadtraum das besondere Gepräge geben.

## § 2

(1) Für die baulichen Anlagen wird daher gefordert:
a) das Hauptgesims liegt rund 24 m über Straßenhöhe,
b) ein Staffelgeschoss über dem Hauptgesims, wobei der Rücksprung des Staffelgeschosses von der Frontwand mindestens 80 cm betragen muss,
c) sichtbares Steildach ohne Dachaufbauten über dem Staffelgeschoss,
d) heller Naturstein oder weißer, hellgrauer oder weißfarbig gebrochener Putz für die Außenwände,
e) graue oder kupfergrüne Dachdeckung,
f) es darf keine farbig wirkende oder spiegelnde Fensterverglasung verwendet werden.

(2) Kein Bauteil darf höher als 35 m sein.

(3) Für Eckgrundstücke gelten die Bestimmungen des § 11 Absatz 1 mit den Bemerkungen Spalte 7 Absatz 4 der Baupolizeiverordnung vom 8. Juni 1938 (Hamburgisches Verordnungsblatt Seite 69).

## § 3

(1) Werbemittel und Lichtzeichen müssen sich auf das Erdgeschoß, das erste Obergeschoss und das zweite Obergeschoss beschränken, d. h. auf eine Wandhöhe von 10 bis 12 Meter über Straßenhöhe.

(2) Alles Licht muss weiß sein.

(3) Jede Werbung außerhalb des Werbebereiches ist unzulässig.

## § 4

(1) *(aufgehoben)*

(2) *(aufgehoben)*

(3) In besonderen Fällen kann Befreiung von den Vorschriften dieser Verordnung bewilligt werden.

## § 5

Die Verordnung tritt am Tage der Verkündung in Kraft.

Anlage  **Binnenalster-Verordnung · C 14**

Anlage

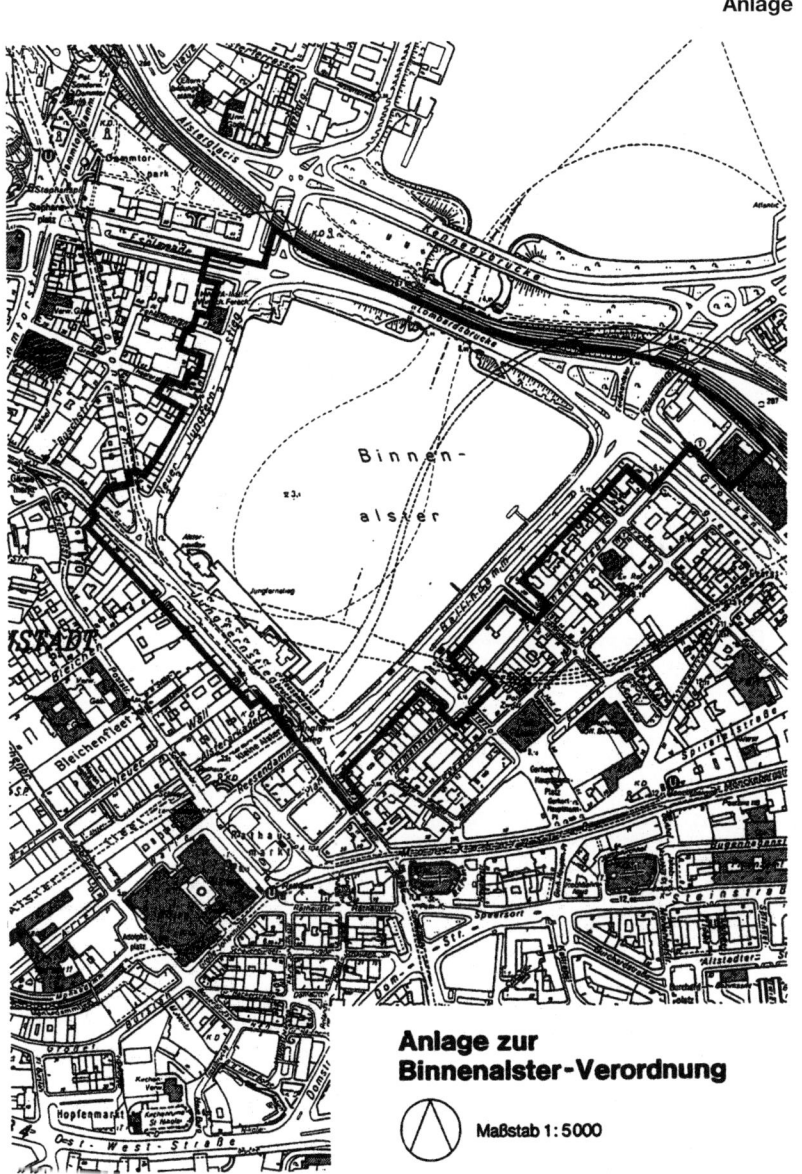

**Anlage zur
Binnenalster-Verordnung**

Maßstab 1 : 5000

# Außenalster-Verordnung

Vom 29. Mai 1953, zuletzt geändert am 4.12.2001 (HmbBL I 21301-g, S., HmbGVBl. S. 528)

Auf Grund des § 2 der Verordnung über Baugestaltung vom 10. November 1936 (Reichsgesetzblatt I Seite 938), des § 6 der Baupflegesatzung vom 14. September 1939 (Hamburgisches Verordnungsblatt Seite 146) und des § 20a des Gesetzes, betreffend das Verhältnis der Verwaltung zur Rechtspflege, vom 23. April 1879 in der Fassung des Gesetzes vom 8. Oktober 1923 (Hamburgisches Gesetz- und Verordnungsblatt Seite 1233) wird verordnet:

## § 1

Diese Verordnung gilt für die Außenalster mit ihren Ufern und die sie umgebenden Grundstücke innerhalb der auf dem anliegenden Plane angegebenen Grenzen.

## § 2

(1) Alle Bauvorhaben sind so zu gestalten, dass sie mit den vorhandenen Bauten in der Architektur, in der Dachausbildung und in den verwandten Baustoffen zusammengehörige Gruppen bilden.

(2) Es sind nur helle Putz- oder helle Steinbauten zugelassen.

(3) Für Dächer, die von den Straßen- und Wasserflächen (§ 1) aus sichtbar sind, sind Kupfer, graue oder braune Pfannen oder Schiefer zu verwenden.

## § 3

[1]Die unbebauten Teile aller Grundstücke, die im Blickfeld der Straßen- und Wasserflächen (§ 1) liegen, sind als Gartenanlagen so auszugestalten, dass sie Ausdruck werkgerechter Durchbildung sind und sich der Umgebung sowie dem parkartigen Straßen-, Orts- und Landschaftsbild der Außenalster einfügen. [2]Insbesondere darf der Einblick in die Gartenanlagen durch Bepflanzung an der Straßenseite oder durch andere Maßnahmen nicht verwehrt werden. Grundstückseinfriedigungen dürfen nicht höher als 60 cm, Hecken nicht höher als 1 m sein.

## § 4

(1) Werbemittel dürfen weder aufgestellt noch angebracht werden.

(2) [1]Das Verbot gilt nicht für Firmennamen, wenn sie der Eigenwerbung dienen und in plastischen Buchstaben bestehen, die sich in Maßstab und Farbe ihrer Umgebung einfügen. [2]Sie dürfen nur an Gebäuden und nur bis zur Fensterbrüstung des ersten Obergeschosses angebracht werden. [3]Die Höhe der Buchstaben darf 40 cm nicht überschreiten. [4]Als Leuchtschrift darf nur weißes Licht verwandt werden.

(3) Im Gebiet der offenen Bauweise sind nur Firmennamen zulässig, die keine größere Fläche als 50 cm Höhe und 100 cm Länge in Anspruch nehmen.

## § 5 Außenalster-Verordnung · C 15

**§ 5**

In besonderen Fällen kann die zuständige Behörde von den Vorschriften dieser Verordnung Befreiung bewilligen, wenn feststeht, dass durch die geplanten Maßnahmen das öffentliche Wohl nicht beeinträchtigt wird.

## C 15 · Außenalster-Verordnung  Anlage

Anlage

Anlage  **Außenalster-Verordnung · C 15**

# Rathausmarkt-Verordnung

Vom 29. Mai 1953, zuletzt geändert durch Verordnung vom 4. Dezember 2001 (HmbBL I 21301-f, S., HmbGVBl. S. 528)

Auf Grund des § 2 der Verordnung über Baugestaltung vom 10. November 1936 (Reichsgesetzblatt I Seite 938), des § 6 der Baupflegesatzung vom 14. September 1939 (Hamburgisches Verordnungsblatt Seite 146) und des § 20a des Gesetzes, betreffend das Verhältnis der Verwaltung zur Rechtspflege, vom 23. April 1879 in der Fassung des Gesetzes vom 8. Oktober 1923 (Hamburgisches Gesetz- und Verordnungsblatt Seite 1233) wird verordnet:

## § 1

Diese Verordnung gilt für den Rathausmarkt und seine in der Anlage planmäßig bezeichnete Umgebung.

## § 2

¹Bauliche Maßnahmen am Rathausmarkt und in seiner Umgebung (§ 1) sind so aufeinander abzustimmen, dass der Platz in seiner Gesamtheit als architektonische Einheit erscheint. ²Sie haben sich dem Rathause mit der Börse als architektonischem Höhepunkt unterzuordnen.

## § 3

(1) Für die architektonische Gestaltung dienen folgende Bauwerke als Richtbauten:
das Versmannhaus,
der Fölschblock und
die Bank für Gemeinwirtschaft.

(2) Bei der Errichtung und der äußeren Veränderung baulicher Anlagen sowie bei wesentlichen Umbauten sind folgende Vorschriften zu erfüllen:
a) Als Merkmale für die Anpassung an den am nächsten gelegenen Richtbau sind zu beachten beim
Versmannhaus:
Höhe des Hauptgesimses 20 m, steiles Dach;
Fölschblock:
Höhe des Hauptgesimses 20 m, ein Staffelgeschoss mit einer Höhe von 3 m mit flach geneigtem Satteldach, Staffelrücksprung gegen die Außenwand 1,50 m;
Bank für Gemeinwirtschaft:
Höhe des Hauptgesimses 21 m, ein 2,75 m hohes Staffelgeschoss mit flach geneigtem Satteldach, Staffelrücksprung gegen die Außenwand 1,50 m.
b) Kein Bauteil darf höher als 26 m sein; Dachauf- und Dachausbauten, (Fahrstuhlschächte und dgl.) sind unzulässig.
c) Für Eckgrundstücke gelten die Bestimmungen des § 11 Absatz 1 mit den Bemerkungen zu Spalte 7 Absatz 4 der Baupolizeiverordnung vom 8. Juni 1938 (Hamburgisches Verordnungsblatt Seite 69).
d) Als Werkstoff sind zu verwenden
für Fassaden:
heller Naturstein, oder weißer, hellgrauer oder weißfarbig gebrochener Putz

für sichtbare Dächer:
Kupfer, graue oder braune Pfannen oder Schiefer.
e) Es darf keine farbig wirkende oder spiegelnde Fensterverglasung verwendet werden.

## § 4

(1) Werbemittel und Lichtzeichen (Werbeanlagen) dürfen an den Gebäuden und, soweit sie von der Straße aus sichtbar sind, innerhalb der Fenster der Gebäude nur in der Höhe des Erdgeschosses, des ersten Obergeschosses und des zweiten Obergeschosses angebracht werden.

(2) Vorstehschilder, Markenschilder, Automaten und Schaukästen sind unzulässig.

(3) [1]Alles Licht muss weiß sein. [2]Schwache Farbtöne können in den Straßenteilen zugelassen werden, die in dem Plan hierfür vorgesehen sind.

(4) In der Großen Johannisstraße können Leuchtfahnen zugelassen werden; das Gleiche gilt für die Inanspruchnahme des öffentlichen Luftraums durch Werbeschilder, die nicht größer als 0,50 qm und an den Hauswänden so angebracht sind, dass sie in diesen Luftraum nicht mehr als 85 cm hineinragen.

## § 5

Für das Rathaus mit der Börse, die Landeszentralbank, die baulichen Anlagen, der Alsterarkaden und die Kleine Alster wird über die vorstehenden Bestimmungen hinaus gefordert:
1. An dem Rathaus, der Börse und der Landeszentralbank mit Ausnahme ihrer am Alsterfleet belegenen Rückfront dürfen Werbemittel aller Art nicht angebracht werden.
2. Für die baulichen Anlagen der Alsterarkaden und die Kleine Alster:
   a) Die Höhe des Hauptgesimses der hinter den Arkaden liegenden Gebäude darf 20 m über Straßenhöhe nicht überschreiten.
   b) Es ist nur ein einheitliches flaches, nicht sichtbares Dach ohne Dachauf- und -ausbauten zulässig.
   c) Werbemittel an den Fassaden, Leibungen und Arkaden, Ufermauern, Brücken und den Geländern sind unzulässig. An den Hauswänden unter den Arkaden sind jedoch Firmenbezeichnungen in schwachen Farbtönen zulässig. Oberhalb des Arkadendaches dürfen an den Gebäuden Firmenbezeichnungen nur auf der Fläche der Fensterbrüstung des zweiten Obergeschosses über dem Arkadendach angebracht werden. Dabei müssen mit Blattgold vergoldete, in Blockschrift ausgeführte und nicht leuchtende Buchstaben verwendet werden. Die Buchstaben dürfen nicht größer als 40 cm sein. Sie dürfen mit Scheinwerfern angestrahlt werden. Die Scheinwerfer müssen hinter der Brüstung so angebracht werden, dass sie von öffentlichen Wegen nicht sichtbar sind.

## § 6

[1]Auf dem Rathausmarkt, dem Reesendamm, der Reesendamm- und Schleusenbrücke, dem Plan sowie der Hermannstraße und der Mönckebergstraße dürfen Werbemittel aller Art, insbesondere an den Verkehrspavillonen, Haltestellenmasten, Fah-

## C 16 · Rathausmarkt-Verordnung §§ 7, 8

nenmasten, Kandelabern usw., nicht angebracht werden. ²Ebensowenig ist eine Werbung auf den Flächen der Kleinen Alster und des Alsterfleets zwischen Schleusenbrücke und Adolphsbrücke zulässig.

### § 7

Die zuständige Behörde kann auf Antrag Befreiung von den Vorschriften dieser Verordnung gewähren, wenn feststeht, dass das Stadtbild nicht beeinträchtigt wird.

### § 8

Bestehende Werbeanlagen, die den Bestimmungen dieser Verordnung nicht entsprechen, sind innerhalb von 2 Jahren nach Inkrafttreten dieser Verordnung zu beseitigen.

Anlage  **Rathausmarkt-Verordnung · C 16**

Anlage

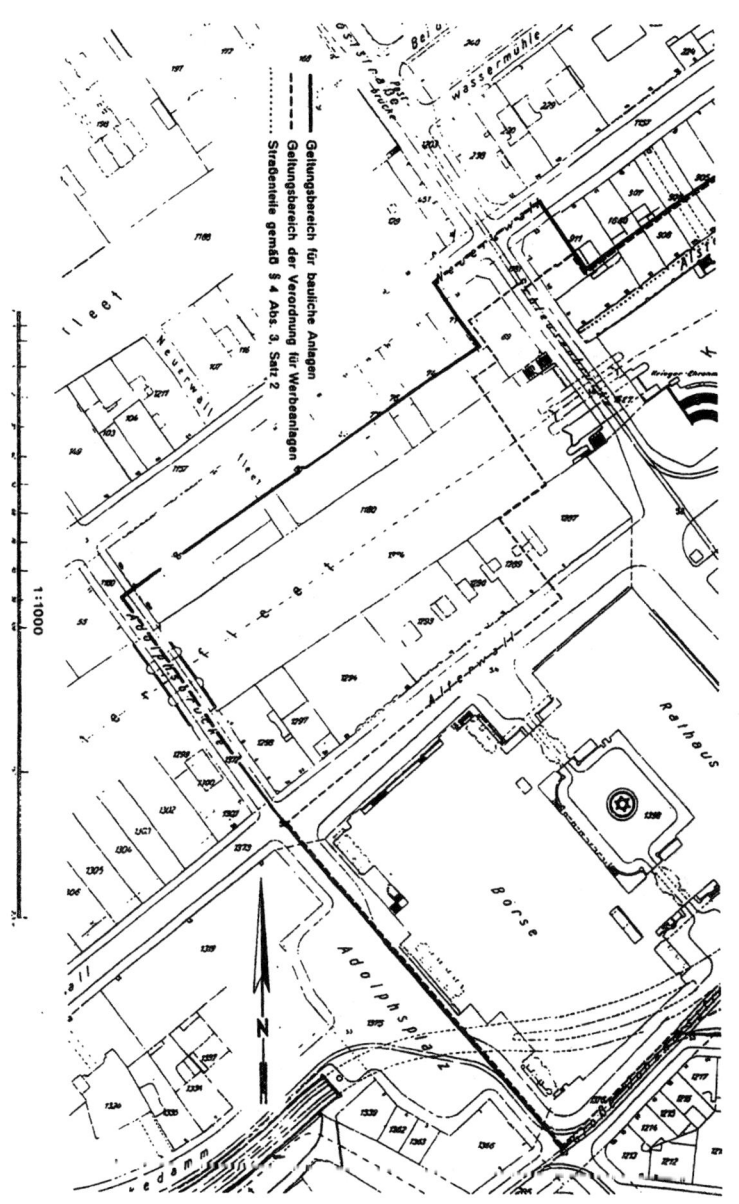

## C 16 · Rathausmarkt-Verordnung   Anlage

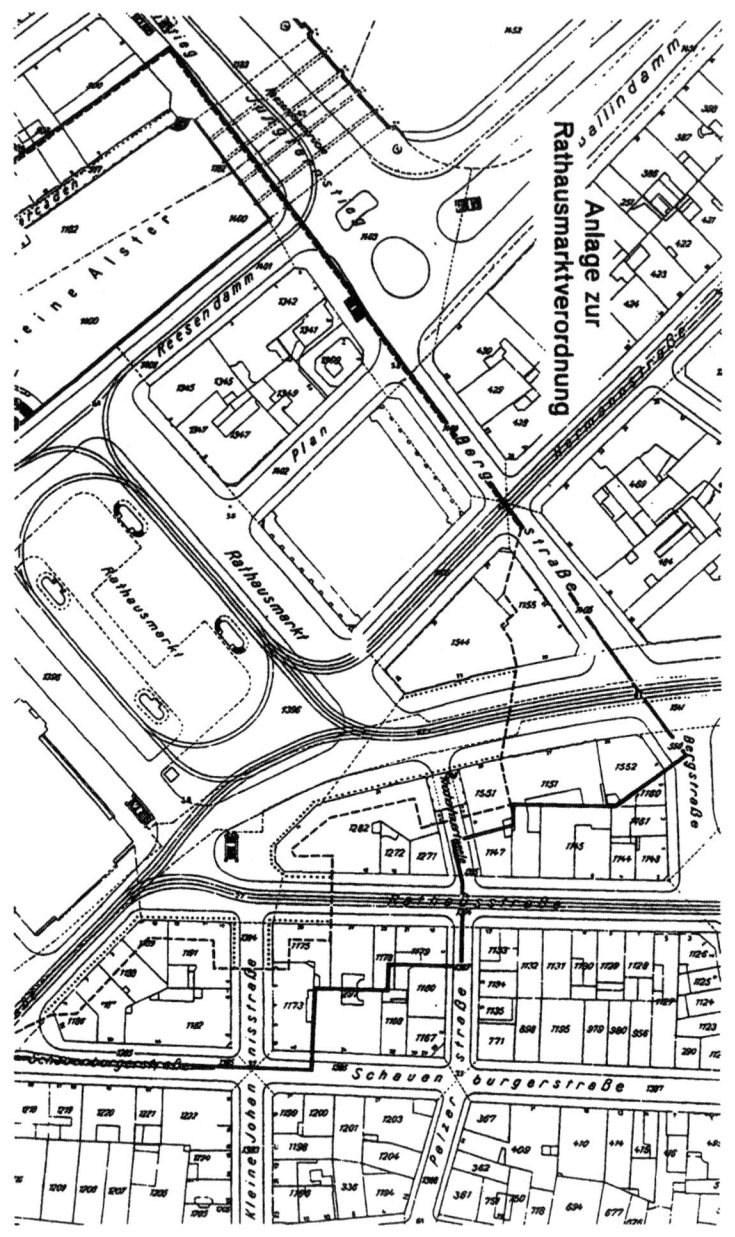

# Alsterfleet-Verordnung

Vom 3. April 1959, zuletzt geändert durch Verordnung vom 4. Dezember 2001 (HmbBL I 21301-k, S., HmbGVBl. S. 528)

Auf Grund des § 2 der Verordnung über Baugestaltung vom 10. November 1936 (Reichsgesetzblatt I Seite 938) und des § 20a des Gesetzes, betreffend das Verhältnis der Verwaltung zur Rechtspflege, vom 23. April 1879 in der Fassung des Gesetzes vom 20. Dezember 1954 (Hamburgisches Gesetz- und Verordnungsblatt Seite 155) wird verordnet:

### § 1

Diese Verordnung gilt für das Alsterfleet zwischen Schleusenbrücke und Heiligengeistbrücke und seine Umgebung innerhalb der auf dem anliegenden Plan angegebenen Grenzen.

### § 2

(1) Innerhalb des in § 1 bezeichneten Gebietes dürfen Werbemittel nur senkrecht oder waagerecht und gleichlaufend mit der Hauswand und nur in der Höhe des Erdgeschosses, des ersten Obergeschosses und des zweiten Obergeschosses sowie an den Hauswänden und Schaufenstern innerhalb der Arkaden angebracht werden.

(2) Es darf nur weißes Licht verwendet werden; innerhalb der Arkaden sind jedoch als Leuchtschrift auch schwache Farbtöne zulässig.

### § 3

Die zuständige Behörde kann auf Antrag von den Vorschriften dieser Verordnung Befreiung gewähren, wenn durch die geplanten Maßnahmen das Bild des Alsterfleets und seiner Umgebung nicht beeinträchtigt wird.

## C 17 · Alsterfleet-Verordnung  Anlage

Anlage

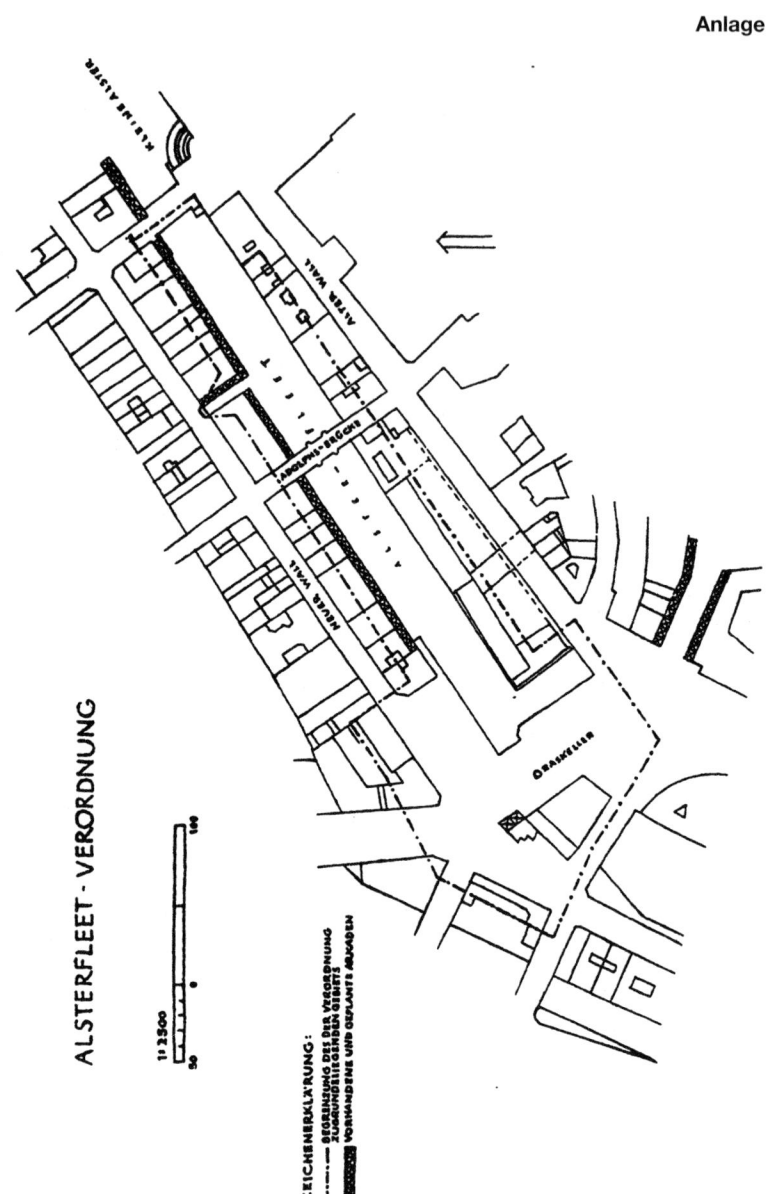

# Verordnung zur Gestaltung der Speicherstadt

Vom 5. August 2008 (HmbGVBl. 2008, S. 285)

Auf Grund von § 81 Absatz 1 Nummer 2 und Absatz 6 Nummer 3 der Hamburgischen Bauordnung vom 14. Dezember 2005 (HmbGVBl. S. 525, 563), geändert am 11. April 2006 (HmbGVBl. S. 157), wird verordnet:

## § 1 Räumlicher Geltungsbereich

Diese Verordnung gilt für den in der Anlage schraffiert dargestellten Bereich der Speicherstadt.

## § 2 Fassaden

(1) Fassaden sind als Lochfassaden mit überwiegendem Wandanteil auszubilden. Sie sind horizontal durch Gliederungselemente in Erdgeschosszone, Obergeschosszone, Attikazone und Dachbereich zu gliedern. Die Gliederungselemente sind farblich dem Bestand anzupassen.

(2) Für Sichtfassaden sind Ziegelsteine zu verwenden, die in Farbe und Format den vorhandenen entsprechen.

(3) Vorspringende Bauteile müssen sich in das Erscheinungsbild eines Gebäudes einfügen und dürfen maximal bis zu einer Tiefe von 0,75 m vor die Außenfassade auskragen. An straßen- und fleetseitigen Fassaden sind auskragende Balkone, Vordächer, Wintergärten, Loggien sowie Sonnenschutzanlagen und Markisen unzulässig.

(4) Wandöffnungen wie Fenster, Türen und Tore sind deutlich von der äußeren Fassadenvorderkante zurückgesetzt anzuordnen; sie müssen geschossweise aufeinander Bezug nehmen. Fensteröffnungen sind im stehenden Format auszubilden. Außen liegende Rollgitter oder Rollläden vor Fenstern sind unzulässig. Fenster sind mit glasteilenden Sprossen zu versehen. Fenster- und Türelemente eines Gebäudes beziehungsweise eines Baublocks sind im gleichen Farbton herzustellen. Gewölbte, getönte oder verspiegelte Glasflächen sind unzulässig. Schaufenster sind in Größe und Form den Fenstern anzupassen. Zum Schließen der Luken ist der Einbau einer zusätzlichen Verglasung zulässig, wenn diese mindestens 1,50 m von der äußeren Fassadenvorderkante zurückgesetzt ist. Die Fenster- und Türelemente der Verglasung sind der Farbgebung der Lukentüren anzupassen.

(5) Fassadenbegrünung ist unzulässig.

## § 3 Dächer

(1) Als Dachdeckung sind Schiefer- oder Kupferdeckungen ohne künstliche Patinierung und ohne Anstrich zulässig. Dachflächen eines Baublocks sind einheitlich zu decken.

(2) Dachbalkone, Dacheinschnitte und flächenbündige Dachflächenfenster sind nur zulässig, wenn sie vom öffentlichen Verkehrsraum nicht einsehbar sind. Dachflächenfenster dürfen maximal 10 vom Hundert (v. H.) der gesamten Dachfläche ein nehmen. Hiervon abweichend sind im Firstbereich Lichtbänder zulässig, wenn sie einen Flächenanteil von 25 v. H. nicht übersteigen.

## C 18 · Speicherstadt-Verordnung §§ 4–8

(3) Bei Baublöcken mit einer Dachneigung von mehr als 27 Grad sind Dachaufbauten in Form von Zwerchgiebeln und Dachgauben zulässig. Sie müssen in Form, Größe und Gestaltung den bestehenden Dachaufbauten des Baublocks entsprechen und in den Achsen der Fassaden liegen.

### § 4  Gebäudetechnik

(1) Von außen sichtbare Gebäudetechnische Anlagen wie Antennen, Ausmündungen von Heizungs-, Be- und Entlüftungsanlagen sind auf das erforderliche Mindestmaß zu beschränken. Sie sind an der straßenraumabgewandten Seite anzubringen.

(2) Abfallentsorgungsanlagen und Müllbehälter sind im Gebäudeinnern unterzubringen.

### § 5  Werbeanlagen, Automaten

(1) Werbeanlagen sind an der Stätte der Leistung zulässig. Sie sind als schwarze Hauseingangstafeln mit goldener Beschriftung oder als Firmenschriftzug in halbplastischen goldfarbenen Einzelbuchstaben auf der Fassade des Firmengebäudes zu gestalten. Sie haben in Größe und Ausführung den bestehenden Tafeln und Einzelbuchstaben zu entsprechen. Zulässig ist ein Firmenschriftzug pro Fassadenabschnitt, wenn ausreichend Abstand zu den Gebäudeecken eingehalten wird und Gliederungs- und Schmuckelemente der Fassaden nicht überdeckt oder in ihrer Wirkung beeinträchtigt werden.

(2) Automaten und Schaukästen sind im Fassadenbereich unzulässig.

### § 6  Außenraumgestaltung

(1) Die vorhandenen Freiflächen vor Gebäuden sind bis zur Straßenbegrenzungslinie frei zu halten. Einfriedigungen oder andere trennende Elemente wie Poller oder Grünkübel sind unzulässig.

(2) Pflasterungen sind auszuführen in Granit oder Kupferschlackesteinen.

(3) Außenleuchten sind entsprechend den vorhandenen Leuchten in Form von einfachen Wandleuchten zulässig.

(4) Die Lichtfarbe ist warmweiß (3000 Grad bis 4000 Grad Kelvin). Farbiges Licht an Fassaden oder in Gebäudebereichen mit Außenwirkung ist unzulässig.

(5) Bei Dunkelheit sind Dachflächen dunkel zu halten. Eine Anstrahlung der Dachflächen sowie Lichtaustritt aus Lichtbändern ist unzulässig.

### § 7  Abweichungen

Die zuständige Behörde kann Abweichungen von den Anforderungen dieser Verordnung auf gesonderten Antrag zulassen, wenn die Abweichungen das historische Bild der Speicherstadt nicht beeinträchtigen. Der Antrag ist schriftlich zu begründen.

### § 8  Schlussbestimmung

Die Verordnung über den Denkmalschutz für die Speicherstadt vom 30. April 1991 (HmbGVBl. S. 214) in der jeweils geltenden Fassung bleibt unberührt.

Anlage Speicherstadt-Verordnung · C 18

Anlage

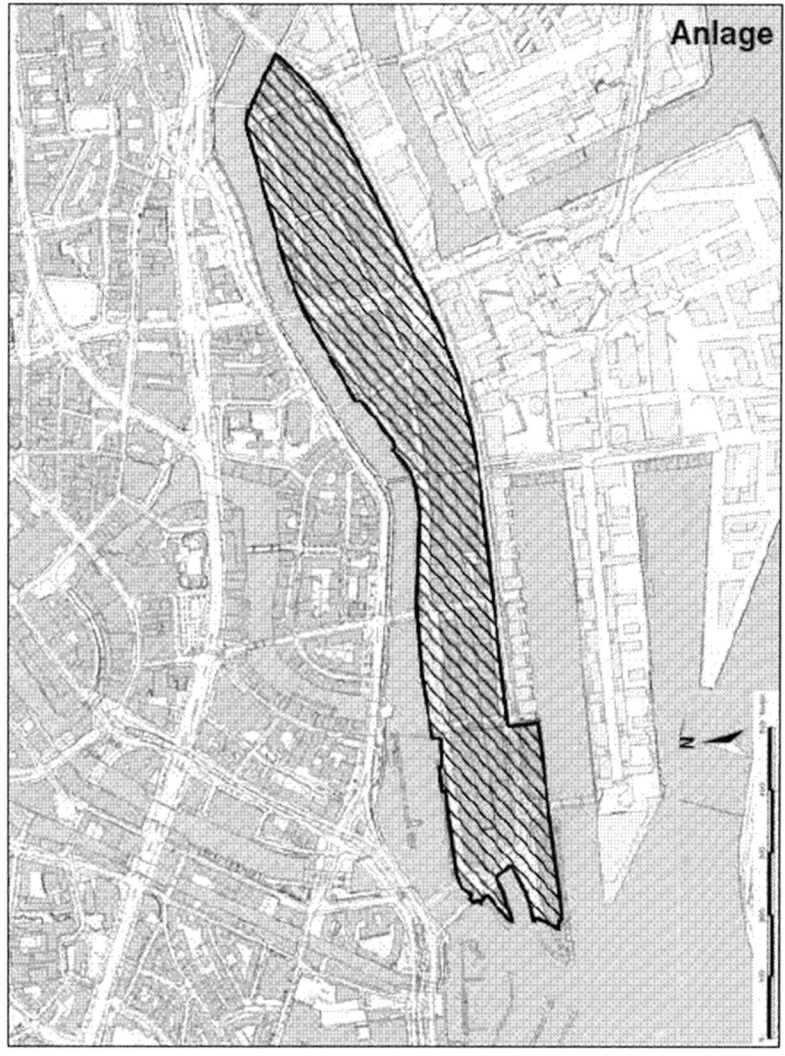

# Fachanweisung zugleich Dienstanweisung für die Bauprüfabteilung der Hamburg Port Authority und das Genehmigungsreferat HafenCity – Notwendige Stellplätze und notwendige Fahrradplätze[1]

Behörde für Stadtentwicklung und Umwelt
FA 1/2013 – ABH – Amt für Bauordnung und Hochbau
vom 21.1.2013

| | |
|---|---|
| 1. | **Gegenstand der Fachanweisung** |
| 2. | **Bemessung notwendiger Stellplätze und Fahrradplätze** |
| 2.1 | Umfang der Nachweise und Anwendungsbereich der Anlage 1 (§ 48 Abs. 1 HBauO) |
| 2.1.1 | Errichtung baulicher Anlagen (§ 48 Abs. 1 Satz 1 u. 2 HBauO) |
| 2.1.2 | Änderung und Nutzungsänderung baulicher Anlagen (§ 48 Abs. 1 Satz 3 HBauO) |
| 2.1.3 | Bestehende bauliche Anlagen (§ 76 Abs. 3 HBauO) |
| 2.2 | Stellplätze für Sonderfahrzeuge und betrieblich genutzte Kraftfahrzeuge |
| 2.3 | Stellplätze und Fahrradplätze mit Anforderungen für bestimmte Personengruppen |
| 2.3.1 | Stellplätze und Fahrradplätze für Besucherinnen und Besucher sowie Zuschauerinnen und Zuschauer |
| 2.3.2 | Stellplätze für Menschen mit Behinderungen |
| 2.4 | Reduzierung des Stellplatzbedarfs unter besonderen Rahmenbedingungen |
| 2.4.1 | Allgemeines Verfahren |
| 2.4.2 | Job-Ticket |
| 2.4.3 | Kombi-Ticket |
| 2.4.4 | Autoarmes Wohnen |
| 3. | **Erfüllung der Stellplatzpflicht und Fahrradplatzpflicht** |
| 3.1 | Tatsächliche Herstellung der Stellplätze und Fahrradplätze |
| 3.1.1 | Herstellung auf dem Baugrundstück oder einem Grundstück in der Nähe (§ 48 Abs. 1 HBauO) |
| 3.1.2 | Fahrradplätze im öffentlichem Grund |
| 3.1.3 | Herstellung der Stellplätze im Abminderungsgebiet (§ 48 Abs. 4 HBauO) |
| 3.2 | Nachweis durch Doppelnutzung vorhandener Stellplätze und Fahrradplätze |
| 3.3 | Nachweis durch Zahlung von Ausgleichsbeträgen (§ 49 HBauO) |
| 3.3.1 | Ausgleichsbeträge aufgrund einer besonderen Grundstückssituation (§ 49 Abs. 1 HBauO) |
| 3.3.2 | Ausgleichsbeträge für notwendige Stellplätze, die nicht hergestellt werden dürfen |

## Fachanweisung notwendige Stellplätze · C 19

**4. Abweichungen vom Regelnachweis für Stellplätze und Fahrradplätze**
4.1 Bemessung von Sonderfällen
4.1.1 Ermittlung des Stellplatz- und Fahrradplatzbedarfs nicht erfasster Nutzungen
4.1.2 Ermittlung des Stellplatz- und Fahrradplatzbedarfs aufgrund der Beschäftigtenzahlen
4.2 Befristete Genehmigung
4.3 Stundung der Stellplatzpflicht und Fahrradplatzpflicht
4.3.1 Zeitlich nachfolgende Einrichtung einer Stellplatz- oder Fahrradplatzanlage
4.3.2 Stundung aufgrund vermutlich geringerer Bedarfe

**5. Verfahren**
5.1 Festsetzung des Stellplatzbedarfs und Fahrradplatzbedarfs
5.2 Festsetzung des Ausgleichsbetrags
5.2.1 Höhe der Ausgleichsbeträge
5.2.2 Stundung von Ausgleichsbeträgen (LHO)

**6. Beteiligung der Fachbehörde**
6.1 Zustimmung der Fachbehörde
6.2 Berichtspflicht gegenüber der Fachbehörde
6.3 Hinweis auf Zuständigkeiten

**7. Geltungsdauer**

**Anlage:**
Anlage 1   Bemessungswerte für die Anzahl notwendiger Stellplätze und Fahrradplätze
Anlage 2   Karte zu Nr. 3.1.3 der Fachanweisung „Abminderungsgebiet"
Anlage 3   Karte zu Anlage 1, Ziff. 1.2.1 „Verminderter Stellplatzschlüssel für Mehrfamilienhäuser im Bereich der inneren Stadt"

**Anmerkungen**
Die Regelung wird grundlegend überarbeitet und in 2021 veröffentlicht. Sie wird künftig Mobilitätsmaßnahmen anstelle der Verpflichtung zum Nachweis von Stellplätzen zulassen. Ebenfalls in Planung ist eine Ausweitung der Abminderungsgebiete.

**1. Gegenstand der Fachanweisung**

Diese Fachanweisung bestimmt die Bemessungswerte für die Anzahl notwendiger Stellplätze und Fahrradplätze in Abhängigkeit von der vorgesehenen Nutzung einer baulichen Anlage.
Werden bauliche Anlagen sowie andere Anlagen errichtet, bei denen Individualverkehr zu erwarten ist, so sind gemäß § 48 Absatz 1 der Hamburgischen Bauordnung (HBauO) Stellplätze für Kraftfahrzeuge sowie Abstellmöglichkeiten für Fahrräder in ausreichender Zahl und Größe sowie in geeigneter Beschaffenheit herzustellen (notwendige Stellplätze und notwendige Fahrradplätze).
Bei baulichen Änderungen und bei Nutzungsänderungen sind Stellplätze und Fahrradplätze für den Mehrbedarf, der durch die Änderung hervorgerufen wird, herzustellen.

# C 19 · Fachanweisung notwendige Stellplätze

Entscheidend für den Umfang der Stellplatzpflicht und der Fahrradplatzpflicht ist der Bedarf. Er richtet sich nach Art und Zahl der vorhandenen und zu erwartenden Kraftfahrzeuge und Fahrräder der ständigen Benutzerinnen und Benutzer sowie der Besucherinnen und Besucher der Anlagen.
Durch die Auslegung der unbestimmten Rechtsbegriffe des § 48 HBauO wird einheitliches Verwaltungshandeln in Hamburg ermöglicht, aufwendige und schwierige Einzelermittlungen werden entbehrlich gemacht und die nötige Klarheit für die Bauherrinnen und Bauherren geschaffen.

## 2. Bemessung notwendiger Stellplätze und Fahrradplätze

### 2.1 Umfang der Nachweise und Anwendungsbereich der Anlage 1 (§ 48 Abs. 1 HBauO)

Bei der Bemessung der Anzahl notwendiger Stellplätze und Fahrradplätze ist grundsätzlich von dem Bedarf auszugehen, der typischerweise durch die zu genehmigende bauliche Anlage und deren Nutzung ausgelöst wird. Daher ist die Bedarfsermittlung regelmäßig nicht auf die jeweiligen konkreten Gegebenheiten des Einzelfalls, die sich jederzeit ändern können, sondern auf generelle Bemessungswerte abzustellen. Sie sind der Anlage 1 zu entnehmen.
Die Anlage 1 benennt die Anzahl notwendiger Stellplätze für Kraftfahrzeuge (Pkw, Kombi, Kleinbus, Mofa, Moped) und die Anzahl notwendiger Fahrradplätze für die ständigen Nutzerinnen und Nutzer sowie die Besucherinnen und Besucher einer baulichen Anlage.

#### 2.1.1 Errichtung baulicher Anlagen (§ 48 Abs. 1 Satz 1 u. 2 HBauO)

Bei der Errichtung baulicher Anlagen ist die volle Anzahl der Stellplätze und Fahrradplätze nach der Anlage 1 dieser Fachanweisung herzustellen.

#### 2.1.2 Änderung und Nutzungsänderung baulicher Anlagen (§ 48 Abs. 1 Satz 3 HBauO)

Bei baulichen Änderungen bestehender Anlagen und bei Nutzungsänderungen sind nur die notwendigen Stellplätze und Fahrradplätze für den Mehrbedarf, der durch die Änderung ausgelöst wird, nachzuweisen. Es steht dem Antragsteller jedoch frei, auf eigenen Wunsch zusätzliche Stellplätze herzustellen. Im Abminderungsgebiet können keine zusätzlichen Stellplätze hergestellt werden.
Der Stellplatzmehrbedarf ergibt sich aus der Differenz vom Bedarf des Bestands vor der Änderung zum Gesamtbedarf nach der Änderung. Für beide Berechnungen sind die zum Zeitpunkt der neuen Bescheidung geltenden Werte der Anlage 1 zugrunde zu legen. Bestehende notwendige Stellplätze sind weiterhin vorzuhalten.
Bei einem festgestellten Minderbedarf von notwendigen Stellplätzen in der Folge einer Nutzungsänderung oder einer baulichen Änderung müssen überzählige, ehemals notwendige Stellplätze nicht weiter vorgehalten werden.

#### 2.1.3 Bestehende bauliche Anlagen (§ 76 Abs. 3 HBauO)

Bei bestehenden baulichen Anlagen kann die nachträgliche Herstellung von Stellplätzen und Fahrradplätzen entsprechend den Vorgaben des § 76 Abs. 3 HBauO

## Fachanweisung notwendige Stellplätze · C 19

gefordert werden, soweit dies aus Gründen der Sicherheit des Verkehrs notwendig ist. Die Herrichtung muss jedoch unter zumutbarem Aufwand realisierbar sein.

### 2.2 Stellplätze für Sonderfahrzeuge und betrieblich genutzte Kraftfahrzeuge

Stellplätze für Sonderfahrzeuge, z. B. Wohnmobile, Camping- oder Bootsanhänger, sind in den Bemessungswerten der Anlage 1 nicht enthalten.
Stellplätze für Fahrzeuge von Betrieben mit Lastkraftwagen, Omnibussen und vergleichbaren Kraftfahrzeugen sowie Stellplätze für betrieblich genutzte Pkw sind ebenfalls in den Bemessungswerten der Anlage 1 nicht enthalten. Hierzu gehören z. B. Speditions-, Kfz-Verleih- und Omnibusbetriebe. Diese Stellplatzflächen sind für die von der Bauherrin oder dem Bauherrn angegebene Anzahl von Betriebskraftfahrzeugen festzusetzen und zusätzlich zu den nach der Anlage 1 notwendigen Stellplätzen herzustellen. Der Abminderung nach Nr. 3.1.2 unterliegen sie nicht.
Bis zu 80 % der Stellplätze für betrieblich genutzte Pkw sowie der notwendigen Stellplätze nach der Anlage 1 können unter der Voraussetzung der Nr. 3.2 (Doppelnutzung) auf den Flächen der jeweils anderen Stellplatzart nachgewiesen werden.
Für Verkaufsstätten, Gaststätten und Beherbergungsbetriebe, Krankenhäuser, gewerbliche Anlagen, Ausstellungshallen und Ausstellungsplätze sind zusätzlich Anlieferzonen für LKW den Versorgungsverkehr nachzuweisen.
Für Gaststätten und Beherbergungsbetriebe, Versammlungsstätten, Sportstätten, Ausstellungshallen, Ausstellungsplätze und Friedhöfe von überörtlicher Bedeutung ist neben Stellplätzen für PKW eine ausreichende Anzahl von Stellplätzen für Omnibusse vorzuhalten. Die nach der Anlage 1 errechneten Stellplätze für Kraftfahrzeuge können hierbei angerechnet werden (ein Bus-Stellplatz entspricht der Größe von vier KFZ-Stellplätzen).

### 2.3 Stellplätze und Fahrradplätze mit Anforderungen für bestimmte Personengruppen

#### 2.3.1 Stellplätze und Fahrradplätze für Besucherinnen und Besucher sowie Zuschauerinnen und Zuschauer

Sie sind so anzuordnen, dass sie leicht zugänglich, jederzeit anfahrbar und benutzbar sind. Die Erhebung von angemessenen Entgelten für die Benutzung von Stellplätzen ist zulässig. Die Bemessung des Anteils von Stellplätzen und Fahrradplätzen für Besucherinnen und Besucher sowie Zuschauerinnen und Zuschauer richtet sich nach den Prozentangaben in der Spalte E der Anlage 1.

#### 2.3.2 Stellplätze für Menschen mit Behinderungen

Stellplätze für Menschen mit Behinderungen müssen eine Mindestbreite von 3,50 Metern aufweisen. Sie sind durch Hinweisschilder zu reservieren, sollen gut erkennbar sein und in der Nähe der Eingänge liegen.
Ihr Anteil bemisst sich nach den Prozentangaben in der Spalte F der Anlage 1: Von den notwendigen Stellplätzen für Mitarbeiterinnen und Mitarbeiter sowie Besucherinnen und Besucher sind jeweils 3 % der Stellplätze als Behindertenstellplätze herzurichten. Bei Bauten und Anlagen, die von Menschen mit Behinderungen in größerer Anzahl besucht werden (z. B. Krankenhäuser, Ärztezentren, Sozialbehörden oder

# C 19 · Fachanweisung notwendige Stellplätze

soziale Einrichtungen), erhöht sich der Anteil auf 4 %. Zudem ist jeweils ein Stellplatz mit den Abmessungen 3,50 m x 7,50 m für einen Kleinbus vorzusehen.
Der Bedarf an Stellplätzen für Menschen mit Behinderungen (Behindertenstellplätze) ist auch im Abminderungsgebiet nach Nr. 3.1.2 vollständig zu decken und in der Anzahl der tatsächlich herzustellenden Stellplätze enthalten.

**Bemessung der Stellplätze bei Wohnungen für Menschen mit Behinderungen (§ 52 Abs. 3 HBauO)**
In Wohnungsbauprojekten für Menschen mit Behinderungen (§ 52 Abs. 3 HBauO) sind Behindertenstellplätze im Verhältnis von der Anzahl der Behindertenwohnungen zur Gesamtzahl der Wohnungen des Vorhabens herzustellen. Diese Plätze sind 3,50 Meter breit anzulegen und als Behindertenstellplätze zu kennzeichnen.
Für die barrierefrei erreichbaren Wohnungen eines Gebäudes nach § 52 Abs. 1 HBauO ist mindestens ein Behindertenstellplatz pro Gebäude herzustellen. Im Einzelfall kann mit besonderer Begründung davon abgewichen werden. (Dies ist zum Beispiel der Fall, wenn ein gleichwertiger Behindertenstellplatz im öffentlichen Raum hergestellt werden kann.)

## 2.4 Reduzierung des Stellplatzbedarfs unter besonderen Rahmenbedingungen

### 2.4.1 Allgemeines Verfahren

Für Arbeitsstätten, Versammlungsstätten (für kulturelle und sportliche Veranstaltungen) und Wohnen gibt es jeweils ein Instrument zur Reduktion des Stellplatzbedarfs:
– Für Arbeitsstätten kommt das Job-Ticket in Betracht,
– für Kultur- sowie Sportveranstaltungen das Kombi-Ticket und
– für Wohnen das Konzept des autoarmen Wohnens mit dem Verzicht auf den Gebrauch eines eigenen KFZ.

Die Anerkennung der Bedarfsreduktion ist abhängig vom Vorliegen entsprechender Nachweise im Baugenehmigungsverfahren. Voraussetzung ist in jedem Fall die begründete Vermutung, dass der Stellplatzbedarf durch die unter Nrn. 2.4.2–2.4.4 beschriebenen Ersatzmaßnahmen auf Dauer verringert wird.

**Verfahrensschritte:**
– In der Baugenehmigung ist zunächst der nach der Anlage 1 ermittelte Bedarf festzusetzen.
– Die Differenz vom vollen Bedarf nach Anlage 1 zum reduzierten Bedarf nach 2.4.2–2.4.4 wird widerruflich gestundet.
– Die Bedingungen für den Widerruf der Stundung sind in der Baugenehmigung zu nennen.
– In der Baugenehmigung ist ebenfalls festzulegen, ob die gestundeten Stellplätze bei Widerruf tatsächlich hergestellt werden müssen. Sollen nach Wegfall der Stundung Stellplätze tatsächlich hergestellt werden, sind sie bereits in den Bauvorlagen nachzuweisen und durch Baulast zu sichern.
– Falls gestundete Stellplätze durch Ausgleichszahlungen nachgewiesen werden müssen, gilt der zum Zeitpunkt des Widerrufs maßgebliche Ausgleichsbetrag.
– Die Stundung ist zu widerrufen, wenn im Falle des Job- oder Kombi-Tickets der periodische Nachweis nicht mehr erbracht wird oder im Falle des autoarmen Wohnens die daran geknüpften Bedingungen nicht eingehalten werden.

## Fachanweisung notwendige Stellplätze · C 19

- Eine finanzielle Sicherheitsleistung ist entbehrlich, da gemäß § 49 Abs. 4 HBauO das Grundstück haftet. Ein entsprechender Hinweis auf die Haftung des Grundstücks und ggf. des Erbbaurechts ist in die Baugenehmigung aufzunehmen. Eine Kombination im Stellplatznachweis aus Job-Ticket bzw. Kombi-Ticket und Doppelnutzung (vgl. Nr. 3.2) ist nicht möglich.

### 2.4.2 Job-Ticket

Der Gedanke des „Job-Tickets" beinhaltet den Verzicht auf die Herstellung von Kfz-Stellplätzen für Beschäftigte und auf die Erhebung von Ausgleichsbeträgen, solange und soweit wegen der Benutzung öffentlicher Verkehrsmittel nachweislich kein Bedarf besteht. Besucherstellplätze, Stellplätze für den eigenen Wirtschaftsverkehr, Behindertenstellplätze usw. werden von der Bedarfsminderung nicht erfasst.
Die Anerkennung der Bedarfsminderung durch das Job-Ticket hängt davon ab, ob der Bedarf an Beschäftigtenstellplätzen tatsächlich, auf Dauer und erheblich im Verhältnis zur bisherigen Situation gesenkt wird.
Zur Anerkennung der Bedarfsverringerung müssen im Genehmigungsverfahren vorliegen:
- der Nachweis über den Abschluss eines Großkundenabonnementvertrags beim Hamburger Verkehrsverbund zwischen dem Arbeitgeber und der S-Bahn Hamburg GmbH bzw. eine Bestätigung des Arbeitgebers über Jahreskarten (Monatskartenabonnements), die individuell von einzelnen Beschäftigten abgeschlossen wurden,
- die absolute und prozentuale Zahl der Teilnehmer am Großkundenabonnement und
- die Zusicherung der jährlichen Übermittlung des Nachweises über die tatsächliche Teilnahme am Großkundenabonnement (Bestätigung der S-Bahn Hamburg GmbH).

Liegen die Nachweise vor, werden folgende Bedarfsminderungen anerkannt:

| | | | | | |
|---|---|---|---|---|---|
| nachgewiesene Großkundenabonnements/Monatskartenabonnements der Beschäftigten [Angaben in Prozentanteilen aller Beschäftigten] **Innenstadt (Abminderungsgebiet)** | 70 | 80 | 90 | – | – | – |
| nachgewiesene Großkundenabonnements/Monatskartenabonnements der Beschäftigten [Angaben in Prozentanteilen aller Beschäftigten] **Übrige Stadt** | 40 | 50 | 60 | 70 | 80 | 90 |
| **Reduktion der Anzahl der herzustellenden Beschäftigtenplätze um [in Prozent]** | 10 | 25 | 40 | 55 | 70 | 85 |

**Verfahren, wenn der spätere Nutzer noch nicht feststeht**
Sofern bei Erteilung der Baugenehmigung der spätere Nutzer noch nicht feststeht und somit eine Aussage über eine Teilnahme der Beschäftigten am GKA noch nicht möglich ist, kann vom späteren Nutzer bis zur Aufnahme der Nutzung ein Änderungsantrag zur Berücksichtigung des Jobtickets gestellt werden, um die festgesetzte Anzahl der notwendigen Stellplätze bzw. die Höhe der Ausgleichsbeträge im Baugenehmigungsbescheid zu reduzieren.

### 2.4.3 Kombi-Ticket

Das Kombi-Ticket ist eine Form der tatsächlichen Verringerung des Bedarfs an Kfz-Stellplätzen für Theater-, Konzert- und Sportveranstaltungen sowie sonstige Veran-

## C 19 · Fachanweisung notwendige Stellplätze

staltungen, die über den Vorverkauf Eintrittskarten vertreiben. Durch vertragliche Absicherung mit der S-Bahn Hamburg GmbH im Auftrag des Hamburger Verkehrsverbundes wird mit jeder Eintrittskarte die Hin- und Rückfahrt mit dem ÖPNV zu den Veranstaltungen kostenlos eingeräumt.

Infolge des dadurch verringerten Stellplatzbedarfs sind bei Abschluss eines Kombi-Ticket-Vertrags auch entsprechend weniger, jedoch mindestens 50 % der nach Anlage 1 ermittelten Besucherstellplätze nachzuweisen.

Für andere Nutzungsarten ist die Bedarfsminderung im Einzelfall unter den vorgenannten formellen Bedingungen festzulegen. Auch in diesen Fällen sind mindestens 50 % der notwendigen Besucherstellplätze herzustellen.

### 2.4.4 Autoarmes Wohnen

Der Gedanke des autoarmen Wohnens geht davon aus, dass der Stellplatzbedarf verringert ist, solange und soweit die Bewohnerinnen und Bewohner eines abgegrenzten Wohnungsbauvorhabens in rechtlich bindender Weise auf eine Kfz-Nutzung verzichten. Auch in diesem Fall sind allerdings Stellplätze für Menschen mit Behinderungen, Zulieferverkehr, Car-Sharing, Besucher und „Wechselfälle des Lebens" in jedem Fall tatsächlich herzurichten. Eine Verringerung des Bedarfs an Kfz-Stellplätzen kann bei Nachweis folgender Voraussetzungen anerkannt werden:
1. Das Baugrundstück ist durch den öffentlichen Personennahverkehr gut erschlossen,
2. das Vorhaben schließt alle Wohneinheiten eines Gebäudes ein und umfasst mindestens 10 Wohneinheiten,
3. Verfügungsberechtigte sowie Nutzerinnen und Nutzer verpflichten sich in rechtlich bindenden Erklärungen, auf eine Kfz-Nutzung zu verzichten und das ihnen rechtlich Mögliche zu tun, dass diese Verpflichtung eingehalten wird und
4. dem Vorhaben liegt ein Konzept zur bewussten Vermeidung einer Kfz-Nutzung zugrunde. Hier sind unterschiedliche, miteinander kombinierbare Bausteine denkbar, die die Parkraumnachfrage für Kfz mindern, z. B.:
   – Nachweise zum Car-Sharing (organisierte gemeinschaftliche Nutzung von Kfz) mit der Errichtung von gesondert ausgewiesenen Stellplätzen für Car-Sharing-Fahrzeuge,
   – Nachweise zur Herstellung umfangreicher und besonders gut ausgestatteter und zu bedienender Fahrradplätze,
   – Nachweise für Bewohnertickets in Kooperation mit Öffentlichen Nahverkehrsbetrieben.

Sind die genannten Voraussetzungen erfüllt, sind zunächst nur 0,2 Stellplätze je Wohneinheit herzustellen.

### 3. Erfüllung der Stellplatzpflicht und Fahrradplatzpflicht

#### 3.1 Tatsächliche Herstellung der Stellplätze und Fahrradplätze

##### 3.1.1 Herstellung auf dem Baugrundstück oder auf einem Grundstück in der Nähe (§ 48 Abs. 1 HBauO)

Die Zahl der notwendigen Stellplätze und notwendigen Fahrradplätze ist von der Bauherrin oder dem Bauherrn auf dem Grundstück oder auf einem geeigneten

# Fachanweisung notwendige Stellplätze · C 19

Grundstück in der Nähe herzustellen. Dabei sind die Bedingungen und Anforderungen des § 79 HBauO zu erfüllen.
Ein Grundstück kann in der Regel als in der Nähe liegend angesehen werden, wenn es auf einem Weg von nicht mehr als 500 Meter Lauflinie (bei Fahrradplätzen maximal bis zu 200 Meter) zu erreichen ist. Voraussetzung ist jedoch, dass zwischen dem Baugrundstück und dem als geeignet angesehenen Grundstück keine Hindernisse, wie z. B. schwer zu überquerende Straßen ohne Ampelanlagen oder Fußgängerüberwege, vorhanden sind. Im Bereich zusammenhängender Einzelhandelsbetriebe können im Einzelfall auch größere Entfernungen akzeptiert werden.

### 3.1.2 Fahrradplätze auf öffentlichem Grund

Für publikumsintensive Nutzungen, wie Verkaufsstätten, Versammlungsstätten oder Sportstätten, sind die notwendigen Fahrradplätze grundsätzlich ebenerdig und gut zugänglich auf dem Grundstück oder auf einem geeigneten Grundstück in der Nähe herzustellen. Insbesondere ist zu berücksichtigen, dass Fahrradplätze für Besucher nicht in Keller- oder Tiefgaragengeschossen untergebracht, sondern nahe am Eingang platziert werden, da sie sonst nicht angenommen werden.
Wenn es im Fall einer Blockrandbebauung nicht möglich ist, attraktive, möglichst oberirdische Fahrradplätze auf dem eigenen oder einem geeigneten Grundstück in der Nähe herzustellen, kann im Einzelfall unter der Voraussetzung des Abschlusses eines entsprechenden Sondernutzungsvertrags nach § 19 HWG die Errichtung von bis zu 30 % der notwendigen Fahrradplätze auf öffentlichem Grund in unmittelbarer Nähe des Gebäudes nachgewiesen werden.

### 3.1.3 Herstellung der Stellplätze im Abminderungsgebiet (§ 48 Abs. 4 HBauO)

Aufgrund von § 48 Abs. 4 HBauO kann die Herstellung von notwendigen Stellplätzen ganz oder teilweise untersagt werden, wenn
- die öffentlichen Wege im Bereich des Grundstücks oder die nächsten Verkehrsknoten durch den Kraftfahrzeugverkehr ständig oder regelmäßig zu bestimmten Zeiten überlastet sind bzw. ihre Überlastung zu erwarten ist oder
- das Grundstück durch den öffentlichen Personennahverkehr gut erschlossen ist.

Diese Randbedingungen werden in der Innenstadt erfüllt, so dass in diesem Bereich pauschal von der Reduzierungsmöglichkeit der tatsächlichen Herstellung von Stellplätzen Gebrauch gemacht wird (Abminderungsgebiet).
Die Abgrenzung des Abminderungsgebiets ist der Anlage 2 dieser Fachanweisung zu entnehmen. Soweit die Abgrenzung durch Straßen gebildet wird, liegen die Grundstücke mit Belegenheit an dieser Straße innerhalb des Abminderungsgebiets.

**Bemessungswerte für die Anzahl der tatsächlich herzustellenden Stellplätze**
Innerhalb des Abminderungsgebiets gilt eine zwingende Abminderung auf 25 % der tatsächlich herzustellenden Stellplätze für alle Nutzungen der Anlage 1 mit Ausnahme von:
Ziff. 1   Wohngebäude und
Ziff. 6.4 Beherbergungsbetriebe.
Auch für die Nutzungen im Abminderungsgebiet ist zunächst die Gesamtzahl (100 %) der notwendigen Stellplätze nach Anlage 1 zu ermitteln. 25 % dieser notwendigen Stellplätze müssen auf dem Grundstück selbst oder auf einem Grund-

# C 19 · Fachanweisung notwendige Stellplätze

stück in der Nähe hergestellt werden. Die übrigen 75 % dürfen nicht hergestellt werden. Über die Zahl der notwendigen Stellplätze hinausgehende Stellplätze dürfen im Abminderungsgebiet nicht genehmigt werden. Rechtsgrundlage für die Versagung dieser Stellplätze ist § 48 Abs. 4 HBauO.

Eine Abweichung von diesen Regelungen ist nur zulässig, wenn zusätzliche Stellplätze der Erfüllung der Stellplatzpflicht von Bauvorhaben auf Nachbargrundstücken dienen oder wenn sie das Stellplatzdefizit von Wohngebieten verringern, indem sie ausschließlich an die Bewohner der Umgebung vermietet werden.

### 3.2 Nachweis durch Doppelnutzung vorhandener Stellplätze und Fahrradplätze

Die Nutzung von Stellplätzen oder Fahrradplätzen zum mehrfachen Nachweis des notwendigen Bedarfs (Doppelnutzung) ist zulässig, wenn es nicht zu zeitlichen Überschneidungen während der Hauptbetriebszeiten kommt. Eine typische Konstellation von Nutzungen, die für eine Doppelnutzung infrage kommen, ist beispielsweise eine tagsüber genutzte Büroeinrichtung und eine abends genutzte kulturelle Einrichtung.

Notwendige Stellplätze oder Fahrradplätze, die zu Wohnnutzungen gehören, dürfen nicht in eine Doppelnutzung einbezogen werden.

Maximal 50 % der notwendigen Stellplätze einer Nutzung dürfen in Doppelnutzung nachgewiesen werden. Bereits vorhandene notwendige Stellplätze anderer Nutzungen dürfen ebenfalls bis zu maximal 50 % in Doppelnutzung beansprucht werden. Jede Nutzung muss also über mindestens 50 % der Stellplätze zum alleinigen eigenen Gebrauch verfügen.

Im Abminderungsgebiet, in dem für bestimmte Nutzungen nur 25 % der notwendigen Stellplätze tatsächlich hergestellt werden dürfen (s. Ziff. 3.1.3), können entsprechend max. 50 % der tatsächlich herzustellenden Stellplätze in Doppelnutzung nachgewiesen werden.

Ein Nachweis notwendiger Stellplätze auf den Stellplatzflächen anderer Nutzungen ist durch Baulast zu sichern, wenn das begünstigte und das belastete Grundstück nicht identisch sind. Die jeweils erforderliche Zugänglichkeit der Stellplätze oder Fahrradplätze, z. B. in den Abendstunden oder am Wochenende, ist zu gewährleisten. Eine entsprechende Auflage ist in den Baugenehmigungsbescheid aufzunehmen.

**Weitergehende Doppelnutzung im Einzelfall**

Im begründeten Einzelfall darf der Anteil an notwendigen Stellplätzen in Doppelnutzung bis zu 80 % betragen, sofern eindeutig begrenzte Hauptbetriebszeiten eine Überschneidung der jeweiligen Nutzungen unmöglich machen.

### 3.3 Nachweis durch Zahlung von Ausgleichsbeträgen (§ 49 HBauO)

#### 3.3.1 Ausgleichsbeträge aufgrund einer besonderen Grundstückssituation (§ 49 Abs. 1 HBauO)

Ist die Herstellung auf dem Grundstück oder auf einem Grundstück in der Nähe nicht oder nur unter unzumutbaren Schwierigkeiten möglich, hat der Bauherr nach § 49 Absatz 1 HBauO seine Stellplatz- und Fahrradplatzpflicht durch Zahlung eines Ausgleichsbetrags an die Freie und Hansestadt Hamburg zu erfüllen.

## Fachanweisung notwendige Stellplätze · C 19

Die Erteilung einer Abweichung von der Stellplatzpflicht und der Fahrradplatzpflicht nach § 69 HBauO ist ausgeschlossen, da § 49 HBauO für den Fall der Unmöglichkeit oder der Unzumutbarkeit der tatsächlichen Herstellung von notwendigen Stellplätzen und Fahrradplätzen als zwingende Rechtsfolge die Ausgleichszahlungspflicht festlegt.

Ausgleichsbeträge sind auch für Wohnnutzungen zu erheben, sofern die notwendigen Stellplätze auf dem Grundstück oder auf einem Grundstück in der Nähe nicht oder nur unter unzumutbaren Schwierigkeiten hergestellt werden können.

Die im Vergleich zu ebenerdigen Stellplätzen höheren Herstellungskosten für Tiefgaragenplätze sind in der Regel keine unzumutbaren Schwierigkeiten im Sinne des § 49 Absatz 1 HBauO. Von einer wirtschaftlichen Unzumutbarkeit kann in der Regel erst ausgegangen werden, wenn die Herstellungskosten für einen Stellplatz das Vierfache des Ausgleichsbetrags betragen.

Eine Wahlmöglichkeit zwischen Herstellung und Zahlung von Ausgleichsbeträgen besteht nicht. Die Höhe der Ausgleichbeträge wird in § 49 Abs. 2 HBauO geregelt.

Einmal geleistete Ausgleichsbeträge aus vorherigen Nutzungen sind dem Grundstück zuzurechnen.

### 3.3.2 Ausgleichsbeträge für notwendige Stellplätze, die nicht hergestellt werden dürfen

Ist die Herstellung notwendiger Stellplätze aufgrund von Rechtsvorschriften untersagt (rechtliche Unmöglichkeit), ist von der Bauherrin oder dem Bauherrn kein Ausgleichsbetrag zu erheben. Der Fall der rechtlichen Unmöglichkeit liegt vor, insbesondere wenn:

- die Gehwegüberfahrt aufgrund wegerechtlicher Gründe untersagt wird (§ 18 HWG),
- die Herstellung von Stellplätzen in einem Baugebiet aufgrund seiner Eigenart ausgeschlossen werden muss (§ 15 BauNVO),
- von Stellplätzen unzumutbare Belästigungen für Bewohner und Nachbarschaft ausgehen können, und die Herstellung daher untersagt wird (§ 3 HBauO),
- die Herstellung von Stellplätzen pauschal oder im Einzelfall aufgrund des § 48 Abs. 4 HBauO (Abminderung) untersagt wird oder
- die Herstellung von Stellplätzen aus Gründen des Denkmalschutzes untersagt wird, um den Bestand, das Erscheinungsbild oder die weitere Nutzung eines Kulturdenkmals im Sinne des § 2 Denkmalschutzgesetz nicht zu gefährden.

### 4. Abweichungen vom Regelnachweis für Stellplätze und Fahrradplätze

#### 4.1 Bemessung von Sonderfällen

#### 4.1.1 Ermittlung des Stellplatz- und Fahrradplatzbedarfs nicht erfasster Nutzungen

Für Nutzungen, die in der Spalte B der Anlage 1 nicht erfasst sind, ist der Stellplatz- und Fahrradplatzbedarf nach den besonderen Verhältnissen im Einzelfall unter sinngemäßer Berücksichtigung der Bemessungswerte für Verkehrsquellen mit vergleichbarem Stellplatz- bzw. Fahrradplatzbedarf zu ermitteln. Die sinnvolle Interpolation zwischen zwei vergleichbaren Nutzungsarten ist zulässig.

# C 19 · Fachanweisung notwendige Stellplätze

## 4.1.2 Ermittlung des Stellplatz- und Fahrradplatzbedarfs aufgrund der Beschäftigtenzahlen

Ergibt sich bei einer Ermittlung nach Anlage 1 (z. B. Flächenschlüssel) ein Bedarf an notwendigen Stellplätzen bzw. notwendigen Fahrradplätzen, der in einem offensichtlichen Missverhältnis zu der Zahl der Beschäftigten steht, so ist bei der Stellplatz- und Fahrradplatzanforderung auf die Zahl der Beschäftigten abzustellen: Es ist dann für je drei Beschäftigte ein Stellplatz bzw. Fahrradplatz nachzuweisen. Von einem offensichtlichen Missverhältnis ist auszugehen, wenn das Ergebnis nach dem Beschäftigtenschlüssel um mehr als 25 % vom Ergebnis nach dem Flächenschlüssel abweicht. Stellplätze und Fahrradplätze für Besucher werden von dieser Regelung nicht berührt, diese sind weiterhin auf der Grundlage des Flächenschlüssels nachzuweisen.

## 4.2 Befristete Genehmigung

Bei Erteilung einer befristeten Baugenehmigung oder einer befristeten Nutzungsgenehmigung ist eine von der Anlage 1 abweichende geringere Bemessung der notwendigen Stellplätze und Fahrradplätze gerechtfertigt, wenn die Befristung äußerstenfalls fünf Jahre beträgt. Die festzusetzende Anzahl ist im Einzelfall auf die ohne erheblichen Aufwand auf dem eigenen oder einem in der Nähe gelegenen Grundstück herstellbaren Stellplätze und Fahrradplätze abzustellen.
Der Bescheid über die befristete Genehmigung ist mit dem Hinweis zu versehen, dass die nach Anlage 1 notwendigen Stellplätze und Fahrradplätze im Falle einer längerfristigen Nutzung oder eines längerfristigen Bestehens der baulichen Anlage nachzuweisen sind.

## 4.3 Stundung der Stellplatzpflicht und Fahrradplatzpflicht

### 4.3.1 Zeitlich nachfolgende Einrichtung einer Stellplatz- oder Fahrradplatzanlage

Sind notwendige Stellplätze und Fahrradplätze auf dem Baugrundstück nicht herstellbar und sollen daher in einer geplanten Stellplatzanlage eines anderen Bauträgers nachgewiesen werden, deren Herstellung erst später erfolgen kann, so ist die Herstellung oder der Nachweis der im Baugenehmigungsbescheid festgesetzten Zahl notwendiger Stellplätze oder Fahrradplätze bis zur Errichtung der geplanten Anlage zu stunden, längstens bis zu fünf Jahren.
Voraussetzung ist, dass die betreffenden Stellplätze durch Baulast seitens des anderen Bauträgers auf dem Grundstück gesichert werden. Die Bauherrin oder der Bauherr soll für die Übergangszeit verpflichtet werden, Stellplätze und Fahrradplätze durch Anmietung in der Nähe zur Verfügung zu stellen.

### 4.3.2 Stundung aufgrund vermutlich geringerer Bedarfe

Eine Stundung der Pflicht zur Herstellung von notwendigen Stellplätzen und Fahrradplätzen bei Nicht-Wohnnutzungen ist auf Antrag zulässig, wenn es aufgrund der Eigenart der beantragten Nutzung Anhaltspunkte dafür gibt, dass die nach Anlage 1 ermittelten Stellplatzzahlen und Fahrradplatzzahlen sowie die Ermittlung nach 4.1.2 auf Dauer über dem tatsächlichen Bedarf liegen.

# Fachanweisung notwendige Stellplätze · C 19

In diesem Fall kann für einen individuell zu bestimmenden Anteil der notwendigen Stellplätze oder Fahrradplätze die Pflicht zur Herstellung bis zu fünf Jahre gestundet werden.
Wird die Herstellung notwendiger Stellplätze oder Fahrradplätze gestundet, so sind die für eine spätere Herstellung notwendigen Flächen in den Bauvorlagen nachzuweisen.
Durch eine Auflage im Baugenehmigungsbescheid sowie durch Baulast ist sicherzustellen, dass diese Flächen von jeglicher Bebauung oder sonstigen dauerhaften Nutzung freigehalten werden und für eine spätere Herstellung tatsächlich zur Verfügung stehen.
Ist eine derartige Flächensicherung nicht möglich, so ist im Baugenehmigungsbescheid der Hinweis aufzunehmen, dass im Falle eines später tatsächlich erhöhten Bedarfs Ausgleichsbeträge in der dann geltenden Höhe zu entrichten sind, die gemäß § 49 Abs. 3 auf dem Grundstück als öffentliche Last ruhen.
Weist der Bauherr bei Ablauf der Stundung nach, dass die Herstellung der vollen Anzahl von Stellplätzen oder Fahrradplätzen nicht erforderlich ist, ist der Stellplatzbedarf auf die reduzierte Stellplatzzahl oder Fahrradplatzzahl neu und abschließend festzusetzen. Vorbehaltsflächen sind freizugeben.

## 5. Verfahren

### 5.1 Festsetzung des Stellplatzbedarfs und Fahrradplatzbedarfs

Der mit dem Bauantrag einzureichende Stellplatznachweis und Fahrradplatznachweis ist im Baugenehmigungsverfahren mit Konzentrationswirkung (§ 62 HBauO) von der Bauaufsichtsbehörde zu prüfen. Die Anzahl der notwendigen Stellplätze und Fahrradplätze ist dabei nach den Vorgaben der Anlage 1 getrennt für die unterschiedlichen Nutzungsarten im Baugenehmigungsbescheid festzusetzen.
Die Ausweisung der Anzahl der Stellplätze, die für Besucherinnen und Besucher und Menschen mit Behinderungen vorzusehen sind, hat ebenfalls gesondert zu erfolgen.
Das Berechnungsergebnis der notwendigen Stellplätze und Fahrradplätze ist getrennt nach den unterschiedlichen Nutzungsarten kaufmännisch zu runden.
Die Bereitstellung der notwendigen Stellplätze hat bis zur Aufnahme der Nutzung der baulichen Anlage zu geschehen.

### 5.2 Festsetzung des Ausgleichsbetrags

Die Anzahl der durch Ausgleichsbeträge abzulösenden Stellplätze und Fahrradplätze ist ebenfalls im Baugenehmigungsbescheid festzusetzen.
Der Ausgleichsbetrag ist bis zur Aufnahme der Nutzung, spätestens jedoch bis zu einem halben Jahr nach Fertigstellung des Bauvorhabens zu zahlen.

#### 5.2.1 Höhe der Ausgleichsbeträge

Die Höhe der Ausgleichsbeträge für Stellplätze und Fahrradplätze ist in § 49 Abs. 2 HBauO festgelegt.
Bei Änderung der Nutzung werden gemäß § 49 Abs. 2 Ziff. 1 für die jeweils ersten drei durch Ausgleichsbeträge abzulösenden Stellplätze 0 Euro erhoben.

# C 19 · Fachanweisung notwendige Stellplätze

Die Unterteilung einer zusammenhängenden Gesamtmaßnahme in Einzelanträge zum alleinigen Zweck der Mehrfachinanspruchnahme dieser Regelung schafft keinen erneuten Anspruch auf diese Privilegierung.

### 5.2.2 Stundung von Ausgleichsbeträgen (LHO)

Eine Stundung von Ausgleichsbeträgen ist nicht zulässig. Die Stundung nach § 59 Landeshaushaltsordnung (wirtschaftliche Notlage) bleibt unberührt.

## 6. Beteiligung der Fachbehörde

### 6.1 Zustimmung der Fachbehörde

Folgende Fälle bedürfen der Zustimmung der Fachbehörde:
- alle Abweichungen von dieser Fachanweisung und
- die Untersagung der tatsächlichen Herstellung von Stellplätzen im Einzelfall nach § 48 Abs. 4 HBauO.

### 6.2 Berichtspflicht gegenüber der Fachbehörde

In folgenden Fällen ist die Fachbehörde über die Entscheidung des Bezirks zu informieren:
- bei Minderung des Stellplatzbedarfs aufgrund
  - des Job-Tickets nach Nr. 2.5.2,
  - des Kombi-Tickets nach Nr. 2.5.3 und
  - des autoarmen Wohnens nach Nr. 2.5.4,
- bei Nachweis von Fahrradplätzen auf öffentlichem Grund nach Nr. 3.1.2 und
- bei Genehmigung zusätzlicher Stellplätze im Abminderungsgebiet nach 3.1.3.

### 6.3 Hinweis auf Zuständigkeiten

Vom Senat getroffene Zuständigkeitsanordnungen bleiben von dieser Fachanweisung unberührt.

## 7. Geltungsdauer

Diese Fachanweisung tritt mit Wirkung vom 21.1.2013 in Kraft und am 6.6.2021 außer Kraft.
Sie ist für alle Bauanträge anzuwenden, die ab dem 21.1.2013 eingereicht werden.

# Fachanweisung notwendige Stellplätze · C 19

**Anlage 1**

**Bemessungswerte für die Anzahl notwendiger Stellplätze und notwendiger Fahrradplätze**

**Inhalt:**
1. Wohngebäude
2. Büro- und Verwaltungsgebäude, Schalterräume, Praxen u. ä. Nutzungen
3. Verkaufsstätten
4. Versammlungsstätten
5. Sportstätten
6. Gaststätten und Beherbergungsbetriebe
7. Krankenhäuser, Kliniken
8. Schulen, Bildungsstätten, Kindertagesstätten
9. Gewerbliche Anlagen
10. Verschiedenes

## C 19 · Fachanweisung notwendige Stellplätze

| Nr. | Zahl der Stellplätze | | Zahl der Fahrradplätze | | davon Besucher-Stpl. | davon Behinderten-Stpl. (s. Text Nr. 2.4.2) |
|---|---|---|---|---|---|---|
| A | B | C | D | | E | F |
| 1 | **Wohngebäude** | | | | | |
| 1.1 | Ein- und Zweifamilienhäuser, Reihenhäuser | 1 | je Wohnung | / | / | / |
| 1.2 | Mehrfamilienhäuser | | | | | |
| 1.2.1 | Mehrfamilienhäuser (s. Anlage 3) **in den Stadtteilen:** Altona-Altstadt, Altona-Nord, Barmbek-Nord, Barmbek-Süd, Borgfelde, Dulsberg, Eilbek, Eimsbüttel, Eppendorf, Hafen-City, Hamburg-Altstadt, Hamm-Mitte, Hamm-Nord, Harvestehude, Hoheluft-Ost, Hoheluft-West, Hohenfelde, Neustadt, Ottensen, Rotherbaum, St. Georg, St. Pauli, Sternschanze, Uhlenhorst, Wandsbek (Ortsteile 505 und 507), Winterhude **und in den Kernbereichen der Stadtteile:** Bergedorf und Harburg | 0,6 | je Wohnung | 1<br>2<br>3<br>4<br>5 | je Wohnung mit bis zu 50 m² WF<br>je Wohnung mit bis zu 75 m² WF<br>je Wohnung mit bis zu 100 m² WF<br>je Wohnung mit bis zu 125 m² WF<br>je Wohnung mit mehr als 125 m² WF | / | s. Textteil Ziff. 2.3.2 |
| 1.2.2 | Mehrfamilienhäuser im restlichen Stadtgebiet | 0,8 | je Wohnung | 1<br>2<br>3<br>4<br>5 | je Wohnung mit bis zu 50 m² WF<br>je Wohnung mit bis zu 75 m² WF<br>je Wohnung mit bis zu 100 m² WF<br>je Wohnung mit bis zu 125 m² WF<br>je Wohnung mit mehr als 125 m² WF | / | s. Textteil Ziff. 2.3.2 |
| 1.3 | Wohngebäude für alte Menschen (Sonderbau gem. § 2 Abs. 4 Nr. 9a HBauO) | 0,2 | je Wohnung | 1 | je 3 Wohnungen | 50 % | s. Textteil Ziff. 2.3.2 |

## Fachanweisung notwendige Stellplätze · C 19

| Nr. | Zahl der Stellplätze | Zahl der Stellplätze | | Zahl der Fahrradplätze | | davon Besucher-Stpl. | davon Behinderten-Stpl. (s. Text Nr. 2.4.2) |
|---|---|---|---|---|---|---|---|
| A | B | C | | D | | E | F |
| 1.4 | Studentenwohnheime, Arbeitnehmerwohnheime | 1 | je 5 Betten, jedoch mind. 2 | 1<br>1 | je 1 Bett<br>je 3 Betten | 20 % | 3 % |
| 1.5 | Kinder- und Jugendwohnheime | 1 | je 20 Betten, jedoch mind. 2 | 1 | je 1 Bett | 75 % | 3 % |
| 1.6 | Heime und sonstige Einrichtungen zur Unterbringung oder Pflege von Personen (z. B. sozialtherapeutische Einrichtungen) | 1 | je 10 Betten, jedoch mind. 2 | 1 | je 5 Betten | 50 % | 4 % und Stellplatz für Kleinbus |
| 2 | **Büro- und Verwaltungsgebäude, Schalterräume, Praxen u. ä. Nutzungen**<br>Die Bruttogrundfläche (BGF) ist gemäß § 2 HBauO nach den Außenmaßen der Gebäude in allen Geschossen zu ermitteln. Es können solche Bereiche innerhalb von Gebäuden unberücksichtigt bleiben, die als Nebenanlagen größerer Betriebseinheiten keinen eigenen Stellplatzbedarf und Fahrradplatzbedarf erzeugen, wie z. B. Kantinen, Klima- und Installationsräume mit mindestens 10 m² Fläche, überdeckte Lichthöfe, Repräsentationstreppen. | | | | | | |
| 2.1 | Büro, Verwaltung, Praxen | 1 | je 80 m² BGF | 1 | je 80 m² BGF, jedoch mind. 1 je Nutzung | 20 % | 3 % bzw. ggf. 4 % und Stpl. für Kleinbus |
| 3 | **Verkaufsstätten**<br>In Anwendung der DIN 277 entspricht die Fläche zur Berechnung des Stellplatzbedarfs und des Fahrradplatzbedarfs der Hauptnutzfläche 4.5 „Verkaufsräume" (Verkaufsnutzfläche=VKNF). Es werden alle Nettogrundflächen der jeweiligen Verkaufsräume (auch Schaufenster, Kassenbereich etc.) angerechnet, Nebennutzflächen wie Personal- und Sanitärräume, Garderoben können unberücksichtigt bleiben. Werden in einer baulichen Anlage unterschiedliche Verkaufsstätten eingerichtet, so ist der Bedarf für jede Nutzung gesondert zu ermitteln. | | | | | | |
| 3.1 | Läden | | | | | | |
| 3.1.1 | mit hohem Besucherverkehr (z. B. Supermärkte, Heimwerkermärkte, Gartencenter) | 1 | je 50 m² VKNF, jedoch mind. 1 je Laden | 1 | je 50 m² VKNF, jedoch mind. 1 je Laden | 90 % | 3 % |
| 3.1.2 | mit geringem Besucherverkehr (z. B. Fachgeschäfte, Möbelhäuser) | 1 | je 75 m² VKNF, jedoch mind. 1 je Laden | 1 | je 75 m² VKNF, jedoch mind. 1 je Laden | 75 % | 3 % |

## C 19 · Fachanweisung notwendige Stellplätze

| Nr. | Zahl der Stellplätze | | Zahl der Fahrradplätze | | davon Besucher-Stpl. | davon Behinderten-Stpl. (s. Text Nr. 2.4.2) |
|---|---|---|---|---|---|---|
| A | B | C | | D | E | F |
| 3.2 | Verkaufsplätze ohne Bindung an Gebäude | 1 | je 100 m² Grundstücksfläche | 1 | je 200 m² Grundstücksfläche | 75 % | 3 % |
| 3.3 | Autosalons (Verkaufsausstellung) | 1 | je 150 m² VKNF | 1 | je 500 m² VKNF | 90 % | 3 % |
| **4** | **Versammlungsstätten** | | | | | | |
| 4.1 | Theater, Konzerthäuser | 1 | je 5 Sitzplätze | 1 | je 30 Sitzplätze | 75 % | 3 % |
| 4.2 | Kinos, Diskotheken, Tanzschulen nach Anzahl der zulässigen Besucher | 1 | je 10 Plätze/Besucher | 1 | je 20 Plätze/Besucher | 90 % | 3 % |
| 4.3 | Jugend-, Livemusikclubs, Versammlungsräume mit stadtteilbezogener Bedeutung | 1 | je 15 Plätze/Besucher | 1 | je 10 Besucher | 90 % | 3 % |
| 4.4 | Seniorentreff | 1 | je 15 Plätze/Besucher | 1 | je 20 Besucher | 90 % | 3 % |
| 4.5 | Gemeindekirchen | 1 | je 20 Sitzplätze | 1 | je 20 Sitzplätze | 90 % | 3 % |
| 4.6 | Kirchen mit überörtlichem Bezug | 1 | je 10 Sitzplätze | 1 | je 50 Sitzplätze | 90 % | 3 % |
| **5** | **Sportstätten** Sind den Sportanlagen Einrichtungen wie Gaststätten, Läden o. ä. räumlich oder funktional zugeordnet, so ist deren Bedarf an Stellplätzen und Fahrradplätzen zusätzlich zu ermitteln und zu 50 % nachzuweisen. Bei zugehörigen Einrichtungen, bei denen kein über den der Sportanlage hinausgehender Bedarf erzeugt wird, z. B. bei Clubgaststätten, werden keine zusätzlichen Stellplätze und Fahrradplätze gefordert. Der Stellplatzbedarf für Sporthallen von Schulen sind in den Bemessungswerten für Schulen eingeschlossen (s. Ziff. 8.1). | | | | | | |
| **5.0** | **Zuschläge für Besucherinnen und Besucher** | | | | | | |
| 5.0.1 | Sportstätten von örtlicher Bedeutung | 1 | je 15 Besucherplätze | 1 | je 5 Besucherplätze | 100 % | 3 % |
| 5.0.2 | Sportstätten von überörtlicher Bedeutung (z. B. Fußballstadien) | 1 | je 5 Besucherplätze | 1 | je 50 Besucherplätze | 100 % | 3 % |
| 5.1 | Sportplätze | 1 | je 400 m² Sportfläche | 1 | je 150 m² Sportfläche | / | 3 % |

## Fachanweisung notwendige Stellplätze · C 19

| Nr. | Zahl der Stellplätze | Zahl der Stellplätze | Zahl der Stellplätze | Zahl der Fahrradplätze | Zahl der Fahrradplätze | davon Besucher-Stpl. | davon Behinderten-Stpl. (s. Text Nr. 2.4.2) |
|---|---|---|---|---|---|---|---|
| A | B | C | | D | | E | F |
| 5.2 | Spiel- und Sporthallen, Sportschulen, Trainingsräume | 1 | je 50 m² Übungsfläche | 1 | je 20 m² Übungsfläche | / | 3 % |
| 5.3 | Tennis- und Squashanlagen | 1 | je Spielfeld | 2 | je Spielfeld | 90 % | 3 % |
| 5.4 | Freibäder | 1 | je 200 m² Grundstücksfläche | 1 | je 50 m² Grundstücksfläche | 90 % | 3 % |
| 5.5 | Hallen- und Kurbäder, Saunaanlagen, Fitnesscenter, SB-Bräunungsstudios | 1 | je 5 Umkleideschränke | 1 | je 5 Umkleideschränke | 90 % | 3 % |
| 5.6 | Bootshäuser und Bootsliegeplätze | 1 | je 5 Boote | 1 | je 2 Boote | 90 % | 3 % |
| 5.7 | Kegel- und Bowlingbahnen | 2 | je Doppelbahn | 2 | je Doppelbahn | 90 % | 3 % |
| 6 | **Gaststätten und Beherbergungsbetriebe** Saisonal genutzte Außengastplätze erzeugen dann einen eigenen Stellplatzbedarf und Fahrradplatzbedarf, wenn sie die Anzahl der Innengastplätze überschreiten. Für die positive Differenz ist ein Stellplatznachweis und Fahrradplatznachweis zu liefern. | | | | | | |
| 6.1 | Gaststätten | 1 | je 10 Sitzplätze | 1 | je 10 Sitzplätze | 75 % | 3 % |
| 6.2 | Stehrestaurationen | 1 | je 10 m² Stehfläche | 1 | je 10 m² Stehfläche | 75 % | 3 % |
| 6.3 | Spiel- und Billardhallen, Automatensalons | 1 | je 40 m² BGF, jedoch mind. 1 Stpl. je Betrieb | 1 | je 40 m² BGF | 75 % | 3 % |
| 6.4 | Beherbergungsbetriebe | | | | | | |
| 6.4.1 | Hotels und Pensionen | 1 | je 2 Gästezimmer | 1 | je 15 Gästezimmer | 75 % (Stpl.) 10 % (Fpl.) | 3 % |
| 6.4.2 | Apartments, Boardinghäuser zur längerfristigen Vermietung | 1 | je 1 Apartment/Zimmer | 1 | je 15 Apartments/Zimmer | 75 % | 3 % |

# C 19 · Fachanweisung notwendige Stellplätze

| Nr. | Zahl der Stellplätze | | Zahl der Fahrradplätze | | davon Besucher-Stpl. | davon Behinderten-Stpl. (s. Text Nr. 2.4.2) |
|---|---|---|---|---|---|---|
| A | B | C | | D | E | F |
| 6.4.3 | Jugendherbergen | 1 | je 10 Betten | 1 | je 5 Betten | 75 % | 3 % |
| 6.4.4 | zugehörige Restaurants, zugehörige Veranstaltungsräume | 1 | je 16 Sitzplätze | 1 | je 16 Sitzplätze | 75 % | 3 % |
| 7 | **Krankenhäuser, Kliniken** Der Bedarf an Stellplätzen und Fahrradplätzen für übergeordnete zentrale Einrichtungen zur Versorgung mehrerer Krankenhäuser (z. B. Großwäscherei, Zentralküche) ist nach Nummer 9 zusätzlich zum Bedarf nach Nummer 7.1 bzw. 7.2 zu ermitteln. Ebenso sind Schulen gemäß Nummer 8 und Schwesternheime gemäß Nummer 1.5 sowie weitere zusätzliche Stellplatzbedarf erzeugende Nutzungen (z. B. Tageskliniken, Praxen, ambulante Versorgung, eigenständige weitere Einrichtungen) gesondert zu beurteilen. | | | | | | |
| 7.1 | Krankenhäuser, allgemein | 1 | je 3 Betten | 1 | je 20 Betten | 60 % | 4 % und Stpl. für Kleinbus |
| 7.2 | Universitätsklinik Eppendorf | 1 | je 2 Betten | 1 | je 10 Betten | 60 % | 4 % und Stpl. für Kleinbus |
| 8 | **Schulen, Bildungsstätten, Kindertagesstätten** | | | | | | |
| 8.1 | Schulen Bei einem temporären Mehrbedarf an Stellplätzen kann die Schulhoffläche außerhalb der Unterrichtszeiten genutzt werden. Der Stellplatzbedarf für stadtteilbezogene Veranstaltungen (z. B. durch Vereine, Volkshochschule) auf Flächen in Schulen und in Sporthallen ist in der Ermittlung nach Ziff. 8.1.1–8.1.3 eingeschlossen. Werden Veranstaltungsflächen oder Sporthallen regelmäßig für publikumsintensive Veranstaltungen von überregionaler Bedeutung genutzt, ist hierfür der Stellplatzbedarf nach Ziff. 8.1.4 (Veranstaltungsflächen in Schulen) bzw. nach Ziff. 5 (Sportstätten) zu ermitteln – dabei ist eine Doppelnutzung von 80 % der notwendigen Schulstellplätze möglich. | | | | | | |
| 8.1.1 | Grundschulen, Sonderschulen | 0,5 | je Klassenraum ohne Fachklassen | 6 | je Klassenraum ohne Fachklassen | / | 3 % |
| 8.1.2 | Stadtteilschulen, Gymnasien | 0,5 | je Klassenraum ohne Fachklassen | 10 | je Klassenraum ohne Fachklassen | / | 3 % |
| 8.1.3 | Berufliche Schulen, Ausbildungszentren der freien Wirtschaft | 1 | je 15 gleichzeitig anwesende Schüler | 1 | je 15 gleichzeitig anwesende Schüler | / | 3 % |

# Fachanweisung notwendige Stellplätze · C 19

| Nr. | Zahl der Stellplätze | Zahl der Stellplätze | Zahl der Fahrradplätze | Zahl der Fahrradplätze | davon Besucher-Stpl. | davon Behinderten-Stpl. (s. Text Nr. 2.4.2) |
|---|---|---|---|---|---|---|
| A | B | C | D | | E | F |
| 8.1.4 | Veranstaltungsflächen in Schulen (z. B. Aula, Mehrzweckhalle), die regelmäßig publikumsintensiven Veranstaltungen von überregionaler Bedeutung dienen | 1 je 15 m² BGF | 1 | je 10 m² BGF | 90 % | 3 % |
| 8.2 | **Hochschulen** Bei der Bemessung des Stellplatzbedarfs und des Fahrradplatzbedarfs für Hochschulen u. ä. Einrichtungen ist die nach dem Hochschulbedarfsplan als Bemessung der baulichen Anlage festgelegte Studentenzahl zugrunde zu legen. Vorübergehende Überkapazitäten der Hochschuleinrichtungen werden bei der Bemessung nicht berücksichtigt. Bei Hochschulen ist der Bedarfsberechnung die Zahl der Hauptfachstudenten zugrunde zu legen, die gleichzeitig in dem Gebäude unterrichtet werden bzw. arbeiten können. | | | | | |
| 8.2.1 | Hochschulen und Fachhochschulen inkl. ihrer Forschungsbereiche **ohne Semester-Ticket**, Berufsfortbildungseinrichtungen, Abendschulen, Volkshochschulen | 1 je 5 Studierende | 1 | je 4 Studierende | / | 3 % |
| 8.2.2 | Hochschulen und Fachhochschulen inkl. ihrer Forschungsbereiche **mit Semester-Ticket** | 1 je 10 Studierende | 1 | je 6 Studierende | / | 3 % |
| 8.3 | Kindertagesstätten (Kinderkrippen, Kindergärten, Kinderhorte u. Ä.) | 1 je 1 Gruppenraum | 2 | je Gruppenraum | 50 % | 3 % |
| 9 | **Gewerbliche Anlagen** Kleine Betriebseinheiten (< 1.000 m²) werden mit ihrer Gesamtfläche angesetzt. Bei mittleren und größeren Betrieben sind die handwerklichen Betriebsflächen und die Büro- und Lagerflächen mit ihren jeweils unterschiedlichen Bedarfsansätzen für Stellplätze und Fahrradplätze zu ermitteln. | | | | | 9 |
| 9.1 | Handwerksbetriebe, Industrie- und Gewerbebetriebe, Werften, Labore, Forschungseinrichtungen | 1 je 100 m² BGF | 1 | je 300 m² BGF | 20 % | 3 % |

## C 19 · Fachanweisung notwendige Stellplätze

| Nr. | | Zahl der Stellplätze | | Zahl der Fahrradplätze | | davon Besucher-Stpl. | davon Behinderten-Stpl. (s. Text Nr. 2.4.2) |
|---|---|---|---|---|---|---|---|
| A | B | C | | D | | E | F |
| 9.2 | Lagerräume, Lagerplätze | 1 | je 200 m² BGF/Grundstücksfläche | 1 | je 800 m² BGF/Grundstücksfläche | / | 3 % |
| 9.3 | Kfz-Werkstätten | 6<br>2 | je Reparaturstand<br>je LKW-Reparaturstand | 1 | je 2 Reparaturstände | 90 % | 3 % |
| 9.4 | Tankstellen, inkl. Shop bis 30 m² | 2<br>1 | je Tankstelle, zzgl. zu Warteplätzen an Zapfsäulen<br>je SB-Waschplatz | 1 | je Shop | 90 % | 3 % |
| 9.5 | Kraftwagenwaschanlagen | 1 | je 3 Mitarbeiter, Stauraum für 10 KFZ vor der Anlageneinfahrt | 1 | je Anlage | / | 3 % |
| 9.6 | Örtliche Spedition<br>Überörtliche Spedition | 1<br>1 | LKW-St je LKW<br>LKW-St je 3 LKW | /<br> | /<br> | /<br> | 3 %<br> |
| 9.7 | Taxibetriebe | 1 | je 3 Mitarbeiter | 1 | je 5 Mitarbeiter | / | 3 % |
| 10 | **Verschiedenes** | | | | | | |
| 10.1 | Kleingartenanlagen | 1 | je 3 Parzellen | 1 | je 3 Parzellen | 20 % | 3 % |
| 10.2 | Ausstellungshallen, -plätze (Messen) | 1 | je 50 m² BGF/Grundstücksfläche | 1 | je 200 m² BGF/Grundstücksfläche | 80 % | 3 % |
| 10.3 | Büchereien | 1 | je 200 m² BGF | 1 | je 50 m² BGF | 80 % | 3 % |
| 10.4 | Museen | 1 | je 200 m² (200) BGF | 1 | je 200 m² (200) BGF | 80 % | 3 % |
| 10.5 | Friedhöfe | 1 | je 2.000 m² Fläche | 1 | je 2.000 m² Fläche | 90 % | 3 % |
| 10.6 | Aussegnungskapellen | 1 | je 5 Sitzplätze | 1 | je 100 Sitzplätze | 90 % | 3 % |

**Anmerkungen**
Die Stellplatzvorgaben für Wohnungen und Wohnheime (Ziffer 1) sind obsolet, da mit § 48 Absatz 1a HBauO die Rechtsgrundlage entfallen ist.

## Fachanweisung notwendige Stellplätze · C 19

**Anlage 2**

**ANLAGE 2
ZUR GLOBALRICHTLINIE**
«Notwendige Stellplätze und notwendige Fahrradplätze»

**ABMINDERUNGSGEBIET**
nach Nr. 3.1.2 der Globalrichtlinie (Nicht-Wohnnutzung)

 Innenstadt

Reproduktion und Druck:
Behörde für Bau und Verkehr, Amt für Geoinformation und Vermessung 2002

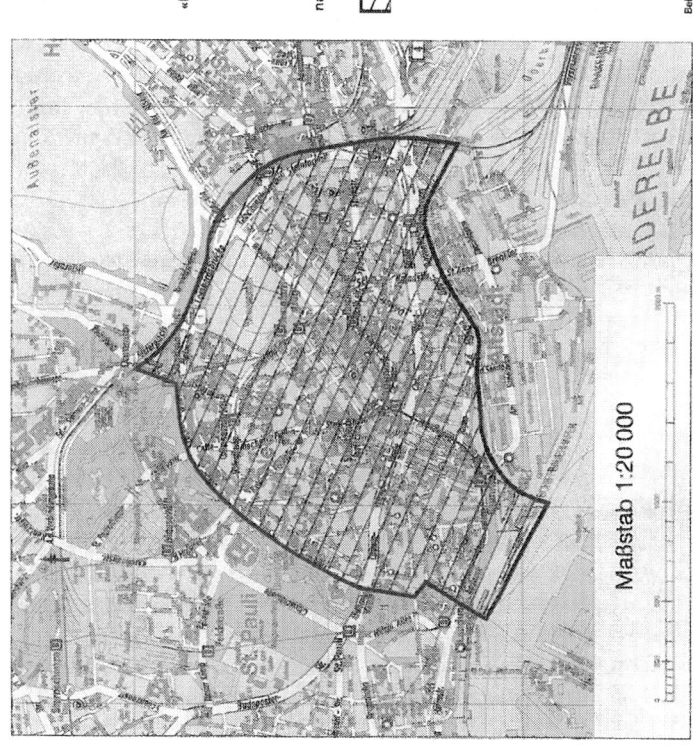

Maßstab 1:20 000

# C 19 · Fachanweisung notwendige Stellplätze

**Anlage 3**

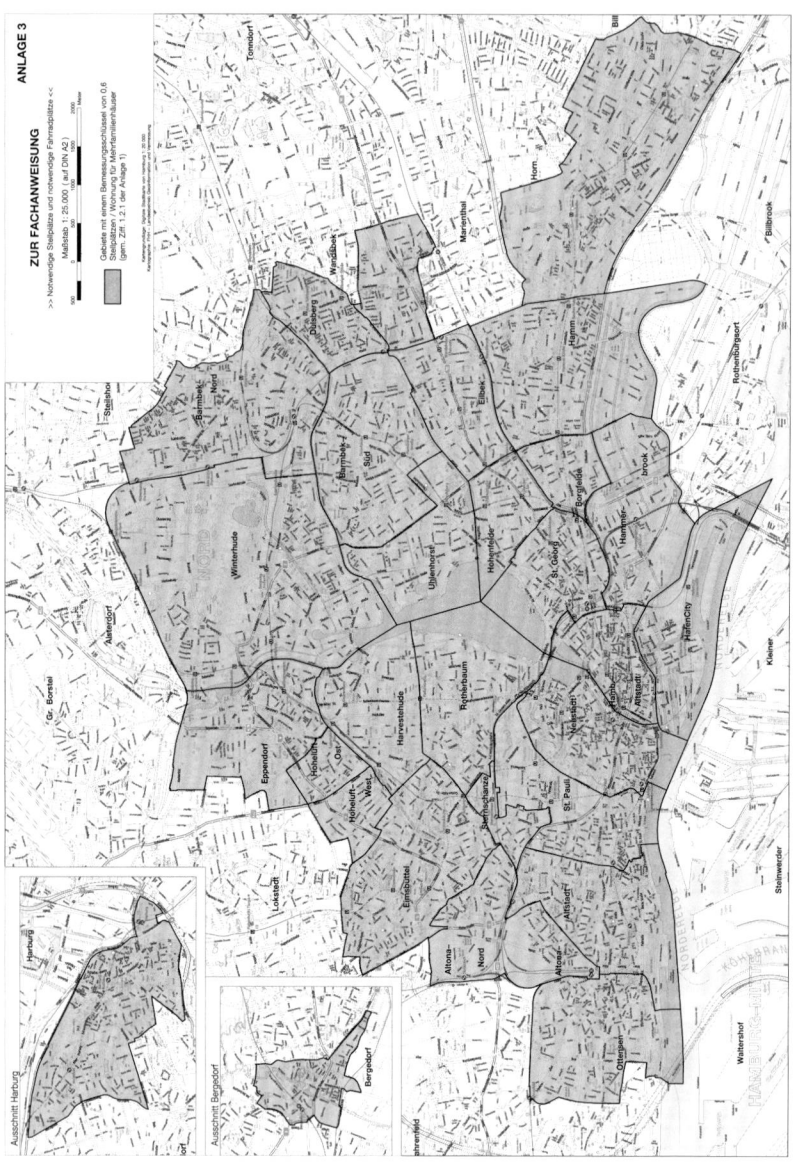

# Baugesetzbuch (BauGB)

Vom 23.6.1960, in der Fassung der Bekanntmachung vom 3. November 2017 (BGBl. I S. 3634), zuletzt geändert durch Art. 2 G zur Vereinheitlichung des Energieeinsparrechts für Gebäude und zur Änderung weiterer Gesetze vom 8.8.2020 (BGBl. I S. 1728)

– Auszug (§§ 14–19, 29–35, 37, 172–179) –

## § 14 Veränderungssperre

(1) Ist ein Beschluss über die Aufstellung eines Bebauungsplans gefasst, kann die Gemeinde zur Sicherung der Planung für den künftigen Planbereich eine Veränderungssperre mit dem Inhalt beschließen, dass
1. Vorhaben im Sinne des § 29 nicht durchgeführt oder bauliche Anlagen nicht beseitigt werden dürfen;
2. erhebliche oder wesentlich wertsteigernde Veränderungen von Grundstücken und baulichen Anlagen, deren Veränderungen nicht genehmigungs-, zustimmungs- oder anzeigepflichtig sind, nicht vorgenommen werden dürfen.

(2) ¹Wenn überwiegende öffentliche Belange nicht entgegenstehen, kann von der Veränderungssperre eine Ausnahme zugelassen werden. ²Die Entscheidung über Ausnahmen trifft die Baugenehmigungsbehörde im Einvernehmen mit der Gemeinde.

(3) Vorhaben, die vor dem Inkrafttreten der Veränderungssperre baurechtlich genehmigt worden sind, Vorhaben, von denen die Gemeinde nach Maßgabe des Bauordnungsrechts Kenntnis erlangt hat und mit deren Ausführung vor dem Inkrafttreten der Veränderungssperre hätte begonnen werden dürfen, sowie Unterhaltungsarbeiten und die Fortführung einer bisher ausgeübten Nutzung werden von der Veränderungssperre nicht berührt.

(4) Soweit für Vorhaben im förmlich festgelegten Sanierungsgebiet oder im städtebaulichen Entwicklungsbereich eine Genehmigungspflicht nach § 144 Absatz 1 besteht, sind die Vorschriften über die Veränderungssperre nicht anzuwenden.

## § 15 Zurückstellung von Baugesuchen

(1) ¹Wird eine Veränderungssperre nach § 14 nicht beschlossen, obwohl die Voraussetzungen gegeben sind, oder ist eine beschlossene Veränderungssperre noch nicht in Kraft getreten, hat die Baugenehmigungsbehörde auf Antrag der Gemeinde die Entscheidung über die Zulässigkeit von Vorhaben im Einzelfall für einen Zeitraum bis zu zwölf Monaten auszusetzen, wenn zu befürchten ist, dass die Durchführung der Planung durch das Vorhaben unmöglich gemacht oder wesentlich erschwert werden würde. ²Wird kein Baugenehmigungsverfahren durchgeführt, wird auf Antrag der Gemeinde an Stelle der Aussetzung der Entscheidung über die Zulässigkeit eine vorläufige Untersagung innerhalb einer durch Landesrecht festgesetzten Frist ausgesprochen. ³Die vorläufige Untersagung steht der Zurückstellung nach Satz 1 gleich.

(2) Soweit für Vorhaben im förmlich festgelegten Sanierungsgebiet oder im städtebaulichen Entwicklungsbereich eine Genehmigungspflicht nach § 144 Absatz 1 besteht, sind die Vorschriften über die Zurückstellung von Baugesuchen nicht anzuwenden; mit der förmlichen Festlegung des Sanierungsgebiets oder des städte-

baulichen Entwicklungsbereichs wird ein Bescheid über die Zurückstellung des Baugesuchs nach Absatz 1 unwirksam.

(3) ¹Auf Antrag der Gemeinde hat die Baugenehmigungsbehörde die Entscheidung über die Zulässigkeit von Vorhaben nach § 35 Absatz 1 Nummer 2 bis 6 für einen Zeitraum bis zu längstens einem Jahr nach Zustellung der Zurückstellung des Baugesuchs auszusetzen, wenn die Gemeinde beschlossen hat, einen Flächennutzungsplan aufzustellen, zu ändern oder zu ergänzen, mit dem die Rechtswirkungen des § 35 Absatz 3 Satz 3 erreicht werden sollen, und zu befürchten ist, dass die Durchführung der Planung durch das Vorhaben unmöglich gemacht oder wesentlich erschwert werden würde. ²Auf diesen Zeitraum ist die Zeit zwischen dem Eingang des Baugesuchs bei der zuständigen Behörde bis zur Zustellung der Zurückstellung des Baugesuchs nicht anzurechnen, soweit der Zeitraum für die Bearbeitung des Baugesuchs erforderlich ist. ³Der Antrag der Gemeinde nach Satz 1 ist nur innerhalb von sechs Monaten, nachdem die Gemeinde in einem Verwaltungsverfahren von dem Bauvorhaben förmlich Kenntnis erhalten hat, zulässig. ⁴Wenn besondere Umstände es erfordern, kann die Baugenehmigungsbehörde auf Antrag der Gemeinde die Entscheidung nach Satz 1 um höchstens ein weiteres Jahr aussetzen.

### § 16 Beschluss über die Veränderungssperre

(1) Die Veränderungssperre wird von der Gemeinde als Satzung beschlossen.

(2) ¹Die Gemeinde hat die Veränderungssperre ortsüblich bekannt zu machen. ²Sie kann auch ortsüblich bekanntmachen, dass eine Veränderungssperre beschlossen worden ist; § 10 Absatz 3 Satz 2 bis 5 ist entsprechend anzuwenden.

### § 17 Geltungsdauer der Veränderungssperre

(1) ¹Die Veränderungssperre tritt nach Ablauf von zwei Jahren außer Kraft. ²Auf die Zweijahresfrist ist der seit der Zustellung der ersten Zurückstellung eines Baugesuchs nach § 15 Absatz 1 abgelaufene Zeitraum anzurechnen. ³Die Gemeinde kann die Frist um ein Jahr verlängern.

(2) Wenn besondere Umstände es erfordern, kann die Gemeinde die Frist bis zu einem weiteren Jahr nochmals verlängern.

(3) Die Gemeinde kann eine außer Kraft getretene Veränderungssperre ganz oder teilweise erneut beschließen, wenn die Voraussetzungen für ihren Erlass fortbestehen.

(4) Die Veränderungssperre ist vor Fristablauf ganz oder teilweise außer Kraft zu setzen, sobald die Voraussetzungen für ihren Erlass weggefallen sind.

(5) Die Veränderungssperre tritt in jedem Fall außer Kraft, sobald und soweit die Bauleitplanung rechtsverbindlich abgeschlossen ist.

(6) ¹Mit der förmlichen Festlegung des Sanierungsgebiets oder des städtebaulichen Entwicklungsbereichs tritt eine bestehende Veränderungssperre nach § 14 außer Kraft. ²Dies gilt nicht, wenn in der Sanierungssatzung die Genehmigungspflicht nach § 144 Absatz 1 ausgeschlossen ist.

### § 18 Entschädigung bei Veränderungssperre

(1) ¹Dauert die Veränderungssperre länger als vier Jahre über den Zeitpunkt ihres Beginns oder der ersten Zurückstellung eines Baugesuchs nach § 15 Absatz 1 hin-

aus, ist den Betroffenen für dadurch entstandene Vermögensnachteile eine angemessene Entschädigung in Geld zu leisten. ²Die Vorschriften über die Entschädigung im Zweiten Abschnitt des Fünften Teils sowie § 121 gelten entsprechend; dabei ist der Grundstückswert zugrunde zu legen, der nach den Vorschriften des Zweiten Abschnitts des Dritten Teils zu entschädigen wäre.

(2) ¹Zur Entschädigung ist die Gemeinde verpflichtet. ²Der Entschädigungsberechtigte kann Entschädigung verlangen, wenn die in Absatz 1 Satz 1 bezeichneten Vermögensnachteile eingetreten sind. ³Er kann die Fälligkeit des Anspruchs dadurch herbeiführen, dass er die Leistung der Entschädigung schriftlich bei dem Entschädigungspflichtigen beantragt. ⁴Kommt eine Einigung über die Entschädigung nicht zustande, entscheidet die höhere Verwaltungsbehörde. ⁵Für den Bescheid über die Festsetzung der Entschädigung gilt § 122 entsprechend.

(3) ¹Auf das Erlöschen des Entschädigungsanspruchs findet § 44 Absatz 4 mit der Maßgabe Anwendung, dass bei einer Veränderungssperre, die die Sicherung einer Festsetzung nach § 40 Absatz 1 oder § 41 Absatz 1 zum Gegenstand hat, die Erlöschensfrist frühestens ab Rechtsverbindlichkeit des Bebauungsplans beginnt. ²In der Bekanntmachung nach § 16 Absatz 2 ist auf die Vorschriften des Absatzes 2 Satz 2 und 3 hinzuweisen.

## § 19    Teilung von Grundstücken

(1) Die Teilung eines Grundstücks ist die dem Grundbuchamt gegenüber abgegebene oder sonst wie erkennbar gemachte Erklärung des Eigentümers, dass ein Grundstücksteil grundbuchmäßig abgeschrieben und als selbständiges Grundstück oder als ein Grundstück zusammen mit anderen Grundstücken oder mit Teilen anderer Grundstücke eingetragen werden soll.

(2) Durch die Teilung eines Grundstücks im Geltungsbereich eines Bebauungsplans dürfen keine Verhältnisse entstehen, die den Festsetzungen des Bebauungsplans widersprechen.

## § 29    Begriff des Vorhabens; Geltung von Rechtsvorschriften

(1) Für Vorhaben, die die Errichtung, Änderung oder Nutzungsänderung von baulichen Anlagen zum Inhalt haben, und für Aufschüttungen und Abgrabungen größeren Umfangs sowie für Ausschachtungen, Ablagerungen einschließlich Lagerstätten gelten die §§ 30 bis 37.

(2) Die Vorschriften des Bauordnungsrechts und andere öffentlich-rechtliche Vorschriften bleiben unberührt.

## § 30    Zulässigkeit von Vorhaben im Geltungsbereich eines Bebauungsplans

(1) Im Geltungsbereich eines Bebauungsplans, der allein oder gemeinsam mit sonstigen baurechtlichen Vorschriften mindestens Festsetzungen über die Art und das Maß der baulichen Nutzung, die überbaubaren Grundstücksflächen und die örtlichen Verkehrsflächen enthält, ist ein Vorhaben zulässig, wenn es diesen Festsetzungen nicht widerspricht und die Erschließung gesichert ist.

(2) Im Geltungsbereich eines vorhabenbezogenen Bebauungsplans nach § 12 ist ein Vorhaben zulässig, wenn es dem Bebauungsplan nicht widerspricht und die Erschließung gesichert ist.

## D 1 · BauGB §§ 31–33

(3) Im Geltungsbereich eines Bebauungsplans, der die Voraussetzungen des Absatzes 1 nicht erfüllt (einfacher Bebauungsplan), richtet sich die Zulässigkeit von Vorhaben im Übrigen nach § 34 oder § 35.

### § 31[1] Ausnahmen und Befreiungen

(1) Von den Festsetzungen des Bebauungsplans können solche Ausnahmen zugelassen werden, die in dem Bebauungsplan nach Art und Umfang ausdrücklich vorgesehen sind.

(2) Von den Festsetzungen des Bebauungsplans kann befreit werden, wenn die Grundzüge der Planung nicht berührt werden und
1. Gründe des Wohls der Allgemeinheit die Befreiung erfordern oder
2. die Abweichung städtebaulich vertretbar ist oder
3. die Durchführung des Bebauungsplans zu einer offenbar nicht beabsichtigten Härte führen würde

und wenn die Abweichung auch unter Würdigung nachbarlicher Interessen mit den öffentlichen Belangen vereinbar ist.

**Anmerkung**

1  Mit dem Baulandmobilisierungsgesetz wird zurzeit das Baugesetzbuch geändert. Voraussichtlich wird es auch eine Änderung des § 31 (Befreiungen) enthalten. Danach sollen in Gebieten mit einem angespannten Wohnungsmarkt auch von den Grundzügen der Planung abweichende Befreiungen zugunsten von Wohnungsbau zulässig sein.

### § 32 Nutzungsbeschränkungen auf künftigen Gemeinbedarfs-, Verkehrs-, Versorgungs- und Grünflächen

[1]Sind überbaute Flächen in dem Bebauungsplan als Baugrundstücke für den Gemeinbedarf oder als Verkehrs-, Versorgungs- oder Grünflächen festgesetzt, dürfen auf ihnen Vorhaben, die eine wertsteigernde Änderung baulicher Anlagen zur Folge haben, nur zugelassen und für sie Befreiungen von den Festsetzungen des Bebauungsplans nur erteilt werden, wenn der Bedarfs- oder Erschließungsträger zustimmt oder der Eigentümer für sich und seine Rechtsnachfolger auf Ersatz der Werterhöhung für den Fall schriftlich verzichtet, dass der Bebauungsplan durchgeführt wird. [2]Dies gilt auch für die dem Bebauungsplan nicht widersprechenden Teile einer baulichen Anlage, wenn sie für sich allein nicht wirtschaftlich verwertbar sind oder wenn bei der Enteignung die Übernahme der restlichen überbauten Flächen verlangt werden kann.

### § 33 Zulässigkeit von Vorhaben während der Planaufstellung

(1) In Gebieten, für die ein Beschluss über die Aufstellung eines Bebauungsplans gefasst ist, ist ein Vorhaben zulässig, wenn
1. die Öffentlichkeits- und Behördenbeteiligung nach § 3 Absatz 2, § 4 Absatz 2 und § 4a Absatz 2 bis 5 durchgeführt worden ist,
2. anzunehmen ist, dass das Vorhaben den künftigen Festsetzungen des Bebauungsplans nicht entgegensteht,
3. der Antragsteller diese Festsetzungen für sich und seine Rechtsnachfolger schriftlich anerkennt und
4. die Erschließung gesichert ist.

(2) In Fällen des § 4a Absatz 3 Satz 1 kann vor der erneuten Öffentlichkeits- und Behördenbeteiligung ein Vorhaben zugelassen werden, wenn sich die vorgenommene Änderung oder Ergänzung des Bebauungsplanentwurfs nicht auf das Vorhaben auswirkt und die in Absatz 1 Nummer 2 bis 4 bezeichneten Voraussetzungen erfüllt sind.

(3) [1]Wird ein Verfahren nach § 13 oder § 13a durchgeführt, kann ein Vorhaben vor Durchführung der Öffentlichkeits- und Behördenbeteiligung zugelassen werden, wenn die in Absatz 1 Nummer 2 bis 4 bezeichneten Voraussetzungen erfüllt sind. [2]Der betroffenen Öffentlichkeit und den berührten Behörden und sonstigen Trägern öffentlicher Belange ist vor Erteilung der Genehmigung Gelegenheit zur Stellungnahme innerhalb angemessener Frist zu geben, soweit sie dazu nicht bereits zuvor Gelegenheit hatten.

## § 34 Zulässigkeit von Vorhaben innerhalb der im Zusammenhang bebauten Ortsteile[1]

(1) [1]Innerhalb der im Zusammenhang bebauten Ortsteile ist ein Vorhaben zulässig, wenn es sich nach Art und Maß der baulichen Nutzung, der Bauweise und der Grundstücksfläche, die überbaut werden soll, in die Eigenart der näheren Umgebung einfügt und die Erschließung gesichert ist. [2]Die Anforderungen an gesunde Wohn- und Arbeitsverhältnisse müssen gewahrt bleiben; das Ortsbild darf nicht beeinträchtigt werden.

(2) Entspricht die Eigenart der näheren Umgebung einem der Baugebiete, die in der auf Grund des § 9a erlassenen Verordnung bezeichnet sind, beurteilt sich die Zulässigkeit des Vorhabens nach seiner Art allein danach, ob es nach der Verordnung in dem Baugebiet allgemein zulässig wäre; auf die nach der Verordnung ausnahmsweise zulässigen Vorhaben ist § 31 Absatz 1, im Übrigen ist § 31 Absatz 2 entsprechend anzuwenden.

(3) Von Vorhaben nach Absatz 1 oder 2 dürfen keine schädlichen Auswirkungen auf zentrale Versorgungsbereiche in der Gemeinde oder in anderen Gemeinden zu erwarten sein.

(3a) [1]Vom Erfordernis des Einfügens in die Eigenart der näheren Umgebung nach Absatz 1 Satz 1 kann im Einzelfall abgewichen werden, wenn die Abweichung
1. der Erweiterung, Änderung, Nutzungsänderung oder Erneuerung eines zulässigerweise errichteten Gewerbe- oder Handwerksbetriebs oder der Erweiterung, Änderung oder Erneuerung einer zulässigerweise errichteten baulichen Anlage zu Wohnzwecken dient,
2. städtebaulich vertretbar ist und
3. auch unter Würdigung nachbarlicher Interessen mit den öffentlichen Belangen vereinbar ist.

[2]Satz 1 findet keine Anwendung auf Einzelhandelsbetriebe, die die verbrauchernahe Versorgung der Bevölkerung beeinträchtigen oder schädliche Auswirkungen auf zentrale Versorgungsbereiche in der Gemeinde oder in anderen Gemeinden haben können.

(4) [1]Die Gemeinde kann durch Satzung
1. die Grenzen für im Zusammenhang bebaute Ortsteile festlegen,

---

1 Siehe auch § 246

## D 1 · BauGB § 35

2. bebaute Bereiche im Außenbereich als im Zusammenhang bebaute Ortsteile festlegen, wenn die Flächen im Flächennutzungsplan als Baufläche dargestellt sind,
3. einzelne Außenbereichsflächen in die im Zusammenhang bebauten Ortsteile einbeziehen, wenn die einbezogenen Flächen durch die bauliche Nutzung des angrenzenden Bereichs entsprechend geprägt sind.

²Die Satzungen können miteinander verbunden werden.

(5) ¹Voraussetzung für die Aufstellung von Satzungen nach Absatz 4 Satz 1 Nummer 2 und 3 ist, dass
1. sie mit einer geordneten städtebaulichen Entwicklung vereinbar sind,
2. die Zulässigkeit von Vorhaben, die einer Pflicht zur Durchführung einer Umweltverträglichkeitsprüfung nach Anlage 1 zum Gesetz über die Umweltverträglichkeitsprüfung oder nach Landesrecht unterliegen, nicht begründet wird und
3. keine Anhaltspunkte für eine Beeinträchtigung der in § 1 Absatz 6 Nummer 7 Buchstabe b genannten Schutzgüter bestehen.

²In den Satzungen nach Absatz 4 Satz 1 Nummer 2 und 3 können einzelne Festsetzungen nach § 9 Absatz 1 und 3 Satz 1 sowie Absatz 4 getroffen werden. ³§ 9 Absatz 6 ist entsprechend anzuwenden. ⁴Auf die Satzung nach Absatz 4 Satz 1 Nummer 3 sind ergänzend § 1a Absatz 2 und 3 und § 9 Absatz 1a entsprechend anzuwenden; ihr ist eine Begründung mit den Angaben entsprechend § 2a Satz 2 Nummer 1 beizufügen.

(6) ¹Bei der Aufstellung der Satzungen nach Absatz 4 Satz 1 Nummer 2 und 3 sind die Vorschriften über die Öffentlichkeits- und Behördenbeteiligung nach § 13 Absatz 2 Satz 1 Nummer 2 und 3 sowie Satz 2 entsprechend anzuwenden. ²Auf die Satzungen nach Absatz 4 Satz 1 Nummer 1 bis 3 ist § 10 Absatz 3 entsprechend anzuwenden.

### § 35 Bauen im Außenbereich[2]

(1) Im Außenbereich ist ein Vorhaben nur zulässig, wenn öffentliche Belange nicht entgegenstehen, die ausreichende Erschließung gesichert ist und wenn es
1. einem land- oder forstwirtschaftlichen Betrieb dient und nur einen untergeordneten Teil der Betriebsfläche einnimmt,
2. einem Betrieb der gartenbaulichen Erzeugung dient,
3. der öffentlichen Versorgung mit Elektrizität, Gas, Telekommunikationsdienstleistungen, Wärme und Wasser, der Abwasserwirtschaft oder einem ortsgebundenen gewerblichen Betrieb dient,
4. wegen seiner besonderen Anforderungen an die Umgebung, wegen seiner nachteiligen Wirkung auf die Umgebung oder wegen seiner besonderen Zweckbestimmung nur im Außenbereich ausgeführt werden soll, es sei denn, es handelt sich um die Errichtung, Änderung oder Erweiterung einer baulichen Anlage zur Tierhaltung, die dem Anwendungsbereich der Nummer 1 nicht unterfällt und die einer Pflicht zur Durchführung einer standortbezogenen oder allgemeinen Vorprüfung oder einer Umweltverträglichkeitsprüfung nach dem Gesetz über die Umweltverträglichkeitsprüfung unterliegt, wobei bei kumulierenden Vorhaben für die Annahme eines engen Zusammenhangs diejenigen Tierhaltungsanlagen zu berücksichtigen sind, die auf demselben Betriebs- oder Baugelände liegen und mit gemeinsamen betrieblichen oder baulichen Einrichtungen verbunden sind,
5. der Erforschung, Entwicklung oder Nutzung der Wind- oder Wasserenergie dient,

---

2 Siehe auch § 246

## § 35 BauGB · D 1

6. der energetischen Nutzung von Biomasse im Rahmen eines Betriebes nach Nummer 1 oder 2 oder eines Betriebes nach Nummer 4, der Tierhaltung betreibt, sowie dem Anschluss solcher Anlagen an das öffentliche Versorgungsnetz dient, unter folgenden Voraussetzungen:
   a) das Vorhaben steht in einem räumlich-funktionalen Zusammenhang mit dem Betrieb,
   b) die Biomasse stammt überwiegend aus dem Betrieb oder überwiegend aus diesem und aus nahe gelegenen Betrieben nach den Nummern 1, 2 oder 4, soweit letzterer Tierhaltung betreibt,
   c) es wird je Hofstelle oder Betriebsstandort nur eine Anlage betrieben und
   d) die Kapazität einer Anlage zur Erzeugung von Biogas überschreitet nicht 2,3 Millionen Normkubikmeter Biogas pro Jahr, die Feuerungswärmeleistung anderer Anlagen überschreitet nicht 2,0 Megawatt,
7. der Erforschung, Entwicklung oder Nutzung der Kernenergie zu friedlichen Zwecken oder der Entsorgung radioaktiver Abfälle dient, mit Ausnahme der Neuerrichtung von Anlagen zur Spaltung von Kernbrennstoffen zur gewerblichen Erzeugung von Elektrizität, oder
8. der Nutzung solarer Strahlungsenergie in, an und auf Dach- und Außenwandflächen von zulässigerweise genutzten Gebäuden dient, wenn die Anlage dem Gebäude baulich untergeordnet ist.

(2) Sonstige Vorhaben können im Einzelfall zugelassen werden, wenn ihre Ausführung oder Benutzung öffentliche Belange nicht beeinträchtigt und die Erschließung gesichert ist.

(3) ¹Eine Beeinträchtigung öffentlicher Belange liegt insbesondere vor, wenn das Vorhaben
1. den Darstellungen des Flächennutzungsplans widerspricht,
2. den Darstellungen eines Landschaftsplans oder sonstigen Plans, insbesondere des Wasser-, Abfall- oder Immissionsschutzrechts, widerspricht,
3. schädliche Umwelteinwirkungen hervorrufen kann oder ihnen ausgesetzt wird,
4. unwirtschaftliche Aufwendungen für Straßen oder andere Verkehrseinrichtungen, für Anlagen der Versorgung oder Entsorgung, für die Sicherheit oder Gesundheit oder für sonstige Aufgaben erfordert,
5. Belange des Naturschutzes und der Landschaftspflege, des Bodenschutzes, des Denkmalschutzes oder die natürliche Eigenart der Landschaft und ihren Erholungswert beeinträchtigt oder das Orts- und Landschaftsbild verunstaltet,
6. Maßnahmen zur Verbesserung der Agrarstruktur beeinträchtigt, die Wasserwirtschaft oder den Hochwasserschutz gefährdet,
7. die Entstehung, Verfestigung oder Erweiterung einer Splittersiedlung befürchten lässt oder
8. die Funktionsfähigkeit von Funkstellen und Radaranlagen stört.
²Raumbedeutsame Vorhaben dürfen den Zielen der Raumordnung nicht widersprechen; öffentliche Belange stehen raumbedeutsamen Vorhaben nach Absatz 1 nicht entgegen, soweit die Belange bei der Darstellung dieser Vorhaben als Ziele der Raumordnung abgewogen worden sind. ³Öffentliche Belange stehen einem Vorhaben nach Absatz 1 Nummer 2 bis 6 in der Regel auch dann entgegen, soweit hierfür durch Darstellungen im Flächennutzungsplan oder als Ziele der Raumordnung eine Ausweisung an anderer Stelle erfolgt ist.

(4) ¹Den nachfolgend bezeichneten sonstigen Vorhaben im Sinne des Absatzes 2 kann nicht entgegengehalten werden, dass sie Darstellungen des Flächennutzungsplans oder eines Landschaftsplans widersprechen, die natürliche Eigenart der Landschaft beeinträchtigen oder die Entstehung, Verfestigung oder Erweiterung ei-

## D 1 · BauGB § 35

ner Splittersiedlung befürchten lassen, soweit sie im Übrigen außenbereichsverträglich im Sinne des Absatzes 3 sind:
1. die Änderung der bisherigen Nutzung eines Gebäudes im Sinne des Absatzes 1 Nummer 1 unter folgenden Voraussetzungen:
    a) das Vorhaben dient einer zweckmäßigen Verwendung erhaltenswerter Bausubstanz,
    b) die äußere Gestalt des Gebäudes bleibt im wesentlichen gewahrt,
    c) die Aufgabe der bisherigen Nutzung liegt nicht länger als sieben Jahre zurück,
    d) das Gebäude ist vor mehr als sieben Jahren zulässigerweise errichtet worden,
    e) das Gebäude steht im räumlich-funktionalen Zusammenhang mit der Hofstelle des land- oder forstwirtschaftlichen Betriebs,
    f) im Falle der Änderung zu Wohnzwecken entstehen neben den bisher nach Absatz 1 Nummer 1 zulässigen Wohnungen höchstens drei Wohnungen je Hofstelle und
    g) es wird eine Verpflichtung übernommen, keine Neubebauung als Ersatz für die aufgegebene Nutzung vorzunehmen, es sei denn, die Neubebauung wird im Interesse der Entwicklung des Betriebs im Sinne des Absatzes 1 Nummer 1 erforderlich,
2. die Neuerrichtung eines gleichartigen Wohngebäudes an gleicher Stelle unter folgenden Voraussetzungen:
    a) das vorhandene Gebäude ist zulässigerweise errichtet worden,
    b) das vorhandene Gebäude weist Missstände oder Mängel auf,
    c) das vorhandene Gebäude wird seit längerer Zeit vom Eigentümer selbst genutzt und
    d) Tatsachen rechtfertigen die Annahme, dass das neu errichtete Gebäude für den Eigenbedarf des bisherigen Eigentümers oder seiner Familie genutzt wird; hat der Eigentümer das vorhandene Gebäude im Wege der Erbfolge von einem Voreigentümer erworben, der es seit längerer Zeit selbst genutzt hat, reicht es aus, wenn Tatsachen die Annahme rechtfertigen, dass das neu errichtete Gebäude für den Eigenbedarf des Eigentümers oder seiner Familie genutzt wird,
3. die alsbaldige Neuerrichtung eines zulässigerweise errichteten, durch Brand, Naturereignisse oder andere außergewöhnliche Ereignisse zerstörten, gleichartigen Gebäudes an gleicher Stelle,
4. die Änderung oder Nutzungsänderung von erhaltenswerten, das Bild der Kulturlandschaft prägenden Gebäuden, auch wenn sie aufgegeben sind, wenn das Vorhaben einer zweckmäßigen Verwendung der Gebäude und der Erhaltung des Gestaltwerts dient,
5. die Erweiterung eines Wohngebäudes auf bis zu höchstens zwei Wohnungen unter folgenden Voraussetzungen:
    a) das Gebäude ist zulässigerweise errichtet worden,
    b) die Erweiterung ist im Verhältnis zum vorhandenen Gebäude und unter Berücksichtigung der Wohnbedürfnisse angemessen und
    c) bei der Errichtung einer weiteren Wohnung rechtfertigen Tatsachen die Annahme, dass das Gebäude vom bisherigen Eigentümer oder seiner Familie selbst genutzt wird,
6. die bauliche Erweiterung eines zulässigerweise errichteten gewerblichen Betriebs, wenn die Erweiterung im Verhältnis zum vorhandenen Gebäude und Betrieb angemessen ist.

²In begründeten Einzelfällen gilt die Rechtsfolge des Satzes 1 auch für die Neuerrichtung eines Gebäudes im Sinne des Absatzes 1 Nummer 1, dem eine andere Nutzung zugewiesen werden soll, wenn das ursprüngliche Gebäude vom äußeren Erscheinungsbild auch zur Wahrung der Kulturlandschaft erhaltenswert ist, keine stärkere Belastung des Außenbereichs zu erwarten ist als in Fällen des Satzes 1 und die Neuerrichtung auch mit nachbarlichen Interessen vereinbar ist; Satz 1 Nummer 1 Buchstabe b bis g gilt entsprechend. ³In den Fällen des Satzes 1 Nummer 2 und 3 sowie des Satzes 2 sind geringfügige Erweiterungen des neuen Gebäudes gegenüber dem beseitigten oder zerstörten Gebäude sowie geringfügige Abweichungen vom bisherigen Standort des Gebäudes zulässig.

(5) ¹Die nach den Absätzen 1 bis 4 zulässigen Vorhaben sind in einer flächensparenden, die Bodenversiegelung auf das notwendige Maß begrenzenden und den Außenbereich schonenden Weise auszuführen. ²Für Vorhaben nach Absatz 1 Nummer 2 bis 6 ist als weitere Zulässigkeitsvoraussetzung eine Verpflichtungserklärung abzugeben, das Vorhaben nach dauerhafter Aufgabe der zulässigen Nutzung zurückzubauen und Bodenversiegelungen zu beseitigen; bei einer nach Absatz 1 Nummer 2 bis 6 zulässigen Nutzungsänderung ist die Rückbauverpflichtung zu übernehmen, bei einer nach Absatz 1 Nummer 1 oder Absatz 2 zulässige Nutzungsänderung entfällt sie. ³Die Baugenehmigungsbehörde soll durch nach Landesrecht vorgesehene Baulast oder in anderer Weise die Einhaltung der Verpflichtung nach Satz 2 sowie nach Absatz 4 Satz 1 Nummer 1 Buchstabe g sicherstellen. ⁴Im Übrigen soll sie in den Fällen des Absatzes 4 Satz 1 sicherstellen, dass die bauliche oder sonstige Anlage nach Durchführung des Vorhabens nur in der vorgesehenen Art genutzt wird.

(6) ¹Die Gemeinde kann für bebaute Bereiche im Außenbereich, die nicht überwiegend landwirtschaftlich geprägt sind und in denen eine Wohnbebauung von einigem Gewicht vorhanden ist, durch Satzung bestimmen, dass Wohnzwecken dienenden Vorhaben im Sinne des Absatzes 2 nicht entgegengehalten werden kann, dass sie einer Darstellung im Flächennutzungsplan über Flächen für die Landwirtschaft oder Wald widersprechen oder die Entstehung oder Verfestigung einer Splittersiedlung befürchten lassen. ²Die Satzung kann auch auf Vorhaben erstreckt werden, die kleineren Handwerks- und Gewerbebetrieben dienen. ³In der Satzung können nähere Bestimmungen über die Zulässigkeit getroffen werden. ⁴Voraussetzung für die Aufstellung der Satzung ist, dass
1. sie mit einer geordneten städtebaulichen Entwicklung vereinbar ist,
2. die Zulässigkeit von Vorhaben, die einer Pflicht zur Durchführung einer Umweltverträglichkeitsprüfung nach Anlage 1 zum Gesetz über die Umweltverträglichkeitsprüfung oder nach Landesrecht unterliegen, nicht begründet wird und
3. keine Anhaltspunkte für eine Beeinträchtigung der in § 1 Absatz 6 Nummer 7 Buchstabe b genannten Schutzgüter bestehen.

⁵Bei Aufstellung der Satzung sind die Vorschriften über die Öffentlichkeits- und Behördenbeteiligung nach § 13 Absatz 2 Satz 1 Nummer 2 und 3 sowie Satz 2 entsprechend anzuwenden. ⁶§ 10 Absatz 3 ist entsprechend anzuwenden. ⁷Von der Satzung bleibt die Anwendung des Absatzes 4 unberührt.

## § 37 Bauliche Maßnahmen des Bundes und der Länder

(1) Macht die besondere öffentliche Zweckbestimmung für bauliche Anlagen des Bundes oder eines Landes erforderlich, von den Vorschriften dieses Gesetzbuchs oder den auf Grund dieses Gesetzbuchs erlassenen Vorschriften abzuweichen oder ist das Einvernehmen mit der Gemeinde nach § 14 oder § 36 nicht erreicht worden, entscheidet die höhere Verwaltungsbehörde.

## D 1 · BauGB   § 172

(2) Handelt es sich dabei um Vorhaben, die der Landesverteidigung, dienstlichen Zwecken der Bundespolizei oder dem zivilen Bevölkerungsschutz dienen, ist nur die Zustimmung der höheren Verwaltungsbehörde erforderlich. Vor Erteilung der Zustimmung hat diese die Gemeinde zu hören. Versagt die höhere Verwaltungsbehörde ihre Zustimmung oder widerspricht die Gemeinde dem beabsichtigten Bauvorhaben, entscheidet das zuständige Bundesministerium im Einvernehmen mit den beteiligten Bundesministerien und im Benehmen mit der zuständigen Obersten Landesbehörde.

(3) Entstehen der Gemeinde infolge der Durchführung von Maßnahmen nach den Absätzen 1 und 2 Aufwendungen für Entschädigungen nach diesem Gesetzbuch, sind sie ihr vom Träger der Maßnahmen zu ersetzen. Muss infolge dieser Maßnahmen ein Bebauungsplan aufgestellt, geändert, ergänzt oder aufgehoben werden, sind ihr auch die dadurch entstandenen Kosten zu ersetzen.

(4) Sollen bauliche Anlagen auf Grundstücken errichtet werden, die nach dem Landbeschaffungsgesetz beschafft werden, sind in dem Verfahren nach § 1 Absatz 2 des Landbeschaffungsgesetzes alle von der Gemeinde oder der höheren Verwaltungsbehörde nach den Absätzen 1 und 2 zulässigen Einwendungen abschließend zu erörtern. Eines Verfahrens nach Absatz 2 bedarf es in diesem Fall nicht.

### § 172 Erhaltung baulicher Anlagen und der Eigenart von Gebieten (Erhaltungssatzung)

(1) [1]Die Gemeinde kann in einem Bebauungsplan oder durch eine sonstige Satzung Gebiete bezeichnen, in denen
1. zur Erhaltung der städtebaulichen Eigenart des Gebiets auf Grund seiner städtebaulichen Gestalt (Absatz 3),
2. zur Erhaltung der Zusammensetzung der Wohnbevölkerung (Absatz 4) oder
3. bei städtebaulichen Umstrukturierungen (Absatz 5)

der Rückbau, die Änderung oder die Nutzungsänderung baulicher Anlagen der Genehmigung bedürfen. [2]In den Fällen des Satzes 1 Nummer 1 bedarf auch die Errichtung baulicher Anlagen der Genehmigung. [3]Auf die Satzung ist § 16 Absatz 2 entsprechend anzuwenden. [4]Die Landesregierungen werden ermächtigt, für die Grundstücke in Gebieten einer Satzung nach Satz 1 Nummer 2 durch Rechtsverordnung mit einer Geltungsdauer von höchstens fünf Jahren zu bestimmen, dass die Begründung von Wohnungseigentum oder Teileigentum (§ 1 des Wohnungseigentumsgesetzes) an Gebäuden, die ganz oder teilweise Wohnzwecken zu dienen bestimmt sind, nicht ohne Genehmigung erfolgen darf. [5]Ein solches Verbot gilt als Verbot im Sinne des § 135 des Bürgerlichen Gesetzbuchs. [6]In den Fällen des Satzes 4 ist § 22 Absatz 2 Satz 3 und 4, Absatz 6 und 8 entsprechend anzuwenden.

(2) Ist der Beschluss über die Aufstellung einer Erhaltungssatzung gefasst und ortsüblich bekannt gemacht, ist § 15 Absatz 1 auf die Durchführung eines Vorhabens im Sinne des Absatzes 1 entsprechend anzuwenden.

(3) [1]In den Fällen des Absatzes 1 Satz 1 Nummer 1 darf die Genehmigung nur versagt werden, wenn die bauliche Anlage allein oder im Zusammenhang mit anderen baulichen Anlagen das Ortsbild, die Stadtgestalt oder das Landschaftsbild prägt oder sonst von städtebaulicher, insbesondere geschichtlicher oder künstlerischer Bedeutung ist. [2]Die Genehmigung zur Errichtung der baulichen Anlage darf nur versagt werden, wenn die städtebauliche Gestalt des Gebiets durch die beabsichtigte bauliche Anlage beeinträchtigt wird.

(4) [1]In den Fällen des Absatzes 1 Satz 1 Nummer 2 und Satz 4 darf die Genehmigung nur versagt werden, wenn die Zusammensetzung der Wohnbevölkerung aus

besonderen städtebaulichen Gründen erhalten werden soll. ²Sie ist zu erteilen, wenn auch unter Berücksichtigung des Allgemeinwohls die Erhaltung der baulichen Anlage oder ein Absehen von der Begründung von Wohnungseigentum oder Teileigentum wirtschaftlich nicht mehr zumutbar ist. ³Die Genehmigung ist ferner zu erteilen, wenn
1. die Änderung einer baulichen Anlage der Herstellung des zeitgemäßen Ausstattungszustands einer durchschnittlichen Wohnung unter Berücksichtigung der bauordnungsrechtlichen Mindestanforderungen dient,
1a) die Änderung einer baulichen Anlage der Anpassung an die baulichen oder anlagentechnischen Mindestanforderungen des Gebäudeenergiegesetzes oder der Energieeinsparverordnung vom 24. Juli 2007 (BGBl. I S. 1519), die zuletzt durch Artikel 257 der Verordnung vom 19. Juni 2020 (BGBl. I S. 1328) geändert worden ist, wenn diese nach § 111 Absatz 1 des Gebäudeenergiegesetzes weiter anzuwenden ist, dient,
2. das Grundstück zu einem Nachlass gehört und Wohnungseigentum oder Teileigentum zugunsten von Miterben oder Vermächtnisnehmern begründet werden soll,
3. das Wohnungseigentum oder Teileigentum zur eigenen Nutzung an Familienangehörige des Eigentümers veräußert werden soll,
4. ohne die Genehmigung Ansprüche Dritter auf Übertragung von Wohnungseigentum oder Teileigentum nicht erfüllt werden können, zu deren Sicherung vor dem Wirksamwerden des Genehmigungsvorbehalts eine Vormerkung im Grundbuch eingetragen ist,
5. das Gebäude im Zeitpunkt der Antragstellung zur Begründung von Wohnungseigentum oder Teileigentum nicht zu Wohnzwecken genutzt wird oder
6. sich der Eigentümer verpflichtet, innerhalb von sieben Jahren ab der Begründung von Wohnungseigentum Wohnungen nur an die Mieter zu veräußern; eine Frist nach § 577a Absatz 2 Satz 1 des Bürgerlichen Gesetzbuchs verkürzt sich um sieben Jahre. Die Frist nach § 577a Absatz 1 des Bürgerlichen Gesetzbuchs entfällt.
⁴In den Fällen des Satzes 3 Nummer 6 kann in der Genehmigung bestimmt werden, dass auch die Veräußerung von Wohnungseigentum an dem Gebäude während der Dauer der Verpflichtung der Genehmigung der Gemeinde bedarf. ⁵Diese Genehmigungspflicht kann auf Ersuchen der Gemeinde in das Wohnungsgrundbuch eingetragen werden; sie erlischt nach Ablauf der Verpflichtung.

(5) ¹In den Fällen des Absatzes 1 Satz 1 Nummer 3 darf die Genehmigung nur versagt werden, um einen den sozialen Belangen Rechnung tragenden Ablauf auf der Grundlage eines Sozialplans (§ 180) zu sichern. ²Ist ein Sozialplan nicht aufgestellt worden, hat ihn die Gemeinde in entsprechender Anwendung des § 180 aufzustellen. ³Absatz 4 Satz 2 ist entsprechend anzuwenden.

## § 173 Genehmigung, Übernahmeanspruch

(1) ¹Die Genehmigung wird durch die Gemeinde erteilt; § 22 Absatz 5 Satz 2 bis 5 ist entsprechend anzuwenden. ²Ist eine baurechtliche Genehmigung oder an ihrer Stelle eine baurechtliche Zustimmung erforderlich, wird die Genehmigung durch die Baugenehmigungsbehörde im Einvernehmen mit der Gemeinde erteilt; im Baugenehmigungs- oder Zustimmungsverfahren wird über die in § 172 Absatz 3 bis 5 bezeichneten Belange entschieden.

(2) ¹Wird in den Fällen des § 172 Absatz 3 die Genehmigung versagt, kann der Eigentümer von der Gemeinde unter den Voraussetzungen des § 40 Absatz 2 die

## D 1 · BauGB §§ 174, 175

Übernahme des Grundstücks verlangen. ²§ 43 Absatz 1, 4 und 5 sowie § 44 Absatz 3 und 4 sind entsprechend anzuwenden.

(3) ¹Vor der Entscheidung über den Genehmigungsantrag hat die Gemeinde mit dem Eigentümer oder sonstigen zur Unterhaltung Verpflichteten die für die Entscheidung erheblichen Tatsachen zu erörtern. ²In den Fällen des § 172 Absatz 4 und 5 hat sie auch Mieter, Pächter und sonstige Nutzungsberechtigte zu hören.

(4) Die landesrechtlichen Vorschriften, insbesondere über den Schutz und die Erhaltung von Denkmälern, bleiben unberührt.

### § 174 Ausnahmen

(1) § 172 ist nicht auf Grundstücke anzuwenden, die den in § 26 Nummer 2 bezeichneten Zwecken dienen, und auf die in § 26 Nummer 3 bezeichneten Grundstücke.

(2) ¹Befindet sich ein Grundstück der in Absatz 1 bezeichneten Art im Geltungsbereich einer Erhaltungssatzung, hat die Gemeinde den Bedarfsträger hiervon zu unterrichten. ²Beabsichtigt der Bedarfsträger ein Vorhaben im Sinne des § 172 Absatz 1, hat er dies der Gemeinde anzuzeigen. ³Der Bedarfsträger soll auf Verlangen der Gemeinde von dem Vorhaben absehen, wenn die Voraussetzungen vorliegen, die die Gemeinde berechtigen würden, die Genehmigung nach § 172 zu versagen, und wenn die Erhaltung oder das Absehen von der Errichtung der baulichen Anlage dem Bedarfsträger auch unter Berücksichtigung seiner Aufgaben zuzumuten ist.

### § 175 Allgemeines

(1) ¹Beabsichtigt die Gemeinde, ein Baugebot (§ 176), ein Modernisierungs- oder Instandsetzungsgebot (§ 177), ein Pflanzgebot (§ 178) oder ein Rückbau- oder Entsiegelungsgebot (§ 179) zu erlassen, soll sie die Maßnahme vorher mit den Betroffenen erörtern. ²Die Gemeinde soll die Eigentümer, Mieter, Pächter und sonstigen Nutzungsberechtigten im Rahmen ihrer Möglichkeiten beraten, wie die Maßnahme durchgeführt werden kann und welche Finanzierungsmöglichkeiten aus öffentlichen Kassen bestehen.

(2) Die Anordnung von Maßnahmen nach den §§ 176 bis 179 setzt voraus, dass die alsbaldige Durchführung der Maßnahmen aus städtebaulichen Gründen erforderlich ist; bei Anordnung eines Baugebots nach § 176 kann dabei auch ein dringender Wohnbedarf der Bevölkerung berücksichtigt werden.

(3) Mieter, Pächter und sonstige Nutzungsberechtigte haben die Durchführung der Maßnahmen nach den §§ 176 bis 179 zu dulden.

(4) ¹Die §§ 176 bis 179 sind nicht auf Grundstücke anzuwenden, die den in § 26 Nummer 2 bezeichneten Zwecken dienen, und auf die in § 26 Nummer 3 bezeichneten Grundstücke. ²Liegen für diese Grundstücke die Voraussetzungen für die Anordnung eines Gebots nach den §§ 176 bis 179 vor, soll auf Verlangen der Gemeinde der Bedarfsträger die entsprechenden Maßnahmen durchführen oder ihre Durchführung dulden, soweit dadurch nicht die Erfüllung seiner Aufgaben beeinträchtigt wird.

(5) Die landesrechtlichen Vorschriften, insbesondere über den Schutz und die Erhaltung von Denkmälern, bleiben unberührt.

## § 176 Baugebot

(1) Im Geltungsbereich eines Bebauungsplans kann die Gemeinde den Eigentümer durch Bescheid verpflichten, innerhalb einer zu bestimmenden angemessenen Frist
1. sein Grundstück entsprechend den Festsetzungen des Bebauungsplans zu bebauen oder
2. ein vorhandenes Gebäude oder eine vorhandene sonstige bauliche Anlage den Festsetzungen des Bebauungsplans anzupassen.

(2) Das Baugebot kann außerhalb der in Absatz 1 bezeichneten Gebiete, aber innerhalb im Zusammenhang bebauter Ortsteile angeordnet werden, um unbebaute oder geringfügig bebaute Grundstücke entsprechend den baurechtlichen Vorschriften zu nutzen oder einer baulichen Nutzung zuzuführen, insbesondere zur Schließung von Baulücken.

(3) Ist die Durchführung des Vorhabens aus wirtschaftlichen Gründen einem Eigentümer nicht zuzumuten, hat die Gemeinde von dem Baugebot abzusehen.

(4) [1]Der Eigentümer kann von der Gemeinde die Übernahme des Grundstücks verlangen, wenn er glaubhaft macht, dass ihm die Durchführung des Vorhabens aus wirtschaftlichen Gründen nicht zuzumuten ist. [2]§ 43 Absatz 1, 4 und 5 sowie § 44 Absatz 3 und 4 sind entsprechend anzuwenden.

(5) [1]Ist die Durchführung eines Baugebots nur möglich, wenn zuvor eine bauliche Anlage oder Teile davon beseitigt werden, ist der Eigentümer mit dem Baugebot auch zur Beseitigung verpflichtet. [2]§ 179 Absatz 2 und 3 Satz 1, § 43 Absatz 2 und 5 sowie § 44 Absatz 3 und 4 sind entsprechend anzuwenden.

(6) Ist für ein Grundstück eine andere als bauliche Nutzung festgesetzt, sind die Absätze 1 und 3 bis 5 entsprechend anzuwenden.

(7) Mit dem Baugebot kann die Verpflichtung verbunden werden, innerhalb einer zu bestimmenden angemessenen Frist den für eine bauliche Nutzung des Grundstücks erforderlichen Antrag auf Erteilung einer bauaufsichtlichen Genehmigung zu stellen.

(8) Kommt der Eigentümer der Verpflichtung nach Absatz 7 auch nach Vollstreckungsmaßnahmen auf Grund landesrechtlicher Vorschriften nicht nach, kann das Enteignungsverfahren nach § 85 Absatz 1 Nummer 5 auch vor Ablauf der Frist nach Absatz 1 eingeleitet werden.

(9) [1]In dem Enteignungsverfahren ist davon auszugehen, dass die Voraussetzungen des Baugebots vorliegen; die Vorschriften über die Zulässigkeit der Enteignung bleiben unberührt. [2]Bei der Bemessung der Entschädigung bleiben Werterhöhungen unberücksichtigt, die nach Unanfechtbarkeit des Baugebots eingetreten sind, es sei denn, dass der Eigentümer die Werterhöhungen durch eigene Aufwendungen zulässigerweise bewirkt hat.

## § 177 Modernisierungs- und Instandsetzungsgebot

(1) [1]Weist eine bauliche Anlage nach ihrer inneren oder äußeren Beschaffenheit Missstände oder Mängel auf, deren Beseitigung oder Behebung durch Modernisierung oder Instandsetzung möglich ist, kann die Gemeinde die Beseitigung der Missstände durch ein Modernisierungsgebot und die Behebung der Mängel durch ein Instandsetzungsgebot anordnen. [2]Zur Beseitigung der Missstände und zur Behebung der Mängel ist der Eigentümer der baulichen Anlage verpflichtet. [3]In dem Bescheid, durch den die Modernisierung oder Instandsetzung angeordnet wird, sind die zu beseitigenden Missstände oder zu behebenden Mängel zu bezeichnen und eine angemessene Frist für die Durchführung der erforderlichen Maßnahmen zu bestimmen.

(2) Missstände liegen insbesondere vor, wenn die bauliche Anlage nicht den allgemeinen Anforderungen an gesunde Wohn- und Arbeitsverhältnisse entspricht.

(3) [1]Mängel liegen insbesondere vor, wenn durch Abnutzung, Alterung, Witterungseinflüsse oder Einwirkungen Dritter
1. die bestimmungsgemäße Nutzung der baulichen Anlage nicht nur unerheblich beeinträchtigt wird,
2. die bauliche Anlage nach ihrer äußeren Beschaffenheit das Straßen- oder Ortsbild nicht nur unerheblich beeinträchtigt oder
3. die bauliche Anlage erneuerungsbedürftig ist und wegen ihrer städtebaulichen, insbesondere geschichtlichen oder künstlerischen Bedeutung erhalten bleiben soll.

[2]Kann die Behebung der Mängel einer baulichen Anlage nach landesrechtlichen Vorschriften auch aus Gründen des Schutzes und der Erhaltung von Baudenkmälern verlangt werden, darf das Instandsetzungsgebot nur mit Zustimmung der zuständigen Landesbehörde erlassen werden. [3]In dem Bescheid über den Erlass des Instandsetzungsgebots sind die auch aus Gründen des Denkmalschutzes gebotenen Instandsetzungsmaßnahmen besonders zu bezeichnen.

(4) [1]Der Eigentümer hat die Kosten der von der Gemeinde angeordneten Maßnahmen insoweit zu tragen, als er sie durch eigene oder fremde Mittel decken und die sich daraus ergebenden Kapitalkosten sowie die zusätzlich entstehenden Bewirtschaftungskosten aus Erträgen der baulichen Anlage aufbringen kann. [2]Sind dem Eigentümer Kosten entstanden, die er nicht zu tragen hat, hat die Gemeinde sie ihm zu erstatten, soweit nicht eine andere Stelle einen Zuschuss zu ihrer Deckung gewährt. [3]Dies gilt nicht, wenn der Eigentümer auf Grund anderer Rechtsvorschriften verpflichtet ist, die Kosten selbst zu tragen, oder wenn er Instandsetzungen unterlassen hat und nicht nachweisen kann, dass ihre Vornahme wirtschaftlich unvertretbar oder ihm nicht zuzumuten war. [4]Die Gemeinde kann mit dem Eigentümer den Kostenerstattungsbetrag unter Verzicht auf eine Berechnung im Einzelfall als Pauschale in Höhe eines bestimmten Vomhundertsatzes der Modernisierungs- oder Instandsetzungskosten vereinbaren.

(5) Der vom Eigentümer zu tragende Kostenanteil wird nach der Durchführung der Modernisierungs- oder Instandsetzungsmaßnahmen unter Berücksichtigung der Erträge ermittelt, die für die modernisierte oder instandgesetzte bauliche Anlage bei ordentlicher Bewirtschaftung nachhaltig erzielt werden können; dabei sind die mit einem Bebauungsplan, einem Sozialplan, einer städtebaulichen Sanierungsmaßnahme oder einer sonstigen städtebaulichen Maßnahme verfolgten Ziele und Zwecke zu berücksichtigen.

## § 178 Pflanzgebot

Die Gemeinde kann den Eigentümer durch Bescheid verpflichten, sein Grundstück innerhalb einer zu bestimmenden angemessenen Frist entsprechend den nach § 9 Absatz 1 Nummer 25 getroffenen Festsetzungen des Bebauungsplans zu bepflanzen.

## § 179 Rückbau- und Entsiegelungsgebot

(1) [1]Die Gemeinde kann den Eigentümer verpflichten zu dulden, dass eine bauliche Anlage im Geltungsbereich eines Bebauungsplans ganz oder teilweise beseitigt wird, wenn sie

1. den Festsetzungen des Bebauungsplans nicht entspricht und ihnen nicht angepasst werden kann oder
2. Missstände oder Mängel im Sinne des § 177 Absatz 2 und 3 Satz 1 aufweist, die auch durch eine Modernisierung oder Instandsetzung nicht behoben werden können.

²Satz 1 Nummer 1 gilt entsprechend für die sonstige Wiedernutzbarmachung von dauerhaft nicht mehr genutzten Flächen, bei denen der durch Bebauung oder Versiegelung beeinträchtigte Boden in seiner Leistungsfähigkeit erhalten oder wiederhergestellt werden soll; die sonstige Wiedernutzbarmachung steht der Beseitigung nach Satz 1 gleich. ³Diejenigen, für die ein Recht an dem Grundstück oder an einem das Grundstück belastenden Recht im Grundbuch eingetragen oder durch Eintragung gesichert ist, das nicht zur Nutzung berechtigt, sollen von dem Bescheid benachrichtigt werden, wenn sie von der Beseitigung betroffen werden. ⁴Unberührt bleibt das Recht des Eigentümers, die Beseitigung selbst vorzunehmen.

(2) ¹Der Bescheid darf bei Wohnraum nur vollzogen werden, wenn im Zeitpunkt der Beseitigung angemessener Ersatzwohnraum für die Bewohner unter zumutbaren Bedingungen zur Verfügung steht. ²Strebt der Inhaber von Raum, der überwiegend gewerblichen oder beruflichen Zwecken dient (Geschäftsraum), eine anderweitige Unterbringung an, soll der Bescheid nur vollzogen werden, wenn im Zeitpunkt der Beseitigung anderer geeigneter Geschäftsraum unter zumutbaren Bedingungen zur Verfügung steht.

(3) ¹Entstehen dem Eigentümer, Mieter, Pächter oder sonstigen Nutzungsberechtigten durch die Beseitigung Vermögensnachteile, hat die Gemeinde angemessene Entschädigung in Geld zu leisten. ²Der Eigentümer kann an Stelle der Entschädigung nach Satz 1 von der Gemeinde die Übernahme des Grundstücks verlangen, wenn es ihm mit Rücksicht auf das Rückbau- und Entsiegelungsgebot wirtschaftlich nicht mehr zuzumuten ist, das Grundstück zu behalten. ³§ 43 Absatz 1, 2, 4 und 5 sowie § 44 Absatz 3 und 4 sind entsprechend anzuwenden.

(4) Im Falle des Absatzes 1 Satz 1 Nummer 2 sind die Beseitigungskosten vom Eigentümer bis zur Höhe der ihm durch die Beseitigung entstehenden Vermögensvorteile zu tragen. Der Kostenerstattungsbetrag kann durch Bescheid geltend gemacht werden, sobald die bauliche Anlage ganz oder teilweise beseitigt ist. Der Betrag ruht als öffentliche Last auf dem Grundstück.

### § 246¹ Sonderregelungen für einzelne Länder; Sonderregelungen für Flüchtlingsunterkünfte

(1) In den Ländern Berlin und Hamburg entfallen die in § 6 Absatz 1, § 10 Absatz 2 und § 190 Absatz 1 vorgesehenen Genehmigungen oder Zustimmungen; das Land Bremen kann bestimmen, dass diese Genehmigungen oder Zustimmungen entfallen.

(1a) Die Länder können bestimmen, dass Bebauungspläne, die nicht der Genehmigung bedürfen, und Satzungen nach § 34 Absatz 4 Satz 1, § 35 Absatz 6 und § 165 Absatz 6 vor ihrem Inkrafttreten der höheren Verwaltungsbehörde anzuzeigen sind; dies gilt nicht für Bebauungspläne nach § 13. Die höhere Verwaltungsbehörde hat die Verletzung von Rechtsvorschriften, die eine Versagung der Genehmigung nach § 6 Absatz 2 rechtfertigen würde, innerhalb eines Monats nach Eingang der Anzeige geltend zu machen. Der Bebauungsplan und die Satzungen dürfen nur in Kraft gesetzt werden, wenn die höhere Verwaltungsbehörde die Verletzung von Rechtsvorschriften nicht innerhalb der in Satz 2 bezeichneten Frist geltend gemacht hat.

(2) Die Länder Berlin und Hamburg bestimmen, welche Form der Rechtsetzung an die Stelle der in diesem Gesetzbuch vorgesehenen Satzungen tritt. Das Land Bre-

men kann eine solche Bestimmung treffen. Die Länder Berlin, Bremen und Hamburg können eine von § 10 Absatz 3, § 16 Absatz 2, § 22 Absatz 2, § 143 Absatz 1, § 162 Absatz 2 Satz 2 bis 4 und § 165 Absatz 8 abweichende Regelung treffen.

(3) § 171f ist auch auf Rechtsvorschriften der Länder anzuwenden, die vor dem 1. Januar 2007 in Kraft getreten sind.

(4) Die Senate der Länder Berlin, Bremen und Hamburg werden ermächtigt, die Vorschriften dieses Gesetzbuchs über die Zuständigkeit von Behörden dem besonderen Verwaltungsaufbau ihrer Länder anzupassen.

(5) Das Land Hamburg gilt für die Anwendung dieses Gesetzbuchs auch als Gemeinde.

(6) *(weggefallen)*

(7) Die Länder können bestimmen, dass § 34 Absatz 1 Satz 1 bis zum 31. Dezember 2004 nicht für Einkaufszentren, großflächige Einzelhandelsbetriebe und sonstige großflächige Handelsbetriebe im Sinne des § 11 Absatz 3 der Baunutzungsverordnung anzuwenden ist. Wird durch eine Regelung nach Satz 1 die bis dahin zulässige Nutzung eines Grundstücks aufgehoben oder wesentlich geändert, ist § 238 entsprechend anzuwenden.

(8) Bis zum 31. Dezember 2019 gilt § 34 Absatz 3a Satz 1 entsprechend für die Nutzungsänderung zulässigerweise errichteter Geschäfts-, Büro- oder Verwaltungsgebäude in bauliche Anlagen, die der Unterbringung von Flüchtlingen oder Asylbegehrenden dienen, und für deren Erweiterung, Änderung oder Erneuerung.

(9) Bis zum 31. Dezember 2019 gilt die Rechtsfolge des § 35 Absatz 4 Satz 1 für Vorhaben entsprechend, die der Unterbringung von Flüchtlingen oder Asylbegehrenden dienen, wenn das Vorhaben im unmittelbaren räumlichen Zusammenhang mit nach § 30 Absatz 1 oder § 34 zu beurteilenden bebauten Flächen innerhalb des Siedlungsbereichs erfolgen soll.

(10) Bis zum 31. Dezember 2019 kann in Gewerbegebieten (§ 8 der Baunutzungsverordnung, auch in Verbindung mit § 34 Absatz 2) für Aufnahmeeinrichtungen, Gemeinschaftsunterkünfte oder sonstige Unterkünfte für Flüchtlinge oder Asylbegehrende von den Festsetzungen des Bebauungsplans befreit werden, wenn an dem Standort Anlagen für soziale Zwecke als Ausnahme zugelassen werden können oder allgemein zulässig sind und die Abweichung auch unter Würdigung nachbarlicher Interessen mit öffentlichen Belangen vereinbar ist. § 36 gilt entsprechend.

(11) Soweit in den Baugebieten nach den §§ 2 bis 7 der Baunutzungsverordnung (auch in Verbindung mit § 34 Absatz 2) Anlagen für soziale Zwecke als Ausnahme zugelassen werden können, gilt § 31 Absatz 1 mit der Maßgabe, dass dort bis zum 31. Dezember 2019 Aufnahmeeinrichtungen, Gemeinschaftsunterkünfte oder sonstige Unterkünfte für Flüchtlinge oder Asylbegehrende in der Regel zugelassen werden sollen. Satz 1 gilt entsprechend in übergeleiteten Plänen festgesetzte Baugebiete, die den in Satz 1 genannten Baugebieten vergleichbar sind.

(12) Bis zum 31. Dezember 2019 kann für die auf längstens drei Jahre zu befristende
1. Errichtung mobiler Unterkünfte für Flüchtlinge oder Asylbegehrende,
2. Nutzungsänderung zulässigerweise errichteter baulicher Anlagen in Gewerbe- und Industriegebieten sowie in Sondergebieten nach den §§ 8 bis 11 der Baunutzungsverordnung (auch in Verbindung mit § 34 Absatz 2) in Aufnahmeeinrichtungen, Gemeinschaftsunterkünfte oder sonstige Unterkünfte für Flüchtlinge oder Asylbegehrende

von den Festsetzungen des Bebauungsplans befreit werden, wenn die Befreiung auch unter Würdigung nachbarlicher Interessen mit den öffentlichen Belangen vereinbar ist. § 36 gilt entsprechend.

§ 246  BauGB · D 1

(13) Im Außenbereich (§ 35) gilt unbeschadet des Absatzes 9 bis zum 31. Dezember 2019 die Rechtsfolge des § 35 Absatz 4 Satz 1 entsprechend für
1. die auf längstens drei Jahre zu befristende Errichtung mobiler Unterkünfte für Flüchtlinge oder Asylbegehrende,
2. die Nutzungsänderung zulässigerweise errichteter baulicher Anlagen, auch wenn deren bisherige Nutzung aufgegeben wurde, in Aufnahmeeinrichtungen, Gemeinschaftsunterkünfte oder sonstige Unterkünfte für Flüchtlinge oder Asylbegehrende, einschließlich einer erforderlichen Erneuerung oder Erweiterung.

Für Vorhaben nach Satz 1 gilt § 35 Absatz 5 Satz 2 Halbsatz 1 und Satz 3 entsprechend. Wird zum Zeitpunkt einer Nutzungsänderung nach Satz 1 Nummer 2 eine Nutzung zulässigerweise ausgeübt, kann diese im Anschluss wieder aufgenommen werden; im Übrigen gelten für eine nachfolgende Nutzungsänderung die allgemeinen Regeln. Die Rückbauverpflichtung nach Satz 2 entfällt, wenn eine nach Satz 3 zulässige Nutzung aufgenommen wird oder wenn sich die Zulässigkeit der nachfolgenden Nutzung aus § 30 Absatz 1, 2 oder § 33 ergibt. Die Sicherstellung der Rückbauverpflichtung nach Satz 2 in entsprechender Anwendung des § 35 Absatz 5 Satz 3 ist nicht erforderlich, wenn Vorhabenträger ein Land oder eine Gemeinde ist.

(14) Soweit auch bei Anwendung der Absätze 8 bis 13 dringend benötigte Unterkunftsmöglichkeiten im Gebiet der Gemeinde, in der sie entstehen sollen, nicht oder nicht rechtzeitig bereitgestellt werden können, kann bei Aufnahmeeinrichtungen, Gemeinschaftsunterkünften oder sonstigen Unterkünften für Flüchtlinge oder Asylbegehrende bis zum 31. Dezember 2019 von den Vorschriften dieses Gesetzbuchs oder den aufgrund dieses Gesetzbuchs erlassenen Vorschriften in erforderlichem Umfang abgewichen werden. Zuständig ist die höhere Verwaltungsbehörde.3Die Gemeinde ist anzuhören; diese Anhörung tritt auch an die Stelle des in § 14 Absatz 2 Satz 2 vorgesehenen Einvernehmens. Satz 3 findet keine Anwendung, wenn Vorhabenträger die Gemeinde oder in deren Auftrag ein Dritter ist. Für Vorhaben nach Satz 1 gilt § 35 Absatz 5 Satz 2 Halbsatz 1 und Satz 3 entsprechend. Absatz 13 Satz 3 gilt entsprechend. Die Rückbauverpflichtung nach Satz 5 entfällt, wenn eine nach Satz 6 zulässige Nutzung aufgenommen wird oder wenn sich die Zulässigkeit der nachfolgenden Nutzung aus § 30 Absatz 1, 2 oder § 33 ergibt. Die Sicherstellung der Rückbauverpflichtung nach Satz 5 in entsprechender Anwendung des § 35 Absatz 5 Satz 3 ist nicht erforderlich, wenn Vorhabenträger ein Land oder eine Gemeinde ist. Wenn Vorhabenträger ein Land oder in dessen Auftrag ein Dritter ist, gilt § 37 Absatz 3 entsprechend; im Übrigen findet § 37 bis zum 31. Dezember 2019 auf Vorhaben nach Satz 1 keine Anwendung.

(15) In Verfahren zur Genehmigung von baulichen Anlagen, die der Unterbringung von Flüchtlingen oder Asylbegehrenden dienen, gilt bis zum 31. Dezember 2019 das Einvernehmen abweichend von § 36 Absatz 2 Satz 2 (auch in Verbindung mit Absatz 10 Satz 2 und Absatz 12 Satz 2) als erteilt, wenn es nicht innerhalb eines Monats verweigert wird.

(16) Bei Vorhaben nach den Absätzen 9 und 13 gilt § 18 Absatz 3 Satz 2 des Bundesnaturschutzgesetzes bis zum 31. Dezember 2019 entsprechend.

(17) Die Befristung bis zum 31. Dezember 2019 in den Absätzen 8 bis 16 bezieht sich nicht auf die Geltungsdauer einer Genehmigung, sondern auf den Zeitraum, bis zu dessen Ende im bauaufsichtlichen Zulassungsverfahren von den Vorschriften Gebrauch gemacht werden kann.

## D 1 · BauGB  § 246b

**Anmerkung**
1   Siehe Bauprüfdienst Bauordnungsrechtliche Anforderungen an Unterkünfte für die öffentlich-rechtliche Unterbringung von Flüchtlingen und Asylbegehrenden (BPD 1/2016 Flüchtlingsunterkünfte).

### § 246b Sonderregelungen für Anlagen für gesundheitliche Zwecke im Zuge der COVID-19-Pandemie

(1) Soweit Anlagen für gesundheitliche Zwecke zur Versorgung von Personen, die sich mit dem Coronavirus SARS-CoV-2 infiziert haben oder möglicherweise infiziert haben, im Gebiet der Gemeinde, in der sie im Wege der Errichtung, Änderung oder Nutzungsänderung von baulichen Anlagen entstehen sollen, nicht oder nicht rechtzeitig bereitgestellt werden können, kann bei der Zulassung dieser Vorhaben bis zum Ablauf des 31. Dezember 2020 von den Vorschriften dieses Gesetzbuchs oder den aufgrund dieses Gesetzbuchs erlassenen Vorschriften in erforderlichem Umfang, erforderlichenfalls auch befristet, unter der Voraussetzung abgewichen werden, dass Vorhabenträger der Bund, ein Land, ein Landkreis oder eine Gemeinde oder ein im Auftrag eines der Vorgenannten tätiger Dritter ist. Zuständig ist die höhere Verwaltungsbehörde. Die Gemeinde ist anzuhören; diese Anhörung tritt auch an die Stelle des in § 14 Absatz 2 Satz 2 vorgesehenen Einvernehmens. Satz 3 findet keine Anwendung, wenn Vorhabenträger die Gemeinde oder in deren Auftrag ein Dritter ist. Für Vorhaben nach Satz 1 gilt § 35 Absatz 5 Satz 2 erster Halbsatz und Satz 3 entsprechend. § 246 Absatz 13 Satz 3 gilt entsprechend auch bei zwischenzeitlichen Nutzungsänderungen zu Anlagen für gesundheitliche Zwecke nach Satz 1. Die Rückbauverpflichtung nach Satz 5 entfällt, wenn eine nach Satz 6 zulässige Nutzung aufgenommen wird oder wenn sich die Zulässigkeit der nachfolgenden Nutzung aus § 30 Absatz 1, § 30 Absatz 2 oder § 33 ergibt. Die Sicherstellung der Rückbauverpflichtung nach Satz 5 in entsprechender Anwendung des § 35 Absatz 5 Satz 3 ist nicht erforderlich, wenn Vorhabenträger der Bund, ein Land, ein Landkreis oder eine Gemeinde ist. Wenn Vorhabenträger der Bund, ein Land, ein Landkreis oder ein im Auftrag eines der Vorgenannten tätiger Dritter ist, gilt § 37 Absatz 3 entsprechend; im Übrigen findet § 37 bis zum Ablauf des 31. Dezember 2020 auf Vorhaben nach Satz 1 keine Anwendung.

(2) In Verfahren zur Genehmigung von baulichen Anlagen im Sinne des Absatzes 1 Satz 1 gilt bis zum Ablauf des 31. Dezember 2020 das Einvernehmen abweichend von § 36 Absatz 2 Satz 2 als erteilt, wenn es nicht innerhalb eines Monats verweigert wird.

(3) Bei Vorhaben nach Absatz 1 im Außenbereich gilt § 18 Absatz 3 Satz 2 des Bundesnaturschutzgesetzes bis zum Ablauf des 31. Dezember 2020 entsprechend.

(4) Die Befristung in Absatz 1 Satz 1 bezieht sich nicht auf die Geltungsdauer einer Genehmigung, sondern auf den Zeitraum, bis zu dessen Ende im bauaufsichtlichen Zulassungsverfahren von der Vorschrift Gebrauch gemacht werden kann.

# Verordnung über die bauliche Nutzung der Grundstücke (Baunutzungsverordnung – BauNVO)

In der Fassung der Bekanntmachung vom 21. November 2017 (Bundesgesetzblatt I Seite 3786) zuletzt geändert durch Art. 2 G v. 11.6.2013 (Bundesgesetzblatt I 1548)

**Inhaltsübersicht**

Erster Abschnitt   **Art der baulichen Nutzung**
§ 1   Allgemeine Vorschriften für Bauflächen und Baugebiete
§ 2   Kleinsiedlungsgebiete
§ 3   Reine Wohngebiete
§ 4   Allgemeine Wohngebiete
§ 4a   Gebiete zur Erhaltung und Entwicklung der Wohnnutzung (besondere Wohngebiete)
§ 5   Dorfgebiete
§ 6   Mischgebiete
§ 6a   Urbane Gebiete
§ 7   Kerngebiete
§ 8   Gewerbegebiete
§ 9   Industriegebiete
§ 10   Sondergebiete, die der Erholung dienen
§ 11   Sonstige Sondergebiete
§ 12   Stellplätze und Garagen
§ 13   Gebäude und Räume für freie Berufe
§ 14   Nebenanlagen
§ 15   Allgemeine Voraussetzungen für die Zulässigkeit baulicher und sonstiger Anlagen

Zweiter Abschnitt   **Maß der baulichen Nutzung**
§ 16   Bestimmung des Maßes der baulichen Nutzung
§ 17   Obergrenzen für die Bestimmung des Maßes der baulichen Nutzung
§ 18   Höhe baulicher Anlagen
§ 19   Grundflächenzahl, zulässige Grundfläche
§ 20   Vollgeschosse, Geschossflächenzahl, Geschossfläche
§ 21   Baumassenzahl, Baumasse
§ 21a   Stellplätze, Garagen und Gemeinschaftsanlagen

Dritter Abschnitt   **Bauweise, überbaubare Grundstücksfläche**
§ 22   Bauweise
§ 23   Überbaubare Grundstücksfläche

Vierter Abschnitt
§ 24   (weggefallen)

## D 2 · BauNVO § 1

**Fünfter Abschnitt** **Überleitungs- und Schlussvorschriften**
§ 25 Fortführung eingeleiteter Verfahren
§ 25a Überleitungsvorschriften aus Anlass der zweiten Änderungsverordnung
§ 25b Überleitungsvorschrift aus Anlass der dritten Änderungsverordnung
§ 25c Überleitungsvorschrift aus Anlass der vierten Änderungsverordnung
§ 25d Überleitungsvorschrift aus Anlass des Gesetzes zur Stärkung der Innenentwicklung in den Städten und Gemeinden und weiteren Fortentwicklung des Städtebaurechts
§ 26 Berlin-Klausel
§ 26a Überleitungsregelungen aus Anlass der Herstellung der Einheit Deutschlands
§ 27 In-Kraft-Treten

### Erster Abschnitt Art der baulichen Nutzung

#### § 1 Allgemeine Vorschriften für Bauflächen und Baugebiete

(1) Im Flächennutzungsplan können die für die Bebauung vorgesehenen Flächen nach der allgemeinen Art ihrer baulichen Nutzung (Bauflächen) dargestellt werden als
1. Wohnbauflächen (W)
2. gemischte Bauflächen (M)
3. gewerbliche Bauflächen (G)
4. Sonderbauflächen (S).

(2) Die für die Bebauung vorgesehenen Flächen können nach der besonderen Art ihrer baulichen Nutzung (Baugebiete) dargestellt werden als
1. Kleinsiedlungsgebiete (WS)
2. reine Wohngebiete (WR)
3. allgemeine Wohngebiete (WA)
4. besondere Wohngebiete (WB)
5. Dorfgebiete (MD)
6. Mischgebiete (MI)
7. Urbane Gebiete (MU)
8. Kerngebiete (MK)
9. Gewerbegebiete (GE)
10. Industriegebiete (GI)
11. Sondergebiete (SO).

(3) [1]Im Bebauungsplan können die in Absatz 2 bezeichneten Baugebiete festgesetzt werden. [2]Durch die Festsetzung werden die Vorschriften der §§ 2 bis 14 Bestandteil des Bebauungsplans, soweit nicht auf Grund der Absätze 4 bis 10 etwas anderes bestimmt wird. [3]Bei Festsetzung von Sondergebieten finden die Vorschriften über besondere Festsetzungen nach den Absätzen 4 bis 10 keine Anwendung; besondere Festsetzungen über die Art der Nutzung können nach den §§ 10 und 11 getroffen werden.

(4) [1]Für die in den §§ 4 bis 9 bezeichneten Baugebiete können im Bebauungsplan für das jeweilige Baugebiet Festsetzungen getroffen werden, die das Baugebiet
1. nach der Art der zulässigen Nutzung,
2. nach der Art der Betriebe und Anlagen und deren besonderen Bedürfnissen und Eigenschaften

## §2 BauNVO · D 2

gliedern. ²Die Festsetzungen nach Satz 1 können auch für mehrere Gewerbegebiete einer Gemeinde im Verhältnis zueinander getroffen werden; dies gilt auch für Industriegebiete. ³Absatz 5 bleibt unberührt.

(5) Im Bebauungsplan kann festgesetzt werden, dass bestimmte Arten von Nutzungen, die nach den §§ 2 bis 9 sowie 13 und 13a allgemein zulässig sind, nicht zulässig sind oder nur ausnahmsweise zugelassen werden können, sofern die allgemeine Zweckbestimmung des Baugebiets gewahrt bleibt.

(6) Im Bebauungsplan kann festgesetzt werden, dass alle oder einzelne Ausnahmen, die in den Baugebieten nach den §§ 2 bis 9 vorgesehen sind,
1. nicht Bestandteil des Bebauungsplans werden oder
2. in dem Baugebiet allgemein zulässig sind, sofern die allgemeine Zweckbestimmung des Baugebiets gewahrt bleibt.

(7) In Bebauungsplänen für Baugebiete nach den §§ 4 bis 9 kann, wenn besondere städtebauliche Gründe dies rechtfertigen (§ 9 Absatz 3 des Baugesetzbuchs), festgesetzt werden, dass in bestimmten Geschossen, Ebenen oder sonstigen Teilen baulicher Anlagen
1. nur einzelne oder mehrere der in dem Baugebiet allgemein zulässigen Nutzungen zulässig sind,
2. einzelne oder mehrere der in dem Baugebiet allgemein zulässigen Nutzungen unzulässig sind oder als Ausnahme zugelassen werden können oder
3. alle oder einzelne Ausnahmen, die in den Baugebieten nach §§ 4 bis 9 vorgesehen sind, nicht zulässig oder, sofern die allgemeine Zweckbestimmung des Baugebiets gewahrt bleibt, allgemein zulässig sind.

(8) Die Festsetzungen nach den Absätzen 4 bis 7 können sich auch auf Teile des Baugebiets beschränken.

(9) Wenn besondere städtebauliche Gründe dies rechtfertigen, kann im Bebauungsplan bei Anwendung der Absätze 5 bis 8 festgesetzt werden, dass nur bestimmte Arten der in den Baugebieten allgemein oder ausnahmsweise zulässigen baulichen oder sonstigen Anlagen zulässig oder nicht zulässig sind oder nur ausnahmsweise zugelassen werden können.

(10) ¹Wären bei Festsetzung eines Baugebiets nach den §§ 2 bis 9 in überwiegend bebauten Gebieten bestimmte vorhandene bauliche und sonstige Anlagen unzulässig, kann im Bebauungsplan festgesetzt werden, dass Erweiterungen, Änderungen, Nutzungsänderungen und Erneuerungen dieser Anlagen allgemein zulässig sind oder ausnahmsweise zugelassen werden können. ²Im Bebauungsplan können nähere Bestimmungen über die Zulässigkeit getroffen werden. ³Die allgemeine Zweckbestimmung des Baugebiets muss in seinen übrigen Teilen gewahrt bleiben. ⁴Die Sätze 1 bis 3 gelten auch für die Änderung und Ergänzung von Bebauungsplänen.

### § 2 Kleinsiedlungsgebiete

(1) Kleinsiedlungsgebiete dienen vorwiegend der Unterbringung von Kleinsiedlungen einschließlich Wohngebäuden mit entsprechenden Nutzgärten und landwirtschaftlichen Nebenerwerbsstellen.

(2) Zulässig sind
1. Kleinsiedlungen einschließlich Wohngebäude mit entsprechenden Nutzgärten, landwirtschaftliche Nebenerwerbsstellen und Gartenbaubetriebe,
2. die der Versorgung des Gebiets dienenden Läden, Schank- und Speisewirtschaften sowie nicht störenden Handwerksbetriebe.

(3) Ausnahmsweise können zugelassen werden
1. sonstige Wohngebäude mit nicht mehr als zwei Wohnungen,
2. Anlagen für kirchliche, kulturelle, soziale, gesundheitliche und sportliche Zwecke,
3. Tankstellen,
4. nicht störende Gewerbebetriebe.

## § 3  Reine Wohngebiete

(1) Reine Wohngebiete dienen dem Wohnen.

(2) Zulässig sind Wohngebäude.

(3) Ausnahmsweise können zugelassen werden
1. Läden und nicht störende Handwerksbetriebe, die zur Deckung des täglichen Bedarfs für die Bewohner des Gebiets dienen, sowie kleine Betriebe des Beherbergungsgewerbes,
2. Anlagen für soziale Zwecke sowie den Bedürfnissen der Bewohner des Gebiets dienende Anlagen für kirchliche, kulturelle, gesundheitliche und sportliche Zwecke.

(4) Zu den nach Absatz 2 sowie den §§ 2, 4 bis 7 zulässigen Wohngebäuden gehören auch solche, die ganz oder teilweise der Betreuung und Pflege ihrer Bewohner dienen.

## § 4  Allgemeine Wohngebiete

(1) Allgemeine Wohngebiete dienen vorwiegend dem Wohnen.

(2) Zulässig sind
1. Wohngebäude,
2. die der Versorgung des Gebiets dienenden Läden, Schank- und Speisewirtschaften sowie nicht störenden Handwerksbetriebe,
3. Anlagen für kirchliche, kulturelle, soziale, gesundheitliche und sportliche Zwecke.

(3) Ausnahmsweise können zugelassen werden
1. Betriebe des Beherbergungsgewerbes,
2. sonstige nicht störende Gewerbebetriebe,
3. Anlagen für Verwaltungen,
4. Gartenbaubetriebe,
5. Tankstellen.

## § 4a  Gebiete zur Erhaltung und Entwicklung der Wohnnutzung (besondere Wohngebiete)

(1) [1]Besondere Wohngebiete sind überwiegend bebaute Gebiete, die aufgrund ausgeübter Wohnnutzung und vorhandener sonstiger in Absatz 2 genannter Anlagen eine besondere Eigenart aufweisen und in denen unter Berücksichtigung dieser Eigenart die Wohnnutzung erhalten und fortentwickelt werden soll. [2]Besondere Wohngebiete dienen vorwiegend dem Wohnen; sie dienen auch der Unterbringung von Gewerbebetrieben und sonstigen Anlagen im Sinne der Absätze 2 und 3, soweit diese Betriebe und Anlagen nach der besonderen Eigenart des Gebiets mit der Wohnnutzung vereinbar sind.

(2) Zulässig sind
1. Wohngebäude,
2. Läden, Betriebe des Beherbergungsgewerbes, Schank- und Speisewirtschaften,
3. sonstige Gewerbebetriebe,
4. Geschäfts- und Bürogebäude,
5. Anlagen für kirchliche, kulturelle, soziale, gesundheitliche und sportliche Zwecke.

(3) Ausnahmsweise können zugelassen werden
1. Anlagen für zentrale Einrichtungen der Verwaltung,
2. Vergnügungsstätten, soweit sie nicht wegen ihrer Zweckbestimmung oder ihres Umfangs nur in Kerngebieten allgemein zulässig sind,
3. Tankstellen.

(4) Für besondere Wohngebiete oder Teile solcher Gebiete kann, wenn besondere städtebauliche Gründe dies rechtfertigen (§ 9 Absatz 3 des Baugesetzbuchs), festgesetzt werden, dass
1. oberhalb eines im Bebauungsplan bestimmten Geschosses nur Wohnungen zulässig sind oder
2. in Gebäuden ein im Bebauungsplan bestimmter Anteil der zulässigen Geschossfläche oder eine bestimmte Größe der Geschossfläche für Wohnungen zu verwenden ist.

## § 5 Dorfgebiete

(1) [1]Dorfgebiete dienen der Unterbringung der Wirtschaftsstellen land- und forstwirtschaftlicher Betriebe, dem Wohnen und der Unterbringung von nicht wesentlich störenden Gewerbebetrieben sowie der Versorgung der Bewohner des Gebiets dienenden Handwerksbetrieben. [2]Auf die Belange der land- und forstwirtschaftlichen Betriebe einschließlich ihrer Entwicklungsmöglichkeiten ist vorrangig Rücksicht zu nehmen.

(2) Zulässig sind
1. Wirtschaftsstellen land- und forstwirtschaftlicher Betriebe und die dazugehörigen Wohnungen und Wohngebäude,
2. Kleinsiedlungen einschließlich Wohngebäude mit entsprechenden Nutzgärten und landwirtschaftliche Nebenerwerbsstellen,
3. sonstige Wohngebäude,
4. Betriebe zur Be- und Verarbeitung und Sammlung land- und forstwirtschaftlicher Erzeugnisse,
5. Einzelhandelsbetriebe, Schank- und Speisewirtschaften sowie Betriebe des Beherbergungsgewerbes,
6. sonstige Gewerbebetriebe,
7. Anlagen für örtliche Verwaltungen sowie für kirchliche, kulturelle, soziale, gesundheitliche und sportliche Zwecke,
8. Gartenbaubetriebe,
9. Tankstellen

(3) Ausnahmsweise können Vergnügungsstätten im Sinne des § 4a Absatz 3 Nummer 2 zugelassen werden.

## § 6 Mischgebiete

(1) Mischgebiete dienen dem Wohnen und der Unterbringung von Gewerbebetrieben, die das Wohnen nicht wesentlich stören.

(2) Zulässig sind
1. Wohngebäude,
2. Geschäfts- und Bürogebäude,
3. Einzelhandelsbetriebe, Schank- und Speisewirtschaften sowie Betriebe des Beherbergungsgewerbes,
4. sonstige Gewerbebetriebe,
5. Anlagen für Verwaltungen sowie für kirchliche, kulturelle, soziale, gesundheitliche und sportliche Zwecke,
6. Gartenbaubetriebe,
7. Tankstellen,
8. Vergnügungsstätten im Sinne des § 4a Absatz 3 Nummer 2 in den Teilen des Gebiets, die überwiegend durch gewerbliche Nutzungen geprägt sind.

(3) Ausnahmsweise können Vergnügungsstätten im Sinne des § 4a Absatz 3 Nummer 2 außerhalb der in Absatz 2 Nummer 8 bezeichneten Teile des Gebietes zugelassen werden.

## § 6a Urbane Gebiete

(1) ¹Urbane Gebiete dienen dem Wohnen sowie der Unterbringung von Gewerbebetrieben und sozialen, kulturellen und anderen Einrichtungen, die die Wohnnutzung nicht wesentlich stören. ²Die Nutzungsmischung muss nicht gleichgewichtig sein.

(2) Zulässig sind
1. Wohngebäude,
2. Geschäfts- und Bürogebäude,
3. Einzelhandelsbetriebe, Schank- und Speisewirtschaften sowie Betriebe des Beherbergungsgewerbes,
4. sonstige Gewerbebetriebe,
5. Anlagen für Verwaltungen sowie für kirchliche, kulturelle, soziale, gesundheitliche und sportliche Zwecke.

(3) Ausnahmsweise können zugelassen werden
1. Vergnügungsstätten, soweit sie nicht wegen ihrer Zweckbestimmung oder ihres Umfangs nur in Kerngebieten allgemein zulässig sind,
2. Tankstellen.

(4) Für urbane Gebiete oder Teile solcher Gebiete kann festgesetzt werden, dass in Gebäuden
1. im Erdgeschoss an der Straßenseite eine Wohnnutzung nicht oder nur ausnahmsweise zulässig ist,
2. oberhalb eines im Bebauungsplan bestimmten Geschosses nur Wohnungen zulässig sind,
3. ein im Bebauungsplan bestimmter Anteil der zulässigen Geschossfläche oder eine im Bebauungsplan bestimmte Größe der Geschossfläche für Wohnungen zu verwenden ist, oder
4. ein im Bebauungsplan bestimmter Anteil der zulässigen Geschossfläche oder eine im Bebauungsplan bestimmte Größe der Geschossfläche für gewerbliche Nutzungen zu verwenden ist.

## § 7 Kerngebiete

(1) Kerngebiete dienen vorwiegend der Unterbringung von Handelsbetrieben sowie der zentralen Einrichtung der Wirtschaft, der Verwaltung und der Kultur.

(2) Zulässig sind
1. Geschäfts-, Büro- und Verwaltungsgebäude,
2. Einzelhandelsbetriebe, Schank- und Speisewirtschaften, Betriebe des Beherbergungsgewerbes und Vergnügungsstätten,
3. sonstige nicht wesentlich störende Gewerbebetriebe,
4. Anlagen für kirchliche, kulturelle, soziale, gesundheitliche und sportliche Zwecke,
5. Tankstellen im Zusammenhang mit Parkhäusern und Großgaragen,
6. Wohnungen für Aufsichts- und Bereitschaftspersonen sowie für Betriebsinhaber und Betriebsleiter,
7. sonstige Wohnungen nach Maßgabe von Festsetzungen des Bebauungsplans.

(3) Ausnahmsweise können zugelassen werden
1. Tankstellen, die nicht unter Absatz 2 Nummer 5 fallen,
2. Wohnungen, die nicht unter Absatz 2 Nummer 6 und 7 fallen.

(4) [1]Für Teile eines Kerngebiets kann, wenn besondere städtebauliche Gründe dies rechtfertigen (§ 9 Absatz 3 des Baugesetzbuchs), festgesetzt werden, dass
1. oberhalb eines im Bebauungsplan bestimmten Geschosses nur Wohnungen zulässig sind oder
2. in Gebäuden ein im Bebauungsplan bestimmter Anteil der zulässigen Geschossfläche oder eine bestimmte Größe der Geschossfläche für Wohnungen zu verwenden ist.
[2]Dies gilt auch, wenn durch solche Festsetzungen dieser Teil des Kerngebietes nicht vorwiegend der Unterbringung von Handelsbetrieben sowie der zentralen Einrichtungen der Wirtschaft, der Verwaltung und der Kultur dient.

## § 8  Gewerbegebiete

(1) Gewerbegebiete dienen vorwiegend der Unterbringung von nicht erheblich belästigenden Gewerbebetrieben.

(2) Zulässig sind
1. Gewerbebetriebe aller Art, Lagerhäuser, Lagerplätze und öffentliche Betriebe,
2. Geschäfts-, Büro- und Verwaltungsgebäude,
3. Tankstellen,
4. Anlagen für sportliche Zwecke.

(3) Ausnahmsweise können zugelassen werden
1. Wohnungen für Aufsichts- und Bereitschaftspersonen sowie für Betriebsinhaber und Betriebsleiter, die dem Gewerbebetrieb zugeordnet und ihm gegenüber in Grundfläche und Baumasse untergeordnet sind,
2. Anlagen für kirchliche, kulturelle, soziale und gesundheitliche Zwecke,
3. Vergnügungsstätten.

## § 9  Industriegebiete

(1) Industriegebiete dienen ausschließlich der Unterbringung von Gewerbebetrieben, und zwar vorwiegend solcher Betriebe, die in anderen Baugebieten unzulässig sind.

(2) Zulässig sind
1. Gewerbebetriebe aller Art, Lagerhäuser, Lagerplätze und öffentliche Betriebe,
2. Tankstellen.

(3) Ausnahmsweise können zugelassen werden
1. Wohnungen für Aufsichts- und Bereitschaftspersonen sowie für Betriebsinhaber und Betriebsleiter, die dem Gewebebetrieb zugeordnet und ihm gegenüber in Grundfläche und Baumasse untergeordnet sind,
2. Anlagen für kirchliche, kulturelle, soziale, gesundheitliche und sportliche Zwecke.

## § 10 Sondergebiete, die der Erholung dienen

(1) Als Sondergebiete, die der Erholung dienen, kommen insbesondere in Betracht
Wochenendhausgebiete,
Ferienhausgebiete,
Campingplatzgebiete.

(2) $^1$Für Sondergebiete, die der Erholung dienen, sind die Zweckbestimmung und die Art der Nutzung darzustellen und festzusetzen. $^2$Im Bebauungsplan kann festgesetzt werden, dass bestimmte, der Eigenart des Gebiets entsprechende Anlagen und Einrichtungen zur Versorgung des Gebiets und für sportliche Zwecke allgemein zulässig sind oder ausnahmsweise zugelassen werden können.

(3) $^1$In Wochenendhausgebieten sind Wochenendhäuser als Einzelhäuser zulässig. Im Bebauungsplan kann festgesetzt werden, dass Wochenendhäuser nur als Hausgruppen zulässig sind oder ausnahmsweise als Hausgruppen zugelassen werden können. $^2$Die zulässige Grundfläche der Wochenendhäuser ist im Bebauungsplan, begrenzt nach der besonderen Eigenart des Gebiets, unter Berücksichtigung der landschaftlichen Gegebenheiten festzusetzen.

(4) $^1$In Ferienhausgebieten sind Ferienhäuser zulässig, die aufgrund ihrer Lage, Größe, Ausstattung, Erschließung und Versorgung für den Erholungsaufenthalt geeignet und dazu bestimmt sind, überwiegend und auf Dauer einem wechselnden Personenkreis zur Erholung zu dienen. $^2$Im Bebauungsplan kann die Grundfläche der Ferienhäuser, begrenzt nach der besonderen Eigenart des Gebiets, unter Berücksichtigung der landschaftlichen Gegebenheiten festgesetzt werden.

(5) In Campingplatzgebieten sind Campingplätze und Zeltplätze zulässig.

## § 11 Sonstige Sondergebiete

(1) Als sonstige Sondergebiete sind solche Gebiete darzustellen und festzusetzen, die sich von den Baugebieten nach den §§ 2 bis 10 wesentlich unterscheiden.

(2) Für sonstige Sondergebiete sind die Zweckbestimmung und die Art der Nutzung darzustellen und festzusetzen. Als sonstige Sondergebiete kommen insbesondere in Betracht
Gebiete für den Fremdenverkehr, wie Kurgebiete und Gebiete für die Fremdenbeherbergung, auch mit einer Mischung von Fremdenbeherbergung oder Ferienwohnen einerseits sowie Dauerwohnen andererseits,
Ladengebiete,
Gebiete für Einkaufszentren und großflächige Handelsbetriebe,
Gebiete für Messen, Ausstellungen und Kongresse,
Hochschulgebiete,
Klinikgebiete,
Hafengebiete,
Gebiete für Anlagen, die der Erforschung, Entwicklung oder Nutzung erneuerbarer Energien, wie Wind- und Sonnenenergie, dienen.

(3)
1. ¹Einkaufszentren,
2. großflächige Einzelhandelsbetriebe, die sich nach Art, Lage oder Umfang auf die Verwirklichung der Ziele der Raumordnung und Landesplanung oder auf die städtebauliche Entwicklung und Ordnung nicht nur unwesentlich auswirken können,
3. sonstige großflächige Handelsbetriebe, die im Hinblick auf den Verkauf an letzte Verbraucher und auf die Auswirkungen den in Nummer 2 bezeichneten Einzelhandelsbetrieben vergleichbar sind,

sind außer in Kerngebieten nur in für sie festgesetzten Sondergebieten zulässig. ²Auswirkungen im Sinne des Satzes 1 Nummer 2 und 3 sind insbesondere schädliche Umwelteinwirkungen im Sinne des § 3 des Bundes-Immissionsschutzgesetzes sowie Auswirkungen auf die infrastrukturelle Ausstattung, auf den Verkehr, auf die Versorgung der Bevölkerung im Einzugsbereich der in Satz 1 bezeichneten Betriebe, auf die Entwicklung zentraler Versorgungsbereiche in der Gemeinde oder in anderen Gemeinden, auf das Orts- und Landschaftsbild und auf den Naturhaushalt. ³Auswirkungen im Sinne des Satzes 2 sind bei Betrieben nach Satz 1 Nummer 2 und 3 in der Regel anzunehmen, wenn die Geschossfläche 1200 m² überschreitet. ⁴Die Regel des Satzes 3 gilt nicht, wenn Anhaltspunkte dafür bestehen, dass Auswirkungen bereits bei weniger als 1200 m² Geschossfläche vorliegen oder bei mehr als 1200 m² Geschossfläche nicht vorliegen; dabei sind in Bezug auf die in Satz 2 bezeichneten Auswirkungen insbesondere die Gliederung und Größe der Gemeinde und ihrer Ortsteile, die Sicherung der verbrauchernahen Versorgung der Bevölkerung und das Warenangebot des Betriebs zu berücksichtigen.

## § 12 Stellplätze und Garagen

(1) Stellplätze und Garagen sind in allen Baugebieten zulässig, soweit sich aus den Absätzen 2 bis 6 nichts anderes ergibt.

(2) In Kleinsiedlungsgebieten, reinen Wohngebieten und allgemeinen Wohngebieten sowie Sondergebieten, die der Erholung dienen, sind Stellplätze und Garagen nur für den durch die zugelassene Nutzung verursachten Bedarf zulässig.

(3) Unzulässig sind
1. Stellplätze und Garagen für Lastkraftwagen und Kraftomnibusse sowie für Anhänger dieser Kraftfahrzeuge in reinen Wohngebieten,
2. Stellplätze und Garagen für Kraftfahrzeuge mit einem Eigengewicht über 3,5 Tonnen sowie für Anhänger dieser Kraftfahrzeuge in Kleinsiedlungsgebieten und allgemeinen Wohngebieten.

(4) ¹Im Bebauungsplan kann, wenn besondere städtebauliche Gründe dies rechtfertigen (§ 9 Absatz 3 des Baugesetzbuches), festgesetzt werden, dass in bestimmten Geschossen nur Stellplätze oder Garagen und zugehörige Nebeneinrichtungen (Garagengeschosse) zulässig sind. ²Eine Festsetzung nach Satz 1 kann auch für Geschosse unterhalb der Geländeoberfläche getroffen werden. ³Bei Festsetzungen nach den Sätzen 1 und 2 sind Stellplätze und Garagen auf dem Grundstück nur in den festgesetzten Geschossen zulässig, soweit der Bebauungsplan nichts anderes bestimmt.

(5) Im Bebauungsplan kann, wenn besondere städtebauliche Gründe dies rechtfertigen (§ 9 Absatz 3 des Baugesetzbuchs), festgesetzt werden, dass in Teilen von Geschossen nur Stellplätze und Garagen zulässig sind. Absatz 4 Satz 2 und 3 gilt entsprechend.

## D 2 · BauNVO §§ 13–15

(6) Im Bebauungsplan kann festgesetzt werden, dass in Baugebieten oder bestimmten Teilen von Baugebieten Stellplätze und Garagen unzulässig oder nur in beschränktem Umfang zulässig sind, soweit landesrechtliche Vorschriften nicht entgegenstehen.

(7) Die landesrechtlichen Vorschriften über die Ablösung der Verpflichtung zur Herstellung von Stellplätzen und Garagen sowie die Verpflichtung zur Herstellung von Stellplätzen und Garagen außerhalb der im Bebauungsplan festgesetzten Bereiche bleiben bei Festsetzungen nach den Absätzen 4 bis 6 unberührt.

### § 13  Gebäude und Räume für freie Berufe

Für die Berufsausübung freiberuflich Tätiger und solcher Gewerbetreibender, die ihren Beruf in ähnlicher Art ausüben, sind in den Baugebieten nach den §§ 2 bis 4 Räume, in den Baugebieten nach den §§ 4a bis 9 auch Gebäude zulässig.

### § 14  Nebenanlagen

(1) [1]Außer den in den §§ 2 bis 13 genannten Anlagen sind auch untergeordnete Nebenanlagen und Einrichtungen zulässig, die dem Nutzungszweck der in dem Baugebiet gelegenen Grundstücke oder des Baugebiets selbst dienen und die seiner Eigenart nicht widersprechen. [2]Soweit nicht bereits in den Baugebieten nach dieser Verordnung Einrichtungen und Anlagen für die Tierhaltung zulässig sind, gehören zu den untergeordneten Nebenanlagen und Einrichtungen im Sinne des Satzes 1 auch solche für die Kleintierhaltung. Im Bebauungsplan kann die Zulässigkeit der Nebenanlagen und Einrichtungen eingeschränkt oder ausgeschlossen werden.

(2) [1]Die der Versorgung der Baugebiete mit Elektrizität, Gas, Wärme und Wasser sowie zur Ableitung von Abwasser dienenden Nebenanlagen können in den Baugebieten als Ausnahme zugelassen werden, auch soweit für sie im Bebauungsplan keine besonderen Flächen festgesetzt sind. [2]Dies gilt auch für fernmeldetechnische Nebenanlagen sowie für Anlagen für erneuerbare Energien, soweit nicht Absatz 1 Satz 1 Anwendung findet.

(3) Soweit baulich untergeordnete Anlagen zur Nutzung solarer Strahlungsenergie in, an oder auf Dach- und Außenwandflächen oder Kraft-Wärme-Kopplungsanlagen innerhalb von Gebäuden nicht bereits nach den §§ 2 bis 13 zulässig sind, gelten sie auch dann als Anlagen im Sinne des Absatzes 1 Satz 1, wenn die erzeugte Energie vollständig oder überwiegend in das öffentliche Netz eingespeist wird.

### § 15  Allgemeine Voraussetzungen für die Zulässigkeit baulicher und sonstiger Anlagen

(1) Die in den §§ 2 bis 14 aufgeführten baulichen und sonstigen Anlagen sind im Einzelfall unzulässig, wenn sie nach Anzahl, Lage, Umfang oder Zweckbestimmung der Eigenart des Baugebiets widersprechen. Sie sind auch unzulässig, wenn von ihnen Belästigungen oder Störungen ausgehen können, die nach der Eigenart des Baugebiets im Baugebiet selbst oder in dessen Umgebung unzumutbar sind, oder wenn sie solchen Belästigungen oder Störungen ausgesetzt werden.

(2) Die Anwendung des Absatzes 1 hat nach den städtebaulichen Zielen und Grundsätzen des § 1 Absatz 5 des Baugesetzbuchs zu erfolgen.

## §§ 16, 17 BauNVO · D 2

(3) Die Zulässigkeit der Anlagen in den Baugebieten ist nicht allein nach den verfahrensrechtlichen Einordnungen des Bundes-Immisssionsschutzgesetzes und der auf seiner Grundlage erlassenen Verordnungen zu beurteilen.

### Zweiter Abschnitt Maß der baulichen Nutzung

### § 16 Bestimmung des Maßes der baulichen Nutzung

(1) Wird im Flächennutzungsplan das allgemeine Maß der baulichen Nutzung dargestellt, genügt die Angabe der Geschossflächenzahl, der Baumassenzahl oder der Höhe baulicher Anlagen.

(2) Im Bebauungsplan kann das Maß der baulichen Nutzung bestimmt werden durch Festsetzung
1. der Grundflächenzahl oder der Größe der Grundflächen der baulichen Anlagen,
2. der Geschossflächenzahl oder der Größe der Geschossfläche, der Baumassenzahl oder der Baumasse,
3. der Zahl der Vollgeschosse,
4. der Höhe baulicher Anlagen.

(3) Bei Festsetzung des Maßes der baulichen Nutzung im Bebauungsplan ist festzusetzen
1. stets die Grundflächenzahl oder die Größe der Grundflächen der baulichen Anlagen,
2. die Zahl der Vollgeschosse oder die Höhe baulicher Anlagen, wenn ohne ihre Festsetzung öffentliche Belange, insbesondere das Orts- und Landschaftsbild, beeinträchtigt werden können.

(4) [1]Bei Festsetzung des Höchstmaßes für die Geschossflächenzahl oder die Größe der Geschossfläche, für die Zahl der Vollgeschosse und die Höhe baulicher Anlagen im Bebauungsplan kann zugleich ein Mindestmaß festgesetzt werden. [2]Die Zahl der Vollgeschosse und die Höhe baulicher Anlagen können auch als zwingend festgesetzt werden.

(5) Im Bebauungsplan kann das Maß der baulichen Nutzung für Teile des Baugebiets, für einzelne Grundstücke oder Grundstücksteile und für Teile baulicher Anlagen unterschiedlich festgesetzt werden; die Festsetzungen können oberhalb und unterhalb der Geländeoberfläche getroffen werden.

(6) Im Bebauungsplan können nach Art und Umfang bestimmte Ausnahmen von dem festgesetzten Maß der baulichen Nutzung vorgesehen werden.

### § 17 Obergrenzen für die Bestimmung des Maßes der baulichen Nutzung

(1) Bei der Bestimmung des Maßes der baulichen Nutzung nach § 16 dürfen, auch wenn eine Geschossflächenzahl oder eine Baumassenzahl nicht dargestellt oder festgesetzt wird, folgende Obergrenzen nicht überschritten werden:

## D 2 · BauNVO §§ 18, 19

| 1 | 2 | 3 | 4 |
|---|---|---|---|
| Baugebiet | Grundflächen-zahl (GRZ) | Geschossflächen-zahl (GFZ) | Baumassen-zahl (BMZ) |
| in Kleinsiedlungsgebieten | 0,2 | 0,4 | – |
| in reinen Wohngebieten (WR) allgem. Wohngebieten (WA) Ferienhausgebieten | 0,4 | 1,2 | – |
| in besonderen Wohngebieten (WB) | 0,6 | 1,6 | – |
| in Dorfgebieten (MD) Mischgebieten (MI) | 0,6 | 1,2 | – |
| in Urbanen Gebieten (MU) | 0,8 | 3,0 | – |
| in Kerngebieten (MK) | 1,0 | 3,0 | – |
| in Gewerbegebieten (GE) Industriegebieten (GI) sonstigen Sondergebieten | 0,8 | 2,4 | 10,0 |
| in Wochenendhausgebieten | 0,2 | 0,2 | – |

(2) Die Obergrenzen des Absatzes 1 können aus städtebaulichen Gründen überschritten werden, wenn die Überschreitung durch Umstände ausgeglichen ist oder durch Maßnahmen ausgeglichen wird, durch die sichergestellt ist, dass die allgemeinen Anforderungen an gesunde Wohn- und Arbeitsverhältnisse nicht beeinträchtigt werden und nachteilige Auswirkungen auf die Umwelt vermieden werden. Dies gilt nicht für Wochenendhausgebiete und Ferienhausgebiete.

(3) (weggefallen)

### § 18 Höhe baulicher Anlagen

(1) Bei Festsetzung der Höhe baulicher Anlagen sind die erforderlichen Bezugspunkte zu bestimmen.

(2) Ist die Höhe baulicher Anlagen als zwingend festgesetzt (§ 16 Absatz 4 Satz 2), können geringfügige Abweichungen zugelassen werden.

### § 19 Grundflächenzahl, zulässige Grundfläche

(1) Die Grundflächenzahl gibt an, wie viel Quadratmeter Grundfläche je Quadratmeter Grundstücksfläche im Sinne des Absatzes 3 zulässig sind.

(2) Zulässige Grundfläche ist der nach Absatz 1 errechnete Anteil des Baugrundstücks, der von baulichen Anlagen überdeckt werden darf.

(3) [1]Für die Ermittlung der zulässigen Grundfläche ist die Fläche des Baugrundstücks maßgebend, die im Bauland und hinter der im Bebauungsplan festgesetzten Straßenbegrenzungslinie liegt. [2]Ist eine Straßenbegrenzungslinie nicht festgesetzt, so ist die Fläche des Baugrundstücks maßgebend, die hinter der tatsächlichen Straßengrenze liegt oder die im Bebauungsplan als maßgebend für die Ermittlung der zulässigen Grundfläche festgesetzt ist.

(4) [1]Bei der Ermittlung der Grundfläche sind die Grundflächen von
1. Garagen und Stellplätzen mit ihren Zufahrten,
2. Nebenanlagen im Sinne des § 14,

3. baulichen Anlagen unterhalb der Geländeoberfläche, durch die das Baugrundstück lediglich unterbaut wird,

mitzurechnen. ²Die zulässige Grundfläche darf durch die Grundflächen der in Satz 1 bezeichneten Anlagen bis zu 50 vom Hundert überschritten werden, höchstens jedoch bis zu einer Grundflächenzahl von 0,8; weitere Überschreitungen in geringfügigem Ausmaß können zugelassen werden. ³Im Bebauungsplan können von Satz 2 abweichende Bestimmungen getroffen werden. ⁴Soweit der Bebauungsplan nichts anderes festsetzt, kann im Einzelfall von der Einhaltung der sich aus Satz 2 ergebenden Grenzen abgesehen werden
1. bei Überschreitungen mit geringfügigen Auswirkungen auf die natürlichen Funktionen des Bodens oder
2. wenn die Einhaltung der Grenzen zu einer wesentlichen Erschwerung der zwecksentsprechenden Grundstücksnutzung führen würde.

### § 20 Vollgeschosse, Geschossflächenzahl, Geschossfläche

(1) Als Vollgeschosse gelten Geschosse, die nach landesrechtlichen Vorschriften Vollgeschosse sind oder auf ihre Zahl angerechnet werden.

(2) Die Geschossflächenzahl gibt an, wie viel Quadratmeter Geschossfläche je Quadratmeter Grundstücksfläche im Sinne des § 19 Absatz 3 zulässig sind.

(3) Die Geschossfläche ist nach den Außenmaßen der Gebäude in allen Vollgeschossen zu ermitteln. Im Bebauungsplan kann festgesetzt werden, dass die Flächen von Aufenthaltsräumen in anderen Geschossen einschließlich der zu ihnen gehörenden Treppenräume und einschließlich ihrer Umfassungswände ganz oder teilweise mitzurechnen oder ausnahmsweise nicht mitzurechnen sind.

(4) Bei der Ermittlung der Geschossfläche bleiben Nebenanlagen im Sinne des § 14, Balkone, Loggien, Terrassen sowie bauliche Anlagen, soweit sie nach Landesrecht in den Abstandsflächen (seitlicher Grenzabstand und sonstige Abstandsflächen) zulässig sind oder zugelassen werden können, unberücksichtigt.

### § 21 Baumassenzahl, Baumasse

(1) Die Baumassenzahl gibt an, wie viel Kubikmeter Baumasse je Quadratmeter Grundstücksfläche im Sinne des § 19 Absatz 3 zulässig sind.

(2) ¹Die Baumasse ist nach den Außenmaßen der Gebäude vom Fußboden des untersten Vollgeschosses bis zur Decke des obersten Vollgeschosses zu ermitteln. ²Die Baumassen von Aufenthaltsräumen in anderen Geschossen einschließlich der zu ihnen gehörenden Treppenräume und einschließlich ihrer Umfassungswände und Decken sind mitzurechnen. ³Bei baulichen Anlagen, bei denen eine Berechnung der Baumasse nach Satz 1 nicht möglich ist, ist die tatsächliche Baumasse zu ermitteln.

(3) Bauliche Anlagen und Gebäudeteile im Sinne des § 20 Absatz 4 bleiben bei der Ermittlung der Baumasse unberücksichtigt.

(4) Ist im Bebauungsplan die Höhe baulicher Anlagen oder die Baumassenzahl nicht festgesetzt, darf bei Gebäuden, die Geschosse von mehr als 3,50 m Höhe haben, eine Baumassenzahl, die das Dreieinhalbfache der zulässigen Geschossflächenzahl beträgt, nicht überschritten werden.

# D 2 · BauNVO §§ 21a, 22

## § 21a Stellplätze, Garagen und Gemeinschaftsanlagen

(1) Garagengeschosse oder ihre Baumasse sind in sonst anders genutzten Gebäuden auf die Zahl der zulässigen Vollgeschosse oder auf die zulässige Baumasse nicht anzurechnen, wenn der Bebauungsplan dies festsetzt oder als Ausnahme vorsieht.

(2) Der Grundstücksfläche im Sinne des § 19 Absatz 3 sind Flächenanteile an außerhalb des Baugrundstücks festgesetzten Gemeinschaftsanlagen im Sinne des § 9 Absatz 1 Nr. 22 des Baugesetzbuchs hinzuzurechnen, wenn der Bebauungsplan dies festsetzt oder als Ausnahme vorsieht.

(3) Soweit § 19 Absatz 4 nicht entgegensteht, ist eine Überschreitung der zulässigen Grundfläche durch überdachte Stellplätze und Garagen bis zu 0,1 der Fläche des Baugrundstücks zulässig; eine weitergehende Überschreitung kann ausnahmsweise zugelassen werden
1. in Kerngebieten, Gewerbegebieten und Industriegebieten,
2. in anderen Baugebieten, soweit solche Anlagen nach § 9 Absatz 1 Nr. 4 des Baugesetzbuchs im Bebauungsplan festgesetzt sind.

(4) Bei der Ermittlung der Geschossfläche oder der Baumasse bleiben unberücksichtigt die Flächen oder Baumassen von
1. Garagengeschossen, die nach Absatz 1 nicht angerechnet werden,
2. Stellplätzen und Garagen, deren Grundflächen die zulässige Grundfläche unter den Voraussetzungen des Absatzes 3 überschreiten,
3. Stellplätzen und Garagen in Vollgeschossen, wenn der Bebauungsplan dies festsetzt oder als Ausnahme vorsieht.

(5) Die zulässige Geschossfläche oder die zulässige Baumasse ist um die Flächen oder Baumassen notwendiger Garagen, die unter der Geländeoberfläche hergestellt werden, insoweit zu erhöhen, als der Bebauungsplan dies festsetzt oder als Ausnahme vorsieht.

Dritter Abschnitt  **Bauweise, überbaubare Grundstücksfläche**

## § 22 Bauweise

(1) Im Bebauungsplan kann die Bauweise als offene oder geschlossene Bauweise festgesetzt werden.

(2) ¹In der offenen Bauweise werden die Gebäude mit seitlichem Grenzabstand als Einzelhäuser, Doppelhäuser oder Hausgruppen errichtet. ²Die Länge der in Satz 1 bezeichneten Hausformen darf höchstens 50 m betragen. ³Im Bebauungsplan können Flächen festgesetzt werden, auf denen nur Einzelhäuser, nur Doppelhäuser, nur Hausgruppen oder nur zwei dieser Hausformen zulässig sind.

(3) In der geschlossenen Bauweise werden die Gebäude ohne seitlichen Grenzabstand errichtet, es sei denn, dass die vorhandene Bebauung eine Abweichung erfordert.

(4) Im Bebauungsplan kann eine von Absatz 1 abweichende Bauweise festgesetzt werden. Dabei kann auch festgesetzt werden, inwieweit an die vorderen, rückwärtigen und seitlichen Grundstücksgrenzen herangebaut werden darf oder muss.

## § 23 Überbaubare Grundstücksfläche

(1) Die überbaubaren Grundstücksflächen können durch die Festsetzung von Baulinien, Baugrenzen oder Bebauungstiefen bestimmt werden. § 16 Absatz 5 ist entsprechend anzuwenden.

(2) [1]Ist eine Baulinie festgesetzt, so muss auf dieser Linie gebaut werden. [2]Ein Vor- oder Zurücktreten von Gebäudeteilen in geringfügigem Ausmaß kann zugelassen werden. [3]Im Bebauungsplan können weitere nach Art und Umfang bestimmte Ausnahmen vorgesehen werden.

(3) [1]Ist eine Baugrenze festgesetzt, so dürfen Gebäude und Gebäudeteile diese nicht überschreiten. [2]Ein Vortreten von Gebäudeteilen in geringfügigem Ausmaß kann zugelassen werden. [3]Absatz 2 Satz 3 gilt entsprechend.

(4) [1]Ist eine Bebauungstiefe festgesetzt, so gilt Absatz 3 entsprechend. [2]Die Bebauungstiefe ist von der tatsächlichen Straßengrenze ab zu ermitteln, sofern im Bebauungsplan nichts anderes festgesetzt ist.

(5) [1]Wenn im Bebauungsplan nichts anderes festgesetzt ist, können auf den nicht überbaubaren Grundstücksflächen Nebenanlagen im Sinne des § 14 zugelassen werden. [2]Das gleiche gilt für bauliche Anlagen, soweit sie nach Landesrecht in den Abstandsflächen zulässig sind oder zugelassen werden können.

## Vierter Abschnitt

§ 24  (weggefallen)

## Fünfter Abschnitt  Überleitungs- und Schlussvorschriften

### § 25  Fortführung eingeleiteter Verfahren

*(Nicht abgedruckt. Betrifft die Fortführung eingeleiteter Verfahren bei In-Kraft-Treten der BauNVO 1962.)*

### § 25a  Überleitungsvorschriften aus Anlass der zweiten Änderungsverordnung

*(Nicht abgedruckt)*

### § 25b  Überleitungsvorschrift aus Anlass der dritten Änderungsverordnung

(1) [1]Ist der Entwurf eines Bebauungsplans vor dem Inkrafttreten der dritten Änderungsverordnung nach § 2a Absatz 6 des Bundesbaugesetzes öffentlich ausgelegt worden, ist auf ihn § 11 Absatz 3 Satz 3 in der bis zum Inkrafttreten der dritten Änderungsverordnung geltenden Fassung anzuwenden. [2]Das Recht der Gemeinde, das Verfahren zur Aufstellung des Bebauungsplans erneut einzuleiten, bleibt unberührt.

(2) Auf Bebauungspläne, auf die § 11 Absatz 3 in der Fassung der Bekanntmachung vom 15. September 1977 Anwendung findet, ist § 11 Absatz 3 Satz 4 entsprechend anzuwenden.

### § 25c Überleitungsvorschrift aus Anlass der vierten Änderungsverordnung

¹Ist der Entwurf eines Bauleitplans vor dem 27. Januar 1990 nach § 3 Absatz 2 des Baugesetzbuchs öffentlich ausgelegt worden, ist auf ihn diese Verordnung in der bis zum 26. Januar 1990 geltenden Fassung anzuwenden. ²Das Recht der Gemeinde, das Verfahren zur Aufstellung des Bauleitplans erneut einzuleiten, bleibt unberührt.

### § 25d Überleitungsvorschrift aus Anlass des Gesetzes zur Stärkung der Innenentwicklung in den Städten und Gemeinden und weiteren Fortentwicklung des Städtebaurechts

Ist der Entwurf eines Bauleitplans vor dem 20. September 2013 nach § 3 Absatz 2 des Baugesetzbuchs öffentlich ausgelegt worden, ist auf ihn diese Verordnung in der bis zum 20. September 2013 geltenden Fassung anzuwenden. Das Recht der Gemeinde, das Verfahren zur Aufstellung des Bauleitplans erneut einzuleiten, bleibt unberührt.

### § 26 Berlin-Klausel

*(gegenstandslos)*

### § 26a Überleitungsregelungen aus Anlass der Herstellung der Einheit Deutschlands

*(nicht abgedruckt)*

### § 27 (In-Kraft-Treten)

Die Vorschrift betraf das In-Kraft-Treten der BauNVO 1962.

# Baupolizeiverordnung der Freien und Hansestadt Hamburg[1]

Vom 8. Juni 1938 (Sammlung des bereinigten hamburgischen Landesrechts I 21 302-n)

– Auszug –

## § 10 Baustufenpläne

(1) bis (3)[2]

(4) Im Baugebiet wird planmäßig gebaut. Innerhalb des Baugebiets werden folgende Nutzungsgebiete unterschieden:
Kleinsiedlungsgebiet     S
Wohngebiet     W
Mischgebiet     M
Geschäftsgebiet     G
Industriegebiet     L
Für die einzelnen Nutzungsgebiete gelten folgende Bestimmungen:

### Kleinsiedlungsgebiet S
Die Grundstücke sind für nichtbäuerliche Siedlerstellen mit einem Haushalt und vorwiegend gartenbaumäßiger Nutzung bestimmt. Mindestgrößen der Grundstücke werden nach den besonderen örtlichen Verhältnissen (Bodenbeschaffenheit, Grundwasser, Vorflut, Abwasserbeseitigung und dgl.) vorgeschrieben.

### Wohngebiet W
[1]Die Grundstücke dienen den Wohnbedürfnissen. [2]Kleinere Läden, kleine nicht störende handwerkliche Betriebe, Wirtschaften und Räume zum Einstellen von Kraftfahrzeugen für die Bedürfnisse der Anwohner können zugelassen werden. [3]Für Teile des Gebiets können zum Schutze ihrer Eigenart als Wohngebiet besondere Vorschriften erlassen werden (Verbot jeder Art gewerblicher und handwerklicher Betriebe, Läden und Wirtschaften, Beschränkung der Wohnungszahl, Festsetzung von Mindestgrößen der Grundstücke und dgl.). [4]Gebiete für Wohnlauben und Gebiete für Wochenendhäuser können ausgewiesen werden.

### Mischgebiet M
[1]Die Grundstücke sollen vorwiegend Wohnzwecken dienen. [2]Gewerbliche und landwirtschaftliche Betriebe, Läden, Lagerräume und dergleichen sind zulässig, wenn durch sie erhebliche Nachteile oder Belästigungen für die Bewohner oder die Allgemeinheit nicht zu befürchten sind.

### Geschäftsgebiet G
[1]Die Grundstücke dienen geschäftlichen und gewerblichen Zwecken. [2]Erheblich belästigende Geschäfts- und Gewerbebetriebe sind unzulässig. [3]Wohnungen werden nur in besonderen Fällen zugelassen.

---

1 Siehe Bauprüfdienst Altes Planungsrecht 7/2016
2 aufgehoben

## D 3 · BPVO  § 11

**Industriegebiet I**
¹Die Grundstücke dienen industriellen und gewerblichen Zwecken. ²Für Teile des Gebiets und im Einzelfall können besonders gefährdende und belästigende Betriebe ausgeschlossen werden; solche Betriebe können auf bestimmte Gebiete verwiesen werden. ³Wohnungen dürfen nur für Werkaufsicht und Werkleitung als Zubehör zu den Industrie- oder Gewerbeanlagen errichtet werden.

(5) ¹**Außengebiete**
sind die Landflächen außerhalb des Baugebiets. ²Das Außengebiet dient der landwirtschaftlichen, gewerblich gärtnerischen und forstwirtschaftlichen Nutzung sowie der Erholung. ³In diesem Gebiet können die zur ordnungsmäßigen Nutzung des Bodens, für ortsgebundene gewerbliche Anlagen, Sportanlagen usw. notwendigen baulichen Anlagen zugelassen werden, wenn dadurch die geordnete Entwicklung des Gebietes nicht beeinträchtigt wird.

(6) Innerhalb des Bau- und Außengebiets können Flächen für besondere Zwecke vorbehalten werden.

(7) und (8),[3]

(9) [4]

### § 11  Bauweise und Umfang der Bebauung

(1) Im Rahmen der Baustufenpläne gilt für Bauweise und Umfang der Bebauung der Grundstücke die nachstehende Baustufentafel mit den dazugehörigen Bemerkungen.

---

3 Aufgehoben.
4 Die Regelung des Abs. 9 über die allgemeine Möglichkeit, Ausnahmen von den Bestimmungen der Baustufenpläne zuzulassen, ist nicht in das neue Planungsrecht nach dem Baugesetzbuch (bzw. Bundesbaugesetz) übergeleitet worden (BVerwG, Urt. v. 23.8.1996 in BauR 1997 S. 72; HmbOVG Urt. 10.4.1997 – Leitsätze im HmbJusVwBl. 1999 S. 115.

§ 11 BPVO · D 3

## Baustufentafel

| 1 | 2 | 3 | 4 | 8 |
|---|---|---|---|---|
| Nutzungsgebiet | Zahl der Vollgeschosse[5] | Bauweise | Stufenbezeichnung | Bebaubare Fläche (b. F.) |
| S | 1 | offen geschl. | S 1 o S 1 g | 1/10 |
| W | 1 | offen geschl. | W 1 o W 1 g | 2/10 3/10 |
|   | 2 | offen geschl. | W 2 o W 2 g | 3/10 5/10 |
|   | 3 | geschl. | W 3 g | 5/10 |
|   | 4 | geschl. | W 4 g | 5/10 |
| M | 1 | offen geschl. | M 1 o M 1 g | 2/10 3/10 |
|   | 2 | offen geschl. | M 2 o M 2 g | 3/10 5/10 |
|   | 3 | geschl. | M 3 g | 5/10 |
|   | 4 | geschl. | M 4 g | 5/10 |
| G | 2 | geschl. | G 2 g | – |
|   | 3 | geschl. | G 3 g | – |
|   | 4 | geschl. | G 4 g | – |
|   | 5 | geschl. | G 5 g | – |
| I | – | – | – | – |

**Bemerkungen**[6][7]
**Spalte 1:** Die Nutzungsgebiete ergeben sich aus den Baustufenplänen.
**Spalte 2**[8]
**Spalte 3**[9]: In Gebieten der offenen Bauweise müssen Gebäude an der Straße von den *seitlichen* Nachbargrenzen *den aus der Baustufentafel ersichtlichen* Abstand (Bauwich) halten.
Zulässig sind Einzel- und Doppelhäuser.
In den Nutzungsgebieten S, W und M ist auch in Gebieten der geschlossenen Bauweise eine allseitig geschlossene Umbauung der Baublöcke unzulässig. Die Baureihe muss unterbrochen sein. Die Unterbrechung muss 1/6 der Baulinienlänge des Baublocks betragen. Die zuständige Behörde kann das Maß auf 1/7 ermäßigen oder auf 1/5 erhöhen und im Einzelfall Ausnahmen zulassen. Niedrige Bauten zwischen den Baugruppen können zugelassen werden.
Die Länge von Gruppen- und Zeilenbauten kann beschränkt werden.

---

5 Zum Begriff „Vollgeschoss" s. § 2 Abs. 6 HBauO.
6 Die „Bemerkungen" sind Bestandteil des § 11 Abs. 1 und stellen wie die anderen Paragraphen der Baupolizeiverordnung rechtsverbindliche Regelungen dar.
7 Nicht mehr geltende Bemerkungen sind nicht mit abgedruckt.
8 Aufgehoben bzw. ersetzt.
9 Die kursiv gedruckten Satzteile der Bemerkungen zur Spalte 3 enthalten bauordnungsrechtliche Regelungen, die durch § 6 HBauO ersetzt sind.

**Spalte 4–7**[10]
**Spalte 8:** Für die Berechnung der bebaubaren Fläche gilt der hinter der vorderen Baulinie liegende Grundstücksteil.
Ist für einen Baublock oder Teile desselben eine einheitliche Bebauung gesichert, so kann für einzelne Grundstücke eine stärkere Bebauung der Grundstücksfläche, als für das Gebiet vorgesehen ist, zugelassen werden, wenn im ganzen Block keine größere Fläche gebaut wird, als insgesamt für den Baublock zulässig ist (Baugemeinschaft). Die Form der Sicherung wird von der zuständigen Behörde vorgeschrieben.
**Spalte 9 und 10**[11]
(Absatz 2 des § 11)[12]

### § 13   Bau- und Straßenlinien

(1) ¹Die Vorderseite der Gebäude ist in der vorgeschriebenen Baulinie zu errichten. ²Wo keine Baulinie vorhanden ist, gilt die Straßenlinie als Baulinie. ³Abweichungen kann die zuständige Behörde im Einzelfall gestatten.

(2) [13]

(3) Auf bebauten Grundstücken müssen Gebäude, die nicht in der Baulinie stehen, bei wesentlicher Veränderung oder bei Wiederherstellung nach Zerstörung wesentlicher Teile oder nach Abbruch auf die vorgeschriebene Baulinie vorgerückt oder zurückgenommen werden.

(4) Wo hintere oder seitliche Baulinien vorgeschrieben sind, werden bauliche Anlagen über diese Baulinien hinaus nur ausnahmsweise zugelassen.

(5) [14] Der öffentliche Grund, die für besondere Zwecke vorbehaltenen Flächen und die dem öffentlichen Verkehr dienenden Flächen mit dem darüber liegenden Luftraum dürfen zu privaten baulichen Anlagen, auch zu einzelnen Bauteilen und dgl. weder ständig noch vorübergehend benutzt werden, wenn nicht Gesetze oder öffentliche Belange wahrende Verträge etwas anderes bestimmen oder Ausnahmen im Einzelfalle zugelassen werden.

### § 14   Bebauung hinterer Grundstücksteile[15]

(1) Die Errichtung und Veränderung baulicher Anlagen in mehr als 15 m Tiefe hinter der vorderen Baulinie kann untersagt werden, wenn es die Durchführung einer Ge-

---

10 Die Spalten „5 Bauwich", „6 Bautiefe", „7 Traufhöhe" enthielten bauordnungsrechtliche Regelungen. Sie sind teils gänzlich entfallen und im Übrigen durch § 6 HBauO (Abstandsflächen) ersetzt.
11 Die Spalten „9 Unbebauter Raum vor Fenstern von Aufenthaltsräumen" und „10 Verhältnis von Traufhöhe zum Baulinienabstand" enthielten bauordnungsrechtliche Regelung. Sie sind aufgehoben bzw. ersetzt.
12 Aufgehoben.
13 Nicht durch § 173 Abs. 3 BBauG übergeleitet worden – s. HmbOVG, Urt. vom 29.2.1988, Bf II 35/1987 in HmbJusVwBl. 1989 S. 97.
14 § 13 Abs. 5 BPVO ist jedenfalls nicht mehr anzuwenden, soweit er die dem öffentlichen Verkehr dienenden Flächen betrifft HmbOVG Urt. vom 20.2.1997.
15 Die Vorschriften des § 14 Abs. 1 und 2 gelten nicht für die Hauptbebauung eines Grundstücks, sondern für sonstige bauliche Anlagen (namentlich Nebenanlagen) – HmbOVG, Urt. v. 29.8.1963.

sundung der baulichen Verhältnisse des Grundstücks oder des Baublocks oder die zweckmäßige Bebauung des Baublocks erfordert.

(2) Die Errichtung baulicher Anlagen auf hinteren Teilen der Grundstücke vor Errichtung des nach dem Baustufenplan und sonstigen gesetzlichen Bestimmungen an der vorderen Bebauungsgrenze zulässigen Gebäudes ist, unbeschadet der Bestimmungen des Absatzes 1, nur dann zulässig, wenn dadurch die Errichtung des zulässigen Vordergebäudes nicht gehindert wird.

(3) Die zuständige Behörde kann Vorschriften über die einheitliche Ausnutzung hinterer Grundstücksteile für bestimmte Baublöcke erlassen.

(4) [16]

### § 34 Viehställe

(1) Die Einrichtung von Viehställen ist nur im Außengebiet und in den Baugebieten S und M zulässig.

(2) bis (4)[17]

(5) Bei Ställen für Kleintiere (Kaninchen, Federvieh) und einzelne Haustiere können Ausnahmen von vorstehenden Bestimmungen zugelassen werden.

(6) [18]

---

16 Bauordnungsrechtliche Vorschrift, aufgehoben durch § 117 Abs. 3 Nr. 23 HBauO 1969.
17 Aufgehoben.
18 Aufgehoben.

# Stichwortverzeichnis

Die Zahlen verweisen auf die Paragraphen der jeweiligen Vorschrift, die Zahlen in Klammern verweisen auf die Absätze (HBauO 7 (2) bedeutet § 7 Abs. 2 HBauO oder GarVO 17 (6) bedeutet § 17 Abs. 6 GarVO).

**A**
Abbruch
– Beseitigung **HBauO**
Abfahrten **GarVO 8**
Abfallbehälter **HBauO** 2 3; 43; 71 2; **Anl. 2**
Abfallbeseitigung **HBauO 43**
Abfälle **HBauO** 43 3
Abfallrecht **BauVorlVO 24**
Abfallsammelräume **HBauO 43**
Abfallschächte **HBauO 42**
Abgas **HBauO** 41 1, 3; 77 2; **Anl. 2; FeuVO 7; 9**
Abgrabung **HBauO** 2 1; **Anl. 2; BauGB 29**
Ablösungsbetrag **HBauO 49; BauNVO 12** 7
Abschluss Öffnung **HBauO** 27 5; 28 8; 29 4
Abstände **HBauO** 7 2; 28 2; 30 2, 5, 7, 6; 33 2; 34 3; 43 2; 71 2; **BauVorlVO 10**
Abstandsfläche **Einf.** 4.5; **HBauO** 6; 61 1; 71; **BauNVO** 19 4; 23 5
Abstellplätze **HBauO** 2 2
Abstellraum **HBauO** 45 2
Abwasser **HBauO** 1 2; 4 3; 42
Abwasserrecht **BauVorlVO 19**
Abwassersammelgrube **HBauO** 42 1
Abweichung **HBauO** 69; 71 3
Abweichungen **BauVorlVO 9**
Alarmierungsanlagen **PVO** 14 1; **GarVO** 17 6; 19; **VStättVO** 20; 24; **VkVO** 20 2; **BeVO 9**
Alarmzentrale **VStättVO 20**
Allgemeine bauaufsichtliche Zulassung **HBauO** 20a; 22 1; 80 1; 81 4
Allgemeines bauaufsichtliches Prüfzeugnis **HBauO** 20b; 22 1
Allgemeines Wohngebiet
– Wohngebiet **HBauO**
Altenheim **HBauO** 52 3
Altlasten
– Bodenverunreinigungen **HBauO**
Amtlicher Vordruck **BauVorlVO** 1 3

Änderung bauliche Anlage **HBauO** 3 1; 53; 59 1; 61 1; **Anl. 2 I**
Anhörung **HBauO** 71 3; 79 3
Anlagen **HBauO** 1; 3
– bauliche
– bauliche Anlagen **HBauO**
– bestehende **HBauO** 76 3
– elektrische **HBauO 43a; PVO** 14 1
– haustechnische **PVO** 14 f.; **GarVO** 16 ff.
– kirchliche Zwecke **HBauO** 13 3; 52 2; **BauNVO** 2 3; 3 3; 4 2; 4a 2; 5 2; 6 2; 7 2; 8 3; 9 3
– kulturelle Zwecke **HBauO** 13 3; 52 2; **BauNVO** 2 3; 3 3; 4 2; 4a 2; 5 2; 6 2; 7 2; 8 3; 9 3
– öffentlichen Verkehrs **HBauO** 1
– schwimmende **HBauO** 1 2
– soziale Zwecke **BauNVO** 2 3; 3 3; 4 2; 4a 2; 5 2; 6 2; 7 2; 8 3; 9 3
– sportliche Zwecke **BauNVO** 2 3; 3 3; 4 3; 4a 2; 5 2; 6 2; 7 2; 8 2; 9 3; **BPVO** 10 5
– Verwaltungen **BauNVO** 4 3; 4a 3; 5 2; 6 2; 7 1
anleiterbare Stelle **HBauO** 31 2
Anschlusszwang **HBauO** 81 2
Anstriche **HBauO** 76 2; **Anl. 2**
Antennen(-anlagen) **HBauO Anl. 2**
Antrag **HBauO** 54 2; 58 3; 61 3; 63; 64 3; 65; 66 4; 69 2; 70 1; 81 6; **BauVorlVO** 1 f.
Anzeigen **HBauO** 72a 4; 77
Arbeitsschutz **HBauO** 14; 30 9; 56 2
Architekt/in **HBauO** 67 3
Art der Nutzung **BauNVO** 1 ff.; **BPVO** 10 4
Asbestsanierung **BauVorlVO 26**
Außenbereich **BauGB 35**
Außengebiet **BPVO** 10 5
Außenwand **HBauO** 6 3, 1, 6; 26; 28 7, 4; **VkVO 4**
Außenwerbung **HBauO 13**
Aufenthaltsräume **HBauO** 2 5; 44 f.; **BauNVO** 20 2; 21 2

355

## Stichwortverzeichnis

Aufnahme der Nutzung **HBauO 77** 2
Aufschüttungen **HBauO 2** 1; **Anl.** 2
Aufstellräume für Feuerstätten **BauVorlVO 11** 4; **FeuVO 5**
Aufzüge **HBauO 37** f.
Ausführungsgenehmigung **HBauO 66** 2; **80** 1
Ausgänge **HBauO 33**; **GarVO 15**; **VStättVO 6**; **VkVO 14**; **BeVO 3**
Ausgleich (für Eingriffe) **BauVorlVO 10** 6
Ausgleichsbeträge **HBauO 49**
Ausnahmen **BauVorlVO 1** 3; **BauGB 31** 1
Ausstellungsplätze **HBauO 2** 1
Automaten **HBauO Anl.** 2

**B**
Bad **HBauO 45** 3
Bahn **HBauO 1** 2; **2** 1
Balkon **HBauO 6** 6; **26** 3; **BauNVO 19** 4
Barrierefreies Bauen **Einf. 4.16.**5; **HBauO 52**
Barrierefreiheit **HBauO 61** 2
Bauabfälle **HBauO 14**
Bauantrag **HBauO 70** 3
– Antrag **HBauO**
Bauarbeiten **Einf. 4.**12; **HBauO 14**; **57** 2
Bauarbeiterschutz **HBauO 14**
Bauart **HBauO 2** 11; **56** 2
Bauarten **HBauO 19a**
Bauartgenehmigung **HBauO 19a**; **BauVorlVO 8**
bauaufsichtliche Prüfzeugnisse **HBauO 19a**
Bauaufsichtsbehörde **Einf. 5, 9.**2, **9.**3, **9.**4; **HBauO 58**; **65** 4; **66**; **68** ff.; **71** 3; **72a**; **74** 5; **74b** ff.
Baubeginn **HBauO 54** 2; **72a**
Baubeschreibung **BauVorlVO 12**
Baudenkmal
– Denkmal **HBauO**
Baueinstellung **HBauO 75**
Bauflächen **BauNVO 1** 1
Baugebiete **HBauO 6** 7; **83** 4; **BauNVO** ; **BPVO 10** f.
Baugebot **BauGB 175** f.
Baugebühren **Einf. 8**
Baugenehmigung **HBauO 2** 6; **59**; **61** 3; **72** f.
Baugenehmigung mit Konzentrationswirkung **HBauO 62**; **72** 2
Baugerüst
– Gerüst **HBauO**
Baugesetzbuch **Einf. 12**

Baugrenze **HBauO 6** 2; **BauNVO 23**; **BPVO 14** 2
Baugrund **HBauO 15** 1; **BauVorlVO 14**
Bauherr/Bauherrin **HBauO 14** 3; **53** f.; **57** 1; **61** 3; **62** 1; **64** 4; **72a** 4; **74**; **80** 1
Baulärm **HBauO 14** 4
Baulast **HBauO 4** 3, 1; **6** 2; **7** 2; **15** 2; **48** 2; **79**; **BauGB 35** 1
Baulastenverzeichnis **HBauO 79**
Bauleiter/Bauleiterin **HBauO 14** 3; **54** 2; **57**; **80** 1
Bauleitplanung **Einf. 13, 14**
bauliche Anlagen **HBauO 1**; **2** 1
bauliche Anlagen, bestehende **HBauO 45** 6; **76** 3; **83** 3; **PVO 14** 1
Baulinie **HBauO 6** 2; **BauNVO 23**; **BPVO 13** f.
Baumasse **BauNVO 16** 2; **17**; **21**
Baumassenzahl **BauNVO 16** 1 f.; **17**; **21**
Bäume **HBauO 13** 3; **14** 4; **BauVorlVO 10** 6
Baumschutzverordnung **HBauO 61** 2
Baunutzungsverordnung **BauNVO**
Baunutzungsverrdnung **Einf. 12**
Baupflege **Einf. 4.**11; **HBauO 12**
Baupolizeiverordnung **Einf. 2, 14.**3
Bauprodukte **Einf. 4.**13; **HBauO 1** 1; **2** 1, 10; **19b**; **20** ff.; **22**; **56** 2; **74b**; **75** 1; **80** 1; **81** 4
Bauprüfdienst **Einf. 7.**4
Bauregelliste **HBauO 20b**; **81** 4
Baustelle **Einf. 4.**12; **HBauO 14**; **56** 2; **57** 1; **72a** 3; **75** 2
Baustelleneinrichtung **HBauO 14** 1; **66** 1; **Anl.** 2
Baustellenhinweis **HBauO 14** 3
Baustoffe **HBauO 2** 10; **24**; **28**
Baustufenplan **Einf. 14.**3, **14.**4; **BPVO 10** f.
Bautechniker/in **HBauO 64** 3
Bauteile, auch gemeinsame **HBauO 2** 10; **15** 2; **24**; **26** 1; **27** f.; **Anl.** 2
Bauteile, nichttragende **HBauO Anl.** 2
Bauten, Fliegende
– Fliegende Bauten **HBauO**
Bauvorhaben, öffentliche **HBauO 64**
Bauvorlageberechtigung **Einf. 3.**4, **5**; **HBauO 67**
Bauvorlagen **HBauO 55** 1; **66** 4; **67**; **70** 2; **81** 4
Bauweise **BauNVO 22**; **BPVO 11**
Bauzaun **HBauO 14** 2
Bauzeichnungen **BauVorlVO 11**

## Stichwortverzeichnis

Bauzustandsbesichtigung **Einf.** 5; **HBauO** 77 f.
Bebauungsplan **Einf.** 14; **HBauO** 6 8; 61; 71 3; 83 4; **BauVorlVO** 10; **BauGB** 30; 32 f.; **BauNVO**
Bebauungstiefe **BauNVO** 23
Bedachung, begrünte **HBauO** 30 4
Bedachung, harte **HBauO** 30 1
Befreiung **HBauO** 71 3; **BauGB** 31 2
Befreiungen **BauVorlVO** 9
Begrünung nicht überbauter Flächen **HBauO** 9
Behälter **HBauO** 41 4; **Anl.** 2
Behelfsbauten **HBauO Anl.** 2
Beherbergungsbetriebe **HBauO** 51; 52 2; **BauNVO** 3 3; 4 3; 5 2; 6 2; 7 2
Behinderte Menschen **Einf.** 4.16.5; **GarVO** 6 1
Behördenaufbau **Einf.** 9
Behördenzuständigkeit **Einf.** 9.2
Bekleidung **HBauO** 24 2; 26 3; 33 5; 40 2
Belange, nachbarliche **HBauO** 71; 74
Belästigungen **HBauO** 3; 16; 18 3; 41 3; 42 1; 51; **BauNVO** 15 1
Belegenheit **Einf.** 4.4; **HBauO** 4
Beleuchtung, Belichtung **HBauO** 19 5; 33 7; 44 2; **GarVO** 16
Bepflanzung **Einf.** 4.8; **HBauO** 9
Bescheide **HBauO** 58 4, 2
Bescheinigung **HBauO** 68 2; 72a 1, 3; 77 2; 78 2
Beseitigung **HBauO** 3 1; 14; 15 1; 59 1; 61 1; 72a 1; **Anl.** 2; **BauVorlVO** 6
Beseitigungsanordnung **HBauO** 76 1
Bestuhlungsplan **VStättVO** 10; 32
Besucher **VStättVO** 1
Beteiligte (am Bau) **Einf.** 4.17; **HBauO** 57; 78 1
Betreiber **VStättVO** 38; **VkVO** 26; **BeVO** 11
– verantwortliche Person **HBauO**
Betretungsrecht **HBauO** 58 3
Betriebsbeschreibung **BauVorlVO** 13
Betriebssicherheit **HBauO** 14 1
Betriebsvorschriften **GarVO** ; **VStättVO** 31; **VkVO** 26; **BeVO** 11
Bezirksämter **Einf.** 9.1
Bezirksschornsteinfegermeister/in **HBauO** 77 2
Blitzschutzanlagen **HBauO** 43a; **Anl.** 2; **VStättVO** 14; **VkVO** 19; **BeVO** 8
Blockheizkraftwerk **HBauO** 41 5, **FeuVO** 8
Bodenbeläge **HBauO** 33 5

Bodenbeschaffenheit **HBauO** 16; 70 5
Bodenfunde **HBauO** 14; 16
Bodenverunreinigungen **HBauO** 16; 61 2; 70 6
Bootsstege **HBauO Anl.** 2
Böschung **HBauO** 13 3
Brandabschnitt **HBauO** 28 1; **BauVorlVO** 15 1; **GarVO** 13; **VkVO** 6
Brandfallsteuerung der Aufzüge **VStättVO** 20; **BeVO** 9
Brandmeldeanlagen **PVO** 14 1; **GarVO** 16; **VStättVO** 20; 24; **VkVO** 20; **BeVO** 9
Brandschutz **Einf.** 4.14; **HBauO** 17; 51; 61; 68
Brandschutzbekleidung **HBauO** 1 2
Brandschutznachweis **BauVorlVO** 15
Brandschutzordnung **VStättVO** 42; **VkVO** 27; **BeVO** 11
Brandschutztüren **HBauO** 33 3, 5; 34 3
Brandverhütungsschau **HBauO** 17
Brandwände **HBauO** 28; 30 5
Breite, Durchgangsbreite **HBauO** 32 5
Brennstofflagerung **HBauO** 41 4; **BauVorlVO** 11 4
Brennstoffleitungen **HBauO** 41
Brennstoffzellen **HBauO** 41 5
Brücken **HBauO** 13 3; **Anl.** 2
Brunnen **HBauO** 4 2; **Anl.** 2
Brüstung(-shöhe) **HBauO** 36
Bußgeld
– Ordnungswidrigkeit **HBauO**
Bühne **HBauO Anl.** 2
Büro(gebäude) **HBauO** 2 4; 52 2; **BauNVO** 4a 2; 5 2; 7 2; 8 2

## C

Camping-, Zeltplätze **HBauO** 2 2; **BauNVO** 10
Carport **HBauO** 2 7
CE-Kennzeichnung **HBauO** 19c
CE-Zeichen **HBauO** 75 1
Container **HBauO Anl.** 2
CO-Überwachungsanlage **HBauO** 68; **PVO** 14 1; **GarVO** 17 6

## D

Dachaufbauten (auch -einschnitt, -kante, -vorsprung), -überstände **HBauO** 13; 30 5
Dacheindeckung **HBauO Anl.** 2
Dachgeschoss **HBauO** 2 6; 44 1
Dach(-höhe, -neigung) **HBauO** 6 4; 74 3; **VStättVO** 4; **VkVO** 8
– Bedachung **HBauO**

357

## Stichwortverzeichnis

Dachraum **HBauO 2** 6; **31** 2
Dalben **HBauO 1** 2
Dämmschicht, (-stoffe) **HBauO 26**; **33** 5; **VStättVO 5**; **VkVO 9**
Datenschutz **HBauO 81** 6; **BauVorlVO**
Decken **HBauO 29**; **39** 1; **43** 3; **GarVO 8**; **VStättVO 3** 1; **VkVO 7**; **BeVO 4**
Dekoration **HBauO 13** 4; **VStättVO 21** 2; **33** f.; **VkVO 24**
Denkmal **BauGB 173** 4; **177** 3
Deutsches Institut für Bau-Technik (DiBt) **Einf. 7.**1; **HBauO 19a**; **20a**; **23**
Doppelhaus **BauNVO 22** 2
Dorfgebiet **HBauO 6** 7; **13** 2; **BauNVO 1** 2; **5**; **17** 1
Dritte **HBauO 72** 4
Druckbehälteranlagen **HBauO 38**
Durchfahrt **HBauO 5** 2
Durchgang **HBauO 5** 1
Durchgangshöhe **HBauO 19** 3
Durchlüftung
– Lüftung **HBauO**
Dusche(-raum) **HBauO 45** 3

## E

Eigentümer/in (auch benachbarter Grundstücke) **HBauO 71**; **74**; **79**; **BauVorlVO 1** 4
Einflüsse, schädliche **HBauO 16**
Einfriedigung **Einf. 4.**10; **HBauO 11**; **Anl. 2**
Eingang **HBauO 19** 3
Einkaufszentrum **BauNVO 11**
Einrichtungen **HBauO 1** 1; **13** 1; **18**; **22** 1; **23**
Einstellung (der Bauarbeiten) **HBauO 75**
Einzelhandelsbetrieb **BauNVO 5** 2; **6** 2; **7** 2; **11**
Einzelhaus **BauNVO 10**; **22** 4
Elektrizität(-sanlagen, -sversorgung) **HBauO 1** 2; **43a**; **BauNVO 14** 2
Elektronisches Verfahren **BauVorlVO 27**
Energieversorgung (auch -anlagen) **HBauO 81** 2; **Anl. 2**; **BauNVO 14** 2
Entfernung
– Abstände **HBauO**
Entlüftung **HBauO 42** 1
– Lüftung **HBauO**
Entsiegelungsgebot **BauGB 179**
Entsorgung(-sanlagen) **HBauO 4** 3; **42**; **Anl. 2**
Entwässerungsplan **BauVorlVO 10** 6
Entwurfsverfasser **HBauO 1** 1; **55**; **67**
Erbbauberechtigter **HBauO 71**; **79** 1

Erhaltung baulicher Anlagen **BauGB 172**
Erhaltungsgebot(-verordnung) **BauGB 172**
Errichtung (baulicher Anlagen) **HBauO 3** 1; **53**; **59** 1
Ersatzbau **BauGB 35** 4
Ersatzmaßnahmen **BauVorlVO 10** 6
Erschließung **HBauO 4**; **61** 2; **BauGB 33** 1; **34** 1; **35** 1
Erschütterungsschutz **HBauO 18**; **BauVorlVO 17**

## F

Fachbauleiter **HBauO 57** 3
Fachbehörde **Einf. 9.**1
Fachplaner **HBauO 55** 3
Fahradplätze **Einf. 4.**16.3; **HBauO 48** f.
Fahrgastunterstände **HBauO Anl. 2**
Fahrräder **HBauO 48**
Fassade(-nreinigung) **HBauO 76** 2
Fenster **HBauO 5** 2; **33** 8; **35**; **44** 2
Fensterreinigung **HBauO 35** 1
festgelegte Geländeoberfläche
– Geländeoberfläche **HBauO**
Feuchtigkeit **HBauO 16**
Feuerlöschanlagen(-einrichtungen, -geräte) **PVO 14** 1; **GarVO 18**; **VStättVO 19**; **24**; **VkVO 20**
Feuerstätten **HBauO 2** 8; **41**; **77** 2; **Anl. 2**
Feuerungsanlagen **HBauO 41**; **Anl. 2** I
Feuerwehr **HBauO 5** 4, 5
– Lösch-, Rettungsarbeiten **HBauO**
Flächen, allgemein zugängliche **HBauO 19** 3
Flächen, bebaubare (überbaubare) **BauNVO 23**; **BPVO 11**
Flächen, unbebaute, nicht überbaute **HBauO 9**; **BauNVO 23** 5
Flächennutzungsplan **Einf. 14.**1; **BauGB 35** 4; **BauNVO 1**; **16** 1
Fliegende Bauten **HBauO 2** 4; **66**; **80** 1; **81** 10; **Anl. 2**; **BauVorlVO 7**
Flur **HBauO 33** 5; **34**
Flur, (notwendiger) **HBauO 31** 1
Folgeeinrichtungen **HBauO 76** 3
forstwirtschaftliche Betriebe (f. Nutzung) **BauGB 35** 1; **BauNVO 5**; **BPVO 10** 5
Foyers **VStättVO 2**
Freistellung von der Genehmigungsbedürftigkeit **HBauO 60**
Freizeitflächen (auch -einrichtungen) **HBauO 2** 1
Fremdüberwachung **HBauO 22b** f.
Fristen **HBauO 60** 2; **62** 1; **70** 2
Funde **HBauO 14**

# Stichwortverzeichnis

**G**
Gang, offener **HBauO 34** 5
Garage, automatische **GarVO 2** 2; 4; 5 1;
 13 3; 17 1
Garagen **Einf.** 4.14, 4.16.3, 7.1; **HBauO 2**
 7; 6 7; 48; **Anl.** 2; **PVO 14** 2;
 **BauNVO 7** 2; 12; 19; 21a
Garagengeschoss **BauNVO 12** 4; 21a
Gartenarchitekt **HBauO 67** 5
Gartenbaubetrieb **HBauO Anl.** 2;
 **BauNVO 1** 2; 4 3; 5 2; 6 2
Gartengestaltung **HBauO 9**; **Anl.** 2
Gartenhof(-haus) **BauNVO 17** 2
Gastspielprüfbuch **VStättVO 45**;
 **VStättVO**
Gaststätten **HBauO 2** 4
– Schankwirtschaft **HBauO**
Gas(-versorgung) **HBauO 1** 2
Gebäude **HBauO 2** 2; 4 ff.; 30; **Anl.** 2
Gebäude, bestehende **HBauO 76** 3; 83 3
Gebäude, eingeschossige **HBauO 6** 7
Gebäude, landwirtschaftl.
– landwirtschaftliche Betriebe **HBauO**
Gebäude, öffentliche **HBauO 13** 3
Gebäudeabschlusswand **HBauO 28** 1
Gebäudehöhe **HBauO 12** 2; **BauNVO 16**
 2
Gebäudeklassen **HBauO 2** 3; 4 1; 25; 28 f.;
 32 ff.; 37; 39 f.; 45 2; 61; 68; **Anl.** 2
Gebrauchstauglichkeit **HBauO 16**
– Brauchbarkeit **HBauO**
Gebühren **Einf.** 8
Gefahrenverhütung **VStättVO 33**;
 **VkVO 24**; **BeVO 11**
Gehwegüberfahrten
– Überfahrten **HBauO**
Geländeoberfläche, festgelegte **HBauO 2**
 3; 6; 6 4; **BauVorlVO 10** 6
Geländeoberfläche, natürliche **HBauO 2**
 3; 6 4; **BauVorlVO 10** 6
Geldbuße
– Ordnungswidrigkeiten **HBauO**
Geltungsdauer von Genehmigungen
 **HBauO 73**
Gemeinschaftsanlage **HBauO 1** 2
gemischte Bauflächen
– Bauflächen, gemischte **HBauO**
Genehmigung **HBauO 59**; 72; 80 1
Genehmigung, fingierte **HBauO 61** 3
genehmigungsbedürftige bauliche Anlagen (Vorhaben) **HBauO 59**
Genehmigungsbedürftigkeit (auch Freistellung) **Einf.** 5; **HBauO 59** f.
genehmigungsfreie bauliche Anlagen
 **HBauO 59** 3
Genehmigungsfristen **HBauO 61** 3; 62 1
Genehmigungsverfahren **Einf.** 5;
 **HBauO 58**
Genehmigungsverfahren, mit Konzentrationswirkung **Einf.** 5; **HBauO 62**
Genehmigungsverfahren, vereinfachtes
 **Einf.** 5; **HBauO 61**
Generalklausel **Einf.** 4.3; **HBauO 3**
Geräusche **HBauO 18**
Gerichtsgebäude **HBauO 52** 2
Gerüste **HBauO 2** 1; 66 1; **Anl.** 2
Geschäftsgebiet **BPVO 10** 4
Geschäftshäuser **BauNVO 4a** 2; 6 2; 7 2; 8
 2
geschlossene Bauweise
– Bauweise **HBauO**
Geschoss, s. auch Vollgeschoss **HBauO 2**
 6; **BauNVO 4a** 4; 7 3 f.
Geschossfläche **BauNVO 16** 2; 20; 21a 4
Geschossflächenzahl **BauNVO 16** 1 f.; 17
 1 f.; 20
Gestaltung **Einf.** 4.11; **HBauO 12** f.;
 **BauNVO 16** 3
Gesundheitswesen, Einrichtungen des
 **HBauO 52** 2
Gewächshäuser **HBauO Anl.** 2
Gewässer **HBauO 30** 2; **BauVorlVO 10** 6
Gewerbebetriebe **BauNVO 1** 2; 5 2; 6 2; 8
 2; 9; **BPVO 10** 4 f.
Gewerbebetriebe, nicht wesentlich störende (belästigende) **BauNVO 2** 3; 4 3;
 5 1; 7 2; 8 1
Gewerbegebiet **HBauO 6** 5; 13 2;
 **BauNVO 1** 2, 4; 8; 17 1; 21a 3
Gewerke **HBauO 14** 3
Glasdach **HBauO 30** 8
Grenzabstand **HBauO 7** 2; **BauNVO 22** 2
– Abstandsflächen **HBauO**
Grenzveränderung **HBauO 76** 4
Großgaragen **PVO 14** 2; **GarVO 2** 1
Grundfläche (der baulichen Anlage, zulässige) **HBauO 72a** 2; **BauNVO 16** 2; 19;
 21a 2
Grundflächenzahl **BauNVO 16** 2; 17 1 f.;
 19
Grundleitung **HBauO 4** 3
Grundstücke (auch angrenzende)
 **HBauO 1** 1; 4; 76 3, 2
Grundstücksbewertung **Einf.** 12
Grundstücksentwässerungsanlagen
 **HBauO Anl.** 2

## Stichwortverzeichnis

Grundstücksfläche, überbaubare
**BauNVO 23; BPVO 13**
Grundstücksgrenze **HBauO 6** 1; **30** 2; **71**
 2; **BauVorlVO 10** 6
– Nachbargrenze **HBauO**
Grundstücksteilung **HBauO 8**
Gründung **HBauO 74** 4
Grünfläche (öffentliche G., Grünanlage)
 **HBauO 6** 2

### H
Hafenentwicklungsgesetz **Einf.** 15
Hafengebiet **Einf.** 15; **BauNVO 1** 7; **11**
Halle **PVO 14** 2
Handelsbetriebe **BauNVO 7** 1; **11**
Handlauf **HBauO 32** 6
Handwerksbetriebe **BauNVO 3** 3; **5** 1
Handwerksbetriebe, nicht störende
 **BauNVO 2** 2; **4** 2
Härte, nicht beabsichtigte **BauGB 31** 2
Hauptgewerke **HBauO 14** 3
– Unternehmer **HBauO**
Hausgruppe **BauNVO 22** 2
Hausnummern **HBauO 19** 5
Hecken **HBauO 14** 4
Heime **HBauO 2** 4; **52** 3
Heizölbehälter **HBauO 41**; **Anl.** 2
Heizräume **HBauO 38**; **51**; **FeuVO 6**
Heizungsart **HBauO 81** 2
Hilfseinrichtungen zur statischen Sicherung **HBauO 2** 1
Hochhäuser **HBauO 2** 4; **PVO 14** 2
Hochwasserschutz(-anlagen) **HBauO 1** 2
Höhe, lichte **HBauO 19** 3; **44** 1; **GarVO 7**
Höhenlage, der baulichen Anlage
 **HBauO 72a** 2; **BauVorlVO 10** 2; **11** 4
– Geländeoberfläche **HBauO**
Holzschutz(mittel) **HBauO 16**

### I
im Zusammenhang bebauter Ortsteil
 **BauGB 34**
Immissionsschutz **HBauO 61** 2
Immissionsschutzrecht **BauVorlVO 23**
Industriegebiet **HBauO 6** 5; **BauNVO 1** 2,
 4; **9**; **16** 2; **17** 1; **21a** 3; **BPVO 10** 4
Ingenieur/in **HBauO 67** 2
Inkrafttreten **HBauO 83** 1
Innenarchitekt/in **HBauO 67** 4
Installationsschächte (-kanäle) **HBauO 39**;
 **BauVorlVO 11** 4
Instandhalten(-setzen) **HBauO 1** 1; **7** 1;
 **50**; **52** 1; **76** 2
Instandsetzungsgebot **BauGB 175**; **177**

### K
Kaianlagen **HBauO 1** 2
Kampfmittelfunde **HBauO 14**
Kellergeschosse **HBauO 2** 6; **33** 6
Kellerlichtschacht **HBauO 36** 1
Kerngebiet **HBauO 13** 2; **BauNVO 1** 2; **7**;
 **11** 3; **17** 1; **21a** 3
Kinder (Anlagen für) **HBauO 10**
Kinderheim **HBauO 52** 3
Kinderspielfläche (auch -platz) **Einf.** 3.6,
 4.9; **HBauO 2** 1; **10**; **48** 2; **Anl.** 2
– Spielplatz **HBauO**
Kleingarage **GarVO 2** 3, 7
Kleingarten(-laube) **HBauO Anl.** 2
Kleinkläranlagen **HBauO 42**
Kleinsiedlungsgebiet **HBauO 6** 7; **13** 2;
 **BauNVO 1** 2; **2**; **4** 3; **6** 3; **12** 2 f.; **17** 1;
 **BPVO 10** 4
Kleintierhaltung **BauNVO 4** 3; **6** 3; **14** 1;
 **BPVO 34** 2
Kochplatz **HBauO 45** 1
Kraftfahrzeuge **HBauO 48**
Krane (auch Krananlagen) **HBauO 1** 2
Krankenhäuser **HBauO 2** 4; **PVO 14** 2
Küche **HBauO 45** 1

### L
Läden, der Versorgung des Gebiets dienende **BauNVO 2** 2; **BPVO 10** 4
Läden (Verkaufsläden) **BauNVO 3** 3; **4** 2;
 **7** 4; **BPVO 10** 4
– Verkaufsstätten **HBauO**
Ladengebiet **BauNVO 11**
Ladenstraßen **VkVO 13**
Lageplan **BauVorlVO 10**
Lagerhaus **BauNVO 8** 2; **9** 2
Lagerplätze(-fläche) **HBauO 2** 1;
 **BauNVO 8**; **9** 2
Landesplanung **BauGB 35** 3
Landesverteidigung **HBauO 64** 5
Landschaftsbild **HBauO 12**; **BauGB 172** 3
Landschaftsplan(-programm) **BauGB 35** 4
Landschaftsschutz **Einf.** 14.6
landwirtschaftliche Betriebe (-gebäude)
 **BauNVO 5**; **BPVO 10** 5
Lärm
– Geräusche **HBauO**
Lastannahmen **HBauO 15**
Lebensgrundlagen, natürliche **HBauO 3** 1
Lebensmittelrecht **BauVorlVO 25**
Leitungen **HBauO 1**; **39**; **Anl.** 2
lichte Höhe **BauVorlVO 10** 1
– Höhe, Liegenschaftsbuch, -karte
 **HBauO**

## Stichwortverzeichnis

Loggien **BauNVO 19** 4
Löscharbeiten **HBauO 4** 1; 5
Lüftung(-sanlagen, -leitungen, -einrichtungen) **HBauO 33** 5; 42; 43 3; 44 2; 45 3; 74 2; **Anl. 2**; **PVO 14** 1; **GarVO 17**; **VStättVO 17**

**M**
Maß der baulichen Nutzung **BauVorlVO 4** 1; **BauNVO 16 ff.**; **BPVO 11**
Markise **HBauO Anl. 2**
Mast **HBauO Anl. 2**
Maßstab **BauVorlVO 11**
Mehrzweckhallen **VStättVO 2** 6
Meister/Meisterin **HBauO 67** 3
Menschen mit Behinderung **HBauO 52**
Messebauten **HBauO Anl. 2**
Mischgebiet **HBauO 6** 7; **13** 2; **BauNVO 1** 2; 6; **17** 1; **BPVO 10**
Mitteilungen **HBauO 58** 4; **72a** 4; **74** 6; 77 2; 80 1
Mittelgarage **GarVO 2** 1
Modernisierung (auch -sgebot) **BauGB 175**; 177
Munitionsfunde **HBauO 14**
Musterbauordnung **Einf. 11**
Mutterboden **HBauO 14**

**N**
Nachbargrenze **HBauO 6** 6; **7** 2; **BauVorlVO 10** 6
– Grundstücksgrenze **HBauO**
Nachbargrundstück **HBauO 1** 1; **30** 5; **BauVorlVO 10** 6
Nachbarn **HBauO 74a**
Nachbar(-rechte, -belange) **Einf. 6**; **HBauO 71**; **74** 7, 6; **BauVorlVO 1** 5; **BauGB 31** 2
Naturdenkmal **HBauO 14**; **BauVorlVO 10** 6
Naturschutz(-gesetz) **HBauO 14**
Naturschutzrecht **BauVorlVO 21**
Nebenanlagen **HBauO 1** 2; **BauNVO 14**; **19** 4; **23** 5
Nebenbestimmungen **HBauO 65** 2; **72** 3
Nennwärmeleistung **FeuVO 2** 1
Nutzungen, besondere **HBauO 2** 4
Nutzungsänderung **HBauO 48** 1; **53**; **59**; **Anl. 2**
Nutzungseinheit **HBauO 27** 1; **31**

**O**
Oberlicht **HBauO 30** 2, 5
offener Gang **HBauO 34**

öffentliche Betriebe **BauNVO 8** 2; **9** 2
öffentliche Sicherheit und Ordnung **HBauO 3**
öffentlicher Verkehr, Anlagen des **Einf.** 4.4; **HBauO 1** 2; **4** 1; 5
– öff. Verkehrsfläche **HBauO 1** 2
Öffnungen in Wänden, Decken, Dachflächen **HBauO 27** 5; **28** 4, 8; **29** 4; **30** 5; 35; **43** 3
Ordnungswidrigkeiten **HBauO 80**; **PVO 22**; **GarVO 23**; **VStättVO 47**; **VkVO 33**; **BeVO 14**
Ortsbild **HBauO 12** 2; **13** 3; **BauGB 34** 1; 172 4; 177 3
Ortsteile, im Zusammenhang bebaute **HBauO 13** 2; **BauGB 34**

**P**
Parkhaus **BauNVO 7** 2
Pergola **HBauO Anl. 2**
Pfeifenstielgrundstücke **HBauO 4**; 8
Pflanzgebot **BauGB 175**; 178
Pflanzung
– Bepflanzung **HBauO**
Pflegeheim **BauNVO 2** 4; **52** 3
Planungsrecht **Einf. 12, 13, 14, 15**
Positionsangaben **BauVorlVO 1** 5
Prüfbuch **HBauO 66**
Prüfingenieure **HBauO 68**; **78**; **81** 8; **PVO 2**; **14 f.**
Prüfsachverständige **PVO 2**
Prüfstelle **HBauO 22a**
Prüfstelle (technische) **HBauO 20b** 2; **22a** 2; **23**; **81** 4
Prüfungen, technische **HBauO 81** 1; **PVO 14 f.**
Prüfzeugnis **HBauO 20b**; **22** 2; **22a ff.**; **ÜZVO 1**

**R**
Rampe **HBauO 32** 1; **GarVO 5**
Rauchableitung, (-abführung) **HBauO 35** 3; **VStättVO 16**; **VkVO 16**
Rauchabschnitt **HBauO 34** 3; **BauVorlVO 15**
Rauchabzugseinrichtung **HBauO 32** 6; **35** 5; **BauVorlVO 15**; **PVO 14** 1; **VStättVO 16**; **VkVO 16**
Rauchschutzabschlüsse **HBauO 33** 5
Rauchwarnmelder **HBauO 45** 6
Räume für freie Berufe **BauNVO 13**
Raumordnung(sgesetz) **BauGB 35** 3
Rechtsnachfolger **HBauO 79** 1

## Stichwortverzeichnis

Rechtsverordnung **HBauO 22** 1; **23** 1; **80** 1
Regale **HBauO 2** 4; **Anl. 2**
Reichsgaragenordnung **Einf. 14.3**
Rettungsarbeiten, -fahrzeuge, -gerät **HBauO 4** 1; **5** 4, 1; **31** 2
Rettungsweg **HBauO 2** 9; **5** 1; **30** 8; **31**; **33**; **34** 1; **35** 4; **BauVorlVO 11** 4; **GarVO 15**; **VStättVO 31**; **VkVO 10**; **15**; **25**; **BeVO 3**; **11**
Rohrleitungen **HBauO 1** 2
Rolläden **HBauO Anl. 2**
Rolltreppen **HBauO 32** 2
Rückbau(-gebot) **BauGB 179**

**S**
Sachkundige **HBauO 66** 5
Sachverständige **HBauO 20a** 2; **81** 8
Sammelbehälter **HBauO Anl. 2**
Schadensersatz **HBauO 74** 7
– Entschädigung **HBauO**
Schädlinge **HBauO 16**
Schallschutz **HBauO 18**; **68**; **BauVorlVO 17**
Schank- und Speisewirtschaft **HBauO 2** 4; **VStättVO 2**; **BauNVO 2** 2; **4** 2; **4a** 2; **5** 2; **6** 2; **7** 2; **BPVO 10** 4
Schiffe **HBauO 1** 2
Schmutzwasser **HBauO 4** 3
– Abwasser **HBauO**
Schornstein **HBauO 41** 3; **74** 2; **FeuVO 7**; **9** 2
Schriftform **HBauO 58** 4
Schulen **HBauO 2** 4; **PVO 14** 2
Schutt **HBauO 76** 2
Schutzvorkehrungen **HBauO 14** 2
Schwingungsschutz **HBauO 18**
Sicherheit (und Ordnung) **HBauO 3**
Sicherheitsbeleuchtung **HBauO 33** 7; **PVO 14**; **VStättVO 15**; **VkVO 18**; **BeVO 8**
Sicherheitseinrichtungen **FeuVO 3** 5
Sicherheitsleistung **HBauO 74** 7
Sicherheitsstromversorgung **HBauO 68**; **PVO 14**; **VStättVO 14**; **VkVO 21**; **BeVO 8**
sicherheitstechnisch bedeutsame Anlagen **HBauO 38**
Sonderbaufläche **BauNVO 1** 1
Sonderbauten **HBauO 2** 4; **31** 2; **51**
Sondergebiet **HBauO 13** 2; **BauNVO 2** f.; **10** f.; **16** 2
Sondernutzung **HBauO 79**
Spielfläche **HBauO 10**

Spielplatz (auch -anlage, -fläche) **HBauO Anl. 2**
– Kinderspielplatz **HBauO**
Sportplatz (auch Freisportanlage) **HBauO 2**; **Anl. 2**
Sportstadien **VStättVO 1**
Sportstätten **HBauO 52** 2
Sprungturm **HBauO Anl. 2**
Stadtbild **HBauO 12** 2; **BauGB 172** 3
Ställe **BPVO 34**
Standplatz für (Abfall-)Behälter **HBauO 43**; **71** 2; **Anl. 2**
Standsicherheit(snachweis) **HBauO 15**; **68**; **BauVorlVO 14**
Starkstromanlagen **PVO 14** 1
Stätte der Leistung **HBauO 13** 2, 3; **Anl. 2**
Stelle, sachverständige **HBauO 20a** 3
Stellplätze für Kfz **HBauO 2** 1; **48** f.; **BauNVO 12**; **21a**
Straße
– Weg **HBauO**
Straßen(begrenzungs)linie (auch Straßengrenze) **BauNVO 19** 3; **23** 4
Straßenbild **HBauO 12**; **BauGB 177** 3
Studios **VStättVO 2**
Stufen **HBauO 34** 2
Stützmauer **HBauO 6** 7; **Anl. 2**
Szenenflächen **VStättVO 1** f.

**T**
Tagesunterkünfte **HBauO 14** 4
Tankstelle **BauNVO 2** 3; **4** 3; **4a** 3; **5** 2; **6** 2; **7**; **8** 2; **9** 2
technische Baubestimmungen **Einf. 7.2**
Technische Baubestimmungen **HBauO 19c**; **81a**
Teilbaugenehmigung **HBauO 72** 5; **80** 1
Teilung von Grundstücken **Einf. 4.7, 5**; **HBauO 8**; **BauGB 19**
Terrasse **BauNVO 19** 4
Terrassenüberdachung **HBauO Anl. 2**
Tiefgarage **GarVO 2** 7
Tierhaltung **HBauO 35** 5
Toilette **HBauO 45** 3; **52** 1; **VStättVO 12**
tragende Wände **HBauO 25**; **GarVO 8**; **VStättVO 3** 1; **VkVO 3**; **BeVO 4**
Träger öffentl. Belange **BauGB 33** 2; **34** 5
Tragfähigkeit **HBauO 15** 1
Trennwände **HBauO 27**; **43** 3; **GarVO 10**; **VStättVO 3** 3; **VkVO 5**; **BeVO 5**
Treppe, (notwendige) **HBauO 19** 3; **32**; **33** 1

## Stichwortverzeichnis

Treppenraum **HBauO** 33; **GarVO** 15 1; **VStättVO** 8 2; **VkVO** 12; **BeVO** 3 1
Treppenraumerweiterung **HBauO** 33 3
Tribünen **VStättVO** 2
Türen **HBauO** 35; **VStättVO** 9; **VkVO** 15; **BeVO** 7
– Brandschutztüren **HBauO**
Typengenehmigung **HBauO** 65; 81 4; **BauVorlVO** 7

**U**
Übereinstimmungsbestätigung **HBauO** 22
Übereinstimmungserklärung **HBauO** 22 2, 3; **22a**
Übereinstimmungszeichen (Ü-Zeichen) **HBauO** 22 4, 3, 5; 75 1; 81 5
Übernahmeanspruch **BauGB** 173 2; 176 4; 179 3
Überwachungsstellen **HBauO** 22b f.; 81 4
Ufer **HBauO** 13 3
UmwandlungsVO **BauGB** 172
Umwehrung **HBauO** 36
Unterfangung **HBauO** 74 4
Unternehmer **HBauO** 14 3; 56; 57 2; 80 1
Unterrichtung **HBauO** 58 4
Unterschriften **HBauO** 79 2; **BauVorlVO** 1 4
Urbane Gebiete **BauNVO** 1 2
Urbanes Gebiet **BauNVO** 6a

**V**
Verantwortliche für Veranstaltungstechnik **VStättVO** 39
Verbrauchermarkt **BauNVO** 11
Verbrennung(-smotoren), -sluftversorgung) **FeuVO** 3; 8 f.
vereinfachtes Genehmigungsverfahren **Einf.** 5; **HBauO** 61
verfahrensfreie Vorhaben **Einf.** 5; **HBauO** 60 2
Verfahren(-svorschriften) **Einf.** 5; **HBauO**
Vergnügungsstätte **BauNVO** 4a 3; 5 3; 6 2 f.; 7 2; 8 3
Verkaufsstätten **HBauO** 51; 52 2
Verkaufsstätte(-raum) **HBauO** 2 4; 51
Verkaufswagen **HBauO** 2 1
Verkehrsanlage, öffentl. **HBauO** 1 2
Verkehrsanlage, private **HBauO** 1; **Anl.** 2
Verkehrsfläche, öffentl. **HBauO** 4 1; 6 2; 13 1
Verkehrsflächen, private **HBauO** 19; **GarVO** 2; 4 f.
Verkehrsgefährdung **HBauO** 13 3
Verkehrssicherheit **HBauO** 19; **GarVO** 7

Versammlungsstätten **HBauO** 51; **PVO** 14 2
Versiegelung **HBauO** 75 2
Versorgung(-sanlagen, -sflächen, -sleitungen) **HBauO** 1 2; 4 1; **Anl.** 2; **BauGB** 32
Verunstaltung **Einf.** 4.11; **HBauO** 12 1; 76 2
Verwaltungsgebäude **HBauO** 2 2; 13 3; 51; **BauNVO** 7 2; 8 2
Verwaltungsvorschrift Technische Baubestimmungen **HBauO** 19a; 20; 22
Verwendbarkeitsnachweis **HBauO** 20
Viehstall **BPVO** 34
Vollgeschosse **HBauO** 2 6; **BauNVO** 16 2 f.; 17 1; 18; 20 2; 21a 1; **BPVO** 11
– Geschoss **HBauO**
Vorbau, Vorbauten **HBauO** 6 6; 44 2
Vorbescheide **BauVorlVO** 9
Vorbescheid(-santräge) **HBauO** 63; 73
Vordruck **BauVorlVO** 1 3
Vorgarten **HBauO** 6 7; 13 3
Vorhaben (auch genehmigungs-bedürftige V.) **HBauO** 60; **BauGB** 29; 33
Vorsetzen **HBauO** 1 2

**W**
Wahlrecht **HBauO** 59 3
Wahlwerbung **HBauO** 13 4
Wände **HBauO** 24 ff.
Wandhöhe **HBauO** 6 4
Wärme (versorgung, -versorgungsanlage) **HBauO** 1 2; 38; **Anl.** 2; **BauNVO** 14 2
Wärmedämmung **HBauO** 74a
Wärmeerzeugung **HBauO** 41; **Anl.** 2
Wärmeschutz **HBauO** 18; 68 1; **BauVorlVO** 16
Warmluftheizungen **HBauO** 40 6
Wasserflächen **HBauO** 6 2
Wasserrecht **BauVorlVO** 22
Wasser(versorgung) **HBauO** 1 2; 4 2; **BauNVO** 14 2
Wasserzähler **HBauO** 45 4; 83 3
Wechsellicht **HBauO** 13 7
Weg, öffentlicher
– öffentl. Weg **HBauO**
Wegerecht **BauVorlVO** 20
Werbeanlage, Werbung **Einf.** 4.11; **HBauO** 13; 76 2; 81 1; **Anl.** 2; **BauVorlVO** 4
Werbeanlagen **BauVorlVO** 5
Werbemittel **HBauO** 13 4
– Werbeanlage **HBauO**

## Stichwortverzeichnis

Wertstoff(sammel)behälter **HBauO** 43 1; 71 2
Windenergieanlage **BauGB** 35 1
Wirtschaft, Einrichtung der **BauNVO** 7 1
Wochenendhaus(-gebiet) **BauNVO** 1 2; 10; 12 2 f.; 17 1
Wochenendplätze **HBauO** 2 1
Wohnbaufläche **BauNVO** 1 1
Wohngebäude **HBauO** 4 1, 3; 30 2; **61**; 67 3; **BauNVO** 2 1 ff.; 3 2; 4 2; 5 2; 6 2
Wohngebiet **HBauO** 13 2; **BauNVO** 1 2; **3 ff.**; 12 3 f.; 17 1; **BPVO** 10 4; 11
Wohnung **HBauO** 45; 58 3; **BauNVO** 7 2 f.; **8** 3
Wohnwagen **HBauO** 2 1
Wohnweg **HBauO** 4 1

## Z

Zaun
– Einfriedigung **HBauO**
Zelte **HBauO Anl. 2**
Zeltplätze **HBauO** 2 1; **BauNVO** 10
Zertifizierungsstelle **HBauO** 22b f.; 81 4
Zufahrt **HBauO** 2 9; 5; **BauVorlVO** 10 6; **GarVO** 8
– Überfahrten **HBauO**
Zugang, Zugänglichkeit **HBauO** 1 1; 5 1; 45 2; 52 2
Zulassung, allgem. bauaufsichtliche **HBauO** 20a; 22 2; 22a f.; 81 4
Zusätzliche Bauvorlagen **VStättVO** 44; **VkVO** 29; **BeVO** 12
Zuständigkeiten **Einf.** 9.2
Zustimmung (der Bauaufsichtsbehörde) **HBauO** 64; 65 4
Zustimmung (des Nachbarn) **HBauO** 71 2; **BauVorlVO** 1 5
Zustimmung im Einzelfall **HBauO** 22 ff.; **BauVorlVO** 8

**Kohlhammer**
DEUTSCHER
GEMEINDEVERLAG